BIBLIOTECA INDIANA
Publicaciones del Centro de Estudios Indianos (CEI)

Universidad de Navarra
Editorial Iberoamericana

Dirección: Ignacio Arellano y Celsa Carmen García Valdés.
Subdirección: Juan Manuel Escudero.
Secretario ejecutivo: Álvaro Baraibar.
Coordinadora: Pilar Latasa.

Biblioteca Indiana, 23

HANS VAN DEN BERG

CON LOS YURACAREES (BOLIVIA) CRÓNICAS MISIONALES (1765-1825)

EDICIÓN AL CUIDADO
DE ANDRÉS EICHMANN OEHRLI

Universidad de Navarra • Iberoamericana • Vervuert • 2010

Agradecemos a la Fundación Universitaria de Navarra su ayuda en los proyectos de investigación del GRISO a los cuales pertenece esta publicación.

Agradecemos al Banco Santander la colaboración para la edición de este libro.

ÍNDICE

PARA RUUD Y MARJO

NOTA PRELIMINAR

En el presente libro los textos citados han sido sometidos a los tratamientos habituales que evitan trasladar al lector las dificultades que, en su origen, se presentan al estudioso. Así, cuando una palabra o expresión (o su uso en un contexto dado) se halla fuera del ámbito lingüístico común, se aclara en la anotación mediante las herramientas más a propósito en cada caso: desde el *Diccionario de Autoridades* hasta el *Corpus Diacrónico del Español*. Cuando esto no es posible (ocurre en pocos casos), se avisa en nota.

Las erratas de las fuentes han sido subsanadas, en lo posible, con la nota correspondiente. Para la fijación textual de las fuentes se han adoptado los criterios de edición del Grupo de Investigación Siglo de Oro (GRISO) de la Universidad de Navarra. Ver, para más información, <http://griso.cti.unav.es/docs/lineas/normas/principal.html>.

Una dificultad particular presentó el tratamiento de algunas palabras. Por ejemplo «yunga» (en singular o en plural) en algunas fuentes puede ser etnónimo (Guamán Poma y otros le dan alguna vez ese uso), o designar un tipo de terreno (bosque nublado, montañoso, tropical); pero también aparece como nombre propio que designa un lugar o una región geográfica, tanto en el actual Departamento de La Paz como en el trópico de Cochabamba. En las fuentes que utiliza van den Berg viene en estos dos últimos usos. En esta edición aparecerá con mayúscula solamente si se trata de un nombre propio de lugar; y cuando el texto admite ambas lecturas se ha tomado una decisión que el lector sabrá evaluar en cada caso. Ocurre también que, en las mencionadas fuentes, dicha palabra aparece habitualmente en masculino, aunque no faltan algunas en las que le antecede el artículo femenino. Obviamente se ha respetado la forma original. Otro etnónimo frecuente (y a menudo de difícil tratamiento en la edición) es «yuracarees». Siguiendo lo ya dicho, aparecerá con mayúscula cuando se usa como nombre propio de lugar. Pero con el número hay que tomar en cuenta algunas precisiones: cuando designa una realidad singular (la etnia, un individuo de la misma, la lengua, etc.), el autor ha optado por el uso del singular con la forma «yuracaré», siguiendo la tendencia de las fuentes. En plural se presentaban alomorfos. En las citas de fuentes manuscritas se ha normalizado siguiendo la tendencia general, pero en las citas de textos escritos o editados por autores modernos (desde René-Moreno en adelante) se han transcrito según aparecen: es frecuente la forma «yuracarés» y también «yuracarées», esta última en pocos textos alemanes (Priewasser y editores alemanes de Haenke).

Por imperativos editoriales el autor ha debido reducir la versión original, que incluía muchos otros datos, principalmente relativos a la misión de San Carlos. Esto ha dado lugar a otro libro, titulado *Clero cruceño misionero entre yuracarees y guarayos. Época colonial.* Con el autor hemos creído que la selección no era menos significativa que la acumulación. Y puedo asegurar que, gracias al trabajo y a la paciencia de mi querido amigo Hans van den Berg, hemos podido conseguir una versión que no solamente presenta una muy amplia base documental, sino que además resulta legible y amena. Lo será tanto para el especialista en la materia como para todo interesado en la historia, la antropología y el desarrollo de los mundos culturales de Hispanoamérica. También para el lector aficionado a los relatos de aventuras este libro constituirá una experiencia memorable.

Puedo asegurar que ha constituido una gran satisfacción compartir discusiones y pareceres con el autor sobre multitud de detalles, hasta llegar a estas páginas que ahora la Biblioteca Indiana se complace en entregar a las prensas.

Andrés Eichmann Oehrli
GRISO (Universidad de Navarra)

INTRODUCCIÓN

Un estudio amplio y profundo de la historia de la Iglesia en América Latina revela que los procesos de evangelización de los indígenas del continente han tenido un desarrollo complejo y muy variado, y que los resultados de estos procesos han sido bastante heterogéneos. Mucho queda por investigar para que se pueda llegar a una visión de conjunto equilibrada de lo que ha sido la cristianización de la América Hispana. En el caso concreto de lo que hoy es Bolivia vemos por un lado que la evangelización de los pueblos andinos, que se inició casi inmediatamente después de la conquista, ha tenido como resultado la formación de un cristianismo en que sigue fuertemente presente un substrato de religiosidad autóctona, mientras que, por otro lado, la conversión al cristianismo de aquellos pueblos indígenas que han sido agrupados en las misiones jesuíticas de las tierras bajas tropicales del país, concretamente en las regiones llamadas Mojos y Chiquitos, ha sido más profunda y ha llevado a la creación de una cultura religiosa que se destaca por sus templos, su música, sus expresiones de devoción, su participación comprometida en los actos litúrgicos, de modo especial de la Semana Santa. El proceso de evangelización del pueblo chiriguano, la más grande de las etnias del sudeste del país, llevado a cabo principalmente por misioneros franciscanos, ha sido muy difícil y largo, y ha tenido momentos sumamente dramáticos.

De la historia de las tentativas de reducción y cristianización de las etnias pequeñas de las tierras bajas de Bolivia sabemos todavía muy poco, a excepción del caso de los guarayos que se encuentran en una región entre Mojos y Chiquitos. Hace unos años tomé la iniciativa de dedicarme a una investigación lo más exhaustiva posible de esta historia, empezando con el caso de la evangelización de los yuracarees del trópico de Cochabamba. El libro que usted ha tomado en sus manos es el resultado de esta investigación.

Nómadas selváticos, los yuracarees se movían en un espacio inmenso, que se encontraba entre los 64° y 66° de longitud y los 16° y 18° de latitud sur. La frontera meridional de este espacio fue más o menos la actual carretera que va de Villa Tunari, en el Chapare cochabambino, a San Carlos en la provincia Ichilo del departamento de Santa Cruz, y en el norte el límite departamental no definido entre Cochabamba y Beni. Las fronteras occidental y oriental fueron definidas por los ríos Isiboro y Yapacaní. Dentro de este espacio había zonas de mayor concentración: la zona Villa Tunari-Chimoré, tal vez la más frecuentada por los yuracarees, los márgenes de los ríos Isiboro e Ichilo y, en el extremo oriente, los márgenes del río Surutú, afluente del río Yapacaní[1].

Yuracaré fue el nombre genérico de esta etnia, cuya lengua sigue sin clasificar hasta hoy[2]. Sin embargo, en nuestra documentación encontramos otros nombres, que deben ser indicaciones de parcialidades. Estos nombres son de diferentes tipos. Una parcialidad puede llevar el nombre de un cacique o capitán, como los chuches o poyatos, o el nombre de un lugar, como los pampiños. Para los yuracarees occidentales no encontramos otro gentilicio que el genérico. Los yuracarees del río Mamoré llevan también el nombre de mageños y los orientales son llamados con cierta frecuencia con el nombre de solostos.

Parece que esta etnia de las tierras bajas de Bolivia nunca fue muy numerosa. En la época de nuestro estudio no deben haber llegado a mucho más de 2000, según las diferentes estimaciones que se pueden hacer sobre la base de cálculos generales y empadronamientos. El número de yuracarees que en la misma época se han juntado en las misiones no ha llegado a 1000.

La documentación que hemos podido reunir para realizar nuestra investigación es muy amplia, lo que sorprende tratándose de una etnia pequeña. Los manuscritos que nos proporcionan información acer-

---

[1] Para la ubicación actual de los yuracarees, ver: Moreira Viñas, 2003, y Gijn, 2006, pp. ix-x y 1-2.

[2] Ver Gijn, 2006, pp. 7-8. El nombre *yuracaré*, que ya se encuentra en los documentos más antiguos que hacen referencia a esta etnia, es una corrupción de *yurujure*, que significa 'persona', 'ser humano' o 'señor'.

ca de los yuracarees se encuentran en los siguientes archivos: Archivo Nacional de Bolivia (ABNB) en Sucre, Archivo del colegio de Propaganda Fide de San José de Tarata (ACFT), actualmente en la curia provincial de la provincia franciscana de San Antonio de los Charcas en Cochabamba, Archivo Histórico de la Prefectura del Departamento de Cochabamba (AHPC), Archivo General de la Nación Argentina en Buenos Aires (AGNA), Archivo General de Indias (AGI) en Sevilla, y Archivo de la Real Academia de Historia en Madrid (ARAH). En el conjunto de manuscritos que hemos podido consultar hemos identificado más de seiscientos documentos: autos y decretos de gobernadores, de la real audiencia de Charcas, de virreyes y de la Corona española, oficios y autos de obispos, cartas oficiales de guardianes franciscanos, cartas personales de misioneros, diarios de viaje, informes y actas de visitadores, declaraciones juradas en interrogatorios, etc. Hasta ahora solo una pequeña parte de esta extensa documentación ha sido publicada. Dentro de esta documentación se encuentran también siete textos de personas que estuvieron, de diferente manera, involucradas en el desarrollo de los acontecimientos en y alrededor de las misiones que se fundaron. Son pequeñas construcciones de la historia de una u otra de estas misiones, formuladas con base en la información que sus respectivos autores habían ido adquiriendo en relación con el desarrollo de una misión. Hemos insertado en nuestra exposición estas siete 'construcciones de la historia', añadiendo algún comentario necesario. Nosotros mismos hemos tratado de re-construir la historia de las tentativas de reducción y cristianización de los yuracarees desde el primer encuentro que algunos exploradores tuvieron con aquellos indígenas y que fue el punto de partida para organizar su evangelización, hasta el final de la época colonial y la fundación de la República de Bolivia (1765-1825); y presentamos en forma de crónica nuestra re-construcción en esta obra. El primer capítulo presenta el lento proceso de preparación en orden a la reducción y cristianización de los yuracarees que se inició a finales de julio de 1765 con el encuentro que acabamos de mencionar y que culminó con la entrada exploratoria, a finales de julio de 1775 (¡diez años después del primer contacto!), del franciscano Marcos Melendes. Los capítulos dos, tres, cuatro y cinco ofrecen en forma de crónica la historia de cada una de las misiones que se fundaron en el lapso del tiempo indicado. Fueron en total seis, de las cuales solo una, la de San

Carlos, ha perdurado más allá del año 1825 y se convirtió en parroquia. La primera misión, la de Nuestra Señora de la Asunción, fue fundada en 1776 y existió, aunque con interrupciones, hasta el año 1803. Sin embargo, fue refundada en el año 1815 o 1816, pero se perdió nuevamente. La segunda misión, la de San Carlos (la única de la que aquí no se habla por constituir el objeto de otro libro), se fundó en el año 1791 y tuvo una existencia ininterrumpida. En 1793 un sacerdote diocesano y un fraile franciscano establecieron una misión entre los yuracarees del río Mamoré (hoy Ichilo), bajo invocación de San Francisco de Asís. Esta misión fue abandonada por los misioneros en 1805 después de que los yuracarees huyeran de ella. La misma suerte tuvo la misión de San José, fundada en 1795 en los márgenes del río Coni y después trasladada al río Chimoré. En los mismos días del año 1805 en que los misioneros del Mamoré se vieron sorprendidos con el abandono que hicieron los yuracarees de su misión, y también los de la misión de San José, los frailes decidieron retornar a su convento de Tarata en el Valle de Cliza. A comienzos del año 1806, con ayuda y apoyo del gobernador de Mojos Pedro Pablo Urquijo, los franciscanos del colegio de Propaganda Fide de San José de Tarata lograron reunir a una buena parte de los yuracarees que habían abandonado las misiones de la Asunción, San Francisco y San José, y fundar con ellos dos nuevas misiones: la de San Antonio del Chimoré y la de San José de Ypachimucu. La primera de estas misiones se desintegró a comienzos del año 1818 y la segunda hacia finales de la época colonial o comienzos de la republicana. En el último capítulo trataremos de contestar la pregunta que espontáneamente nos afloró en el curso de nuestra investigación y que surgirá también en nuestros lectores: ¿A qué se debe que las tentativas de reducir y cristianizar a los yuracarees se frustraron en cinco de las seis misiones que fueron fundadas entre aquellos indígenas? Abordaremos esta delicada cuestión en cuatro partes. En la primera (6.1.) analizaremos cuanto se relaciona con los encuentros y desencuentros entre los yuracarees y los misioneros, con el régimen reduccional y misional, y con las causas de la desintegración de estas misiones. Además, trataremos de encontrar las causas externas que de alguna manera han contribuido a que la labor misionera, realizada por tantos hombres, no haya tenido el resultado que se esperaba obtener. En la segunda parte (6.2.) presentaremos las opiniones de autores de los siglos XIX y XX que han hecho su re-construcción de esta historia de la reducción y cristianización de los yuracarees, que tal vez podría llamarse una 'evangelización frustrada'. Toda historia humana es forzosamente una historia de luces y sombras, de logros y frustraciones. El historiador tiene la obligación de revelar ambas dimensiones y no tiene el derecho de hacer conocer solo una de ellas. Sin embargo, debe reconocer también, respetando en todo sentido su oficio, que en determinados casos de evangelización y cristianización ha habido más luces y logros, y resultados duraderos en cuanto a la implantación del cristianismo, mientras que en otros casos las sombras y las frustraciones han prevalecido, y los resultados positivos no se han dado.

Hemos insertado también en los diferentes capítulos las observaciones sobre la vida y la cultura de los yuracarees que han hecho diferentes autores de los documentos estudiados aquí. De este modo el lector puede darse cuenta cómo se fue desarrollado poco a poco el conocimiento de esta etnia. No hay duda de que los que más han aportado a este conocimiento han sido los misioneros franciscanos Francisco Lacueva y José Boria, y el naturalista José María Boso, con las anotaciones que hicieron en la segunda década del siglo XIX.

Muchas personas me han animado y acompañado en la realización de esta investigación. Su interés y aliento han sido de mucha importancia para mí, en especial en momentos en que, debido al cumplimiento de las obligaciones que he asumido en la Universidad Católica Boliviana, pensaba nunca poder llevar a buen término esta obra que me ha enriquecido grandemente y en cuya elaboración me he sentido fascinado. Agradezco de modo muy especial al padre Mauricio Valcanover OFM, a José de la Fuente y a Inés Mambretti por haberme proporcionado parte de la documentación que he podido usar para la elaboración de esta obra; a Alba Paz Soldán por la minuciosa lectura que ha hecho del borrador de mi obra y por las correcciones y observaciones que me ha presentado; a Judith Terán Ríos del Archivo Nacional de Bolivia por haberme ayudado en la transcripción de algunos manuscritos difícilmente legibles; a Cecilia Reyes por la elaboración de los cuadros, y a José Luis Costa por la confección del mapa de las misiones; a mi amigo y colega Andrés Eichmann por sus buenos consejos para la elaboración del texto y, finalmente, al Centro de Estudios Indianos de la Universidad de Navarra, en especial a Ignacio Arellano, por incluir esta obra en su Biblioteca Indiana.

Dedico esta obra a mi hermano Ruud y mi cuñada Marjo, con quienes me une desde hace cuarenta y cinco años un lazo de profunda amistad y gran aprecio mutuo.

Hans van den Berg, O.S.A.
La Paz, 1 de febrero de 2010.

1. HACIA LA FUNDACIÓN DE UNA MISIÓN ENTRE LOS YURACAREES (1765-1775)

1.1. LAS EXPLORACIONES DEL AÑO 1765

En el año 1765, los yuracarees irrumpen abiertamente en el escenario histórico y entran también en la perspectiva de la evangelización. Hasta entonces esta pequeña etnia, la única de las tierras bajas que se extienden entre Cochabamba y Mojos, era casi desconocida. Se sabía de su existencia desde fines del siglo XVI, pero las fuentes coloniales traen apenas alguna noticia esporádica[1].

La frontera entre los dominios españoles y portugueses en Sudamérica fue, durante largo tiempo, un elemento de seria controversia. En 1750 los gobiernos de España y Portugal firmaron un tratado en el cual se fijó como frontera entre el Mato Grosso y Mojos el río Iténez, pero en 1761 se firmó un nuevo tratado que anuló el del año 1750 y dejó en suspenso la fijación del río Iténez como frontera. Los portugueses seguían penetrando los territorios que la corona española consideraba dominio suyo y amenazaban seriamente la tranquilidad de las reducciones jesuíticas de Mojos. Con un auto del 20 de agosto de 1763 la audiencia de Charcas decidió proceder a la expulsión de los portugueses del margen izquierdo del río Iténez y encargó a su mismo presidente, el Brigadier Juan Francisco de Pestaña

[1] Para detalles, ver: Kelm, 1966, pp. 69-91.

ejecutar su dictamen. De inmediato empezaron los preparativos con el reclutamiento de soldados en diferentes ciudades que pertenecían a la jurisdicción de la audiencia. Una real cédula del 4 de septiembre de 1764 corroboró la decisión tomada por la audiencia de Charcas, al ordenar al virrey de Lima el suo de la fuerza contra los portugueses en caso de que no evacuaran pacíficamente los territorios que habían ocupado en Mojos. Los jesuitas de Mojos apoyaron el uso de la fuerza y ofrecieron su total colaboración a las autoridades de la audiencia.

Para dicho efecto, enseñaron a los indios de Mojos a fundir cañones y a preparar la pólvora; asimismo procuraron abrir caminos desde las misiones de Mojos a La Paz por Apolobamba y desde los pueblos de San Ignacio y Loreto a los valles de Cochabamba y Tarata[2].

Se pensaba que así, en el futuro, se podría trasladar de forma más directa tropas desde los Andes a Mojos. Juan de Pestaña acogió esta iniciativa de los jesuitas y decidió hacer explorar la posibilidad de abrir una senda desde la cordillera de Cochabamba hacia los llanos de Mojos.

1.1.1. Las entradas de Juan Antonio Saavedra

El 4 de mayo de 1765 Juan de Pestaña escribió una carta al cochabambino Juan Antonio Saavedra encargándole «reconocer si podrá facilitarse el referido camino para todo tráfico y comercio»[3]. Saavedra recibió seiscientos pesos para los gastos de la expedición[4]. De inmediato empezó a prepararla y el día 20 de mayo salió de Sacaba, tomando la dirección de Colomi. Desde allá recorrió una distancia de

---

[2] Chávez, 1944, p. 320. Chávez no indica la fuente documental en que se basa esta afirmación.

[3] Pestaña, 1765b. En el cabildo que se realizó en Cochabamba el día 12 de abril de 1765 y en que se consideró la cuestión de una apertura de camino a Mojos, Juan Antonio Saavedra se había ofrecido «concurrir a abrir el tránsito con cien hombres en el término de dos meses» (cabildo de Cochabamba, 1765: fol. 5r). Hizo también este ofrecimiento al mismo presidente de la real audiencia de Charcas por carta del 16 de abril del mismo año (ver: J. Saavedra, 1765a).

[4] Ver J. Saavedra, 1765b, fol. 33r.

aproximadamente diez y seis leguas y llegó a la junta de los ríos Santa Vera Cruz y Santa Isabel. Calculó que «las pampas distarán de los dichos ríos, como cosa de veinte leguas poco más o menos, en cuyo intermedio tienen los cerros poca altura»[5]. Observó Saavedra que «en su bajada a las orillas de los citados ríos se manifestaron palpables algunas fogatas de noche, que hice juicio ser de los indios yuracarees»[6]. No teniendo los medios suficientes para proseguir la entrada, Saavedra decidió retornar a Sacaba y buscar ayuda. Desde esa localidad escribió el 12 de junio un pequeño informe a Juan de Pestaña. El día siguiente, 13 de junio, se puso de nuevo en camino, pero tomó otra dirección, a saber la de Tiraque y desde allá a la cordillera de Chapapani. En los días siguientes consiguió internarse «hasta las faldas del cerro Ronco [...] y cerca de donde principia el monte»[7]. No pudo avanzar más «respecto de carecer de la necesaria herramienta con que poder allanar algunos pasos dificultosos de los cerros para facilitar el tránsito a los llanos»[8]. Retornó nuevamente a Sacaba y desde allá escribió su tercera carta al presidente de la audiencia. Es precisamente en esta carta, fechada el 29 de junio de 1765, donde encontramos la primera mención de una posible cristianización de los yuracarees. El día 9 del mismo mes Juan de Pestaña había escrito una carta a Juan Antonio Saavedra, en la cual le insinuó que pudiese acompañarle un fraile para iniciar la conversión de aquellos indígenas. Saavedra manifestó que estaba dispuesto a realizar una tercera entrada y dijo al presidente:

No se me ofrece embarazo alguno que don Melchor Mariscal[9] entre conmigo, según se sirve de prevenírmelo por la que he recibido de 9 de este y antes mereceré lograr de su compañía para despertar en lo espiritual el consuelo de que hemos carecido mayormente, cuando su celo lleva el destino de ver si puede conseguir la conversión de los indios yuracarees, de que resultará gran servicio a ambas Majestades, si lo consigue[10].

---

[5] J. Saavedra, 1765c, fol. 34r.

[6] J. Saavedra, 1765c, fol. 34r.

[7] J. Saavedra, 1765d, fol. 36r. Para el diario que llevó Juan Antonio Saavedra de sus dos entradas, ver: J. Saavedra, 1765e.

[8] J. Saavedra, 1765d, fol. 36r.

[9] Franciscano de la provincia de San Antonio de los Charcas, que había trabajado como misionero entre los chiriguanos.

[10] J. Saavedra, 1765d, fol. 36v.

Esta tercera entrada no se realizó, porque el 10 de julio el presidente de la real audiencia de Charcas, habiéndose enterado del poco éxito que Saavedra había tenido en sus dos breves viajes de exploración, ordenó al gobernador de Cochabamba, Gabriel de Herboso, suspender «por ahora en continuar en la apertura del dicho camino hasta que yo pase a Cochabamba y dé nueva orden»[11].

1.1.2. La entrada de Baltasar Peramás

Un emprendedor vecino de la ciudad de Mizque, Baltasar Peramás, se enteró, a su vez, de las intenciones del presidente de hacer investigar las posibilidades de comunicar por vía directa los valles de Cochabamba con Mojos y, en marzo de 1765, pasó una semana en la cordillera para hacer unas primeras observaciones acerca de la eventual realización de una expedición hacia las tierras bajas. El 1 de abril escribió desde Mizque al presidente Pestaña: «cumpliendo con la orden de Vuesa Señoría pasaré inmediatamente a Tiraque y Pocona con naturales del dicho yunga [de Chuquioma] que son los únicos que entran en él y tienen comunicación con los yuracarees»[12]. En una carta del 9 de mayo, también dirigida a Pestaña, repite esta intención:

> Inmediatamente que entre en el dicho yunga procuraré [...] descubrir algunos ranchos de los yuracarees, porque este es el medio más fácil para poder descubrir con la brevedad que se pretende el río Mamoré y para granjearme su amistad compraré en esta villa algunas chaquiras, espejillos y algunas docenas de cuchillos[13].

---

[11] Pestaña, 1765c.

[12] Peramás, 1765a, fol. 1v. En una carta que Peramás escribió al presidente Pestaña el 16 de abril de 1765 habla de dos vaqueros de Tiraque y de uno de Pocona «que son los que más han comerciado y aun vivido con los yuracarees» (Peramás, 1765b, fol. 2r).

[13] Peramás, 1765c, fol. 4v. El mismo Pestaña, en una carta del 23 de abril de 1765, había insinuado a Peramás proceder de esta manera: «Para esto será muy importante si se pudiese granjear algunos indios yuracarees de los más prácticos que, con algunos donecillos, no será difícil reducir a la amistad para que sirvan de guías y así mismo en los trabajos que se ofrecieren» (Pestaña, 1765a, fol. 3r).

Baltasar Peramás salió de Mizque el 12 de junio de 1765 y pasó la noche en Totora: «Este día me sucedió que, habiéndose pegado fuego a más de dos libras de pólvora, me quemé la cara, oreja y mano»[14]. El día 13 de junio llegó a Tiraque «en donde estuve hasta el día veinte y uno, tanto porque se me hinchó la mano y a punto la gangrena, obligándome a hacer cama por seis días, como para aguardar que se acabasen de juntar los peones»[15]. Salió de Tiraque el día 22 de junio y, superando muchas dificultades, llegó el día 1 de agosto al río San Mateo. Exploró durante una semana la zona de aquel río, pero no pudo avanzar más y el 8 de agosto decidió retornar a la cordillera, donde llegó el día 11 de agosto[16]. De allí se dirigió a la cordillera de Tiralta, donde ocurrió que

> estando en el yunga habían salido nueve yuracarees por Arepucho y que habiéndoles dado a entender en la empresa que estábamos, dijeron que no había más camino que el que ellos sabían y que si era para matar a los chiquitos[17], que nos pondrían en las pampas y que el camino, aunque era pequeño, era bueno[18].

Peramás, mientras tanto, se había enfermado seriamente y decidió encargar al rumbeador Mateo Romero, quien le había acompañado en toda la expedición, buscar contacto con los yuracarees. Romero efectivamente hizo una nueva entrada con cinco peones y, siguiendo el curso del río Chapapani, logró encontrarse «con un capitán y veinte indios yuracarees, los que los recibieron con malísimo modo, armados con arcos y flechas»[19]. Mateo Romero les indicó que él no tenía malas intenciones hacia ellos y les rogó llevarlo a sus ranchos «a lo que respondieron no querían su amistad [...] y que no podían llevarlos a sus ranchos, porque su cacique los mataría»[20]. Sin embargo, gracias a ciertos obsequios que Romero les dio, se apaciguaron los

---

[14] Peramás, 1765d, fol. 10v.

[15] Peramás, 1765d, fol. 10v.

[16] Ver para detalles: Peramás, 1765d.

[17] Chiquitos o chiquitanos: una etnia que se encontraba al este del territorio de los yuracarees.

[18] Peramás, 1765f, fol. 14v.

[19] Peramás, 1765e, fol. 7v.

[20] Peramás, 1765e, fol. 7v.

ánimos y los yuracarees proporcionaron varios datos importantes a Mateo Romero y sus acompañantes, concretamente acerca de la comunicación con las pampas de Mojos. Dieron información también sobre diferentes grupos de su etnia: «Dijo que en su pueblo había ochenta, en San Mateo treinta y en dos rancherías de Arepucho hasta cuarenta»[21]. En este contacto no se habló de una eventual reducción y cristianización de los yuracarees y Baltasar Peramás no mencionó tampoco este asunto en su correspondencia con Juan de Pestaña.

La entrada que hizo Baltasar Peramás tuvo una inesperada consecuencia negativa para él. También a él la real audiencia de Charcas había asignado la suma de 600 pesos para la realización de la exploración. Sin embargo, él había pedido al corregidor de la provincia de Mizque el doble de esta suma. La rendición de cuentas que hizo[22] no fue aceptada por la audiencia: «de ninguna suerte puede ni debe aprobarse la referida cuenta de gastos por haberse excedido en ella»; y la audiencia dio orden al mencionado corregidor de cobrar a Peramás cuanto antes la suma de 600 pesos[23]. El 6 de diciembre de 1765 el corregidor notificó a Peramás que debía cancelar dentro de tres días la indicada suma. Como no pudo hacerlo, el día 10 de diciembre se embargó una parte de los bienes de Baltasar Peramás[24].

1.1.3. Las entradas de Juan Cristóbal de Borda

Un vecino del pueblo de Tarata, en el Valle de Cliza, el capitán de caballos corazas Juan Cristóbal de Borda desde el año 1762 ya había solicitado autorización para explorar las tierras bajas cochabambinas, «por noticias que tuvo de algunas riquezas de minas o veneros»[25]. De hecho, se internó en aquellas tierras y mantuvo «en ellas exploradores que buscasen senda para internarse»[26].

---

[21] Peramás, 1765e, fol. 8r.

[22] Esta rendición de cuentas se encuentra como anexo a la carta que Peramás escribió el 6 de septiembre de 1765 al presidente de la real audiencia de Charcas (Peramás, 1765f).

[23] Junta de real hacienda de La Plata, 1765.

[24] Ver Fernández y Trujillo, 1765a y 1765b.

[25] J. Borda, 1765e, fol. 42v.

[26] J. Borda, 1765e, fol. 42v.

Estando en estas diligencias llegó a su noticia que el muy ilustre señor don Juan de Pestaña, presidente de la real audiencia de La Plata, impartió órdenes para abrir camino a los Mojos y que con ésta se esforzó más y continuó los pasos con más eficacia repitiendo sus jornadas, así por su persona como por la de sus hijos y domésticos[27].

El mismo día 22 de junio de 1765, en que Baltasar Peramás salió de Tiraque para iniciar su expedición en busca de una senda para llegar a Mojos, Juan Cristóbal de Borda empezó también un nuevo viaje de exploración. Uno de los que le iban a acompañar, Josef Manuel Solís, relató más tarde que

el día veinte y dos de junio se juntaron en el Tambillo, doctrina del pueblo de Punata, con don Juan Cristóbal de Borda; y que de allí marcharon con más de treinta hombres para el monte en solicitud de camino para las pampas de los Mojos[28].

Ya el día 24 del mismo mes llegaron a la ceja del monte y «empezaron a abrir camino por el monte por la parte de Santa Rosa»[29]. Pronto tropezaron con dificultades insuperables para avanzar todos juntos y Juan Cristóbal de Borda dispuso «que fuesen cinco hombres a explorar los lugares hasta salir a los llanos buscando senda»[30]. El 2 de julio salieron los cinco, entre los cuales se encontraban Josef Manuel Solís y Clemente Hidalgo, y regresaron el 9 del mismo mes. Ese día don Juan Cristóbal escribió una carta al obispo de Santa Cruz, Francisco Ramón de Herboso[31] (que era amigo íntimo suyo y que apoyaba enérgicamente el proyecto del establecimiento de una comunicación con Mojos), dando respuesta a una carta que pocos días antes había recibido de ese prelado. Relata extensamente lo obrado hasta la fecha y le informa también al obispo acerca de las buenas posibilidades económicas que ofrecen las tierras que está explorando[32].

---

[27] J. Borda, 1765e, fol. 42v.

[28] Solís, 1765, fols. 64r-64v.

[29] Solís, 1765, fol. 64v.

[30] Solís, 1765, fol. 64v.

[31] Francisco Ramón de Herboso y Figueroa fue obispo de Santa Cruz de la Sierra de 1761 a 1777 y Arzobispo de Charcas de 1777 a 1782.

[32] «Los lugares que hasta aquí he visto a trechos largos, tienen pedazos de ellos para hacienda» (J. Borda, 1765a, fol. 51r). «Estancias para vacas tengo vistas muy bue-

Es más, dice Borda: «he hecho chacos en buenos pedazos donde dejaré las siembras hechas de todas las semillas que traje; y haré casa la mejor que se pudiere para los que quedasen a cuidar los sembrados»[33]. En esta carta Borda no hace ninguna mención a un eventual encuentro con yuracarees y tampoco habla de su pensada conversión. Lo que sí llama la atención es que había llevado consigo a un sacerdote, don Bonifacio García de la Vega, y que se preocupaba del descanso dominical de su gente: el domingo 6 de julio, «después de Misa eché a todos aviándolos a que fuesen por vía de paseo y diversión a lo que cada cual se antojase»[34].

Poco después del regreso de los cinco exploradores, Borda decidió retornar a Tarata, pero al llegar a «la estancia de Tiraque, eligió cinco hombres para que saliesen a las cumbres de la cordillera para seguir rumbo de allí a encontrar con el que sacaron de los llanos»[35]. Entre los cinco se encontraban nuevamente Clemente Hidalgo y Josef Manuel Solís.

Apenas de vuelta en Tarata, Borda manda un segundo informe al obispo Herboso, en el cual se esmera nuevamente en proporcionar a su amigo toda clase de detalles acerca de sus afanes empresariales y de los sembradíos que en diferentes partes había hecho y pensaba hacer. Se refiere también a la entrada de Juan Antonio Saavedra:

> Don Juan Antonio Saavedra habrá visto, según me han dicho dos de los que le acompañaron, las pampas y el río del Pescado desde las cumbres, pero pongo mucha duda en que pueda bajar por el camino que va a los dichos lugares, lo que se verá breve[36].

---

nas, encañadas entre la puna y ceja del monte, y también para ovejas y para cabras creo que solo en las pampas se podrán mantener. En cuanto a las minas, no he querido ocupar tiempo, porque si las hay, seguras están de ladrones» (J. Borda, 1765a, fol. 51v).

[33] J. Borda, 1765a, fol. 51v.

[34] J. Borda, 1765a, fol. 51r. En una representación de 1768, habla Juan Cristóbal de Borda del «nunca bastante aplaudido celo del ilustrísimo señor don Francisco de Herboso, dignísimo obispo de Santa Cruz de la Sierra, para animarme y fomentarme en la prosecución de esta empresa desde que tuvo noticia de ella señalándome capellán con privilegio de altar portátil para las entradas que se me ofreciesen» (J. Borda, 1768, fol. 177v).

[35] Solís, 1765, fol. 65r.

[36] J. Borda, 1765b, fol. 53v.

Cuando los cinco exploradores enviados por Borda desde Tiraque llegaron a la ceja del monte, llegó a su encuentro un grupo de veinticuatro yuracarees. Preguntados éstos cómo habían llegado hasta allá, comunicaron a los exploradores que habían sabido de su anterior llegada a los llanos y que habían seguido sus huellas, porque querían saber quién era su capitán y conocerlo. A los hombres de Borda les llamó grandemente la atención que, al presentarse a ellos aquellos yuracarees, les dijeran que eran cristianos y que llevaban nombres cristianos. Además, todos tenían sujetada al cuello una cruz de chonta. Josef Manuel Solís debe haber indagado acerca de la situación de aquellos indígenas en relación con el cristianismo, porque después informó a Juan Cristóbal de Borda en Tarata que los yuracarees habían «contado a varios padres misioneros por sus nombres, como también las misiones»[37] y que dos dijeron «ser bautizados»[38]. Una carta que el obispo de Santa Cruz escribió el 13 de agosto de 1765 al presidente de la real audiencia presenta el siguiente detalle acerca del contacto de los yuracarees con aquellos padres misioneros. Dice el obispo, basándose en la extensa información que le dio en Cochabamba Juan Cristóbal de Borda, que los yuracarees «nombraron a los PP. Pedro y Josef»[39]. El mismo obispo hizo averiguaciones sobre esos padres en el colegio de la Compañía de Jesús en Cochabamba: «han inferido los de este colegio que [los yuracarees] hablaron del pueblo de Loreto que es el primero de Mojos, porque sus misioneros tienen estos nombres»[40].

En un mapa del año 1769 que presenta las regiones misioneras de Mojos y Chiquitos figuran, en la zona fronteriza entre Mojos y Cochabamba, dos reducciones, a saber Santa Rosa del Chapare por el río Cunune y San José de los Yuracarees en la región de la fuente del río Sécure. En la leyenda del mapa se encuentra la siguiente observación: «Y en dichas juntas de Paracti los indios yuracarees fueron de las misiones de San Josef y Santa Rosa, estos tenían comunicación con todas las más misiones»[41]. Lastimosamente no disponemos de más datos

---

[37] J. Borda, 1765c, fol. 54r.

[38] J. Borda, 1765c, fol. 53v.

[39] F. Herboso, 1765a, fol. 49v.

[40] F. Herboso, 1765a, fol. 49v.

[41] Mapa remitido por la audiencia de Charcas al rey de España. En V. M. Maúrtua, *Juicio de Límites entre el Perú y Bolivia. Cartera de Mapas*, núm. 15, Madrid, 1906.

acerca de una eventual conversión de yuracarees a cargo de los jesuitas de Mojos[42].

Solís y sus compañeros decidieron llevar consigo a un pequeño grupo de aquellos yuracarees, concretamente al capitán, Josef Chuche Capita, junto con sus dos hijos y tres sobrinos que estaban con él. Llegaron a Punata el día 31 de julio. Los exploradores hubieran querido llevarlos ese mismo día a Tarata para ponerlos de inmediato en contacto con Juan Cristóbal de Borda, pero los yuracarees estaban tan exhaustos por la larga caminata que se quedaron en Punata: «porque estaban muy cansados, que aun a Punata fue necesario que los trajesen cargados a cuestas»[43]. En Punata recibieron hospedaje en la casa del párroco del pueblo: «hicieron mansión en casa del doctor don Manuel Tomás Moscoso y Pérez, cura y vicario de este beneficio de Punata»[44].

Don Josef Manuel Solís y otro de los exploradores fueron aún el mismo día 31 de julio a Tarata para dar informe a Juan Cristóbal de Borda y para invitarle a trasladarse cuanto antes a Punata para tomar contacto con los yuracarees. Borda se había propuesto viajar el día 1 de agosto a Cochabamba para personalmente comunicar al obispo Herboso todos los pormenores de su expedición, pero decidió pos-

---

[42] Sobre la misión de San José no hemos podido encontrar otros datos. En cuanto a la misión de Santa Rosa, ésta fue fundada a fines del siglo XVII con indígenas mojeños de la misión de Loreto y debe haber existido solamente algunas décadas. En una declaración que dio el jesuita Felipe de Rojas en Cochabamba el 14 de abril de 1765, sobre comunicación entre Cochabamba y Mojos en la primera mitad del siglo XVIII, leemos: «Estos viajes de ida y vuelta los estuviesen haciendo sin faltar por el camino del Agial todo el tiempo que duró la misión de Santa Rosa, que fueron muchos años. Y cuando los dichos indios de la misión de Santa Rosa se disminuyeron, porque casi los acabó a todos una cruel peste que tuvieron, dejaron de venir; y los pocos que quedaron en vida se restituyeron a la misión de Loreto, de donde eran y pertenecían, porque de dicha misión salieron a fundar la misión de Santa Rosa, donde fue cura de ellos el padre Ignacio de Osona. Vueltos los pocos indios que quedaron con vida en Santa Rosa a su primer pueblo de Loreto, se deshizo la misión de Santa Rosa» (F. Rojas, 1765, fol. 16r). Heinz Kelm, que no llegó a conocer esta declaración del padre Rojas, aceptó sin más que los habitantes de la misión de Santa Rosa eran yuracarees (ver Kelm, 1966, pp. 93-96).

[43] J. Borda, 1765c, fols. 53v-54r.

[44] C. Montaño, 1765, fol. 61v.

tergar esa viaje e ir primero a Punata. Todavía la misma noche de ese día 31 de julio escribió al obispo:

Habiendo estado para pasar mañana a dar cuenta de todo a Vuestra Señoría Ilustrísima, han llegado esta noche, a las ocho, dos de los que fueron a ensartar el camino de alto abajo al que abrieron de abajo para arriba, y encontrándose con veinticuatro indios bárbaros [...] se han vuelto con seis de ellos y los dejaron en Punata[45].

El día 1 de agosto Juan Cristóbal de Borda y los dos que habían venido a visitarle se dirigieron a Punata y allá fueron a la casa de don Clemente Montaño, uno de los más importantes vecinos del pueblo, quien el día anterior, inmediatamente después de haber recibido la noticia de la llegada de los yuracarees, ya había ido a verlos en la casa del cura Moscoso[46]. En la casa de Clemente Montaño se reunieron también algunos otros vecinos de Punata, entre ellos Felipe González y Rafael Vega, quienes a finales de agosto prestarían en Cochabamba una declaración oficial acerca del encuentro que tuvieron en la casa de Montaño.

Poco después de que se hubieron reunido los vecinos de Punata, vinieron a esa casa también los seis yuracarees junto con Clemente Hidalgo. Juan Cristóbal de Borda se presentó a ellos como el capitán de los exploradores, y los yuracarees, saludándole afectuosamente, lo reconocieron como su capitán.

Consiguientemente [los yuracarees] tuvieron grande regocijo de conocer al dicho capitán don Juan Cristóbal de Borda nominándole por tal su capitán y ofreciéndole que en la montaña donde habitan le habían de hacer su casa y darle mucho pescado[47].

Los tres punateños presentes les hicieron preguntas acerca de su relación con el cristianismo, y las respuestas de los yuracarees les convencieron de que de alguna manera ya se consideraban cristianos por

---

[45] J. Borda, 1765c, fol. 53v.
[46] «a donde dice pasó este declarante a conversar con dichos indios» (C. Montaño, 1765, fol. 61v).
[47] F. González, 1765, fols. 61v-62r.

llevar cruces y tener nombres cristianos, y que efectivamente tenían el deseo de ser cristianos.

Pensando ya en una nueva entrada en las Montañas de Yuracarees y en un contacto más intensivo con los habitantes indígenas de las mismas, Borda obsequió al capitán Josef Chuche Capita «un bastón, diciéndole que era insignia del rey católico y que con aquella seña convocase a las demás naciones, para que se juntasen en los llanos y playas del río del Pescado y que allí fabricasen una casa»[48]. Se ofreció, entonces, el mestizo tarateño Clemente Hidalgo para acompañarles en su retorno, pidiendo licencia a Borda, «para irse con los dichos indios a industriarlos, por haber contraído con ellos mucha intimidad de amistad»[49]. Los yuracarees «manifestaron mucho gusto, entendida la propuesta, y para hacer mejor papel pidió el dicho Hidalgo se le diese un instrumento por escrito, para que, si aportasen a los Mojos u otros lugares, no fuesen obstaculizados»[50]. Borda, de hecho, le proporcionó a Clemente Hidalgo la solicitada recomendación y, además, designó al mismo grupo de exploradores para que hicieran junto con los visitantes una nueva entrada.

Ya el día siguiente los exploradores y los yuracarees abandonaron Punata. Testimonió más tarde Josef Manuel Solís que «marcharon hasta Chapapani juntos, unos y otros, y que de allí se fueron los dichos indios por su senda; y que este declarante entre ocho hombres tomaron otra al destino de buscar camino»[51]. Esta nueva entrada no tuvo mucha duración, porque a fines del mismo mes de agosto Solís prestó declaraciones en Cochabamba acerca de sus contactos con los yuracarees[52].

El mismo día 2 de agosto Juan Cristóbal de Borda redactó en Punata un testimonio sobre su entrada y el encuentro con los yuracarees en aquel pueblo, el mismo que hizo firmar también por Felipe

---

[48] Borda, 1765e, fol. 43v.
[49] Borda, 1765e, fol. 43v.
[50] Borda, 1765e, fol. 43v.
[51] Solís, 1765, fol. 65v.
[52] Parece que así estaría previsto, porque el 2 de agosto declaró Juan Cristóbal de Borda que «los exploradores ofrecieron volver entro de quince días con la noticia de la diligencia» (J. Borda, 1765e, fol. 43v.).

González y Clemente Montaño, y del cual «se sacó un tanto para manifestar al señor gobernador don Gabriel de Herboso»[53].

El día siguiente se trasladó a Cochabamba para visitar al obispo de Santa Cruz que por entonces se encontraba en aquella ciudad. El obispo Herboso, después de haber recibido una detallada información de parte de Borda acerca de las novedades de su entrada a las Montañas de Yuracarees, le insinuó a don Juan Cristóbal visitar personalmente a su hermano, el gobernador de Cochabamba, Gabriel de Herboso. De esta visita resultó que el 5 de agosto el gobernador redactó un auto, por medio del cual mandó que Borda

> jure y declare todo lo que le ha pasado en este descubrimiento, el estado en que lo tiene y cuanto convenga, para informar a su señoría dicho muy ilustre señor presidente, con testimonio de la declaración, como lo ha pedido, al expresado ilustrísimo señor obispo[54].

Juan Cristóbal de Borda dio su declaración en Cochabamba el día 6 de agosto, ante el mismo gobernador Herboso. En esta declaración, fuera de dar noticia sobre el encuentro con los yuracarees, se extiende Borda ampliamente sobre las reales posibilidades de abrir un camino hacia Mojos[55].

Dos días después, el 8 de agosto, Borda escribió en Cochabamba una breve carta al presidente de la audiencia de Charcas, Juan de Pestaña. De esta carta queremos resaltar lo siguiente: primero hace referencia Borda al encargo que había recibido de parte del mismo presidente de la audiencia de «explorar, indagar y registrar el tránsito y camino de esta provincia a las misiones de Mojos[56]. Luego señala lo siguiente:

> Y porque con el reconocimiento que me asiste y el buen deseo de poblar aquellos terrenos, no solo con el logro de la apertura del camino, sino también de los frutos temporales y aun de los espirituales, me he esforzado a llevar algunas personas que puedan ayudarme, concurriendo

---

[53] J. Borda, 1765d, fol. 41v.
[54] G. Herboso, 1765a, fol. 42r.
[55] Ver J. Borda, 1765e.
[56] J. Borda, 1765f, fol. 47r.

con los arbitrios que les sean posibles para reducir a la bárbara nación de yuracarees que en ellos habitan[57].

Tenemos aquí los cuatro elementos que, de hecho, juegan con frecuencia un papel a lo largo de la historia que presentamos en este libro: apertura de un camino desde la cordillera de Cochabamba hacia las tierras bajas de la misma provincia, reducción (y evangelización) de los yuracarees, poblamiento de las Montañas de Yuracarees de parte de cochabambinos y particularmente de tarateños, y el establecimiento de una comunicación directa entre Cochabamba y Mojos. Juan Cristóbal de Borda asumió un importantísimo papel en esta gran empresa. Por eso pidió en la misma carta al presidente de la audiencia darle una acreditación oficial para dirigir las operaciones correspondientes: «Suplico a Vuestra Señoría se sirva de conferirme algún título con que pueda tener alguna atención y respeto»[58].

El 9 de agosto el gobernador de Cochabamba, Gabriel de Herboso, promulgó un nuevo auto, mandando que el alcalde provincial de Cochabamba y teniente del Valle de Cliza, el doctor Antonio Luján, recibiese declaraciones de los exploradores que habían acompañado a Juan Cristóbal de Borda en su expedición. El mismo auto contiene un pequeño interrogatorio que debería servir como base para la recepción de las declaraciones.

El día 13 de agosto cada uno de los dos hermanos Herboso, Gabriel en calidad de gobernador de Cochabamba, y Francisco Ramón como obispo de Santa Cruz, escribieron en Cochabamba sendas cartas al presidente de la real audiencia. Gabriel de Herboso indica en la suya que es conveniente que Juan Cristóbal de Borda reciba alguna jurisdicción, «porque son muchos los que se han alentado a seguirle y si no tuvieran a quien tener respeto y obedecer, podrá recelarse poca unión»[59]. Comunica también a Juan de Pestaña que, de hecho, le ha dado a Borda jurisdicción interina, «teniendo presente que no habiendo allí juez alguno, el más inmediato debe en estos casos ejerci-

---

[57] J. Borda, 1765f, fol. 47r.
[58] J. Borda, 1765f, fols. 47r-47v.
[59] G. Herboso, 1765c, fol. 55v.

tar jurisdicción»[60]. Gabriel de Herboso hace solo una muy breve referencia a los yuracarees: «Me parece que está logrado el fin, que es vencer la cordillera y ponerse en los llanos, porque lo demás se considera fácil, principalmente si los indios yuracarees proceden de buena fe»[61].

El obispo Herboso habla en su extensa carta explícitamente de la conversión de los yuracarees. Primero dice: «Tengo dada providencia para que mi provisor forme autos y justifique los mismos sucesos por lo que influyen al establecimiento de misiones entre esos infieles»[62]. Más adelante observa:

> Estando estos infieles tan inmediatos y en el centro de los llanos, esto es, entre los Mojos y esta provincia, debe considerarse de la mayor importancia su conversión, de que resultaría, después de sujetarlos al suave yugo del Evangelio y al vasallaje debido a nuestro monarca, hacer entrancia breve y fácil a los Mojos[63].

Señala también el obispo que tiene planes de empezar cuanto antes la conversión de los yuracarees y que solo quiere esperar mayores noticias, a través de Juan Cristóbal de Borda, quien planifica realizar una nueva entrada, para poder tomar las medidas concretas en orden al inicio de la reducción de aquellos indígenas:

> Como las obligaciones de mi carácter hacen desear ser reducidos aquellos infieles a la fe católica, estoy meditando los modos y medios de que me podré valer para ello. Y luego que Borda estando en los llanos me haga los informes que le tengo prevenidos, remitiré los clérigos que me parecieren de mejores proporciones a fin de que interinamente ejerciten el ministerio parroquial a los que allí se establecieren, y procuren suavemente atraer aquellos infieles y doctrinarlos[64].

---

[60] G. Herboso, 1765c, fol. 55v. Llama la atención que Gabriel de Herboso afirme que «desde la cumbre de la cordillera se cierra la jurisdicción de esta provincia y empieza la del Gran Paititi» (G. Herboso, 1765c, fol. 55v).

[61] G. Herboso, 1765c, fol. 55v.

[62] F. Herboso, 1765a, fol. 48v.

[63] F. Herboso, 1765a, fol. 48v.

[64] F. Herboso, 1765a, fols. 49v–50r.

Finalmente dice Francisco de Herboso que tiene «entregado a Borda lo que me ha parecido puede agradar a los indios»[65]. Está claro que el obispo apoya los proyectos empresariales de Juan Cristóbal de Borda. Es más, declara al presidente de la audiencia que le parecía

conveniente se ofreciese a Borda y a los demás que le acompañan establecimientos en los lugares que han descubierto y descubrieren, para que les sirva de estímulo, porque a lo que aspiran es a formar haciendas, para que sus hijos, que están estrechos en el Valle de Cliza, logren las comodidades que se han prometido y de que son dignos por lo que han trabajado y gastado exponiendo sus vidas; y como este es el modo de poblar aquellos lugares, no he querido omitir proponerlo a V. S.[66].

El 22 de agosto de aquel año de 1765 el presidente y los oidores de la real audiencia de Charcas, después de analizar las cartas y documentos que les habían enviado Juan Cristóbal de Borda, el obispo Francisco de Herboso y el gobernador Gabriel de Herboso, y después de haber recibido el visto bueno del fiscal, decidieron apoyar abiertamente las acciones de los tres mencionados en favor de la apertura del camino y la reducción de los yuracarees. Ordenan el presidente y los oidores que se mande una carta al obispo Herboso, «dándole las gracias por el esmerado celo con que se ha dedicado a promover y fomentar esta empresa, no solo por lo respectivo a su ministerio pastoral, sino también por amor y aplicación al real servicio»[67]. Asimismo mandan que se escriba una carta al gobernador de la provincia de Cochabamba, para que dé todas las providencias que tenga por con-

---

[65] F. Herboso, 1765a, fol. 49v.

[66] F. Herboso, 1765a, fol. 49v. Que el obispo Herboso apoya las expediciones de Borda se manifiesta también en el comentario que da a la entrada de Baltasar Peramás: «No dudo que el teniente de Mizque descubra senda a los Mojos pero será más dilatada porque está más al sur, y que la cordillera que es indispensable transitar se extiende por aquella parte y le excede a ésta en fragosidad; y cuando así no fuese, se lograría mucho en multiplicar los caminos, porque el que sería más breve para un lugar, sería más distante para otro, y de esta villa a Totora hay treinta leguas que se habían de andar para emprender la subida de la cordillera cuando, tomada por el camino que ha abierto Borda, solo hay doce, y como está más al norte endereza el camino por lugar más inmediato» (F. Herboso, 1765a, fol. 49r).

[67] Real audiencia, 1765, fol. 57v.

venientes a este fin[68]. Atienden también los miembros de la audiencia las aspiraciones de Juan Cristóbal de Borda, mandando que se comunique al gobernador Herboso que

> usando de las facultades con que se halla, podrá dar a don Juan Cristóbal de Borda el título militar que le parezca, [...] y que así mismo, hecho el descubrimiento y allanado el camino, se le ofrezca el repartimiento de tierras, no solo para sí, sino para los que le acompañaren[69].

Solo el 26 de agosto el alcalde provincial Antonio Martínez Luján aplicó en Punata el interrogatorio que el gobernador Herboso le había hecho enviar. Clemente Montaño, Felipe González y Rafael Vega, los tres vecinos que habían tenido su encuentro con los yuracarees el día 1 de agosto, declararon aquel día. Como ellos no habían participado en la entrada de Borda, solo pudieron decir algo acerca de la llegada de los yuracarees a Punata y de la conversación que habían tenido con ellos en la casa de Clemente Montaño. El día 31 de agosto el mismo alcalde provincial recibió en Tarata las declaraciones de dos de los exploradores que habían participado en la entrada de Borda y que a partir del día 2 de agosto habían hecho una nueva entrada, a saber: Josef Manuel Solís y Clemente Hidalgo. A los datos que ya conocemos de la entrada de Borda, solamente añadieron algunos nuevos con respecto a esa nueva entrada.

El mismo Juan Cristóbal de Borda hizo después otra entrada con varios exploradores, junto con unos ochenta peones, pero en su testimonio sobre esta nueva expedición no hace ninguna referencia a los yuracarees[70].

---

[68] Real audiencia, 1765, fol. 57v.
[69] Real audiencia, 1765, fol. 58r.
[70] Ver J. Borda, 1766. Dice Borda en esta declaración que salió por el mes de agosto, lo que me parece poco probable, porque habrá esperado el retorno de los exploradores que había mandado el 2 de agosto, y éstos dieron sus declaraciones el 31 de agosto. Borda debe haber salido a comienzos de septiembre, porque el 7 de ese mes escribió el gobernador Gabriel de Herboso al presidente de la real audiencia: «el dicho Borda se puso en camino con bastante gente y providencias, muy alentado con el honor que Vuestra Señoría le ha franqueado y con las últimas noticias que le trajeron los que envió en seguimiento de los indios yuracarees que estuvieron en Punata» (G. Herboso, 1765d, fol. 58r).

1.2. Pasos lentos hacia la reducción de los yuracarees

El 27 de agosto de 1765 el presidente de la real audiencia envió al virrey de Lima, Manuel de Amat, una extensa representación sobre las entradas a las Montañas de Yuracarees[71]. El 25 de octubre del mismo año este último envió una carta al obispo de Santa Cruz, Francisco Ramón de Herboso, en la cual le agradece efusivamente por su celo y esfuerzos en relación con el establecimiento de una comunicación entre Cochabamba y Mojos y con la reducción de los yuracarees. Por lo que respecta a esta última cuestión, dice el virrey que cuenta con que el obispo

> ha de continuar esforzando con su persuasión y con los demás medios que ha sabido oportunamente arbitrar su generosidad hasta que se consiga el fin deseado de reducir los indios que median entre esta provincia y la de los Mojos al suave yugo del Evangelio[72].

El obispo Herboso contestó a esta carta del virrey el 21 de diciembre. Se extiende ampliamente sobre la urgencia de realizar el proyecto del camino Cochabamba-Mojos en vista de la constante amenaza de los portugueses, e indica que, para que el futuro camino tenga toda la seguridad que se desea, «se sujetará la nación de los yuracarees», lo que no será difícil, porque

> su número se considera corto y lo prueba no haber tenido valor para inquietar los pueblos de Mojos, debiendo advertir (por la equivocación [con] que oigo hablar esta materia) que los indios chiriguanos, que por su número son temidos en Santa Cruz, es una nación que se extiende al sur de la provincia, y que los yuracarees habitan al norte sin que causen algún cuidado[73].

Añade el obispo que, habiéndose enterado de que el presidente de la real audiencia había venido a Cochabamba[74], se ha trasladado a di-

---

[71] Manuel de Amat fue virrey de 1761 a 1776.
[72] Amat, 1765, fol. 79r.
[73] F. Herboso, 1765b, fols. 81v-82r.
[74] Juan de Pestaña se trasladó a Cochabamba para supervisar personalmente el reclutamiento de soldados con el fin de formar una tropa que debía dirigirse a la frontera entre los dominios de España y Portugal para detener los avances de los portu-

1. HACIA LA FUNDACIÓN DE UNA MISIÓN...

cha ciudad desde Tarata, donde se encontraba, para tratar en forma directa con aquel presidente la cuestión de la reducción de los yuracarees: «y luego que se despache el presente correo conferiré con dicho señor para que se puedan aplicar por mi parte todos aquellos medios a que me estimula el celo al real servicio y la esperanza de la conversión de aquellos infieles»[75].

Podemos suponer que el obispo se encontró con el presidente de la audiencia. Sin embargo, no hemos encontrado ningún documento que lo atestigüe y, lo que es más sorprendente, tomando en cuenta las diferentes declaraciones que se hicieron en el curso de aquel año 1765 sobre la importancia de la reducción de los yuracarees, no sabemos de ninguna iniciativa concreta sobre el particular. El 10 de marzo de 1766 el obispo Herboso escribe una carta al presidente Pestaña, que sigue encontrándose en la ciudad de Cochabamba, en la que manifiesta su honda preocupación por el avance de la ejecución del proyecto del camino Cochabamba-Mojos. Habla de una nueva entrada que planea realizar Juan Cristóbal de Borda en el mes de abril, pero no hace ninguna referencia a los yuracarees, a no ser de una manera indirecta con la siguiente sugerencia:

> Asimismo sería muy del caso que, de los fusiles que trajo la compañía de granaderos de Chuquisaca, quedasen algunos que sirvan de respeto a los que van para contener cualquiera insolencia de los infieles con algunas piedras[76].

---

gueses sobre Mojos. Esta tropa salió de Cochabamba el 8 de abril de 1766. La expedición fracasó debido principalmente a una epidemia que diezmó esta tropa. Leemos en una carta del obispo Herboso a Juan de Pestaña: «Las noticias que por acá se han divulgado de la epidemia que se ha llevado la mayor parte de la tropa me ha sido sumamente sensible, así porque habrá frustrado las operaciones de la campaña y mortificado el celo de Vuestra Señoría, como porque esparcidas por estas provincias harán muy difícil la reposición de nueva tropa, lo que me hace considerar el nuevo camino como obra utilísima, y mucho más el que se pueblen los llanos que ya se han reconocido, por haberse experimentado su clima sano, respecto de que en él se pueden habituar al calor y criarse soldados que puedan servir en Mojos en oportuna estación y restituirse con brevedad a sus casas porque, aun cuando sean arrojados de la estacada los portugueses nunca dejarán en quietud las misiones» (F. Herboso, 1767b, fols. 136v-137r).

[75] F. Herboso, 1765b, fol. 82r.
[76] F. Herboso, 1766a, fol. 85v.

En otra carta que Herboso escribió a Juan de Pestaña el 11 de junio de 1766, en Tarata, tampoco menciona la reducción y conversión de los yuracarees. Está demasiado ocupado en el proyecto del camino, que, además, le causa serios problemas por la deserción de peones:

> Yo estoy trabajando incesantemente en la apertura de camino sin perdonar gasto, que se duplica por la maldad de estos cholos, que desertan después de aviados, y algunos se huyen con las herramientas, sin que se pueda dar con ellos[77].

El 8 de junio del mismo año 1766 Francisco de Medina, que acompañaba a Juan Cristóbal de Borda en una nueva entrada, escribió desde las Montañas de Yuracarees al obispo Herboso lo siguiente:

> Precaviendo que los indios gentiles que habitan al pie de nuestra cordillera no se asombren de vernos y quieran alzar armas, he determinado, por estar ya tan inmediato, enviar a un indio que tengo aquí, amigo del capitán de ellos, para que éste les imponga en que no vamos a hacerles daño; y ver si puede conseguir el que el dicho indio capitán me venga a ver para regalarlo, porque conviene tener a estos de amigos para que no impidan este tránsito y tal vez con la amistad pueden reducirse al gremio de nuestra santa fe católica[78].

---

[77] F. Herboso, 1766b, fol. 98v. En una carta al presidente de la audiencia de Charcas del 3 de julio de 1766 el obispo Herboso explica que la deserción se debe en parte al miedo que ha invadido a los peones de ser reclutados para la expedición al Mato Grosso: «La apertura del camino me cuesta imponderables afanes, porque esta gente, azorada todavía con la recluta que se hizo en la provincia, persuadida a que por el nuevo camino los habían de llevar a Mojos, no era contenible; porque desertaban del mismo trabajo, después de socorridos, y muchos con la herramienta» (F. Herboso, 1766b, fols. 99r-99v). Y en una carta al virrey de Lima del 15 de septiembre del mismo año dice Herboso: «Como la tropa no pudo salir de la Villa de Cochabamba hasta el 8 de abril, y de este valle hasta el 12 no pude adelantar las providencias para la apertura del camino, porque las últimas reclutas que se hicieron para completar el número de desertores y el de los que se despidieron por no ser a propósito, habían alterado sus habitantes de tal modo que solo pensaron en retirarse cuantos se consideraban expuestos al peligro, cuyo incidente hizo muy difícil hallar trabajadores y, mucho más, mulas para los víveres, por haberse recogido todas las que podían servir para la conducción de pertrechos y tropa» (F. Herboso, 1766e, fols. 130v-131r).

[78] Medina, 1766a, fol. 102r.

En agosto de 1766 trece yuracarees visitaron al obispo Francisco de Herboso, que por entonces se encontraba en el pueblo de Arani. Fueron agasajados por él y recibieron muchos regalos. Estuvieron solo tres días en aquel pueblo

porque extrañaban el temperamento por haberles acometido el catarro y estar muy sensibles al frío, lo que no es de admirar, aunque este valle sea templado, por no serlo respecto del suyo, ni usar más vestido que una camiseta de cortezas de árboles hasta más arriba de la rodilla[79].

En una carta del 4 de abril de 1772 el mismo obispo mencionó de nuevo esta visita que le hicieron los yuracarees y remarcó que ellos le habían pedido «con la mayor eficacia se les enviase sacerdote que les instruyese»[80].

Pero volvamos a 1766. El 9 de septiembre el obispo redactó un interrogatorio con preguntas acerca de los avances de la apertura del camino a Mojos y acerca de la salida de yuracarees al Valle de Cliza y la amistad y buena fe que manifestaron aquellos indígenas. Presentó ese interrogatorio a su hermano el gobernador de Cochabamba, que se encontraba con él en Tarata, pidiéndole aplicar el mismo a cuatro o más de los exploradores que llegaron al río Chapare, desde donde se pensaba poder realizar la navegación hacia el pueblo mojeño de Loreto[81]. Al día siguiente, 10 de septiembre, el gobernador Gabriel de Herboso emitió un auto mandando aplicar el interrogatorio[82]. Todavía el mismo día 10 de septiembre prestó su declaración Domingo Delgado, un presbítero que por orden del obispo Herboso había acompañado a los exploradores. Mencionó explícitamente el padre Delgado el viaje que un grupo de yuracarees había hecho a Arani:

y volvieron sumamente gustosos, como se lo expresaron dos que encontró el declarante cuando venía, porque los otros tomaron otra senda; y se

---

[79] F. Herboso, 1766e, fol. 133v.
[80] F. Herboso, 1772, fol. 197r.
[81] Ver F. Herboso, 1766d.
[82] Ver G. Herboso, 1766.

botaron a abrazarlo diciendo, «amico, amico tata obispo presenta cuchillo, gualca»[83], y lo demás que llevaban muy alegres[84].

Ese mismo día Francisco de Medina, quien el 7 de mayo había
empezado la entrada acompañando a Juan Cristóbal de Borda y que
había retornado el día anterior, 9 de septiembre, entregó al obispo un
informe sobre la exploración que habían realizado. En este informe
dice lo siguiente acerca de los yuracarees:

> Los dichos indios yuracarees son muy joviales y aplicados a la religión
> cristiana, porque todos que allí salieron estaban con cruz colgada al cue-
> llo y gustaban mucho a oír Misa y rezar el rosario, aunque no lo enten-
> dían; y para darles gusto en esto, porque una y otra vez, a la hora acos-
> tumbrada del rezo, me dijeron que por qué no rezaba, pronunciaba yo las
> palabras del rezo muy despacio, para que ellos hincados de rodillas fue-
> sen repitiendo[85].

El 11 de septiembre declararon el presbítero Bonifacio García de
la Vega y tres vecinos de Tarata que habían hecho entradas a las
Montañas de Yuracarees: Josef Manuel Solís, Francisco Xavier de Borda, hijo de Juan Cristóbal de Borda, y Fernando Centeno. Llama mucho la atención que precisamente unos vecinos del pueblo de Tarata,
donde el obispo de Santa Cruz tenía una casa y permanecía con frecuencia, fueran por entonces los que con mayor energía y perseverancia se dedicaban al proyecto del camino. Incluso ya se empezaba a
hablar del «camino de los tarateños»[86].

Por lo que respecta a los yuracarees, los cuatro declarantes de aquel
día mencionaron el viaje que un grupo de aquellos había hecho a
Arani para encontrarse con el obispo y resaltaron que habían retor-

---

[83] Collar o sarta de cuentas.

[84] D. Delgado, 1766, fol. 113v. Ver también: Solís, 1766, fols. 115v-116r; B. García,
1766, fol. 117v; Centeno, 1766, fol. 121r.

[85] Medina, 1766b, fols. 127v-128r.

[86] Josef Pascal, a quien se había encargado navegar desde Loreto subiendo los ríos
Mamoré y Chapare para encontrarse con la gente que iba a bajar de la cordillera,
anotó en el diario de su viaje: «El día 28 [de mayo de 1766] caminamos hasta las 12,
porque a los indios se les hizo inaccesible el camino, por lo que determinaron el buscar el camino de los tarateños a pie, e igualmente ver si se encontraban con ellos»
(Pascal, 1766, fol. 122r).

nado muy contentos a su tierra. Francisco Xavier de Borda primero se encontró con ellos cuando estaban saliendo del monte; y también los vio cuando regresaron de Arani y buscaron a su padre para comentarle el viaje. Según su testimonio, él les había dicho que «iban de orden de su rey y de su obispo», a que ellos «dijeron que querían venir a abrazar a tata obispo, como de facto vinieron algunos que se volvieron muy contentos y mostraron a su padre todo lo que les había presentado el tata obispo»[87].

El 15 de septiembre de aquel mismo año 1766 el obispo Herboso dio, en una carta dirigida al virrey de Lima Manuel de Amat, el siguiente comentario acerca de la impresión que se había formado de los yuracarees por lo que había escuchado de sus amigos exploradores y por lo que él mismo había observado:

> Lo que podía recelarse era algún insulto de los infieles, aunque se hayan mostrado muy amigos, pero esta es una nación de muy corto número, que se duda lleguen a ciento. Viven en sumo retiro, y no se encuentra otra hasta los Mojos. Son muy tímidos; y han entrado en codicia del comercio con esta provincia, apeteciendo cuanto ven[88].

Casi cuatro meses después, el 10 de enero de 1767, en una nueva carta al virrey, Francisco Herboso por primera vez desde que se le sugirió la evangelización de los yuracarees manifestó que quería concretar aquel proyecto y que se había fijado en un jesuita que había sido misionero en Mojos para que fuese conversor de aquellos indígenas:

> Sobre la reducción de los indios yuracarees, que ocupa eficazmente mi cuidado, debo proponer a vuestra excelencia que, no hallándose en este clero sujeto que les entienda el idioma como es necesario, hallo proporción en el padre Miguel de Yrigoyen de la Compañía de Jesús[89], porque este sujeto que reside en el colegio de Cochabamba está instruido en las lenguas de Mojos, de donde salió por enfermo, y hoy se halla con bastante robustez. Y si a vuestra excelencia le pareciere este dictamen conveniente, me persuado a que sus superiores no se opongan, si vuestra ex-

---

[87] F. Borda, 1766, fol. 119v.
[88] F. Herboso, 1766e, fol. 134r.
[89] Nació en Cochabamba el 6 de abril de 1725.

celencia les insinuare su voluntad, en cuyo caso podría ir únicamente dedicado a la instrucción de los infieles, que para los pobladores se destinaría sacerdote secular competente[90].

No hemos encontrado reacción alguna del virrey frente a esta sugerencia. De hecho no prosperó porque, cuando en agosto del mismo año 1767 llegó la orden de expulsión de los jesuitas, el padre Yrigoyen se encontraba en Chuquisaca como prefecto de estudios y docente de quechua en la universidad de San Francisco Xavier.

En una extensa carta del 4 de abril de 1772 dirigida al presidente de la real audiencia de Charcas, el obispo Francisco Herboso reveló que, desde que en 1767 se había establecido en Santa Cruz[91], algunos delegados yuracarees lo habían visitado en aquella ciudad, «diligencia que han repetido diversas veces en el tiempo de mi residencia en Santa Cruz»[92]. Lastimosamente no hemos podido encontrar datos concretos acerca de tales visitas. Solamente encontramos el caso de un yuracaré que fue invitado por el teniente de caballería Nicolás de Castro, quien hizo un viaje de Cochabamba a Santa Cruz por las Montañas de Yuracarees y Mojos en el año 1767, a acompañarle en el camino. Dice Nicolás de Castro que el 14 de agosto de aquel año tuvo un encuentro con yuracarees en las juntas de los ríos de Santa Rosa y Paracti: «Propuse a uno de los capitanes si quería pasar conmigo a Santa Cruz, que allí estaba el tata obispo, que ellos así llaman; él que me dijo que sí»[93]. Sin embargo, dice Castro, «habiéndolo llevado al puerto, cuando vio la canoa, me respondió estas palabras, Mojos no está bueno, dando a entender con la mano que se volcaban las canoas, por lo que se arrepintió»[94].

---

[90] F. Herboso, 1767a, fol. 143v.

[91] Acerca de la estadía en Santa Cruz del obispo Herboso, dice su sucesor, Alejandro José de Ochoa y Morillo: «Y el poco tiempo que estuvo en la ciudad de Santa Cruz dicho reverendo obispo fue por la expatriación de los regulares y ejecutiva atención que demandaban las misiones que estaban a su cargo y dirección, para poner oportunamente curas y dar otras providencias necesarias para su conservación y para el alivio y consuelo de los neófitos contristados con la ausencia de sus primeros misioneros» (Ochoa, 1784a, fol. 19r).

[92] F. Herboso, 1772, fol. 54r.

[93] Castro, 1767, fol. 20v.

[94] Castro, 1767, fol. 20v.

La última noticia acerca de los yuracarees por lo que respecta al año 1767 nos viene de Juan Cristóbal de Borda. En una carta suya del 16 de septiembre de aquel año, dirigida al presidente interino de la real audiencia de Charcas, Victorino Martínez de Tineo, Borda habla ampliamente sobre la disposición de los yuracarees de hacerse cristianos y sobre los esfuerzos que él mismo, junto con otros, había hecho para atraerlos hacia la Iglesia:

> y éstos, y aquellos que no salieron, desean y piden el bautismo y se inclinan con bastante aplicación a toda alabanza de Dios y solo les falta continuarse en la comunicación de los cristianos, [...], a cuyo dichoso fin prometo no desmayar, acompañado de mis hijos, deudos y demás indios y mestizos que siempre me han acompañado y persisten animosos a permanecer; y, aunque pobres de caudales, nos consideramos ricos de valor y constancia, sin carecer de industrias, hasta ver lograda la reducción de estos miserables que tanto anhelan, con el consuelo que nos guía la dicha de haber sido los primeros en alabar a Dios en aquellos lugares que daban tanto horror a los principios, los que siempre han sido ásperos y dificultosos para lograr importantes fines[95].

El 20 de junio de 1768, el virrey de Lima Manuel de Amat emitió un auto en el cual se extiende ampliamente sobre la cuestión de la apertura del camino Cochabamba-Mojos y hace también una clara referencia a la conversión de los yuracarees, diciendo que para su «cristiana enseñanza elegirán un sacerdote de las calidades necesarias, que entiende su idioma, ínterin que se formaliza su reducción y se proporciona clérigo que pueda nombrarse de cura»[96]. Como veremos más adelante, el obispo Herboso reaccionó recién en 1772 a este auto.

Mientras tanto, Juan Cristóbal de Borda sigue trabajando enérgicamente en lo que podemos llamar su proyecto de las Montañas de Yuracarees. En una muy extensa representación que mandó a mediados de 1768 al presidente de la audiencia y en la que se presenta como «comandante general de los países y camino que he descubierto en los llanos de Mojos desde las inmediaciones del valle de Cochabam-

---

[95] J. Borda, 1767, fols. 13r-13v.
[96] Amat, 1768, fol. 1r.

ba»[97], enumera todos los méritos que ha acumulado en cuanto a la apertura del mencionado camino y en cuanto a la detención de los portugueses. Menciona con especial énfasis que ha empezado a poblar las Montañas de Yuracarees con nueva gente:

> Por esto es que en este corto tiempo he logrado ya que seis familias de pobres indios cristianos de la provincia de Cochabamba hayan pasado a avecindarse a aquellas partes donde han levantado sus chozas y hecho algunas plantaciones a esfuerzos de mis eficaces instancias, porque también me he dedicado a ministrarles todos los auxilios de herramientas, bueyes, cabras, vacas, bastimentos y demás que necesitan a fin de que se establezcan enteramente[98].

Ya al inicio de su representación, Borda remarca que, en lo relativo a la proyectada comunicación Cochabamba-Mojos, él ha «logrado felizmente su efectiva ejecución en el descubrimiento y reducción de los indios yuracarees»[99]. Se ha hecho amigo de aquellos indígenas durante sus varias entradas y con cierta frecuencia llegan algunos yuracarees a visitarlo en Tarata, donde él les instruye en los rudimentos de la fe cristiana:

> ya tan amigables me visitan y me obsequian con los frutos silvestres de que se mantienen, prontos a recibir el agua del bautismo y profesar nuestra santa ley, procurando ellos mismos aprender, cuando están en mi casa, todas las oraciones cristianas que allí se rezan, tanto que al regresar a sus países suelen volver entonando algunos trechos de la letanía de nuestra Señora, después de haber asistido con grande inclinación y reverencia en las iglesias, instando que por cuanto antes los bauticen[100].

Insiste, además, en que el presidente de la audiencia haga todo lo posible para que cuanto antes se empiece el trabajo serio de la evangelización de los yuracarees. A esa insistencia le «obliga el dolor de

---

[97] J. Borda, 1768, fol. 30r. Esta representación no lleva fecha, pero gracias a una nota que se encuentra debajo del final de la misma, concluimos que el documento es de mediados de 1768. Dice esta nota: «Plata Julio 19 de 1768. Póngase con los autos a que corresponde» (J. Borda, 1768, fol. 35r).
[98] J. Borda, 1768, fols. 32v–33r.
[99] J. Borda, 1768, fol. 30r.
[100] J. Borda, 1768, fol. 33v.

considerar se desabran, o retraigan; y se desampare a estos miserables infieles, que propenden a su conversión»[101].

Pero no pasó nada. Para los años 1769-1771 apenas hemos podido encontrar dos muy breves referencias a la conversión de los yuracarees. En una declaración del fiscal de la real audiencia del 17 de mayo de 1769 leemos:

> Y asimismo por las grandes ventajas que se pueden esperar de la fundación de las nuevas poblaciones y reducción de indios yuracarees, que se contemplan como apéndices y secuelas precisas de la apertura de dicho camino[102].

Y en una carta que dirigió la real audiencia de Charcas al rey el 20 de marzo de 1770 encontramos la siguiente observación: «Se conseguiría fácilmente la reducción de los indios yuracarees que solicitan y desean la luz del Evangelio, que perdieron sus padres por desgracia»[103].

Un acontecimiento tal vez inesperado motivó a Francisco Herboso a pensar de nuevo y más decididamente en la conversión de los yuracarees. En 1772, un tal Ignacio Santa Cruz, que había hecho entrada a las tierras bajas de Cochabamba y que había conocido la disposición de los yuracarees de abrazar la fe católica, se había encontrado con el comisario y visitador general de los franciscanos, fray Pedro Domínguez, y le había sugerido nombrar frailes para la evangelización de aquellos indígenas. El padre Domínguez aceptó la sugerencia de Ignacio Santa Cruz e hizo una patente, «destinando [...] tres religiosos que pasasen a fundar en aquel lugar misiones»[104]. Ignacio Santa Cruz tomó entonces contacto con el obispo Herboso, le presentó la patente del padre Domínguez y le ofreció obligarse «a conducir a dichos padres y fomentar la reducción»[105].

Estas nuevas circunstancias motivaron la reacción del obispo en relación con el auto del virrey Manuel de Amat del 20 de junio de 1768. Escribe una carta que dirige al presidente de la real audiencia,

---

[101] J. Borda, 1768, fols. 34r-34v.

[102] T. Álvarez, 1769, fol. 40r.

[103] Real audiencia, 1906 [1770], p. 82.

[104] F. Herboso, 1772, fol. 54r.

[105] F. Herboso, 1772, fol. 54v.

Ambrosio de Benavides, fechada en Cochabamba el 4 de abril de aquel año 1772. Primero explica, justificándose, por qué tardó tanto en tomar medidas concretas para iniciar la efectiva reducción de los yuracarees:

> En el citado auto acordado se previene que se elija sacerdote que entienda el idioma de los indios yuracarees, que les explique y enseñe la doctrina cristiana, lo que me pareció no podrá tener efecto [...], porque ¿cómo se podrá enviar sacerdote y fundar una misión, sin que el camino tuviese habilitado y se frecuentase para el socorro del misionero y sus neófitos? Siendo aun más imposible enviar sacerdote que supiese el idioma de aquellos indios, no siendo conocido en el Perú, pues el modo que se ha tenido en todas las fundaciones nuevas es que el misionero, familiarizándose con los indios, procure adquirir su lengua; y por ambos motivos me resolví a esperar lo que el tiempo ofreciese, encomendando a Dios un asunto de tanto servicio suyo[106].

A continuación, Francisco Herboso informa al presidente Benavides de lo que le ha comunicado don Ignacio Santa Cruz, para luego pedirle «que, si fuese servido, permita por su parte que pasen, con dicho don Ignacio Santa Cruz, dos o tres religiosos, que reconozcan el país, se familiaricen con aquellos indios y puedan fundar misión, si los hallaren en disposición favorable»[107].

El presidente de la audiencia pasó, como de costumbre, esta solicitud al fiscal y éste dio su parecer el 21 de mayo del mismo año 1772, indicando que «no podía seguirse inconveniente alguno procediéndose en ella con la moderación, suavidad y cordura que corresponde»[108]. Remarca también el fiscal que, aunque la cuestión del camino siga manteniéndose en suspenso[109] por depender todavía de las decisiones definitivas del rey y del virrey,

---

[106] F. Herboso, 1772, fol. 53v.
[107] F. Herboso, 1772, fol. 54r.
[108] T. Álvarez, 1772, fol. 56r.
[109] Aunque al principio el gobernador de Mojos Antonio Aymerich había apoyado las exploraciones para establecer una senda entre Cochabamba y Mojos, a mediados de 1768 cambió de parecer y empezó a oponerse a la apertura de tal senda. Se desencadenó entonces un grave debate entre partidarios y opositores del proyecto del camino, y se suspendió el trabajo de la apertura.

es muy útil y conveniente el que anticipadamente se vaya practicando la diligencia de la reducción de dichos indios bárbaros, puesto que la solicitan con tanta instancia; y parece no ser regular se les prive de este beneficio y más habiendo la proporción de conducir dicho Santa Cruz a los expresados religiosos a su costa sin gravamen alguno de la real hacienda[110].

Ya que el obispo de Santa Cruz tenía que venir en aquellos días a La Plata para participar en el concilio provincial, el presidente decidió no redactar todavía ningún auto conforme al parecer del fiscal, sino tratar el asunto personalmente con el obispo Herboso:

> Respecto de que con motivo de la convocatoria expedida a los ilustrísimos señores obispos para el concilio provincial se halla el señor obispo de Santa Cruz en disposición de trasladarse a esta ciudad con alguna anticipación para tenerla en tratar con la presidencia sobre varios importantes objetos de misiones, se aguarde la venida de dicho ilustrísimo señor, en cuya oportunidad se tratará lo más conveniente sobre esta materia[111].

Podemos suponer que tuvo lugar la conversación entre el obispo Francisco Herboso y el presidente Benavides, aunque no hay documentación al respecto. El hecho es que Ignacio Santa Cruz atrajo a dos misioneros franciscanos, a saber los padres Tomás Anaya[112] y Francisco Buyán[113], y que éstos fueron a la ciudad de Cochabamba para desde allá trasladarse a las Montañas de Yuracarees e iniciar la la-

---

[110] T. Álvarez, 1772, fol. 56r.

[111] S. Toro, 1772, fol. 56v.

[112] Tomás Anaya nació en Capacmarca (Perú) el año 1732 o 1733. Tomó el hábito franciscano en la Santa Recolección de San Antonio del Cuzco el 10 de marzo de 1757 e hizo allá su profesión religiosa el 12 de marzo de 1758 (Datos del *Libro donde se asientan las Recepciones y Profesiones de los Novicios de este Convento de la Santa Recolección de San Antonio de esta Ciudad del Cuzco (Hecho en el Año de 1748, hasta 1785)*.

[113] Francisco Buyán nació en Oruro en el año 1741. Entró en la provincia de San Antonio de los Charcas y en 1768 se hizo súbdito del colegio de Propaganda Fide de Nuestra Señora de los Ángeles de Tarija. Trabajó como misionero entre los chiriguanos, primero en Salinas (1768), después en Pilipili (1768-1770: «Mas éste se cansó luego, y tan luego que apenas estuvo allí un año, pues en el mes de septiembre u octubre del año siguiente de 1769, o entrando el año de 1770, se volvió voluntariamente a su provincia y, aunque no sé ciertamente si el dicho avisó primero a

bor evangelizadora en aquellas tierras. Sin embargo, este señor Santa Cruz al parecer «los ha abandonado, olvidado de su primer intento»[114].

El último dato que tenemos de este período, en cuanto a la toma de iniciativas concretas, es una carta del rey dirigida al obispo de Santa Cruz y fechada en Madrid el 28 de junio de 1772. Esta carta es una reacción de la Corte a informaciones recibidas del mismo obispo:

> concluís con que os lastima mucho saber que todos los años salen los indios infieles yuracarees al Valle de Cliza, clamando por doctrineros, y que como por ahora no lo podéis socorrer, quedáis practicando algunas diligencias para informarme sobre este punto; y habiéndose visto en mi Consejo de las Indias, con lo que informó la contaduría y dijo mi fiscal, y consultándome sobre ello, he resuelto, manifestándoos la singular gratitud que me ha merecido vuestro celo en promover la conversión de los mencionados indios, que si hubiere efectos en la mencionada Junta de temporalidades aplique el mencionado presidente (como se le previene por despacho de esta fecha) los que sean necesarios a este importantísimo objeto, comunicándole vos la cantidad que necesitéis para empezar tan santa obra y avisándole de lo que se ejecutare en ella; y en el caso de no haber efectos de las temporalidades, he resuelto así mismo dar orden, como se ejecuta por otro despacho de este día, a mi virrey del Perú para que haga sacar de los ramos de vacantes mayores y menores, o en su defecto del de reales novenos, o de otro cualesquiera de mi real hacienda, las sumas que considere precisas en vista de lo que expongáis. Todo lo cual os participo para que, como os lo ruego y encargo, aviséis al mencionado mi virrey lo que necesitéis, comunicándole lo que obráreis en el asunto y dándome a mí aviso para hallarme enterado[115].

1.3. La iniciativa del Dr. Manuel Tomás Moscoso

Manuel Tomás Moscoso es quien en el año 1765 había alojado en su casa a los yuracarees que habían sido traídos a Punata por los exploradores de Juan Cristóbal de Borda. Pertenecía a una de las familias más pudientes de la ciudad de Arequipa. Fue hijo del alférez real don Gaspar de Moscoso y Zegarra y de doña Petronila Pérez Oblitas.

nuestro colegio, pero sé que causó mucho sentimiento de nuestro padre guardián y a los indios que dejó solos» (Mingo, 1981 [1791], I, p. 163).
[114] M. Moscoso, 1773, fol. 59v.
[115] Carlos III, 1772, fols. 57v-58v.

Él y su hermano mayor Ángel Mariano entraron en la carrera sacerdotal, fueron ordenados presbíteros y obtuvieron el título de doctores en teología. Cuando su tío materno, Fernando Pérez Oblitas, era obispo de Santa Cruz de la Sierra (1757-1759), éste invitó a sus sobrinos venir a ejercer su ministerio sacerdotal en su diócesis[116]. Manuel Tomás llegó a ser párroco de Punata y Ángel Mariano párroco de Tarata. En el curso del tiempo recibieron varios encargos y títulos: Manuel fue juez Eclesiástico del Valle de Cliza y del partido de Mizque y arcediano de la iglesia catedral de Santa Cruz; Ángel Mariano, juez hacedor, vicario general y provisor de la diócesis de Santa Cruz.

Un hermano suyo, Bernardino, que se hizo mercedario, pero fue secularizado, y una hermana, Juana Petronila, viuda de Francisco Gómez Tejada, se juntaron con sus hermanos presbíteros y se establecieron también en el Valle de Cliza.

Los hermanos Moscoso heredaron de su tío, el obispo de Santa Cruz, una enorme cantidad de dinero y de bienes inmuebles, y decidieron construir grandes iglesias en los pueblos de su residencia[117]. La iglesia de San Juan Bautista de Punata, aunque no completamente concluida[118], fue inaugurada el 24 de junio de 1775, fiesta de San Juan[119]. Ángel Moscoso tuvo ciertos problemas económicos para concluir la construcción de la iglesia de San Pedro de Tarata, pero gracias a la colaboración de su hermana pudo él también coronar su obra[120].

---

[116] Esta afirmación está corroborada por un dato que encontró mi colega el Dr. Edwin Claros Arispe en el «Libro de Casamientos 1732-1763» de la parroquia de Punata: el 28 de enero de 1759 Manuel Tomás Moscoso celebró el matrimonio de los indios libres Hipólito Flores y Margarita Clara en el templo de San Juan Bautista de Punata.

[117] «Obras ambas magníficas y de mucho costo, en las que han insumido estos curas el gran caudal que heredaron de su tío, el ilustrísimo señor don Fernando Oblitas, que se les entregó por orden del rey en esta real caja, en la de Potosí y en la de Buenos Aires» (Prudencio, 1781, fol. 86v).

[118] Al hablar, en su carta del 6 de noviembre de 1776, de la ayuda que quiere prestarle su hermano en la conquista de los yuracarees, dice don Manuel: «todavía me hallaba empeñado en los gastos crecidos que he tenido en la construcción de la iglesia de este pueblo, la que aún no está acabada» (M. Moscoso, 1776, fol. 44r).

[119] El 21 de abril de 1948 la iglesia de Punata fue declarada monumento nacional por el gobierno boliviano.

[120] «la obra de la suntuosa iglesia, fabricada en este pueblo de Tarata, […] en cuyo edificio está empleando con la mayor generosidad su conocido propio caudal, sin re-

Manuel Moscoso se enteró de la inconstancia de Ignacio Santa Cruz y decidió responsabilizarse de la conversión de los yuracarees. A finales de diciembre de 1772 o comienzos de enero de 1773 se trasladó a Cochabamba y tomó contacto con los frailes que habían sido llevados a aquella ciudad por Ignacio Santa Cruz:

> Habiendo estado en la Villa de Cochabamba y tratado allí con dos religiosos misioneros del orden de San Francisco que son el padre fray Tomás Anaya y el padre fray Francisco Buyán, se me ha proporcionado el poner en ejecución los vivos deseos que he tenido de que se introduzca el santo Evangelio en los yuracarees, indios gentiles e inmediatos a esta mi doctrina, en quienes se deja advertir la docilidad correspondiente para abrazar nuestra religión[121].

El 6 de enero de 1773 Manuel Tomás Moscoso escribió desde Punata al obispo Herboso, informándole del contacto que había tenido con los mencionados frailes y pidiéndole dar su beneplácito a su iniciativa de promover la evangelización de los yuracarees. Asimismo Moscoso ofreció al obispo correr con los gastos de esta empresa por su cuenta:

> protesto fomentar con cuanto alcanzasen mis cortas facultades, así en la manutención de dichos dos misioneros, como en lo demás que pareciere conducente de este fin, sin tener por norte otro que el logro de aquellas almas[122].

Finalmente, indica don Manuel a su obispo que ha instruido a los dos misioneros no permitir que se internen en la nueva misión

---

servar aun sus fincas raíces, pues me consta que en tiempos pasados dispuso para ayuda de los gastos de esta obra de una hacienda de viña que posee en la vecindad de la ciudad de Arequipa y, no habiéndose proporcionado comprador de ella, su hermana doña Petronila Moscoso franqueó a dicho señor otra hacienda de pan llevar suya, cuya venta se facilitaba con el fin de desahogarse en los precisos y presentes gastos de la fábrica de la iglesia. Y en efecto otorgó ante mí dicha señora poder suplente, cometido a un sujeto de Arequipa, para que puntualmente efectuase dicha venta» (Prudencio, 1781, fol. 88r).

[121] M. Moscoso, 1773, fol. 59r.
[122] M. Moscoso, 1773, fols. 59r-59v.

los hijos de don Juan de Borda, el dicho Santa Cruz y don Jerónimo Escudero, ni otros que solo miran por objeto las minas, cocales y otros bienes temporales que tal vez pudieran a los principios servir de óbice a la conversión de aquellos miserables que tanto deseo[123].

Solo el 19 de mayo de 1773, estando en la ciudad de La Plata, el obispo Herboso reaccionó a la carta de Manuel Moscoso. Aquel día mandó esa carta al presidente de la real audiencia con la siguiente solicitud: «Suplico a Vuestra Señoría se sirva conceder venia y licencia para que pasen los religiosos que propone el referido cura, a tratar con aquellos indios»[124]. Indica el obispo que por el momento no implica ningún gasto para la real hacienda la entrada de los frailes, «esperando para ello las resultas de la diligencia que hicieren los misioneros que se proponen»[125]. Termina Francisco Herboso su carta diciendo:

por mi parte les entregaré un ornamento de cada color de los que usa la Iglesia, con lo correspondiente; un cáliz, vinajeras y misal, dando providencia a que se les forme altar portátil; y espero de la cristiandad de Vuestra Señoría que, conformándose con las reales intenciones, permita que tenga efecto esta caritatira obra y que mande al corregidor de Cochabamba fomente y auxilie a aquel párroco[126].

Más de un mes después, el 22 de junio de 1773, el fiscal dio su visto bueno a la entrada de los misioneros Anaya y Buyán a la tierra de los yuracarees[127]. Y el 29 de julio del mismo año la real audiencia decidió otorgar la solicitada licencia con la siguiente providencia:

En la ciudad de La Plata en veinte y nueve días del mes de julio de mil setecientos setenta y tres años, los señores presidente y oidores de esta

---

[123] M. Moscoso, 1773, fol. 59v. Ya en marzo del año 1766 el presidente de la real audiencia de Charcas había advertido al obispo de Santa Cruz Francisco de Herboso no confiar demasiado en Juan Cristóbal de Borda: «Concluyo rogando a Vuestra Señoría Ilustrísima no haga la mayor confianza de Borda, pues no tiene buenos créditos, y me sobran motivos para formar este concepto» (Pestaña, 1766, fol. 87v).

[124] F. Herboso, 1773, fol. 61r.

[125] F. Herboso, 1773, fol. 61v. Llama la atención que el obispo no haga ninguna referencia a la oferta de Manuel Tomás Moscoso de mantener a los frailes misioneros.

[126] F. Herboso, 1773, fol. 61v.

[127] Ver T. Álvarez, 1773.

real audiencia, estando en acuerdo ordinario su señoría el señor don Ambrosio de Benavides, presidente, y los señores doctores don Josef López Lepisguer, don Antonio Sans Merino y don Ramón de Ribera, oidores, a que asistía el señor fiscal don Tomás Álvarez de Acevedo, se vieron por voto consultivo los presentes autos sobre la propuesta que hace el reverendo obispo de Santa Cruz, para que se conceda licencia de que puedan pasar los religiosos que expresan, a reducir a la santa fe católica a los indios yuracarees que se hallan situados al pie de la cordillera que divide la provincia de Cochabamba de la de Mojos; y con lo expuesto por el señor fiscal dijeron que, siendo su señoría servido, podrá pasar el correspondiente oficio al reverendo obispo de Santa Cruz para que, si tuviese por conveniente, dirija los dos religiosos que expresa a los indios yuracarees con el fin de explorarles la voluntad de abrazar nuestra santa fe católica, cerciorarse del número de indios y de lugares que habitan, qué bastimentos producen y si son a propósito para sembrar, si el cielo es de buena y feliz constelación, claro y benigno, si hay pastos para criar ganados, montes y árboles para leña y materiales de casas y edificios, muchas y buenas aguas para beber y regar; y finalmente si el terreno es saludable en que se conserven los hombres de mucha edad y mozos de buena complexión y disposición, con ganados de competente tamaño y abundantes mantenimientos, con todas las demás calidades que son necesarias para fundar reducción. De todo lo cual con la respectiva claridad y especificación le hagan el correspondiente informe para que, con él, dicho reverendo obispo ocurra al excelentísimo señor virrey exponiéndole el estado y necesidad de las reducciones de los indios chiriguanos de su diócesis como prudentemente se cree que sobre ello se le tiene pedido el respectivo informe del mismo modo que al señor presidente según la carta que manifestó de seis de mayo del presente año. Con lo que se conformó su señoría y lo rubricó con dichos señores[128].

No tenemos ninguna constancia de que los dos frailes hayan entrado efectivamente a las Montañas de Yuracarees para hacer la exploración y recoger los datos a los que se refiere la providencia de la real audiencia. Al relatar en noviembre de 1776 el desarrollo de los acontecimientos que culminaron con el envío a los yuracarees del fran-

---

[128] Real audiencia 1773. Interesante es observar aquí que el padre Francisco Buyán presentó en mayo de 1799 una copia de esta providencia a Juan Ignacio Pérez que por entonces hizo una visita oficial a la misión de la Asunción por encargo del intendente gobernador Francisco de Viedma (ver Pérez, 1998 [1799a], pp. 16-17).

ciscano Marcos Melendes[129] a finales de julio del año 1775, Manuel
Tomás Moscoso dice que el virrey, habiendo recibido el parecer positivo de la audiencia, «respondió aviniendo gustosamente a ella como
obra en que se interesaba tanto el servicio de Dios en la propagación
de la fe y del rey en la extensión de sus dominios»[130]. No conocemos
el auto del virrey y tampoco la fecha en que se emitió. De todos modos, deben haberse presentado nuevamente obstáculos a la ejecución
de los planes, porque pasan casi dos años hasta que se llegue de veras
a concretar el proyecto de conversión de los yuracarees. Uno de estos obstáculos debe haber sido el hecho de que el padre Francisco
Buyán en algún momento ya no estaba disponible para participar en
la empresa: fue destinado a trabajar en las misiones de Apolobamba.

Manuel Moscoso se trasladó de nuevo a Cochabamba para tomar
contacto con los padres de la Recoleta. Ahora se ofrecieron tres frailes para ser los primeros conversores de los yuracarees: Josef Villanueva,
Tomás Anaya y Marcos Melendes[131]. Don Manuel informó al obispo
Herboso del resultado de su gestión, y el obispo Herboso tomó contacto con el provincial de los franciscanos, fray Diego Espinosa, «suplicándole diese licencia a los tres mencionados religiosos para que saliesen de sus claustros a convertir estos infieles»[132]. El 16 de mayo de
1775 el padre Espinosa firmó las patentes correspondientes y las remitió al obispo, quien, a su vez, las pasó a Manuel Moscoso. Inmediatamente, don Manuel fue de nuevo «a la Villa de Cochabamba a prevenir todas las cosas necesarias para que saliesen los religiosos»[133].
Estando en Cochabamba, le pareció mejor que primero saliese solo
un fraile, «para que marchase a abrir camino y explorar más funda-

[129] Marcos Melendes nació en Cochabamba en el año 1746.
[130] M. Moscoso, 1776, fol. 252r.
[131] La «Memoria de los religiosos moradores de este convento de la S. Recolección
de N. P. S. Francisco de la villa de Cochabamba» de 1774 presenta los siguientes datos acerca de estos tres frailes: «El R. P. Fr. Josef Villanueva, lector jubilado, natural de
la ciudad de Arequipa, de edad de cuarenta y ocho años y treinta y dos de hábito. El
P. Fr. Tomás de Anaya, predicador apostólico, natural de la ciudad del Cuzco, de edad
de cuarenta y dos años y diez y seis de hábito. [...] El ermitaño Fr. Marcos Melendes,
religioso corista, natural de la villa de Cochabamba, de edad de veinte y ocho años
y diez de hábito».
[132] M. Moscoso, 1776, fol. 42r.
[133] M. Moscoso, 1776, fol. 42r.

mentalmente el ánimo de aquellos infieles»[134]. Los franciscanos de la Recoleta consintieron con esta idea y don Manuel retornó a Punata llevando consigo a fray Marcos Melendes, el menor de los misioneros designados.

Cuando Manuel Moscoso tomó la iniciativa de organizar la reducción de los yuracarees, su hermano Ángel se encontraba convaleciendo en su ciudad natal de Arequipa, a donde se había dirigido «en solicitud de médicos que pudiesen reparar su salud»[135]. Se entabló una correspondencia epistolar entre ambos hermanos y don Ángel decidió apoyar y compartir la iniciativa de don Manuel:

> Le respondí celebrando tan alta empresa, que debía promoverse por todos los medios posibles y que, restituido que fuese a este mi beneficio, uniríamos nuestras fuerzas a fin de que por falta de gasto o diligencia alguna no se frustrase proyecto de tanta importancia[136].

1.4. LA ENTRADA DE EXPLORACIÓN DE FRAY MARCOS MELENDES (1775)

El 25 de julio fray Marcos Melendes salió de Punata, «acompañado de toda la gente que me pareció necesaria, llevando todos herramientas para la apertura del camino y con bastante prevención de víveres para su mantenimiento»[137]. Fray Marcos y sus colaboradores pronto se dieron cuenta de que la empresa que habían comenzado a realizar iba a ser más que ardua, porque entraron en tierras prácticamente desconocidas y no había una senda clara para avanzar.

En esta primera acción se empezaron a sentir las dificultades, porque habiendo llegado a la cordillera hallaron derrumbado el camino que años antes se abrió a dirección y costa del señor obispo. Empezaron a trabajar para repararlo hasta que llegaron a la ceja del monte, distante veinte leguas poco más o menos de este pueblo. Allí encontraron mayor dificul-

---

[134] M. Moscoso, 1776, fol. 42v.
[135] Á. Moscoso, 1776, fol. 40r.
[136] Á. Moscoso, 1776, fol. 40r.
[137] Á. Moscoso, 1776, fol. 40r. Otra fuente dice: «En 25 de julio de dicho año con la correspondiente licencia del referido señor obispo de Santa Cruz, emprendió su viaje con veinte hombres provistos de útiles para desmontar e ir abriendo el camino y los víveres necesarios» (Melendes, 1969 [1789], p. 129).

tad por lo áspero de la montaña, lo pantanoso de ella y los muchos árboles que del todo habían cegado la senda que se hizo. Sin embargo prosiguieron trabajando en descubrir y allanar este camino, con grandes incomodidades y trabajos[138].

Una buena parte de los peones que había mandado don Manuel con fray Marcos abandonó ese duro trabajo y huyó. Don Manuel se enteró de esa fuga y, tenaz siempre en su propósito de reducir a los yuracarees, decidió contratar otra gente y mandarla al trópico: «envié nuevo socorro de gente, acompañándola yo personalmente hasta el pie de la cordillera, animándola a que no desamparase al padre y acrecentándoles la paga»[139].

La expedición pasó el río San Mateo poniendo un puente de palos y llegó finalmente al comienzo del río Chapare, llamado por entonces también el río Juntas o río de las Juntas, por juntarse allá los ríos Paracti (actualmente llamado río Espíritu Santo) y San Mateo. «A este lugar de las juntas salió una tropilla de indios a los que acarició el padre regalándoles algunas cosas de las que dí para este efecto»[140]. Los yuracarees que tuvieron el primer contacto con el padre Melendes

avisaron a su capitán llamado Matías, quien a los dos días salió con más de setenta indios a visitar al tata padre (que así llaman al misionero), significando el deseo que tenían de bautizarse y que, estableciéndose allí una misión, se bautizarían todos los de su parcialidad[141].

Según don Manuel Moscoso, fray Marcos se quedó cuatro meses entre los yuracarees del río Chapare. Poco antes de su regreso a Punata le visitó otro capitán yuracaré, llamado Chuche[142], quien también mostró interés en la presencia de un misionero entre su gente. Durante su permanencia entre aquellos indígenas, fray Marcos ya les hizo rezar y les enseñó «a que formasen la señal de la cruz, todo lo que hicieron con un cuidado que parecía devoción, dándose a entender unas

---

[138] Á. Moscoso, 1776, fol. 40r.
[139] Á. Moscoso, 1776, fol. 40r.
[140] M. Moscoso, fol. 43r.
[141] M. Moscoso, fol. 43r.
[142] Podría ser el capitán Josef Chuche, que había estado en la casa del Dr. Manuel Moscoso en 1765.

veces por señas y otras con algunos términos que saben de la lengua general quechua»[143]. Al despedirse de los yuaracarees Marcos Melendes les prometió «que volvería con compañeros y que lo esperasen»[144]. A pesar de que Manuel Moscoso dice en su carta del 6 de noviembre de 1776 con claridad que el padre Melendes «después de cuatro meses se despidió»[145], no está del todo claro cuánto tiempo duró esta primera entrada. Un poco más adelante dice el mismo don Manuel en la misma carta:

> Y lleno de gozo el misionero regresó a esta Doctrina después de cincuenta y un días que tardó en esta primera entrada, en la que padeció muchos trabajos, así por lo fragoso del camino como porque ya en la estación se empezaron a insinuar las aguas, que allí son abundantes y duran seis meses[146].

Otra fuente dice:

> A los 53 días determinó dicho religioso regresar a Cochabamba para dar cuenta de su expedición, habiendo tratado con los indios volver con el auxilio de más gente, víveres y los efectos que apetecen; y ellos le ofrecieron esperarlo con casa y capilla hechas en el sitio que les explicó y señaló[147].

Disponemos de algunas informaciones que pueden ayudarnos a definir cuánto tiempo se necesitaba para llegar a las Montañas de Yuracarees. El 22 de junio de 1765 el mizqueño Baltasar Peramás, según indica en su diario, salió de Tiraque para establecer una senda a las partes tropicales de Cochabamba, pasando por el yunga de Chuquioma. El día 1 de agosto llegaron al río San Mateo, donde permanecieron varios días, para luego retornar a Mizque[148]. Tardaron entonces unos cuarenta días en su entrada, pero no llegaron donde los yuracarees. En la segunda entrada que realizó fray Marcos en el año 1776, necesitó más o menos el mismo número de días para llegar don-

---

[143] M. Moscoso, fol. 253r.
[144] M. Moscoso, fol. 43r.
[145] M. Moscoso, fol. 43r.
[146] M. Moscoso, fol. 43r.
[147] Melendes, 1969 [1789], p. 130.
[148] Ver Peramás, 1765d.

de los yuracarees, es decir casi seis semanas. Sumando estas seis semanas con los 53 días de permanencia entre los yuracarees de los que
habla el autor del documento de 1778, llegamos prácticamente a los
cuatro meses de los que habla Manuel Moscoso. Esto significa que la
expedición inició su retorno a Punata alrededor de mediados de noviembre, momento que coincide con el comienzo de la época de lluvias.

De regreso en Punata, fray Marcos relató a don Manuel con todo
detalle los pormenores de su expedición y le aseguró que la reducción y evangelización de los yuracarees era factible. Como primera reacción, don Manuel decidió contratar nuevamente peones para que
fuesen a trabajar en la senda:

> me previne despachando segunda vez gente a que rozase el camino y que
> formasen unas posadas para que sirviesen de alivio a los misioneros en su
> viaje y de resguardo a los comestibles, porque con la mucha lluvia se co-
> rrompen[149].

Al mismo tiempo informó al obispo Herboso acerca de los resultados de la entrada de fray Marcos. El obispo respondió

> dando infinitas gracias a nuestro Señor por el buen estado en que se ha-
> llaba el ánimo de aquellos pobres infieles, estimulándome a que cuanto
> antes remitiese a los tres misioneros y deshaciéndose su ilustrísima de las
> casullas que servían en su oratorio a sus capellanes, me remitió tres con
> una alba muy decente, dándome orden para que remitiese con los mi-
> sioneros una imagen de María Santísima de la Asunción que dejó en el
> pueblo de Tarata y para que a su costa mandase hacer un cáliz, un par de
> vinajeras y crismeras de plata[150].

Mientras tanto retornó de Arequipa don Ángel Moscoso. También
a él se le dio amplia información de todo lo obrado hasta aquel momento. Se alegró muchísimo del buen resultado de esta primera entrada y se decidió con entusiasmo a colaborar de la manera más eficaz en la preparación de la segunda entrada. Dice don Manuel acerca
de la reacción de su hermano:

---

[149] M. Moscoso, 1776, fol. 43v.
[150] M. Moscoso, 1776, fol. 43v.

y viendo el espacioso campo que se ofrecía para trabajar en la viña del Señor, conociendo que yo por mí solo no era capaz de dar todo el fomento necesario para establecer con solidez la reducción, [...] me reprodujo lo mismo que me había significado por cartas, esto es que uniésemos nuestras fuerzas a dar todo lo que se necesitase[151].

1.5. Conclusión

En la época que abarcan los primeros diez años de nuestra investigación, los encuentros de los yuracarees con personas que no pertenecían a su propia etnia tenían lugar principalmente en tres espacios. El primero de estos espacios era su propio hábitat, las llamadas Montañas de Yuracarees, aquella región de bosques y ríos aún no descrita y definida por entonces, prácticamente desconocida, que se extiende entre los Andes de Cochabamba y las llanuras de Mojos. El segundo espacio lo formaban precisamente las llanuras de Mojos, concretamente la parte meridional de ellas, en la cual los yuracarees entraban con cierta frecuencia, navegando los ríos, llegando por lo menos hasta el pueblo de Loreto. Finalmente, el tercer espacio era el Valle de Cliza, ubicado al sudeste de la ciudad de Cochabamba.

En el año 1765 tres expediciones, dirigidas respectivamente por Juan Antonio Saavedra, Baltasar Peramás y Juan Cristóbal de Borda, trataron, independientemente la una de la otra, de penetrar en aquellas montañas, con la primordial finalidad de establecer una comunicación entre los Andes y Mojos. A pesar de que los exploradores tenían conocimiento de la existencia de los yuracarees, su encuentro con ellos fue más bien casual. El presidente de la audiencia de Charcas, Juan de Pestaña, que había ordenado o apoyado la realización de esas expediciones, después de haber recibido los informes acerca de las entradas realizadas, optó por que el tarateño Juan Cristóbal de Borda fuera el único en seguir haciendo entradas auspiciadas por la audiencia, por un lado porque en su exploración había llegado más lejos que cualquiera de los otros dos expedicionarios, por otro lado porque era conocido del obispo de Santa Cruz, Francisco Ramón de Herboso, y también de su hermano Gabriel de Herboso, gobernador de Cochabamba, quienes estaban interesados en apoyar y ayudar a eje-

---

[151] M. Moscoso, 1776, fols. 43v-44r.

cutar el proyecto de la apertura de una senda hacia Mojos. A insistencia de estos hermanos Herboso el presidente Pestaña permitió que se diera a Borda la jurisdicción sobre la región en exploración y se comprometió a darle a Borda y a sus hijos, en compensación por el trabajo realizado, terrenos en aquella región.

Juan Cristóbal de Borda fue el primero de quien sabemos a ciencia cierta que redujo a un cierto número de yuracarees y que hizo algún intento de introducirlos en el cristianismo. Se ganó la confianza de ellos y los hizo venir incluso a su casa en el pueblo de Tarata. Después de mediados del año 1768, cuando escribió todavía una extensa carta al presidente, en la cual, entre otras cosas, insiste en que se tome pronto iniciativas concretas para la evangelización de los yuracarees, ya no se oye más de él. Sabemos, sin embargo, que sus hijos han seguido frecuentando las Montañas de Yuracarees y que, junto con ellos, también otros se establecieron en ellas buscando medios para explotar económicamente aquella región. Por lo que respecta a los siete años que corren desde la última comunicación de Juan Cristóbal de Borda hasta la entrada del padre Marcos Melendes en 1775, el único dato que tenemos acerca de un encuentro de los yuracarees con gente de fuera es el que se refiere a la entrada de Ignacio Santa Cruz en 1772, encuentro que, de hecho, resultó ser decisivo para el inicio de la evangelización de los yuracarees, debido a que Santa Cruz tomó luego la iniciativa de conseguir misioneros.

Las entradas que algunos yuracarees hacían con alguna frecuencia en el Valle de Cliza, el tercer espacio de sus encuentros con personas ajenas a su propio grupo étnico, tenía por principal objetivo proveerse de ciertos bienes materiales, particularmente herramientas. Pero en abril de 1766 entró un grupo de ellos en aquel valle para entrevistarse con el obispo Herboso y solicitarle les mandase un sacerdote para establecer entre ellos una misión. También en los años siguientes siguieron presentándose en el Valle de Cliza yuracarees para solicitar doctrineros. La solicitud al obispo fue reiterada también algunas veces por yuracarees que lo buscaban en Santa Cruz, pasando, sin duda, por el segundo espacio que hemos señalado, el de Mojos.

Estarían familiarizados con aquel espacio desde hacía tiempo por ser la continuidad natural de su propio hábitat. Y debe haber sido allá precisamente donde habían entrado en un primer, aunque muy rudimentario, contacto con el cristianismo. Los yuracarees que se encontraron con la gente de Juan Cristóbal de Borda y que fueron llevados a Punata, llevaban cruces de chonta al cuello; dijeron que tenían nombres cristianos e incluso que eran 'cristianos'. ¿Cuál había sido su contacto con los jesuitas de Mojos cuyos nombres conocían y de cuyas misiones tenían noticias o conocimiento? Lastimosamente estamos aquí todavía ante una gran incógnita, ya que nuestras fuentes, jesuíticas y otras, no nos revelan nada al respecto. Sin embargo, podemos suponer que la solicitud que hicieron los yuracarees al obispo Herboso en Arani en agosto de 1766, cuando fueron a visitarlo, habría sido inspirada por alguna experiencia que hubieran tenido ellos u otros yuracarees con las misiones jesuíticas de Mojos.

Ya poco después de haber recibido información sobre la breve estadía de algunos yuracarees en Punata y su encuentro con el párroco y algunos vecinos de la localidad, Francisco Ramón de Herboso manifestó al presidente de la audiencia de Charcas su proposición de establecer misiones entre aquellos infieles. Encargó a su provisor y a Juan Cristóbal de Borda recabar mayores datos acerca de aquella etnia y se comprometió a mandar clérigos a las Montañas de Yuracarees para iniciar la evangelización en caso de que las noticias que le proporcionaran aquellos encargados fuesen favorables. Conociendo nosotros el entusiasmo que manifestó Juan Cristóbal de Borda por sus contactos con los yuracarees y sus propios intentos de 'cristianizar' a los que él había reducido, y conociendo además su relación personal con Francisco de Herboso, es extraño que, de hecho, el obispo no llegara a tomar ninguna decisión concreta para establecer una misión entre ellos. Recién en enero de 1767 sugirió al virrey de Lima interceder ante los superiores de la Compañía de Jesús para que el padre Miguel de Yrigoyen pudiese iniciar la evangelización formal de los yuracarees. Pero este plan fracasó por la expulsión de los jesuitas de los territorios de la corona española y hasta abril de 1772 el obispo no hizo absolutamente nada para promover la reducción y cristianización de aquella etnia. Pueden haber existido varios motivos para no concretar el compromiso que el mismo obispo había manifestado al presidente de la audiencia de Charcas en agosto de 1765: la suspensión del proyecto de apertura de la senda Cochabamba-Mojos; la preocupación por la reconstrucción de la catedral de Santa Cruz de la Sierra y su traslado a aquella ciudad; la imposibilidad de encontrar personas dispuestas y aptas para realizar el trabajo de evangelización; y el hecho de que, según sus estimaciones, los yuracarees formaban una etnia de solo pocos miembros (hasta dos veces el obispo habla en sus cartas de su corto número). Como sea, recién cuando, por intermedio del explorador Ignacio Santa Cruz, el provincial de los franciscanos se había declarado dispuesto a mandar frailes a las Montañas de Yuracarees, Herboso manifestó nuevamente interés en el proyecto y dio su apoyo para que se lo ejecutase.

Por lo que respecta a las autoridades políticas, al inicio de la época que hemos estudiado, el presidente de la real audiencia de Charcas, Juan de Pestaña fue el primero que sugirió la entrada, junto con el explorador Juan Antonio Saavedra, de un fraile franciscano para que éste investigara la posibilidad de la reducción y la evangelización de los yuracarees. Esta iniciativa no prosperó. Sin embargo, Pestaña mantenía su postura de apoyar cualquier iniciativa que llevara a la reducción de aquellos indígenas: después de haber recibido información sobre la estadía de algunos yuracarees en Punata y sobre la disposición del obispo Herboso de enviar sacerdotes a las Montañas de Yuracarees, el presidente de la real audiencia le agradeció al obispo por su celo apostólico y le aseguró su apoyo. A finales del año 1765 Pestaña tuvo en Cochabamba un encuentro con el obispo Francisco Ramón de Herboso, en el cual consideraron juntos qué pasos se podrían dar para atraer a los yuracarees al cristianismo, pero, por lo que sabemos, tampoco entonces se llegaron a iniciar acciones concretas. Después de la muerte de Juan de Pestaña, la audiencia de Charcas dejó de interesarse explícitamente por la reducción de los yuracarees. Solo en el año 1773 dio su beneplácito para que franciscanos de la provincia de San Antonio de los Charcas exploraran los ánimos de los yuracarees de hacerse cristianos.

El virrey de Lima, Manuel de Amat, fue informado sobre la posibilidad de la conversión de los yuracarees tanto por la real audiencia de Charcas como por el obispo Francisco Ramón de Herboso. Dio su pleno apoyo al proyecto de evangelización de aquella etnia e insistió, en 1768, en que se buscara a sacerdotes competentes para ejecutarlo. Después de haber sido informado acerca de una posible entrada de frailes franciscanos a las Montañas de Yuracarees, dio también él su consentimiento y autorización.

Evaluando esta larga época de diez años durante los cuales, en diferentes niveles de decisión, se trató de considerar la conveniencia y la posibilidad de fundar misiones entre los yuracarees, podemos decir que en ningún momento se elaboró un plan bien concreto o una clara estrategia en tal sentido. Aun la entrada del padre Marcos Melendes en 1775 fue una entrada de exploración y no de verdadero inicio de evangelización.

Por otro lado, podemos distinguir en el desarrollo de los acontecimientos en relación con esta evangelización tres momentos. El primero abarca el tiempo que corre desde las entradas de los que estaban al cargo de explorar las posibilidades para establecer una línea de comunicación entre Cochabamba y Mojos, hasta más o menos mediados del año 1768. Las ideas y los propósitos que entonces se presentaron para reducir y cristianizar a los yuracarees estuvieron claramente relacionados con la apertura de una senda que pasaría por la cordillera de Cochabamba y las Montañas de Yuracarees hacia las llanuras de Mojos. El segundo momento, que va de mediados del año 1768 hasta comienzos del año 1772, fue determinado por la suspensión del proyecto de la senda y se caracterizó por la total ausencia de iniciativas. Finalmente, el tercer momento empezó con la decisión de Ignacio Santa Cruz de tomar contacto con los franciscanos para interesarlos en la evangelización de los yuracarees y culminó con la entrada del padre Marcos Melendes.

2. LA MISIÓN DE NUESTRA SEÑORA DE LA ASUNCIÓN

2.1. LA ENTRADA DE LOS PRIMEROS MISIONEROS Y EL ESTABLECIMIENTO DE LA MISIÓN (1776)

A finales de 1775 fueron a Punata los otros dos misioneros designados; y junto con la familia Moscoso se dedicaron a preparar la segunda entrada:

> En esta unión se empezaron a formar herramientas de hierro para regalar a los indios y a comprar todas las bujerías necesarias e indispensables para las reducciones, con todos los menesteres para la manutención de los misioneros y de la gente que los acompañase; lo preciso para construir iglesia y casa, y todos los ornamentos necesarios para celebrar el santo sacrificio de la Misa, todo lo que se aprontó en este pueblo sin perder tiempo en el de aguas del año pasado en el que tuve aquí a los tres misioneros[1].

Por motivos desconocidos se tardó bastante el inicio de esta segunda entrada. Recién salieron los tres frailes de Punata el 11 de junio de 1776. El tiempo no les fue favorable y se vieron obligados a regresar a Punata «por haberles sobrevenido un mal temporal en la cordillera»[2]. Sin embargo, pocos días después de su retorno al pueblo, emprendieron nuevamente su viaje. El padre Villanueva se enfermó se-

---

[1] M. Moscoso, 1776, fol. 44r.
[2] Á. Moscoso, 1776, fol. 40r.

riamente en la cordillera y volvió a Punata para reincorporarse luego
en su convento de la Recoleta de Cochabamba. Los otros dos frailes
continuaron la entrada y llegaron a la tierra de los yuracarees el día
martes 5 de agosto. Ese mismo día escribió fray Marcos a los hermanos Moscoso:

> llegó el día feliz, cumplimiento de nuestros deseos; y qué día sino el de
> Nuestra Señora de las Nieves, en que hemos llegado a las propias casas
> de nuestros amados y deseados yuracarees, quienes nos han recibido con
> tanto amor y tales demostraciones de cariño que para otra ocasión dejo
> la narración de esta que ha de ser la historia de mayor gusto y la más
> tierna que puedo yo participar a vuestras mercedes y que pueda apete
> cer su devoción[3].

Efectivamente, en su segunda carta a los hermanos Moscoso, fechada el 20 de agosto, fray Marcos presentó algún detalle más acerca
de su llegada a lo que por algunos años va a ser su campo de misión:
la entrada «nos fue de grande consuelo y especial regocijo, pues estos
naturales nos recibieron con bastantes muestras de cariño y nos condujeron limpiando el camino hasta sus propias casas»[4].

Es difícil determinar con exactitud el lugar donde llegaron los dos
frailes y donde se establecieron en primera instancia. Las cartas llevan
escasa información al respecto. Marcos Melendes indica en su segunda carta que el sitio donde encontraron a los yuracarees y donde decidieron fundar la primera misión, «dista dos leguas, digo días de camino de las Juntas»[5], lo que Ángel Moscoso aclara diciendo que el
lugar se encuentra «distante del río de las Juntas dos días de camino»[6].
Diego Vargas, uno de los primeros cochabambinos que entró en aquella región, indicó que esta primitiva misión se encontraba «en el Coni,
primer puerto a donde venían las embarcaciones de Mojos»[7].

Casi inmediatamente después de su llegada a los yuracarees, los frailes despacharon a varios de los peones que les habían acompañado
desde Punata, «por el perjuicio que en esta nación inocente podían

---

[3] Melendes, 1776a, fol. 46r.
[4] Melendes, 1776b, fols. 46v-47r.
[5] Melendes, 1776b, fol. 47v.
[6] Á. Moscoso, 1776, fol. 40v.
[7] D. Vargas, 1786a, fol. 102v.

causar con su estada aquí»[8]. En la carta para los hermanos Moscoso que fray Marcos mandó con ellos, indica que cada uno de esos peones «llevará un papelito en que se avise de los días que han trabajado desde el día que salieron desde Punata que se les acabe de pagar»[9]. Y mientras escribe la carta, algunos yuracarees están pescando para que los frailes puedan mandar a sus benefactores en obsequio algún pescado: «Algunos indios han ido a pescar algunos dorados. Si se logran, irán para que vuestras mercedes prueben algún fruto de su misión, pues [es] lo único que podemos enviarles de las tierras de estos pobres»[10].

Un pequeño detalle al final de la primera carta de fray Marcos llama la atención, a saber la relación de cariño que se había establecido entre él y la hermana de los hermanos Moscoso: «A mi señora Petita, hermana de vuestras mercedes, mis afectos y memorias y que tenga ésta por suya»[11].

Llenos de entusiasmo, de inmediato los dos frailes tomaron decisiones en cuanto a la labor que tenían que empezar a desarrollar: «mañana seis del corriente comenzaremos con nuestra capilla que en adelante será madre de las demás iglesias que se fabricarán en esta nación»[12].

Junto con los yuracarees los frailes Marcos y Tomás se dedicaban en los primeros días efectivamente a la construcción de la capilla, mientras que al mismo tiempo trataban de enseñar a sus evangelizandos algunos puntos de la doctrina cristiana. El trabajo de la capilla fue concluido el 11 de agosto y el día viernes 15

con el título previsto por el señor obispo y por vuestras mercedes mis amados compañeros, se bendijo y se hizo el estreno con mucho regocijo, y dijimos misas aplicadas a su más pronta reducción y, como de antes les habíamos instruido en algunos puntos de doctrina y prevenídolos para

---

[8] Melendes, 1776a, fol. 46r.

[9] Melendes, 1776a, fol. 46r.

[10] Melendes, 1776a, fol. 46v.

[11] Melendes, 1776a, fol. 46v. El mismo sentimiento manifiesta también el padre Anaya en la carta que escribió el 20 de agosto a los hermanos Moscoso: «A mi señora Petita, hermana de ustedes, que no le escribo aparte porque fuera mostrar separados objetos de mi atención, cuando la sangre y cariño han hecho tanta unión, pero que no nos olvide en sus comuniones y devociones» (T. Anaya, 1776, fol. 49v).

[12] Melendes, 1776a, fol. 46r.

un día muy festivo, pensaron era para bautizarlos y algunos lo significaron con gusto. Y a la verdad si ellos estuvieran enterados de lo preciso para la recepción del santo bautismo hubieran logrado todos esta dicha, pero mediante Dios y la viveza de los naturales [en] breve lograremos nuestros deseos[13].

De hecho, un desbordado, pero también ingenuo optimismo se apoderó de los dos frailes en aquellos primeros días de su estadía entre los yuracarees. A los tres días de su llegada se presentó otro capitán para expresar el deseo de la gente de su parcialidad de entrar en contacto con los misioneros. Escribió fray Marcos:

espero en la divina piedad y en la protectora de estos pobres que multiplicaremos mieses, pues al tercer día de nuestra llegada vino a esta mi tocayo Marcos Teniente del otro pueblo, que quiere que vayamos a su pueblo llamado Chimoré, un día de camino de esta[14].

Pero, en su primera entrada ya se había comprometido con otro capitán y se presenta entonces una disyuntiva: ¿a quién atender primero? De todos modos, ya están decididos fundar pronto una segunda misión:

Dos parajes se ofrecen para el intento, uno de la parcialidad del capitán Chuche que está antes de pasar las juntas, salvo un brazo, distante dos o tres días de camino del camino común, otro un día de camino de aquí para dentro, con cortos ríos, en el paraje llamado Chimoré, cuyo jefe principal con nombre de Marcos Teniente vino a este pueblo, donde estamos, manifestándonos que deseaba fuésemos a su tierra a formar otro pueblo y le hemos prometido que irá uno de nosotros[15].

En sus cartas a los hermanos Moscoso del 20 de agosto, los dos misioneros les piden mandarles cuanto antes la mayor cantidad posible de objetos, «pues este es el anzuelo para coger a estos pobrecitos, y de este modo se les endulza para que siquiera a su modo nos ha-

---

[13] Melendes, 1776b, fol. 47r.
[14] Melendes, 1776b, fol. 47v.
[15] T. Anaya, 1776, fols. 48v–49r.

gan los edificios o ranchos primeros»[16]. Pero al mismo tiempo, seguros del serio compromiso de los Moscoso para con ellos y de su generosidad, piensan también en sus propias necesidades y en las de la propia evangelización: «esas cosas pueden venir cuanto antes con el preciso bastimento de vino para misas, harina, carne en charque, que bien conozco la buena voluntad de vuestras mercedes»[17], escribe Marcos Melendes. Y Tomás Anaya añade:

> En orden a capilla son necesarias muchas cosas, que más son para dejar a la acreditada comprensión de vuestras mercedes que para escritas en la ocasión presente; y más cuando conviene tanto el mostrarles las imágenes de nuestra veneración a estas gentes con el culto y decencia siquiera posible. Y porque en esto no haya más que decir, solo individualizo unas tres o cuatro colgaduras, si no nuevas y costosas a lo menos decentes, para las paredes del altar, y no dar motivo al desprecio de nuestra santa fe en nuestras iglesias[18].

El temor de que la conducta de los indios de los Andes que entran en contacto con los yuracarees pudiese ser perjudicial para estos últimos, que había inducido a los dos frailes a despachar cuanto antes a los que les habían acompañado en su entrada, lo manifiesta otra vez Tomás Anaya, cuando escribe en su carta: «A los indios que vienen con providencias de afuera es preciso encargarles mucho, no den aquí escándalos ni malos consejos»[19]. Dan la impresión los dos frailes de ser rousseaunianos, porque apenas han tenido tiempo para conocer seriamente a los yuracarees: los «naturales muy dados al trabajo, no son dados a la embriaguez […], no hay entre ellos ningún abuso notable»[20].

---

[16] T. Anaya, 1776, fol. 49r. Anaya enumera: «doscientas hachacunas, dos cajones o lo que se pudiese de cuchillos, más un cajón de chaquiras, especialmente blancas, dos gruesas siquiera de espejitos, un par de libras de festonería, de navajitas, de botones de Bohemia y otras chucherías cuantas se puedan» (Ibídem). Melendes, por su parte, presenta una lista semejante: «doscientas cunas, unas gruesas de tijeras, dos cajones de cuchillos, siquiera una gruesa de espejitos, cuantos mazos se pudiesen de gualcas blancas, navajitas chiquitas» (Melendes, 1776b, fol. 47v).

[17] Melendes, 1776b, fol. 47v.

[18] T. Anaya, 1776, fol. 49r.

[19] T. Anaya, 1776, fol. 49v.

[20] Melendes, 1776b, fol. 47v.

Piensan los frailes también en que ya podrían venir a ayudarles algunas damas en su tarea de civilización y evangelización de los yuracarees: ojalá «entrasen siquiera dos mujeres de esas viejas y virtuosas de Cochabamba, para así estimular mejor a las mujeres de aquí al traje recatado y ayudarnos a catequizar las indias»[21].

Los hermanos Moscoso recibieron todas esas primeras noticias con entusiasmo y compartieron las grandiosas perspectivas que se abrían para la empresa que habían iniciado. Poco después de haber recibido las cartas que escribieron los dos misioneros, el 20 de agosto, Ángel Moscoso fue personalmente a Cochabamba para informar al provincial de los franciscanos del éxito de la entrada de los frailes Tomás y Marcos y le pidió poner más frailes a disposición de la nueva obra misionera:

> Así la mies que se ofrece es copiosa y, aunque los operarios por ahora son pocos, por el mes de abril o mayo, pasadas las aguas, entrarán otros cuatro que se están previniendo con el cuidado de que sean a propósito para mostrarles con la palabra y ejemplo el camino del cielo. A este fin pasé a la Villa de Cochabamba a tratar con el M. R. P. provincial de San Francisco; y no solo me concedió las respectivas patentes para dos sujetos que le designé, conventual el uno de La Paz y el otro de la observancia de la ciudad de La Plata, sino que me ofreció que dirigiría patente circular por todos los conventos de su provincia, estimulando a sus religiosos a que pasen a sembrar la fe en aquellos lugares, haciéndose cargo de practicar la misma diligencia personalmente con todos los que considerase más útiles, con ocasión de estar entendiendo en la visita de su provincia[22].

Mientras tanto, los mismos frailes Tomás y Marcos mantenían la esperanza de que llegase pronto el sujeto que, junto con ellos, se había ofrecido para trabajar como misionero entre los yuracarees. Escribió Marcos Melendes a los hermanos Moscoso al final de su segunda carta: «Al reverendo lector Villanueva mis memorias, y que esta mies es muy abundante y que cierto, si viene, sanará de sus males»[23].

---

[21] T. Anaya, 1776, fol. 49r.
[22] Á. Moscoso, 1776, fol. 40v.
[23] Melendes, 1776b, fol. 48r.

Muy poco, por no decir casi nada, nos revelan la carta del padre Anaya y las dos cartas del padre Melendes acerca de los propios yuracarees. La etnia se compone aparentemente de parcialidades a cuya cabeza está un capitán. Se mencionan tres de ellas: la del capitán Matías, la del capitán Marcos Teniente y la del capitán Chuche. Ángel Moscoso menciona todavía dos más: «A las vecindades de estos están los piscolulos y solostes, distinguidos por estos nombres de sus parcialidades»[24]. La distancia entre los hábitats de las diferentes parcialidades es considerable, un día, dos días o más de camino.

Cada parcialidad agrupa un cierto número de familias. En cuanto a la parcialidad del capitán Matías, fray Marcos indica que tiene «cosa de cien almas»[25], pero Ángel Moscoso ofrece un dato más exacto: «Los mozos que los condujeron nos han aumentado las noticias añadiendo que se están catequizando setenta y tres adultos, además de cuarenta y dos párvulos que continuamente rodean a los misioneros»[26]. En cuanto a las otras parcialidades con las que se tenía contacto en aquellas primeras semanas, no se proporciona ningún dato acerca de su composición.

Los yuracarees viven en grandes chozas comunes. De la parcialidad de Matías, fray Marcos dice que «se compone de cinco casas de infieles»[27]. De hecho, estas 'casas' no son más que sencillas ramadas[28]. Construyeron una semejante para los frailes cuando llegaron a vivir entre ellos: «previniéndonos hospedaje a su usanza en una ramada que fabricaron»[29].

Solo dos palabras que presenta Marcos Melendes en su segunda carta podrían revelar algo acerca de las creencias de los yuracarees: «continuamente, en la puerta de la capilla, llaman a su Meme y al Tupa, que es Dios»[30]. La palabra *Tupa* es un préstamo del chiriguano. *Meme* es la palabra yuracaré para 'mi madre'.

---

[24] Á. Moscoso, 1776, fol. 40v.
[25] Melendes, 1776b, fol. 47v.
[26] Á. Moscoso, 1776, fol. 40v.
[27] Melendes, 1776b, fol. 47v.
[28] He podido observar todavía tales ramadas o «chozas» cuando visité a los yuracarees en agosto del año 1983.
[29] Melendes, 1776b, fol. 47r.
[30] Melendes, 1776b, fol. 47v.

2.2. Desilusiones y nuevo entusiasmo (1776-1777)

La desbordante euforia del primer momento se esfumó rápidamente. Pronto los dos misioneros se encontraron en un aislamiento asfixiante. A sus cartas no les llegó ninguna respuesta. Y lo que fue peor, no recibieron ninguna ayuda material, nada de lo que habían solicitado para su propia manutención y para atraer a los yuracarees, lo que les imposibilitó también a extender su campo de acción a las otras dos parcialidades que habían manifestado su deseo de contar con su presencia.

Por los informes que redactaron los hermanos Moscoso sobre la entrada de los dos frailes sabemos que efectivamente habían recibido las cartas que les mandaron los dos franciscanos. Y, conociendo su firme y sincero propósito de garantizar la evangelización de los yuracarees, podemos estar seguros de que efectivamente mandaron todo aquello que se les había pedido. Pero, simplemente, los bastimentos no llegaron a manos de los misioneros. Por otras fuentes sabemos que la senda que se había abierto estaba todavía en pésimas condiciones y que era una verdadera hazaña transportar víveres u otros objetos por ese camino. Uno de los primeros que había conocido esa senda, Diego Vargas, vecino de Chapapani en el yunga de Chuquioma, declaró en 1786 que los hermanos Moscoso, para mantener a los misioneros que habían mandado a las Montañas de Yuracarees,

> remitían víveres y demás que necesitaban con muchas dificultades a hombros de indios; y en el tiempo de secas cuando iban mulas, solo cargadas a trechos. Y era necesario que un peón tirase cada una de ellas y así se podía conseguir que fuesen hasta la ceja desde donde se conducían dichos mantenimientos con mucha pérdida y gasto por medio de los peones[31].

Ambrosio Pardo, un buen amigo de los Moscoso, observó con respecto a la senda que

> las muchas lluvias y su aspereza, especialmente en la montaña, no permitía que internasen mulas, y se hacía indispensable enviar a hombros de jornaleros los víveres y demás necesario para los misioneros, que se per-

---

[31] D. Vargas, 1786a, fol. 102r.

dían muchos por descuido de los conductores, por las copiosas lluvias y porque los hurtaban los mismos peones[32].

El mismo padre Tomás Anaya previó ya este tipo de problemas, al decir al final de su carta del 20 de agosto de 1776:

> y a los que se van huidos abandonando lo que traen, es muy necesario los castiguen o hagan algún ejemplar, porque de no, no podremos afianzar la correspondencia ni tendremos lo necesario y se acrecentarán más los gastos de ustedes llevándose la paga de balde[33].

A comienzos de diciembre de 1776 el padre Tomás Anaya no aguantó más y decidió retornar a su convento de Cochabamba. Parece que su compañero también había querido abandonar la misión, pero «padeciendo una grande hinchazón en las piernas que le impedía caminar a pie, resolvió quedarse solo entre aquellos infieles a esperar los deseados auxilios»[34]. Éstos, ahora, no se dejaron esperar mucho tiempo: a comienzos de enero de 1777 los hermanos Moscoso enviaron a fray Marcos «víveres, chaquiras y un sacerdote secular que le acompañase»[35].

Los dos misioneros se esforzaron en dar un verdadero empuje a la evangelización de los yuracarees. Incluso tomaron contacto con la parcialidad de los chuches y determinaron «hacerles pueblo separado, con la denominación de San Antonio», pero esta nueva misión «no tuvo subsistencia»[36].

Ahora sí, los hermanos Moscoso lograron introducir en las Montañas de Yuracarees todo aquello que los misioneros pedían. Incluso mandaron a un herrero, «con toda la herramienta necesaria, hierro y acero, para que calzase las piezas de los indios pertenecientes a la misma misión»[37].

---

[32] Pardo, 1781, fol. 86r.

[33] T. Anaya, 1776, fol. 49v.

[34] Melendes, 1969 [1789], p. 130. De hecho, fray Marcos sufría ya desde los inicios de su permanencia entre los yuracarees de este mal, como se lee en su segunda carta a los hermanos Moscoso: «Yo adolezco de una pierna, aunque me parece no de cuidado» (Melendes, 1776b, fol. 48r).

[35] Melendes, 1969 [1789], p. 131. Ignoramos el nombre de este sacerdote.

[36] Melendes, 1969 [1789], p. 131.

[37] Pardo, 1781, fol. 86r.

Hubo buenos resultados y a comienzos de octubre de aquel año 1777 a fray Marcos «le pareció conveniente salir para Tarata a informar a los curas del buen estado en que quedaba la reducción, a fin de que concurriesen a sostenerla con los gastos precisos»[38].

Pocos días después de la salida de Marcos Melendes de la misión de la Asunción, la abandonó también su compañero, el sacerdote secular, «llevando consigo algunos indios, para que viesen los curas su buena disposición y enseñanza»[39].

Enterados los párrocos de las buenas inclinaciones de los yuracarees con quienes los misioneros se presentaron en Tarata, determinaron bautizarlos. Su bautismo tuvo lugar en la iglesia de Tarata el día jueves 23 de octubre.

> En veinte y tres de octubre de mil setecientos setenta y siete bauticé, puse óleo y crisma practicando las ceremonias prevenidas por el manual romano acerca del bautismo de infieles idólatras a cuatro indios de la nueva misión de yuracarees que fueron conducidos a este pueblo por su misionero el padre fray Marcos Melendes, recoleto del orden de San Francisco, por medio del que fueron examinados en su idioma en la doctrina cristiana y misterios necesarios y abjuraron su idolatría y errores en las respuestas a las preguntas que se les hicieron según el manual. A uno se puso por nombre Domingo Pedro, fue su padrino el señor corregidor de esta provincia don Pedro Rodrigo Garralda, a otro Manuel Antonio, fue su padrino el señor alcalde ordinario de la Villa de Cochabamba don Antonio Laredo, a otro Jerónimo Ambrosio, fue su padrino el coronel don Ambrosio Pardo de Figueroa[40], Administrador del real estanco de tabacos, y finalmente al cuarto Nicolás, fue su padrino don Nicolás Cardona, para que conste lo firmé.
>
> Dr. Ángel Mariano Moscoso[41].

---

[38] Melendes, 1969 [1789], p. 131.

[39] Melendes, 1969 [1789], p. 131.

[40] Tenemos el siguiente testimonio de este padrino: «que el año de setenta y siete trajo el misionero fray Marcos cuatro infieles adultos para que se bautizasen. Que en efecto se solemnizaron sus bautismos en el pueblo de Tarata con general celebridad, siendo su merced padrino de uno de los bautizados, a quien se puso por nombre Ambrosio» (Pardo, 1781, fol. 86r).

[41] Libro de Bautismos de San Pedro de Tarata, núm. 16, fol. 189r. En el margen de esta partida de bautismo leemos: «Domingo Pedro, Manuel Antonio, Jerónimo

Con motivo del nombramiento de Ángel Mariano Moscoso como obispo de Córdoba del Tucumán, un pintor anónimo hizo en 1788 un hermoso cuadro de este bautismo, que se encuentra actualmente en la sacristía de la iglesia de San Pedro de Tarata. Lo hemos reproducido en la portada de este trabajo. En el centro de este cuadro se encuentra el mismo Ángel Mariano Moscoso; a la izquierda un grupo de tres sacerdotes, dos con capa, que deben ser el párroco de Punata, don Tomás Manuel Moscoso, y el presbítero que desde comienzos del año 1777 había acompañado en la misión al padre Melendes; abajo de ellos el mismo fray Marcos Melendes; a la derecha se encuentra el grupo de los cuatro padrinos; y en la parte inferior del cuadro están arrodillados los cuatro yuracarees y otros cuatro bautizandos.

Después de este solemne bautismo, como para acentuar su trascendencia, se hicieron importantes regalos a los yuracarees. El padrino Ambrosio Pardo pasó «con el señor doctor don Ángel a la tienda de don Francisco García Claros en solicitud de efectos para los yuracarees». Don Ángel «solo en chaquiras le compró ciento y cincuenta pesos, las que se entregaron al mismo padre». A don Ambrosio le extrañó «la compra en tanta abundancia de solo aquel renglón», pero don Ángel

> le respondió que era el que más estimaban los yuracarees y el mayor medio para atraerlos, que las blancas eran las que más deseaban, y que ocurriría por ellas al Cusco y a Potosí; y también por cuchillos que estaban escasos en la villa[42].

Parece que a don Ambrosio le impresionó la generosidad del párroco de Tarata y que, «no obstante que en aquel entonces estaba ya establecida la misión y con todo lo necesario de orden y cuenta del señor doctor don Ángel», él no quiso quedarse atrás y decidió hacer también de su parte un obsequio serio, a saber: «cuatro quintales de hierro para herramientas»[43].

Ambrosio, Nicolás, indios de la nueva reducción de Yuracarees, que no saben ni cuentan sus edades, y el primero al parecer tendrá veinte y cuatro años, el segundo treinta y dos, el tercero cuarenta y cinco, y el cuarto treinta y ocho».

[42] Pardo, 1781, fol. 86r.
[43] Pardo, 1781, fol. 86r.

2.3. Marcos Melendes en busca de ayuda en Chuquisaca (1777-1779)

Fray Marcos debe haber retornado a la misión con sus yuracarees, llevando todo lo que había recibido[44]. Pero poco después viajó nuevamente a Tarata y de allá a Chuquisaca. Dice él mismo, en una carta, que desde que se había establecido entre los yuracarees había «continuado en ella hasta el de 777 en que salí a representar a esta real audiencia el estado feliz en que quedaban dichas conversiones»[45]. De hecho, fueron los hermanos Moscoso los que habían decidido enviar a fray Marcos a La Plata. Ya antes de la llegada de su misionero habían comentado a algunos de sus íntimos que los costos del mantenimiento y del necesario mejoramiento del camino a las Montañas de Yuracarees, más el constante aprovisionamiento de la misión de la Asunción, había empezado a agotar sus posibilidades económicas y que pensaban acudir a la Corona para que se responsabilizara de la construcción de un buen camino. Así, el presbítero Joaquín Vargas, amigo de los Moscoso, dijo que «oyó varias veces que ocurrirán al rey para que franquease un camino tan útil»[46]. Y Ambrosio Pardo observó que los dos curas «meditaron ocurrir a Su Majestad para que franquease y costease el camino»[47]. De hecho, dice el mismo don Ambrosio, los Moscoso enviaron al padre Melendes «a Chuquisaca a un ocurso a la real audiencia [...] costeándole su viaje»[48]. Ignacio Flores, el primer

---

[44] Basamos esta afirmación en que don Ambrosio Pardo, en su relato de los acontecimientos del día del bautismo de los cuatro yuracarees, dice que fray Marcos recibió de él los quintales de hierro que había comprado y que entregó algunas arrobas de hierro a herreros del pueblo de Tarata «para variar piezas que mandó hacer, y el resto lo llevó consigo» (Pardo, 1781, fol. 86r). No sabemos cuál fue la suerte de los cuatro yuracarees que fueron bautizados en Tarata. El único empadronamiento que conocemos de la misión de la Asunción es del año 1799. Solo dos de los varones que figuran en este empadronamiento como bautizados podrían corresponder a dos de los yuracarees de 1777: «Domingo Pinantuma, cacique o capitán de todos los indios de esta misión, como de cincuenta y siete años de edad» (Pérez, 1998a [1799], p. 22) y «Manuel Moscoso, como de cincuenta años» (Pérez, 1998a [1799], p. 30).

[45] Melendes, 1778, fol. 1r.

[46] J. Vargas, 1781, fol. 79r.

[47] Pardo, 1781, fol. 86v.

[48] Pardo, 1781, fols. 86v-87r.

gobernador de Mojos[49], comentó, en una carta al virrey del Río de La Plata, del 9 de febrero de 1780, la preocupación de los hermanos Moscoso y la ida de fray Marcos a la sede de la real audiencia de la siguiente manera:

> y después los caballeros Moscoso, cura el uno del pueblo de Tarata y el otro de Punata, con un celo muy distinguido habían fomentado una misión en las tierras de los indios yuracarees a la otra parte de dicha cordillera, pero no había logrado ella todo el fomento y protección que necesitaba, por faltarle en la ciudad de La Plata quien mirase como propias aquellas esperanzas. En esta coyuntura el P. Fr. Marcos de San Josef y Melendes del orden de San Francisco pretendió de la real audiencia algún auxilio para establecerse en aquella misión[50].

Parece que hubo aun un motivo más para mandar a fray Marcos a La Plata. Él mismo insinúa que a los hermanos Moscoso, al haber coronado su obra con el bautismo de cuatro yuracarees,

> les pareció haber concluido la empresa, pues determinaron que fray Marcos pasase a la ciudad de La Plata a dar parte al referido señor don Francisco Ramón de Herboso, que había sido promovido a aquel arzobispado[51] para que proveyese de la subsistencia de la misión, representando los muchos gastos que habían hecho[52].

Al haber llegado a Chuquisaca, fray Marcos buscó primero a monseñor Herboso, a quien sin duda había conocido cuando vivía con el cura Manuel Moscoso en Punata, porque el entonces obispo de Santa Cruz frecuentaba aquel pueblo. Esperaba contar con la ayuda del flamante Arzobispo, pero fue totalmente decepcionado: «El señor Arzobispo despidió a fray Marcos, diciendo que no metía su hoz en mies ajena; que ocurriese al señor obispo de Santa Cruz, y solo le dio veinticinco pesos»[53].

---

[49] La gobernación de Mojos fue creada el 5 de agosto de 1777 y el 4 de julio de 1778 Ignacio Flores tomó posesión como gobernador de Mojos y Apolobamba ante la real audiencia de Charcas.

[50] Flores, 1780a, fol. 1v.

[51] El obispo Herboso tomó posesión de su nueva sede el 2 de febrero de 1777.

[52] Melendes, 1969 [1789], p. 131.

[53] Melendes, 1969 [1789], p. 131.

Luego tomó contacto con la audiencia, pero también en aquel ambiente administrativo encontró las puertas cerradas:

> Se presentó a la real audiencia, dando parte de su conquista espiritual, para que de los caudales de temporalidades se asignase lo preciso a la conservación y prosperidad de aquella santa obra; y por el señor presidente se le denegó, expresando no había fondos para ello[54].

Por real orden del 5 de agosto de 1777 las antiguas misiones de Mojos y Chiquitos se habían convertido en gobiernos políticos y militares y el rey había nombrado como primer gobernador de Mojos al capitán del regimiento de voluntarios de caballería don Ignacio Flores. Éste dejó España para asumir su nuevo cargo y a mediados del año 1778 lo encontramos en Chuquisaca. Ya en España se le debe haber informado acerca de la posibilidad de establecer una comunicación entre Cochabamba y Mojos, porque trajo «el designio de facilitar mejor y más breve camino desde Cochabamba a ellas [las misiones de Mojos], que el que se transita por la ciudad de Santa Cruz»[55]. Flores se puso en contacto con uno de los oidores de la audiencia y éste no solamente se expresó en favor del mejoramiento del camino llamado de Yuracarees, sino también le aconsejó tomar personalmente contacto con el padre Melendes que todavía permanecía en la ciudad. Efectivamente, Flores se relacionó con fray Marcos y éste tuvo la oportunidad de proporcionarle todo género de detalles acerca del camino e informarle también acerca del estado de la misión de la Asunción. Por supuesto, fray Marcos defendió enérgicamente el proyecto de la construcción de un sólido camino, indicando al gobernador las ventajas que podría traer para su gobernación. Al mismo tiempo aprovechó la oportunidad para pedir la colaboración de Flores para su misión.

Ignacio Flores se dejó convencer por el fraile y le sugirió presentar nuevamente ante la audiencia de Charcas su solicitud de ayuda, prometiéndole apoyar la misma. Esta maniobra surtió efecto: fray Marcos

---

[54] Melendes, 1969 [1789], p. 131.
[55] Melendes, 1969 [1789], p. 132.

consiguió se le libraran 1.000 pesos en los caudales de Mojos, con la calidad de que entrasen con poder del referido don Ignacio Flores, para que por su mano le fuese auxiliando y fomentando las misión de Yuracarees, y que se le franqueasen los oficiales y familias que pidiese de los pueblos de aquel gobierno[56].

Flores, por de pronto, no pudo encargarse de la ejecución del proyecto del camino porque recibió órdenes de ir a inspeccionar la frontera entre los imperios español y portugués por el Mato Grosso. Marcos Melendes, de todas maneras, se ofreció para volver a su misión y ejecutar órdenes de Flores. Éste le encargó tomar el camino largo por Santa Cruz y Mojos, seguramente para más tarde poder informarle acerca de las condiciones de aquella ruta. El 14 de octubre de 1778, estando ambos todavía en la ciudad de La Plata, fray Marcos escribió una breve carta a Flores en la cual, por un lado, hace referencia a la suma de 1.000 pesos liberada a su solicitud por la real audiencia, «para que Vuestra Señoría me socorra con ellos en la continuación de dicha obra», es decir de la misión de la Asunta, mientras que, por otro lado, solicita a Flores una ayuda más inmediata:

pero lo que por ahora se necesita es primeramente que Vuestra Señoría me habilite de una cabalgadura de carga para transportar en ella mi pobre cama, algunos libros y precisos ornamentos que tengo conseguidos de la piedad cristiana; así mismo el avío que Vuestra Señoría reputase muy necesario para mi manutención en dicha jornada, arreglándose a mi pobre y estrecho estatuto que por él debía mendigar dicho mi alimento por los parajes de mi tránsito, los que no tendrán efecto por lo despoblado de aquellos caminos, concluyendo esta mi petición con que Vuestra Señoría me dé una carta para el cura de Loreto ordenándole en ella me facilite una canoa y aquellos oficiales que tengo pedido en mi escrito a esta dicha real audiencia para la civilización de la nueva conversión[57].

Debe ser que la época de lluvias fuera considerada no favorable para realizar el largo viaje programado; el hecho es que Marcos Melen-

---

[56] Melendes, 1969 [1789], p. 132. En su carta al virrey de Buenos Aires del 9 de febrero de 1780 el mismo Flores dice que ofreció para el fomento de la misión «todos los auxilios que cupiesen en mis facultades y la mitad de mi propio sueldo anual» (Flores, 1780a, fol. 1v).

[57] Melendes, 1778, fols. 1r-1v.

des dejó Chuquisaca recién a finales de septiembre o comienzos de octubre de 1779, junto con un compañero, cuyo nombre no revelan los documentos de que disponemos. Llegó a la Asunta el 4 de octubre del mismo año. El 11 de diciembre escribió a Ignacio Flores:

> Que desde la ciudad de Santa Cruz hasta aquí ha sido un continuo padecer, motivado de las recomendaciones de corte con que V. S. me dirigió a esta empresa. Pues el fomento que resultó la carta de V. S. al receptor de Santa Cruz no produjo otra cosa que una escasez de mantenimientos muy precisos para mí y el compañero [...]. No siendo menos lo producido y franqueado por el cura de Loreto, cuya entrega con recibo de mi parte remití a V. S. ahora un mes por mano del señor provisor don Ángel Mariano Moscoso (mi favorecedor en esta) en cantidad de ciento y quince pesos en los muy precisos alimentos para toda la gente que nos venía a transportar a esta reducción, en la que tiene V. S. seis familias de aquellos oficiales que reputamos muy necesarios para la civilización de este barbarismo[58].

De la mala atención que durante su viaje había recibido de aquellos a quienes el gobernador Flores había dirigido cartas de recomendación, fray Marcos, por lo demás, no le culpa al mismo Flores, sino a los receptores de esas cartas, como podemos leer en su carta a Flores del 4 de marzo de 1780, haciendo referencia a su carta del 11 de diciembre: «en la que con alguna expresión me manifiesto sentido de mis trabajos, no culpando a V. S. sino a los malos intérpretes de las órdenes de V. S.»[59].

El viaje desde Loreto a los yuracarees fue una verdadera hazaña exploratoria. Melendes informó a Ignacio Flores que de Loreto sacó dos canoas y un barco y que vino

> reconociendo aguas arriba del Mamoré hasta el Besugo[60], donde pierde su denominación dicho Mamoré por el encuentro de dos ríos, ambos navegables con solo canoas. Esto es, el río Chapare, y el otro el río Besugo, distante quince leguas de esta misión, y hasta donde tardé [...] en el camino quince días con mucha contemplación a la gente que me conducía, atemorizados de una navegación no experimentada. Y desde dichas

[58] Melendes, 1779, fol. 2r.
[59] Melendes, 1780a, fol. 4r.
[60] El río Besugo o Medzubo, más conocido como el río Coni.

juntas o puerto de Besugo, tomando o caminando aguas arriba del río Chapare, llegué con solas dos canoas dejando atrás el barco hasta el predicho pueblo en ocho días con conocido riesgo y peligro de vida, por la precipitación con que corren las aguas del río Chapare, en el que experimenté la volcación repetida de las dos canoas, perdiendo por ella los pocos bastimentos que me habían quedado hasta aquel entonces[61].

2.4. MARCOS MELENDES DE NUEVO ENTRE LOS YURACAREES (1779-1780)

Marcos Melendes realmente había puesto toda su confianza en Ignacio Flores por lo que respecta a la continuación de su obra misionera entre los yuracarees y la construcción del camino. Cuando se entera del traslado de Flores de Chuquisaca a Cochabamba, dice: «con la llegada de V. S. a esta provincia se perfeccionará esta reducción y aun se aumentarán otras de la misma nación»[62]. Es más, consideraba a Flores como su salvador:

doy gracias a su Divina Majestad levantándome del letargo de confusiones que me oprimían, sin saber qué hacerme por la falta de V. S., por cuyo motivo ni aun pensaba ya en el camino que tanto nos importa; y todo me tiene V. S. a su disposición, a la que siempre me he conformado[63].

Los sentimientos de confianza y de gratitud de fray Marcos hacia el gobernador Flores se manifiestan claramente en las expresiones que usa en sus cartas[64] para dirigirse a su benefactor: «Señor y dueño venerado, compañero de mi mayor aprecio», «Muy venerado señor y todo mi alivio», «Mi Señor, mi aprecio y toda mi veneración», etc. De hecho, Melendes se hizo completamente dependiente de Ignacio

---

[61] Melendes, 1779, fol. 2v. Marcos Melendes en su relación histórica dice que hizo el viaje de Loreto a la misión de yuracarees «en catorce días de navegación, río arriba» (Melendes, 1969 [1789], p. 132). Equivocadamente, Gabriel René-Moreno dice: «Fray Marcos de San José y Melendes descendió en 1779 hasta Loreto por el Chapare y sacó de allí operarios y útiles para la edificación y dotación del nuevo templo» (1974 [1888], p. 342).

[62] Melendes, 1780b, fol. 5r.

[63] Melendes, 1780b, fol. 4v.

[64] En poco más de cuatro meses Marcos Melendes escribió diez cartas a Ignacio Flores, en las fechas siguientes: 4 de marzo, 15 de marzo, 16 de abril, 23 de abril, 6 de mayo, 28 de mayo, 13 de junio, 23 de junio, 24 de junio y 7 de julio.

Flores, no esperando sino sus órdenes, y presto para ejecutarlas: «para todo lo que tiene en mí un soldado del rey, veterano, hecho al trabajo de esta montaña»[65]. Y, anecdóticamente, hasta para poder seguir con su vicio de fumar, fray Marcos considera a Ignacio Flores como su 'salvador': «del tabaco agradezco a V. S. en el alma que está desesperada por el vicio»[66].

De hecho, fray Marcos considera ahora al gobernador Ignacio Flores como el verdadero propietario y dueño de la misión de los yuracarees. Habla en sus cartas dirigidas a Flores de «esta su pobre misión», «esta su reducción». Flores es «el padre y amparo de estos miserables» y los yuracarees son «estos sus hijos». Estas expresiones no son simplemente emotivas. El mismo Ángel Mariano Moscoso, ese otro gran promotor de la reducción y cristianización de los yuracarees, consideraba la misión de la Asunción como perteneciente a la jurisdicción política de Ignacio Flores y como parte de Mojos. En el gran alegato que escribió unos meses antes de su muerte, dijo:

> Que a la verdad es un hecho que sirve de prueba incontestable de la pertenencia de los yuracarees al gobierno de Mojos con arreglo de los deslindes de Cochabamba que llevo ya citados[67], y no menos que el dicho señor presidente se hubiese tenido siempre y lo hubiésemos reconocido todos por gobernador de Yuracarees y por teniente de la misma pertenencia, al que fue suyo don Antolín Peralta[68].

Apenas habiéndose establecido nuevamente entre los yuracarees, el padre Melendes, por orden del gobernador Flores, reunió a las dos parcialidades con las que había trabajado antes y se estableció con ellas en un nuevo lugar, a saber en la península de las juntas: «en virtud de su orden, uní las dos poblaciones que habían en una, haciendo esta en lo mejor y más llano de la montaña, libre de inundaciones»[69]. Ya en marzo de 1780 había allá «cosa de quinientas almas»[70] y este número

---

[65] Melendes, 1780b, fol. 5r.

[66] Melendes, 1780f, fol. 15v.

[67] Al inicio de su alegato dice: «Tiene V. A. la gran Montaña de los Yuracarees en las pertenencias de Mojos según los deslindes de la provincia de Cochabamba, que existen en los archivos de ese superior tribunal» (Á. Moscoso, 1804a, fol. 16v).

[68] Á. Moscoso, 1804a, fol. 30r.

[69] Melendes, 1780a, fol. 4r.

[70] Melendes, 1780a, fol. 4r.

fue aumentando en los siguientes meses. Este crecimiento de la población en la nueva misión causa, de hecho, tremendos problemas a Melendes, quien a partir de marzo de 1780 se había quedado solo entre los yuracarees, ya que su compañero se había retirado. ¿Cómo alimentar a tanta gente? El 15 de marzo escribe a Flores que está

> ocupado en estar radicando a los indios nuevos venidos a este pueblo, sin cuyo fundamento no subsistieran en lo sucesivo, que con el concurso de tantos, las pocas sementeras, y éstas medias perdidas, no han alcanzado a la manutención; y por ello me veo prevenido a sembrar fuera de tiempo, pues ni para semilla me alcanza el poco maíz que hay[71].

A comienzos de mayo habla en su carta a Flores del «miserable estado de esta misión»[72] y a finales del mismo mes escribe a Flores, a quien pide urgente ayuda:

> yo de mi parte estoy tan empeñado que quisiera evadir a V. S. todo trabajo y el mayor costo, si mis pecados no hubieran frustrado las cosechas de este año, por cuyo motivo tengo esparcida la gente de esta misión de V. S. y los que permanecen en esta penuria, los estoy arreando de continuo a que hagan nuevas sementeras[73].

Ya en marzo había pedido permiso a Flores para formar «alguna haciendita de coca, o cañaveral» para la futura manutención de la misión[74]. Una preocupación especial causan dentro de esta situación apremiante los oficiales mojeños que ayudan en el establecimiento de la nueva misión:

> con justa causa veo que se quejan, pues sin darles yo de comer ni cosa alguna los apensiono al trabajo diario por que no perezcamos. Que si este mal recaería solo en mí no clamara a V. S. mis quejas, ni apensionara a ninguno para mi manutención; y así únicamente pido para estos pobres, que están acostumbrados a recibir la manutención de mano del padre en sus pueblos de Mojos[75].

[71] Melendes, 1780b, fol. 5v.
[72] Melendes, 1780e, fol. 11r.
[73] Melendes, 1780f, fol. 14r.
[74] Ver Melendes, 1780a, fol. 4v.
[75] Melendes, 1780b, fols. 5v–6r.

En abril dice de esos colaboradores que «están desmayados a vista de tanto trabajar sin el menor alivio»[76].

Con todo esto, no descuidó fray Marcos el principal objetivo de su presencia entre los yuracarees. Desde el inicio de su presencia estaba «embarazado en la erección de nuestra capilla y las muy precisas oficinas de viviendas»[77]. Dos veces al día se dedicaba a la enseñanza de la doctrina cristiana. Escribe a comienzos de marzo de 1780 que la gran mayoría de los habitantes de la misión no había recibido todavía «el beneficio del santo bautismo, lo que no se les ha conferido por el ningún fondo que hay en ésta para su estabilidad»[78]. Extraña que incluso para bautizar a sus catecúmenos pida permiso a Flores: «que V. S. me ordene les confiera este tan grande beneficio a que no pasaré sin aviso a V. S. sino solo en los casos de necesidad que prefiere el último fin»[79]. Había expresado al inicio de su segunda permanencia entre los yuracarees su confianza de que, con el gran apoyo de Flores, su labor misionera daría abundante fruto. Pero poco a poco se vuelve más escéptico. Ya a mediados de marzo expresa su temor de que los yuracarees estén más interesados en recibir dádivas que motivados para hacerse verdaderos cristianos: «temo se me vayan por el poco fruto que alcanzan sus intereses, que esto les atrae más que el amor a la cristiandad, aunque parece ser que en esto me engaño, Dios quiera que así sea»[80]. A finales de mayo dice que su misión «aún está en pañales»[81]. Sin embargo, mantiene firme su propósito de ejercer de la mejor manera posible su ministerio misionero, sintiéndose obligado «a tener celo por la salvación de nuestros hermanos, animando este celo con la caridad, arreglada con prudencia y moderada con dulzura»[82].

Dos acontecimientos concretos, por lo demás muy diferentes, perturbaron de alguna manera el ánimo de fray Marcos. En marzo de 1780 recibe la noticia del fallecimiento del párroco de Punata, Manuel Tomás Moscoso, el iniciador de la conversión de los yuracarees. Su

---

[76] Melendes, 1780c, fol. 8r.
[77] Melendes, 1779, fol. 2r.
[78] Melendes, 1780a, fol. 4r.
[79] Melendes, 1780a, fols. 4r-4v.
[80] Melendes, 1780b, fol. 6r.
[81] Melendes, 1780f, fol. 14v.
[82] Melendes, 1780g, fol. 18v.

reacción fue sencilla y clara, al escribir a Ignacio Flores: «su pobre misión ha enjugado las lágrimas que causó la muerte de su benefactor el señor arcediano (que de Dios goce)»[83].

En la segunda semana de junio, estaba fray Marcos trabajando con un grupo de yuracarees en el camino en Itirapampa cuando llega allá un yuracaré difundiendo «la acelerada noticia de haber encontrado no sé que carayes, (que así nos llaman a los de raza blanca) y que venían con sus escopetas». De inmediato los yuracarees que estaban con fray Marcos suspendieron el trabajo y «dejándome siete leguas distante se volvieron al pueblo, de donde tiraron las mujeres y guaguas a la banda del río». Luego, volvieron para reprochar al misionero que les mandó abrir camino para su ruina, «a que les persuadí de lo contrario, con lo que se convencieron y volvieron las mujeres y muchachos al pueblo»[84]. Algunas semanas antes ya se habían presentado cerca de la misión de la Asunción buscadores de oro y en su carta a Ignacio Flores del 28 de mayo el padre Melendes había manifestado su honda preocupación por la presencia de tales hombres. Habla en esa carta de

los óbices de algunos sujetos, que con gran perjuicio de esta misión han intentado indagar de estos indios el descubrimiento de minas, a lo que yo me he opuesto […], teniendo por principal objeto la conversión de esta gente, a cuyo establecimiento es indispensable el no distraerlos con otros intereses[85].

Asustado por el nuevo acontecimiento, pide fray Marcos a Ignacio Flores, suponiendo que conocía a aquellos 'carayes', procure por todos los medios «que esos caballeros mineros oculten sus armas de la vista de dichos infieles y no los amenacen para que descubran el oro»[86]. Y añade que no se opondrá a que esos mineros hagan su trabajo siempre y cuando tengan permiso del gobernador, pero al mismo tiempo se propone hacer lo posible «para que dichos caballeros se desengañen de la ambición infundamental del oro que dicen se halla en es-

---

[83] Melendes, 1780a, fol. 4r. Pone el verbo en plural («causaron») seguramente por errata.
[84] Melendes, 1780f, fol. 16v.
[85] Melendes, 1780e, fol. 14v.
[86] Melendes, 1780f, fol. 16v.

tas montañas»[87]. Pero hay algo más. Alguno de aquellos buscadores de oro con quien fray Marcos había tenido contacto personal debe haberse sobrepasado acusando al fraile de ocultar a propósito los yacimientos de oro por sus propios afanes de lucro. Esta acusación hirió profundamente al pobre franciscano: «han blasfemado contra mi crédito sin reservar lo más sagrado de mi estado, para cuya vindicación clamo a V. S. por justicia»[88].

Para el padre Melendes la construcción de un buen camino era de importancia vital para su misión: ya que esta misión no disponía de recursos para mantenerse por sí sola, estaba casi totalmente dependiente de lo que se mandaba desde fuera (víveres, ganado, herramientas, regalos), es decir del Valle de Cliza. Es precisamente por eso que el tema principal de las cartas que dirigía al gobernador Ignacio Flores fuera el del camino. Sabía que se estaba trabajando también en otro camino y temía que su apertura pudiese perjudicar seriamente a su misión. Por eso, escribió en su carta del 11 de diciembre de 1779: «produzca V. S. informe ejecutivo a la real audiencia de que a vista de lo expuesto por V. S. se suspenda la ejecución o entrada que don Manuel Cueva y un caballero Peramás van haciendo por estas fronteras»[89].

De hecho, ya en Chuquisaca Flores se había comprometido con fray Marcos por lo que respecta a ese camino. Cuando Ángel Moscoso supo de la llegada de Flores a Cochabamba, tomó contacto con él y le habló de su parte de la urgencia y conveniencia del mejoramiento y del ensanche del camino que ya se había abierto, pero que lastimosamente tenía todavía muchísimas deficiencias. El 9 de febrero de 1780 Ignacio Flores mandó una extensa carta a Buenos Aires, explicando las ventajas del camino que se proyectaba abrir y desbaratando los argumentos que algunos habían presentado en contra de este proyecto.

---

[87] Melendes, 1780f, fol. 17r. La palabra «infundamental» (equivalente a 'sin fundamento') está registrada solamente dos veces en el *Corpus diacrónico del español*, ambas en la obra *Restablecimiento de las fábricas y comercio español* de Bernardo de Ulloa, editado por el Instituto de Estudios Fiscales, Madrid, Instituto de Cooperación Iberoamericana-Sociedad Estatal Quinto Centenario-Antoni Bosch, (Madrid), [1740-1746] 1992 (ver Real Academia Española, Banco de datos CORDE en línea, <http://www.rae.es> [fecha de consulta: 5-5-09]).

[88] Melendes, 1780f, fol. 17r.

[89] Melendes, 1779, fol. 3r. Ver 3.1.

La ventaja principal de una comunicación directa entre Cochabamba y Mojos era la mayor facilidad que ofrecería para el traslado de productos de los Andes a las llanuras mojeñas y de los productos de Mojos a los Andes. La distancia entre ambas regiones se deja vencer de manera mucho más rápida y segura que por Santa Cruz, «de modo que es muy verosímil que el país de los yuracarees, luego que esté corriente su camino, sea solicitado por estos antiguos vasallos y se logren en él algunas poblaciones españolas»[90]. Tres son las razones por las que podía considerarse mejor no establecer esa comunicación, según las enumera y desbarata Flores. La primera: «Que los portugueses manifiestan en su gobierno deseos muy claros de apoderarse del Perú y que no conviene indicarles una vía»[91]. Dice Flores que no se debe tener miedo de que los portugueses descubran la vía que él quiere establecer, sino más bien crear en la frontera «una provincia numerosa en gente y ejercitada en las artes necesarias para la vida civil y militar, fuera de que sería hacer a los portugueses mucho honor el no defendernos de ellos de otro modo que escondiéndonos detrás de una cortina»[92]. Segunda razón: «Que la provincia de Santa Cruz padecerá menoscabo en su comercio, lo que se debe impedir por considerarse como la antemural del Perú»[93]. Dice Flores:

> La provincia de Santa Cruz no tiene comercio alguno con la de Mojos, porque no se debe tener[94] por tal la entrada ilícita de algunos pobres revendedores de cintas, quesos y otras frioleras […], con las cuales engañan a aquellos indios y les quitan algunos pocos hilados. Ellos no llevan ni sal, ni costales, ni hierro, porque no tienen estos efectos; y si tal vez entran con ellos es comprándolos en esta Villa de Cochabamba, comercio mezquino y prohibido según la actual constitución de Mojos[95].

Tercera razón: «Que el pasto espiritual de aquellos pueblos no será atendido con la vigilancia posible, interrumpida la comunicación con Santa Cruz»[96]. Argumento en contra de esta razón de parte de Flores:

---

[90] Flores, 1780a, fol. 3r.
[91] Flores, 1780a, fol. 3r.
[92] Flores, 1780a, fol. 3v.
[93] Flores, 1780a, fol. 3v.
[94] En el manuscrito «no se debe tenerse». Elimino la redundancia.
[95] Flores, 1780a, fol. 3v.
[96] Flores, 1780a, fol. 3v.

El obispo que vela sobre ellos reside ordinariamente en el pueblo de Tarata, inmediato a esta villa. Y cuando antes ha mostrado su ilustrísima temor de pasar a la visita de Mojos, ahora, tocando la facilidad de entrar allá por el camino proyectado, está resuelto a realizarla[97].

El virrey, inmediatamente después de haber recibido la carta de Flores, decidió apoyar la empresa de la apertura del camino[98]. Y se pusieron a disposición de Flores útiles que se encontraban en las cajas reales de Cochabamba[99].

A Ignacio Flores le pareció importante investigar primero cuál sería el mejor rumbo para establecer la comunicación vial entre Cochabamba y la misión de los yuracarees, y por ende entre Cochabamba y Mojos. Antolín Peralta, un destacado y acaudalado vecino de la Villa de Cochabamba, amigo también de Ángel Mariano Moscoso, quien iría a jugar un papel importantísimo en la realización de ese proyecto, comentó en diciembre de 1781, cuando apenas se había concluido el trabajo del camino, que había

> duda del rumbo que debía seguirse, si el de Paracti o este de Chapapani. Para salir de ella se dispusieron exploradores, unos que entrasen por un lado y saliesen por el otro, y algunos que entrando por éste saliesen por donde los otros entraban, que en efecto entraron por Chapapani hasta la misión. Pero los que se destinaron por el otro rumbo, sin llegar se volvieron, ponderando sus dificultades, sus ríos, sus pantanos[100].

De hecho, se le encargó explorar desde la Asunción la ruta por el río Paracti al mismo Peralta quien, cuando se tomó la decisión de realizar primero una exploración, se encontraba en la misión de la Asunción. Lo hizo junto con algunos yuracarees y enseguida llegó a la conclusión de «que era imposible romper y establecer por allí camino»[101]. Las exploraciones se realizaron en marzo de 1780.

---

[97] Flores, 1780a, fols. 3v-4r.
[98] Ver Vértiz, 1780.
[99] Ver Flores, 1780b, fol. 2r.
[100] Peralta, 1781, fol. 75r.
[101] Peralta, 1781, fol. 75r.

Después de haber recibido el informe de Peralta, Ignacio Flores decidió «que se dirigiese el camino por el lado de Chapapani»[102], e inmediatamente «mandó hacer barretas, azadones, azadas, palas, picos, hachas, cuñas, barrenos, herramientas de carpintería y otras muchas más con abundancia. Que sin perder tiempo dispuso también los víveres necesarios»[103]. En primera instancia fue encargado de la supervisión de la obra Antolín Peralta, pero poco después de haberse iniciado la ejecución de la obra se hizo presente el mismo Ignacio Flores para tomar personalmente la dirección de la misma. Al mismo tiempo se empezó a trabajar también del lado de la misión de la Asunción, donde fray Marcos dirigía el trabajo. Su gran anhelo fue establecer cuanto antes el contacto con los que estaban trabajando al otro lado y poder traer personalmente a Ignacio Flores a la misión. El 24 de junio pensó que ese momento ya había llegado. Ese día escribió al gobernador: «El día lunes 26 del presente sin falta alguna volveré a salir de ésta, no ya como antes hasta solo San Mateo, sino hasta la ceja»[104], es decir hasta el lugar donde se encontraba Flores. Precisamente en aquellos días pasó algo totalmente inesperado: Ignacio Flores recibió órdenes del virrey del Río de La Plata de trasladarse de inmediato a la ciudad de La Paz para ayudar a desbaratar la rebelión de los aymaras que tenían cercada aquella ciudad.

Marcos Melendes recibió la noticia con asombro. Escribe a su protector el 7 de julio:

La última de V. S. escrita del camino me ha llenado de un gran desconsuelo por la ansia con que deseaba verlo a V. S. en esta, para cuyo fin por lo que hace a mi parte ya había allanado los inconvenientes del camino[105].

Expresa también en esta carta su honda preocupación por el futuro de su misión. Teme que puedan hacer obras particulares personas que más buscan la satisfacción de sus propios intereses que el de sus yuracarees,

---

[102] Peralta, 1781, fol. 75r. A finales de 1781 declaró al respecto de esta opción Miguel Prudencio: «y después de haber mandado sondear y registrar diversos conductos para escoger la mejor senda, se eligió aquella misma que los señores Moscoso habían principiado» (Prudencio, 1781, fol. 88v).

[103] Peralta, 1781, fol. 75r.

[104] Melendes, 1780i, fol. 21r.

[105] Melendes, 1780j, fol. 23r.

a costa del trabajo de estos miserables, en la plantación de cocales y cañaverales, distrayendo éstos de su pueblo y por consiguiente de las obligaciones de cristiano, de que resulta la atemorización que éstos tienen de que les hacen cristianos, por querer lograrlos yanaconas[106], por cuyo temor se retirarán los presentes y no se lograrán los venideros[107].

Ignacio Flores nombró a Antolín Peralta como su principal reemplazante para la continuación del trabajo del camino, y como inmediatos colaboradores de aquél a Miguel Mercado y Lastra y a un tal Severino Diez[108]. A Diego Vargas, «como práctico por las varias veces que antes había entrado», Flores le encargó enseñar a los encargados de la obra «la senda y los rumbos que les parecían mejores para la dirección del camino»[109]. En poder de Francisco García Claros «dejó el señor gobernador cantidad de miles para que proveyese con todo lo necesario»[110] para la ejecución del proyecto. Finalmente, Ángel Mariano Moscoso «quedó encargado de la mira y cuidado de todo lo que ocurriese»[111]. Pero este último no solamente cumplió este encargo sino que invirtió también dinero de sus propios fondos en beneficio de la obra. Así, dice Peralta que «como dicho señor cura de Tarata estaba en su doctrina más a mano para que los negocios no se demorasen, aprontó toda la pólvora que se fabricó en su doctrina y algunos otros gastos»[112]. Y Francisco García Claros declaró que

ha concurrido también el citado señor doctor don Ángel Moscoso, con su actividad, disposiciones y con algunos gastos, cuyo importe tuvo orden el declarante de dicho señor presidente para satisfacerlos, pero que dicho señor Moscoso no ha querido recibirlos, expresando que tiene a bien el haberlos empleado en aquella obra de tan grande utilidad[113].

---

[106] Palabra quechua: peones.
[107] Melendes, 1780j, fols. 23v-24r.
[108] Ver D. Vargas, 1786a, fol. 102r.
[109] D. Vargas, 1786a, fol. 102r.
[110] Peralta, 1781, fol. 75v.
[111] P. Mendivil, 1786a, fol. 100r.
[112] Peralta, 1781, fol. 75v.
[113] García Claros, 1781, fols. 81r-81v.

Y Ángel Moscoso hizo aun más. Dadas ciertas quejas de parte de los peones por su alimentación, así como la deserción de varios de ellos, dispuso

> que no se les diese comida, que cada uno de ellos, obligándose al número determinado de quince o veinte días de trabajo, llevase lo que le fuese necesario y que a este fin se les aumentase el jornal, [...] y que también se les pagase el leguaje o jornadas de ida hasta que encontrasen el trabajo[114].

La realización completa de la obra del camino tomó casi un año y medio[115]. Durante todo este tiempo Antolín Peralta supervisaba el trabajo. En su última carta al gobernador Flores, Marcos Melendes veladamente había expresado su temor de que tal vez no se entendiera bien con Peralta, pidiendo orden de Flores en cuanto a las cosas en que debería «conformarse con dicho señor»[116]. Veía precisamente en Peralta una de las personas que podían abusar de los yuracarees para satisfacer sus propios intereses y causar «nueva penuria a estos pobres»[117]. Parece que este temor no fue infundado: «Peralta se llevó mal con fray Marcos, quitándole los indios mojos, que eran el principal nervio para formalizar el pueblo que tenía adelantado»[118].

El mismo Peralta dio su propia versión acerca de su relación con fray Marcos:

> Que en toda esta laboriosa obra no le ha fatigado tanto el trabajo como la oposición que padeció por el padre fray Marcos Melendes, entonces misionero, que llegó a conmover contra el declarante algunos mayordomos y por cartas a otros sujetos de esta villa, hasta llegar a malquistarlo

---

[114] Prudencio, 1781, fol. 88v.

[115] Ignacio Flores exagera cuando ya en septiembre de 1780 escribe a Josef de Gálvez que el camino queda concluido y que «ya empiezan a salir los indios yuracarees a Cochabamba y a entrar los españoles a sus tierras con una recíproca confianza» (1780b, fol. 3v).

[116] Melendes, 1780j, fol. 23v.

[117] Melendes, 1780j.

[118] Melendes, 1969 [1789], p. 133.

con el ilustrísimo señor Reguera, obispo que a la sazón era de Santa Cruz[119].

Fray Marcos decidió salir de su misión «para dar parte al señor Flores de los excesos de su teniente»[120]. No sabemos si el franciscano efectivamente pudo encontrarse con el gobernador. El hecho es que este no hizo nada en favor del fraile y no tomó ninguna medida contra aquel a quien no solamente mantenía como supervisor de la obra del camino, sino que había nombrado también como su lugarteniente en la gobernación de Mojos. Peralta, por su parte, presentó sus quejas contra fray Marcos a su aliado Ángel Moscoso y éste se dejó convencer por aquél, destituyendo al padre Melendes como encargado de la misión de la Asunción. Comentó a finales del año 1781 Antolín Peralta:

> El señor cura de Tarata, impuesto en el honor y empeño con que el declarante se ocupaba en aquel trabajo lo sostuvo, penetrando los artificios del padre, que se juzgaba se oponía a que se verificase la apertura del camino, y otras cosas que el señor gobernador previno al declarante, y tan distante el señor cura de Tarata de apartar al declarante de su intendencia y gobierno en el camino, que tuvo por conveniente que el citado padre Melendes no volviese a la misión[121].

Y así terminó el primer período de lo que podemos llamar la dramática historia de una misión. Un hombre valiente, a quien a finales del siglo XIX Gabriel René-Moreno dio un sencillo homenaje al atribuirle «ánimo intrépido, salud de bronce y fuego en el pecho»[122], desapareció trágicamente del escenario de la misión de la Asunción. Y la

---

[119] Peralta, 1781, fol. 75v. El obispo es Juan Domingo González de la Reguera, quien dirigió la diócesis de Santa Cruz de 1777 a 1781.

[120] Melendes, 1969 [1789], p. 133. Ignoramos la fecha de la salida de fray Marcos, pero podemos suponer que se haya realizado en el curso de la segunda mitad del año 1780. El único dato que hemos encontrado acerca de la suerte del padre Melendes, después de haber dejado la misión de la Asunción, es que a mediados de los años 80 era conventual de la Recoleta de La Plata (*Memoria de los Religiosos Sacerdotes Conventuales de este Convento de la Santa Recolección del Monte Sion de Señora Santa Ana de la Ciudad de La Plata 785.* ABNB, EC 170, 1785: fol. 3).

[121] Peralta, 1781, fol. 75v.

[122] René-Moreno, 1974 [1888], p. 341.

misión se desintegró: «De esta retirada se siguió a la misión gravísimo perjuicio, desertando muchos indios con sus familias a sus antiguas habitaciones»[123].

2.5. CLERO DIOCESANO A CARGO DE LA MISIÓN DE LA ASUNCIÓN (1780-1784)

2.5.1. La reorganización de la misión

En el breve relato histórico de la misión de la Asunción que Ángel Moscoso presenta en su alegato de junio de 1804, no dedica una sola palabra a los casi cuatro años que siguieron a la salida del padre Melendes. No sabemos si tomó contacto con los franciscanos de Cochabamba para conseguir algún otro fraile que estuviera dispuesto a encargarse de la misión. Como sea, la relación histórica escrita años más tarde por Marcos Melendes[124] dice muy escuetamente que «el cura de Tarata mandó a otros sacerdotes»[125].

De estos sacerdotes nuestra documentación trae en primer lugar el nombre de un tal Ignacio Montaño: «Que corre este pueblo y aquella gente reducida a cargo y dirección del presbítero don Ignacio Montaño, a quien solicitó en esta villa el señor provisor y lo remitió con todos avíos necesarios»[126]. Otra fuente dice, sin dar nombre: «Que sabe hallarse en la sazón de misionero un eclesiástico de esta villa de buenas calidades que dignamente está puesto y sostenido por dicho señor provisor»[127].

Que los franciscanos, mientras tanto, no se habían desentendido totalmente de la evangelización de los yuracarees, se desprende claramente de una carta que el 18 de mayo de 1781 dirigió en Madrid al rey el padre Diego de Espinoza, enviado a España por el provincial de Charcas para colectar frailes. Para dar fuerza a su solicitud de permiso para una colectación, dice:

---

123 Melendes, 1969 [1789], p. 133.
124 Ver Melendes, 1969 [1789].
125 Melendes, 1969 [1789].
126 Irigoyen, 1781, fol. 82v.
127 Martínez, 1781, fol. 83v.

Urge de otra parte esta necesidad y es la nueva entrada hecha al terreno de los indios yuracarees situados a espaldas de la Villa de
Cochabamba detrás de la cordillera, que con instancia de vuestro obispo
de Santa Cruz, Arzobispo hoy de Charcas, movido del cristiano deseo del
doctor don Manuel Moscoso, cura del pueblo de Punata, como demuestran las letras que juntamente presento [...] proveyó el suplicante, hallándose de ministro provincial el año pasado de 1775, con favorable resulta [...] cuya continuación promete no poco fruto, siendo también
ventajosa al estado dicha situación, de que le aseguraron vuestros oficiales de las cajas de Cochabamba tener informada a la Corte[128].

Se podría interpretar esta intervención del padre Espinoza en favor de la evangelización de los yuracarees en el sentido de que los
franciscanos, ante una nueva solicitud de Ángel Moscoso se hubiesen
disculpado, indicando que en aquel momento no tenían ningún fraile disponible, pero que no excluyese que en el futuro podrían favorecer nuevamente sus deseos.

Tenemos que añadir a esta preocupación por parte de los franciscanos el hecho de que el 20 de enero de 1782 un fraile, Juan Antonio
Gómez Trigoso, que de 1768 a 1780 había trabajado como sacerdote
en Mojos, se ofreció para ir a trabajar como misionero entre los yuracarees en una carta dirigida al presidente de la real audiencia de
Charcas:

en este espacio de tiempo a los cuarenta de mi edad, con el pleno conocimiento de las dificultades que tal empresa ofrece, he probado mi espíritu si se hallara capaz de tolerar las muchas dificultades que empresa
tan alta ofrece; y hállome resuelto a padecer por Cristo hambres, desnu-
deces y cuantas incomodidades se ofrezcan y por fin rendir la vida si fuere posible solo con el fin de que aquellos vengan en conocimiento de
Dios[129].

No conocemos ninguna respuesta a la carta del padre Gómez y
parece dudoso que efectivamente haya entrado a la misión de la
Asunción, porque no hemos encontrado ningún documento de la época en que figure su nombre.

---

[128] Espinoza, 1919 [1780], p. 572.
[129] Gómez Trigoso, 1782, fol. 9r.

2.5.2. *Ángel Moscoso hace su primera visita a la misión*

Ángel Moscoso hizo su primera visita a la misión de la Asunción en agosto de 1781 «con el fin de ver y reparar este camino y establecer personalmente la doctrina y subsistencia de la misión»[130]. Le acompañaron un presbítero, Joaquín Vargas, domiciliario de la diócesis de Santa Cruz y residente en Cochabamba, Josef Nogales, un vecino de los Yungas de La Paz que había huido de allá por motivo de la rebelión de los aymaras y había sido acogido en Tarata, y Diego Vargas, a quien ya hemos encontrado en el capítulo anterior. La visita fue relativamente breve: duró once días.

Según relató más tarde el presbítero Vargas, Moscoso

reconoció su pueblo que es de muchas casas, formadas todas de palmas, con algunas calles, dos hermosas ramadas en que hacen peines y sus flechas los yuracarees [...], que los más viven en el mismo pueblo y algunos a poca distancia de él, según allí le dijeron[131].

Sobre el número de habitantes los testimonios divergen: una fuente dice que «se ha logrado el ver ya asegurada la reducción de un crecido número de dichos infieles, establecido el pueblo de la Asunción, sujetas noventa familias a la obediencia del misionero»[132]. Otra fuente indica que hay «más de trescientos y veinte almas en la misma misión y que fuera de ella, a distancia de dos, tres o cuatro leguas, hay sesenta ya sujetas y reducidas»[133]. Otras fuentes hablan de «cosa de cuatrocientos individuos, entre catecúmenos [y] bautizados y de todas edades»[134] y aun de «quinientas a seiscientas personas entre chicas y grandes»[135]. Nadie indica cuál era en aquel momento la proporción entre yuracarees infieles, catecúmenos y bautizados.

En el centro del pueblo está la capilla. Es de modestas proporciones: «Tendrá de dieciséis a dieciocho varas de largo con el correspondiente techo»[136]. Durante su visita Moscoso da órdenes para ampliar-

---

[130] Prudencio, 1781, fol. 88v.
[131] J. Vargas, 1781, fol. 77v.
[132] Villaseñor, 1781, fol. 72v.
[133] Peralta, 1781, fols. 74r-74v.
[134] Pardo, 1781, fol. 86v.
[135] J. Nogales, 1781, fol. 80r.
[136] J. Vargas, 1781, fol. 78r.

la: «Que la capilla se ha reconocido corta y que en algunos días de concurso no caben en ella los infieles reducidos»[137]. Por eso, Moscoso, «entre varias prevenciones que hizo a los indios ordenó que alargasen la iglesia y que él la adornaría enteramente»[138].

La capilla «tiene los necesarios ornamentos y más halajas necesarias para el culto»[139]. Moscoso, después de su retorno a Tarata, cumplió su promesa y envió «un incensario, unos blandones para el altar y un centillero de plata, sobrepellices y otras cosas menudas que le parecieron convenientes para el adorno y culto y para atraer más a los yuracarees»[140].

Como en otras misiones, también los yuracarees habían tenido que acostumbrarse a reunirse en la mañana y en la tarde para recibir la enseñanza de la doctrina y para rezar. El presbítero Vargas, acompañante de Moscoso en esta primera visita, observó que los habitantes de la reducción «se empeñan con veras en aprender la doctrina» y comentó que «le suplicaban les enseñase las oraciones, que los muchachos son muy vivos y que éstos aprenden fácilmente el rezo»[141]. También a Josef Nogales «repentinamente le instaban para que les enseñase a rezar las oraciones más precisas»[142].

Ángel Moscoso bautizó a cuarenta y seis párvulos y a un adulto, en una ceremonia solemne, «que se celebró con bailes y otros festejos de los yuracarees»[143]. Otros también pidieron ser bautizados, pero don Ángel hizo saber que en otra oportunidad «bautizaría a todos los que sepan el rezo y tengan aprobación del misionero de estar bastantemente catequizados»[144].

Durante esta visita llegó a la misión de la Asunción un sobrino de un tal capitán Poyato, junto con otros yuracarees, para hacer saber, en nombre de aquel capitán, «que quería salir a reunirse con los reducidos y reconciliarse con los cristianos, reducirse a la fe y trabajar en

---

[137] Peralta, 1781, fol. 76r.
[138] Peralta, 1781, fol. 76r.
[139] Irigoyen, 1781, fol. 82v.
[140] J. Vargas, 1781, fol. 78r.
[141] J. Vargas, 1781, fols. 77v-78r.
[142] J. Nogales, 1781, fol. 80r.
[143] J. Vargas, 1781, fol. 78v.
[144] J. Vargas, 1781, fol. 78v.

conformidad sus tierras con los demás convertidos»[145]. Moscoso les recibió con cierto entusiasmo y «les hizo buen trato», de modo que «se volvieron muy gustosos a sus compañeros»[146]. Después de su retorno a Tarata, don Ángel «remitió a dicho capitán un regalo de cuchillos, espejitos, chaquiras blancas y otras cosas que aprecian y que son las que más los atraen»[147]. Es más, el mensaje que le habían transmitido los emisarios del capitán Poyato despertó en él el deseo de fundar una segunda misión. Decidió buscar a un segundo sacerdote para la reducción y evangelización de los yuracarees del río Coni, donde se encontraba Poyato y su gente:

> Que consta a su merced que así mismo ha estado el referido señor provisor en solicitud de un eclesiástico de virtud, instrucción y demás cualidades necesarias en un celoso misionero para que vaya a servir este oficio en el Coni[148].

Se fijó en el presbítero doctor Mateo de Quiroga, que había venido de La Paz. Gracias a la intervención de algunas personas quedó

> asentado que este eclesiástico de tan buen crédito, de tan arreglada vida y conocida instrucción irá a ser misionero en el segundo pueblo de Yuracarees que se formará en el citado Coni, distante cuatro leguas del primero y muy a propósito para puerto[149].

Sin embargo, por razones que ignoramos, se frustraron estas buenas intenciones.

2.5.3. Una encuesta

Tres meses después de haber realizado su primera visita a la misión de la Asunción, por medio de un apoderado, Andrés Villaseñor, Ángel Moscoso presentó una solicitud al corregidor de Cochabamba, Félix Josef de Villalobos, con el objeto de aplicar un interrogatorio

---

[145] J. Nogales, 1781, fol. 80r.
[146] J. Vargas, 1781, fol. 78r.
[147] J. Vargas, 1781, fol. 78r.
[148] Irigoyen, 1781, fol. 82v.
[149] Irigoyen, 1781, fol. 83r.

que había preparado acerca de la reducción de los yuracarees y de la apertura del camino hacia las Montañas de Yuracarees. Fue presentada el 6 de diciembre de 1781 y el mismo día el corregidor Villalobos firmó el decreto de aplicación del interrogatorio.

En la solicitud no se dice expresamente el motivo para presentar en aquel momento tal interrogatorio. Sin embargo, tanto de la introducción como de las preguntas que se formulan, se puede desprender que Moscoso, por lo que había observado durante su visita de agosto, se había convencido personalmente de lo que ya antes había intuido y que, sin duda, había considerado en sus contactos con Antolín Peralta: se presentaba como efectiva la posibilidad convertir las Montañas de Yuracarees en una región de cultivos, formando haciendas; asimismo, se podía establecer definitivamente la conexión directa entre Cochabamba y Mojos, y fomentar el intercambio comercial entre ambas regiones. La reducción ya realizada de yuracarees y la real perspectiva de reducir pronto a otros integrantes de aquella etnia garantizaría la tranquilidad de la zona. Lo que se había realizado hasta ahora solo tentativamente y en pequeña escala, tendría grandes oportunidades de ampliarse y ofrecería halagüeñas promesas a los anhelos de los cochabambinos de mayor prosperidad. El mismo Moscoso se convertiría en el gran impulsor de ese proyecto.

El preámbulo, después de haber descrito el estado de la misión de la Asunción, sigue así:

> Este proyecto, dirigido en sus principios principalmente al fin santo de la conquista de estos gentiles, ha ofrecido y descubierto muchos y diversos beneficios públicos y políticos, dignos de la mayor atención por la grande utilidad que de ellos resulta, en primer lugar a esta provincia, a sus vecinos y a la de Mojos. Porque hallándose ya firme y establecido el camino, en virtud de las muy oportunas providencias y aceptadas resoluciones del señor gobernador don Ignacio Flores, y en fuerza de las eficaces diligencias de mi parte, se ha conseguido que por esta breve vía se comuniquen fácil, cómoda, mutuamente sus efectos útiles y necesarios a todas ellas. La utilidad de estas misiones de los yuracarees ofrece una grande felicidad, pues siendo su terreno y temperamento muy a propósito para los necesarios efectos de chocolate, caña, coca, ají, pescado y frutos,

con la distancia solo de treinta leguas de esta villa le asegurará una provisión y aprovechamiento de ventajosas utilidades al rey y al público[150].

Las preguntas que se formulan a continuación recogen las ideas principales de este preámbulo.

El mismo Ángel Moscoso confeccionó la lista de los individuos que consideraba aptos para contestar las preguntas. Se trata de personas que de alguna manera compartían sus sueños o que representaban las ambiciones de los cochabambinos: en primer lugar Antolín Peralta, a quien ya conocemos; luego Francisco Mendivil, vecino de Cochabamba; el presbítero Joaquín Vargas, amigo de Moscoso, que lo había acompañado en su primera visita a su misión; Josef Nogales, quien también lo acompañó en el viaje de agosto de aquel año; Francisco García Claros, el administrador de la ejecución del proyecto del camino; Nicolás de Yrigoyen, alcalde ordinario de primer voto de la Villa de Cochabamba y su provincia; el teniente coronel Gregorio Martínez, alcalde de segundo voto de Cochabamba; Diego Rabaza y Nicolás Josef Montaño, oficiales reales de la real hacienda y cajas de Su Majestad de la provincia de Cochabamba; Ambrosio Pardo de Figueroa, administrador general de las reales rentas de tabaco y naipes, y el maestre de campo Miguel Prudencio Sainz, teniente de corregidor y justicia mayor en el partido del Valle de Cliza.

Ya el día 7 de diciembre se inició la aplicación del interrogatorio y se extendió hasta el 22 del mismo mes. Todos prestaron sus declaraciones en la ciudad de Cochabamba excepto Miguel Prudencio Sainz quien lo hizo en el pueblo de Tarata.

La lectura detenida de las diez declaraciones nos revela en primer lugar que todos los mencionados caballeros habían conocido a don Manuel Tomás Moscoso y que conocían personalmente a don Ángel Mariano Moscoso. Casi con las mismas palabras expresan su aprecio por los dos hermanos y manifiestan su reconocimiento y admiración por lo que aquellos habían realizado en su afán de convertir a los yuracarees al cristianismo y de hacerlos súbditos dignos del rey de España. Así, Francisco Mendivil declara que los hermanos Moscoso «han emprendido la conquista [...] de los indios yuracarees por sí solos, ins-

---

[150] Villaseñor, 1781, fol. 72v.

pirados al celo y amor a Dios»[151]. El presbítero Vargas dijo que los dos sacerdotes, «llenados de su ardiente celo al mayor culto de su divina Majestad y propagación de nuestra santa fe católica, entraron voluntariamente a la empresa de reducir a los indios infieles yuracarees»[152]. Sin embargo, podemos afirmar con toda certeza que los declarantes, de hecho, quieren rendir un homenaje especial al 'señor provisor'[153], el doctor don Ángel Mariano Moscoso. Lo dicen de la manera más clara los dos oficiales reales de la real hacienda, Diego Rabasa y Nicolás Josef Montaño:

> Nos causó grande complacencia por presentarnos oportuna ocasión de manifestar nuestra gratitud al particular celo, eficaces diligencias e infatigable desvelo con que dicho señor provisor se ha aplicado a la conquista de la nación de los indios yuracarees de que, resultando gloriosos merecimientos a nuestra religión católica, ha de ceder también en beneficio de la real hacienda[154].

En este homenaje los declarantes destacan de modo muy especial el hecho de que Ángel Moscoso, después del fallecimiento de su hermano a comienzos del año 1780, había asumido solo la total responsabilidad por el proyecto del cual fue iniciador don Manuel y que durante algunos años se habían empeñado de ejecutar juntos. Así, Gregorio Martínez, alcalde de segundo voto de Cochabamba, señala

---

[151] F. Mendivil, 1781, fol. 76v.

[152] J. Vargas, 1781, fol. 77v.

[153] Provisor es el título que con más frecuencia encontramos en nuestra documentación a partir de 1781 y hasta 1788, cuando Ángel Moscoso es nombrado obispo de Córdoba del Tucumán. Que se destacó en su función de provisor de la diócesis de Santa Cruz lo demuestra el siguiente testimonio: «la prudencia, celo y religioso ardor del citado señor provisor de quien es y ha sido muy propio manejarse en cualquiera de su resorte con tan buen pulso que se han logrado felices éxitos en cuanto ha puesto mano. Así lo han reconocido estos reales oficios en el remate de los diezmos de aquel obispado en los años que ha sido juez hacedor de ellos dicho señor con conocido aumento que han producido sus justos arbitrios y sagaces diligencias. Y aún en este año, cuando menos se esperaba tuviesen alguna estimación que a causa de la casi general rebelión de las provincias se creyó este ramo desestimado, se debe a su industria que no haya padecido quebranto ni detrimento, de que resulta conocido logro de la real hacienda cuyo real servicio es el espíritu de que se hallan animadas sus operaciones» (Rabasa-Montaño, 1781, fol. 85r).

[154] Rabasa-Montaño, 1781, fol. 84v.

que la muerte del arcediano no embarazó «la prosecución de este proyecto, porque el señor provisor la continuó y continúa con vivo empeño» y «ha insumido bastante caudal en esta empresa»[155]. Y el presbítero Joaquín Vargas comenta que don Ángel «después de la muerte del señor arcediano don Manuel continuó por sí solo con grande empeño, socorriendo a los misioneros y haciendo todos los gastos que eran precisos»[156].

El establecimiento de la misión de la Asunción es un hecho, pero la reducción de otros yuracarees queda por realizarse. Fuera de la parcialidad del capitán Poyato, a quien nos hemos referido al hablar de la visita que don Ángel Moscoso hizo a su misión en agosto de aquel año 1781, existían todavía otras parcialidades de esa etnia. Antolín Peralta señala que

en los lugares nombrados Cupetine, Sigoroche, Potrero, Chimoré, Arepucho, márgenes del río Mamoré, según noticias que ha adquirido el declarante, hay muchos indios, que uno u otro de éstos ha venido a la misma misión, y que del río Mamoré a la parte del oriente hay millares de ellos nombrados celostos que, aunque hablan el mismo idioma de los yuracarees, son enemigos suyos; que en otras ocasiones los han muerto y robado sus herramientas y que después que se han reducido a pueblo no les tienen el terror que antes[157].

Por supuesto, para don Ángel seguía siendo prioridad la reducción de los yuracarees y el establecimiento firme de la misión de la Asunción. Era muy consciente de que esa misión no sería capaz de automantenerse y por eso tenía que invertir bastante dinero para abastecerla de todo lo necesario. Josef Nogales declaró haber visto personalmente que don Ángel «ha remitido algunas partidas de ganado vacuno, pan y otros víveres para socorro y manutención del misionero y de los indios yuracarees, y también algunos cuchillos, espejos y otras especies de mercería»[158]. Joaquín Vargas dijo que «se tiene por cierto

[155] Martínez, 1781, fol. 83v.
[156] J. Vargas, 1781, fol. 77v.
[157] Peralta, 1781, fol. 74v.
[158] J. Nogales, 1781, fol. 79v.

que la [gente] por conquistar es mucha y que está dispersa en toda la montaña en las inmediaciones de los ríos»[159].
Es difícil encontrar otros datos acerca de los mismos yuracarees y su cultura. Destaquemos la información que presenta al respecto don Antolín Peralta:

> Que todos celebran sus contratos matrimoniales con la condición de tener número determinado de hijos y que cuando los partos exceden [...] matan a las criaturas. [...] Que los yuracarees son muy partidos, que sus bienes son comunes, en especial los mantenimientos. Que el vocablo tuyo y mío y el préstame o te debo no se encuentra en su idioma. Que sus sementeras son comunes a todos por igual. [...] Que son diestros a la flecha, que cazan las aves con primor y los peces en el río, por pequeños que sean, y a los jabalíes que los hay en abundancia. Algunos de estos indios tienen dos y tres mujeres[160].

Joaquín Vargas destacó lo siguiente:

> Que son los referidos indios yuracarees de buenas inclinaciones, según al declarante le dijo el misionero, muy apartados de la mentira y de lo que es hurto. Que cuando quieren alguna cosa, la piden al dueño, sea otro yuracaré o forastero. Que veneran a sus padres hasta llegar a desnudarse para vestirlos[161].

A estos pocos datos añade Vargas todavía algo relativo a la 'agricultura' que practican los yuracarees: «Los yuracarees no hacen cultivo alguno, ponen solo la semilla de maíz y otros comestibles que acostumbran y no se acuerdan de sus sementeras hasta la cosecha que recogen abundante»[162].
Poco antes del interrogatorio se concluyó el trabajo al camino que unía Cochabamba con las tierras llanas, camino que garantizó un buen acceso a la misión de la Asunción. Don Ángel Moscoso no solamente había aportado con su dinero para la construcción de ese camino sino que también había participado activamente en la ejecución de la obra. Durante su viaje a las Montañas de Yuracarees, en agosto de 1781,

[159] J. Vargas, 1781, fol. 78v.
[160] Peralta, 1781, fols. 74v-75r.
[161] J. Vargas, 1781, fol. 78v.
[162] J. Vargas, 1781, fol. 78r.

observó los trabajos de ensanche y mejoramiento del camino de la manera más crítica y anotó todo lo que, según su parecer, podría ser perfeccionado:

> habiendo el referido señor a su entrada reconocido que habían algunos pasos penosos y que con algunos reparos se facilitaría y aseguraría más aquel camino, formó un apunte con advertencias de todo lo que debería practicarse y a su regreso sacó a dicho don Antolín Peralta para que por el mismo papel y por lo que de nuevo fuesen advirtiendo quedase prevenido de las diligencias que había de practicar, especialmente para precaver algún derrumbe que podía temerse. Que en efecto, llevando don Antolín de treinta a cuarenta peones, ha perfeccionado, establecido y asegurado enteramente el camino[163].

Por fin el camino estaba completamente expedito y los que ya habían transitado por él elogiaban sus buenas cualidades. Basta citar al declarante Josef Nogales:

> El camino que se ha abierto para dicha misión es corriente, firme y seguro, que cuando [entró] con el referido señor provisor reparó éste algunos malos pasos, los que fue haciendo apuntar en un papel para que se computasen y que, habiendo vuelto por orden del citado señor a cosa de un mes después, los encontró compuestos. Y que al regreso del primer viaje que entró en compañía del referido señor estaban ya hechos dos puentes que mandó poner y quedaron seguros y estables para transitar los vados del río San Mateo, de suerte que en el día no hay en todo el tránsito riesgo ni peligro alguno y se puede caminar en todo tiempo[164].

Con la reducción de un número importante de yuracarees, la buena perspectiva de la reducción de otros y la feliz conclusión de la obra del camino, el espacio geográfico hasta ahora prácticamente cerrado entre las cordilleras cochabambinas (y sus piedemontes) y los llanos de Mojos se abre definitivamente. Los declarantes que habían tenido la oportunidad de conocer ya este espacio fácilmente reconocieron los beneficios y riquezas naturales de aquellas nuevas tierras y se conven-

---

[163] J. Vargas, 1781, fol. 79v.
[164] J. Nogales, 1781, fols. 80r-80v.

cieron de las posibilidades de la explotación de los mismos. Dice Joaquín Vargas:

> Todos juzgan que aquellas tierras son a propósito para la coca, cuyas plantas silvestres ha visto el declarante; para el cacao; para el algodón y que las plantas de esta última especie están ya fructificando; y para otras muchas por su grande fertilidad[165].

Francisco García Claros ofrece aun más detalles, señalando que en aquellas tierras

> se producen yucas, camotes, plátanos, papayas, maíz y otras frutas, las mismas que se dan en los temperamentos de yungas. Que sabe que se dan en dichas tierras las cañas dulces y cacao [...]. Que igualmente son muy adecuadas para plantar cocales y que generalmente son unas tierras de suma fertilidad, que se produce en ellas el café, agrios y toda especie de frutas exquisitas y comestibles. Que es abundantísima de pescados y que también se trajo de allí sal, que dicen se beneficia de un arroyo a propósito para el efecto»[166].

Las noticias acerca de los beneficios de aquellas tierras nuevas se difundieron rápidamente y despertaron pronto el interés de formar haciendas en ellas. Todos los declarantes en el interrogatorio de diciembre de 1781 expresaron ese interés, y uno dijo que «varios sujetos que piensan y pretenden hacer haciendas en aquellas tierras han hablado al señor provisor solicitándolas», como si don Ángel Moscoso fuese el dueño de toda esa zona. Encontramos también datos muy concretos en cuanto a esa formación de haciendas. Dijo Francisco García Claros «que es cierto hay diversos sujetos que quieren interesarse en ellas, y que el declarante es uno de estos que desea positivamente se le asignen y señalen para formar una buena hacienda»[167]. El presbítero Vargas afirmó «que ha oído a sujetos de juicio y de talento que solo las haciendas que quiere el señor don Ignacio Flores, actual presidente de Charcas, fundar en aquellas tierras para Su Majestad, darán de cuarenta a cincuenta mil pesos anuales»[168]. Entre los intere-

[165] J. Vargas, 1781, fol. 78v.
[166] García Claros, 1781, fol. 81r.
[167] García Claros, 1781, fol. 81r.
[168] J. Vargas, 1781, fol. 79v.

sados se encuentran también hacendados de la provincia de Yungas de La Paz, «que se hallan hoy en esta provincia huyendo de la tormenta de la rebelión que ha padecido aquella, a la que dicen no volverán, que venderán o dejarán las haciendas de coca que en ella tienen»[169].

El mismo Ángel Moscoso fue uno de los primeros que fundó una hacienda de coca allá, llamada Itirapampa. Formó también un cocal en la misión de la Asunción.

Un último tema que aborda el interrogatorio y que es también de importancia para la misión de la Asunta es la comunicación con Mojos. Antolín Peralta y su equipo no solamente establecieron el camino de Cochabamba a la Asunción, sino también la comunicación con Mojos. Precisamente para Cochabamba esta conexión directa con Mojos tenía bastante importancia, en particular porque acortaba considerablemente la distancia entre las dos provincias, que hasta entonces solo se podía vencer tomando la ruta de Santa Cruz de la Sierra. Ya el padre Marcos Melendes se había convencido de la conveniencia de contar en su misión con algunos indios mojeños, por un lado porque eran artesanos calificados y, por otro, porque podían dar ejemplo de cristianos bien formados. Pero además, la comunicación con Mojos desde la Asunción hacía posible un acceso más fácil a ciertos materiales y productos de que se carecía en las Montañas de Yuracarees. En su última carta a Ignacio Flores, la del 7 de julio de 1780, fray Marcos le pide al gobernador extender una orden

al cura de Loreto para que éste me socorra de algunos comestibles, y esto será mejor al de San Pedro, que lo es fray Antonio Peñalosa, con extensión a un par de calderos o fondos, una o dos campanas, algún retablito o 3 o 4 oficiales que lo hagan aquí y concluido se vuelvan; y por último todos aquellos renglones que sabe V. S. son necesarios a esta nueva fundación[170].

Los declarantes en el interrogatorio, al hablar de las ventajas de esta nueva comunicación, no hacen referencia a lo que ella puede significar para la misión de la Asunción, más bien resaltan que gracias a la reducción de los yuracarees se ha podido establecerla y garantizar su tránsito. Así, por ejemplo, Francisco Mendivil dice que «por la vía de

[169] J. Vargas, 1781, fol. 78v.
[170] Melendes, 1780j, fol. 24r.

los Yuracarees es corto el viaje y fácil de sacar los efectos que producen dichos Mojos, dimanado este beneficio por la apertura del camino y reducción de aquellos infieles yuracarees»[171].

2.5.4. Hacia una nueva desintegración de la misión

De la historia de la Asunción, durante los alrededor de dos años y medio que siguen a la aplicación del interrogatorio de diciembre de 1781, no sabemos casi nada.

En enero de 1782 Antolín Peralta se estableció en Mojos. Comenta Gabriel René-Moreno:

> Cuando Flores tuvo seguridad de su promoción a la presidencia de Charcas, por noviembre de 1781, confirió la tenencia de su gobierno de Mojos a don Antolín Peralta, ya en Cochabamba de vuelta de Yuracarees. Este no perdió tiempo. El 6 de enero de 1782 se embarcó en el puerto de Asunción de Yuracarees. Frágiles canoas le llevaron sobre aguas mansas hasta Loreto, donde desembarcó sin la menor novedad el 10. [...] Traía gran calor en el ánimo para promover el establecimiento de Yuracarees, enviando allá mojeños para labrar tierras, sembrar cacao y coca, edificar almacenes de receptoría, etc.[172].

Ignoramos cuánto tiempo dirigió la misión el presbítero Ignacio Montaño. De todos modos fue sucedido por otros presbíteros, como consta de una observación en un informe de 1789: «y aunque el cura de Tarata mandó a otros sacerdotes, ninguno de ellos tuvo subsistencia ni se avino con los indios»[173]. Francisco Mendivil, que el 7 de diciembre de 1781 prestó su declaración en el mencionado interrogatorio, dijo que «ha conocido dos misioneros despachados a la expresada misión, el primero el reverendo padre fray Marcos Melendes, y ahora otro eclesiástico padre Anaya, el que en el día existe»[174]. No sabemos a qué Anaya hace referencia. Es poco probable que se tratase del franciscano Tomás Anaya, quien entró a las Montañas de Yuracarees

---

[171] F. Mendivil, 1781, fol. 77r.
[172] René-Moreno 1974 [1888], p. 343. Peralta murió en San Pedro de Mojos en 1784.
[173] Melendes, 1915 [1789], p. 180.
[174] F. Mendivil, 1781, fol. 76v.

junto con el padre Melendes en 1776 y estuvo solamente cuatro meses allá; por lo que sabemos, retornó a la Asunción recién en el año 1792. El maestre de campo Pedro Vidal, quien prestó declaraciones en un interrogatorio que se aplicó en octubre de 1786, mencionó todavía a otro sacerdote: «el licenciado don Benito Araujo, presbítero que estuvo de doctrinero en tiempos pasados en la referida reducción»[175].

Que la presencia de aquellos sacerdotes seglares en la misión de la Asunción no tuvo el éxito que se había esperado lo confesó el mismo don Ángel Moscoso años más tarde al padre Francisco Buyán, al hablarle de «las fatigas que había padecido y sobrellevado con mucha paciencia, especialmente con uno u otro misionero de los antecedentes»[176].

En su alegato del 1 de junio de 1804 Moscoso escribió lo siguiente:

A poco tiempo solicité por mi parte al P. Fr. Francisco Buyán, misionero de Ixiamas en la provincia de Apolobamba, por la noticia de sus ilustradas experiencias y conocimiento de lenguas, mandándolo conducir para formalizar la reducción conforme a las prácticas que había probado mejor en las misiones donde había servido. Y se autorizó su nombramiento por el ilustrísimo señor don Alejandro de Ochoa, obispo de Santa Cruz, en auto de 4 de febrero de 1782, el cual me constituyó al propio tiempo por delegado universal de todas sus facultades episcopales para que dispusiera cuanto me pareciese conveniente a beneficio de la nueva población[177].

Lastimosamente no hemos podido ubicar el mencionado auto del obispo de Santa Cruz. El hecho es, como veremos más adelante, que el padre Buyán recién se hizo cargo de la misión de la Asunción a mediados del año 1784. Esto, por supuesto, no excluye que ya en el año 1782 se hubiese intentado la contratación de aquel padre.

Las Montañas de Yuracarees van poblándose con nueva gente, principalmente mayordomos y peones que empiezan a formar haciendas. Llegan a ser frecuentadas por arrieros y comerciantes. Pero en este tiempo la misión de la Asunción va desintegrándose por tercera vez. La primera vez que se desintegró fue a finales de 1777, cuando los

---

[175] Vidal, 1786, fol. 99v.
[176] Buyán, 1787, fol. 115r.
[177] Á. Moscoso, 1804a, fol. 20r.

hermanos Moscoso mandaron a Marcos Melendes a Chuquisaca para buscar ayuda en la real audiencia para su misión, y se quedó él casi dos años fuera de Yuracarees. En 1780 la desintegración fue causada por las controversias producidas entre fray Marcos Melendes y don Antonio Peralta, y la decisión de don Ángel Moscoso de destituir a su misionero, dando preferencia a su amistad con Antolín Peralta[178].Y ahora de nuevo se desintegra la misión, debido a la inestabilidad de los presbíteros.

2.5.5. Primeros pasos para la fundación de un colegio de Propaganda Fide en el valle de Cliza

Fue dentro de este contexto de inestabilidad de la misión de la Asunción que el obispo de Santa Cruz, Alejandro José de Ochoa y Morillo, tomó contacto con el guardián del colegio de Propaganda Fide de Nuestra Señora de los Ángeles de Tarija, «manifestándole la falta de misioneros doctrineros idóneos para la enunciada misión de indios yuracarees» y expresándole que no encontró «otro prudente arbitrio para su debido arreglo y adelantamiento que entregarla a dicho colegio para su dirección y administración»[179]. Para animar al guardián de Tarija a considerar seriamente la solicitud, el obispo le hizo una oferta atractiva, a saber: destinar al colegio de Tarija una parte de

> la obra pía que dejó don Francisco Pallares, con los seguros principales de más de setenta y cinco mil pesos, para que el colegio de Tarija haga anualmente misión en la ciudad de Mizque y en los tres curatos que designa [el mencionado Pallares] en aquel partido[180], que el sobrante de los réditos y frutos se aplique para el fomento y auxilio de las reducciones de indios chiriguanos que tiene a su cargo dicho colegio de Tarija[181].

---

[178] Dice Gabriel René-Moreno en relación con este hecho que Antolín Peralta «era socio o protegido de un cura rico de Tarata» (1974 [1888], p. 344).

[179] Carlos IV, 1994 [1792], p. 412. La propia carta del obispo Ochoa no la hemos encontrado: está resumida en la real cédula de 20 de noviembre de 1792 por medio de la cual se fundó el colegio de Propaganda Fide de Tarata.

[180] El partido de Mizque se componía de seis curatos, a saber: Mizque, Pocona, Totora, Tintín, Aiquile y Pasorapa.

[181] Carlos IV, 1994 [1792], p. 412. En una carta al intendente gobernador Francisco de Viedma del 12 de junio de 1790 Alejandro de Ochoa explicita de la siguiente ma-

El guardián del colegio de Tarija hizo saber al obispo «con mucho dolor y sentimiento», que ese colegio no estaba en condiciones de asumir responsabilidad por la conversión de los yuracarees, «por no tener operarios suficientes para las funciones y observancia regular del colegio y para las reducciones de indios que están a su cuidado»[182]. Sin embargo, en el año 1782 algunos religiosos del colegio de Tarija realizaron misiones en el Valle de Cliza[183] con mucho éxito y fruto, lo que motivó al obispo Ochoa, apoyado por los vecinos de aquel valle, a pensar seriamente en la creación de un colegio de Propaganda Fide para su propia diócesis, colegio que tomaría a su cargo las misiones populares en los diferentes pueblos de los valles de Cochabamba y la conversión y atención de los indígenas aún no evangelizados (como los yuracarees) o recientemente evangelizados (como los chiriguanos de la cordillera de Santa Cruz). El 1 de septiembre de 1782 Alejandro de Ochoa escribió una carta al virrey del Río de La Plata, Juan José de Vértiz, pidiéndole intervenir ante el Consejo de Indias y ante el mismo rey para lograr su beneplácito y un decreto de fundación de un colegio de Propaganda Fide en el pueblo de Tarata del Valle de Cliza, en la provincia de Cochabamba[184].

Por motivos que ignoramos la idea de la fundación de un colegio en el Valle de Cliza no prosperó por entonces.

nera esta obra pía: «Don Francisco Pallares, vecino que fue de la ciudad de La Plata y hacendado en el curato de Aiquile de este obispado, ha dejado después de los días de su mujer doña Nicolasa López diferentes buenas fincas fructíferas que están avaluadas en setenta y tres mil doscientos noventa y cinco pesos dos reales, y así mismo el principal de dos mil pesos de una capellanía [...] para que con su producto anual hagan cada año misión en la ciudad de Mizque y los curatos inmediatos de Aiquile, Tintín y Totora de este obispado los padres misioneros de Propaganda Fide de la Villa de Tarija en el Arzobispado de La Plata [...] y dispone que, costeada la expresada misión, el residuo que quedare de réditos y frutos se aplique para el fomento y subsistencia de las reducciones del Piray, Cabezas, Abapó y de las demás que tienen a su cargo y cuidado los religiosos de dicho colegio en la cordillera de Santa Cruz de este obispado» (Ochoa, 1790a, fols. 24-26).

[182] Carlos IV, 1994 [1792], p. 412.

[183] Ver Estado Secular, 1790, fol. 5.

[184] Ver Carlos IV, 1994 [1792], p. 412.

2.6. EL TRABAJO SOLITARIO DEL PADRE FRANCISCO BUYÁN (1784-1788)

2.6.1. Un nuevo comienzo

El 3 de junio de 1784 el obispo de Santa Cruz de la Sierra nombró al padre Francisco Buyán «cura doctrinero de la misión de la Asunta y cura de todos los españoles, mestizos, negros, mulatos y otros mistis e indios forasteros que vivieren en dicha reducción o pueblo de Yuracarees y por él pasaren»[185]. Francisco Buyán nació en Oruro en 1741, se hizo franciscano y trabajó durante muchos años en las misiones que el colegio de Propaganda Fide de Tarija había fundado entre los chiriguanos. Vivió durante algunos años en la Recoleta de Cochabamba y en 1776 fue mandado a las misiones de Apolobamba. Desde allá fue llamado para hacerse misionero de los yuracarees.

Había llegado a ser, por así decirlo, un misionero legendario: hombre «de gran virtud y apostólico celo, el que ha manifestado en muchos años que ha se emplea en tan santo ministerio»[186]. «Siempre ha tenido fama de virtud» y se había distinguido por «su práctica en reducciones»[187].

Don Ángel Moscoso logró establecer contacto con el padre Buyán y le invitó hacerse cargo de su misión de la Asunción. Parece que no fue fácil convencerlo para que dejara lo que él mismo llamaba «mi pueblo de Tumupasa», en el que «tenía lo necesario y toda comodidad»[188]. Sin embargo, «por las instancias del referido señor [Moscoso] en sus repetidas y eficaces cartas» y «por lo que se me decía de estos naturales y deseo de asistirles en su conversión»[189], Buyán decidió ofrecerse para ir a las Montañas de Yuracarees.

Se trasladó de Tumupasa tomando el camino por Mojos, a mediados de aquel año de 1784. Llevó consigo un mozo y algunos mu-

---

[185] Ochoa, 1784b, fol. 158v.
[186] P. Mendivil, 1786a, fol. 101r.
[187] García Claros, 1787a, fol. 108v.
[188] Buyán, 1787, fol. 114r. Las misiones de Apolobamba eran en aquella época las siguientes: Tumupasa, Ixiamas y San José de Uchupiamonas. Parece que el padre Buyán trabajó tanto en Ixiamas como en Tumupasa.
[189] Buyán, 1787, fol. 114r.

chachos tacanas[190]. Pasó por el pueblo de San Pedro de Mojos, donde le conoció Pedro Mendivil, hijo de Francisco Mendivil, a quien hemos visto como uno de los testigos seleccionados por Moscoso para contestar el interrogatorio de 1781:

> estando en la misión de San Pedro de la provincia de Mojos llegó a ella el padre fray Francisco Buyán, de la de Tumupasa en la de Apolobamba, de donde fue solicitado por el señor provisor con mucho empeño para que fuese misionero de la de los yuracarees»[191].

De San Pedro pasó a Loreto y desde allá fue acompañado por Diego Vargas, quien dijo que «cuando el señor provisor le hizo traer de las misiones de Apolobamba por los pueblos de Mojos [se] encontró con él y se vinieron juntos a la reducción de los yuracarees»[192].

Al contratar al padre Buyán como misionero de la Asunción, Ángel Moscoso se comprometió a mantenerlo y ayudar en lo posible también a los yuracarees mientras la misión no se pudiera autoabastecer: «a expensas suyas se mantiene dicha reducción por no tener hasta el presente entrada alguna para sus precisos gastos»[193]. La ayuda de parte de don Ángel consistía, por lo que respecta al padre Buyán, en una suma anual de 500 pesos reales, y, por su parte, en cuanto a los yuracarees en el envío regular de utensilios de trabajo y otras cosas:

> el mismo padre aseguró que solo para su manutención le da quinientos pesos, sin cargarle algunos mantenimientos que de acá le envía, fuera de los menesteres para los indios como son sus herramientas, cuchillos, chaquiras y otras cosas que estiman y les son precisas[194].

Buyán tenía que implantar de nuevo la vida disciplinada en la reducción, la cual se había relajado durante el tiempo en que no hubo un misionero estable. Parece que gracias a su larga experiencia no le fue mal, porque cuando algunos meses después de su establecimiento en la Asunción, le visitó allá Pedro Mendivil, este

---

[190] Ver Buyán, 1787, fol. 114v. Los tacanas eran los indígenas de las mencionadas misiones de Apolobamba.

[191] P. Mendivil, 1786a, fol. 101r.

[192] D. Vargas, 1786a, fol. 103r.

[193] P. Nogales, 1786, fol. 90v.

[194] Fuente, 1786a, fol. 94r.

vio a todos los indios de ella obedientes a él, lo que se reconocía por la asistencia que tenían a la Misa, rosario y doctrina cristiana, y que no solo los neófitos de la Asunción le manifestaban este agrado sino los infieles de otras rancherías distantes, prometiéndole venirse a habitar con él para ser instruidos en la doctrina y recibir el santo bautismo[195].

No mucho tiempo después de la visita de Pedro Mendivil[196], Buyán decide trasladar la misión a otro sitio, no muy distante del lugar que había escogido para ella el padre Marcos Melendes y dentro de la misma región de la junta de los ríos[197]. A partir de entonces se habla frecuentemente en nuestras fuentes documentales del «nuevo pueblo de la Asunción».

Aun en su nueva ubicación los yuracarees no parecen haber encontrado suficientes medios de subsistencia. Por naturaleza eran cazadores y pescadores, y seguían siéndolo también después de su reducción, por más que los misioneros insistieran en que se acostumbrasen también a la agricultura. Con mucha gente concentrada en un mismo lugar, fácilmente escasearían los animales de caza, y en particular dejaría de haber suficientes peces en los ríos: «que el nuevo pueblo de Yuracarees está fundado en medio de dos ríos, en los que no se encuentra aquella abundancia de pesca que baste para mantener a los indios que hay en él»[198], declaró Diego Vargas en noviembre de 1786. Y Diego de la Fuente observó el 25 de octubre del mismo año: «que es cierto que el pueblo nuevo está fundado en medio de los dos ríos y asegurado de peñas grandes libres de riesgos, y que con todo se quejan de que en sus pozas no hay todo el pescado que desean»[199].

Esta situación causó el abandono que una parte de los yuracarees hizo del nuevo pueblo. En concreto, los de la llamada parcialidad de San Antonio, que «son en mayor número»[200]. Se establecieron a dis-

[195] Fuente, 1786a, fol. 94r.
[196] Dijo Pedro Mendivil que se hizo «la traslación del pueblo posterior a su salida de Yuracarees» (P. Mendivil, 1786a, fol. 101v).
[197] Dijo Francisco García Claros en 1786: «Que estuvo en el pueblo que primero se formó y que sabe que a fin de lograr mejor situación se ha introducido media legua más adentro» (García Claros, 1786a, fol. 109r.).
[198] D. Vargas, 1786a, fol. 103v.
[199] Fuente, 1786a, fol. 94r.
[200] Buyán, 1787, fol. 116r.

tancia de pocas leguas en un lugar donde tenían «a mano otras pozas que los abasteciesen»[201]. Sin embargo, ellos «vienen a ver al padre» y «traen a sus hijos a que los bauticen»[202].

2.6.2. Dos visitas de don Ángel Moscoso

En junio de 1785 Ángel Moscoso realizó una nueva visita a la misión de la Asunción. En su compañía se encontraban esta vez Diego de la Fuente y Rocabado, «domiciliario del arzobispado de Charcas, residente en Cochabamba»[203], Diego Vargas y el portugués Bento Rodrigues.

Fue una visita de más duración que las anteriores, porque justamente entonces la misión era azotada por una enfermedad contagiosa. Moscoso «se quedó todo el tiempo de la peste, que fue una especie de terciana general que nunca se había experimentado en estos lugares»[204].

Don Ángel Moscoso estaba preocupado por la situación económica de la misión y quería encontrar medios adecuados para asegurarle la subsistencia por cuenta propia. Como hemos visto, ya antes había mandado formar un cocal, pero ahora insistía en que se lo ampliara y que intensificara el cultivo. El padre Buyán se opuso enérgicamente a esta idea y adujo para eso una serie de argumentos. El cultivo de la coca es un trabajo intenso y requiere una dedicación constante. Según su parecer, los yuracarees no estaban todavía aptos para tal labor:

> La experiencia me ha enseñado en las misiones de Apolobamba que [...] la hacienda de coca es muy laboriosa y gravosa, y en casi todo el año pide trabajo delicado en el que no podrían entrar estos naturales, que en sus sementeras solo acostumbran el trabajo de la siembra y de la cosecha[205].

---

201 Fuente, 1786a, fol. 94r.
202 Fuente, 1786a, fol. 94r.
203 Fuente, 1786a, fol. 93r.
204 Buyán, 1787, fol. 115v.
205 Buyán, 1787, fol. 115v.

Además, los plantíos de coca dan tres y hasta cuatro cosechas al año y «el fruto es muy expuesto a perderse por muchas contingencias: si no se saca a pocos días de los yungas, se pasa»[206]. Por eso, en Cochabamba u otros lugares se necesitaría «quien corriese a su venta, enviase arrieros y todas las mulas para lo que no habían proporciones»[207].

Se presentó todavía otro argumento curioso: «el mismo misionero y los indios no han querido que se hagan para la reducción hacienda de coca, porque dicen que sus hijos se harán viciosos como los yanaconas»[208].

Moscoso se dejó convencer y determinó que el pedazo corto de coca que se había sembrado fuese entregado y dejado para los muchachos del padre Buyán. Asimismo determinó que se intensificara el cultivo de cacao. Dijo el padre Buyán: «después de varias sesiones le hicieron mis conceptos al señor provisor tal fuerza que se convenció de que hacienda de cacao es la que conviene para la segura subsistencia de esta reducción»[209].

Varias veces don Ángel había hecho introducir cabras a la misión, y también vacas, no solamente para complementar el régimen alimenticio de los yuracarees con el consumo de la carne de esos animales, sino también para formar una estancia de ganado. En cuanto a esas cabras, «aunque al principio [los yuracarees] estuvieron agradados, reconocieron después que eran perjudiciales a sus sementeras»[210]. Y por lo que respecta a las vacas, «como no hay pastos a propósito para este ganado por la mucha fertilidad y vicio de sus terruños, no han podido subsistir»[211].

Moscoso se había enterado de que por la parte de Mojos existían pajonales que habían pertenecido a una antigua misión jesuítica que había sido abandonada hacía ya tiempo, a saber la de Santa Rosa. Durante su visita decidió enviar un grupo de exploradores para que

[206] Fuente, 1786a, fol. 94r.

[207] Fuente, 1786a, fol. 94r.

[208] Fuente, 1786a, fol. 94r.

[209] Buyán, 1787, fol. 115v. Buyán hizo entender a Moscoso que «él era muy práctico en estos plantíos y frutos por su experiencia en las misiones de Apolobamba» (D. Vargas, 1786a, fol. 103v).

[210] Fuente, 1786a, fol. 94r.

[211] E. Villarroel, 1786a, fol. 96r.

investigaran aquel lugar. Fueron allá por vía fluvial Diego Vargas, Bento Rodrigues, seis yuracarees y tres indios mojeños. Encontraron efectivamente aquellos pajonales

> y dieron con ellos a poca navegación y reconocieron que no era mucha la distancia; que podría abrirse camino por tierra desde esta reducción y lograrse allí toda la cría que sea necesaria por los pajonales, que son los mejores pastos en Mojos, y a mí me aseguraron ambos sujetos y también los indios que los acompañaron que, habiendo quemado un pedazo, se divisaron huellas o rastros de ganado; y que no pudieron entrar más adentro, porque ya los embarazaron los pantanos[212].

Por mucho tiempo el establecimiento de esa estancia siguió siendo un sueño tanto de don Ángel Moscoso como del padre Buyán, pero, por lo que sabemos, nunca se realizó.

Don Ángel Moscoso prometió al padre Buyán hacer lo posible para que de los pueblos de Mojos más cercanos a la misión de la Asunción le remitiesen ciertos víveres y «las carnes saladas que tanto les sobran», pero

> a excepción de un socorro que me hizo el licenciado don Hipólito Canisares, hallándose de vicario, no he tenido otro, pues aunque posteriormente el reverendo padre fray Antonio Peñalosa […] me envió unas arrobas de azúcar, por todo le ha llevado la plata al señor provisor en muy buenos precios, siendo de esperar que les ha escrito que les pagará el importe de todo lo que me remitan para que no falten con estos auxilios[213].

En abril de 1786 don Ángel Moscoso visitó nuevamente la misión. Poco después de esta tercera visita de Moscoso, el padre Buyán dejó la Asunta para hacer un viaje a Cochabamba. Lastimosamente no conocemos detalles ni sobre la visita de Moscoso ni sobre el viaje del padre Buyán. Este último solamente menciona estos datos al hablar del camino en una información que dio en marzo del año 1787 al aplicarse también a él un nuevo interrogatorio redactado por Ángel Moscoso:

---

[212] Buyán, 1787, fol. 116r.
[213] Buyán, 1787, fol. 114v.

se ve el camino abierto desde el pueblo de Tiraque hasta esta reducción, que lo transité el año pasado por el mes de abril de ida y vuelta a la ciudad de Cochabamba. [...] Que en éste no encontré paso peligroso, por lo que no tuve que extrañar que el señor provisor cura de Tarata que salió días antes que yo de la reducción en ninguno se apease de su cabalgadura, como se me informó, porque en todas sus partes se halla establecido y corriente[214].

2.6.3. Viaje del gobernador Lázaro de Ribera

En julio de 1786 visita la misión de la Asunción el nuevo gobernador de Mojos don Lázaro de Ribera, al ir desde Cochabamba a su provincia.

En sus conversaciones con el padre Francisco Buyán, don Lázaro se dejó informar acerca de la situación de la misión y del propio misionero, y particularmente acerca de los socorros que éste recibía para mantenerse. Puesto al tanto por el padre Buyán de que, fuera de lo que le proporcionaba directamente don Ángel Moscoso, éste solo había recibido la magra ayuda que hemos indicado más arriba, Ribera le ofreció entonces «repetirlos y asegurármelos, previniendo en el pueblo de Loreto los tiempos en que se me habían de hacer, y que lo favorecería en todo»[215]. De hecho, desde Loreto, donde llegó el 24 de julio de 1786, Lázaro de Ribera mandó al padre Buyán «un poco de cecina y grasa, un atrilcito de madera con una estera que le pedí y un indio canoero que antes estaba acá»[216]. Sin embargo, por la carta que el mismo Ribera le hizo entregar al padre Buyán por medio de Bento Rodrigues, quien lo había guiado a Loreto, el padre entendió que el gobernador no pensaba seguir ayudándole. Es más, supo también que Ribera había dicho en Loreto que el socorro que le había enviado «sería el primero y el último»[217].

Ribera, sin duda por simpatizar fuertemente con los cruceños y con sus aliados en Mojos, hizo ver en Loreto «su repugnancia a esta vía y a todo lo que es Yuracarees» y procuró «con toda eficacia cerrar

---

[214] Buyán, 1787, fols. 113r-113v.
[215] Buyán, 1787, fol. 114v.
[216] Buyán, 1787, fol. 114v.
[217] Buyán, 1787, fol. 114v.

este tránsito»[218]. Inmediatamente después de su llegada a Loreto, redactó un escueto informe dirigido al presidente de la real audiencia de Charcas para descalificar totalmente el camino Cochabamba-Mojos, y quiso obligar a don Bento Rodrigues a estampar también su firma debajo de ese informe:

> lo que resistió diciéndole que no podía firmar en conciencia una cosa tan falsa y que este tránsito en todo era mejor que el de Pailas y Jorés por Santa Cruz y su navegación breve y segura, respuesta que inmutó al señor gobernador, pero él consiguió no firmar[219].

El padre Buyán escribió el siguiente comentario acerca de la posición que el gobernador Ribera y sus acompañantes habían tomado con respecto al camino de Yuracarees:

> Que, aunque los que fueron con el señor gobernador ponderaban lo malo del camino, entiendo era porque no habían andado otros de montaña y venían de los de las pampas de Buenos Aires, y por lo que padecieron en una jornada en que les cogió la noche por haber salido tarde de la hacienda del capitán don Miguel Mercado, apartándose de las cargas, que llegaron a las cuatro de la tarde a la hacienda del señor provisor. Que después que supe que el eclesiástico don Josef Mariano Martínez, que acompañó al referido señor, escribió a Cochabamba cartas ponderando los despeñaderos, riesgos y precipicios del camino, he entendido que fue con fines particulares[220].

Francisco Buyán mandó la carta del gobernador de Mojos a don Ángel Moscoso y le informó sin duda también de lo que le había comentado Bento Rodrigues después de su retorno de Loreto. Viendo perjudicada su obra y obstaculizados sus afanes de promover el desa-

---

[218] Buyán, 1787, fol. 114v.

[219] Buyán, 1787, fol. 114v. El informe de Ribera reza como sigue por lo que respecta al camino: «Ahora mismo acabo de llegar a esta provincia de Mojos, después de haber vencido las muchas y grandes dificultades que ofrece el camino de Yuracarees. Cuando el tiempo me lo permita daré a Vuestra Alteza una puntual noticia de su inutilidad, cuya averiguación me ha puesto más de una vez en no pocos peligros» (Ribera, 1786).

[220] Buyán, 1787, fol. 113v.

rrollo de las Montañas de Yuracarees por la postura de Ribera, Moscoso organizó la aplicación de un segundo interrogatorio.

2.6.4. Segunda encuesta

Esta vez, por intermedio del licenciado Pedro de Nogales, don Ángel Moscoso hace pedir al alcalde de primer voto de Tarata la aplicación del interrogatorio que había preparado. El día 23 de octubre de 1786 el alcalde don Juan Ventura Ferrofino proveyó y mandó la aplicación de este segundo interrogatorio.

En la introducción del mismo se indica de la siguiente manera qué se intenta con la recolección de testimonios:

> que conviene para varios efectos de Dios y del rey hacer constar el real estado del camino a la reducción de Yuracarees, la distancia que hay a ella desde estos pueblos, los frutos que ya producen aquellos terrenos que se han adquirido, su fertilidad y proporciones para que se labren haciendas, la distancia de la reducción al pueblo de Loreto que es por esta vía el primero de la provincia de Mojos y finalmente la sujeción y orden con que el padre predicador jubilado fray Francisco Buyán, actual misionero, mantiene aquellos naturales a expensas de mi parte[221].

Fuera de preguntas acerca del trabajo misionero del padre Buyán y de las costumbres de caza y pesca y la alimentación de los yuracarees, las preguntas de este segundo interrogatorio se concentran en los mismos temas que habían sido tocados en el primer interrogatorio de 1781.

Si la primera encuesta que hizo realizar don Ángel Moscoso fue, por así decirlo, de carácter propagandístico, ya que su principal finalidad había sido llamar la atención hacia la apertura beneficiosa de las Montañas de Yuracarees para empezar a poblarlas y explotarlas económicamente, esta segunda encuesta tiene más bien un carácter defensivo: Ángel Moscoso quiere defender la obra que ha realizado contra aquellos que quieren minimizar su importancia, criticando particularmente la calidad del camino bajo presión de los que se sienten perjudicados en la satisfacción de sus propios intereses, concreta-

---

[221] P. Nogales, 1786, fol. 90r.

mente los empresarios y curas de Mojos que están orientados hacia Santa Cruz de la Sierra. Por lo demás, Ángel Moscoso seleccionó bien a sus declarantes: todos manifestaron exactamente lo que él deseaba oír. No hubo ninguna voz crítica o disidente.

Ocho son esta vez los testigos que Ángel Moscoso seleccionó. Ninguno de ellos había sido solicitado para la aplicación del primer interrogatorio: Miguel Mercado y Lastra, capitán de ejército y teniente coronel de las milicias del Valle de Cliza, vecino y residente del pueblo de Punata; Diego de la Fuente y Rocabado, residente de Tarata; Sebastián Aguilar, «español natural del Cusco y al presente residente en este pueblo»[222]; Evaristo Villarroel, «español vecino de la Villa de Cochabamba y al presente residente en este pueblo»[223]; Gervasio Montaño, «español natural de la Villa de Cochabamba»[224]; el maestre de campo Pedro Vidal; Pedro Mendivil, «natural de la ciudad de Cádiz, residente de la Villa de Cochabamba y al presente en este pueblo de Tarata»[225]; y Diego Vargas, «natural de la ciudad de Cochabamba y vecino de Chapapani»[226].

Todos los declarantes en este segundo interrogatorio habían viajado por las Montañas de Yuracarees y podían contestar las preguntas basándose en sus propias experiencias. Miguel Mercado y Lastra había acompañado al gobernador Lázaro de Ribera en su viaje a Mojos:

habiendo entrado el declarante en compañía del señor gobernador de Mojos don Lázaro Ribera se pusieron en dicha reducción [de la Asunta] desde el pueblo de Tiraque en tres días y medio llevando con ellos siete mulas cargadas de camas y petacas, así de dicho gobernador como de los compañeros [...], que ni en las cargas que el expresado señor gobernador despachó por delante no tuvieron avería ninguna, no obstante de haber llevado en ellas cristalería y vasos de China para el uso[227].

[222] S. Aguilar, 1786a, fol. 94v.
[223] E. Villarroel, 1786a, fol. 96r.
[224] G. Montaño, 1786, fol. 97r.
[225] P. Mendivil, 1786a, fol. 100r.
[226] D. Vargas, 1786a, fol. 101v.
[227] Mercado y Lastra, 1786a, fol. 91v.

Diego de la Fuente y Rocabado y Diego Vargas habían acompañado a don Ángel Moscoso en su visita a la misión de 1785. Sebastián Aguilar contó en su testimonio que

> hará el espacio de cuatro años más que menos que con motivo de los alborotos de indios[228] se vino el declarante a esta provincia. Y como se mantenía de trajinante y arriero se le propuso que sacase cargas de la receptoría de Mojos a Cochabamba y las introdujese por el nuevo camino de Yuracarees[229].

Semejante trabajo hizo Evaristo Villarroel:

> de dos años a esta parte ha trajinado el declarante, con el oficio de arriero que tiene, el camino de Yuracarees. [...] y en estos últimos tiempos llevó siete cargas pertenecientes al señor gobernador de Mojos don Lázaro Ribera y las entregó sin novedad, en cuya atención le volvió a dar el expresado señor gobernador once cargas de la receptoría de Mojos; y las sacó sin peligro ni pérdida alguna hasta la Villa de Cochabamba[230].

Gervasio Montaño sirvió de arriero «desde los principios de la formación del camino de Yuracarees»[231]. Pedro Vidal entró en la zona para establecer una hacienda y Pedro Mendivil, como hemos visto, visitó la Asunción poco después del establecimiento allá del padre Francisco Buyán. Este mismo Pedro Mendivil ponderó de la siguiente manera lo logrado en las Montañas de Yuracarees desde que los hermanos Moscoso tomaron la iniciativa de hacer reducir y evangelizar a los indígenas de aquella región:

> Que es indubitable que si los yuracarees no se hubieran reducido a nuestra santa fe no se hubieran adquirido aquellos muy fértiles terrenos que ya se logran y que no hubiera camino a la provincia de Mojos, pues ninguno se atrevería a transitarlo hallándose dichos indios en su barbarie, no solo cuando se declararan enemigos sino aun cuando se manifestasen

---

[228] Se trata de la rebelión de los indios aymaras y quechuas de los Andes en los años 1780 y 1781.

[229] S. Aguilar, 1786a, fols. 94v-95r.

[230] E. Villarroel, 1786a, fol. 96v.

[231] G. Montaño, 1786, fol. 97v.

indiferentes, por las traiciones que se experimentan en otras partes con semejante gente[232].

Como hemos indicado ya, Francisco Buyán consiguió de don Ángel Moscoso que se formaran, en vez de cocales, plantíos de cacao, para asegurar mayores ingresos a la misión. Todos los declarantes del interrogatorio de 1786 remarcan que efectivamente se procedió al cultivo de este árbol «con semilla que hizo traer de Mojos el señor provisor»[233]. Se esperaba mucho de este nuevo cultivo: «Junto al nuevo pueblo que se ha eregido se ha hecho una grande hacienda con plantío de cacao, cuyo producto servirá en adelante para su subsistencia y su fruto, si se consigue, basta para hacerlo rico»[234].

Todos los declarantes resaltan lo positivo de la labor realizada por el padre Buyán y realzan lo agradable de su persona. Miguel Mercado y Lastra, quien tenía ya por entonces una hacienda en las inmediaciones de la misión, dijo que

sabe y le consta que el reverendo padre fray Francisco Buyán se maneja con los indios de aquella nación con la sagacidad, afabilidad y prudencia que es propia de su religioso estado y celo apostólico con que los tiene subordinados, obedientes y sujetos a sus órdenes, de suerte que algunos de dichos indios dan ejemplo a los cristianos de nacimiento[235].

Asimismo Diego de la Fuente remarcó que el padre Buyán

es hombre de mucha virtud y un gran deseo de su conversión. Que los trata con mucha prudencia y los tiene en orden y con subordinación al rezo por las tardes y mañanas y a lo demás que les manda, especialmente a todo lo que es de iglesia y que les parece propio de cristianos. Que este padre establecerá excelentemente la reducción, como se ha ocupado en otros, y es muy desinteresado y lo quiere todo para los indios, por lo que el señor provisor está muy agradado[236].

[232] P. Mendivil, 1786a, fol. 100v.
[233] D. Vargas, 1786a, fols. 103r-103v.
[234] P. Mendivil, 1786a, fol. 101r.
[235] Mercado y Lastra, 1786a, fols. 92r-92v.
[236] Fuente, 1786a, fols. 93v-94r.

Por supuesto, los declarantes en este segundo interrogatorio ponderan también muy positivamente el trabajo realizado por don Ángel Moscoso y el compromiso que hizo éste de mantener la misión. Dice, por ejemplo, Pedro Vidal que

> este ha propendido y propende con eficacia el aumento de ella, manteniendo dicha reducción a sus propias expensas, ya en el premio que le da al referido doctrinero y ya en la remesa de los menesteres y cosas apreciables de aquellos indios con que los tiene sumamente agradables y reducidos[237].

Interesante es observar aquí que el mismo Ángel Moscoso había hecho poner en la presentación de este segundo interrogatorio que él «siempre los ha mirado [a los yuracarees] con amor y ternura»[238], y así lo repite uno de los declarantes: «Que así mismo le consta la ternura y amor con que el señor provisor ha atendido la conversión de estos indios»[239].

Por el mejoramiento del camino se ha intensificado el intercambio comercial entre Cochabamba y Mojos, pero desde la fecha del primer interrogatorio (diciembre de 1781) también se había aumentado considerablemente el número de haciendas. Varios de los mismos declarantes ya tenían sus haciendas allá y hay otros interesados en fundarlas, en especial en Cochabamba, pero también entre hacendados que huyeron de los Yungas de La Paz. Miguel Mercado y Lastra declaró que

> ha formado una hacienda nombrada la Concepción de Millomayo donde ha gastado considerables miles y ha conseguido el fruto de la coca y los plantíos de las especies y frutos referidos; que a este tenor han cultivado varios sujetos como son don Pedro Vidal, procurador general que fue de la Villa de Cochabamba, Diego Vargas, Ignacio Yrusta, Diego Sora, Melchor Ramírez, Faustino Camacho y otros nombres no se acuerda. Que así mismo varios sujetos de facultades esperan solo el repartimiento de estos lugares tan pingües para fomentar y formar haciendas, que de estas conocidamente resultará la facilidad y mayor seguridad y proporcio-

---

[237] Vidal, 1786a, fol. 99v.
[238] P. Nogales, 1786, fol. 90v.
[239] P. Mendivil, 1786a, fol. 101r.

nes del camino desde la Villa de Cochabamba hasta dicha reducción y así mismo el aumento del real erario y adelantamiento de esta provincia[240].

Diego de la Fuente expresó su convicción de que «sin duda se formarán allí haciendas, como ya han comenzado, las que serán muy útiles por la fácil saca de sus frutos y que los mismos hacendados han de asegurar y facilitar más el camino»[241].

El 20 de noviembre de 1786 se concluyó la aplicación de este segundo interrogatorio: «En atención a que la parte del señor provisor de este obispado dijo no tener más testigos que presentar, dase por conclusa esta información y dénsele los testimonios que solicita como se tiene mandado»[242].

Casi inmediatamente después de haberse concluida la información, un tal Lucas Josef de Santa Cruz, en nombre del doctor don Ángel Moscoso solicitó al alcalde ordinario de Cochabamba que mandara que los declarantes ratifiquen sus testimonios. Argumenta esta nueva solicitud de la siguiente manera:

y aunque es así que para dicha información no precedió la citación necesaria al señor síndico procurador general a causa de no tener su residencia en aquel pueblo, [y] no haber facultades en el alcalde para hacerlo citar de su jurisdicción, sin embargo de que por esta circunstancia debería tenerse por suficiente este documento, a fin de que quede más solemnizado, ocurre y yo en su nombre a la integridad de vuesa merced para que con citación de dicho señor síndico se sirva mandar se ratifiquen los testigos de la expresada información[243].

El 29 de noviembre Josef Canals, alcalde ordinario de Cochabamba, mandó realizar la ratificación y el mismo día 29 de noviembre Diego Vargas, Pedro Mendivil y Pedro Vidal ratificaron sus declaraciones, seguidos el día 1 de diciembre por Evaristo Villarroel y Diego de la Fuente, el día 2 de diciembre por Miguel Mercado y Lastra, y finalmente el día 15 de diciembre por Sebastián Aguilar. Por razones desconocidas Gervasio Montaño no hizo la ratificación.

---

[240] Mercado y Lastra, 1786a, fol. 92r.
[241] Fuente, 1786a, fol. 93v.
[242] Ferrofino, 1786b, fol. 104r.
[243] Santa Cruz, 1786, fol. 104v.

2.6.5. Testimonio del padre Francisco Buyán

El 20 de marzo del año 1787 el padre Francisco Buyán se sometió también, en la misma misión de la Asunción, al interrogatorio que redactó Ángel Moscoso en 1786. Resaltemos lo que informó acerca de su situación personal y de su labor entre los yuracarees.

El padre Buyán subrayó en primer lugar su compromiso de cumplir el encargo que había recibido:

> mis esfuerzos a mantener y mejorar esta conversión en cuanto me sea posible, procurando satisfacer los deberes en que estoy constituido por las altas providencias de Dios y los deseos del señor provisor, aunque no me es posible en todo[244].

Cuando don Ángel Moscoso le invitó a hacerse cargo de la misión de la Asunción, le ofreció darle para su manutención quinientos pesos y

> que de los pueblos de Mojos se me traerían tasajo, cecinas, grasa, efectos que allí abundan mucho y nada valen y que, fuera de esto, así mismo prometió dar las herramientas y demás necesario para esta reducción, a lo que yo aplico aun aquello que el señor provisor da para mi subsistencia[245].

Moscoso «ha cumplido enviando con generosidad cuanto le pido, pero no ha podido conseguir que [de] los pueblos de Mojos se me remitan ni aun las carnes saladas que tanto les sobran»[246].

El padre Buyán resalta que su entrega a la causa de la misión ha dado sus frutos y que los yuracarees han ido progresando en su adaptación a la vida de la reducción:

> He tenido el consuelo de ver a estos naturales más aplicados al trabajo y se han logrado muy bien plantíos de caña, arroz y los demás a que están acostumbrados para sus mantenimientos, poniendo yo mi mayor cuidado en el de cacao, el que se logró con semilla que consiguió el señor provisor, de Mojos, y se ha adelantado con la que de cuenta suya ha traí-

---

[244] Buyán, 1787, fol. 115r.
[245] Buyán, 1787, fols. 114r-114v.
[246] Buyán, 1787, fol. 114v.

do don Bento Rodrigues del Coni, donde ya producen unos pocos árboles que allí tiene; y es cierto que este fruto bastará para la subsistencia
segura de esta reducción, aunque no se adelantara ni se lograra más plantío que el que está puesto[247].

Sin embargo, observa Buyán que no es posible garantizar la manutención de una población bastante grande:

> todo les escasea cuando muchas familias se juntan en un lugar, por lo que,
> aunque logré para la situación de este nuevo pueblo uno que se halla en
> medio de dos ríos, nunca bastarían los peces de las pozas inmediatas para
> los individuos de la parcialidad de la Asunción que son los que tienen
> formadas sus casas acá, y para los del partido de San Antonio[248].

Por eso ha tenido que resignarse a que una parte de los reducidos
saliera de la misión y se estableciera en otro lugar. Por lo pronto no
se encontrará en condiciones de esforzarse para que se reintegren en
la Asunción: «Yo no sería capaz de sosegarlos acaso sin arriesgarme,
por lo que no procuraré traer a los de San Antonio hasta su tiempo,
que será cuando se consiga el que tengan una estancia de ganado vacuno»[249]. Mantiene la esperanza de que se pueda establecer en algún
momento esa estancia en los pajonales de la antigua reducción de Santa
Rosa de Mojos. Pero al mismo tiempo manifiesta su escepticismo en
cuanto a la realización de este proyecto:

> le he repetido [a don Ángel] por cartas que no se conseguirá sin que con-
> curran los de la provincia de Mojos, y que para esto es necesario que la
> real hacienda dé una providencia fuerte para su efecto, porque, aunque el
> señor gobernador don Lázaro todo lo facilitó, de nada menos se acuer-
> da, y si Su Majestad no pone la mano en esta reducción no es posible
> que se adelante como se desea, así por la apertura de este camino como
> para lo demás que en repetidas ocasiones he expuesto al señor provisor[250].

Una preocupación muy especial causaba a fray Francisco el capitán Poyato, precisamente aquel que en años anteriores había dado tan-

---

[247] Buyán, 1787, fol. 115v.
[248] Buyán, 1787, fol. 116r.
[249] Buyán, 1787, fol. 116r.
[250] Buyán, 1787, fol. 116r.

tas esperanzas de su conversión y de la de su parcialidad. Buyán habla en su testimonio de «este perturbador de esta reducción que continuamente procura introducir a estos miserables cisma y temores»[251]. Dice Buyán que muchas veces ha sugerido a don Ángel

> que vengan unos pocos hombres chiriguanos al lugar donde está situado un indio nombrado el capitán Poyato en la orilla del Mamoré a esta banda y le quemen los ranchos y destrocen sus sementeras, castigándole así algunos atrevimientos que ha tenido[252].

Según su parecer semejante medida daría buenos resultados:

> se vendrían aquellas familias, luego que se viesen con el castigo, pues desean avecindarse en esta reducción, a la que se vinieron por el mes de febrero dos familias y pidieron prontamente el bautismo en sus criaturas y no sé si Dios me conceda el consuelo de apartar de allá a aquel indio malévolo y convertirlo a nuestra santa fe, porque el señor provisor muchas veces me ha respondido que aún no es tiempo para la diligencia que le he pedido, y no sé cuándo este tiempo llegará[253].

2.6.6. Una nueva visita de don Ángel Moscoso

En agosto del año 1787 don Ángel Moscoso hizo una nueva visita a la misión de la Asunción. Tampoco sobre esta visita nuestra documentación proporciona muchos detalles. Francisco García Claros declaró a comienzos de diciembre del mismo año:

> Que en meses pasados para la última entrada que se hizo compró al declarante un cajón de cuchillos, tijeras, agujas, sortijas, todo en abundancia para dichos naturales, a quienes siempre ha proveído con gran liberalidad de estos y otros menesteres, haciéndolos traer desde Buenos Aires por no tener la reducción de qué mantenerse[254].

---

[251] Buyán, 1787, fol. 115r.
[252] Buyán, 1787, fol. 115r.
[253] Buyán, 1787, fol. 115r.
[254] García Claros, 1787a, fol. 109r.

Durante esta visita Ángel Moscoso se preocupó de modo particular por el fomento de distintos cultivos en la misión. Declaró el mismo García Claros

> que en breve podría la reducción mantenerse de los frutos de un cacagüetal que ha puesto el padre y que cultiva y cuida con todo esmero y diligencia y que, cuando no, logrará azúcar del cañaveral que también tiene puesto; sin duda tendrá buenas mieles en el año próximo, de lo que [tiene] experiencia en algunas peroladas que labró meses ha en un trapiche de madera, hallándose allí el señor provisor, quien para facilitar este trabajo y que abunde su fruto, sabe el declarante tiene concertado trapiche de metal con don Íñigo Guerrero, el que le ha ofrecido traerlo después de las aguas de su hacienda; y que con la experiencia que ya se tiene de que la caña se produce de muy buena calidad, sin necesidad de más tiempo que el de un año para que se ponga en sazón, se logrará una muy buena finca[255].

Después de esta visita a las Montañas de Yuracarees y a su misión de la Asunción, Ángel Moscoso se presentó personalmente en la intendencia de Cochabamba «pidiendo se nombrase juez que hiciese el reparto de ellos [los terrenos] con arreglo a las sabias reales disposiciones de estos dominios»[256]. El gobernador aceptó con agrado esa solicitud y nombró al doctor don Fermín Escudero como comisionado. Muchos interesados en adquirir terrenos se alistaron a acompañar al comisionado, pero «por circunstancias que han mediado»[257] no se pudo entonces ejecutar el proyecto del repartimiento.

Después de las lluvias de los primeros meses del año 1788 estuvo un mes en la misión de la Asunción Juan Dionisio Marín, recientemente nombrado gobernador interino de la provincia de Mojos. Tenía que esperar allá la canoa que debía transportarlo a Loreto. En una declaración que él hizo en Cochabamba el 6 de julio de 1791 manifestó que «vio llegar varias puntas de indios de uno y otro sexo que venían a ver y conversar con los establecidos y reducidos a nuestra sagrada religión»[258], lo que indica algo de las relaciones entre los yuracarees

---

[255] García Claros, 1787a, fol. 109r.
[256] Viedma, 1788b, fol. 69r.
[257] Viedma, 1788b, fol. 69r.
[258] Marín, 1791, fols. 150v-151r.

de la región, reducidos y no reducidos. Hace hincapié también el gobernador Marín en que la región de Yuracarees se presta para la formación de haciendas, tanto gracias a la fertilidad de la tierra como por el hecho de que el agua del río Paracti es buena para beber y de que a no mucha distancia hay un arroyo de agua salada de que fácilmente se puede hacer sal:

> todos estos principios son ciertos y dan sobrado fundamento para la utilidad pública que ofrece el establecimiento de cocales, como al bien espiritual que se seguirá a los infieles de aquellas montañas de donde tienen origen los indios que se hallan reducidos[259]

2.6.7. Don Ángel Mariano Moscoso hacia el episcopado

El 27 de octubre de 1787 don Ángel Mariano Moscoso fue presentado oficialmente en la Santa Sede para ser elevado al obispado para ocupar la sede episcopal de Córdoba del Tucumán, la misma que antes había sido ocupada por un primo hermano suyo, Juan Manuel Moscoso Peralta[260]. Esta sede estaba vacante desde el año 1784, cuando el obispo Josph Antonio de San Alberto fue promovido a la sede arzobispal de Charcas.

Ya a comienzos del año 1786 se supo en Tarata que don Ángel iba a ser obispo de Córdoba. Lo sabemos por una carta que su hermano Bernardino escribió el 15 de marzo de aquel año desde Tarata a un amigo suyo. En ella carta leemos: «Se dio el obispado de Córdoba al provisor. [...] Mucho he celebrado esta elección»[261]. El nombramiento oficial se hizo en Roma el 10 de marzo de 1788. El 12 de marzo de 1789 don Ángel Moscoso tomó posesión de su diócesis por apoderado y se hizo presente en su sede recién en enero de 1791.

Gustavo Bacacorzo, autor de una biografía de Juan Manuel Moscoso Peralta, sugiere que el nombramiento de don Ángel pudiera estar relacionado con su actuación dentro del contexto de la rebelión indígena de los años 70 y comienzos de los 80 del siglo XVIII; el rey habría querido reconocer la participación de don Ángel en la de-

---

[259] Marín, 1791, fol. 151r.
[260] Fue obispo de Córdoba de 1771 a 1779.
[261] B. Moscoso, 1786.

fensa del reino: «Hizo "méritos" ayudando activamente a debelar la sublevación tupamarista»[262].

En diciembre de 1781 los oficiales de la real hacienda de Cochabamba Diego Rabasa y Nicolás Josef Montaño dieron el siguiente testimonio acerca de esta participación de don Ángel:

> Bien notoria es la que actuó su amor al rey en la expedición que por el mes de junio se dirigió en auxilio de la ciudad de La Paz que, sitiada de los rebeldes, gemía sin esperanza de poder defenderse por sí, pues costeando el expresado señor provisor los gastos de doscientos hombres milicianos con todos los pertrechos, armas y utensilios necesarios los puso en el lugar de Sicasica, distante cuarenta y cinco leguas de su pueblo de Tarata a disposición del señor don Ignacio Flores, comandante de las tropas que se levantaron para el citado efecto en la ciudad de La Plata, Villa de Oruro y en ésta, facilitando con no cortos gastos y más fatigas desde la ciudad de Santa Cruz la conducción de auxilios que no se encontraban por acá. Ya de antemano tenía manifestado este obsequioso servicio en defensa de la corona, porque habiendo algunos indios de la provincia de Chayanta confederado a otros de su doctrina de Tarata, salió en persona a los lugares que ocupaban a contener aquella rebelión, dando las más oportunas providencias, con que, retirados los insurgentes y tranquilizados los demás, se serenó aquella tormenta que pudo causar bastantes cuidados a esta provincia, acudiendo al mismo tiempo a auxiliar cuanto podía a la tropa que se hallaba en el pueblo de Arque al comando de don Josef Ayarza[263].

Respecto de su promoción al episcopado, fuera de la reacción de su hermano Bernardino conocemos solamente otro comentario de una fecha muy posterior, de Miguel Zamora, quien fue gobernador de Mojos de 1792 a 1802. En un largo informe sobre la misión de la Asunción que escribió el 21 de noviembre de 1805, relata cómo la había conocido a comienzos de los años 1800 y dice así:

> Ciertamente que al considerar una reducción de veinte y tantos años que no parecía sino haberse iniciado la semana anterior, tan a los principios en lo espiritual como en lo temporal, no acababa de persuadirme cómo se había informado al rey sobre unos progresos que no había y

---

[262] Bacacorzo, 1982, p. 129, glosa 2.
[263] Rabasa-Montaño, 1781, fols. 85r-85v.

adelantamientos futuros que no podían esperarse y que esto hubiese merecido por premio una mitra y otras satisfacciones temporales[264].

2.6.8. Declaraciones de Francisco García Claros

El 29 de noviembre de 1787 el síndico procurador general de la ciudad de Cochabamba, Nicolás Josef Montaño, mandó un oficio al alcalde ordinario interino de la misma ciudad, don Gregorio Martínez, pidiéndole hacer comparecer a don Francisco García Claros, para que éste se someta al interrogatorio que don Ángel Moscoso presentó en 1786 y a un interrogatorio preparado especialmente para él. El síndico explicó de la siguiente manera su solicitud:

> Que deseando adelantar la información que se tiene producida en este juzgado sobre la reducción de Yuracarees, fecundidad de su terreno, estado de su camino desde esta ciudad y comunicación con la de Mojos, conviene al derecho de su parte se sirva vuesa merced mandar comparezca don Francisco García Claros y, después de absolver las preguntas del interrogatorio que ha sido el norte de las declaraciones producidas, absuelva bajo la misma solemnidad las siguientes[265].

Esta solicitud hace entender que la investigación que había iniciado en primera instancia don Ángel Moscoso, había pasado a instancias superiores, posiblemente dentro del contexto del repartimiento de tierras en las Montañas de Yuracarees o también en relación con la comunicación y el intercambio comercial entre Cochabamba y Mojos. De hecho, como veremos más adelante, la controversia entre las dos provincias había empezado a hacerse más aguda.

Francisco García Claros era a la sazón síndico de la Recoleta de Cochabamba y receptor de los efectos de Mojos. Las preguntas del interrogatorio que se había confeccionado especialmente para él giran alrededor de la cuestión del traslado de efectos de Mojos a Cochabamba.

El día 3 de diciembre Francisco García dio respuesta a las preguntas de los dos interrogatorios. Primero atendió las preguntas del interrogatorio de 1786. Destaquemos solo algunos datos que no habían pro-

---

[264] Zamora, 1805b, fols. 209r-209v.
[265] N. Montaño, 1787, fol. 107r.

porcionado los declarantes de octubre y noviembre de aquel año. Remarca en primer lugar don Francisco que, mientras que antes había bastantes dificultades para contratar arrieros, en la actualidad, dadas las excelentes condiciones del camino «los arrieros se ofrecen al viaje deseando cargas para la ida y vuelta»[266]. Es por eso que él juzga «que se aseguraría el transporte de todos los efectos que conviniese introducir y sacar tratos escriturados con arrieros que los cumpliesen»[267]. De hecho, indica que ya se ha presentado un residente de La Paz, un tal Manuel Lazarte, que se ha ofrecido «obligarse por escritura a sacar todos los efectos de Mojos»[268].

En segundo lugar indica que también él está interesado en formarse una hacienda en las Montañas de Yuracarees. Ya contrató a un mayordomo cuando supo que el gobernador Viedma había nombrado a un comisionado para hacer el repartimiento de tierras:

> y aunque éste [García Claros] en uno de los meses pasados partió de esta ciudad y llegó hasta el pueblo de Tiraque con las herramientas y demás que conducía, regresó dejándolo allí todo por saber que el comisionado a repartir las tierras no podía entrar hasta después de las aguas[269].

Resalta también García Claros que en los últimos años «el señor provisor del obispado de Santa Cruz ha mantenido corriente el camino a expensas suyas» y que a él «también se deben la introducción de semillas»[270]. Le parece que esta situación no puede mantenerse in-

---

[266] García Claros, 1787a, fol. 108r. Tenemos que observar que la reticencia de los arrieros no solamente se debía al mal estado del camino, sino también a otros factores, como indica el mismo Francisco García: «en aquel entonces lograban otros fletes de precios ventajosos en las expediciones contra los indios rebeldes, y transportes de mantenimiento de esta provincia a otras que carecían de ellos» (García Claros, 1787a, fol. 108r).

[267] García Claros, 1787a, fol. 108r.

[268] García Claros, 1787a, fol. 108r. Curiosamente parece que Manuel Lazarte hizo esta oferta a don Ángel Moscoso, porque dice García Claros que «el señor provisor de Santa Cruz previno a Lazarte en su respuesta que se entendiese conmigo en el negocio» (García Claros, 1787a, fol. 108r).

[269] García Claros, 1787a, fol. 108v.

[270] García Claros, 1787a, fol. 108v.

definidamente y que «los que allí se establezcan y formen sus haciendas han de asegurar y facilitar más el camino»[271].

Dice también que conoce muy bien al padre Francisco Buyán y que le consta que él «mantiene aquellos naturales tratándolos con amor y afabilidad en modales cristianos con continua asistencia a la iglesia y a la doctrina, satisfechos ellos de que les desea el mayor bien»[272].

Finalmente, habla también de los planes de don Ángel Moscoso de establecer una estancia de ganado:

> ha oído decir al señor provisor que formando a la parte de Mojos la estancia que desea, no necesita más para lograr su misión muy abundante, pues en tal caso reducirá fácilmente a todos los infieles que se hallan en aquella circunferencia[273].

En cuanto al segundo interrogatorio, resaltamos lo siguiente. Don Francisco García Claros informa que los efectos de Mojos primero llegaban solamente hasta el puerto del río Coni, que dista de la misión de la Asunción cinco a seis leguas, pero que después se ha tratado de hacerlos llegar

> hasta la misma reducción, o cerca de ella, por otro río que algunos llaman Chapare y otros Paracti. Aunque este último puerto pareció al principio más conveniente, sabe que los indios de Mojos lo rehúsan por el mayor trabajo al traer las embarcaciones en cosa de cinco leguas, porque no siendo abundante la agua les es preciso cuidarlas a mano, por lo que contempla de más comodidad el otro puerto del río Coni[274].

Don Francisco remarca también que en general el transporte de efectos no trae consigo ninguna dificultad. Los problemas que se presentaron fueron causados más por descuido o falta de responsabilidad de los arrieros o de los remeros de las embarcaciones que por defectos del camino. Hubo también un caso de robo que vale la pena mencionar. El receptor del puerto del Coni envió en una ocasión a Francisco García

---

[271] García Claros, 1787a, fol. 108v.
[272] García Claros, 1787a, fol. 108v.
[273] García Claros, 1787a, fols. 109r-109v.
[274] García Claros, 1787b, fol. 110r.

un cajón de cacao con la mitad menos, escribiéndole que los bollos que
faltaban los había sacado un indio yuracaré nombrado Poyato, que no es
de los reducidos y habita en Sacta, algunas leguas distante. Que con ocasión de haber venido con algunos de sus compañeros al pueblo antiguo
de la reducción en el que tenía las cargas de receptoría, abrió un cajón
y sacó la mitad del cacao que contenía y lo fue a vender a don Baltasar
Peramás, según averiguó posteriormente el referido receptor[275].

Finalmente, informa García Claros que desde que el gobernador
Lázaro de Ribera se había establecido en Mojos «procuraron los curas de Mojos abandonar estos puertos [de Yuracarees] que siempre se
ha dicho aborrecen, por ser los más de ellos cruceños, y tener en Santa
Cruz sus parientes, apoderados y establecidas sus comunicaciones»[276].

2.6.9. Un informe del intendente gobernador Francisco de Viedma

El 4 de febrero de 1788 don Francisco de Viedma, desde el año
1784 gobernador intendente de la provincia de Santa Cruz, a la cual
pertenecía también Cochabamba, mandó un informe al Marqués de
Loreto, virrey del Río de La Plata. Aborda Viedma en este informe
principalmente la cuestión del camino Cochabamba-Mojos, aunque
empieza su informe diciendo:

> Muy poco me detendré sobre la utilidad o perjuicios que pueden se-
> guirse en la apertura de un nuevo camino desde esta ciudad de
> Cochabamba a las misiones de Mojos, porque este es asunto tratado de
> mucho tiempo y en que están tan diversos los dictámenes que a la ver-
> dad no se puede fijar concepto[277].

Primero señala Viedma que el criterio principal para definir la conveniencia de este camino es

> si resultará perjuicio al estado por la inmediación a los establecimientos
> portugueses, que aun en los tiempos de mayores inundaciones les abre

---

[275] García Claros, 1787b, fol. 111r.
[276] García Claros, 1787b, fol. 111r.
[277] Viedma, 1788a, fol. 153r.

margen para con sus canoas introducir el contrabando en estos dominios de Su Majestad Católica[278].

Señala luego que Antonio Aymerich, cuando era gobernador de Mojos[279], al haber sido consultado al respecto, había dado una respuesta negativa acerca de la apertura del mencionado camino: «Las respuestas de este real vasallo y fiel patriota dan a entender tan graves inconvenientes»[280]. Aymerich, de hecho, temía que por la apertura de tal camino los Andes pudiesen ser amenazados por los portugueses. Varios cochabambinos compartieron también ese temor[281].

Más adelante resalta Viedma en su informe que Ángel Mariano Moscoso había sido el principal autor del camino existente y que éste siempre había defendido sus ventajas:

Estuvo unido con el gobernador de Mojos don Ignacio Flores cuando se volvió a abrir la senda que se había perdido del que se descubrió en tiempo del reverendo obispo don Ramón Herboso y puede decirse que fue el principal director. Los testigos son don Antolín Peralta, quien entendió en la obra, y otros de su adición, que solo afirman por vidas los más de ellos[282].

[278] Viedma, 1788a, fol. 153r.
[279] Aymerich fue gobernador de Mojos de 1768 a 1772.
[280] Viedma, 1788a, fol. 153r.
[281] Véanse: Rodrigo, 1776a, 1776b y 1776c; cabildo de Cochabamba, 1776; Zambrana, 1776; Serro, 1776.
[282] Viedma, 1788a, fol. 154r. En su representación del 1 de junio de 1804 Ángel Moscoso hizo referencia a este reconocimiento: «El mismo gobernador de Cochabamba certificó solemnemente en auto judicial de 27 de mayo de 1788 de que eran innegables las pruebas de mi celo infatigable en lo que yo tenía trabajado en aquella reducción, confirmando por este auténtico testimonio las precedentes justificaciones que se recibieron ante el corregidor del propio Cochabamba en 6 de diciembre de 1781 y ante el alcalde de primer voto de Tarata a 26 de noviembre de 1784 [errata por 1786], por las cuales se calificó […] la importancia de aquel establecimiento, de todas las ventajas sobrevenidas a la religión y al estado, de la animosidad generosa con que aprehendí una obra de tan altas consideraciones, por donde, después de haberse enriquecido toda la provincia de Cochabamba con la extensión de nuevas poblaciones, con la abundancia de nuevos frutos y riquezas no esperadas, se ha logrado adoctrinar porción de tribus salvajes que antes solo servían de heredad para el demonio» (Á. Moscoso, 1804a, fols. 22r-22v).

Los cruceños evaluaron el camino de manera opuesta a la de Moscoso y sus allegados: dos declaraciones

recibidas a pedimento del síndico procurador de Santa Cruz de la Sierra lo ponen casi intransitable y de peligrosa navegación. Lo afirman los testigos dando casos señalados de canoas perdidas y efectos de receptoría detenidos por falta de mulas que los condujesen por tierra[283].

Por carta Viedma había recibido también las impresiones del gobernador Lázaro de Ribera: «Ingresó a su provincia por este camino y me escribe lamentándose de los muchos trabajos que pasó por los atolladeros, precipicios y voladeros que dice tener, y que perdió parte de su equipaje por la peligrosa navegación del río»[284].

Finalmente, comenta Francisco de Viedma que por motivo de la entrada de Ribera

y para ocurrir a los efectos que pudiera resultar del informe de este gobernador, se procuró que por el síndico procurador general del cabildo de Cochabamba se hiciese una información de las ventajas del camino, que en todo facilitaba mayor comodidad que el que se transita por Santa Cruz. [...] Me dicen que después por parte del expresado cura de Tarata se produjo información ante uno de los alcaldes ordinarios de aquel pueblo, cuyos testigos se ratificaron con citación del síndico procurador general ante el alcalde ordinario de segundo voto de esta ciudad, don José Canals[285].

Confiesa Viedma no haber visto la información reunida por el alcalde de Tarata y por el síndico procurador general, «aunque se ha hecho mérito de ella en el escrito que se me presentó para el reparto de las expresadas tierras»[286]. Finalmente, Viedma llegó a la siguiente conclusión para que se pudiese tomar una decisión sensata en esta controversia:

Yo no encuentro otro arbitrio que practicar este [reconocimiento del camino] por mí mismo con dos personas inteligentes e imparciales, que

---

[283] Viedma, 1788a, fol. 154r. Ver Seoane, 1776.
[284] Viedma, 1788a, fol. 154r.
[285] Viedma, 1788a, fols. 154r-154v.
[286] Viedma, 1788a, fol. 154v.

levanten un plano verídico y estoy en ánimo, si Dios lo permite, pasar por el mes de julio o agosto a reconocerlo hasta la misión[287].

Por más que Francisco de Viedma tuviese también él sus dudas acerca de la realización de una buena comunicación de Cochabamba con Mojos, compartiendo las preocupaciones geopolíticas de otros en los Andes, estaba absolutamente en favor de la apertura de las Montañas de Yuracarees y el establecimiento allá de haciendas:

> El camino está abierto y en el día se transita continuamente hasta el pueblo y reducción de Yuracarees, con motivo de estarse fomentando el cultivo de cocales que traen muchas ventajas a la provincia e intereses de Su Majestad. Hay algunas haciendas que ya dan fruto para costearlas y se está tratando de repartir estos terrenos a los que los solicitan, que casi no queda vecino de Cochabamba con medianas conveniencias que no intente arraigarse en aquellos parajes. Formalizado este caso, mucho puede allanarse lo agrio, pantanoso, precipicios y voladeros que se le nota al camino y, lo que es más, la falta de pastos, ya variando de senda por paraje más llano y de menos pantanos o ya componiendo el actual con distinta fijeza[288].

Viedma, hombre realista y pragmático, tampoco excluye que pueda formarse una mejor senda por otro rumbo, pero indica claramente que esto requiere un estudio muy serio:

> A mí me aseguran que por la estancia de Colomi, que está siete leguas de Cochabamba, puede abrirse mejor camino hasta el río de Reyes donde se logra distinta navegación que por el Chapare, bien que ésta es una noticia que necesita de mucha inspección y mejor conocimiento[289].

2.6.10. Repartimiento de tierras

Encontramos también palabras de reconocimiento y homenaje de parte del intendente gobernador Francisco de Viedma a la persona de Ángel Mariano Moscoso, en un auto por medio del cual Viedma anun-

---

287 Viedma, 1788a, 154v.
288 Viedma, 1788a, fols. 153r-153v.
289 Viedma, 1788a, fol. 153v.

cia la ejecución del proyecto de repartimiento de tierras que ya había querido ejecutar en el año 1787, pero que no pudo realizarse «por circunstancias que han mediado»[290]:

> habiéndose logrado fijar el estandarte de nuestra santa fe católica en el sitio llamado Yuracarees, estableciéndose el pueblo y misión nominado la Asunción por el infatigable celo del ilustrísimo señor doctor don Ángel Mariano Moscoso, electo obispo del Tucumán, quien sin perdonar gasto ni fatiga, no solo ha conseguido la reducción de aquellos infieles alumbrándolos por el verdadero camino de la salvación, sino hacer otros establecimientos importantísimos en que esta provincia prospere y florezca a más ventajas de suma utilidad, como son las de plantío de cocales, cacagüetales, cañaverales y otros de no menos importancia, queriendo su amor y afecto para con estos provincianos se extiendan a que cojan el fruto de su fatiga con hacerlos partícipes de aquellos terrenos, para lo cual en el anterior próximo año se presentó en esta intendencia pidiendo se nombrase juez que hiciese el reparto de ellos con arreglo a las sabias reales disposiciones de estos dominios[291].

Mandó el gobernador que todos los interesados en adquirir terrenos «en el perentorio término de ocho días comparezcan y se alisten, sentando sus nombres en el oficio del cabildo»[292]. Añade Viedma a esta invitación que «para que llegue a noticia de todos se publique [este auto] en esta capital en la forma y con la solemnidad acostumbrada, haciéndose lo mismo en el Valle de Cliza, quebrada de Tapacarí y Arque»[293].

Dos días después de la redacción de este auto, el 25 de mayo, el escribano del cabildo, Marcos Aguilar y Pérez, lo hizo publicar en Cochabamba, «por bando en las cuatro esquinas de la plaza y calles acostumbradas, con estrépito de cajas y clarines»[294]. Añade el escribano en la constancia de la publicación que ha sacado una copia de este auto, que ha fijado «en esta plaza pública y puertas de este oficio para su mayor notoriedad»[295].

---

[290] Viedma, 1788b, fol. 69r.
[291] Viedma, 1788b, fol. 69r.
[292] Viedma, 1788b, fol. 69v.
[293] Viedma, 1788b, fol. 69v.
[294] M. Aguilar, 1788, fols. 69v-70r.
[295] M. Aguilar, 1788, fols. 69v-70r.

El mismo Ángel Mariano Moscoso había sido el primero que hizo formar una hacienda de coca[296]. Ahora un buen número de vecinos de Cochabamba y del Valle de Cliza siguieron su ejemplo, llegando el número de haciendas de coca en los siguientes años a un total de cincuenta y dos. Sin embargo, el optimismo alimentado por Francisco de Viedma con respecto a la colonización de las Montañas de Yuracarees y en especial al cultivo de coca fue perdiendo fuerza, debido principalmente a una serie de factores contrarios que no había contemplado al lanzar su plan de repartimiento de tierras. En su informe al rey del 2 de marzo de 1793 (es decir cinco años después de haber hecho proclamar su auto arriba citado), comenta como sigue:

> En ella [Ángel Mariano Moscoso] ha gastado considerables cantidades de pesos, que dudo los costee: en los primeros años dio abundantes frutos, mas en el día ha decaído tanto que está abandonada. Las demás hago juicio tendrán iguales efectos, porque los plantíos no se hacen con aquel cultivo necesario al beneficio de tan delicada hierba. Solo se roza el monte, se quema toda la leña y sin sacar el raigambre forman sus catos y plantan la coca; y como es tierra virgen y logra de aquellas sales de la hoja que se pudre de la que se cae en tan espesa montaña y de las cenizas de sus quemas, los primeros años no hay duda se consiguen unos frutos pingües, si bien no de buena calidad por lo áspero de la hierba. En los siguientes, aunque se suaviza por no estar la tierra tan brava, se van secando las raíces, como que falta aquel primer vigor que inmediatamente presta a la planta el jugo nutricio de su robustez; y como pasajero, decae en términos que, por más que se esfuercen en reponer los huecos, no pueden conseguirlo por la ingratitud del suelo, en no permitir la extensión necesaria a las raíces. No así sucediera si se prepararan los terrenos con el beneficio que se acostumbra en los yungas de la provincia de La Paz, donde tienen unas haciendas de mayor consideración, como que son el nervio de su riqueza. La falta de medios para estos costos es la causa de que no lleguen a prosperar como las otras. Las pérdidas de no tener preservatorios para conservar la coca en la sazón con que debe sacarse y las que presenta aquel terrible camino es y serán unos obstáculos insuperables al alivio de esta provincia y un suave aliciente a que se vayan

---

[296] «La primera que se hizo fue por cuenta del cura de Tarata, en el sitio llamado Itirapampa, es la mayor de todas» (Viedma, 1969 [1793], p. 135).

consumiendo los cortos fondos de muchos de aquellos hacendados, por la lisonjera esperanza de mejorar de fortuna[297].

2.6.11. Construcción de la historia I

A mediados del año 1788 el padre Francisco Buyán abandonó la misión de la Asunción: «se salió aburrido el año pasado de 1788, dejando abandonada la misión»[298]. No mucho después, el 23 de junio de 1788, el intendente gobernador Francisco de Viedma solicitó al padre Marcos Melendes, el primer misionero de los yuracarees, prepararle un informe sobre la historia de la evangelización de esa etnia. Por motivos que ignoramos, el padre Melendes tardó bastante en entregar ese informe: lo hizo recién a comienzos de 1789.

Francisco de Viedma incluyó este informe en su obra *Descripción geográfica y estadística de la Provincia de Santa Cruz de la Sierra*, cuya redacción concluyó en Cochabamba el 2 de marzo de 1793 y que fue publicada en Buenos Aires en 1836[299]. En una nota a pie de página indicó Viedma lo siguiente: «Consta esta relación histórica del informe original que para entre los papeles de este gobierno, dado por el P. Fr. Marcos de San José Melendes, en orden del oficio que se le pasó con fecha 23 de Junio de 1788»[300]. Una transcripción del informe, bajo el título *Descubrimiento de la Nación de Infieles Yuracarés*, fue encontrada en una documentación compuesta por el padre Bernardo Ximénez Bejarano, fundador y primer comisario prefecto del colegio de Propaganda Fide de San José de Tarata, y publicada en *Archivo de la Comisaría Franciscana de Bolivia* en 1915[301]. Entre los apuntes del pa-

---

[297] Viedma, 1969 [1793], p. 136.

[298] Melendes, 1969 [1789], p. 134.

[299] La obra de Francisco de Viedma fue reeditada en Buenos Aires en 1889 y en Cochabamba en 1969.

[300] Viedma, 1969 [1793], p. 133. El texto dice, por errata, 1778; enmiendo.

[301] Esta documentación, que fue descubierta por el padre Hermenegildo Gianotti OFM (del colegio de Propaganda Fide de Tarata) en Totora en el año 1869, lleva por título: «Libro de la Comisaría y Prefectura del colegio de San José que corre a cargo del R. P. fray Bernardo Jiménez Bejarano y que contiene las conversiones sujetas a dicha Comisaría, qué año se redujeron, el número de almas de que se compone cada una de ellas y las expediciones que han hecho a la montaña dicho padre comisario y sus sucesores». El manuscrito contiene cuatro capítulos: 1. Descubrimiento de

dre Francisco Lacueva, que perteneció a los fundadores del colegio de Tarata y que fue muchos años misionero entre los yuracarees y después entre los guarayos, se encontraba también una copia de este texto. El padre Lacueva puso estos apuntes a pedido de Alcides Dessalines d'Orbigny cuando éste le visitó en Guarayos a finales de 1831. Con base en el texto que se encontraba en los apuntes del padre Lacueva, d'Orbigny compuso su propia versión de este documento para su obra *Voyage dans l'Amérique Méridionale*[302]. Finalmente, el franciscano austríaco Wolfgang Priewasser que se incorporó en el colegio de Propaganda Fide de Tarata en 1888, publicó en su obra *Bolivia, die Franciskaner von Tarata und die Indianer* una versión novelada de la relación histórica del padre Melendes[303].

Nuevo Yunga de Yuracarees

Fue descubierto[304] en el año de 1768, a expensas del reverendo obispo de Santa Cruz, don Francisco Ramón de Herboso, abriendo una sen-

---

la nación de los infieles yuracarees. 2. Diario de la entrada a las montañas habitadas de la nación de indios yuracarees, que en el año de mil setecientos noventa y seis hizo el reverendo padre fray Bernardo Ximenes Bejarano, Prefecto de misiones del colegio de San José de Tarata, con los padres fray Pedro Hernández y fray Hilario Coche, individuos de dicho colegio. 3. Tadeo Haenke. Descripción geográfica, física e histórica de las montañas habitadas por la nación de los indios yuracarees. 4. Noticia de la fundación de la conversión de San José del Coni, traslación de ella a las márgenes del río Chimoré. Toda esta documentación fue publicada en *Archivo de la Comisaría Franciscana de Bolivia*.

[302] Esta versión se encuentra en el cap. XXXVII de la obra de d'Orbigny. En una nota a pie de página del inicio de este capítulo, enteramente dedicado a los yuracarees, dice d'Orbigny: «Estos datos y muchos otros que seguirán fueron sacados de un manuscrito del padre Lacueva, que vivió dieciocho años entre los yuracarees» (A. d'Orbigny, 2002 [1839b], p. 1541, nota 3). Más adelante (p. 1547, nota 8), d'Orbigny nuevamente hace referencia a las anotaciones del padre Lacueva: «Tengo estos informes y muchos de los comprendidos en esta descripción, del padre Lacueva, que vivió dieciocho años con los yuracarees».

[303] Priewasser, 1900, pp. 112-122. En una nota a pie de página al final de su presentación de esta historia, dice Priewasser, equivocadamente, que el padre Marcos Melendes dio su informe el 23 de junio de 1788. Como hemos visto, esta fue la fecha en que Francisco de Viedma solicitó a fray Marcos dar un informe sobre la historia de la misión de la Asunción.

[304] La versión que se publicó en el *Achivo de la Comisaría Franciscana de Bolivia* comienza de la siguiente manera: «Esta nación de los gentiles yuracarees, que habi-

da desde el sitio llamado Chapapani al río Chapare, cuya empresa se suspendió hasta el de 1775[305], en que por los dos hermanos don Manuel y don Ángel Mariano Moscoso, cura aquel de Punata y éste que lo fue de Tarata y hoy obispo del Tucumán, se destinó al padre fray Marcos de San José Melendes, recoleto de la orden de San Francisco, a que entrase a reconocer el estado de los indios infieles de nación Yuracarees, para tratar de su reducción y demás circunstancias de aquellos parajes.

En 25 de Julio de dicho año, con la correspondiente licencia del referido señor obispo de Santa Cruz, emprendió su viaje con veinte hombres, provistos de útiles para desmontar e ir abriendo camino y los víveres necesarios.

Como había mediado el tiempo de siete años del primer descubrimiento y aquel se hizo abriendo una estrecha senda, solo quedaron reducidos vestigios de ella por haber crecido la montaña; estos graves obstáculos, lo pantanoso del terreno y lo áspero de la serranía, que no ofrece otra cosa que precipicios, les causó infinidad de trabajos y fatigas, que los más no quisieron sufrir y a los veinte días dejaron al religioso con tres o cuatro, volviéndose para sus casas.

No obstante, revestido de fortaleza, continuó su camino con los pocos que le quedaban y, guiados de cinco indios que encontraron a media montaña beneficiando sal, fueron a dar con un pueblo llamado Coni, inmediato a las juntas del río Chapare, que se compondría de 150 indios, de quienes fueron recibidos con mucha alegría y hospedados con humanidad, proveyéndoles de aquellos víveres que producía el terreno y manifestándole su buena inclinación a abrazar nuestra santa fe católica.

A los cincuenta y tres días determinó dicho religioso regresar a Cochabamba para dar cuenta de su expedición, habiendo tratado con los indios volver con el auxilio de más gente, víveres y los efectos que apetecen, y ellos le ofrecieron esperarlo con casa y capilla hechas en el sitio que les explicó y señaló.

Llegado que fue a Cochabamba y dado cuenta de su comisión, determinaron los dos hermanos curas volviese con mayores auxilios para re-

tan en las montañas de la otra banda de la Cordillera Real de los Andes, frontera a este Valle de Cliza, fue descubierta». En la versión del texto de Melendes incluida en la obra de Viedma editada en 1969 se encuentran dos errores en cuanto a fechas: en vez de 1788 como año en que Buyán abandonó la misión, se pone 1783 (Viedma, 1969 [1793], p. 134) y en vez de 23 de junio de 1788, se pone 23 de junio de 1778 (Ibídem, p. 133). En la versión del Archivo no se encuentran estos errores.

[305] La apertura del camino se inició, como hemos visto al comienzo, en 1765, y se suspendió en 1768.

ducir aquellos infieles y formalizar la población; y teniendo dispuestas sus cosas por el mes de abril del siguiente año 1776 emprendió su viaje con los padres fray Tomás de Anaya y fray José Villanueva de la misma religión, llevando algunos peones para poner el camino en estado de que pudiesen transitarlo con bestias. Este último se volvió antes de internarse en la montaña, por haber caído enfermo. Gastaron dos semanas en vencer las grandísimas dificultades de poner corriente una estrecha senda y al cabo de ellas llegaron a las salinas, donde encontraron algunos indios; con su auxilio pasaron al pueblo del Coni y fueron recibidos con más excesivas demostraciones de alegría que la primera vez.

A los cuatro días hicieron la habitación a los religiosos y una reducida capilla donde principiaron a celebrar el santo sacrificio de la misa e instruir en los rudimentos de nuestra verdadera creencia a aquellas almas; en cuya santa operación se continuó con empeño el tiempo de cuatro meses; y viéndose desamparados de todo auxilio, sin tener para su sustento más socorro que las frutas silvestres que mendigaban de los mismos indios, faltándoles hasta la harina para hostia, no obstante las repetidas cartas que escribieron a los dos expresados curas del estado en que se hallaban, determinó retirarse fray Tomás Anaya a su convento. Y por hallarse fray Marcos padeciendo una grande hinchazón en las piernas que le impedía caminar a pie, resolvió quedarse solo entre aquellos infieles a esperar los deseados auxilios. Escribió con su compañero al cura de Punata, mandándole la cuenta de los gastos de esta segunda expedición, que todos ellos ascendían a ciento sesenta y ocho pesos, e instándole a que lo socorriese.

Las resultas fueron enviarle víveres, chaquiras y un sacerdote secular que le acompañase, con que consiguió reparar la misión en términos que atrajo hasta 500 indios; y por ser 200 de ellos de otra parcialidad llamada Chuches, determinó hacerles pueblo separado, con la denominación de San Antonio, que no tuvo subsistencia.

Viendo tan favorables progresos, le pareció conveniente salir para Tarata a informar a los curas del buen estado en que quedaba la reducción, a fin de que concurriesen a sostenerla con los gastos precisos, dejando al sacerdote secular, quien a pocos días se retiró al mismo pueblo de Tarata llevando consigo algunos indios, para que viesen los curas su buena disposición y enseñanza. Y enterados estos párrocos de su capacidad de inclinación, determinaron bautizarlos, con lo que les pareció haber concluido la empresa, pues determinaron que fray Marcos pasase a la ciudad de La Plata a dar parte al referido señor don Francisco Ramón de Herboso, que había sido promovido a aquel arzobispado, para que proveyese de la subsistencia de la misión, representando los muchos gastos que habían hecho.

El señor Arzobispo despidió a fray Marcos, diciendo que no metía su hoz en mies ajena, que ocurriese al señor obispo de Santa Cruz, y solo le dio veinticinco pesos.

Se presentó a la real audiencia dando parte de su conquista espiritual, para que de los caudales de temporalidades se asignase lo preciso a la conservación y prosperidad de aquella santa obra; y por el señor presidente se le denegó, expresando no había fondos para ello.

Viéndose destituido de toda esperanza en medio de tan gran conflicto, dio el acaso de llegar a la ciudad de Chuquisaca en el año de 1779 don Ignacio Flores, electo gobernador de las misiones de Mojos, quien traía el designio de facilitar mejor y más breve camino desde Cochabamba a ellas que el que se transita por la ciudad de Santa Cruz; y habiendo comunicado el pensamiento con uno de los señores de la real audiencia le propuso el de Yuracarees y que, para tomar los conocimientos necesarios, se informase del referido fray Marcos. Así lo hizo y, enterado del estado de aquella reducción, paraje y más corto tránsito para abrir su proyectado camino, le instó a que reiterase dicha solicitud en la real audiencia, ofreciéndole su protección. Con efecto: por este medio consiguió se le libraran 1.000 pesos en los caudales de Mojos, con la calidad de que entrasen con poder del referido don Ignacio Flores, para que por su mano le fuese auxiliando y fomentando la misión de Yuracarees y que se le franqueasen los oficiales y familias que pidiese de los pueblos de aquel gobierno.

Esta tan útil providencia, que hubiera tenido unos rápidos progresos, se entorpeció por habérsele destinado a don Ignacio Flores de comisario en la línea divisoria con los portugueses en la parte de Mato Grosso; y viendo fray Marcos que no tenía otro recurso que continuar por sí la empresa, se ofreció a ello con tal que se le auxiliase con lo preciso. Condescendió el señor Flores, franqueándole 200 pesos y orden para que en Mojos se le facilitaran los artesanos que pidiese.

Con esta disposición salió de Chuquisaca para la ciudad de Santa Cruz y, embarcándose en el puerto de Paylas, aportó al pueblo de Loreto, que es el primero de los de Mojos, donde tomando cinco de los mejores artesanos se condujo con ellos, sus mujeres e hijos a la reducción de Yuracarees en catorce días de navegación, río arriba, dando principio en 4 de octubre de dicho año de 1779 en la continuación de sus progresos evangélicos; y despachó aviso al referido señor Flores, informándole las proporciones que ofrecía esta navegación y demás circunstancias de aquellos parajes.

Estas noticias le alentaron [a Flores] a tomar resolución de entrar con cien hombres en la derechura por Chapapani, abriendo y allanando el camino en la forma posible. Provisto de lo necesario al efecto y estando en distancia de dos días de camino del sitio de San Mateo, le alcanzó un propio que mandaba la real audiencia dándole parte haberle nombrado de comandante en jefe de las tropas que se destinaban para sujetar y escarmentar a los indios que se habían rebelado con su caudillo Tupac Amaro, previniéndole que inmediatamente pasase a tomar el mando de ellas.

Enterado el señor Flores de esta novedad, nombró por su teniente a don Antolín Peralta en el gobierno de Mojos, encargándole la apertura del camino; y dando otras disposiciones a los adelantamientos de la misión, se volvió para la ciudad de La Plata.

Peralta se llevó mal con fray Marcos, quitándole los indios mojos que eran el principal nervio para formalizar el pueblo que tenían adelantado, por cuyo motivo determinó retirarse para dar parte al señor Flores de los excesos de su teniente; quien, sin embargo de la justicia de fray Marcos, sostuvo a Peralta por hallarse protegido del cura de Tarata.

De esta retirada se siguió a la misión gravísimo perjuicio, desertando muchos indios con sus familias a sus antiguas habitaciones; y aunque el cura de Tarata mandó a otros sacerdotes, ninguno de ellos tuvo subsistencia, ni se avino con los indios, hasta que echó mano del padre fray Francisco Buyán, de la misma Religión, que reparó en lo posible el daño causado, atrayendo con dulzura y política la mayor parte de los fugitivos, formalizando la población, según lo permitían las cortas fuerzas, y haciendo plantíos de cocales, cacagüetales y algodonales, cuyos terrenos son adaptados a estas plantas, como abajo se dirá; con lo cual logró destinarlos al trabajo de la agricultura e irlos haciendo útiles; pero como los auxilios eran escasos y jamás pudo conseguir el que se le pusiese compañero para el desahogo de su conciencia y que le sostuviese con el trabajo, se salió aburrido el año pasado de 1788[306], dejando abandonada la misión; y viéndose los indios sin religioso continuó la deserción aun en los que se hallaban bautizados, incurriendo muchos de ellos en la apostasía de volverse al gentilismo. Esta es en suma toda la historia de la misión de Yuracarees[307].

La primera lectura de esta construcción de la historia de la evangelización de los yuracarees nos lleva a reconocer la siguiente periodización de la misma:

1768-1775 Época de preparación.

1775- [...] Exploración de parte de Marcos Melendes.

[306] Se lee por errata 1783; enmiendo.
[307] Melendes, 1969 [1789], pp. 129-134.

1776-1777 Primera presencia misionera entre los yuracarees.
1777-1779 Marcos Melendes en La Plata.
1779-1780 Segunda presencia misionera de Marcos Melendes entre los yuracarees.
1780-1784 Clero diocesano en la misión de la Asunción.
1784-1788 Francisco Buyán en la misión de la Asunción.

De esta periodización y de las escuetas observaciones que fray Marcos hace en su informe, se destaca cómo durante los doce años que corrieron desde la fundación de la misión de la Asunción en 1776 hasta el abandono de la misma de parte del padre Francisco Buyán en 1788, solo ha habido una relativa estabilidad en los últimos cuatro años. Los abandonos que los yuracarees hicieron de la misión tuvieron lugar principalmente como efecto del abandono que los misioneros hicieron de la misma.

Una segunda lectura que parte de la re-construcción de esta historia revela que Marcos Melendes en su informe omite una serie de acontecimientos importantes que han marcado el desarrollo de la misión de la Asunción. Su relato presenta como año del inicio de la época de preparación de la reducción y evangelización de los yuracarees el año 1768 y no el de 1765, cuando, de hecho, como resultado de las primeras entradas exploratorias a las Montañas de Yuracarees, surgió ya la idea de la cristianización de esta etnia. Tampoco menciona Melendes las cuatro visitas que don Ángel Mariano Moscoso hizo a la misión y los demás esfuerzos que hizo para darle una sólida base económica. El informe nada dice de la visita a la misión de parte del gobernador de Mojos Lázaro de Ribera, de la postura que este tomó con respecto a esta misión y a la comunicación entre Cochabamba y Mojos, ni de la encuesta que organizó Moscoso para defender su obra frente a la actuación de Ribera.

Prescindiendo de estas omisiones, llama la atención que la relación histórica de fray Marcos preste muy poca atención al largo período de 1780-1788, es decir al período que se inicia con su retirada de la misión de la Asunción. Centra más bien la atención en su propia experiencia, de modo que podemos encontrar dentro de su informe, en una tercera lectura, lo que podemos llamar la historia de Marcos Melendes como primer misionero de los yuracarees. Y esta historia revela de modo especial, no tanto su experiencia con los mismos yuracarees, sino su relación con las personas de las cuales él dependía para realizar su labor evangelizadora. De hecho, sobre los mismos yuracarees dice muy poco. Apenas señala que, cuando llegó donde ellos en su entrada de exploración de 1775 lo recibieron con alegría y humanidad y que, cuando en 1776 llegó a las Montañas de Yuracarees junto con el padre Anaya, los recibieron «con más excesivas demostraciones de alegría». De la acogida que recibió cuando volvió en octubre de 1779 no dice absolutamente nada. Podemos poner en duda que él y su compañero, el anónimo presbítero, hayan atraído a la misión hasta 500 yuracarees. Esta cifra debe ser considerada exagerada, dado el hecho de que (conforme a los datos que proporcionan nuestras fuentes sobre el número de miembros de la etnia yuracaré) el total no pasaría de los 2.000. Que en cuestión de unos meses los dos misioneros hubieran reunido ya la cuarta parte de esta etnia en su misión no parece verosímil. Presentando su informe a una distancia de algo más de ocho años después de haberse visto obligado a abandonar su ministerio evangelizador, fray Marcos no manifiesta explícitamente ninguna amargura por lo que le había pasado o lo que había experimentado en relación con las personas que tuvieron una participación distinta de la suya en esta historia misional. Sin embargo, hace entender que su relación con ellas fue de algún modo decepcionante o tal vez frustrante. Fue don Manuel Tomás Moscoso quien lo escogió para hacer la primera exploración; y cuando, después de su primera estadía entre los yuracarees, Melendes dio una información positiva acerca de la posibilidad de establecer entre ellos una misión, don Manuel y su hermano Ángel decidieron concretar el proyecto de evangelización. A pesar de la buena acogida que los misioneros recibieron de parte de los yuracarees, los primeros meses de su permanencia entre ellos fueron muy difíciles, principalmente debido a la carencia de medios necesarios para mantenerse, medios que los hermanos Moscoso se habían comprometido a proporcionar. El padre Anaya se desanimó y retornó a Cochabamba. En el texto que estamos analizando está claro que fray Marcos también habría abandonado entonces la misión si no se lo hubiera impedido su estado de salud. Es posible que en el curso del año 1777 don Ángel Mariano Moscoso haya tomado la dirección, o la mayor responsabilidad, en cuanto al compromiso de los dos párrocos de promover la misión de la Asunción. Así se explica que los misioneros se dirigieran con el pequeño grupo de yuracarees a Tarata y no a Punata, y que fuera don Ángel quien bautizó a los cuatro yuracarees y no su hermano Manuel. El hecho de que fray Marcos, después de este acontecimiento tan eufórico del bautismo de los primeros yuracarees, fuera mandado a Chuquisaca con el objeto de buscar medios para la continuación de la obra que había iniciado, debe haber causado en él una desilusión: sin duda había contado con que los hermanos Moscoso continuasen apoyando económicamente la obra. No menciona en su relato el fallecimiento de don Manuel Moscoso, pero sabemos por una carta suya (que hemos citado más arriba) que la desaparición de don Manuel le entristeció mucho. Parece que con don Ángel Moscoso no tuvo la misma relación fraternal que con su hermano. Además, esta relación debe haber ido enfriándose a medida que se daba cuenta de que don Ángel compartía ciertos intereses económicos con Antolín Peralta. Cuando Melendes, al final de la exposición de su experiencia personal, menciona veladamente su destitución, no habla ya de don Ángel Mariano Moscoso, sino del «cura de Tarata»[308].

Por más que el obispo Francisco Ramón de Herboso hubiese estado interesado en la evangelización de los yuracarees y hubiese tomado personalmente iniciativas para comenzarla, una vez ascendido a la sede de Charcas ya no quiso comprometerse con este proyecto. Este hecho puede ser completamente comprensible (y correcto desde el punto de vista jurisdiccional), pero para Marcos Melendes significó una decepción: aquel obispo en quien había puesto su confianza se deshizo de él con apenas una propina.

También la real audiencia de Charcas le decepcionó: al no darle la ayuda económica que solicitó para continuar su obra entre los yuracarees, se excusó afirmando no disponer de fondos, pero también es posible que dicha audiencia no estuviese dispuesta a comprometerse económicamente con una obra que se encontraba todavía en sus inicios.

Finalmente, la mayor frustración de Marcos Melendes debe haber la sido causada por el gobernador Ignacio Flores. En él había puesto

---

[308] No sabemos a ciencia cierta si esta expresión fue usada por el mismo Marcos Melendes en su informe. De hecho, en todo el texto fray Marcos es presentado en tercera persona, lo que significa que probablemente esta relación histórica haya sido redactada por otra persona a partir de un informe escrito u oral dado por fray Marcos. En cualquier caso, esto no quita que nuestro misionero se haya podido sentir desilusionado por no mantenerlo don Ángel Moscoso como responsable de su misión.

toda su esperanza, después de haber sido decepcionado por el obispo Herboso y por la real audiencia; y efectivamente había recibido de él un considerable apoyo. Que diera preferencia a Antolín Peralta por contar éste con la protección de don Ángel Moscoso, como dice el relato, debe haber sido muy duro para fray Marcos.

2.6.12. El obispo Alejandro José de Ochoa y Morillo retoma la idea de la fundación de un colegio de Propaganda Fide

Parece que después de la salida del padre Buyán, Ángel Mariano Moscoso no hizo nada para llenar el vacío dejado por él.

Fue, más bien, el obispo de Santa Cruz de la Sierra, Alejandro José de Ochoa y Morillo, quien retomó la idea de la fundación de un colegio de Propaganda Fide. El 5 de mayo de aquel año escribió una carta a los franciscanos del colegio de Tarija para sondear su parecer acerca de la fundación de un nuevo colegio con frailes de Tarija. El guardián del colegio contestó la carta del obispo en junio:

> Y el reverendo padre guardián fray Manuel Parra, en su respuesta de 15 de julio del mismo año, me participó haber leído mi citada carta en aquel venerable discretorio, en cuyo nombre no solo aprobó y celebró mucho mi justa deliberación, sino que me dio expresivas gracias y me previno que, lograda la real licencia de S. M., se procurarían las más ejecutivas providencias, para que no se pierda un instante de tiempo[309].

A pesar de esta reacción positiva de parte del colegio de Propaganda Fide de Tarija, recién en mayo del año siguiente el obispo dio un nuevo paso en la consecución de sus planes: encontrándose por entonces en el Valle de Cliza tomó contacto con los vecinos, los hacendados y el clero, pidiéndoles apoyar su iniciativa de fundar un colegio en su valle. Resultado de esos contactos fueron dos 'representaciones', redactadas la primera por los vecinos y hacendados, y la segunda por el clero. En la *Representación del Estado Secular*, fechada en el Valle de Cliza a 22 de mayo de 1790, los setenta y tres firmantes manifiestan:

---

[309] Ochoa, 1790b, fols. 5-6.

concurriremos los hacendados y vecinos de este valle en cuanto permiten nuestras facultades a la construcción de la iglesia y colegio y manutención de los padres, con limosnas voluntarias y con los materiales que cada uno pudiere proporcionar y con la gente de sus haciendas para que trabaje en la obra[310].

Por su parte, los clérigos expresan en su representación su convicción de que el colegio de Tarata será «un castillo incontrastable contra las potestades del infierno y un clarín o trompeta del Evangelio para despertar a los dormidos y aletargados en el sueño y sombras de la muerte espiritual» y se comprometen a contribuir «con religioso celo a su construcción y subsistencia, en cuanto nos sea facultativo y alcance nuestro arbitrio»[311]. Una vez recibido el apoyo de la gente importante del valle, el obispo Ochoa redacta primero un extenso oficio dirigido al intendente gobernador Francisco de Viedma, en el cual presenta el proyecto y pide su colaboración para que, por los canales oficiales, haga llegar la solicitud de la fundación de un colegio al rey[312]. Este oficio, acompañado de varios documentos, fue remitido por Francisco de Viedma, junto con su propia representación[313], al virrey del Río de La Plata el 18 de julio del mismo año. Es importante señalar que Francisco de Viedma en su representación ya hace una clara sugerencia acerca de quiénes podrían ser los fundadores del mencionado nuevo colegio. Tres padres del colegio de Propaganda Fide de Tarija se encontraban en Cochabamba: eran los mismos que habían realizado las misiones populares en el año 1782. Dice Viedma:

y en el día tenemos la misma experiencia en esta ciudad de Cochabamba con la [misión] que acaban de hacer los mismos religiosos, [...] y como están tan bien recibidos de todo el vecindario, me parecía fuesen los que se destinasen por primeros fundadores de dicho colegio, siempre y cuando Vuestra Majestad se digne conceder el real permiso que solicita el reverendo obispo; sus nombres son fray Josef Névez, fray Antonio Comajuncosa y fray Juan Quadra[314].

---

[310] Estado Secular, 1790, fol. 8.
[311] Estado Eclesiástico, 1790, fol. 16. La representación está fechada en el Valle de Cliza a 29 de mayo de ese año.
[312] Ver Ochoa, 1790a.
[313] Ver Viedma, 1790.
[314] Viedma, 1790, fol. 33.

Las referencias a la reducción y conversión de los yuracarees en los documentos que acabamos de presentar son escasas pero significativas, precisamente porque, sin decirlo explícitamente, recogen el hecho de la reciente nueva desintegración de la misión de la Asunción. Los clérigos del valle no solamente piensan en la cristianización de los yuracarees por parte de los padres del nuevo colegio, sino en su presencia en un territorio mucho más amplio:

se podrían poner al cuidado y dirección de estos operarios evangélicos de verdadera vocación y celo de la salvación de las almas las misiones de las provincias de Mojos y Chiquitos, o al menos de alguna de ellas. Así mismo arreglarán y adelantarán la misión de Nuestra Señora de la Asunción de indios yuracarees, distante treinta leguas de este valle, y establecerán nuevas reducciones convirtiendo así su infatigable celo a los indios infieles de la misma nación[315].

El mismo obispo señala en su carta a Francisco de Viedma que los franciscanos de Propaganda Fide pueden, sin duda, convertir a la fe católica «con su infatigable celo apostólico a los que aún son infieles, especialmente de la nación de yuracarees»[316]. Finalmente, el gobernador intendente no solamente habla en su representación de los yuracarees sino también de los chiriguanos que podrían ser atendidos por los padres del colegio a fundar:

En la cordillera de indios chiriguanos, distrito de este gobierno, hay ocho reducciones que están a cargo de los padres de Propaganda del colegio de Tarija; y hasta el río Parapetí, distante once leguas poco más o menos de la última denominada Saypurú, se cuentan ocho pueblos de indios infieles con muy fundadas esperanzas de poder conseguir su reducción; y en la cordillera de los Nuevos Yungas denominada Yuracarees, inmediata al pueblo de Totora, hay otro de indios infieles de esta nación que están pidiendo sacerdote y por falta de obreros evangélicos no se ha podido ocurrir a esta necesidad. Todo estará socorrido con el establecimiento del colegio que solicita el reverendo obispo[317].

[315] Estado Eclesiástico, 1790, fols. 13-14.
[316] Ochoa, 1790a, fol. 20.
[317] Viedma, 1790, fols. 31-32.

Curiosamente, en ninguno de los cuatro documentos se hace mención de don Ángel Mariano Moscoso ni de los esfuerzos que había hecho para proveer de sacerdotes a la misión de la Asunción. Su nombre tampoco figura entre los firmantes de la representación del clero del Valle de Cliza.

El virrey del Río de La Plata actuó recién el 25 de noviembre del mismo año 1790, mandando una carta al Consejo de Indias, acompañada de

> una representación del intendente gobernador Francisco de Viedma de Cochabamba, dirigida a que se conceda al obispo de Santa Cruz de la Sierra la real licencia para la fundación de un colegio de Propaganda Fide en el pueblo de Tarata[318].

El mismo virrey dio su beneplácito al proyecto, considerándolo «conveniente así por la necesidad que hay de ella, como por haberse de verificar con las rentas de dicho reverendo obispo y limosnas de aquel vecindario, que ya la anhela y ofrece contribuir para tan piadosa obra»[319].

Mientras tanto, el obispo Ochoa, el 18 de julio había mandado su oficio y las arriba mencionadas representaciones del estado secular y del estado eclesiástico, directamente, al ministro de gracia y justicia en Madrid[320]. Y el 7 de septiembre mandó un extenso oficio al padre Manuel María Trujillo, comisario general de Indias de la orden franciscana, pidiendo su apoyo para la fundación del colegio de Tarata y que los fundadores sean los ya mencionados padres Névez, Comajuncosa y Quadra[321].

Los trámites en Madrid empezaron, de hecho, el 7 de julio de 1791 y duraron hasta el 3 de octubre de 1792[322].

[318] Arredondo, 1790, fol. 1.
[319] Arredondo, 1790, fols. 1-2.
[320] Ver Ochoa, 1790b.
[321] Ver Ochoa, 1790c.
[322] Para detalles sobre los trámites, véase: Berg, 2003, pp. 128-129.

2.6.13. En busca de un expediente

A comienzos de junio de 1789, a nombre de Ángel Moscoso, Diego Manuel Quiroga se presentó ante el juzgado de Cochabamba para reclamar el expediente que reunía todos los documentos que respaldaban las declaraciones que en varias oportunidades diferentes testigos habían prestado, «necesitándolo el señor mi parte para diversos efectos»[323]. No se explica cuáles eran esos efectos, pero uno podría ser que don Ángel estaba preparándose para trasladarse a su sede episcopal y que quería llevar consigo la completa documentación sobre su misión de la Asunción.

Aparentemente Ángel Moscoso ya había hecho buscar ese expediente, pero éste no se dejó encontrar. De ahí que presenta ahora por carta una solicitud oficial:

> El expediente original existía en el oficio de cabildo a cargo del escribano interino Marcos de Aguilar y Pérez. [...] Por lo que se ha de servir la rectitud de vuesa merced mandar que dicho escribano exhiba y ponga de manifiesto el citado expediente y en su defecto dé razón individual de él poniéndola por certificación[324].

El 4 de junio, el juez delegado de la visita y regidor del cabildo, Nicolás Josef Montaño, dio orden de que Aguilar aclarara el asunto. Ese mismo día Marcos Aguilar declaró que él mismo había mandado al Dr. Ángel Moscoso

> por recado verbal que se me dio en su nombre por don Tomás Montaño, su familiar, los autos que se me demandan [...] para que se impusiera como lo solicitaba del estado de la actuación, acompañado con el cuadernito de la presentación del señor síndico procurador general sobre el mismo asunto, como que uno sin otro no podía correr por la referencia que el último hacía del primero; y habiéndose encontrado en poder de su señoría ilustrísima dicho cuaderno segundo y que tampoco en mi archivo absolutamente se encuentra, el que falta por más que se ha busca-

---

[323] D. Quiroga, 1789a, fol. 111v.
[324] D. Quiroga, 1789a, fols. 111v-112r.

do con eficacia, es verosímil que dicho primer cuaderno se haya confundido en aquel palacio como [...] podrá declarar dicho su familiar[325].

Con esta aclaración no quedó cerrado el asunto. El día 5 de junio, Diego Manuel Quiroga presentó un nuevo oficio solicitando que se mande que el padre Francisco Buyán, don Bento Rodrigues[326] y algunos otros testigos que se encuentran en la ciudad o en sus inmediaciones ratifiquen sus declaraciones anteriores, «añadiendo los hechos que desde aquella sazón hasta el presente hubiesen adquirido sobre las preguntas del escrito del señor mi parte y del señor síndico procurador de esta ciudad»[327].

El mismo día 5 de junio se dio orden de atender esta segunda solicitud y el 6 de junio se empezó con su ejecución, citando al padre Francisco Buyán, quien vivía entonces en la Recoleta de Cochabamba. Éste ratificó su declaración del 20 de marzo de 1787. Además, añadió que

muchas veces ha insinuado al ilustrísimo señor obispo del Tucumán la necesidad de traer algunas familias de Mojos, así para su resguardo como para instruir y enseñar a los yuracarees la herrería, carpintería y otros oficios, a que [...] ha diferido su señoría ilustrísima por no ser tiempo oportuno[328].

Señaló también el padre Buyán que ya hay más de treinta haciendas en las Montañas de Yuracarees y que va creciendo el vecindario, «entrando aun mujeres a negociar en sus granjerías de chicha para peones y otros arbitrios correspondientes para bastimentos de aquella gente»[329].

Tres semanas después, el 1 de julio, hizo sus declaraciones don Bento Rodrigues. Se le presentó el interrogatorio que el 29 de noviembre de 1787 se había redactado para recibir información de

---

[325] M. Aguilar, 1789, fol. 112r. Parece que de alguna manera más tarde se encontraron todos los documentos, porque éstos se conservan en ABNB, ALP-MyCh 515.

[326] En realidad, hasta aquel momento don Bento Rodrigues no había prestado todavía ninguna declaración.

[327] D. Quiroga, 1789b, fol. 112v.

[328] Buyán, 1789, fol. 117r.

[329] Buyán, 1789, fol. 117v.

Francisco García Claros. Don Bento se extendió con muchos detalles sobre la diferencia notable entre el camino por tierra y río Cochabamba-Santa Cruz-Mojos y el camino Cochabamba-Yuracarees-Mojos, resaltando que su amplia experiencia le había enseñado que la segunda ruta es en mucho la mejor: «como por Jorés tiene hechos hasta Mojos sobre treinta viajes y casi otros tantos por la navegación del Coni»[330]. Don Bento presentó, además, otro interesante detalle:

> Que acaba de conducir por el referido puerto de Yuracarees desde Mojos un órgano grande, mandado hacer por el ilustrísimo señor obispo del Tucumán para la iglesia de Tarata y que, habiendo ocupado un barco y una canoa, no sucedió avería alguna, llegando felizmente con la carga[331].

Según la estimación de Bento Rodrigues «se habían hecho cuarenta y tantas haciendas de cacagüetales, cocales y frutas, por cuyo interés hace que se vaya frecuentando este camino por hombres y mujeres y por arrieros que van sacando cargas de coca»[332].

Como tercer testigo fue citado Pedro Vidal, quien mientras tanto había sido nombrado «primer juez del valle y reducción nueva de Yuracarees»[333]. Se presentó el 4 de julio. Ratificó su declaración del 30 de octubre de 1786 y su ratificación del 29 de noviembre del mismo año. Resaltó que «a su primera entrada solo había cuatro sujetos avecindados; en el día habrán más de treinta que han labrado y van labrando las tierras»[334]. Observó, además, que una de sus tareas como juez es «ver el lugar más acomodado para formar pueblo»[335]; y que se tiene planes de hacer posadas o tambos por el camino «a beneficio de los transitantes y alivio de los arrieros»[336].

Pasan varios meses hasta que otro de los antiguos declarantes pueda ser escuchado: el 30 de octubre se presentó Miguel Mercado y Lastra. También él hace mención del transporte del órgano para la igle-

330 Rodrigues, 1789, fol. 118r.
331 Rodrigues, 1789, fols. 119r-119v.
332 Rodrigues, 1789, fol. 119v.
333 Vidal, 1789, fol. 119v.
334 Vidal, 1789, fol. 119v.
335 Vidal, 1789, fol. 119v.
336 Vidal, 1789, fol. 119v.

sia de Tarata, un acontecimiento que, sin duda, llamó por entonces mucha atención. Remarcó Miguel Mercado lo siguiente: las alrededor de cuarenta haciendas

> ocupan en su laboreo mucha gente que, atraída de lo que ganan, pasa de toda esta provincia a trabajar y ganar jornal. Y como se halla esta dicha provincia en constitución pobre y en aquel valle logran el jornal más crecido y aumentado, pasan muchos con solo este objeto estableciéndose allí por el tiempo que gusten y les acomoda[337].

Casi dos meses después, el 24 de diciembre, hizo su ratificación Francisco García Claros. Añadió a sus declaraciones anteriores solamente un dato: que don Ángel Moscoso le ha ordenado «dé al padre misionero de Yuracarees anualmente seiscientos pesos, como lo tiene verificado por el año corriente, a cuyo fin y otros asuntos le tiene así conferido su poder»[338].

2.7. Un nuevo período (1792-1796)

2.7.1. Restablecimiento de la misión de la Asunción

En 1792 volvió Francisco Buyán a la misión de la Asunción. El gobernador Francisco de Viedma, en su obra *Descripción geográfica y estadística de la Provincia de Santa Cruz de la Sierra*, redactada en gran parte en aquel año 1792, dio el siguiente breve comentario acerca de la suerte de esta misión en aquellos años de finales de la década de 1780 y comienzos de la siguiente: «apenas se encuentran [en ella] seis u ocho familias con el motivo de haber estado sin sacerdote más de cuatro años. Ahora ha vuelto a entrar el padre Buyán, que puede remediar mucho los estragos que ha padecido»[339]. No mucho después del retorno del padre Buyán a la Asunción, fue allá también el padre Tomás Anaya, quien años atrás había trabajado junto con Francisco Buyán

---

[337] Mercado y Lastra, 1789, fol. 121r.

[338] García Claros, 1789, fol. 121r. ¡Lo que quiere decir que, aunque el padre Buyán se encontraba aquel año en Cochabamba, se lo seguía considerando misionero de la Asunción y se le pagaba su sínodo!

[339] Viedma, 1969 [1793], p. 137.

entre los chiriguanos y quien, junto con el padre Marcos Melendes, había iniciado la evangelización de los yuracarees en 1776. El 8 de junio Anaya había comunicado al obispo Moscoso su decisión de ir a trabajar nuevamente entre los yuracarees y el obispo le escribió el 26 de julio desde Tucumán:

> En esta ciudad de San Miguel del Tucumán he recibido la de vuesa paternidad fecha en Cochabamba a ocho del pasado junio. Por otras sabía ya la resolución de vuesa paternidad a acompañar a nuestro reverendo Buyán en la reducción de los yuracarees y ayudarle en esta importantísima obra. En verdad él ha deseado a vuesa paternidad; y su cooperación le sería utilísima. Podrán dividirse los oficios y, como tienen ya conocido el genio de los indios, se tomarán los mejores arbitrios para reducirlos y sujetarlos al trabajo. He entrado en alguna de estas misiones y no he podido menos que hacer la más tierna memoria de ellos. Son incomparablemente más dóciles, hábiles y de mejores aplicaciones que todos los de por acá. Ya Dios les ha concedido dos misioneros los más a propósito y espero continúe sus piedades proporcionando medios oportunos para su seguro establecimiento[340].

En esta carta Ángel Moscoso indica también que, muy a pesar suyo, no puede dar a los misioneros una subvención mayor que los ochocientos pesos anuales que había acordado con el padre Buyán[341] y que son el producto de su hacienda de Paracaya en el Valle de Cliza, añadiendo que «las rentas del obispado del Tucumán son escasas y nunca pueden extraerse para gastos fuera de la diócesis»[342]. Expresa su esperanza de que venga ayuda de otras partes y finalmente recomienda al padre Tomás ampliar el cultivo del cacao para que con la venta de esta fruta la misión vaya a tener ingresos propios: «Dios amparará obra tan de su agrado por otros caminos; y sobre todo conviene sostener

---

[340] Á. Moscoso, 1792, fol. 39v.

[341] En un testimonio del 14 de enero de 1797 dice Tomás Anaya que el obispo Moscoso se había visto obligado a subir la subvención anual de quinientos a ochocientos pesos «en vista de los aprietos del pueblo y su doctrinero misionero, sin que a éste le sobrase medio para un hábito» (T. Anaya, 1797a, fol. 39r; seguramente quinientos es un error de Anaya, porque Moscoso daba seiscientos y después aumentó a ochocientos).

[342] T. Anaya, 1797a, fol. 40r.

y adelantar el cacagüetal en unos terrenos que no sé se descubran otros más a propósito para un fruto que en todas partes se aprecia»[343].

Los dos franciscanos decidieron llevar a Punata a algunos de los convertidos para que recibiesen allá una orientación más sólida acerca de la doctrina cristiana y después pudiesen ayudar en la evangelización de su propia gente: «[Hemos] sacado a Punata algunos de aquellos neófitos, a informarles ocularmente los misterios de nuestra santa fe y predicarles las buenas costumbres de la cristiandad»[344].

Esta iniciativa surtió efecto, porque

instruidos del formal método de escuela volvieron a su pueblo a levantar la voz del texto de la doctrina cristiana mientras la Misa; y criaron emulación santa para aprender a leer aun muchos de los crecidos hasta poder catequizar a sus parientes por cartilla[345].

Había un claro optimismo entre los misioneros, porque los yuracarees que de nuevo habían podido ser reunidos en la misión correspondieron a las invitaciones y estímulos de los padres, de hacerse buenos cristianos:

Así mismo con la habilidad que tienen aquellos naturales aprendieron a cantar las divinas alabanzas, así antes como después de la doctrina, tarde y mañana, hasta venir a cantar en solfa por punto y desechar sus antiguos ritos y costumbres de gentilidad, como de cabellera y pinturas raras[346].

El padre Anaya apenas se quedó nueve meses en la misión de la Asunción: salió de ella a finales de abril o comienzos de mayo de 1793 para fundar una segunda misión, a saber entre los yuracarees del río Mamoré. Francisco Buyán se quedó nuevamente solo.

★★★

---

[343] T. Anaya, 1797a, fol. 40r.
[344] T. Anaya, 1797b, fol. 138r.
[345] T. Anaya, 1797b, fol. 138r.
[346] T. Anaya, 1797b, fol. 138r.

Habiéndose enterado de la llegada al Valle de Cliza de los misioneros de España, el padre Buyán escribió al obispo Moscoso para proponerle que la misión de la Asunción fuese asumida por el nuevo colegio:

> para asegurar esta reducción y que en adelante no se pierda, parecíame que era bien que se entregase a los padres de Propaganda para que la mantengan con operarios, porque me recelo que muriendo Useñoría ilustrísima esto se acabó; y será muy doloroso que estando en el estado que está se pierda por falta de operarios. Éstos poco tendrán que trabajar, pues ya se han vencido las mayores dificultades[347].

Buyán sugiere, además, que, en caso de que los nuevos misioneros se hagan cargo de la misión, él puede quedarse todavía un tiempo «en compañía de ellos hasta que se impongan en la lengua de ellos [los yuracarees] y sus modales»[348].

Francisco Buyán comunicó también al obispo Moscoso cómo, de hecho, su trabajo civilizador había tenido éxito:

> Ellos están muy obedientes y se han sujetado al castigo, con el que se han quitado sus pinturas y patrañas; y tienen ya vergüenza del traje antiguo y así los hombres han botado enteramente las chaquiras y procuran vestirse a lo español y tienen los más sus vestidos[349].

El 15 de agosto del año 1796 se celebró en la misión de don Ángel Moscoso de la manera más solemne la fiesta de la patrona del pueblo, Nuestra Señora de la Asunción. Vinieron muchos fieles de las haciendas cocaleras del Palmar, entre ellos el hacendado don Francisco Xavier Gutiérrez y Blanco. Vino también el padre Tomás Anaya de la misión de San José del Coni con un buen grupo de sus feligreses. De hecho, él iba con frecuencia allá para

---

[347] Buyán, 1796, fol. 7r.

[348] Buyán, 1796, fol. 7r.

[349] Buyán, 1796, fol. 7r. Se puede cuestionar si lo que dice Buyán acerca de los vestidos es sincero, ya que, como veremos más adelante (2.12.2.3), Juan Ignacio Pérez, quien en 1799 visitó oficialmente la misión de la Asunción por encargo del intendente gobernador Francisco de Viedma, observó todavía el uso de la vestimenta tradicional.

cooperar a los adelantamientos de la misión de la Asunción y tener más cerca un sacerdote compañero para los casos de confesarse unos a otros y al mismo tiempo estar más cerca de algunos socorros de comestibles que le hacía el padre Buyán, por ser todavía muy escaso en la nueva población y misión de San José[350].

La iglesia y la plaza estaban muy arregladas «con arcos de varias palmas y flores muy vistosas del monte»[351].

Hubo Misa cantada y después procesión solemne, durante la cual se cantaba

el *Avemaría* con mucha armonía y devoción, interpolando los de la escuela con sus motetes por solfa y loas bien largas en castellano; los hombres crecidos haciendo marcha militar, vestidos galanamente, guiados de sus capitanes y regidos de un mulato que de la apostasía y de lo más interior de los montes había sacado con otros negros fugitivos[352].

El caballero Gutiérrez y Blanco quiso

probar el fondo de esta devoción, suplicando se les mandase cantar, bailar y tocar sus flautas a la usanza de su antigua gentilidad; y aunque emprendieron obedientes, a poco rato se avergonzaron y se incorporaron con las tropas que en la puerta de la capilla bailaban y cantaban más dulcemente con violín y muchas de las cantiñas que habían aprendido para la Natividad del Señor[353].

Así recordó el padre Tomás Anaya, a finales de julio de 1797, la fiesta de aquel año. Fue para los dos misioneros un momento culminante en la labor evangelizadora y civilizadora que venían realizando desde que se establecieron nuevamente entre los yuracarees.

---

[350] T. Anaya, 1797b, fol. 139r. En una carta que escribió al obispo Moscoso en septiembre de 1796 dice el padre Francisco Buyán respecto de las visitas del padre Anaya a la misión de la Asunción: «El padre fray Tomás Anaya se mantiene en Coni con los de allá y algunos de Sacta; y por algunas temporadas se viene aquí y logro la ocasión de que enseñe la solfa a los muchachitos que están en la escuela» (Buyán, 1796, fol. 7r).

[351] Buyán, 1796, fol. 140v.

[352] Buyán, 1796, fol. 140v.

[353] Buyán, 1796, fols. 140v-141r.

En cuanto a su progreso espiritual «aquellos neófitos respectivamente así de la Asunción como de San José se hallaban instruidos en materia de religión según sus capacidades, hasta poder cumplir algunos con el precepto anual de confesión y comunión»[354].

Algunos muchachos de la escuela «dormían en un corredor del padre, para cantar al amanecer las divinas alabanzas [y] rezar el texto de la doctrina»[355].

Y la misma escuela que mantenía y dirigía el misionero, no solo era frecuentaban por los niños, sino también por varios adultos: «La escuela establecida era tan gustosa que no solamente los muchachos y algunas muchachas ocurrían a aprender las primeras letras y hablar nuestro idioma castellano, si[no] también algunos casados con grande aprovechamiento»[356].

Varios yuracarees habían aprendido hacer trabajos de artesanía: «Sabían trabajar cucharas, peines y otras maniobras curiosas, con cuyo precio ya se vestían en sus fiestas de cristiandad decentemente a la usanza de los cristianos de afuera»[357]. Había muchachos que aprendían a tocar violín y las muchachas se dedicaban «a hacer gorros para sí y medias para utilizar»[358].

Los adultos «sabían hacer almácigos de cacao, plantar, beneficiar y aun labrar su fruto»[359] bajo dirección del padre Buyán, quien se había especializado en la agricultura:

> Que en el cacagüetal del padre doctrinero había más de mil pies, cosa de quinientos árboles que estaban muy crecidos […] y siempre se tenía gran cuidado [en] hacer almácigos y nuevos plantíos por mano del mismo padre Buyán que, como experto en nuestras misiones de Apolobamba, tenía destreza y acierto en su trabajo. Así mismo enseñaba y alentaba a los indios a que plantasen en sus chacras para sus auxilios en lo sucesivo, como también algunas frutas de estimación, para cuyo aumento instruía frecuentemente a los naturales[360].

---

[354] Buyán, 1796, fols. 139r-139v.
[355] Buyán, 1796, fols. 139v-140r.
[356] Buyán, 1796, fol. 140r.
[357] Buyán, 1796, fol. 139v.
[358] Buyán, 1796, fol. 140r.
[359] Buyán, 1796, fol. 139v.
[360] Buyán, 1796, fols. 140r-140v.

A pesar de todos los esfuerzos orientados a asegurar que la misión produjera lo suficiente para la alimentación de sus habitantes, seguía habiendo cierta escasez, lo que «les obligaba a ir por los montes y ríos a estos neófitos»[361].

2.7.2. Un informe del naturalista Tadeo Haenke[362]

El 16 de mayo de 1796 Tadeo Haenke dirigió al virrey del Río de La Plata, don Pedro de Melo de Portugal, un informe titulado *Descripción geográfica, física e histórica de las montañas habitadas por la nación de indios yuracarees*. En este informe presenta Haenke un buen conjunto de datos sobre la geografía, la flora y la fauna de aquellas montañas. Lo más importante para nuestro estudio es la información que da sobre los mismos yuracarees, porque el texto de Haenke, aunque breve, es el primer documento etnográfico sobre este grupo humano.

Los padres misioneros que han transitado la mayor parte de los terrenos que habita esta nación apenas regulan su número en el de 1.500 almas.

Los hombres son de estatura alta, bien proporcionada, robusta y verdaderamente atlética; se presentan con bizarría e intrepidez a los forasteros; son de color claro, morenos de ojos, de pelo negro y muy aseados, pues se bañan a todas horas del día en los ríos inmediatos, siendo excelentes nadadores. Todo su vestido se reduce a una camiseta áspera y sin mangas, que les llega hasta las rodillas. Es fabricada de corteza de árbol. [...]

Sus armas son el arco y la flecha que manejan con mucha destreza. Fabrican los arcos del tronco de una palma que se llama chonta, de un tamaño y recorte extraordinarios. Desde su niñez es el manejo de estas armas y la pesca su único estudio; y, verdaderamente, fuera de algunos ve-

---

[361] Buyán, 1796, fol. 139v.

[362] Tadeo Haenke nació el 5 de diciembre de 1761 en la ciudad de Kreibitz, en el norte de Bohemia. Hizo sus estudios básicos en el seminario San Wenceslao de la Compañía de Jesús en Praga. Estudió medicina y ciencias naturales en Viena. Entró en servicio de la corona española y en 1789 integró la famosa expedición Malaspina, que le llevó por Filipinas y muchas partes de las Américas. En 1793 abandonó esta expedición en el Callao (Lima), se vino al Alto Perú y se estableció en Cochabamba. Murió en noviembre de 1816 en la hacienda que había arrendado a orillas del río Cotacajes.

getales, la caza y la pesca son el mayor recurso para su manutención. No hay pájaro chico ni grande, ni en el agua pescado por veloz que sea, que no caiga presa de su flecha cuando el indio se empeña en cogerlo. Con el arco y la flecha en la mano no teme ni al tigre ni a la onza, animales muy comunes en estas montañas.

Sus alimentos son la yuca, el plátano, varias frutas silvestres, pescado fresco y seco y algunas aves mayores como las pavas; y si la fortuna les favorece también animales mayores, como las antas, el sari y otros.

Su lujo y sus riquezas son abalorios, espejos, agujas, botones de metal, cuchillos, machetes y otros utensilios de hierro para labrar sus chacras y cortar la madera.

Es costumbre general la de pintarse hombres y mujeres toda la cara, con unas rayas atravesadas de color rojo y negro.

Su ligereza para trepar a la cima de las palmeras de 50 varas castellanas de alto es admirable y ninguna nación en el mundo les ganaría en este ejercicio. Llevan al trepar la económica mira de quitar únicamente las hojas de la punta, a fin de dejar intacto el tronco que sigue brotando hojas el mismo año.

En su estado selvático no reconocen otro gobierno que el de la fuerza, y se casan con tantas mujeres cuantas cada uno puede mantener. [...]

Tienen las ideas de un Ser Supremo y bueno que ellos llaman Tantoco, el cual los libertó de un incendio general que otro ente malo, Simpelete, había suscitado en toda la montaña. Al acercarse una tempestad, se recogen en las casas niños y mujeres, y los hombres se ponen a la puerta armados de arco y flecha, conjurando en voz alta y con expresivos gritos al ente malo del fuego que quiere destruir sus casas y plantaciones. Dicen que después de su muerte pasan en un largo viaje a otros terrenos más felices; y por este motivo, se entierran con el muerto todas sus riquezas, hachas, chaquiras, arcos y flecha.

Los indios neófitos en las misiones de la Asunción y del Coni abandonan poco a poco estas costumbres del gentilismo y veneran a sus misioneros, compartiendo con ellos los frutos de la pesca, de la caza y del cultivo de sus chacras; frecuentando además sin falta todos los actos de nuestra santa fe católica en sus capillas[363].

---

[363] Haenke, 1974 [1796], pp. 154-156.

2.7.3. Construcción de la historia II

Al final de este informe Haenke da la siguiente brevísima historia de la misión de la Asunción:

> El primer misionero que entró a la conquista espiritual de los yuracarees fue el P. Marcos de San José Melendes, recoleto de la orden de San Francisco, que fue el día 25 de julio de 1775. Varios particulares fomentaron al principio esta conquista espiritual; pero más por sus intereses propios en el plantío y consumo de la coca. Esta misión tuvo en un principio sus atrasos y desgracias por falta de auxilio. El año 1776, entró con el citado misionero el R. P. Tomás de Anaya, a quien verdaderamente se debe la mayor parte de las conquistas hechas hasta el día y continuadas después por el P. Francisco Buyán[364].

Tadeo Haenke considera equivocadamente que con la entrada del padre Marcos Melendes en el año 1775 ya se había iniciado la propia reducción de los yuracarees, mientras que, como hemos visto, fue solamente una entrada de exploración. Además, es muy curioso que Haenke no se haya enterado de que el padre Anaya estuvo, en el año 1776, apenas cuatro meses entre los yuracarees y que había retornado a la misión de la Asunción recién en el año 1792. El padre Buyán no fue continuador de la obra supuestamente realizada por el padre Anaya, sino más bien fue el padre Anaya quien acompañó al padre Buyán para reiniciar la obra que en 1788 había sido abandonada por este último.

2.8. EL INICIO DEL COLEGIO DE PROPAGANDA FIDE DE SAN JOSÉ DE TARATA

2.8.1. La llegada de los misioneros españoles

El 23 de abril de 1794 fue nombrado fundador y colectador del nuevo colegio de Propaganda Fide de San José de Tarata el padre Bernardo Ximénez Bejarano, antiguo misionero del colegio de Ocopa en el virreinato del Perú. Medio año después el padre Ximénez ya pre-

---

[364] Haenke, 1974 [1796], pp. 156-157.

sentó una lista de dieciocho frailes colectados para ir con él a las Américas[365]. Esta lista fue aprobada por el Consejo de Indias en diciembre del mismo año 1794. Sin embargo, por motivos desconocidos, este grupo se desintegró completamente y fray Bernardo tuvo que hacer de nuevo su trabajo colectador. Lo hizo con éxito.

El día 14 de agosto del año 1795 salió del puerto de Santa María de Cádiz para el puerto de Montevideo la fragata mercante *El Marte*. Estuvieron a bordo el padre Bernardo Ximénez Bejarano y veinte frailes. He aquí la lista oficial:

Sacerdotes

1. El R. P. Fr. Bernardo Ximénez Bejarano, comisario de esta misión.
2. Presidente Fr. Juan Hernández, predicador y confesor, natural de San Felices, abadía de PP. Benedictinos, jurisdicción de Ciudad Rodrigo, de treinta años de edad, los quince de hábito, que tomó en Santa María de Gracia. Alto, moreno, pelo negro cerrado de barba, una cicatriz sobre la ceja derecha y un lunar sobre la ceja derecha.
3. Fr. Vicente Sabáñez, ex-guardián[366], predicador apostólico y confesor, natural de Zaragoza en Aragón, arzobispado de la misma, de cincuenta y seis años de edad y treinta y nueve de hábito que tomó en Zaragoza. Estatura regular, blanco, calvo y cano, ojos castaños claros y una cicatriz sobre la ceja derecha.
4. Fr. Domingo Real, predicador y confesor, natural de Santa Eulalia de Araño, arzobispado de Santiago, de cuarenta años de edad, los veinte y seis de hábito que tomó en Salamanca. Estatura regular, blanco, pelo cano, ojos castaños y una cicatriz junto al labio inferior.
5. Fr. Juan Benito Fernández, predicador y confesor, natural de Leyro, obispado de Orense, de treinta años de edad, los doce de hábito, que tomó en Villalón. Estatura regular, blanco, pelo y ojos castaños claros, nariz gruesa y una cicatriz en la barba al lado derecho.
6. Fr. Juan García, predicador y confesor, natural de San Salvador de Fuentes, obispado de Oviedo, de veinte y ocho años de edad, los doce de hábito que tomó en Oviedo. Estatura regular, blanco, hoyoso de viruelas, pelo negro rizado, ojos castaños grandes y una cicatriz al lado de la ceja derecha y otra en la barba.

---

[365] Esta lista está reproducida en Berg, 2003, pp.132-134.

[366] Fue elegido guardián del colegio de Propaganda Fide de Nuestra Señora de los Ángeles de Tarija el 16 de abril de 1768.

7. Fr. Francisco Lorda, predicador y confesor, natural de Cinco Olivas, arzobispado de Zaragoza, de veinte y ocho años de edad, los once de hábito que tomó en aquella ciudad. Alto, pálido, hoyoso de viruelas, pelo negro, ojos castaños, nariz larga, poblado de entrecejo.

8. Fr. Francisco de la Cueva, predicador y confesor, natural de Aliaga, arzobispado de Zaragoza, de veinte y seis años de edad, los diez de hábito que tomó en dicha ciudad. Blanco, alto, pelo negro, ojos castaños, nariz gruesa, barbilampiño y una cicatriz en la frente al lado derecho.

9. Fr. Gaspar Alegre, predicador y confesor, natural de Pobo, obispado de Teruel, de veinte y seis años de edad, los diez de hábito, que tomó en Calahorra. Estatura regular, muy hoyoso de viruelas, pelo rubio, ojos garzos, nariz afilada y un lunar al lado izquierdo de la boca.

10. Fr. Pedro Hernández, predicador y confesor, natural de los Hoyos, obispado de Coria, de veinte y seis años de edad, los nueve de hábito que tomó en Santa María de Gracia. Estatura regular, blanco, pelo rubio, ojos pardos, barba partida y una cicatriz en la frente al lado derecho.

11. Fr. Josef Pérez, predicador y confesor, natural de San Miguel de Cabreyra, obispado de Foy, de treinta y un años de edad, los ocho de hábito que tomó en San Antonio de Agrelo. Estatura regular, blanco, pelo y ojos castaños, entradas de calvo, nariz larga, poca barba.

12. Fr. Ramón de Soto, predicador y confesor, natural de Balongo, obispado de Orense, de veinte y cinco años de edad, los nueve de hábito que tomó en Santiago. Alto, blanco, muy hoyoso de viruelas, nariz delgada, pelo y ojos castaños y un lunar en el carrillo derecho.

13. Fr. Alejandro Delgado, predicador y confesor, natural de Zaragoza, arzobispado de la misma, de veinte y cuatro años de edad, los siete de hábito que tomó en San Cristóbal del Partir. Alto, delgado, blanco, poblado de entrecejo, barbilampiño, una cicatriz debajo de la barba al lado izquierdo.

14. Fr. Hilario Coche, predicador y confesor, natural de Torres de Ebro, arzobispado de Zaragoza, de veinte y cuatro años de edad, los siete de hábito, que tomó en Jesús Extramuros de aquella ciudad. Estatura regular, moreno, pelo negro, ojos garzos, barbilampiño, algo poblado de entrecejo, nariz un poco torcida y una cicatriz en el labio superior al lado derecho, oyoso de viruelas.

Diáconos

15. Fr. Ramón Lápido, predicador, natural de Santa María de Ysarma, arzobispado de Santiago, de veinte y tres años de edad y siete de hábito que tomó en aquella ciudad. Estatura regular, blanco, pelo y ojos castaños claros, nariz afilada, barbilampiño, labios befos y algunos lunares en el rostro.

16. Fr. José Boria, predicador, natural de la Villa de Sanpedor, obispado de Vique, de veinte y tres años de edad, los siete de hábito que tomó en Barcelona. Alto, delgado, blanco, pelo rubio, ojos azules, nariz gruesa, una cicatriz sobre el ojo izquierdo y otra en la sien derecha.

17. Fr. Bernardino López Pantoja, predicador, natural de Dos Barrios, arzobispado de Toledo, de veinte y cuatro años de edad, los seis de hábito que tomó en aquella ciudad. Alto, blanco, pelo rubio, ojos castaños grandes, nariz larga, labios befos[367].

Legos

18. Fr. Francisco Prieto Blanco, natural de la ciudad de Río Seco, obispado de Palencia, de cincuenta años de edad y treinta de hábito que tomó en dicha Palencia. Estatura regular, blanco, cerrado de barba, pelo cano, entradas de calvo, nariz larga, ojos castaños, una verruga sobre el labio superior.

19. Fr. Felipe Anaya, natural de Miguel Ibáñez, obispado de Segovia, de veinte y siete años de edad, los cinco de hábito que tomó en aquella ciudad. Alto, delgado, blanco, barbilampiño, pelo castaño claro, ojos garzos y un lunar sobre el labio superior.

20. Fr. Antonio González, natural de Rascofría, arzobispado de Toledo, de treinta años de edad, los cinco de hábito que tomó en Segovia. Estatura regular, largo de cara, blanco, hoyoso de viruelas, cerrado de barba, nariz delgada, un hoyo en la barba y una cicatriz en la frente al lado izquierdo.

21. Fr. Vicente Ralfes, natural de Gandia, arzobispado de Valencia, de treinta y cuatro años de edad, los dos de hábito que tomó en el convento de Santa María de Jesús extramuros de Valencia. Estatura regular, muy hoyoso de viruelas, un hoyo en la barba, poblado de entrecejo, nariz larga y un lunar en el carrillo derecho[368].

---

[367] Es dudoso que los frailes Ramón Lápido y Bernardino López Pantoja fuesen todavía diáconos. De hecho, en su informe sobre las conducciones de los frailes colectados desde sus conventos al puerto de Cádiz, el padre Ximénez les presenta como padres (AGI, Charcas, 561. Certificación de la salida de los frailes del puerto de Cádiz. Conducciones). De José Boria sabemos que no mucho después de su llegada al Valle de Cliza fue enviado a La Plata para concluir allá sus estudios y ser ordenado sacerdote.

[368] AGI, Charcas, 561. Certificación de la salida de los frailes del puerto de Cádiz. En el *Archivum Generale Ordinis Fratrum Minorum* (AGOFM) de Roma se encuentra

Tres de estos fundadores originalmente habían estado destinados a Cuba, a saber: los padres Alejandro Delgado e Hilario Coche y el diácono José Boria. Dijo el padre Ximénez con respecto a ellos: «los tres salieron colectados para La Habana y yo los admití en la misión de mi cargo, satisfaciendo al padre comisario de aquella»[369].

una lista de los frailes que pertenecieron al colegio de Propaganda Fide de Tarata hasta el año 1897: *Schematismus Omnium Patrum Sacerdotum qui a fundatione huius Ap. Colegii S. Josefi Taratae (Bolivia) ad ipsum quoquemodo pertinerunt usque ad annum 1897* (AGOFM SK/145, fols. 112r-115r). Esta lista presenta a los siguientes padres como señalados 'fundadores' del colegio: 1. Alexander Delgado. 2. Bernardus Bejarano. 3. Dominicus Diaz. 4. Dominicus Real. 5. Emmanuel Dominguez. 6. Franciscus Buyan. 7. Franciscus Mendiola. 8. Franciscus Lorda. 9. Franciscus Lacueva. 10. Gaspar Alegre. 11. Hilarius Coche. 12. Ioannes García. 13. Ioannes Fernández. 14. Ioseph Amat. 15. Ioseph Bavia. 16. Petrus Hernández. 17. Raymundus Lapido. 18. Raymundus Soto. 19. Vincentius Esquiros. 20. Vincentius Sabanez. 21. Iosephus Pérez. 22. Laurentius Ramos. Además, se mencionan a dos hermanos legos: Emmanuel Juste y Emmanuel Sañudo. Este *Schematismus* ha sido reproducido por Ferdy Langenbacher en su tesis doctoral (Langenbacher, 2005, pp. 288-292). Observamos lo siguiente: los padres Manuel Domínguez y José Amat se incorporaron en el colegio de Propaganda Fide de Moquegua, respectivamente en 1798 y 1816, y pasaron al colegio de Tarata a finales de la época colonial; Bavia debe ser Boria; Francisco Buyán pertenecía a la provincia de San Antonio de los Charcas y se incorporó en el colegio de Tarata hacia el año 1818; Francisco Mendiola pertenecía ya en el año 1788 al colegio de Propaganda Fide de Tarija; el hermano Manuel Sañudo se incorporó en el colegio de Tarata hacia finales de la época colonial. – En 1918 el padre Wolfgang Priewasser publicó otra lista de fundadores en el *Archivo de la Comisaría Franciscana de Bolivia*: «Estos [los fundadores], según tradición conventual, eran 25, entre ellos 2 Hermanos Legos: Fr. Manuel Sañudo y Felipe Anaya. Los nombres de los sacerdotes, en cuanto [se] puede saber, eran: PP. Alejandro Delgado – Angel José Aguado – Antonio Fermín González – Bernardino López Pantoja – Domingo Real – Francisco Lacueva – N. Mendiola – Gaspar Alegre – Hilario Coche – Juan Benito Froz – Juan Hernández – Juan García – José Boria – José Pérez – Nicolás Álvaro – Pedro Hernández – Ramón Lápido – Ramón Soto –Vicente Esquirós –Vicente Ralfes –Vicente Sabañes – Francisco Lorda. Condujo estos Religiosos como superior, fundador y comisario prefecto de las misiones a fundar o a recibir *el P. Bernardo Jiménez Bejarano*» (Priewasser, 1916-1920, X (118), 1918, pp. 316-317). También aquí ponemos algunas observaciones: Froz es una abreviación de Fernández; Ángel José Aguado y Nicolás Álvaro pertenecían al colegio de Tarija desde 1788 y se incorporaron en el de Tarata hacia finales de la época colonial; Antonio Fermín González no era sacerdote sino hermano lego; N. Mendiola es Francisco Mendiola. Esta segunda lista fue reproducida en Ramírez, 1998, p. 48.

[369] Datos tomados de AGI, Charcas, 561. Certificación de la salida de los frailes del puerto de Cádiz (Conducciones).

Salió también de Cádiz junto con los frailes don Bernardo Mateos Ximénez, sobrino del padre Bernardo Ximénez.

Después de una larga travesía por el Océano Atlántico los frailes llegaron a Montevideo a finales de noviembre o comienzos de diciembre de 1795. A su arribo allá el padre Ximénez visitó al provincial y al guardián de su orden. Debido a dificultades que los franciscanos de Montevideo habían tenido con un grupo de misioneros destinado para Chile, el guardián decidió buscar una casa para el alojamiento de los recién llegados[370].

Uno de los miembros del convento franciscano de Montevideo, el padre Josef Escobar, fue incorporado en el grupo de nuevos misioneros y recibió la patente correspondiente del padre Ximénez[371]. Sin embargo, este padre no figura entre los frailes que más tarde efectivamente llegarían al Valle de Cliza para fundar el colegio de San José de Tarata.

El 29 de diciembre Bernardo Ximénez comisionó desde Montevideo a dos frailes a Buenos Aires para solicitar casa donde podría alojarse el grupo entero. Estos frailes llevaron consigo una carta

---

[370] «Fuera de que la experiencia ha enseñado a los comisarios que, tomando alojamiento en los conventos del tránsito y en los que es preciso hacer alguna mansión se trastorna enteramente el método que les han establecido, así para rezar el oficio divino como para las demás distribuciones de nuestro estado, que son compatibles con la situación en que se hallan, los religiosos colectados salen de los conventos cuando quieren y como quieren sin que los comisarios puedan remediar este desorden que envuelve consecuencias muy perniciosas. Y también porque las asistencias que subministran dichos prelados locales a los misioneros que se alojan en sus conventos no corresponden al diario con que se les acude de las cajas reales. Todos tiran a que les resulte algún interés, y para esto es preciso escasearles muchas de las cosas que necesitan. Así sucedió al último trozo de la misión de Chile que arribó al puerto de Montevideo como dos meses antes que la mía y se alojó en el convento de dicha ciudad; pues por no haberles tratado el guardián como era regular y haber cobrado los cuatro reales que el rey abona cada día por cada uno de los religiosos, se quejaron estos al ministro de hacienda que allí reside; por cuyo motivo, según me contó él mismo, solicitó casa para que se alojase mi misión y para la del colegio de Tarija, que llegó después» (Ximénez, 1796a, fols. 4v-5r).

[371] «y aunque incorporé en la misión de mi cargo [...] al p. predicador general apostólico Fr. Josef Escobar, individuo que era de dicho convento, no se manifestaron sentidos los P.P. R.R., antes bien subscribieron gustosísimos las letras que libré para este efecto al p. Escobar y las dieron el más exacto cumplimiento en cuanto pendió de su parte» (Ximénez, 1796a, fol. 3v).

de Ximénez para el guardián del convento de la observancia, en la cual el comisario prefecto le suplica auxiliarles, «haciendo la solicitud de la casa que les había encargado, como en todo lo demás que se les pudiese ofrecer»[372].

A mediados de enero Bernardo Ximénez y sus frailes llegaron a Buenos Aires y se establecieron en una casa particular. El comisario prefecto se esmeró colectar también allá algún fraile para su misión. De hecho, se integró en el grupo de misioneros el padre Vicente Esquirós, miembro del convento de la recoleta de la provincia de Buenos Aires[373]. Ximénez dio la patente también a un hermano lego del convento de la observancia, fray José Linares, pero sin el consentimiento del guardián de aquel convento, lo que resultó en un vehemente conflicto entre aquel guardián, el padre Pedro de Cueli, y el comisario prefecto, conflicto que fue llevado ante el mismo virrey del Río de La Plata[374]. Al final del informe que el padre Ximénez redactó el 28 de febrero de 1796 sobre este asunto para el virrey Pedro Melo de Portugal y que entregó junto con la documentación pertinente, pide al virrey devolverle «las patentes de los colectados en el caso que V. E. determine sigan conmigo a dicho colegio»[375]. Ya que conocemos los nombres de los frailes que efectivamente han seguido su camino al Alto Perú, se deja entender que el virrey no ha dado permiso a que acompañasen a Ximénez el padre Josef Escobar y el hermano lego Josef Linares, sino solo el padre Vicente Esquirós.

Pero, se incorporó en el grupo de misioneros un laico, don Nicolás Gardet, quien más tarde recibiría el hábito de donado: «Dn. Nicolás Gardet, natural del Ducado de Saboya, avecindado en la América des-

---

[372] Ximénez, 1796a, fol. 4r.

[373] Así se deja entender que el intendente gobernador Francisco de Viedma, en una carta al virrey del Río de La Plata del 10 de abril de 1797, dijo que la misión del padre Ximénez se componía de «veintidós religiosos» (Viedma, 1797k, fol. 5). Existen dos testimonios acerca de la incorporación del padre Esquirós. El primero es del padre Ximénez, aunque no da el nombre de este padre: «La misma conducta [que la del guardián de Montevideo] se observa en el R. P. guardián de esta Santa Recolección, como lo dice la patente con que admití a un súbdito suyo» (Ximénez, 1796a, fol. 3v). El otro testimonio es del mismo padre Esquirós: «habiendo salido de mi provincia de Buenos Aires con el fin de vivir según y conforme el espíritu de las bulas» (Esquirós, 1797a, fol. 28r).

[374] Véanse: Cueli, 1796a, 1796b, 1796c y 1796d; Ximénez, 1796a; Herrera, 1796.

[375] Ximénez, 1796a, fol. 6v.

de el año 1794, e incorporado en la comunidad que vino a fundar este Apostólico colegio con la que vine desde Buenos Aires»[376].

Bernardo Ximénez decidió que salieran de Buenos Aires primero él y cuatro de sus compañeros, para arreglar todo lo necesario en orden al establecimiento de la comunidad y que los otros vinieran más tarde. Debe haber salido de Buenos Aires a comienzos de marzo de 1796[377]. El pequeño grupo pasó por Córdoba, donde el padre Bernardo tuvo un encuentro con el obispo, don Ángel Mariano Moscoso, quien, sin duda, le informó ampliamente sobre la misión de Nuestra Señora de la Asunción y sobre las posibilidades de cristianizar a los yuracarees que se encontraban todavía dispersos. Dice Moscoso, en una carta dirigida al obispo de Santa Cruz del 2 de octubre de 1797, acerca de este encuentro: «Prescindo de ser éste un religioso con quien ejercí a su tránsito por esta capital todos los oficios de la hospitalidad, dándole a más de esto para el viaje de su comitiva aquel fomento que me permitían las necesidades de mi pueblo»[378].

El grupo de cinco frailes, habiendo pasado por Salta y Potosí, llegó el 26 de julio[379] a la ciudad de La Plata, donde el padre Ximénez debía entregar sus patentes a las autoridades de la real audiencia de Charcas[380].

A comienzos de agosto de 1796 llegaron a Cochabamba el padre Ximénez y sus cuatro compañeros. De inmediato empezaron a preocuparse por encontrar un alojamiento que pudiera servir a los frailes por el tiempo que se necesitaría para construir el convento de Tarata. Se les ofreció lo que había sido el colegio de los jesuitas en la misma

---

[376] ACFT, LDC, fol. 24.

[377] El 28 de febrero escribió Ximénez al virrey de Buenos Aires: «y que respecto a que mi marcha debe verificarse el cinco de marzo» (1796a, fol. 6v).

[378] Á. Moscoso, 1797, fol. 12v.

[379] Encontramos este dato en una carta del padre Antonio Comajuncosa OFM dirigida al guardián y discretorio del colegio de Propaganda Fide de Tarija: «Con fecha de 26 de julio de 1796, me avisó el padre procurador fray Nicolás Álvaro, que yendo a visitar al reverendo padre fray Bernardo Ximénez Bejarano, comisario prefecto de misiones del colegio que se iba a fundar en el pueblo de Tarata, que en el mismo día había llegado con otros religiosos a la ciudad de La Plata» (Comajuncosa, 2004 [1803], p. 916).

[380] En una carta, fechada en Buenos Aires el 28 de febrero de 1796, dice Ximénez: «que se me devuelvan las patentes de mi comisión por tenerlas que presentar en la audiencia de Chuquisaca» (Ximénez, 1796a, fol. 6v).

ciudad de Cochabamba, pero ellos no aceptaron esto[381]. Se trasladaron a Tarata para inspeccionar la casa cural que el obispo Ochoa había ofrecido como alojamiento temporal. El padre Ximénez escribe el intendente gobernador Francisco de Viedma:

> llegado que fue a Tarata se satisfizo de sus justos temores, reconoció que la casa del cura ni aun para un número corto de misioneros podía adaptarse por lo reducido de ella y ningunas proporciones a la vida religiosa y por consiguiente era arriesgarse a que, en lugar de hacer una fundación observante a su estrecho instituto, se exponía a que resultare de ella una escandalosa relajación por la libertad en la ninguna sujeción de los religiosos. En estas angustias, informado de tener los padres de S. Agustín en la hacienda de Colpa, distante cinco leguas de Tarata, un convento desocupado con iglesia, coro, celdas, claustro, huerta y otras oficinas proporcionadas al número de misioneros, pasó a reconocerle y halló que con poca obra que se hiciese podía acomodarlos hasta que el de Tarata se pusiese en estado de trasladarse a él[382].

Ximénez Bejarano se entusiasmó con la idea de poder ocupar aquel convento. Dejó en Tarata a dos de sus hermanos, los padres Francisco Lorda y Francisco Lacueva[383], y se dirigió al otro extremo del Valle de

---

[381] En una larga carta que el guardián de Colpa escribió al gobernador Viedma y al provisor de la Vara el 10 de febrero de 1797, quejándose de la situación en que les había puesto el padre Ximénez a los frailes al llevarlos a Colpa, leemos: «si su paternidad hubiera aceptado el colegio de los padres de la Compañía de Cochabamba, como se lo aconsejaron y ofrecieron varios sujetos de distinción, no hubiéramos llegado a estos términos» (J. Hernández, 1797c, fols. 29-30)

[382] Viedma, 1797k, fols. 5-6. El intendente, en su obra *Descripción geográfica y estadística de la Provincia de Santa Cruz de la Sierra*, de 1793, al hablar del curato de Arani, dice: «Una legua de distancia [de Arani] en la hacienda llamada Collpa, propia de los padres de San Agustín, hay un Convento de esta Religión […]; no mantienen más que un Religioso, y sirve a los señores obispos para castigar a los clérigos que cometen algún delito, donde los mandan hacer ejercicios» (Viedma, 1969, p. 79).

[383] A solicitud del guardián del colegio interino de Colpa el párroco de Tarata, don Bernardo José Mariscal, declaró el 4 de enero de 1798 lo siguiente: «habiendo llegado la misión que el rey nuestro señor se dignó conceder para la fundación de dicho colegio a esta mi casa parroquial el día 14 de julio del año de 1796 y, teniendo por conveniente de cogerse interinamente en el convento de los padres agustinos de la hacienda de Colpa mientras levantaban su colegio e iglesia, dispuso el R. P. Fr. Bernardo Ximénez Bejarano, comisario de dicha misión y prelado que lo era entonces, que dichos padres Fr. Francisco Lorda y fray Francisco Lacueva se quedasen en

Cliza. En Arani tomó contacto con el párroco Rafael de la Vara, quien al mismo tiempo era provisor general del obispado de Santa Cruz de la Sierra y, junto con él, retornó a Cochabamba, donde tomaron inmediatamente contacto con el gobernador Viedma, solicitando su colaboración para conseguir el convento de Colpa y pidiéndole «hablase a el R. P. Prior de San Agustín para alcanzar su permiso». Relata Viedma: «Así lo hice por conocer los justos y cristianos designios del padre comisario a tan útil y proporcionado alojamiento consiguiendo de este prelado condescendiese gustoso en franquear el convento por el tiempo que lo necesitaran»[384].

Una vez obtenido el permiso de ocupar con sus frailes el convento de Colpa, el padre Ximénez contrató trabajadores para hacer los arreglos y ampliaciones necesarias.

A comienzos de septiembre del mismo año 1796 llegaron los otros frailes fundadores al Valle de Cliza. El mismo Francisco de Viedma fue a recibirlos: «Pasé a recibir la misión al pueblo de Tarata, luego que tuve noticia de su llegada, haciendo a los religiosos todo aquel aire y honra a que estoy obligado»[385]. Se enteró Viedma de que los vecinos y hacendados del valle, que años antes se habían comprometido ante el obispo Ochoa a colaborar en la construcción del colegio de Propaganda Fide y en el establecimiento de los frailes de aquel colegio, ahora se habían vuelto reacios a prestar ayuda. Por eso, el gobernador mandó que se reuniesen los principales vecinos del pueblo de Tarata para manifestarles su disgusto en presencia de los recién llegados:

> Les hice presente lo mal que habían hecho, tanto en no haber recibido al comisario y sus religiosos con el amor y acatamiento debido, cuanto en la repugnancia de no cumplir sus promesas, dándoles a entender la obligación que todos teníamos de honrar y favorecer a unos ministros del Señor que venían a predicar y sembrar la ley evangélica en el gentilismo de los muchos indios que en esta provincia carecen de su verdadera luz y ellos mismos habían solicitado[386].

esta mi casa parroquial suplicándome los asistiese en todo lo necesario, y que ellos me auxiliarían en lo concerniente al bien espiritual de las almas de esta mi doctrina, como en efecto se verificó» (B. Mariscal, 1798, fol. 30v).

[384] Viedma, 1797k, fol. 6.

[385] Viedma, 1797k, fol. 6.

[386] Viedma, 1797k, fol. 6.

Luego Viedma les obligó a acompañarle para llevar a los frailes a Colpa. Al pasar por el valle de un extremo a otro, es decir de Tarata a Colpa, la comitiva experimentó más bien una atención cálida de parte del clero: «Todo ello se ejecutó con la mayor complacencia, esmerándose los curas de Tarata, Punata y Arani en hospedarlos al tránsito, con el mayor obsequio y distinción»[387].

Antes de regresar a Cochabamba, el gobernador Viedma se reunió en Colpa con toda la nueva comunidad:

> En la mañana que me retiré para regresar a esta ciudad pedí al padre comisario juntase a toda la comunidad donde, sin concurrencia de persona extraña, pudiera advertirles la tierra donde se hallaban, los riesgos a que estaban expuestos si no procuraban con su ejemplo y vida religiosa hacerse amar y respetar del vecindario, borrando en ellos la impresión en que fundaban su resistencia tan escandalosa como detestable a el santo hábito, que no permite la moderación cristiana explicar lo que se hizo; y [lo] ejecuté con la persuasión posible[388].

2.8.2. La definición del territorio misionero

La real cédula del 20 de noviembre de 1792 habla en términos muy generales acerca del terreno misionero que iba a estar a cargo del nuevo colegio. Dice en ella el rey:

> he venido en conceder mi real licencia para que en el pueblo de Tarata se funde un colegio de misioneros de Propaganda Fide de la religión de San Francisco, para la conservación y aumento de las misiones de indios que hay en el obispado de Santa Cruz de la Sierra[389].

Cuando llegaron los franciscanos españoles al Valle de Cliza había tres territorios misioneros en la diócesis de Santa Cruz de la Sierra: el de los chiriguanos en la región llamada Cordillera de la goberna-

---

[387] Viedma, 1797k, fol. 6.
[388] Viedma, 1797k, fols. 7-8.
[389] Carlos IV, 1994 [1792], p. 413. Sin embargo, en la parte de *consideranda* la real cédula habla de «la conservación y aumento de las misiones de indios que hay en dicho obispado y para la conversión a nuestra santa fe católica de los infieles, especialmente de los de la nación yuracarees» (Ibídem, p. 411).

ción de Santa Cruz[390], el de los yuracarees en las llamadas Montañas
de Yuracarees y el de los guarayos en la región entre los territorios de
las antiguas misiones jesuíticas de Mojos y Chiquitos. Por lo que respecta a los chiriguanos, a finales de 1787 Francisco de Viedma había
hecho una visita sorpresiva a las misiones de Cordillera. Se formó una
impresión negativa de las mismas, hallando «demasiado arbitraria la administración temporal» de ellas y en un informe del 13 de enero de
1788 al virrey del Río de La Plata solicitó que esa administración pasase a él. En aquel entonces las autoridades del virreinato no acce-
dieron a su petición. Bernardo Ximénez Bejarano, conociendo el anhelo de Viedma de tener bajo su jurisdicción aquellas misiones, en
carta al gobernador intendente de 16 de agosto de 1796, reclamó las
mismas para el nuevo colegio de Tarata, alegando

> que la real cédula de la fundación de su colegio declaraba que ésta se ha-
> cía para la conservación y aumento de las misiones del obispado de Santa
> Cruz. Luego estaban comprendidas en la intención real las sobredichas
> cuatro misiones de la Cordillera[391].

Sin embargo, en aquel momento el gobernador Viedma no se atrevió a tomar unilateralmente la decisión de entregar las mencionadas
misiones a los frailes de Tarata[392].

---

[390] Las cuatro misiones de la llamada Cordillera de los Sauces eran las de Piraí,
Abapó, Cabezas y Florida. En 1680 los jesuitas iniciaron una misión en Piraí, pero
ésta debió ser abandonada pronto por amenazas de parte de indios rebeldes. El sacerdote diocesano Lorenzo Ortiz fundó en Piraí una nueva misión el 10 de mayo de
1763 y le dio el nombre de Nuestra Señora de la Asunción del Piraí. Después de la
muerte de este presbítero en 1772 la misión fue entregada a los franciscanos del colegio de Propaganda Fide de Tarija. En el año 1690 los jesuitas fundaron una misión
en Abapó con el título de la Presentación de Nuestra Señora. Esta misión fue abandonada en el año 1696. En el año 1770 el hermano Francisco del Pilar del colegio
de Tarija fundó en Abapó una nueva misión, la cual bautizó con el nombre de
Santísima Trinidad de Abapó. La misión de Nuestra Señora del Carmen de Cabezas
fue fundada por el presbítero Melchor José Mariscal en 1769 y fue entregada a los
padres del colegio de Tarija en diciembre de 1772. Finalmente, la misión de Nuestra
Señora del Pilar de la Florida fue fundada en el año 1781 por los frailes del mismo
colegio de Propaganda Fide de Nuestra Señora de los Ángeles de Tarija.
[391] Carta citada en Priewasser, 1916-1920, VIII (90), 1916, p. 303.
[392] En carta de 14 de enero de 1797 el padre Bernardo repitió el reclamo. Sin
embargo, más tarde, habiéndose enterado de que las críticas que había lanzado el go-

En cuanto a las misiones de yuracarees, la situación en aquel agosto de 1796 era relativamente compleja. Estaba en primer lugar la misión de la Asunción, que pertenecía a la jurisdicción del obispo de Santa Cruz de la Sierra, pero que, al mismo tiempo, era casi una propiedad privada del obispo de Córdoba del Tucumán, don Ángel Mariano Moscoso. La misión de San José del río Coni, fundada por el padre Tomás Anaya, tenía apenas un año de existencia. La tercera misión, la del Mamoré, promovida por Francisco de Viedma, pero aun insignificante por el muy pequeño número de familias yuracarees que se habían reunido en aquel lugar, no había llegado a ser todavía lo que Viedma esperaba. Es más, el presbítero Velasco, habiéndose enterado de la llegada de frailes del nuevo colegio de Propaganda Fide, solicitó al gobernador intendente

> que le exonerase de un peso que le era insoportable a sus intereses y salud, manifestando que su oferta y obligación (con el gobierno) tenía cumplido con haber puesto la reducción en el pie y estado en que se hallaba, invirtiendo en ella 11.600 pesos $2^{1/2}$ reales; que tenía arruinada su casa y que su salud aniquilada no le daba aliento para poder continuar una obra que había abrazado de todo su corazón; que habían llegado ya los PP. del colegio de Tarata, a cuyo cargo correspondía la continuación de ella[393].

Según Miguel Zamora, ex-gobernador de Mojos, debido al fracaso de establecer una misión sólida y grande, al «caballero intendente, sin mies en que emplearse y con no poca amargura en el corazón, le ocupaba la tristeza, cuando por su fortuna llegaron por entonces los misioneros de España, destinados a establecer el colegio de Tarata»[394]. Había una cuarta misión, la de San Carlos, en la cercanía del pueblo de los Santos Desposorios de Buena Vista, fundada en 1791 por un sacerdote diocesano de Santa Cruz de la Sierra[395].

---

bernador Viedma contra los padres del colegio de Tarija, en relación con la administración de esas misiones, no eran del todo fundadas, Bernardo Ximénez no quiso entrar en problemas con sus hermanos de aquel colegio e hizo «renuncia de sus pretensiones por las cuatro reducciones». Ver Priewasser, 1916, 90, p. 303.

[393] Viedma, 1797, p. 379.
[394] Zamora, 1805b, fol. 216r.
[395] De ella que me ocupo en van den Berg, 2009.

Como podemos entender del relato que Francisco de Viedma dio de la recepción de los nuevos misioneros, en sus conversaciones con el padre Ximénez él habló principalmente de la misión de San José del Coni:

> En los días que me ocupé en este recibimiento traté con el referido padre comisario sobre la entrada a las Montañas de Yuracarees para que se encargase de la misión de San José del Coni, que corría a cargo del padre fray Tomás del Sacramento Anaya, cuyo objeto fue el de mi principal atención, luego que se me presentó en Cochabamba; y quedamos de acuerdo lo pondría en ejecución establecidos que fuesen los religiosos y arregladas las cosas del colegio[396].

Al comienzo del diario que el padre Ximénez redactó de la primera entrada que realizó en los meses septiembre, octubre y noviembre del año 1796, habla él también de la entrega de la misión de San José al colegio. Además, indica que iba a dejar a uno de los misioneros en la misión de la Asunción:

> y los padres que debían acompañar al reverendo padre comisario en esta expedición eran el padre fray Pedro Hernández, fray Hilario Coche, fray Domingo Real, fray José Pérez y fray Vicente Esquirós, todos individuos de este colegio. Los tres últimos con el objeto de poner uno en la conversión de la Asunta para que en compañero del padre fray Francisco Buyán, su principal conversor, destinado por el ilustrísimo señor obispo del Tucumán que la fundó y sostiene hasta el presente, le ayudase en la instrucción y enseñanza de los infieles y él se hiciese capaz de su dialecto y modo de gobernarlos. Los otros dos para que quedasen con todo el manejo de la misión de San José del Coni que de orden del señor intendente debía entregar su conversor el padre Anaya al reverendo padre comisario como perteneciente a su colegio[397].

Ya que el padre Ximénez, como veremos más adelante, en su primera entrada de septiembre del mismo año 1796 viajó hasta la distante misión del Mamoré, podemos suponer que el gobernador Viedma le había sugerido ver la posibilidad de encargarse en el futuro también de aquella misión.

---

[396] Viedma, 1797k, fol. 8.
[397] Ximénez, 1796b, fols. 122r-122v.

Está claro que el comisario Ximénez quiso entrar cuanto antes en el terreno de su acción misionera, porque, apenas establecida su comunidad en Colpa, empezó a hacer los preparativos.

2.8.3. Nombramiento del primer guardián y del discretorio

Por otro lado, el padre Bernardo parece no haber tenido tanta prisa en organizar canónicamente la comunidad de Colpa. Sin embargo, al caer enfermo, temiendo por su vida decidió nombrar al primer guardián y al primer discretorio.

Antes de su viaje fue asaltado de una indisposición que le obligó a hacer cama y sangrarse. Confundido con los temores de que tal vez podía morir en la montaña, respecto a considerar sus fuerzas débiles a resistir los muchos trabajos que iba a pasar, quiso ante todas cosas dejar el colegio en estado de que no pudiese tener alteración ni discordia, si Dios disponía de su vida, creando guardián y discretos, en conformidad de las facultades concedidas por su reverendísimo prelado y autorizadas por el Real y Supremo Consejo de las Indias, no obstante de haber dejado a su voluntad para cuando le pareciere más conveniente esta creación[398].

Nombró el padre Ximénez como guardián a

su más predilecto y amado fray Juan Hernández, presidente que fue de la misión en todo el viaje; y de discretos aquellos religiosos de la satisfacción de éste, por haberle ganado la voluntad en lo bien que se comportó en este encargo; y en repetidas palabras que le dijo de que jamás se desviaría de sus justos designios, ni le faltaría en cosa alguna[399].

Los primeros discretos fueron: Vicente Sabáñez, Juan Benito Fernández, Francisco Lorda y Francisco Lacueva.

---

[398] Viedma, 1797k, fol. 8.
[399] Viedma, 1797k, fol. 9.

2.9. La primera entrada misionera de los frailes del nuevo colegio y la suerte del padre Francisco Buyán

2.9.1. Bernardo Ximénez Bejarano visita la misión de la Asunción

El padre Ximénez se recuperó bastante rápido de su enfermedad y decidió no postergar más la primera entrada misionera de los frailes del nuevo colegio

> para dar cuanto antes principio a la gran obra de la viña del Señor, a la propagación del Evangelio. La inmediata estación de las aguas y las inevitables incomodidades en estos desiertos de las montañas de los Andes por meses de lluvias no eran suficientes motivos para que su fervor y celo dilatase esta empresa para el año siguiente[400].

Salió de Colpa el día 17 de septiembre de 1796, llevando consigo a los padres Pedro Hernández, Hilario Coche, Domingo Real, José Pérez y Vicente Esquirós, y a su sobrino Bernardo Mateos. Desde Tiraque, a donde llegaron el primer día, continuaron el viaje «con 18 peones y 13 mulas cargadas de víveres y otros efectos necesarios para la manutención de las citadas misiones y la prosecución de nuestro viaje»[401].

El día 21 de septiembre llegaron hasta el río San Mateo y el 22 hasta la hacienda la Cumbrecilla, donde permanecieron hasta el día 26. Fue allá donde tuvieron el primer encuentro con el padre Francisco Buyán quien había venido a ese paraje con un grupo de yuracarees para la fiesta de la Merced.

> En este mismo paraje encontramos a varios indios de la misión de la Asunción y entre ellos unos diez o doce muchachos que con el motivo de celebrar en la Palma la fiesta de Nuestra Señora de las Mercedes fueron a solemnizarla con sus cánticos verdaderamente armoniosos y más tiernos, si bien se reflexiona, que los que con su pompa y magnificencia especial tributan al Altísimo las grandes iglesias catedrales.
>
> Pues a la verdad, por proceder estas alabanzas de la voz de unos infantes que, pocos años ha, ellos y sus padres estaban sumergidos en las tinieblas de la muerte y en posesión del demonio nuestro contrario, serían

---

[400] Ximénez, 1796b, fol. 122r.
[401] Ximénez, 1796b, fol. 123r.

más gratas a su Divina Majestad, pues de la boca de estos niños sin duda, como dice el real profeta[402], perfecciona el Señor su alabanza, a pesar de sus enemigos, para destruir con particular eficacia al mismo demonio, bajo cuyo tirano dominio había permanecido su ascendencia por tantos siglos[403].

El día 26 de septiembre prosiguieron el padre Bernardo y sus compañeros el viaje de entrada, junto con el padre Buyán y, pasando por la hacienda de Itirapampa, propiedad de don Ángel Mariano Moscoso, llegaron ese mismo día a la misión de la Asunción. «Los indios nos recibieron con las demostraciones más vivas de gusto y alegría»[404]. Francisco Buyán hizo lo posible para atender de la mejor manera el numeroso grupo de personas que llegó a su misión:

> Procuré hospedarlos y asistirlos en el modo posible, que no estaba nada desprevenido; y así pude atenderles en todo lo que se les ofreció a una comitiva de veinte y cinco o treinta individuos con más de dos piaras de mulas detenidas ocho días[405].

Según estaba previsto, el padre Ximénez dejó a uno de sus acompañantes en la Asunta, a saber el padre Domingo Real. Por otro lado, según afirmación de Francisco Buyán, el padre Ximénez le invitó a incorporarse en el colegio de Propaganda Fide de Tarata: «y me propuso el que me agregase a su colegio, para lo que pedí tiempo para mi resolución»[406]. Sin embargo, tal incorporación por entonces no se efectuó.

El día 30 de septiembre los padres Ximénez, Esquirós, Pérez, Hernández y Coche prosiguieron su viaje hacia las otras misiones que existían por entonces en las Montañas de Yuracarees.

---

[402] Salmo 8, 3: «Ensalzaré tu majestad por encima del cielo con la boca de un niño de pecho».

[403] Ximénez, 1796b, fols. 124v-125r.

[404] Ximénez, 1796b, fols. 125r-125v.

[405] Buyán, 1797c, fol. 8r.

[406] Buyán, 1797c, fol. 8v.

2.9.2. Controversias entre los padres Buyán y Real

Poco después de que el padre Real se hubo establecido en la misión de la Asunción, quedó claro que el padre Buyán no podía congeniar con él: «conocí y experimenté la violencia de su genio que era moralmente imposible el mantenerme en paz»[407].

El padre Tomás Anaya, quien se encontraba todavía en la región cuando los padres Buyán y Real vivían juntos en la Asunción, dio el siguiente comentario sobre la situación que reinaba en aquella misión, diciendo

> que tuvo noticias ya en los cocales del Palmar que dicho padre Real había emprendido[408] contra el padre Buyán algunas imposturas [...] y que los muchachos de escuela especialmente andaban fugitivos del pueblo, lo que confrontaba con haber visto de paso que dicho padre Real fue a la escuela una vez hacer leer, o ayudar a enseñar, y volvió luego sentido de que los muchachos no le seguían su pronunciación, ni atinaban a entenderle su velocidad, con lo que se retiraron también los muchachos, con pesar del referido padre Buyán[409].

Mucha gente abandonó la misión, debido al mal trato que les daba el padre Real: «la gente, viendo su cólera y arrebatos, amedrentados se retiraron, porque no estaban acostumbrados a ver semejante manejo»[410].

Francisco Buyán decidió dejar la misión en manos del padre Real y retornar a su convento de Cochabamba: «y porque no me culpasen alguna deterioridad en la misión, me resolví el entregar el pueblo y lo demás que había en la sacristía por memoria firmada de los dos»[411]. El 2 de diciembre de 1796 el padre Francisco Buyán, que de 1784 a 1788 y desde el año 1792 había atendido la misión de la Asunción y

---

[407] Buyán, 1797c, fol. 8v.

[408] Se lee «aprehendido»; enmiendo.

[409] T. Anaya, 1797b, fol. 141r. Añade el padre Anaya lo siguiente: «Que el dicho padre Real entre su grande religiosidad manifestaba un genio acre, y se confirmó al oír el declarante a los mismos reverendos padres de su colegio que ninguno se animaba a ir a acompañarle en caso de ofrecerse ir a fomentar la misión» (Ibídem, fols. 141r-141v).

[410] Buyán, 1797c, fol. 8v.

[411] Buyán, 1797c, fol. 8v.

que tanto se había identificado con ella, la abandonó. Fue testigo del drama Bento Rodrigues, quien también había llegado a tener cariño por aquella reducción:

> mas viendo que el recientemente colocado, manifestando un genio extraño del primero, tomó otro método el pueblo, pues ya se desagradaron los neófitos; y viendo el reverendo Buyán el mal anuncio de su conversión, la desamparó, enteramente lastimoso de su estado[412].

Al llegar a Cochabamba, Francisco Buyán encontró una carta del obispo Moscoso, que parece una respuesta a su carta del 10 de septiembre, en la cual había sugerido entregar la misión de la Asunción a los padres de Propaganda Fide. Moscoso se opone en esta carta claramente a esta idea: «Y habiendo salido a esta ciudad me hallé con una carta de Useñoría ilustrísima en manos del señor Asesor en la que me encarga Useñoría ilustrísima que no desampare la reducción»[413]. En su respuesta a esta carta del obispo, Buyán confiesa que le hubiera gustado poder seguir trabajando con los yuracarees, pero que la presencia del padre Real en la misión le hizo imposible continuar en ella: «mi ánimo fue ese, pero veo que no podía yo estar con el padre sino que ellos prosigan en ella; y Dios quiera que no se pierda nuestro trabajo, sino que antes se vean los progresos que prometen en ella»[414]. Hace en esta carta también una referencia a la invitación que le hizo el padre Ximénez de integrarse en el colegio: «yo no [me he] resuelto, sino que me he quedado en esta Recoleta a esperar la muerte que creo no tardará mucho»[415].

2.10. LA MISIÓN DE LA ASUNCIÓN A CARGO DE LOS PADRES DEL COLEGIO DE TARATA

Para el padre Domingo Real, hombre inexperto en cuanto a la conducción y construcción de una misión, la labor para la cual aho-

---

[412] Rodrigues, 1798, fols. 144v-145r.

[413] Buyán, 1797b, fol. 7v.

[414] Buyán, 1797c, fol. 7v.

[415] Buyán, 1797c, fol. 7v. Todavía en mayo de 1797 expresó Francisco Buyán este mismo estado de ánimo, al escribir a su protector Ángel Mariano Moscoso: «Me retiré a esta Recoleta, donde subsisto, dispuesto a cuanto venga» (Buyán, 1797c, fol. 8v).

ra se encontraba solo debe haber resultado frustrante. Se veía obligado a imponerse a los yuracarees reunidos allá, pero faltándole la debida táctica y paciencia para hacerse respetar y obtener la sumisión de los neófitos, recurrió a métodos drásticos y esto resultó ser totalmente contraproducente.

A Francisco Buyán le llegaron noticias del estado de la misión de la Asunción, probablemente de parte del padre Tomás Anaya, que a comienzos de enero de 1797 había venido también a Cochabamba y que se había establecido a su vez en el convento de la Recoleta. Además, Buyán se enteró de los comentarios que el padre Real había hecho por carta al comisario prefecto Ximénez sobre su persona y la actitud que este último había tomado:

> Apenas volví las espaldas de la misión que Useñoría ilustrísima puso a mi cuidado, cuando el compañero que me dejaron, como fiera devoradora procuró tratar con todo rigor a los pobres indios, quien[es] hostigados de su atropellamiento y crueldad se remontaron. Y por que no le culpen a él el retiro de los indios, escribe una carta al padre Bejarano en que deja el honor mío lastimado, pues tratándome de perverso dice que yo, a tiempo de salirme, induje a los indios para que no le obedecieran en nada. Y a continuación de la carta pasa un oficio del padre comisario al señor intendente, quien manda que pase inmediatamente al alcalde, que lo es el sobrino de dicho padre comisario, a prender a un yuracaré de catorce años poco más o menos, a quien lo crié con mucho cuidado y lo tuve muy adelantado en todo lo que era de su obligación. [...]. Desde luego han sido y son para mí sensibles sobremanera semejantes calumnias llenas de falsedad y de injusticia sin temer a Dios que es el juez, testigo de mi causa[416].

Algunos testigos de estas actitudes del padre Real dieron sus comentarios al respecto. Antonio Molina, un mestizo de Porongo, que a la sazón vivía en la Asunta, dijo que «el padre Real era más cruel con los indios y por este motivo se huyeron al monte todos»[417]. Y el negro portugués Juan Santos que vivía en la colonia de la Palma «oyó decir a los indios que se irían al monte, porque el padre era malo, que mucho azota»[418].

---

[416] Buyán, 1797c, fols. 10v-11r.
[417] Molina, 1799, fol. 63r.
[418] J. Santos, 1799, fol. 65r.

Conocemos solamente un pequeño testimonio del mismo padre Domingo Real acerca de su experiencia con los yuracarees de la misión de la Asunción. Lo encontramos en una carta que él escribió al padre Bernardo Ximénez, probablemente en el mismo año 1797:

> Nada bueno experimenté de los indios que desprecios, burlas y afrentas. Yo tenía que traer el agua y la leña a cuestas y esta me la hurtaban para mayor desprecio. Me ví tan desconsolado que muchas veces me ha pesado el haber aceptado semejante desamparo[419].

Cuando en mayo de 1797 el padre Bernardo Ximénez visitó por segunda vez la misión de la Asunta y vio que el padre Real se había quedado con muy pocos yuracarees y que difícilmente podría seguir dirigiéndoles, decidió llevarlo consigo a la misión de San José del Coni. Desde allá mandó al padre Vicente Esquirós para que éste se hiciese cargo de la Asunta.

Durante la permanencia del padre Esquirós en esta misión otro grupo de yuracarees la abandonó y se estableció en un lugar llamado Sesesama: «En el sitio de Sesesama camino de dicho Isiboro hay cosa de diez personas, algunos de ellos cristianos, que se huyeron de la misión de la Asunta [...], en tiempo que estaba hecho cargo de ella fray Vicente Esquirós»[420].

El padre Esquirós se quedó solo cuatro meses en la Asunción. Dejó la misión a finales de septiembre o comienzos de octubre y se fue a Cochabamba. Debió haber recibido noticias de la permanencia allá del padre predicador apostólico Zacarías Ortiz, miembro del colegio de Propaganda Fide de Moquegua[421], quien había venido para reclu-

---

[419] Este trozo de carta es citado en Priewasser, 1919, 128, p. 404.

[420] Pérez, 1998 [1799], p. 78.

[421] El colegio de Moquegua fue fundado por real decreto del 20 de enero de 1795 y el primer discretorio se estableció el 24 de diciembre del mismo año. El pequeño grupo de frailes que constituyó este colegio estuvo formado por miembros del colegio de Tarija. Uno de ellos, el padre Tadeo Ocampo, fue el primer colectador y salió de España con veintitrés religiosos el 18 de octubre de 1796. Su viaje a Moquegua duró nada menos que dos años: llegaron allá el 8 de octubre de 1798 (ver Domínguez, 1955, pp. 97-102). Sabiendo el discretorio de Moquegua que había llegado un buen grupo de frailes misioneros al Valle de Cliza y no teniendo noticias acerca de la suerte del grupo que dirigía el padre Ocampo, comisionó al padre Ortiz para que consiguiese algunos miembros del colegio interino de Colpa para Moquegua.

tar frailes para aquel colegio. Cuatro miembros de la comunidad de Colpa se ofrecieron: Juan García, Ramón Lápido, Vicente Esquirós y Pedro Hernández. A mediados de octubre de 1797 Vicente Esquirós escribió dos cartas, una dirigida al discretorio de Colpa, en la cual pide su desincorporación[422], la otra dirigida al discretorio del colegio de Moquegua, por medio de la cual pide su incorporación en aquel colegio.

Las solicitudes del padre Esquirós no fueron atendidas. Solo los padres Juan García y Ramón Lápido pasaron al colegio de Moquegua, aunque condicionalmente[423].

Es posible que el comisario Ximénez pensase entonces encargar la dirección de esta misión al padre Pedro Hernández, a quien había sacado de la misión de San Francisco del Mamoré en febrero de aquel año y quien, después de haber estado medio año en la misión de San José, había retornado al convento de Colpa, pero el padre Hernández se disculpó[424]. Como sea, en lugar del padre Esquirós se hizo cargo de la misión el padre José Pérez. El trato duro que dio a los yuracarees que se habían quedado allá causó la fuga de otro grupo. El indio principal José Mariano Cilindango sufrió «la afrenta pública que recibió de los azotes que le mandó dar fray José Pérez […] que en aquel tiempo y en ausencia del padre Buyán corrió algunos meses con esta

El padre Ortiz había sido miembro del colegio de Tarija y había sido misionero entre los chiriguanos, concretamente en Piray y Tayarenda (ver *Guía* 1994, núms. 520, 536, 541 y 549).

[422] Ver Esquirós, 1797a.

[423] En su sesión del 18 de octubre de 1797 el discretorio les dio licencia «para que puedan pasar al colegio de Propaganda Fide de Moquegua y permanecer en él con la calidad de *por ahora* hasta tanto que nuestro reverendísimo padre comisario general de Indias, a quien se dará cuenta, determine lo que mejor le pareciere en el particular, a cuya determinación deberán acomodarse en cualquier tiempo, con la precisa condición de que aquel colegio quede obligado a conducir a dichos padres a éste, en caso que N. Rmo. determine su regreso» (ACFT, LDC, p. 3).

[424] Se podría sacar esta conclusión de un informe del padre Francisco Lacueva en el que se dice lo siguiente: «Por otra parte me consta que el P. comisario, por el mes de octubre, tenía dada orden al dicho P. Fr. Pedro para que se fuese con él hacia las partes de la conversión de la Asunta, como se colige claramente de una carta que el dicho padre Fr. Pedro escribió al padre comisario desde Cochabamba, me parece que el 15 de octubre, y que yo mismo vi en poder del P. comisario, en la que dicho P. Fr. Pedro se excusa de entrar a donde estaba el padre comisario esperándole, como él mismo se lo había mandado» (Lacueva, 1798, fol. 22r).

misión»[425]. José Mariano, para vengarse, quiso matar a flechazos al padre Pérez, «lo cual hubiera sin duda ejecutado a no habérselo impedido varios indios de esta misión»[426]. Pero se fugó con sus familiares. En febrero del año 1798 José Pérez abandonó la Asunta y volvió a la misión de San José.

2.11. ÁNGEL MARIANO MOSCOSO SE ESFUERZA POR EL RETORNO DEL PADRE FRANCISCO BUYÁN

Después de su retorno a Cochabamba, el padre Francisco Buyán mandó dos cartas al obispo Moscoso. En la primera, muy breve, fechada el 15 de enero de 1797, acusa recibo de la carta que Moscoso le había mandado para encargarle no desamparar la misión de la Asunción. Retoma en esta carta el tema de la conveniencia de la entrega de la misión a los padres del colegio de Propaganda Fide: «A Useñoría ilustrísima lo he propuesto así muchas veces[427], que ahora estará la más asistida de más operarios. Y el padre Anaya[428] les dirá el manejo que deben tener para mantenerla, así esa como las demás de que se han hecho cargo»[429].

A esta carta Buyán, a su pesar, no recibe respuesta y lo manifiesta al comienzo de la segunda carta que escribe a Moscoso, fechada el 15 de mayo de 1797:

Consternado me ha tenido la privanza de sus noticias y favorecidas órdenes en el espacio de seis meses que carezco de ellas; y más ofreciéndoseme mucho asunto que poderle comunicar digno de todo mérito, que referiré para que Useñoría ilustrísima se inteligencie[430].

---

[425] Pérez, 1998 [1799], p. 36.

[426] Pérez, 1998 [1799], p. 37.

[427] Solamente conocemos una carta de Buyán en que hace esta propuesta, a saber la del 10 de septiembre de 1796 (Buyán, 1796).

[428] En esta misma carta Francisco Buyán comunica al obispo Moscoso que el padre Anaya se ha incorporado en el colegio: «El padre fray Tomás Anaya se ha incorporado con ellos» (Buyán, 1797b, fol. 7v).

[429] Buyán, 1797b, fol. 7v. Podemos entender de esta observación que Buyán no estaba en contra de la presencia de los frailes de Propaganda Fide en la misión de la Asunción, sino solo de la del padre Domingo Real, con quien había tenido él una experiencia tan negativa.

[430] Buyán, 1797c, fol. 8r.

A esta segunda carta, por lo que sepamos, el padre Buyán tampoco recibió respuesta. Sin embargo, no podemos sacar de esta ausencia de contestaciones a las cartas de Buyán la conclusión de que el obispo se hubiese distanciado de su protegido. Todo lo contrario, le entristeció grandemente que el padre Francisco se hubiera visto obligado retornar a su convento. Todavía en una carta al virrey de Buenos Aires del 19 de febrero de 1799 manifestó el disgusto que había tenido con respecto al curso que habían tomado las cosas en su misión desde que se habían presentado los padres de Propaganda:

> Todas [las noticias] concurrían a persuadirme que, molestado el P. Fr. Francisco Buyán del orden de San Francisco, antiguo conversor de este pueblo, con las continuas vejaciones del religioso que con título de compañero le dejó el comisario; y intimidado con la plenitud de facultades sobre esta misión, de que astutamente hizo el mismo Bejarano una magnífica aunque falsa ostentación, lo había abandonado retirándose al convento de Cochabamba[431].

Ángel Moscoso, por su parte, de ninguna manera estaba dispuesto a entregar su misión a los padres del nuevo colegio de Propaganda Fide. Más bien decidió hacer todo lo posible para que retornara el padre Francisco Buyán a la Asunción. Para esto necesitaba la colaboración del obispo de Santa Cruz, Manuel Nicolás de Rojas, quien, sin embargo, durante muchos meses del año 1797 estuvo ausente de su diócesis. Recién a comienzos de octubre de aquel año Moscoso pudo tomar contacto con él: el 2 de octubre le escribió una extensa carta, en la cual le relata lo que había hecho a lo largo de muchos años en favor de la cristianización y civilización de los yuracarees. Comenta «los desacatos que ha cometido el comisario Bejarano» y solicita la colaboración de su colega para que el padre Buyán sea restituido como misionero en la misión de la Asunción.

> La voz pública y algunos sucesos sin duda habrán informado anticipadamente a Useñoría ilustrísima la constante aplicación con que por espacio de veinte y dos años he sostenido la reducción de Yuracarees y logrado su creación a pesar de graves dificultades y aun superiores a las que comúnmente acompañan a los establecimientos de esta clase. En efecto,

---

[431] Á. Moscoso, 1799a, fols. 146r-146v.

unidos al motivo de religión los que naturalmente engendra el título de fundador, ha sido para mí esta misión, si no el objeto preferente de mi pastoral solicitud, a lo menos el más tierno de mi paternal inclinación. Prevenido a su favor con tan recomendables respetos, nada he omitido de cuanto podía contribuir a su adelantamiento en su ser físico, político y moral. A expensas de crecidos gastos y de no pocas fatigas personales tuve la sólida complacencia de verla situada en un lugar ventajoso, así por su fertilidad, como por su analogía con la índole y temperamento de sus pobladores. Considerando que sin un fondo de subsistencia capaz de subvenir cuando menos a sus primeras necesidades no podía prometerse este establecimiento una permanencia durable, verifiqué en su terreno el proyecto inesperado de un plantío de cacao, cuyos nobles frutos han dado ya a conocer lo acertado del pensamiento y que nada puede temerse para recelar que con su abrigo hayan de experimentarse los tristes efectos de la indigencia. Al mismo tiempo que bonificaba aquel terreno, me fue también preciso echar con los ánimos de estos infieles las primeras semillas de la vida social, haciendo percibiesen la dignidad del hombre, las ventajas del orden y las delicias de su recíproca protección. Todo esto iba enderezando, como ya advierte Useñoría ilustrísima, a que mejor se radicase en ellos el conocimiento de esa sublime religión que no puede desechar un espíritu cultivado y sin la que será siempre en vano buscar felicidad. Yo mismo ejercí funciones sobre el catecismo y reducción de estos indios; pero siendo incompatible este cargo con el de párroco de la doctrina de Tarata y el de provisor de ese obispado, me fue forzoso buscar sujetos de calidades en quienes depositar mi confianza entregándoles esta reducción. Del padre fray Francisco Buyán del orden de San Francisco es de quien últimamente me valí y el que me ha parecido muy a propósito, pues a más de concurrir en él la instrucción necesaria y un carácter de suavidad cual exigía una obra en que la paciencia debía ser la virtud maestra que diese el incremento, esperaba que con su vida irreprensible animaría su enseñanza y formaría unos documentos prácticos, mucho más persuasivos que los que puede establecer la palabra. No me engañé en la elección de este sujeto: su diuturna asistencia y su infatigable celo hicieron que en breve recogiese las primicias de este digno operario. La misión de Yuracarees quedó formada; establecido el culto público; instruidos muchos indios, e iniciados otros en el conocimiento de los misterios, reformadas sus costumbres, afianzada la subordinación y ordenadas las ocupaciones en que debían entretenerse.

Siendo forzoso alejarme a estas distancias a ocupar la silla episcopal de este obispado del Tucumán y queriendo asegurar en la misión la permanencia de conversores que con esmero desempeñasen el ministerio, destiné ochocientos pesos anuales para su salario y dotación; los mismos que se le han estado contribuyendo hasta estos últimos tiempos al padre Buyán[432].

Después de haber dado al obispo de Santa Cruz su impresión personal acerca de la actuación del padre Ximénez con respecto a su misión, Moscoso presenta el siguiente remedio para curar las heridas que se han infligido a la Asunción:

El remedio que reputo por inexcusable en las presentes circunstancias, es que el comisario Bejarano retire inmediatamente de la reducción de Yuracarees al religioso que actualmente se halle en ella, dejando libre este puesto para que se restituya el padre Buyán y recupere las funciones de que ha sido despojado»[433].

Y añade todavía a esto el obispo Moscoso:

A este fin he dirigido el oficio que abierto incluyo a Useñoría ilustrísima para el comisario, prometiéndome la satisfacción de que sirviéndose Useñoría ilustrísima apoyar esta mi resolución, se lo pasará y de este modo veremos desagraviados nuestros derechos[434].

El 3 de octubre el obispo Moscoso escribió una segunda carta[435] a su colega de Santa Cruz de la Sierra, en la cual le pide tomar personalmente contacto con el padre Buyán y ver también la posibilidad de encontrar a un sacerdote que estuviera dispuesto a ser compañero del mismo en la misión de la Asunción.

El 14 de noviembre de 1797, en Tarata, el obispo de Santa Cruz contestó la carta de Ángel Moscoso. Habla primero del contacto que había tenido con el padre Francisco Buyán:

He tratado verbalmente con el padre fray Francisco Buyán, que ha venido a verme a este pueblo, esforzando cuanto he podido su timidez, como Useñoría ilustrísima me pide, para que cuanto antes se restituya a

---

[432] Á. Moscoso, 1797, fols. 11r-12r.

[433] Á. Moscoso, 1797, fol. 14r.

[434] Á. Moscoso, 1797, fol. 14r.

[435] Sabemos solamente de esta carta por la indicación que da el obispo Rojas en su respuesta a la carta de Moscoso: «Por la estimada carta y oficio de Useñoría ilustrísima de dos y tres de octubre próximo antecedente» (M. Rojas, 1797, fol. 14r).

dicha misión, continuando en ella sus tareas evangélicas y aun reparando los quebrantos que puede haber padecido, lo que me ha ofrecido el referido padre Buyán y a volver a verme en estos días para que se verifique lo más breve que sea posible el empeño de Useñoría ilustrísima, a cuyo efecto llevará el mencionado Buyán el título y providencia que mejor parezca, para que el mencionado comisario no le incomode en manera alguna ni se intrometa en esta misión, como es justo[436].

Luego el obispo Rojas promete a su colega de Córdoba hacer todo lo posible para encontrar a un sacerdote diocesano que pueda ser socio del padre Buyán: «También veré de proporcionar un eclesiástico secular de calidades y que tenga las del agrado del expresado Buyán, para que sea su compañero, según Useñoría ilustrísima quiere en su citada carta»[437]. Finalmente, promete también Manuel de Rojas tomar contacto con Bernardo Ximénez:

Cuando salga de aquí dicho padre [Buyán] para la Asunción, o antes dirigiré al prenotado comisario el oficio de Useñoría ilustrísima, esperando las resultas de todas estas diligencias, para dar las providencias que parezcan en justicia y en adelantamiento de aquel útil establecimiento[438].

El 28 de enero de 1798 el obispo de Santa Cruz escribió en Punata la siguiente carta al padre Francisco Buyán:

Mi querido:
En virtud de la oferta que V. P. me hizo de que con mucho gusto se restituiría a la reducción de Yuracarees, escribí al M. R. P. provincial como V. P. sabe, solicitando patente para esta restitución, la que me ha remiti-

---

[436] M. Rojas, 1797, fol. 14v.

[437] M. Rojas, 1797, fol. 14v.

[438] M. Rojas, 1797, fols. 14v-15r. Queremos añadir aquí el final de la carta que escribió el obispo Rojas a Ángel Mariano Moscoso, por hacer referencia a la iglesia que, como hemos visto, hizo construir este último en Tarata: «Hace cerca de un mes me hallo en este pueblo y su temperamento no me es hasta aquí tan benigno como discurría. Acaso mejoraré, si Dios socorre la mucha necesidad que hay de aguas, templando así su demasiada sequedad. En todo lo demás no tengo de qué quejarme hasta aquí; y antes me hallo cada día admirando el mérito y gloria de Useñoría ilustrísima de ver la magnífica iglesia que ha dejado para consuelo de este pueblo y de que espero en el Señor recibirá el eterno premio que le corresponde» (Ibídem, fols. 15r-15v).

do en el presente correo con mucha franqueza, celebrando al mismo tiempo haya elegido a un sujeto como V. P. para el fomento y conservación de aquellas conversiones.

En esta inteligencia estimaré a V. P. que con la mayor anticipación se disponga para dirigirse al destino, porque la necesidad del caso así lo pide y el ilustrísimo señor obispo de Córdoba me insta sobre el particular; debiendo, sí, antes de emprender viaje, dar un salto por acá, para que tratemos algunos puntos que se ofrecen y la vez pasada que vino a verme no tuve presentes. Espero que V. P. acceda a mi súplica para ir cuanto antes a socorrer aquella misión con su religioso celo y ardiente espíritu. Que Dios nuestro Señor le retornará su trabajo en aquel grado que deseo y pide su mérito[439].

2.12. FRANCISCO BUYÁN DE NUEVO ENCARGADO DE LA MISIÓN DE LA ASUNCIÓN

2.12.1. El retorno del padre Buyán

No mucho después de haber recibido la carta del obispo, Francisco Buyán retornó efectivamente a la misión de la Asunción y trató de reunir nuevamente a los yuracarees que la habían abandonado. Sus esfuerzos surtieron el efecto esperado:

> Buyán volvió revestido de suficiente autoridad, y los indios, como atraídos de su mansedumbre natural, vinieron a ofrecerle a sus pies su antigua sumisión y respeto. Ni fue esto lo más, sino que convidando a otros indios de esta misma misión que antes se habían separado, han vuelto a reunirse y gozan a la sombra de este catequista humano las sólidas ventajas de la vida social[440].

Y una vez más se restableció la misión de la Asunción.

El padre Bernardo Ximénez no dejó de prestar atención a lo que acontecía en la misión de la Asunción y sus alrededores. El 19 de mayo de 1798, no mucho tiempo después del retorno del padre Buyán, escribió a Francisco de Viedma

---

[439] M. Rojas, 1798.
[440] Á. Moscoso, 1799a, fol. 147r.

que como cerca de dos leguas de distancia de la reducción de Nuestra Señora de la Asunción tienen los indios de ella unas rancherías que hace un reducido pueblecito, donde se juntan a sus embriagueces y obscenidades, siendo un escandaloso lupanar para ellos y cuantos peones internen en la misión, enseñando a los indios la perversa doctrina de que si quieren ser ricos entreguen sus mujeres para que usen de ellas: que lo mismo hacían los cristianos[441].

De inmediato el gobernador intendente pasó oficio al padre Buyán, «para que hiciese quemar los referidos ranchos, sujetando a los indios a la reducción sin permitir tales receptáculos de maldades»[442]. El padre Francisco le contestó al intendente que lo haría.

No sabemos si el obispo Rojas logró mandar a la misión de la Asunción a un sacerdote diocesano para acompañar al padre Buyán. Como veremos más adelante, en agosto de 1799 fue allá otro fraile de la Recoleta de Cochabamba.

2.12.2. La Visita de Ignacio Pérez a la misión de la Asunción

2.12.2.1. El intendente gobernador Francisco de Viedma organiza una visita oficial a las misiones de Nuestra Señora de la Asunción y de San José

El 17 de julio de 1798 Francisco de Viedma decidió que se llevara a cabo una inspección oficial de las misiones de la Asunción y de San José del Chimoré, «hablándose con tanta variedad y contradicción del estado de ellas»[443]. Nombró como visitador a Juan Ignacio Pérez, vecino de la ciudad de Cochabamba, y le entregó una extensa instrucción, para que supiera qué información deseaba recibir. Por entonces, sin embargo, no se pudo efectuar la misión.

El 20 de abril de 1799 el gobernador Viedma recibió de manos de Tadeo Haenke un escrito titulado *Memoria sobre los ríos navegables que fluyen al Marañón*. Al final de este pequeño estudio Haenke hace una reflexión sobre la importancia de las misiones para mantener la inte-

---

[441] Viedma, 1998 [1798a], pp. 12-13.
[442] Viedma, 1998 [1798a], p. 13.
[443] Viedma, 1998 [1798a], p. 11.

gridad del imperio español y sobre las cualidades que deben tener los misioneros que se dedican a la reducción y evangelización de los indígenas. Lanza, luego, una dura crítica a los frailes que atienden las misiones de las gobernaciones de Santa Cruz y de Mojos:

> Ninguno de los referidos dones relumbran en los más de los religiosos de Sn. Francisco que actualmente acuden a este destino con extraordinarios gastos del estado: se persuaden de haber cumplido con todas sus obligaciones en hacer rezar tumultuariamente todos los días las oraciones acostumbradas. El amor a las riquezas los hace olvidar todas las plausibles reglas de pobreza que prescribe su instituto. Ellos sacan increíbles ventajas de la rusticidad e inmenso trabajo de los neófitos a quienes reatan con tareas que no podrían llenarlas aun cuando fueran bestias de carga. En el gobierno temporal se manejan con despotismo, ignorantes en todo lo que son conocimientos económicos e industriales [...] El indio dirigido por estos maestros aun por treinta y más años no ha aprendido otra cosa sino el rezar como un loro unas oraciones que no entiende, no ha adquirido la más leve idea sólida del ente supremo que debe ser el principio y el fin de sus acciones. Sus conocimientos industriales han quedado los mismos como antes de la llegada de su conversor. Y después de tantos años queda el indio tan gentil como antes; y arrojando al fin las cadenas de una sujeción imprudente se va otra vez al monte. Este es el estado deplorable de las misiones a cargo de estos religiosos[444].

Francisco de Viedma reaccionó casi de inmediato: el 23 de abril encargó a Juan Ignacio Pérez realizar de una vez la inspección de las misiones de las Montañas de Yuracarees.

Juan Ignacio Pérez inició su visita el día 15 de mayo de 1799 en la misión de Nuestra Señora de la Asunción. Esta visita oficial duró del 15 al 20 de mayo.

2.12.2.2. La Visita de la misión de la Asunción

Al inicio de su visita Juan Ignacio Pérez realizó el empadronamiento general en la misión de la Asunción, el cual dio como resultado que en mayo de 1799 esta misión tenía un total de 291 habitantes yuracarees. En el *Acta* de la visita no se indica el número de

---

[444] Haenke, 1974 [1799], pp. 137-138.

peones y de otras personas que vivían por entonces allá. De los 291 yuracarees, 138 eran casados, 6 viudos, 14 viudas y 133 hijos solteros. De las 69 parejas que habitaban en la misión, 16 no tenían hijos, 2 no tenían hijos solteros, 16 tenían solo 1 hijo, 16 tenían 2 hijos, 13 tenían 3 hijos, 4 tenían 4 hijos, una sola pareja tenía 5 hijos y una sola 6 hijos. Entre las viudas se encontraba una con 7 hijos.

Era una población bastante joven: de las parejas, 25 eran menores de 30 años, y de los hijos, más de 100 eran menores de 13 años. Había muy pocos ancianos.

La mayoría eran bautizados: 216 en total. Entre los 75 no bautizados encontramos 26 parejas, 2 viudos, 10 viudas, 2 solteras, todos ellos indicados como «neófitos» [!], además de 9 hijos 'sin bautismo'.

Una de las cosas que más llamó la atención del visitador fue el hacinamiento de la gente, hecho que consideró «sumamente perjudicial a la libertad del matrimonio y de perjuicioso ejemplo para sus hijos párvulos»[445]. La Asunción contaba con solo 33 viviendas, lo que implicaba que en cada vivienda habitaban «dos y tres individuos con sus mujeres e hijos»[446]. Para cambiar drásticamente esta situación, Juan Ignacio Pérez dio de inmediato el siguiente auto:

> Debía de mandar y mando que ínterin y hasta tanto el señor gobernador intendente resuelve lo conveniente sobre este importante asunto, se le ruegue y suplique al reverendo padre fray Francisco Buyán del Orden Seráfico, encargado en el gobierno espiritual y temporal de esta misión, exhorte en este día por ser festivo[447] a todos los indios en el acto de la Misa, a que todos los casados hagan y construyan sus respectivas rancherías y habitaciones para vivir con total separación unos de otros, procurando que las formen con método, ordenándolas por calles rectas y con una distancia competente, para que logren las utilidades y desahogo que se dejan considerar[448].

Para las necesidades de la propia misión se contaba con solo pocos cultivos: un terreno con quinientas plantas de cacao, un pedazo de cocal, tres pedazos rozados con maíz y yuca y uno de cañaveral.

---

[445] Pérez, 1998 [1799a], p. 35.
[446] Pérez, 1998 [1799a], p. 35.
[447] Domingo 19 de mayo de 1799.
[448] Pérez, 1998 [1799a], p. 35.

Prácticamente todas las parejas tenían un chaco en que sembraban maíz, yucas, plátanos, porotos, maní y algunas plantas de cacao. El visitador no tuvo la oportunidad de inspeccionar esos chacos «por lo dispersos y distantes que se hallan; y los más en las bandas de los ríos Paracti y San Mateo, siendo muy pocos los que se hallan inmediatos a esta misión hacia la parte de la unión o juntas de dichos dos ríos»[449].

2.12.2.3. Evaluación de la Visita

El 15 de junio de 1799, Juan Ignacio Pérez redactó en su hacienda de Aramasí (Cochabamba) un extenso *Informe* sobre la visita que por encargo del intendente gobernador Viedma hizo a las misiones de la Asunción y de San José del Chimoré. En este documento incluyó también datos que durante su estadía en las Montañas de Yuracarees había recogido acerca de la misión de San Francisco de Asís del Mamoré y de grupos de yuracarees que se encontraban fuera de las tres misiones.

Con los datos que encontramos en el *Acta* de la visita y en el *Informe* de la misma podemos formarnos una idea de la situación real en que se encontraba la etnia yuracaré a mediados del año 1799.

El grupo más grande de yuracarees se encontraba en la misión de la Asunción, cerca de las juntas de los ríos Paracti y San Mateo: 291 personas, de las cuales 216 bautizadas y 75 no bautizadas.

En la segunda mitad del año 1797 tres grupos que pertenecían a esta misión se habían separado sucesivamente de ella, dos durante la permanencia en la misión del padre Vicente Esquirós y uno durante la estadía del padre José Pérez. El primer grupo, bajo dirección de un tal Juan, tío de José Mariano Cilindango (quien se había fugado durante la estadía del padre José Pérez), se había dirigido en dirección noroeste. En el *Acta* de la visita, Juan Ignacio Pérez dice que José Mariano, que se había presentado a él durante su visita a la misión de San José del Chimoré, al haber sido preguntado acerca del paradero de su tío, dijo «que hoy para en el río de Ybabasama, más adelante de Isiboro, que hay nueve hombres con él, con sus respectivas mujeres e hijos; y que está distante de esta misión ocho días de camino que se

[449] Pérez, 1998 [1799a], p. 38.

debe regular de treinta a cuarenta leguas»[450]. En el *Informe* de la visita encontramos la siguiente información:

> que hoy se halla [don Juan] con cosa de veinte personas, muchas de ellas
> cristianas, en un sitio que llaman Isiboro, hacia las inmediaciones de
> Choquecamata o Cotacajes [...] y que cerca de donde éstos están hay
> una misión [...], pero yo conjeturo que la misión que está ha de ser a
> orillas del río Beni correspondiente a la provincia de La Paz»[451].

Con estos datos se puede pensar que el grupo se habría establecido cerca de los mosetenes.

En cuanto al segundo grupo, dice el *Informe*: «En el sitio de
Sesesama, camino de dicho Isiboro, hay cosa de diez personas, algunos de ellos cristianos, que se huyeron de la misión de la Asunta, casi
a un mismo tiempo que dicho don Juan»[452].

Finalmente, el grupo de José Mariano no fue tan lejos: él «se fue
con sus parientes al sitio de San Antonio poco más abajo»[453].

El visitador Juan Ignacio Pérez sugirió que se siguiera haciendo
esfuerzos para reunir a todos en las tres misiones existentes, tratando
de hacer retornar a la misión de la Asunción a los que se habían establecido a orillas de los ríos Ybabasama y Sesesama; y a la misión de
San José del Chimoré a los miembros de las parcialidades de Poyato
y de Teodoro que todavía se encontraban fuera de ella, integrando en
esta misión también el grupo de José Mariano Cilindango y redu-
ciendo a los yuracarees gentiles del río Atuluta, de las pampas de Sacta
y de las orillas del Mamoré, para ampliar con ellos la misión de San
Francisco de Asís del Mamoré.

Por lo que respecta a la misión de la Asunción, el visitador pondera en su *Informe* claramente el compromiso que don Ángel Mariano
Moscoso había tomado con respecto a ella: «es notorio que se ha esmerado hasta ahora en sostenerla a costa de su propio peculio y que
sus intenciones han sido muy santas y piadosas, dignas de todo elogio»[454]. Sin embargo, se ve obligado a llamar la atención hacia el poco

---

[450] Pérez, 1998 [1799a], p. 59.
[451] Pérez, 1998 [1799b], pp. 77-78.
[452] Pérez, 1998 [1799a], p. 78.
[453] Pérez, 1998 [1799a], p. 59.
[454] Pérez, 1998 [1799b], p. 66.

progreso material, civilizatorio y espiritual que ha tenido esta misión a lo largo de los muchos años de su existencia.

Los terrenos de la Asunción son excelentes y suficientemente extensos para practicar buenos cultivos. Sin embargo, desde la fundación de la misión no se ha adelantado en ellos casi nada en cuanto a la agricultura, «de forma que sin producciones hasta el día no son capaces de sostener los gastos indispensables para mantener en un pie regular de decencia aquella iglesia, ni al padre conversor que en ella está encargado»[455].

El suelo de esta misión no solo es proporcionado para el plantío de coca, cuyo fruto está hoy en el mayor auge, como es notorio en todo el reino, sino también para el cacao y algodón [...]. Y si estos indios se dedicaran al plantío de estos tres frutos, inclinándoles a que cada año pusiese cada familia cierto número de plantas, extendiendo al mismo tiempo para ello sus chacos[456], e hicieran lo propio con el de la misión, no solo lograrían ellos mudar su constitución a otro estado más ventajoso, vendiendo allí mismo sus frutos, sino que también podrían los misioneros sostenerse sin auxilio del rey ni de ningún particular[457].

En cuanto al progreso en civilización, los yuracarees de la Asunción tampoco habían hecho pasos significativos:

Ellos están, se puede decir, como cuando se les congregó ahora veinte y seis años[458]. No tienen más vestuario así hombres como mujeres que unas camisas sin mangas, que llaman corocho, que les tapa hasta las rodillas, construidas de la corteza de un árbol que llaman lecheleche, que a fuer-

---

[455] Pérez, 1998 [1799b], p. 62.

[456] Señala Pérez que los chacos que tienen los yuracarees «son tan cortos que solo pueden, con los frutos de las plantas que en ellos ponen, mantener a sus familias con yucas, plátanos y maíz, sin aspirar jamás a extender su trabajo a otras plantas que les pueda rendir utilidad para salir del estado de miseria y pobreza en que se hallan» (Pérez, 1998 [1799b], p. 64).

[457] Pérez, 1998 [1799b], pp. 64-65.

[458] Pérez parece ignorar que la efectiva reducción de los yuracarees empezó en el año 1776. En 1773 la real audiencia de Charcas dio permiso al obispo de Santa Cruz de empezar a explorar la posibilidad de reducir y evangelizar a aquellos indígenas. Además, el visitador pasa por alto que desde la fundación de la misión de la Asunción no hubo una verdadera continuidad, sino más bien una discontinuidad en cuanto a la ocupación de esta misión.

2. LA MISIÓN DE NUESTRA SEÑORA DE LA ASUNCIÓN   197

za de golpes suavizan y estiran hasta ponerlo del grueso de un lienzo de fardos[459].

No aspiran ellos para vivir y pasar el tiempo a otra cosa que a fabricar peines, salir a buscar fruta silvestre, pescado y caza volátil y cuadrúpeda, para comer ellos y sus familias. Estas mismas ideas y costumbres observaban antes de que los redujesen y cuando se hallaban montaraces y sin conocimiento del trato de gentes y de la religión cristiana[460].

En cuanto a alfabetización, la situación era realmente lamentable: «y aun causa compasión el ver tanta multitud de muchachos que ninguno sabe hasta ahora ni aun deletrear cuanto más escribir, a excepción de Carlos Rejas que ejecuta uno y otro con mil tropiezos»[461].

Juan Ignacio Pérez opina que para que en todo sentido haya verdadero progreso en la misión de la Asunción, es absolutamente indispensable que el padre Buyán sea acompañado por otros misioneros. Por eso dice a Francisco de Viedma, a quien dirige su *Informe*:

> No debe Vuestra Señoría dudar que mientras esta misión no se arregle en otros términos, poniendo dos religiosos sacerdotes y un lego, para que alternativamente celen sobre la instrucción y enseñanza de los indios diariamente por medio de éste, siempre ha de subsistir en los términos que hoy se halla[462].

2.12.2.4. Construcción de la historia III

En el *Acta de la visita hecha a las reducciones de los yuracarees* don Ignacio Pérez hace la siguiente construcción de la historia de la misión de la Asunción[463]:

> Esta misión se fundó o dio principio el año pasado de mil setecientos setenta y tres, según una providencia de la real audiencia del distrito, de veinte y nueve de julio del mismo año, que en testimonio se me ha manifestado en este acto por el reverendo padre fray Francisco Buyán del

---

[459] Pérez, 1998 [1799b], pp. 63-64.
[460] Pérez, 1998 [1799b], p. 64.
[461] Pérez, 1998 [1799b], p. 63.
[462] Pérez, 1998 [1799b], p. 63.
[463] En esta *Acta* Ignacio Pérez no presenta datos sobre la fundación y la hasta entonces corta historia de la misión de San José del Chimoré.

Orden Seráfico encargado en ella, en que se concede la licencia necesaria para su fundación[464].

Más adelante añade:

Desde el tiempo en que se fundó esta misión, que fue el año de setenta y tres, [estaban] en ella los reverendos padres fray Tomás Anaya y fray Marcos Melendes del Orden Seráfico, tenidos a expensas del doctor don Manuel Moscoso, cura de la doctrina de Punata en este obispado de Santa Cruz; pasado poco más de un año, se salieron ambos religiosos, uno enfermo y otro por su gusto, con cuyo motivo estuvo esta misión algunos años abandonada, hasta que el ilustrísimo señor doctor don Ángel Mariano Moscoso, actual obispo de Córdoba y en aquel tiempo cura de Tarata, con motivo de haber muerto su hermano el doctor don Manuel, tomó a su cargo la misión y puso en ella varios eclesiásticos seculares, que fueron conservándola a costa y expensas de dicho señor obispo de Córdoba, hasta el año pasado de mil setecientos ochenta y cuatro, en que entró en ella el reverendo padre fray Francisco Buyán del Orden Seráfico, desde cuyo tiempo hasta el día ha subsistido aquí con quinientos pesos de salario hasta el año de noventa y desde entonces acá con ochocientos pesos anuales, pero con la obligación de que con esta cantidad se ha de mantener, ha de surtir a los indios de las herramientas necesarias para sus rozos y ha de comprar lo necesario para el preciso decente adorno de la iglesia[465].

Esta tercera construcción de la historia de la misión de Nuestra Señora de la Asunción contiene toda una serie de errores y omisiones que hace falta indicar:

La providencia de la real audiencia de Charcas del 29 de julio de 1773 no decretó la fundación oficial de esta misión, sino dio permiso al obispo de Santa Cruz para mandar a dos misioneros que explorasen la disposición de los yuracarees de ser reducidos y convertirse al cristianismo.

Los padres Melendes y Anaya no entraron a las Montañas de Yuracarees en aquel año de 1773, como hace entender el texto, sino en el año 1776, después de que el padre Marcos Melendes hiciera solo una entrada de exploración el año anterior.

---

[464] Pérez, 1998 [1799a], pp. 16-17.
[465] Pérez, 1998 [1799a], p. 19.

El padre Anaya no salió de la misión después de haber estado en ella un año, sino solamente cuatro meses, a saber en diciembre de 1776.

Pérez no hace mención del sacerdote diocesano que fue mandado por los hermanos Moscoso después de que el padre Anaya se hubo retirado de la misión y que acompañó al padre Melendes hasta octubre de 1777.

El padre Melendes no abandonó la misión «por su gusto», sino para informar personalmente a los hermanos Moscoso acerca de los progresos de la misma.

Pérez no dice nada de los trámites que hizo el padre Melendes en la ciudad de La Plata para conseguir ayuda para la misión ni de su retorno a la misma gracias a la intervención del gobernador Ignacio Flores.

Don Ángel Mariano Moscoso ya estaba comprometido con la misión de la Asunción mientras vivía su hermano y continuó su compromiso después del fallecimiento del mismo. No fue entonces cuando mandó a un sacerdote diocesano a esa misión, sino solo cuando había destituido al padre Marcos Melendes.

No es verdad que el padre Francisco Buyán hubiera estado a la cabeza de la misión ininterrumpidamente desde 1784 hasta la fecha en que Pérez escribió su *Acta*. De hecho, el padre Buyán abandonó dos veces la misión en este período de quince años, a saber: en 1788, retornando en 1792, y a finales de 1796, retornando en 1798.

2.12.3. La Visita del Dr. Justo Mariscal a la misión de la Asunción

El 19 de febrero de 1799 Ángel Mariano Moscoso dio respuesta al oficio que le había mandado el virrey en fecha 24 de mayo de 1797. En esta respuesta pondera el resultado que ha dado la paciente labor desempeñada por el padre Francisco Buyán a lo largo de los años en que dirigió la misión de la Asunción:

El padrón de esta misión [...] manifiesta el estado en que se halla. Si no es tan floreciente que no exija en adelante la mano de un diligente operario, a lo menos tiene bastante para que por todos sus respectos se considere como digna de la más seria atención. Setenta familias que hacen el número de trescientas treinta y tres almas, instruidas las más de ellas en los principios de la religión, docilizadas con las máximas de la más sana moralidad y acostumbradas a las artes más necesarias a la vida social, son las que componen la misión de la Asunción. Los que por experiencia saben que la paciencia y el sufrimiento son las piedras fundamentales de este género de edificios, están de acuerdo en que una reducción es la obra lenta de los tiempos y la más digna del esfuerzo humano. V. E. comprende las razones en que se apoya esta verdad y esto me basta para prometerme un concepto ventajoso del trabajo que en ella se ha impendido[466].

A pesar de este concepto prometedor que don Ángel se había formado de su misión y de la labor del padre Buyán, aparentemente no se sentía del todo tranquilo en cuanto al futuro de su obra. Precisamente para asegurarse de que hubiera un conocimiento objetivo y cabal del estado de su misión, unas semanas después de haber escrito al virrey, el 2 de abril de 1799, don Ángel pide al obispo de Santa Cruz de la Sierra, Manuel Nicolás de Rojas y Argandoña, dignarse «mandar a aquel establecimiento un eclesiástico de madurez, juicio, integridad y prudencia que, como su visitador, lo reconociese prolijamente, extendiendo su vigilancia a todos los objetos de aquella útil comisión»[467]. Espera mucho de la relación que tal visitador pueda dar, diciendo al final de su carta: «La mayor utilidad de esta relación la hago consistir en que ella nos pondrá en estado de expedir las providencias más oportunas, calculándolas sobre datos fijos y sin el peligro de incidir en los errores que tanto favorecen las distancias»[468].

El obispo de Santa Cruz no se apresuró en atender la solicitud de su colega de Córdoba: recién en octubre de 1799 nombró al presbítero Dr. Justo Mariscal como visitador oficial de la misión de la Asunción.

2.12.3.1. La Visita

En la tercera semana de octubre de 1799 el Dr. Mariscal viajó a las Montañas de Yuracarees y el día 28 del mismo mes inició oficialmente su visita a la Asunción, nombrando como notario de visita a

---

[466] Á. Moscoso, 1799a, fols. 148v-149r.
[467] Á. Moscoso, 1799b, fol. 48r.
[468] Á. Moscoso, 1799b, fol. 49r.

su acompañante Juan María Paniagua y como intérprete a Manuel Coroel. La visita se concluyó el día 2 de noviembre.

Del *Acta* de la visita destacamos, en primer lugar, que el Dr. Mariscal apreció de manera muy positiva la labor que estaba realizando el padre Francisco Buyán. Reconoció que a lo largo de los años de la existencia de la misión de la Asunción no hubo mucho progreso, según su parecer debido principalmente a «la veleidad y ninguna sujeción» de los yuracarees[469].

Al comparar los datos del padrón de la población que a comienzos del año el padre Buyán había confeccionado, con las personas presentes durante la visita, le llamó la atención al visitador que faltó como una tercera parte:

> preguntados del paradero de éstos y el motivo por que faltaban, me informó el padre y también los capitanes que algunos de ellos no se habían venido todavía del Isiboro y los otros no habían vuelto del monte, donde muchos más se retiraron en días pasados por miedo del sarampión, a causa de haber llegado uno de los que salieron a Cochabamba algo indispuesto de la salud, lo que juzgaron fuese por el sarampión. Y como no se hubiese verificado tal accidente, se van recogiendo conforme lo van sabiendo[470].

En cuanto a los del Isiboro, se trata del grupo del llamado don Juan que, como hemos visto más arriba, se había establecido allá en tiempos del padre Vicente Esquirós. Del informe que Justo Mariscal redactó después de la visita sabemos, por lo demás, que José Mariano Cilindango se había establecido nuevamente en la misión de la Asunción[471].

Esta *Acta* es el primer documento histórico que nos informa detalladamente sobre el régimen religioso que se practicaba en esta misión de la Asunción.

A las cinco de la mañana se cantan las avemarías y alabanzas a Dios junto con el misionero. La Misa «se celebra todos los días muy de ma-

---

[469] J. Mariscal, 1799a, fol. 52v.
[470] J. Mariscal, 1799a, fols. 55r-55v.
[471] Ver J. Mariscal, 1799b, fol. 59r.

ñana, enseñándoles Mariano, alias el Punateño, de la misma nación, con cartilla en mano»[472].

También en la mañana los niños «se juntan todos los días a leer y rezan cosa de dos horas»[473].

En la tarde se repite esta costumbre. Tanto en la mañana como en la tarde sirve de maestro el yuracaré Carlos Rejas, «quien lee regularmente y sabe escribir y entiende medianamente lo que reza»[474].

En la noche se hace nuevamente la oración con todos y después se reza el rosario.

Destaca el visitador que, fuera de los hombres y mujeres comunes de la misión, «asisten a esta distribución con puntualidad, celando su cumplimiento, los capitanes, alcaldes y demás fiscales»[475].

Las mujeres se congregan, además, «todos los jueves en el sitio de la escuela, luego que salen los de la escuela, a rezar las oraciones»[476].

El visitador observó serias deficiencias en cuanto al registro de bautismos, matrimonios y defunciones. Los que se habían hecho cargo de la misión antes de la llegada del padre Buyán en 1784, «no dejaron más que unos apuntes diminutos»[477]. Inmediatamente después de su llegada a la misión el padre Francisco había abierto un Libro de Bautismos, «donde igualmente se hallan las partidas de matrimonios celebrados desde dicho año»[478]. Durante la misma visita, el 30 de octubre de 1799, el visitador dio el siguiente auto:

> Mando que en adelante el reverendo padre fray Francisco de Buyán, formando libros distintos de bautismos, casamientos y entierros, siente las partidas respectivas con arreglo a los formularios del ritual, expresando los nombres de los padres, de qué parcialidad son. Y en las partidas de bautismos y entierros, además de la expresión de los padres y legitimidad, expresará también si son adultos o párvulos. Y en la partida de en-

---

[472] J. Mariscal, 1799a, fol. 51v. Mariano debe ser uno de los yuracarees que había sido mandado a Punata por los padres Buyán y Anaya para instruirse en la doctrina cristiana.

[473] J. Mariscal, 1799a, fol. 51v.

[474] J. Mariscal, 1799a, fol. 51v.

[475] J. Mariscal, 1799a, fol. 51v.

[476] J. Mariscal, 1799a, fol. 53r.

[477] J. Mariscal, 1799a, fol. 52r.

[478] J. Mariscal, 1799a, fol. 52r.

tierros, siendo casado el difunto, expresará con quién lo estuvo; y sobre todo con arreglo a los expresados formularios[479].

2.12.3.2. El informe de la Visita

El 20 de noviembre de 1799 el Dr. Justo Mariscal redactó en Punata el informe oficial de la visita que había hecho a la misión de la Asunción.

Resalta en primer lugar el visitador en este informe que los yuracarees que se habían fugado de la misión a causa de los malos tratos que habían recibido de los padres del colegio de Tarata, una vez que supieron que el padre Buyán había entrado nuevamente en la Asunción, habían retornado a la misma, «todos muy contentos con el regreso de dicho padre a quien ciertamente le tienen más inclinación»[480].

También en su informe habla Justo Mariscal de la situación religiosa de los yuracarees:

> fuera de uno u otro que entiende tal cual punto de lo que reza, todos los demás absolutamente no han formado todavía alguna idea, aunque grosera, de la religión ni de los misterios de ella, aun los más necesarios. Casi la mayor parte de ellos están bautizados, los más en su niñez y tal cual ya de adultos, pero todos estos que se hallan ya en edad madura, como aquellos que son ya adultos y aun muchos de ellos casados, se hallan todavía ignorantes y sin inteligencia aun de lo más necesario[481].

Una de las causas principales de este atraso en lo religioso encuentra el visitador en el hecho de que la permanencia en la misión de la mayoría de los yuracarees no es estable: dada la precaria situación económica de la misión y en especial la falta de carne, con frecuencia los habitantes de la Asunción se ausentan para dedicarse a la caza:

> El primer embarazo para mantener a estos en sociedad ha sido la caza que han mirado como el principal y más necesario ejercicio. Con este motivo más veces cierto y otras supuesto suelen retirarse continuamente

---

[479] J. Mariscal, 1799a, fol. 52v.
[480] J. Mariscal, 1799b, fol. 57v.
[481] J. Mariscal, fols. 57v-58r.

a los montes juntamente con sus familias considerables tiempos a vivir en los ejercicios de su gentilidad y, de este modo, distraídos de la enseñanza y civilización, no han podido adelantar en alguna. Y vea V. S. I. ahí la causa por que muchos de ellos, después de haber aprendido el rezo, se han reducido al mismo estado que antes, siendo necesario volverles a enseñar nuevamente[482].

Según Mariscal sería necesario prohibirles a los yuracarees dedicarse a la caza, pero para que tal prohibición surta efecto es indispensable formar una buena estancia de ganado que pueda proveer a los habitantes de la misión de suficiente carne. Reencontramos aquí la idea que Ángel Mariano Moscoso ya había tenido muchos años atrás, pero que nunca se había concretado.

Este ha sido el punto de dificultad en que se ha tropezado en esta misión, juzgando no haber sitio ni lugar en que se pueda establecer la estancia por su montuosidad, pero según me hallo informado por el capitán José Mariano hay en alguna distancia unos pajonales inmensos que admiten mucha cantidad de ganado, lo que descubrió cuando fue para navegación; y aunque estuviera el pajonal en distancia de 20 o 30 leguas no es embarazo para establecer la estancia, pues sabemos que en Mojos y Chiquitos hay pueblos que las tienen en iguales o mayores distancias.

Fuera del expresado pajonal que puede servir para cuando se multiplique el ganado, se encuentran en los ríos de Paracti y San Mateo unos competentes bañados que admiten más de cien cabezas, según me lo han informado el padre y algunos indios. Al principio podía establecerse la estancia como en cantidad de ciento o más cabezas, distribuidas por estos bañados, hasta lograr mejores proporciones.

No dudo se ofrecerán dificultades para esta empresa, pero siendo ella útil se debe procurar vencerlas. [...] Siempre que se logre este proyecto, los mismos indios cuidarán del aumento de los ganados; experimentando su utilidad se sujetarán a la vida social bajo órdenes del padre y abandonarán su vida gentílica y montaraz[483].

Pero para que la misión de la Asunción pueda tener futuro, serían también necesarios mayores ingresos. Los 800 pesos que anualmente da el obispo Moscoso no alcanzan para la manutención de los misio-

[482] J. Mariscal, fols. 58v-59r.
[483] J. Mariscal, fols. 59r-59v.

neros y para otros gastos que tiene la misión. Y los plantíos que se han hecho tampoco dan mucho ingreso. Por eso es menester fomentar mucho más el cultivo de diferentes frutos y de modo especial del cacao, «lo que, conseguido, me parece se logrará el que en pocos años se ponga la misión en un estado floreciente por lo que hace a lo temporal; y esto mismo afianzará sus progresos y adelantamientos en punto de religión»[484].

Debería haber una mejor organización del trabajo. Hay diferentes posibilidades: se puede señalar tres días a la semana para el trabajo de la comunidad y tres días para los trabajos particulares, o emplear las mañanas en el trabajo de la comunidad y las tardes en las labores propias. Con todo, la mayor parte del tiempo debe ser empleado «en el cultivo del chocolate como objeto más interesante»[485].

También el Dr. Justo Mariscal veía como muy importante para el progreso moral de los yuracarees el aislamiento de la misión. Según él, era necesario evitar cuanto fuera posible el contacto de ellos con gente de fuera y sus salidas a otras partes.

> Será muy conveniente que a la gente que entra de acá [de] fuera de la misión, no se le permita libre comercio con aquellas gentes y que en los días que fuese necesaria su mansión la hagan donde el padre, quien procurará despedirlos lo más breve que se pueda para evitar la corrupción que puedan inspirarles algunos malévolos.
>
> Así mismo sería conveniente prohibirles salir con frecuencia a estos lugares para evitar la seducción de los malos ejemplos que vienen a observar en los cristianos[486].

2.12.4. El ocaso de la misión de Nuestra Señora de la Asunción (1799-1803)

Muy pocos son los datos de que disponemos para hacer la reconstrucción de la historia de la misión de la Asunción para el último período de su existencia.

---

[484] J. Mariscal, fol. 58r.
[485] J. Mariscal, fol. 61r.
[486] J. Mariscal, fol. 60v.

El 10 de agosto de 1799 vino a esta misión el padre Josef Manuel Carrasco, religioso de la provincia de franciscanos observantes de San Antonio de los Charcas. Su llegada se debió muy probablemente a la atención que el intendente gobernador Francisco de Viedma prestó a la sugerencia del visitador Juan Ignacio Pérez de conseguir uno o más compañeros para el padre Buyán. Cuatro años vivirían juntos en la Asunción dirigiendo la misión. Al mismo tiempo los dos padres atendieron también pastoralmente a los hacendados de los yungas de La Palma y Millumayo, a medio camino entre la cordillera y la misión.

En una carta que el padre Carrasco escribió al obispo Ángel Mariano Moscoso el 11 de diciembre del mismo año, relató brevemente la experiencia que había tenido durante la fiesta patronal del 15 de agosto:

> Tuve la dicha de haber hecho la fiesta de Nuestra Señora de la Asunta, con grande gusto y consuelo mío, viendo a estos pobres indios solemnizar dicha fiesta con tanto regocijo, así de cánticos en loor de la Soberana Señora, como dos preciosas loas: una a la salida de la procesión y la otra a la entrada; que la primera, aseguro a su ilustrísima que me consternó lo bastante cuando le pedía a Nuestra Señora los alumbrase y amparase, ya que su piedad había permitido estar en su compañía, sacándolos de tan remotos bosques, concurriendo a dicha fiesta casi todo el vecindario de la yunga; y varios confesaron se les habían saltado las lágrimas al oír semejante exclamación[487].

En la misma carta del 11 de diciembre el padre Carrasco habla de un grupo de familias de yuracarees que, después de haber abandonado la misión de la Asunción, se habían establecido en la de San José del Chimoré y que ahora estaban retornando a su antigua reducción: «En orden a las doce familias que se trasladaron al Chimoré, ya sé que están las más en ésta. Y mi compañero está en solicitud de las que faltan, sin perder oportunidad»[488]. Es probable que se trate de aquellos yuracarees que habían dejado la Asunción junto con José Mariano Cilindango y que se habían juntado con los de la parcialidad del capitán Poyato durante la visita de Juan Ignacio Pérez.

---

[487] Carrasco, 1799, fols. 161r–161v.
[488] Carrasco, 1799, fol. 161v.

Después de la visita del Dr. Justo Mariscal que, como hemos visto, se realizó del 28 de octubre al 2 de noviembre, pasó por la Asunción el padre Francisco Lacueva, viniendo de la misión de San Francisco de Asís del Mamoré y yendo a Colpa, por haber sido elegido guardián en el capítulo que se había celebrado el 24 de septiembre. El 13 de diciembre el padre Lacueva escribió en Tarata una carta al obispo Ángel Moscoso para expresarle la impresión que le había dado su misión durante su breve estadía allá:

> A mi salida de la montaña tuve el gran gusto de conocer la misión de Vuestra Señoría Ilustrísima, en la que me detuve tres días recibiendo muchos obsequios del padre Buyán. Desde que llegué, encontré mucho de que admirarme. Hasta esta ocasión no la había visto y solo oí hablar de ella desventajas, pero conocí claramente que sola la pasión había tenido parte en ellas. Después que me desengañé, rogué a los religiosos que dejaba en nuestras conversiones procurasen adaptar las prácticas que se observan en la conversión de Vuestra Señoría Ilustrísima y uniformar con ésta las que tienen a su cargo, si verdaderamente deseaban el adelantamiento de ellas[489].

En diciembre del año 1801 estuvo un breve tiempo en la misión de la Asunción el gobernador de Mojos Miguel Zamora. Se encontró solo con el padre Carrasco, «a quien traté más, porque entonces residía en la Asunta, asistiendo el otro en la Palma a los hacendados de coca, según la alternativa que acostumbraban, atendiendo a ambos objetos»[490]. Como lo habían hecho antes los visitadores Juan Ignacio Pérez y Justo Mariscal, también Miguel Zamora habló con mucho respeto y admiración sobre el padre Francisco Buyán, de quien supo que había tenido mucho éxito con su trabajo misionero en las misiones chiriguanas de la Cordillera, «donde entró de los primeros, con fray Francisco del Pilar, con aplicación constante a la lengua, que aprendió perfectamente, y en suma con admirable unión de excelentes cualidades»[491]. Sin embargo, notó en los dos misioneros que dirigían la misión cierto abatimiento, como si ya no se sintiesen capaces de dar un buen rumbo al proyecto de civilización y cristianización de los yu-

[489] Lacueva, 1799, fols. 162r-162v.
[490] Zamora, 1805b, fol. 212r.
[491] Zamora, 1805b, fol. 211r.

racarees: «Mucho era el desaliento con que oí explicarse a los dos conversores»[492]. Pero a pesar de este desánimo Francisco Buyán continuó en la misión de la Asunción hasta mayo del año 1803. Entonces ya no pudo más: «por hallarme casi imposibilitado por mis enfermedades; y viendo que se desenten[493], me salí por el mes de mayo, dejando al compañero Fr. José Carrasco en dicha reducción»[494]. El padre Buyán retornó a su convento de la Recoleta de Cochabamba[495]. No mucho tiempo después de la salida del padre Buyán, José Manuel Carrasco comunicó al obispo Moscoso que había decidido quedarse a cargo de la misión a más tardar hasta el mes de noviembre, «aparentando ser infructuoso su trabajo por la poca sujeción de los indios y por el tráfico que habían emprendido algunos sujetos, comerciando con ellos para sacar por drogas la pepita de cacao»[496]. Pero dejó la Asunción ya el 24 de agosto, «en que se entró a la provincia de Mojos de donde salió para Oruro o Arica por el mes de octubre siguiente»[497].

A don Ángel Mariano Moscoso le resultó incomprensible e insoportable que los dos misioneros tomaran la decisión, tan drástica, de abandonar su misión sin tomar de antemano contacto con él o al menos prevenirle de que su situación se había tornado muy difícil. No pudo creer que las enfermedades y la fatiga hubieran sido el motivo de tal decisión. Vio más bien manos negras tras de los acontecimientos:

> manos que se ocultan, pero han sido públicas para deprimir su mérito, persiguiendo sus obras, son las que tal vez han concurrido a la indiscreta deliberación de sus conversores, o sea por lo lisonjero de un sagaz influjo o por lo poderoso de una fuerza. Si aquél persuade con halago, ésta determina por miedo. Mucho antes se trató de sujetar y se sujetó por algún tiempo esta reducción a la dirección de otros religiosos, como arrojó el padre Buyán, hasta que la superior justificación de V. A., a mérito de un bien pulsado recurso de mi parte, se la mandó restituir. Y, ¿quién

---

[492] Zamora, 1805b, fol. 212r.

[493] No apuro el vocablo.

[494] Buyán, 1803, fol. 6r.

[495] Años más tarde el padre Buyán se incorporó en el colegio de Propaganda Fide de Tarata y en el capítulo guardianal del 7 de noviembre de 1818 fue elegido discreto.

[496] Arteaga, 1803, fol. 3v.

[497] J. Hernández, 1804, fol. 11r.

sabe si aquel mismo proyecto ha cooperado a aburrir a los dichos Buyán y Carrasco para que hayan tomado la resolución indicada[498]?

Ángel Moscoso había puesto su plena confianza en el padre Buyán cuando lo contrató para dirigir la misión de la Asunción y, a pesar de los dos abandonos que anteriormente había hecho de esta misión (el primero en 1788, que duró cuatro años; el segundo, en 1796, duró algo más de un año), había mantenido esta confianza. Es más, en el curso de los años había ido idealizando a este misionero y aún después del abandono del año 1803 mantenía claramente la convicción de que el padre Buyán era en todo sentido un misionero ejemplar e ideal. Me parece que en cierto modo este proceso de idealización del padre Buyán puede haber empezado ya en el año 1785, a un año de haberse encargado éste de la dirección de la misión de la Asunción, concretamente después de la visita que Moscoso hizo de la misión en aquel año; y que continuó durante la tercera visita de Moscoso en abril de 1786. El entonces párroco de Tarata debe haber proclamado en su pueblo con alta voz las grandes virtudes y cualidades de su misionero transmitiendo a los tarateños la imagen que él se había formado del padre Buyán. Así podemos entender que aquellos vecinos de Tarata a quienes Moscoso hizo convocar en octubre de aquel año 1786 para que contestaran las preguntas de su segunda encuesta, por más que hubiesen conocido personalmente al padre Buyán, aunque tal vez no en profundidad, dieron a la pregunta «si saben, les consta o han oído decir que el padre fray Francisco Buyán, doctrinero de la reducción, tiene aquellos naturales en subordinación, deseando su mejor conversión» una respuesta casi estereotipada.

> Que con motivo de haber estado muchas veces en aquella reducción sabe y le consta que el reverendo padre fray Francisco Buyán, su doctrinero, trata a aquellos indios con afabilidad y cariño y con el manejo prudente que acostumbra, los tiene sujetos a su obediencia[499].

> Que sabe y le consta que el reverendo padre fray Francisco Buyán, doctrinero de la reducción de Yuracarees, los trata a éstos con afabilidad y cariño y los tiene sujetos, prontos y obedientes a sus órdenes[500].

---

[498] Arteaga, 1803, fol. 4r.
[499] S. Aguilar, 1786a, fol. 95v.
[500] E. Villarroel, 1786a, fol. 97r.

Que sabe y le consta por las muchas y repetidas veces que ha estado el declarante en la misión de Yuracarees, que el reverendo padre misionero los trata con afabilidad y cariño a los naturales de aquella reducción, sujetándolos con modo a su obediencia[501].

Que el padre doctrinero fray Francisco Buyán tiene a aquellos naturales en mucha subordinación y se esmera en el aprovechamiento de sus almas instruyéndoles en la inteligencia de los misterios de nuestra santa fe[502].

Según Ángel Moscoso, esta imagen fue seria e intencionalmente dañada, primero por el padre Bernardo Ximénez Bejarano y después por los visitadores Ignacio Pérez y Justo Mariscal; y esto a instigación del intendente gobernador Francisco de Viedma.

Con respecto a las opiniones que el padre Ximénez vertió acerca del padre Francisco Buyán, dice el obispo Moscoso:

El P. Fr. Francisco Buyán, a quien ha debido su educación política y cristiana[503], es un idiota, un fatuo, un insolente; los indios se mantienen poco más o menos en degradación de su especie, a que los redujeron las costumbres bárbaras de su gentilidad[504].

Era menester eliminar cuanto antes al inútil padre Buyán de la misión de la Asunción y el método más eficaz era poner a su lado a un fraile duro y radical, de quien se sabía que fácilmente podía imponerse al manso misionero orureño.

Al arbitrio de desacreditar la reducción y al padre Buyán se añadió otro no menos reprensible, que fue el de exasperar la paciencia de este buen religioso, apurándolo hasta el extremo de romper por todo y abandonarla en manos de sus opresores. Tiene de este hecho V. A. una prueba sin réplica en los primeros pasos con que el comisario Bejarano señaló su gobierno. Se introdujo a la reducción de la Asunta; y no bien había puesto el pie en ella cuando dispuso quedase el padre Real en compañía de Buyán. [...] Conocía el padre Bejarano el carácter manso, apacible y desinteresado de Buyán y así pudo calcular con certeza que, siéndole inso-

---

[501] G. Montaño, 1786, fol. 98r.
[502] Vidal, 1786, fol. 99v.
[503] Es decir: la educación de los yuracarees de la misión de la Asunción.
[504] Á. Moscoso, 1804b, fols. 34r-34v.

portable la compañía de un inquieto y revoltoso, sacrificaría sus derechos y buscaría su sosiego en la ausencia de la reducción. Así lo hizo[505].

El padre Buyán asumió nuevamente la responsabilidad de la misión de la Asunción en febrero de año 1798: «Clamaron los indios por la vuelta de su antiguo conversor y se vieron los padres en la necesidad de restituir esta presa», dijo el obispo Moscoso en su carta reservada al presidente de la real audiencia de Charcas, del 3 de julio de 1804[506]. Pero la animosidad de los supuestos perseguidores hacia la persona del misionero no disminuyó: en mayo de 1799 Francisco de Viedma

> comisionó a su secretario y doméstico don Ignacio Pérez para que pasando a la Asunta tomase información sobre la inutilidad del padre Buyán y no tuvo embarazo para pedir ante V. A. su separación sobre el mérito de un documento que, a más de su nulidad por la incompetencia del juez, tenía el vicio insanable de la parcialidad[507].

Y también la visita en noviembre del mismo año 1799 del doctor Justo Mariscal, enviado por el obispo de Santa Cruz, tuvo, según Moscoso, la intención de desprestigiar al padre Buyán, y esto por encargo de Francisco de Viedma. Mariscal debía informarle al obispo (y a Viedma) que el misionero de la Asunta ya no era capaz de dirigir la misión y debía ser destituido.

Siempre según don Ángel Moscoso, también después de estas visitas del año 1799 y ante el hecho de que Francisco Buyán, junto con su compañero Manuel Carrasco, continuaba atendiendo la misión de la Asunta, sus opositores han seguido buscando medios para separarlo definitivamente de ella. Y esto por fin lograron en el año 1803:

> Todos estos antecedentes inducen a sospechar con mucho fundamento que, no habiendo desistido los padres de Propaganda, junto con el señor Viedma, de un intento que tiene por objeto una presa tan codiciada,

---

[505] Á. Moscoso, 1804b, fols. 35r-35v.

[506] Á. Moscoso, 1804b, fol. 35v.

[507] Á. Moscoso, 1804b, fol. 36r. Moscoso se refiere aquí al informe que Ignacio Pérez redactó para Francisco de Viedma después de haber realizado la visita (véase: Pérez, 1998 [1799a]). Lastimosamente no conocemos la carta que mandó Viedma, junto con este informe, al presidente de la audiencia.

han obrado de concierto para seducir el ánimo del padre Buyán, a fin de que desampare la reducción, como efectivamente lo ha hecho[508].

¿Tuvo razón el obispo Moscoso al acusar de una manera tan enfática al intendente gobernador Francisco de Viedma, al padre Bernardo Ximénez (y en general a los padres de Tarata[509]) y a los dos visitadores Ignacio Pérez y Justo Mariscal, de haber tenido decididamente el propósito de eliminar de la misión de la Asunción al padre Francisco Buyán? Los documentos de que disponemos no nos permiten dar una respuesta afirmativa a esta pregunta. Tal vez podamos relativizar un poco las mencionadas acusaciones. El comisario prefecto de misiones Bernardo Ximénez, durante su primera visita a la misión de la Asunción, invitó al padre Buyán a incorporarse en el recientemente fundado colegio de Propaganda Fide de Tarata y hacerse de esta manera compañero suyo, lo que sin duda indica que lo consideraba un elemento positivo para la labor misionera que el colegio debía realizar. Ignacio Pérez en ningún momento, es decir ni en el *Acta* de visita ni en el *Informe* que redactó después de la visita, sugirió la sustitución del padre Buyán. Elogió más bien la entrega de este misionero a la causa pero, reconociendo que para él solo era demasiado difícil atender bien esta misión, sugirió al gobernador Viedma ver las posibilidades para que fuese acompañado por otros sacerdotes. Justo Mariscal dijo, en el informe que entregó al obispo de Santa Cruz, que «habiendo estado siempre solo el padre Buyán, no podía emprender ni ejecutar cuanto era menester para los progresos de la mi-

---

[508] Á. Moscoso, 1804b, fol. 36v. En su alegato del 1 de junio de 1804 comenta Moscoso de la siguiente manera la salida del padre Buyán (y del padre Carrasco): «Con todo han seguido tales persecuciones y se han aplicado asechanzas de tan grande artificio que al cabo ha desamparado la misión, prefiriendo el servicio de cuaresmero en los curatos de Cochabamba, de suerte que, separado de la misma reducción el P. Fr. Manuel Carrasco, ha quedado abandonada al desorden, sin pastor, sin padre y sin maestro, que será un prodigio no haberse trastornado todos los principios de subordinación en que ya vivían, para que nos cueste no poco trabajo volver a ponerlos en orden» (1804a, fol. 27r).

[509] Con excepción de Francisco Lacueva que, como hemos visto, visitó la misión de la Asunción en diciembre de 1799 y ponderó positivamente la labor del padre Buyán: «Entonces Buyán es un operario advertido, prudente y amaestrado en el difícil arte de formar hombres y cristianos» (Á. Moscoso, 1804b, fol. 35r).

sión en lo temporal. Estos obstáculos han sido también la causa de privar sus adelantamientos en lo espiritual»[510]. Sin embargo

> el día de hoy se va experimentando el adelantamiento a esfuerzos del recomendable celo, prudencia, caridad y paciencia del reverendo padre fray Francisco Buyán, de que le doy en nombre de su señoría ilustrísima las más expresivas gracias, pidiéndole por las entrañas de Jesucristo continúe con igual fervor y celo en perfeccionar este nuevo edificio espiritual[511].

Finalmente, por lo que respecta a Francisco de Viedma, entre los muchos documentos que llevan su firma, solo hemos encontrado uno en que hace referencia explícita al padre Buyán, a saber en su decreto del 27 de junio de 1799, por medio del cual prohibió una nueva entrada a las misiones de Yuracarees de los padres Bernardo Ximénez, Domingo Real y José Pérez: allá habla de «los ningunos progresos que se han experimentado en lo espiritual y temporal, ya por la inacción y demasiada condescendencia del padre fray Francisco Buyán, conversor de la Asunta»[512]. Por lo demás, como veremos más adelante, Viedma rechazó rotundamente las acusaciones que el obispo Moscoso lanzó contra su persona.

2.13. Ángel Mariano Moscoso se deshace de su responsabilidad por la misión de la Asunción

Por medio de una carta fechada en Tarata el 14 de octubre de 1803, los frailes del colegio de Propaganda Fide representaron al obispo Moscoso «la deplorable suerte de su reducción, a fin de que procurase impedir su última ruina»[513]. Es muy probable que esta carta fuese entregada al obispo por el padre Hilario Coche de quien consta que en aquel mismo mes, al viajar a Buenos Aires, pasó por Córdoba y se entrevistó con don Ángel Moscoso. Éste dijo al padre Coche «que trataba de deponer su misión al cargo de los religiosos de este colegio»[514]. Sin embargo, el obispo no contestó la carta de los padres de Tarata y

---

[510] J. Mariscal, 1799c, fol. 58v.
[511] J. Mariscal, 1799a, fol. 52v.
[512] Viedma, 1998 [1799b], p. 83.
[513] J. Hernández, 1804, fol. 11v.
[514] J. Hernández, 1804, fol. 11v.

cambió de idea. Decidió solicitar a la real audiencia de Charcas asumir la responsabilidad por su misión y ponerla «bajo la dirección de un eclesiástico de probidad, que esté independiente de otra potestad que no sea inmediatamente la de este real acuerdo y en las funciones espirituales la de su respectivo prelado»[515].

El 11 de noviembre de 1803 José Mariano Arteaga, apoderado de Moscoso, entregó en La Plata un oficio a la real audiencia, en el cual formula la solicitud del obispo, mientras que al mismo tiempo revela los sentimientos y susceptibilidades de don Ángel en relación con el desamparo de su misión.

> Pero, si después de tantos años que fomenta esta misión, siempre su dedicación fue infatigable, en el día el mismo deseo que tiene de que se conserve y prospere hace que la ponga en manos y disposición de V. A., no porque se haya cansado su caridad ni extinguido aquel debido amor hacia esta su obra, tan del agrado de Dios y del mejor servicio del soberano, sí solo por la no esperada novedad que le ha ocurrido con la improvisa resolución que han tomado los dos religiosos conversores que en ella tenía asalariados[516].

Como de costumbre, los oidores de la audiencia pidieron el parecer del fiscal acerca de la solicitud presentada por el obispo Moscoso por intermedio de uno de sus apoderados. El fiscal, José López Lisperguer, reaccionó recién el 16 de enero de 1804. Indica en su oficio que le había llamado la atención que en la solicitud presentada por José Mariano Arteaga no se hable de cómo se va a mantener a los misioneros que eventualmente se puedan encontrar para hacerse cargo de la misión de la Asunción. Por otro lado, supone que don Ángel Moscoso, admitiendo que otros sacerdotes dirigirán su obra, no vaya a «alzar la mano de los socorros temporales con que han de sostenerse»[517]. Primero había que aclarar esta cuestión antes de tomar cualquiera otra decisión.

Esperando tal aclaración, la audiencia decidió mantener al padre Francisco Buyán de conversor en calidad de *por ahora*[518].

---

[515] Arteaga, 1803, fol. 4v.
[516] Arteaga, 1803, fol. 3v.
[517] López, 1804, fol. 9r.
[518] Ver Viedma, 1804b, fol. 12r.

Mientras tanto se había preocupado por el futuro de la misión de la Asunción también el padre Francisco Buyán. En una carta escrita el 31 de diciembre de 1803 en Cochabamba y dirigida al presidente de la real audiencia de Charcas indica que él mismo ya no se siente capaz para retornar a la Asunción, pero que ha encontrado a una persona que está dispuesta a asumir la dirección de la misión y que, además, tiene experiencia, porque trabajó antes en aquella región.

> Sé que Usted tiene orden del señor obispo para proveerla. Yo no hallo otro sujeto más a propósito que el dador de ésta [que] ha estado algunos años en dichas reducciones. El quiere ir allá y que le ordenen a título de dicha reducción, que, si se sigue, se logrará la conservación y adelantamiento de ella, por ser sujeto ya hecho y práctico del manejo de por allá, porque otro alguno estoy cierto que no permanecerá, que aunque Usted halle, será para poco tiempo, por no estar acostumbrado a las intemperies de aquella montaña. Y en el día no hallo otro arbitrio; y el sujeto tiene eficiente instrucción para recibir las órdenes, como lo manifestará el examen[519].

Lastimosamente el padre Buyán no indica el nombre de la persona encontrada por él, de modo que no sabemos de quién se trata[520]. Y la audiencia no reaccionó a su sugerencia.

A su vez, los padres del colegio de Propaganda Fide de Tarata también estaban interesados en que se encontrara pronto una solución para el problema que había suscitado el desamparo de la misión de la Asunción. Su primera preocupación era la influencia negativa que podían tener sobre los habitantes de las misiones de San José del Chimoré y San Francisco de Asís del Mamoré los yuracarees que, después de la salida de los misioneros, habían abandonado la misión de la Asunción y habían retornado a su vida montaraz. En una carta que los padres del colegio escribieron el 12 de abril de 1804 al intendente gobernador Francisco de Viedma, presentan una primera caracterización de lo que había sido la misión de la Asunción desde su fundación y el

---

[519] Buyán, 1803, fols. 6r-6v.

[520] Se podría pensar en Marcos Melendes, quien después de haber salido en el año 1800 de la misión de Nuestra Señora de la Asunción se integró en el convento de la Recoleta de La Plata. No parece posible pensar en el padre Tomás Anaya, porque en el año 1803 ya tenía 71 años de edad.

estado en que había llegado a encontrarse después de la salida de los padres Buyán y Carrasco.

Los indios de la expresada misión que, aunque reducidos a conversión desde el año de 1776, apenas tenían una muy superficial idea del cristianismo, y que siempre manifestaron una innata propensión a la libertad de sus bosques, ahora, dejados en manos de su consejo y abandonados al arbitrio de sus pasiones, han ido desertando, hasta que la misión ha quedado totalmente despoblada, retirándose, con propósito de no volver a reunirse, unos hasta la distancia de cuatro y cinco días de camino; y otros, aunque se han quedado más cerca, pero se han establecido en unos sitios inaccesibles por los ríos caudalosos que hay de por medio.

Componíase esta reducción poco más o menos de treinta y ocho familias, en que se contaba ciento setenta y nueve personas, las ciento veinte y seis bautizadas[521], y, excepto siete matrimonios, todos los demás celebrados según el rito cristiano, pero al presente, incurridos en el crimen de la apostasía, todos han vuelto a sus costumbres gentilicias […].

El sitio donde estuvo la misión se halla ya sin casa ni iglesia. Y sus ornamentos y vasos sagrados expuestos al temperamento excesivamente húmedo de aquellos parajes y a los infinitos insectos de que abundan y que todo lo talan y destruyen[522].

Reconociendo que los yuracarees que habitan las misiones del Chimoré y del Mamoré siguen también propensos a volver a su vida anterior más libre y sabiendo, además, que existen contactos entre ellos y los que han abandonado la misión de la Asunción, dicen los padres del colegio que «no será de extrañar que tarde o temprano tomen, si no todos, a lo menos algunas familias la determinación de abandonar sus reducciones»[523].

Finalmente, solicitan el guardián y los discretos del colegio a Francisco de Viedma que

se sirva resolver lo que tuviere por más conveniente así para reparar las ruinas de la misión de la Asunta, como para precaver el riesgo que corren las de nuestro cargo, cuyos acaecimientos en ninguna ocasión se nos

---

[521] Quiere decir que desde la visita de Juan Ignacio Pérez en mayo de 1799 la población de esta misión había disminuido considerablemente.

[522] J. Hernández, 1804, fols. 11r-11v.

[523] J. Hernández, 1804, fol. 11v.

deberá imputar, respecto a que con tiempo solicitamos se aplique el remedio oportuno[524].

Viedma mandó la carta de los padres del colegio de Tarata a la real audiencia, absteniéndose, por lo demás, de intervenir en el asunto.

José Mariano Arteaga, el apoderado de Ángel Moscoso en La Plata, le hizo saber a éste la cuestión que había planteado el fiscal de la real audiencia de Charcas. El obispo no reaccionó hasta el 1 de junio de 1804[525], dirigiendo una extensa carta al presidente de la misma audiencia. En esta carta llama la atención que no haga referencia explícita al abandono que hicieron los frailes Buyán y Carrasco de la misión de la Asunción. Don Ángel manifiesta que, debido a su estado de salud y edad, ya no se siente capaz de seguir asumiendo la responsabilidad por aquella misión, «que nunca pudiera abandonar, si mi edad, mis achaques, mi situación y mi estado no me hicieran temer que puede quedar huérfana antes de consignarla a la tutela del poderoso tribunal de vuestra audiencia»[526]. Por lo demás, él se compromete a seguir ayudando económicamente a la misión, tratando de la siguiente manera la cuestión que había abordado el fiscal López:

> Nada más quiero que su fomento y dichosos progresos, a cuyo fin consigno en poder de mi apoderado en esa don Francisco Paula Moscoso cuatro mil pesos fuertes sobre los productos del cacao y demás frutos de ella, para que V. A. se digne aceptarlos y disponer de todo según y como fuere de su superior agrado [...] y cuando se consumiere este capital de mi cesión, no perderá de vista las rentas de vacantes y bulas de cruzada como ramos que están destinados por repetidas reales cédulas para la conversión de infieles y gastos precisos de misiones, reservándome yo únicamente el derecho de implorar y oír el piadoso agrado de S. M. con solo el establecimiento perpetuo de una Misa solemne anual en el día de los

---

[524] J. Hernández, 1804, fol. 11v.

[525] «Como los penosos cuidados de mi dignidad me dejan muy pocos momentos de descanso para poder entender en negocios que no son propios de mi iglesia, solo ahora he podido imponerme en las representaciones que hizo a mi nombre el procurador José Mariano Arteaga en el Tribunal de V. A., poniendo en sus superiores manos, bajo la soberana protección de S. M., la reducción de yuracarees» (Á. Moscoso, 1804a, fol. 15r).

[526] Á. Moscoso, 1804a, fol. 32v.

Santos Ángeles Custodios para piadosa memoria de mi caritativo celo por el bien espiritual y temporal de los indios yuracarees[527].

Esta carta del obispo de Córdoba, de hecho, no es solamente una carta formal por medio de la cual solicita a la audiencia amparar la misión de la Asunción y se compromete seguir apoyándola económicamente. Es el testimonio de un hombre que en las vísperas del final de su vida se siente profundamente herido por aquellos que, según él, han criticado injustamente lo que considera la obra de su vida; y que no solamente la han criticado, sino han tratado de arruinarla. La carta es una vehemente defensa, un verdadero alegato de Ángel Mariano Moscoso contra sus supuestos adversarios.

La primera crítica, aun velada, de la obra de Moscoso data del año 1782, cuando él no había conseguido imprimir continuidad a la misión, por no encontrar misioneros capaces de identificarse plenamente con la difícil labor de reducción y cristianización de los yuracarees, así como de realizar su propia vida de manera constante y consecuente dentro de esa misión. Fue entonces cuando el obispo Alejandro Ochoa concibió la idea de la fundación de un colegio de Propaganda Fide en Tarata, justamente en aquel pueblo de Tarata del cual Moscoso era párroco, debido a «la falta de misioneros doctrineros idóneos para la enunciada misión de indios yuracarees»[528].

Más explícita ya fue la crítica que manifestaron los promotores de la fundación del mencionado colegio en 1790, cuando de hecho la misión de la Asunción se encontraba completamente abandonada por la ausencia del padre Francisco Buyán, quien había salido de ella dos años antes. Solicitados por el obispo Ochoa para apoyar la idea de la fundación del mencionado colegio, dijeron los vecinos del Valle de Cliza en su representación: «Fundado el proyectado colegio se conseguirá fácilmente el progreso que no se ha podido lograr en diez y seis años de la misión de Nuestra Señora de la Asunción de los indios yu-

---

[527] Á. Moscoso, 1804a, fol. 31r. Al final de su carta dice todavía el obispo Moscoso: «Permítame V. A. decir por último que no se debe extrañar el empeño que aquí he manifestado en la calificación de mis servicios al tiempo mismo que hago la dimisión de esta república amasada con la sustancia de mi casa y fermentada con el calor de mis anhelos, porque no quiero que ninguno crea que dejo de la mano un cuerpo inútil huyendo de la pensión de sustentarlo» (Ibídem, fols. 32r-32v).

[528] Carlos IV, 1994 [1792], p. 412.

racarees»[529]. El mismo obispo, en su propia representación, repitió este argumento, diciendo que la única reducción de indios yuracarees que existía por entonces en su diócesis «está sin el debido progreso en más de diez y seis años»[530].

La percepción de una falta de progreso en la misión de la Asunción, tanto a nivel temporal como a nivel espiritual, llegó a traducirse en la segunda mitad de los años 90 en una crítica más amplia, concretamente de parte de tres personas que hicieron visita a la misión, a saber el padre Bernardo Ximénez, fundador del colegio de Propaganda Fide de Tarata y su primer comisario prefecto de misiones, José Ignacio Pérez, enviado por el intendente gobernador Francisco de Viedma, y Justo Mariscal, comisionado por el obispo de Santa Cruz de la Sierra. A los tres hace expresa referencia don Ángel Moscoso en la carta que estamos analizando.

En el diario de su primera entrada, en septiembre de 1796, Bernardo Ximénez habla en términos bastante negativos de la misión de la Asunción: «La casa del padre misionero y la capilla se hallan en un estado bien deplorable»[531]. Particularmente en cuanto a «los progresos apostólicos hechos desde su fundación, es menester confesar su atraso»[532].

El visitador Pérez vio como causa principal de la falta de progreso de la misión de la Asunción la indolencia de los que la habían dirigido. Al comentar el hecho de que no se ha logrado la automanutención, dice: «lo que manifiesta claramente la indolencia con que se ha manejado esta reducción en los veinte y seis años que lleva desde su fundación»[533]. Y hablando del estado cultural en que se encuentran los yuracarees de la misión, dice:

con que venimos a parar en que estos infelices se hallan hoy después de tantos años de reducción tan bárbaros, ignorantes y pobres como al principio. Y no se debe atribuir todo esto a su ignorancia, porque, como he

---

[529] Estado Secular, 1790, fol. 6.
[530] Ochoa, 1790a, fol. 20.
[531] Ximénez, 1796b, fol. 125v.
[532] Ximénez, 1796b, fol. 126r.
[533] Ximénez, 1796b, fol. 126r.

dicho, hilan y tejen el algodón primorosamente, sino es a la indolencia con que se les ha tratado[534].

La causa principal del lamentable estado en que se halla esta misión es sin duda, haber estado lo más del tiempo desde su fundación a cargo de un solo religioso, como es el actual reverendo padre fray Francisco Buyán, que por su avanzada edad y achaques no puede contraerse con la eficacia que es indispensable a instruir diariamente en todos estos principios a tantos indios que tiene a su cargo, por más que lo desee su cristiano celo y religioso modo de pensar[535].

Al inicio de su informe de visita al obispo de Santa Cruz, Justo Mariscal hizo el siguiente comentario:

Lo cierto es que así ahora como antes de haber entrado los padres de Propaganda Fide, ha estado esta misión muy a los principios, así en lo espiritual como en lo temporal, a pesar del largo tiempo de esta empresa, de los crecidos gastos de su ilustrísima, de las inmensas fatigas del padre misionero y de las bellas proporciones que ofrecen la ubicación y fertilidad de los terrenos[536].

Tenemos que añadir aquí también el testimonio que dio en 1805 el entonces ex-gobernador de Mojos Miguel Zamora. Al venir de España a comienzos del año 1792 había pasado por Córdoba del Tucumán y allá se había encontrado con Ángel Mariano Moscoso. Éste le había presentado una imagen muy positiva de su misión. Habla Zamora en su testimonio «de la agradable pintura que me hicieron de ella al venir de España y tránsito por el obispo de Tucumán»[537]. En diciembre del año 1801, pasando de Mojos a Cochabamba, estuvo en la Asunción y encontró esta misión en un estado totalmente diferente de lo que se había imaginado.

Ciertamente que al considerar una reducción de veinte y tantos años que no parecía sino haberse iniciado la semana anterior, tan a los principios en lo espiritual como en lo temporal [...]. Una capilla en el nombre y en realidad un gallinero abierto por todas partes y mal cubierto de

---

[534] Pérez, 1998 [1799b], p. 64.
[535] Pérez, 1998 [1799b], p. 63.
[536] J. Mariscal, 1799b, fol. 57v.
[537] Zamora, 1805b, fol. 209r.

hojas de palma, un altar indecente sin forma de retablo, un frontal mal pintado, una imagen de la Asunta que por su desaseo alejaba la devoción, sobre unas iguales andas, dos o tres ornamentos muy destrozados y viejos; y por este término todo lo demás destrozado y por conclusión del miserable inventario, un atril y campana de que surtió Mojos cuando era gobernador don Lázaro de Ribera, era cuanto existía. Y una sacristía parecida a una porquería, donde los dichos ornamentos, dos vasos sagrados, dos misales y un par de vinajeras se custodiaban en un viejo armario o caja desgoznada. Por el mismo estilo eran las casas de los conversores, aunque con la ventaja de altas; y las de los pobres indios pocas y malas, abiertas como la capilla y rodeadas de maleza y de espeso monte, que parecía no haberse jamás abierto. Nada exagero de aquel umbroso bosque, más propio para habitación de fieras, que de hombres los más salvajes. Y sí, esto debe contristar, pero era lo formal de aquella reducción, porque un rosario mal rezado y de poco concurso, una Misa algunos días, además de los festivos, una doctrina y rezo escaso y de carrera, con pocos hombres, algunas mujeres y no gran número de muchachos, y de éstos una pobre escuela en que no entendían lo que deletreaban y leían, es en compendio a lo que estaba reducido el pasto espiritual e instrucción al cabo de tantos años[538].

[538] Zamora, 1805b, fols. 209v-210v. Esta apreciación negativa de la misión de la Asunción, escrita más de un año después del fallecimiento de don Ángel Moscoso, sin duda no le hubiera gustado a éste, en caso de que hubiera podido leerla. A comienzos de junio de 1804 estaba absolutamente convencido de que Miguel Zamora era la persona más indicada para dar un testimonio positivo sobre su misión. Por eso pidió a la real audiencia de Charcas convocar al ex-gobernador de Mojos para que diera un informe acerca de la Asunción: «Tiene V. A. en esta corte al señor gobernador de Mojos don Miguel Zamora después de haber residido meses en mi pueblo de la Asunción. Todo lo ha visto, ha examinado las proporciones del país y puede calcular mejor que nadie los adelantamientos que promete aquel fecundo territorio, expresando con honor y conciencia lo que hubiere presenciado acerca de la enseñanza de la doctrina y progresos de aquellos naturales en agricultura y civilización» (Á. Moscoso, 1804a, fol. 32r). Por lo demás, Miguel Zamora no solamente dio un testimonio negativo acerca de la misión de la Asunción, sino también de la de San José del Chimoré, en la cual se vio forzado permanecer unos dos meses en 1801: «diré a V. A. que, si a la Asunta la encontré en el triste estado que he referido, así en lo espiritual como en lo temporal, peor era esta otra reducción, en que no había instrucción de adultos ni de párvulos, reduciéndose todo a una Misa a la aurora los días festivos y algunos sábados el Rosario; la capilla y ornatos desaseados y en extremo indecentes y el manejo y conducta de los misioneros no tan entregado como el de

En diferentes partes de su larga carta, Ángel Moscoso repasa los juicios negativos acerca de su obra y, al mismo tiempo, ponderando también el hecho de que otros han sabido apreciar lo que él había realizado, va constantemente a la defensa. Primero se presenta a sí mismo ante el presidente de la audiencia:

> Me considero el único descubridor, pacificador y poblador de aquel país, el protector de sus infelices habitantes, el tutor de su educación política y cristiana y el primer autor de su civilización. No he perdonado desvelo alguno desde ahora veinte y ocho años por el honor de la humanidad y de la religión. He sacrificado generosamente mis intereses y aun mi salud en cuatro expediciones personales que emprendí para ver y tocar con las manos la tierra que intentaba poblar, por tal de no exponerme a las ilusiones que suelen producir las descripciones de los viajantes aventureros[539].

Luego da una amplia descripción de las Montañas de Yuracarees, de sus bondades naturales y de las posibilidades que ofrece para el desarrollo de la agricultura y la ganadería, para concluir diciendo:

> todas estas envidiables conveniencias de la naturaleza estuvieron ocultas entre la espesura de los bosques cerca de tres siglos, con la desgracia más sensible de haber vivido por otro tanto tiempo sepultado en la barbarie los miserables salvajes de aquella comarca, a pesar de las más bellas disposiciones que han reconocido en el espíritu de todos ellos después de pacificada la tierra[540].

Ángel Moscoso se jacta de cuatro grandes méritos que acumuló desde el momento en que se comprometió junto con su hermano a abrir nuevamente las Montañas de Yuracarees: la reducción y cristianización de los yuracarees, la reapertura del camino, el descubrimiento de la comunicación entre Cochabamba y Mojos y el establecimiento de haciendas.

---

los otros, sino arreglado a un punto que la decencia no permite describir» (Zamora, 1805b, fol. 218v).

[539] Á. Moscoso, 1804a, fols. 15v-16r.

[540] Á. Moscoso, 1804a, fol. 19r.

Por lo que respecta a lo primero, contrariamente a la evaluación negativa de otros, como acabamos de ver, considera positivo el resultado de la labor realizada por los misioneros:

Todo se ha logrado mucho más allá de lo que podía esperarse de tan débiles principios. Se formó la reducción con una capilla decente y espaciosa, casas parroquiales, caserías para las familias, con las demás comodidades que podía necesitar aquella sociedad recién naciente. [...] Creció hasta el número de cuatrocientas personas, bajo una disciplina muy bien establecida, que después de hacer amable al misionero adelantó en poco tiempo la educación cristiana y política de todos los indios reducidos [...]. En los inventarios que hicieron aquellos visitadores consta hallarse surtida la iglesia con suficiente número de ornamentos muy decentes, a los que he agregado posteriormente otros más de igual clase, con muchos muebles, que entonces ya existían, utensilios de casa y labranza y varios repuestos necesarios para la conservación del pueblo.

Hay plantaciones muy extensas de plátanos, coca, yucas y cacao, hasta el número de más de mil árboles frutales, fuera de otros más tiernos que se hallaban sin sazón para cosecha[541].

En cuanto al camino, «se hallaba ya ciega casi enteramente la senda del señor Herboso y tomamos el empeño de renovarla y talar la montaña a fuerza de muy crecidos gastos»[542]. Y con la apertura definitiva de una senda segura se descubrió también el camino para comunicar Cochabamba con Mojos: «Así mismo se me debe el descubrimiento de esos grandes ríos capaces de navegarse y de unir con la navegación por ellos las provincias más distantes de Mojos y sus confinantes»[543].

Y por lo que respecta a su cuarto mérito, dice Moscoso:

Vivo con la satisfacción no solo de haber levantado el estandarte de la fe haciendo conocer en las sombras de la gentilidad de los yuracarees el paternal amor y majestuoso poder del rey, sino también de haber conseguido con mi ejemplo que se poblasen muchísimos lugares desiertos que hoy sirven de haciendas lucrativas a varios vecinos de Cochabamba en el ramo de coca, asegurando con este cordón de poblaciones la nueva fron-

---

[541] Á. Moscoso, 1804a, fols. 20r-21r.
[542] Á. Moscoso, 1804a, fol. 19v.
[543] Á. Moscoso, 1804a, fol. 28v.

tera de aquel distrito para lustre y distinción del curato de Arani, a cuyo territorio se ha agregado esta nueva vecindad con el título de tenientazgo o ayudantía de parroquia[544].

Como conclusión de su alegato, dice Moscoso:

Debo gloriarme con el apóstol San Pablo de todas las tribulaciones que he sostenido en las obras de Dios. Bendigo mis pasos dolorosos por la alegría que ha resonado en el cielo por la salvación de tantos gentiles idiotas; y me congratulo de ver fructificando para la iglesia y para el rey una viña que planté por mis manos en campañas incultas de la gentilidad que, aun cuando [...] fuese únicamente sociedad grosera y todavía de costumbres resentidas de toda barbarie, siempre sería un tesoro más estimable que los minerales de oro para el agrado del soberano, porque al cabo son hombres capaces de bautismo y de los demás sacramentos, viven ya en sociedad, oyen doctrina, aunque no aprovechasen todo lo que se desea; y sirven como un almácigo, de donde se puede recoger plantas muy saludables para la formación de una república bien disciplinada, después que se ponga en orden la escala de las virtudes y de los placeres mal sazonados de aquella comunidad infeliz[545].

Sin embargo, reconoce el obispo de Córdoba que, debido a la distancia en que se encuentra de la misión de la Asunción, no ha podido estar al tanto de todo lo que pasa allá y que, de haber estado más cerca de ella hubiera podido contribuir mejor a su progreso:

He conseguido todos mis fines, he trabajado como nadie, según decía San Pablo, y mi situación, en la solicitud de esta distante iglesia [de Córdoba], no me permite conocer todos los males ni procurar todos los remedios para aquella mi amada reducción, que sin duda hubiese sido más bien atendida si no me ausento de esta distancia[546].

---

[544] Á. Moscoso, 1804a, fol. 21v. Resumiendo sus méritos dice todavía Moscoso: «En suma, puedo gloriarme de que he puesto a los pies de nuestro amable soberano hombres civilizados, tierras cultivadas, ríos navegables y todo género de proporciones que tal vez no pudieron merecer muchos de los antiguos conquistadores» (Ibídem, fol. 28v).

[545] Á. Moscoso, 1804a, fols. 22v-23r.

[546] Á. Moscoso, 1804a, fol. 30v. También en una carta al virrey de Buenos Aires, Moscoso reconoce que no se ha logrado todavía en su misión la situación ideal: «Si no es tan floreciente que no exija en adelante la mano de un diligente operario, a lo

Es la defensa del obispo Moscoso. Pero dentro de ella hay otra dimensión, la de la acusación. Don Ángel acusa al intendente gobernador Francisco de Viedma y al padre Bernardo Ximénez Bejarano de
haber concebido el plan de quitarle su misión y pasarla a la jurisdicción del colegio de Propaganda Fide de Tarata. De hecho, la idea no
era nueva: ya en 1790, cuando la misión de la Asunción se encontraba acéfala por la ausencia del padre Buyán, y el cura Moscoso, aparentemente por estar muy ocupado en la preparación de su paso a
Córdoba para su ordenación episcopal y la toma de posesión de su
diócesis, Francisco de Viedma, en su recomendación al rey para la fundación de aquel colegio, había sugerido que en caso de fundarse efectivamente aquella misión pudiese ser atendida por los misioneros de
Propaganda:

> Y en la cordillera de los Nuevos Yungas denominada Yuracarees, in-
> mediata al pueblo de Totora, hay otro [pueblo] de indios infieles de esta
> nación que están pidiendo sacerdote y, por falta de obreros evangélicos,
> no se ha podido ocurrir a esta necesidad. Todo estará socorrido con el
> establecimiento del colegio que solicita el reverendo obispo[547].

La situación en el año 1796, empero, era distinta: la misión se encontraba, según Moscoso, en una situación floreciente y con muy buenas perspectivas para el futuro, y así se convirtió en una presa codiciable.

> Se previno así esta mina bien cargada para que prendiese fuego el go-
> bernador de Cochabamba, el que remitió al superior gobierno de Buenos
> Aires la representación del padre Bejarano clamando por el remedio de
> los males que ellos mismos aparentaban, deseando no la curación sino el
> estrago de mi reputación y de mi mérito.
> Fue el caso que al pasar por mi pueblo de la Asunción calculó erra-
> damente muchas más plantas de cacao de las que en realidad existían[548]
> y concibió la idea de sostener el nuevo colegio con el producto de solo
> el chocolate, siempre que se le agregase la reducción de los yuracarees. Y

menos tiene bastante para que por todos sus respectos se considere como digna de la
más seria atención» (Á. Moscoso, 1799a, fols. 148v-149r).

[547] Viedma, 1790, fol. 32.

[548] En un documento de 1797 Ximénez habla de «cinco mil y más plantas» (1909
[1797], p. 210).

con este intento hizo pinturas horrorosas contra Buyán, contra los indios y contra aquel establecimiento; y por verse desesperando de todo remedio arrojaba de mi casa a este enfermo por incurable para rehacerla ellos y partirse entre todos de la pingüe herencia que figuraban poco menos que una mendicidad lamentable.

El padre Real conoció el engaño de sus ilusiones y por salir de aquel retiro empezó a disgustar a los indios con azotes y malos tratamientos, cortándoles las plantas de cacao y aun los naranjos con prohibición expresa de poderlos renovar, hasta llegar a punto de talar todos mis plantíos para trabajar chocolate con que hacer obsequios a los poderosos que deseaba complacer[549], conociendo de que, ocupando a la reducción el descontento general, desampararían sus casas remontándose en los bosques, de donde sería fácil recogerlos otra vez para formar otra nueva reducción después de arruinada la mía[550].

Termina don Ángel Moscoso su largo alegato con estas sentidas palabras:

---

[549] En otra parte de su carta Moscoso, hablando de la buena producción que daban sus árboles de cacao, dice: «Sirviendo de prueba incontestable de mis afanes para el cultivo de esta costosa y exquisita planta tres cajones de cacao excelente que sacó furtivamente el misionero fray Domingo Real, de acuerdo con el padre comisario fray Bernardo Ximénez Bejarano, para que el señor gobernador don Francisco de Viedma, amigo íntimo y coligado con los dos, obsequiase a varios señores de Buenos Aires, remitiendo en su propio nombre uno de los cajones al señor ministro de gracia y justicia don Gaspar de Jovellanos, como procurando así un testimonio de sus desvelos en unos nuevos descubrimientos, buscando por sorpresa un golpe de fortuna en desaire y acaso con descrédito de los afanes y desembolsos opulentos que fundan el derecho que tengo para reputarme por único acreedor legítimo del soberano agrado de S. M. en consideración de estos servicios extraordinarios» (Á. Moscoso, 1804a, fols. 21r-21v). En una carta de febrero de 1799, Moscoso habló ya de este obsequio y comentó: «El destino no puede ser más noble, más conveniente, ni más conforme a mi intención. Si una negligencia genial por todo aquello que se dirige a acreditar el mérito personal, pudiese desampararme alguna vez, no hubiese omitido esta obsequiosa demostración en que se interesaban a un mismo tiempo el bien de la misión, el respeto al rey y sus ministros y mi propia reputación, pero al paso que me es tan grata la aplicación que se ha hecho de estos frutos, no he podido llevar con paciencia que sobre mis afanes labren su mérito los enemigos del mío y los expoliadores de la misión» (1799a, fol. 148r).

[550] Á. Moscoso, 1804a, fols. 23v-24v.

Tengo injustos rivales, que a mi propia frente han tenido valor de querer destruir mi mérito. Confieso con san Pablo que quisiera más bien morir primero que ver usurpada la gloria que he negociado para el Reino de Dios. Ahora viviré contento. Ya no soy yo sino V. A. el único protector y defensor del pueblo de la Asunción de Yuracarees. No sufrirá ya las intrigas y tramas con que tanto se le ha perjudicado, especialmente en estos últimos tiempos desde el establecimiento en el pueblo de Tarata de los padres de Propaganda, a los que por fines particulares ha querido aquel señor gobernador hacerse dueño de él y de los abundantes y especiales frutos que produce y prometen sus terrenos. Callará la envidia por fuerza y yo descansaré tranquilamente para dirigir mi iglesia y repetir mis votos al cielo por la prosperidad de todos los establecimientos de estas provincias, pues, aunque se traslucen disposiciones odiosas que no descansan de repetir invectivas contra mi mérito, la superioridad del Tribunal no podrá menos que despreciarlas por vagas e infundadas y todas ellas tiradas a puro bulto sin determinación de hechos, ni aun con apariencia de verosimilitud[551].

Un mes después de haber enviado a La Plata su vasto alegato, como si no hubiera dicho ya todo lo que le pesaba en el alma, Ángel Moscoso se sintió impulsado a dirigirse nuevamente al presidente de la real audiencia de Charcas:

Aunque con fecha de 1º del pasado junio dirigí a V. A. representación sobre asuntos relativos a mi reducción de la Asunta en los Yuracarees, me ha sido inevitable segregar de ella ciertos puntos para tratarlos en ésta con la reserva que exigen por su naturaleza y que parece muy conducente a prevenir los artificiosos conatos con que mis émulos han tomado por empeño oscurecer la verdad[552].

En esta carta reservada Moscoso repite las acusaciones que ya había expresado en su carta del 1 de junio, pero se extiende en la inculpación dirigida hacia el intendente gobernador Francisco de Viedma, añadiendo a su supuesta participación en los hechos de finales del año 1796, relatados en la primera carta, su actuación en relación con las visitas a la misión de la Asunción de José Ignacio Pérez y Justo Mariscal en el año 1799.

---

[551] Á. Moscoso, 1804a, fols. 32v-33r.
[552] Á. Moscoso, 1804b, fol. 34r.

No podían ignorar estos religiosos [de Tarata] que era muy débil su poder para superar un empeño que se tenía en oposición a la razón y a las leyes mientras no se apoyase sobre un poderoso valedor. Lo tenían muy seguro en el señor Viedma, quien, ya por representar servicios bajo los planes que ideó su fantasía por continuar sus antiguas rivalidades, se declaró un decidido protector de estas injustas pretensiones. Su empeño siempre ha sido rebajar mis méritos y hacer que recayese mi reducción en manos de estos religiosos, cuya dependencia le prometía ventajosos resultados[553].

Indica entonces Moscoso que Francisco de Viedma mandó a José Ignacio Pérez a realizar una visita oficial a la misión de la Asunción, no para hacer una evaluación objetiva del estado en que se encontraba esa misión, sino para presentar un juicio negativo acerca del misionero Francisco Buyán con la finalidad de conseguir su sustitución y la entrega de la misión a los padres del colegio de Propaganda Fide. Moscoso, habiéndose enterado del *Informe* de la visita de Pérez e interpretándolo como redactado en perjuicio de su obra, se sintió cohibido para actuar personalmente y tomar cartas en el asunto: «Por mi parte poco podía hacer a beneficio de la verdad en una distancia a que mis influjos llegaban retardados y con lentitud»[554]. Decidió solicitar la ayuda del obispo de Santa Cruz, pidiéndole mandar a la Asunta una persona de confianza que con verdadera objetividad pudiese realizar una inspección de esa misión. El obispo, como hemos visto, atendió favorablemente la solicitud de su colega de Córdoba, pero resultó que, según Ángel Moscoso, el delegado del obispo era él también un coligado del gobernador Viedma.

Con todo pedí al ilustrísimo señor don Manuel Nicolás Rojas, obispo que fue de Santa Cruz, mandase un comisionado a la reducción de la Asunta quien, a presencia de los hechos que se intentaban disfrazar, le informase con justificación y contuviese las animosidades de tantos como se habían conspirado contra este indefenso establecimiento.

Este paso, que debía redundar a favor de la justicia, acaso fue el que más la oscureció, porque dirigido el señor Rojas por las inspiraciones del

---

[553] Á. Moscoso, 1804a, fol. 36r.
[554] Á. Moscoso, 1804b, fol. 35r.

señor don Rafael de la Vara[555], el que en aquel tiempo, como saben todos, mandaba y proveía de su arbitrio, dispuso éste las cosas de manera que esta diligencia coadyuvase a las intenciones de su amigo, protector y confidente, el señor Viedma.

Dos hechos comprueban la coligación del comisionado, que lo fue el doctor don Juan Justo Mariscal. El uno es que hallándose a su entrada el P. Fr. José Manuel Carrasco de compañero de Buyán y habiendo tratado con él negocios que demandaban secreto[556], según me lo expuso en carta de 11 de diciembre de 1799, con todo declama [Justo Mariscal] en su informe al prelado sobre la falta de sujeto que le ayudase a llevar el peso de sus fatigas. El otro es que, evacuada la información de su encargo, no obstante de haber visto al prelado y habládole de su contenido, no la puso en sus manos y se pasó el día siguiente a Cochabamba, como aparece en la carta de este prelado de 15 de noviembre de 1799[557]. ¿Y quién se persuadirá que llevó la información a manifestarla sin duda al señor Viedma? Lo cierto es que el comisionado era íntimo coligado suyo y del señor Vara[558].

En cuanto a los padres del colegio de Tarata, más explícitamente respecto del padre Ximénez, ya había afirmado en 1799:

Las operaciones de estos religiosos hacen sospechar que los ochocientos pesos anuales con que doté al conversor y el producto del considerable cacagüetal de que poco antes hice mención, eran todo el motivo de ese celo, que no debía tener otro objeto que la gloria de la religión y de la humanidad. Por más que el comisario haya procurado encubrir sus intenciones, las ha manifestado el suceso. Si bien no pudo lograr apoderarse de los indicados ochocientos pesos, a lo menos consiguió apropiarse de los productos del cacagüetal que se hallaban prontos y en sa-

---

[555] Rafael de la Vara y Madrid era por entonces provisor de la diócesis de Santa Cruz de la Sierra.

[556] Se trata de la investigación que debía hacer el visitador acerca de la conducta de los padres del colegio de Propaganda Fide de Tarata. Dice al respecto el padre Carrasco en su carta del 11 de diciembre de 1799: «[El visitador] no pasó al Chimoré, pero me comunicó en confianza traía orden de su ilustrísima para tomar información secreta de los procedimientos de los padres de Propaganda, así de esta misión, como de la de Chimoré, lo cual iba muy conforme con lo operado por don Ignacio Pérez, aunque algunas cosas más que dicho Pérez omitió, o ya por sucias y feas, o ya por respetos humanos» (Carrasco, 1799, fol. 161v).

[557] Ver M. Rojas, 1799c.

[558] Á. Moscoso, 1804b, fol. 36v.

zón; y sin duda creyó le pertenecían como legítimos frutos de la industria con que expelió a Buyán[559].

En realidad, las acusaciones son un poco confusas. Por un lado afirma Ángel Moscoso que los padres del colegio de Tarata, con claro apoyo del gobernador Viedma, quieren adueñarse de su misión, principalmente porque es «una presa codiciable» y desean también obtener el dinero que el obispo se había comprometido a dar anualmente; para conseguirlo hacen campaña de desprestigio contra el misionero Francisco Buyán. Por otro, afirma también que esos religiosos han querido arruinar su misión, sacando gente de ella para fundar otra y trasplantando los retoños de cacao para dar futuro económico a la nueva reducción.

¿Cuál es el valor de estas acusaciones? ¿Cuál la verdad en esta historia? De los acusados solo conocemos la reacción de Francisco de Viedma. El padre Bernardo Ximénez no debe haberse enterado ya de las cartas del obispo Moscoso, porque en el año 1800 desapareció del escenario de los hechos. Los visitadores Pérez y Mariscal, después de haber realizado su misión, desaparecieron igualmente de ese escenario. Francisco de Viedma, de hecho, ya antes de escribir don Ángel Moscoso las dos cartas que acabamos de analizar, había negado rotundamente cualquier culpa que Moscoso le imputara años atrás, en un oficio del 15 de abril de 1804 al presidente de la audiencia de Charcas, en el cual se excusa de ocuparse de la continuidad de la misión de la Asunción después del abandono que habían hecho de ella los padres Buyán y Carrasco.

> Como el reverendo obispo de Córdoba del Tucumán ocurrió a ese superior general en el año pasado de 799 con un sangriento informe[560], suponiendo hechos contra mi conducta por fines inicuos y detestables que jamás he pensado, haciéndome autor de los procedimientos del comisario prefecto, que en aquel entonces lo era fray Bernardo Ximénez Bejarano, para separar al prelado del dominio y dirección de la misión, ni puedo ni debo tomar la menor providencia en el asunto[561].

---

[559] Á. Moscoso, 1799a, fols. 147r-147v.
[560] Ver Á. Moscoso, 1799a.
[561] Viedma, 1804c, fols. 13r-13v.

Y al final del mismo oficio dice:

> Desde ahora me inhibo de entender en asunto que toque directa o indirectamente con dicha reducción por los justos motivos que a ello me obliga de quitar a su fundador todo pretexto de recelo o sospecha que tizne mi honor y conducta[562].

Además, indica el gobernador intendente de Cochabamba que el fiscal del virreinato, habiendo evaluado la representación de Ángel Moscoso a que acaba de hacer referencia, determinó que «mientras el reverendo obispo de Córdoba no remita los documentos que ofrece[563], no puede sentarse dato fijo de lo sucedido ni por consiguiente providencia segura»[564]. Y aparentemente Moscoso nunca presentó tales documentos.

Por más que Ángel Moscoso no aborde este tema en ninguna de las cartas en las que lanza sus acusaciones, nos parece oportuno hacer también la pregunta sobre si los religiosos del colegio de Tarata pensaban tener derecho en sentido jurídico de la misión de la Asunción. La única respuesta al respecto la encontramos en el contexto de la primera visita de Bernardo Ximénez a esa misión, en septiembre del año 1796. En el diario de esa primera entrada leemos: «Aunque esta reducción no está al cuidado del R. P. prefecto, determinó S. P. que se estableciese en ella el P. Fr. Domingo Real, junto con el P. Fr. Francisco Buyán»[565]. Esta afirmación contrasta con lo que el padre Buyán escribió más tarde en dos oportunidades al obispo Moscoso. En una carta del 15 de enero de 1797 leemos: «el padre comisario fray Bernardo Bejarano [...] me dijo que Su Majestad le había encomendado todas las misiones pertenecientes al obispado, sin reserva de ésta»[566]; y en una carta del 15 de mayo de 1797 al mismo obispo dice

---

[562] Viedma, 1804c, fol. 14r.

[563] Al final de su representación dijo Moscoso: «Llegará ocasión en que haga ver al comisario la falsedad a que extiende sus informes y papeles» (1799a, fol. 149r).

[564] Viedma, 1804c, fol. 13v. Es Viedma quien cita del parecer del fiscal. No hemos encontrado el documento.

[565] Ximénez, 1796b, fol. 126r.

[566] Buyán, 1797b, fol. 7v.

Buyán que los nuevos misioneros le habían dicho que «por una real cédula les encarga Su Majestad dicha misión a su colegio»[567]. Francisco Buyán no cuestionó esta indicación. Firmó, como él mismo dice, un documento de entrega de la reducción: «y en esta suposición me dejó [el padre Ximénez] un religioso diciendo que para mi compañero, a quien entregué el pueblo por memoria firmada de los dos»[568].

Sin embargo, parece que ni el mismo padre Buyán ni los padres del colegio tomaron este supuesto traspaso de la misión de la Asunción a la jurisdición del Colego de Propaganda Fide como un hecho. Por lo que respecta al padre Buyán, según su propio decir, propuso «muchas veces» al obispo de Córdoba entregar la misión a los misioneros de Propaganda[569], pero no hace referencia a la real cédula de la fundación del colegio de Tarata de 20 de noviembre de 1792 para insinuarle al obispo que aquellos frailes tienen derecho de administrar la misión que fundaron los hermanos Moscoso.

Lo mismo vale para el comisario prefecto Ximénez y para los franciscanos de Tarata. El 6 de abril de 1797 Ximénez entregó al intendente gobernador Viedma una representación, en la cual sugiere que la misión de la Asunción pase a la jurisdicción del nuevo colegio. Viedma mandó esta representación del padre Ximénez junto con una carta suya al virrey de Buenos Aires. Con fecha 24 de mayo el virrey, a su vez, mandó un oficio al obispo Moscoso, solicitando su parecer sobre un eventual paso de la misión de la Asunción al colegio de Tarata: «para que, en vista de lo que ambos exponían sobre si era de mi agrado se agregase a este colegio la reducción de la Asunción de Yuracarees, fundada y dotada a mis expensas, le informase sobre lo que

---

[567] Buyán, 1797c, fol. 8r. Se lee «les encarga Su Majestad pertenecía dicha misión». He eliminado «pertenecía», seguramente añadida por distracción.

[568] Buyán, 1797b, fol. 7v. El padre Tomás Anaya en una declaración dada el 31 de julio de 1797 en Chuquisaca confirma esto, diciendo que las relaciones entre los dos franciscanos se deterioraron pronto «después de haberse entregado esta misión por el referido padre Buyán al reverendo padre fray Domingo Real» (1797b, fol. 141r). Y en 1798 declaró el portugués Bento Rodrigues, quien frecuentaba constantemente las Montañas de Yuracarees, que él había sido testigo de cómo el padre Ximénez «nombró y colocó a fray Domingo Real quedando éste de misionero, y el reverendo Buyán quedó sujeto a aquél» (Rodrigues, 1798, fol. 144v).

[569] Ver Buyán, 1797b, fol. 7v.

se me ofreciese en el particular»[570]. Lastimosamente no conocemos ni la representación del padre Ximénez, ni las cartas de Viedma y del virrey, pero parece claro que en ninguna de ellas se hace referencia a la real cédula fundacional. Después de que la misión de la Asunción quedó acéfala, habiéndola abandonado los padres Buyán y Carrasco, los frailes del colegio de Tarata hubiesen querido tomarla a su cargo y empeñarse en volver a reunir a los yuracarees fugitivos, pero por dos motivos se veían inhibidos a hacerlo:

> por una parte el fundado temor de que los religiosos que se destinasen a este efecto serían tratados en los tribunales como unos conversores intrusos y, cuando hubiesen logrado su trabajo, se les separaría de la misión para entregarla a quienes indolentemente la dejasen perder, como ya sucedió en otra ocasión[571]; y por otra parte se halla el colegio sin los auxilios precisos para una empresa semejante[572].

Precisamente la mención de los tribunales que podrían objetar la toma de posesisón, por parte de los franciscanos de Tarata, de la misión de la Asunta indica que aquéllos no pretendían tener derecho a la misma.

Finalmente, el mismo Ángel Móscoso siempre consideró la misión de la Asunción como una propiedad suya y no estaba dispuesto a entregarla al colegio de Propaganda Fide. Rechazó la reiterada propuesta del padre Buyán de hacer esa entrega. En cuanto a la sugerencia que hizo el padre Ximénez en el año 1797 de pasar la misión a su jurisdicción, Moscoso la rechazó con vehemencia hablando de «los principios fraudulentos de este detestable proyecto»[573]. Y cuando en octubre de 1803 se vio obligado deshacerse de la responsabilidad de la misión que había fundado junto con su hermano, en ningún momento pensó pedir a los frailes de Tarata hacerse cargo de ella, sino que pidió al presidente de la real audiencia de Charcas responsabili-

---

[570] Á. Moscoso, 1799a, fol. 146r.

[571] Sin duda, se hace referencia aquí al episodio de la presencia en la Asunción de padres del colegio de Tarata desde septiembre de 1796 hasta febrero de 1798 y la devolución de la misión al padre Francisco Buyán.

[572] J. Hernández, 1804, fol. 12r.

[573] Á. Moscoso, 1799a, fol. 146r.

zarse por ella, como indicó su apoderado en Charcas en la carta que, por encargo del obispo de Córdoba, dirigió a ese presidente:

> no se le ofrece otro arbitrio que poner en las manos y la disposición de V. A. su reducción citada de la Asunción de Yuracarees, seguro de que aquel celo santo que anima a este superior general, viva imagen del soberano, se contraerá[574] con eficacia y con previos informes, que acaso contemple necesario tomar en materia de tanta consideración, a acordar y poner en ejecución lo que hallare conveniente para la conservación y aumento de nuestra santa fe en aquella corta porción de rebaño de Jesucristo[575].

Con todo, parece claro que primero el padre Bernardo Ximénez y después también los frailes del colegio de Tarata tuvieron deseos de integrar la misión de la Asunción en su campo misionero y que de alguna manera el gobernador Viedma apoyó estos deseos, lo que, sin embargo, no significa que hayan emprendido acciones manifiestas para desprestigiar la labor realizada por el obispo de Córdoba y por el padre Buyán. Menos todavía se puede decir de la acusación lanzada por Ángel Moscoso de que sus enemigos hubieran emprendido una verdadera campaña para arruinar aquella misión: la fuga de yuracarees de la misión de la Asunción durante las breves y sucesivas estadías allá de los padres Domingo Real, Vicente Esquirós y José Pérez y la integración de algunos de ellos en la misión de San José se debió más al método de dirección de la reducción y al trato severo que les daban aquellos misioneros que a un plan preconcebido de desmembrar la misión.

---

[574] La forma «contraherse» (tal como se lee en el ms.) es registrada por Covarrubias; al parecer, aquí se la utiliza con el sentido de «empeñarse».

[575] Arteaga, 1803, fols. 4r-4v. En los mismos días de noviembre otro apoderado del obispo de Córdoba, Francisco Paula Moscoso, se dirigió igualmente al presidente de la audiencia con la misma solicitud: «En el católico modo de pensar de V. A., tan celoso en conservar los establecimientos de nuestra santa fe y propagarla, debe obrar la triste desolación en que ha quedado aquel pueblo ya convertido, expuestas las ovejas de Jesucristo en una apostasía sensible por falta de pastor que las guíe y defienda de los asaltos del enemigo común, y para que ni a mí ni al reverendo obispo, mi parte, quede el menor escrúpulo de no haber dado oportunamente la cuenta respectiva a vuestra superioridad, lo ejecuto con la prontitud que es posible, para que en su atención se tome la resolución que sea de vuestro superior arbitrio y pide la urgencia del caso para atajar mayores males» (F. P. Moscoso, 1803, fol. 8v).

Y el programado trasplante de miles de retoños de cacao, por lo que sepamos, de hecho no se realizó.

No cabe duda de que la evaluación negativa de varias personas en el curso de la existencia de la misión de la Asunción despertó una fuerte susceptibilidad en Ángel Mariano Moscoso y movieron en él mecanismos de autodefensa. Desde su sede debe haber desarrollado, por un lado, un proceso de progresiva idealización de su misión (y junto con ella una idealización del padre Buyán) y, por otro lado, una percepción de que la subsistencia de esta misión se encontraría en peligro por amenazas de fuera, orquestradas por personas que tenían otra visión acerca de cómo organizar y dirigir las misiones.

★★★

Casi al final de su larga carta dice todavía: «V. A. se servirá destinar el conversor más a propósito, si acaso hubiere alguno mejor que el padre Buyán»[576]. De alguna manera mantenía la firme esperanza de que se podría conseguir que ese padre retornara a la Asunción. Esta esperanza se basó en el hecho de que Francisco Paula Moscoso le informó de «los eficaces ruegos con que los yuracarees de la Asunta lo estimulan a su vuelta, haciéndole presente la orfandad en que han quedado y la probable disposición en que parece se halla para acceder a ellos»[577]. Por eso pidió en una carta reservada dirigida al presidente de la real audiencia, la última carta de su vida de la que tenemos conocimiento, escrita el 3 de julio de 1804, que haga comparecer al padre Buyán, porque «las poderosas insinuaciones de V. A. podrán conseguir el que acabe de resolver su regreso a la reducción»[578].

Curiosamente, a pesar de haber hecho dimisión de su misión y haber solicitado a la real audiencia buscar y nombrar a un misionero para ello, don Ángel decidió mandar por su propia cuenta a un sa-

---

[576] Á. Moscoso, 1804a, fols. 31r-31v.

[577] F. P. Moscoso, 1803, fol. 8v. Es difícil decidir si se llamaba Francisco Paula MOSCOSO o Francisco PAULA MOSCOSO, a base de los únicos dos documentos que tengo de su autoría. El apellido Paula existe, y el nombre las más de las veces se presenta como Francisco de Paula. Sin embargo, me inclino hacia la primera posibilidad, porque es posible que el obispo Ángel Mariano Moscoso fuera pariente suyo y que por eso lo nombrara apoderado suyo en La Plata.

[578] Á. Moscoso, 1804b, fol. 37r.

cerdote a la Asunción. Como dice en su carta reservada, el retorno de Francisco Buyán podría ser

> solo por el preciso tiempo que baste para que a su lado se instruya un eclesiástico hábil, virtuoso, desinteresado y de buenas aplicaciones, cual es el señor don José Ramón Alcorta, a quien voy a conferir los sagrados órdenes a título de esta reducción y haré que en breve se ponga en camino. Conseguida la instrucción de este eclesiástico en todo lo perteneciente a la reducción, remitiré otro asimismo de calidades recomendables para que le sirva de compañero, si fuese del superior agrado de V. A., quedando en este caso el padre Buyán expedito para tomar otro destino[579].

Resalta Arteaga en su oficio en primer lugar la abnegada dedicación de Moscoso a la evangelización y civilización de los yuracarees:

> movido mi parte de un heroico celo de caridad por la conversión de los infieles yuracarees, puso los más ardientes esfuerzos para adelantar su reducción y que gozasen estos miserables en población el inexplicable beneficio de conocer a Dios. Muchos años ha que ha entretenido sus afanes y consumido su propio peculio y aun salud en formar y conservar la población de la Asunta, ni excusó al objeto mantener y proveer distintos conversores y aun a pasar personalmente a administrar el santo bautismo a muchos de aquellos miserables, cuando ejercía de cura en la doctrina de Tarata[580].

2.14. CONSTRUCCIÓN DE LA HISTORIA IV

En la carta que don Ángel Mariano Moscoso dirigió el 1 de junio de 1804 a la real audiencia de Charcas presentó su propia construcción de la historia de la misión de Nuestra Señora de la Asunción.

> El señor don Francisco Ramón de Herboso, siendo obispo de Santa Cruz tuvo la gloria de inventar primero que nadie el descubrimiento del país que hasta entonces se consideró por incógnito; y verificó la empresa mandando abrir a su costa la primera senda en el año de 1768 con el loable designio de dar paso por allí a la expedición que salió de Charcas contra los portugueses de Mato Grosso a mando del señor presidente don

---

[579] Á. Moscoso, 1804b, fol. 37r.
[580] Arteaga, 1803, fol. 3r.

Juan de Pestaña, la cual se inutilizó casi en el todo y pereció en mucha parte por las funestas enfermedades y gravísimas molestias que sufrió la tropa en el prolongado y penoso derrotero de Santa Cruz a causa de no haberse podido facilitar por entonces el camino franco por los Yuracarees, siendo de advertir que esta senda que se abrió a expensas del señor Herboso llegó solo al principio de la montaña.

Se repitieron algunas tentativas el año de 1773 con superior permiso de V. A., sin duda con la noticia de la navegación que se podía poner corriente para la provincia de Mojos; pero el proyecto quedó sin efecto hasta el año de 1775 en que el Dr. Manuel Moscoso, mi hermano, inspirado conmigo por los sentimientos más tiernos de religión y de humanidad a beneficio de aquellas tribus descarriadas de la luz del Evangelio y de la razón, resolvimos hacer resonar el nombre de Dios y del rey en el centro de aquellos desconocidos desiertos.

Se hallaba ya ciega casi enteramente la senda del señor Herboso y tomamos el empeño de renovarla y talar la montaña a fuerza de muy crecidos gastos [...].

Inmediatamente destinamos a Fr. Tomás de Anaya y Fr. Marcos Melendes, religiosos franciscanos, para que entrasen al descubrimiento de aquel país costeándolos de todo lo necesario con el santo fin de tomar los convenientes conocimientos para la pacificación de los naturales y publicación del Evangelio, después que se reconociesen la aptitud de los habitantes y las proporciones de la tierra, en el modo que prescriben las leyes del reino.

A poco tiempo solicité de mi parte al P. Fr. Francisco Buyán, misionero de Ixiamas en la provincia de Apolobamba, por la noticia de sus ilustradas experiencias y conocimiento de lenguas, mandándolo conducir para formalizar la reducción conforme a las prácticas que habían probado mejor en las misiones donde había servido. Y se autorizó su nombramiento por el ilustrísimo señor don Alejandro de Ochoa, obispo de Santa Cruz, en auto de 4 de febrero de 1782[581], el cual me constituyó al propio tiempo por delegado universal de todas sus facultades episcopales, para que dispusiera cuanto me pareciese conveniente a beneficio de la nueva población.

Todo se ha logrado mucho más allá de lo que podía esperarse de tan débiles principios. Se formó la reducción con una capilla decente y espaciosa, casas parroquiales, caserías para las familias, con las demás comodidades que podía necesitar aquella sociedad recién naciente.

---

[581] No conocemos este auto, sino solamente el nombramiento hecho por el obispo Ochoa el 3 de junio de 1784.

Se eligió el centro de los costados que forman el ángulo de la confluencia de los dos ríos San Mateo y Paracti para que sirviesen de barrera contra cualesquiera invasión de otras naciones enemigas. Se formó un angosto puente sobre el mismo río de San Mateo para facilitar la comunicación de Cochabamba y otros pueblos.

Creció hasta el número de cuatrocientas personas bajo una disciplina muy bien establecida, que después de hacer amable al misionero, adelantó en poco tiempo la educación cristiana y política de todos los indios reducidos. Y, a pesar de las sugestiones malignas de algunos envidiosos contra los progresos de mi celo, se contaron treinta y tres galpones con el número permanente de doscientos veinte y un bautizados y sesenta y siete catecúmenos al cargo del cacique principal don Domingo Pununtuma según el empadronamiento que practicaron el año de 1799 dos visitadores nombrados por el señor gobernador de Cochabamba y por el ilustrísimo señor obispo de Santa Cruz, don Manuel Nicolás de Rojas, fuera de varias familias que habían desertado por influjos secretos para formar con ellas una reducción aparentemente en el paraje del Coni, que desapareció poco después, como fundada en hechos puramente falsos; y se trasladó a otro lugar nombrado San José de Vista Alegre, tomando por fundadores varios indios de mi reducción de la Asunción, que es la que ha contribuido con las semillas y plantas industriales extraídas furtivamente para aquel nuevo establecimiento formado el año de 97[582].

Poco tiempo después empezó a fomentar el espíritu de rivalidad y de ambición a la sombra de hallarme ausente en este obispado, cerca de cincuenta leguas de Yuracarees. Se fundó el colegio apostólico de Tarata con menos rentas de las que el padre Bejarano deseaba para su regalo. El señor gobernador de Cochabamba empezó a sentir la flaqueza de sus anteriores valimientos y proyectó enriquecer su mérito con el empobrecimiento del mío, teniendo en sus propias manos la proporción de aportar que mi reducción se había arruinado para fundar con las mismas familias otro pueblo con distinto nombre, en que sonase solamente el de los autores de la transformación fraudulenta[583].

[582] Á. Moscoso, 1804a, fols. 19r-21r.

[583] El único dato que hemos encontrado en relación con esto está en el informe de Miguel Zamora del 21 de noviembre de 1805. Habla en este informe de «familias que se transmigraron con maña a San José y San Francisco, con cuyos [sector ilegible] pudieron a estos últimos titularse conquistas, a costa de la desmembración de aquella, que era ya corta en sí, faltándole también algunas familias apóstatas en el Isiboro» (1805b, fol. 218r).

Entonces maquinó el comisario de acuerdo con su confidente asociar al padre Buyán con fray Domingo Real, religioso de genio violento y dominante y sin experiencia alguna en materias de educación para salvajes recién sacados de la montaña, presumiendo sobre seguro que, aburrido el conversor que servía, se saldría desamparando la misión, como sucedió. Pasó oficio al gobernador con fecha de 6 de abril de 97[584] bajo de unos colores de la caridad más heroica, pintando al propio tiempo con sombras las más desconsolantes el estado miserable de mi reducción en todos los puntos esenciales de su instituto, hasta avanzarse a expresar que se hallaban los indios lo mismo que en el día primero de su población, atribuyendo estos culpables atrasos a la falta de idoneidad del referido padre Buyán[585].

Todo el tiempo que precedió a la entrada de estos religiosos [del colegio de Propaganda Fide de Tarata] no nos ofrece sino los frutos de la paz, la dócil sujeción de los indios a su conversor, el desvelo de éste para llenar las obligaciones de su penoso cargo y, en fin, unos progresos tan consoladores que daban a conocer haberse traído este establecimiento todas las bendiciones del cielo. Estas ventajas que desde luego lo recomendaban, lo hicieron el objeto de la codicia y el blanco de los tiros más envenenados[586].

Ángel Mariano Moscoso acompañó durante treinta años el proceso de reducción y cristianización de los yuracarees en la misión de Nuestra Señora de la Asunción, la cual, como hemos visto, fundó él junto con su hermano. Se convirtió en uno de los principales protagonistas de la historia que tratamos de reconstruir en nuestra obra; de hecho, fue la persona que más años estuvo involucrada en esta historia, primero como cura de Tarata, de 1774 a 1791, después como obispo de Córdoba del Tucumán, desde 1791 hasta su muerte en el año 1804.

Está claro que don Ángel quiso dar la impresión de que la misión de Nuestra Señora de la Asunción se había desarrollado positivamente, desde su fundación, de manera paulatina pero continua, hasta llegar a ser, en el año 1796, una misión bien establecida. No dice palabra sobre la verdadera historia, sobre el verdadero desarrollo de la

---

[584] Lastimosamente no hemos podido encontrar la carta del padre Ximénez a la cual hace referencia Ángel Moscoso.

[585] Á. Moscoso, 1804a, fols. 23v-24r.

[586] Á. Moscoso, 1804b, fols. 34r-34v.

misión, un desarrollo que, como hemos visto, fue discontinuo más bien que continuo: el pronto abandono que hizo el padre Tomás Anaya (diciembre de 1776), la interrupción de dos años de la labor evangelizadora por la ausencia de misioneros (octubre de 1777–octubre de 1779), la destitución del padre Marcos Melendes (finales de 1780), la inestabilidad por la serie de sacerdotes diocesanos que no lograron asentarse bien en la misión (1780-1784), la ausencia de misioneros por el abandono que hizo el padre Buyán (1788-1792). Todo esto Moscoso no lo menciona. ¿Por falta de memoria o por olvido intencional y ocultamiento de los hechos?

No hay duda de que Ángel Mariano Moscoso sentía la necesidad de resaltar ante la real audiencia sus propios méritos en cuanto a la fundación y la manutención de la misión de la Asunción. Dice, en el breve relato, al hablar de su hermano: «inspirado conmigo». La verdad, empero, fue otra: fue don Manuel Tomás Moscoso quien tomó la decisión de comprometerse con la reducción y cristianización de los yuracarees y él lo comunicó a su hermano Ángel, que a la sazón se encontraba en Arequipa convaleciendo de una enfermedad.

Fue Ángel Moscoso quien se dejó inspirar por su hermano y no al revés. Recién después de la muerte de don Manuel Moscoso, Ángel Moscoso asumió la plena responsabilidad de la misión de la Asunción. Sin embargo, en la carta del 1 de junio de 1804 manifiesta pretender que él desde el inicio había sido prácticamente el casi exclusivo protagonista de esta empresa, poniendo a su hermano en la sombra: «la reducción de yuracarees que yo fundé y he sostenido a costa de muchos miles sacrificados gustosamente en los gastos indispensables para todo nuevo establecimiento en tierras de gentiles salvajes»[587].

Don Ángel divide claramente la propia historia en dos períodos: desde la fundación de la misión de la Asunción hasta la llegada de los misioneros de Propaganda Fide (1776-1796) y desde la llegada de esos misioneros hasta el abandono que hicieron de la misión los padres Buyán y Carrasco (1796-1803). De este segundo período habla en sus cartas de junio y julio de 1804; refiere con amplitud las actuaciones negativas de los padres Ximénez y Real y la complicidad de Francisco de Viedma en estas actuaciones; dos veces hace mención de las visitas

---

[587] Á. Moscoso, 1804a, fol. 15v.

de Juan Ignacio Pérez y Justo Mariscal en el año 1799 y no dice absolutamente nada de lo que pasó en la misión desde noviembre de 1799 hasta 1803.

Moscoso, en su construcción de la historia, hace entender que con la llegada de los franciscanos españoles empezaron también las intrigas del gobernador Viedma contra su persona. Sin embargo, por más que pinte con colores muy vistosos el primer período de la historia de su misión, insinúa en sus cartas que la animosidad de Francisco de Viedma contra su persona ya había empezado precisamente en ese período. En su carta al virrey de Buenos Aires, del 19 de febrero de 1799, hablando de los cajones de cacao que el padre Ximénez había entregado a Viedma para que los regalara a altos dignatarios del reino español, dice:

> Siempre contrario a mi mérito no ha malogrado la ocasión de minorar el valor de mis fatigas, o de negarles su existencia. Sírvase V. E. traer a la vista el informe que con fecha de 4 de febrero de 1788 hizo al excelentísimo señor Marqués de Loreto, en que habló de esta reducción y su camino, y advertirá en esta pieza el disimulado estudio con que, a pesar de la notoriedad pública, procura defraudar mi mérito, así en orden a este punto como al establecimiento de aquella colonia[588].

En la carta en cuestión, Viedma da informe al virrey acerca de las diferentes opiniones que existen sobre la conveniencia de la apertura de una nueva senda que debe comunicar Cochabamba con Mojos. Hace notar que sobre esta cuestión hay una clara divergencia entre lo que opinan por un lado los cruceños y por otro lado los cochabambinos. Los primeros están en contra y los segundos, entre ellos Ángel Mariano Moscoso, a favor. En cuanto a este último, haciendo referencia al camino existente, lo único que en toda esta carta dice Viedma acerca de él, es: «El doctor don Ángel Mariano Moscoso, cura vicario de la doctrina de Tarata, ha sido el principal autor, que ha defendido sus ventajas»[589]. Nada más. ¡Seguramente don Ángel había esperado de Viedma una clara toma de posición en apoyo de su camino!

Que en aquel año de 1788 no había sentimientos negativos de parte de Francisco de Viedma contra don Ángel Moscoso, se manifiesta

---

[588] Á. Moscoso, 1799a, fols. 148r-148v.
[589] Viedma, 1788a, fols. 153v-154r.

en el reconocimiento público que hizo el gobernador a los méritos de don Ángel en un auto del 23 de mayo, reconocimiento que parece ser a la vez un homenaje al flamante obispo electo:

> habiéndose logrado fijar el estandarte de nuestra santa fe católica en el sitio llamado Yuracarees, estableciéndose el pueblo y misión nominada la Asunción por el infatigable celo del ilustrísimo señor doctor don Ángel Mariano Moscoso, electo obispo del Tucumán, quien sin perdonar gasto ni fatiga no solo ha conseguido la reducción de aquellos infieles, alumbrándolos por el verdadero camino de la salvación, sino hacer otros establecimientos importantísimos en que esta provincia prospere y florezca, a más ventajas de suma utilidad como son las de plantío de cocales, cacagüetales, cañaverales y otros de no menos importancia, queriendo su amor y afecto para con estos provincianos se extiendan a que cojan el fruto de su fatiga con hacerles partícipes de aquellos terrenos[590].

El análisis del informe que Tadeo Haenke redactó para el gobernador Viedma en mayo del año 1796, en el que encontramos una pequeña construcción de la historia de la evangelización de los yuracarees, que hemos reproducido en 2.7.3., le llevó también a don Ángel Moscoso a suponer animosidad de Viedma hacia su persona. Este informe fue publicado por primera vez en Buenos Aires en el año 1810. Sin embargo, llegó a manos de don Ángel Moscoso, quien comentó en su alegato de 1804 precisamente este pequeño esbozo histórico, fijándose de manera muy particular en la breve frase, aparentemente inocente, que hace referencia a los particulares que habían ayudado en el establecimiento de la misión de la Asunción.

A Moscoso le parece que a un filósofo (¡curiosa calificación para un botánico!) debe caracterizarle la circunspección «para no ser ligero ni mordaz sea contra quien se fuere, no viniendo el asunto de una descripción geográfica el ingerirse en personalidades»[591]. Además, le parece que Haenke difícilmente puede juzgar sobre algo que ha pasado tiempo atrás: «Un viajero muy posterior a la época de aquellos

---

[590] Viedma, 1788b, fol. 69r. Curiosamente el mismo Moscoso en su carta del 1 de junio de 1804, en la que tanto critica a Viedma, hace referencia a este homenaje: «El mismo gobernador de Cochabamba certificó solemnemente en auto judicial de 27 de mayo de 1788 de que eran innegables las pruebas de mi celo infatigable en lo que yo tenía trabajado en aquella reducción» (1804a, fol. 22r).

[591] Á. Moscoso, 1804a, fol. 28v.

descubrimientos es regular que, siendo cuerdo en sus juicios temiese hablar con equivocación o con falsedad sobre puntos que él no había visto»[592].

¿A qué particulares se refiere Haenke? Ángel Moscoso baraja nombres. ¿Los contratados por el obispo de Santa Cruz, que en los años 1766 y 1767 trataron de abrir la primera senda a Mojos?

> Se sabe que entraron primero que yo los enviados del señor don Francisco Ramón de Herboso; y no se ignora tampoco que mandó abrir la primera senda para dar paso a la expedición destinada a Mato Grosso. No se puede discurrir que un servicio tan importante se haya querido bautizar con el nombre de fines particulares[593].

¿Los acompañantes de los primeros misioneros que entraron para reducir y convertir a los yuracarees?

> Entraron también los frailes Anaya y Melendes, enviados por mí y por mi hermano para descubrir tierras y hombres. Si acaso los acompañó algún comerciante, minero o viajero que tuviese interés personal en esta empresa, allá lo sabrá el mismo Haenke[594].

Entonces, ¿el mismo don Ángel Mariano Moscoso?

> Son varios los que me han aplicado a mí esta censura de Haenke [...]. Yo no soy capaz de presumir tan torcidamente de la educación de un extranjero de luces, que nunca pude creer que acertaba en ofender a un prelado como yo con quien jamás ha tenido trato alguno[595].

Y don Ángel saca su conclusión: don Tadeo Haenke es un «extranjero dotado de habilidad» que ha sido inducido «a decir en su descripción de 16 de mayo de 796 que se habían movido por fines particulares los primeros que entraron en la Montaña de Yuracarees»[596]. Para Ángel Moscoso está absolutamente claro que fue el gobernador

---

[592] Á. Moscoso, 1804a, fols. 27v-28r.
[593] Á. Moscoso, 1804a, fol. 28r.
[594] Á. Moscoso, 1804a, fol. 28r.
[595] Á. Moscoso, 1804a, fol. 28r.
[596] Á. Moscoso, 1804a, fol. 28r.

Francisco de Viedma quien montó esta intriga y quien consiguió «que se publicase la glosa»[597].

2.15. LA HERMANA DE DON ÁNGEL MOSCOSO PREOCUPADA POR SU HERENCIA

El 3 de octubre de 1804 falleció don Ángel Mariano Moscoso en Córdoba del Tucumán, un día después de la fiesta de los Santos Ángeles Custodios a quienes había tenido en su vida una devoción especial.

No mucho antes de su muerte, don Ángel había dado todavía la ordenación sacerdotal a José Ramón de Alcorta. Sin embargo, el fallecimiento inesperado del obispo Moscoso, el abandono de la misión de la Asunción y la dispersión de sus habitantes, más el hecho de que la audiencia de Charcas no había tomado aún una decisión en cuanto al nombramiento de un nuevo conversor, hicieron difícil, por no decir imposible la entrada del presbítero Alcorta a las Montañas de Yuracarees. Habría tenido que empezar desde cero y esto resultaría sumamente arduo para una persona sin experiencia misionera.

Durante casi un año no pasó nada: la real audiencia de Charcas reunió documentos, formó un expediente, pero no tomó ninguna decisión. El 27 de septiembre de 1805 entra en el escenario la hermana de don Ángel Mariano Moscoso, doña Juana Petronila Moscoso y Pérez, quien durante años había acompañado a su hermano y quien era su albacea y heredera. Por medio del apoderado José Mariano Arteaga pide a la real audiencia entregarle a ella el dinero que su hermano había destinado para la misión de la Asunción

> porque la reducción en el día se ve arruinada en términos que ni forma de pueblo ha quedado. La capilla se ha demolido y no se sabe quién ha cargado con los ornamentos, vasos sagrados, paramentos decentes que tenía y aun con la imagen de Nuestra Señora de la Asunta a que aquella estaba dedicada[598].

---

[597] Á. Moscoso, 1804a, fol. 28r.
[598] Arteaga, 1805, fol. 227v.

En la solicitud de providencia que dirige Arteaga a nombre de la señora Moscoso a la audiencia, se sugiere, curiosamente, que se entregue la misión de la Asunta a los padres de Propaganda de Tarata, «a cuya dirección siempre quiso el obispo substraer su reducción, estando ellos dotados por Su Majestad y habiendo tal vez aumentado los pueblos que tienen inmediatos con los despojos de la Asunta»[599]. Pero indica que de ninguna manera hay que ayudarles con el dinero del difunto obispo:

> por su propio instituto deben hacerlo, sin exigir más ayuda de costa que la que logran por su ministerio, y mucho menos pretender la oferta, porque ésta siempre ha debido contemplarse condicional en orden al fin del fomento de aquella misión y en el de los medios de los operarios que a ella debían concurrir, sin nunca poderse confiar a los que el reverendo obispo resistía[600].

Por eso, para doña Juana Petronila Moscoso la oferta que hizo su hermano, de seguir manteniendo la misión con su dinero, ha caducado y por eso es a ella a la que se ha de devolver ese dinero.

El 14 de enero de 1806 el fiscal López aconsejó al superior Tribunal de Charcas pasar todo el asunto de la misión de la Asunción (inclusive la solicitud de la señora Moscoso) al virrey, y así se lo hizo el 5 de marzo del mismo año. Lastimosamente no conocemos la decisión que el virrey tomó al respecto, si es que la hubiese tomado.

2.16. LA REFUNDICIÓN DE LA MISIÓN DE NUESTRA SEÑORA DE LA ASUNCIÓN

A comienzos de octubre del año 1805 el presidente de la real audiencia de Charcas hizo entregar al ex-gobernador de Mojos Miguel Zamora el expediente formado sobre la misión de Nuestra Señora de la Asunción, pidiéndole redactar un informe sobre aquella misión. Zamora, en una carta del 19 de octubre se disculpa ante el presidente de la audiencia no poder atender de inmediato su solicitud, argumentando por un lado que se encuentra enfermo y, por otro lado, que necesita tiempo para estudiar con detención el expediente: «necesito

---

[599] Arteaga, 1805, fol. 228r.
[600] Arteaga, 1805, fol. 228r.

leerlo todo por mí mismo, sin fiarme de otro; y esto no podrá ser hasta que se fortifique mi cabeza, donde padecí y aun padezco el principal ataque»[601]. Añade, además, Miguel Zamora, que según su parecer es muy importante que se tome tiempo para investigar cuidadosamente si hay remedio para esa misión, o sea si es realmente oportuno pensar en un restablecimiento de la misión de la Asunta. Incluso extiende este criterio suyo a las otras dos misiones

> porque estando en el día completamente perdidas las tres misiones, así la de la Asunta, como las otras dos de San José y de San Francisco, del cargo de los misioneros del colegio de Tarata (lo que no ha podido dejar de confesar el intendente de Cochabamba en el oficio desde su hacienda de Chulpas del 2 de junio próximo pasado[602]), nada se aventura, ni para nuevo perjuicio, alguna más dilación, ni tiene por qué apurarse el señor virrey, pues si atiende a las dificultades casi insuperables que pinta el citado oficio para volver a reducirlos, y en las que en esta parte nada exagera ciertamente, ningún tiempo se pierde y así podrá decírselo V. A. en el inmediato correo, para que se tranquilice su celo y calme la agitación que le han causado; y yo iré sacando apuntes, según me lo permita mi salud[603].

Un mes después, el 21 de noviembre, el ex–gobernador de Mojos presentó su informe al presidente de la audiencia de Charcas. Reitera en este informe su criterio: es aconsejable tomar todo el tiempo necesario para considerar la conveniencia del restablecimiento de las tres misiones de Yuracarees. Incluso sugiere esperar hasta que la diócesis de Santa Cruz tenga su nuevo obispo[604] y dejarle a aquél todo el asunto: que el nuevo pastor «se encargue y tome a su cuidado este objeto, como a quien más de cerca pertenece, siendo por su estado y dignidad el principal misionero y a cuyas rentas apenas podría dárseles

---

[601] Zamora, 1805a, fol. 206r.

[602] Ver Viedma, 1805a. Las misiones de San José de Vista Alegre del Chimoré y San Francisco de Asís del Mamoré fueron abandonadas por los yuracarees a fines de marzo y comienzos de abril de 1805 respectivamente.

[603] Zamora, 1805a, fol. 206v.

[604] El obispo Manuel Nicolás de Rojas había fallecido el 24 de mayo de 1803. La sede episcopal de Santa Cruz de la Sierra, de hecho, quedó vacante hasta el año 1808.

igual inversión ni más del agrado de Dios»[605]. Al dar estas sugerencias Miguel Zamora no debe haber sabido que ya en agosto de aquel año 1805 el recientemente nombrado nuevo gobernador de Mojos, Pedro Pablo Urquijo, había entrado en las Montañas de Yuracarees junto con dos padres del colegio de Propaganda Fide de Tarata para explorar la posibilidad de reunir nuevamente a los yuracarees de las misiones abandonadas[606].

En una carta que el padre Francisco Lacueva escribió el 26 de noviembre de 1810 desde la misión de San José de Ypachimucu[607] al guardián y discretorio de Tarata, leemos: «La gente de estas reducciones no cabe en ellas y de justicia se les debe hacer otra, si no es que se desea su perdición»[608]. En cuanto a esa «otra», se piensa seriamente en el restablecimiento de la antigua misión de Nuestra Señora de la Asunción. Sin embargo, no se llega a concretar por entonces esta idea. Pero en el año 1813 se presentaron perspectivas más esperanzadoras. El 7 de marzo de aquel año la hermana del fallecido obispo Ángel Mariano Moscoso, Juana Petronila Moscoso, escribió al padre Lacueva que, si se restableciese la misión de don Ángel Mariano Moscoso y se volviesen a reducir sus indios, ella se comprometería a dar anualmente una ayuda de 200 pesos para la subsistencia del conversor en sufragio del alma de su difunto hermano[609]. Sin embargo, dice Lacueva, después de haber hecho referencia a la carta de doña Juana, que cree «en las actuales circunstancias fuera más oportuno restablecer la misión un poco más arriba, donde estaba antiguamente»[610]. Y añade lo siguiente: «Tengo por cosa cierta que, además de la gente que ya hay allí, otros muchos del monte han de concurrir a aquel sitio; y algunos que aquí en Ypachimucu están descontentos podrían ir de una vez»[611]. Pero también expresa su escepticismo en cuanto a lo que se podría lograr con esa tercera misión, al escribir a los padres del colegio:

---

[605] Zamora, 1805b, fol. 214r.
[606] Véase cap. 6.1.
[607] Para la fundación de esta misión, véase el cap. 6.
[608] Lacueva, 1919 [1810], p. 174.
[609] Lacueva, 1920 [1814], p. 177.
[610] Lacueva, 1920 [1814], p. 177.
[611] Lacueva, 1920 [1814], pp. 177-178.

No infiero grandes ventajas de este establecimiento. Tengo por cosa cierta que en lo espiritual no han de dar más fruto que los párvulos que mueran con el santo bautismo, a no ser que haya llegado el tiempo del beneplácito de Dios sobre la salvación de las almas[612].

De hecho, la misión de la Asunción fue restablecida, probablemente en el curso del año 1816, tal vez ya en el año 1815[613]. Es posible que se hiciese cargo de esta misión el padre Manuel Domínguez, ex-guardián del colegio de Propaganda Fide de Moquegua. Este padre, que durante algunos años había trabajado en las misiones entre los mosetenes que estaban por entonces a cargo de Moquegua, después de haber terminado su guardianato, solicitó y consiguió su desincorporación de aquel colegio para retornar a España. Fue en el año 1814. Estuvo algún tiempo en el puerto de Ilo pero, por no encontrar un barco para volver a su patria, cambió de idea y decidió dirigirse a Tarata para solicitar su incorporación en el colegio de Propaganda Fide de San José[614]. Fue incorporado y mandado después a las misiones de Yuracarees. A comienzos de noviembre del año 1819 retornó a Tarata. El 18 de noviembre de aquel año le sucedió como encargado de la misión de la Asunción el padre Pedro Nolasco Argullol, otro fraile que había pertenecido al colegio de Moquegua y que había sido mandado a Tarata para fortalecer el personal de aquel colegio[615].

---

[612] Lacueva, 1920 [1814], p. 178.

[613] Al inicio de su estudio sobre las Montañas de Yuracarees el Dr. José María Boso presenta dos misiones, a saber la de Ypachimucu, a cargo del padre Francisco Lacueva, y la del Chimoré, a cargo del padre Ramón Soto. Está claro que la primera parte de este estudio fue escrita en mayo de 1815, de modo que el restablecimiento de la misión de la Asunción debe haberse efectuado después de esa fecha.

[614] Datos tomados de Domínguez, 1955, p. 310.

[615] El padre Argullol había llegado a Moquegua el 11 de noviembre de 1816. «Movido por la buena opinión que gozaba el colegio, quiso el virrey de Lima, en ocasión de celebrarse capítulo el año 1817, fueran a Tarija seis religiosos, en calidad de prestados, por la mucha necesidad que allí había de personal. Tarija proporcionaría cuanto fuera necesario. De los seis, vinieron a quedar señalados cuatro, por acuerdo del visitador P. Primo de Ayala y el discretorio de Moquegua; y, al fin, solo dos llegaron a ir, que fueron los PP. José Amat y Pedro Nolasco, sin que sepamos la causa de no haber ido los otros dos, aunque probablemente era la falta de personal» (Domínguez, 1955, pp. 325-326). El autor se equivoca al decir Tarija, debe ser Tarata, porque consta que los mencionados padres se incorporaron en este último.

A comienzos de noviembre de 1821 el padre Argullol se presentó en Cochabamba para reclamar el pago de sus sínodos. Se dirigió al intendente de hacienda pública con la siguiente carta:

digo: que por la adjunta certificación consta que he servido sin interrupción en mi ministerio desde ahora dos años y que a él fui destinado por mis prelados.

Y teniendo S. M. asignado el sínodo de 300 pesos a los de mi clase y ejercicio y no estando éste reintegrado sino por el primer año, suplico a la bondad de V. S. que por esta razón y la consideración de las estrecheces que se padecen en el lugar de mi destino, se digne ordenar y mandar que los señores ministros de hacienda pública me satisfagan el alcance del segundo año, pues sin él no podría regresar a continuar la predicación, socorriendo a los neófitos de mi cargo en todas sus necesidades espirituales y corporales para conducirlos al término de hombres sociables, útiles al estado y a la religión.

Es constante que, además de la predicación, el misionero les provee de toda herramienta y útiles para la agricultura, de medicina en sus enfermedades, de vestidos y cuanto les es preciso, como a hombres que por su estado no tienen proporciones para buscar estos artículos.

¿De dónde pues, Sr. intendente, se hacen estas erogaciones y otros gastos indispensables de mi subsistencia, asignada y recomendada por el soberano?

Además: nosotros tenemos el espontáneo cuidado de mantener las correspondencias de esta provincia con la de Mojos, proporcionando canoas y gente, formar los almacenes y cuidar de la seguridad y conservación de los efectos que se internan y extraen, sin causar por ello el menor gasto al erario, y otras comisiones que se nos confiere del servicio público.

En la presente ocasión, estrechado de las necesidades expresadas, he venido de mi misión de la Asunta con el ánimo de regresar en el momento que se me satisfaga el sínodo.

Esto suplico a Vuestra Señoría, a fin de que los neófitos no carezcan más tiempo de mi presencia y se dispersen por esta causa, perdiéndose el fruto de tantos años[616].

El 6 de noviembre el intendente pidió informe sobre este asunto al ministerio de hacienda público y, en nombre de aquel ministerio,

---

[616] Argullol, 1920 [1821], pp. 337-338.

contestó el 16 de noviembre Miguel María de Aguirre, declarando que efectivamente se debía al padre Argullol buena parte de sus sínodos, «los mismos que puede V. S. mandar se le satisfagan en el primer descargo que tenga la hacienda nacional y pasados los apuros periódicos que la rodean»[617].

No sabemos si el padre Argullol retornó a la misión de la Asunta o no[618]. Según Wolfgang Priewasser, desde 1822 hasta 1826 esta misión fue atendida por frailes de la Recoleta de Cochabamba[619].

[617] Aguirre, 1920 [1821], p. 339.

[618] En 1825, cuando se fundó la República de Bolivia, el padre Argullol seguía siendo miembro del colegio de Propaganda Fide de Tarata.

[619] Ver Priewasser, 1900, p. 240.

3. LA MISIÓN DE SAN FRANCISCO DE ASÍS

3.1. LOS INTENTOS DE BALTASAR PERAMÁS DE FUNDAR UNA MISIÓN DE YURACAREES POR EL MAMORÉ

En marzo o abril del año 1779 tuvo lugar en Pocona un encuentro de Ignacio Flores y Baltasar Peramás, el pudiente mizqueño a quien ya hemos conocido al comienzo de esta crónica[1]. Peramás, sabiendo del proyecto de Flores de establecer definitivamente una comunicación entre Cochabamba y Mojos y que aquél se había fijado en la senda sobre la cual le había hablado el padre Marcos Melendes, propuso investigar también la posibilidad de hacer una senda alternativa, a saber por el yunga de Chuquioma, donde tenía un cocal, en dirección al Mamoré. Flores le prometió a Peramás mandarle, en caso de que iniciara la exploración, algunos yuracarees de la misión de la Asunción, para que le ayudaran como rumbeadores. Sin embargo, nada llegó a concretarse por entonces.

No mucho después de este encuentro de Flores y Peramás, llegaron a la hacienda de Chuquioma cincuenta yuracarees, con sus mu-

---

[1] Gabriel René-Moreno comenta lo siguiente acerca de la tardanza de Ignacio Flores de entrar a Mojos, de donde había sido nombrado gobernador: «Este gobernador remoloneaba, cual entonces se decía, con su internación a Mojos. Largo espacio fluctuó entre el ir y el no ir. Que ya entro, que ya no entro, que desde Cochabamba se atiende bien el gobierno, que a ver si abro camino por Yuracarees, que me voy a Totora y que me voy a Pocona para esto y lo otro de las misiones, etc., etc.» (1974 [1888], p. 342).

252 CON LOS YURACAREES. CRÓNICAS MISIONALES (1765-1825)

jeres, que querían entrevistarse con Baltasar Peramás. Él no se encontraba entonces allá, pero su mayordomo indagó acerca de los motivos que tenían aquellos yuracarees para establecer ese contacto. Le hicieron entender que querían su ayuda para fundar un pueblo

> y que se les ponga capellán para que los catequicen y convertirse a nuestra sagrada religión y al mismo tiempo se lleve herrero para con esto no tener motivo de salir afuera por los muchos estragos que les hace el frío, ofreciendo el que ellos mantendrán a uno y otro con frutos de la tierra y cera y que harán iglesia y pueblo[2].

Al preguntarles el mayordomo por qué no se juntaban con sus hermanos de la misión de la Asunción, le contestaron que eran naturales de la región del Mamoré y que no querían abandonar su propia zona. Por otro lado, se aclaró que no solamente buscaban un sacerdote para convertirse al cristianismo, sino que necesitaban también protección contra los chiriguanos. Y además, querían estar cerca del cocal de Peramás, «para que los cristianos, o a su modo de decir los careies los amparasen porque estaban en guerra, o próximos a ella con otro pueblo de su nación llamado Tablacucho»[3].

El mayordomo visitó a Baltasar Peramás en Pocona y este último, enterado de lo pasado y de las intenciones de los yuracarees, decidió ir a Tarata para entrevistarse con el obispo de Santa Cruz, que se encontraba allá, y solicitar un sacerdote para la misión que pensaba fundar. Por más que Peramás hiciese entender al obispo que había fondos para pagar sínodos a un misionero[4], el obispo no quiso hacerle

---

[2] Peramás, 1780, fol. 1r.

[3] Peramás, 1780, fols. 1r-4v. La carta de Peramás a Ignacio Flores es el único documento en que se menciona esta parcialidad y por no presentar más información al respecto no podemos saber de qué parcialidad yuracaré se trata.

[4] Peramás informó al obispo acerca de la cuestión del sínodo para el cura que había sido asignado a su cocal: «haciéndole acordar diferentes arbitrios como el que mis piadosos soberanos tenían destinados para los curas del cocal 400 pesos en la mesa capitular de los que se aprovechaban los señores obispos hasta el tiempo del señor Oblitas que lo suprimió, agregándoles a la masa, y el último que tuvo el título colorado de cura fue el doctor don Miguel de Olmedo [...]. También le hice presente que en el ramo de tributos de esta provincia había asignados 93 pesos para el sínodo de dicho cura; y que efectivamente cobró algunos tercios el Dr. don Fernando Mercado y Lastra, cura que fue de Pocona, a quien le agregó dicha mi hacienda el

caso. Y Peramás se quejó de la negativa del obispo acordándose «de la maldición de Jeremías, que pidieron los párvulos pan y no hubo quien se los partiese»[5].

Peramás no se rindió. Tomó contacto con el provisor Alejandro Guzmán y con el párroco de Tarata, Ángel Mariano Moscoso:

> en quienes hallé algún consuelo, con la oferta [que] me hicieron de no dejar perder ocasión, a fin de lograr tan útil empresa; y que el señor provisor procuraría ver por su parte si se abría algún pequeño resquicio para entablarla y no perder de mano el negocio; y el cura de Tarata, el que ya estaba abriendo el camino para la misión de la Asunción y que, luego que se verificase, estaba con ánimo resuelto de entrar a ella y detenerse algunos meses y que de allí me mandaría buscar a mi cocal y se tomarían algunos arbitrios para el fomento de la conversión de aquellos idólatras[6].

Al retornar a Pocona, Peramás pasó por Arani y decidió visitar allá al presbítero Melchor Mariscal, cuya inclinación hacia las misiones conocía y que había fundado de nuevo las misiones de Abapó y Cabezas de los chiriguanos[7]. No fue de balde

> porque me ofreció pasar a Tarata a tratar del particular con los señores provisor y cura y que por julio entraría en mi cocal, en donde ha entrado ya dos veces y sabe las bellas proporciones y lo muy saludable de él

señor Herboso [...]. Tampoco se me olvidaron las últimas reales cédulas para que las vacantes mayores y menores de los obispados de Indias se aplicasen a estas reducciones. Hice patente que en las temporalidades de los expatriados jesuitas había diferentes fondos destinados a este fin y que era la mente de nuestro rey se aplicasen precisamente a él según reales cédulas» (Peramás, 1780, fols. 2r-2v).

[5] Peramás, 1780, fol. 2v. En una carta que escribió Peramás al obispo Alejandro José de Ochoa y Morillo en julio de 1782, manifestó también la desilusión que había tenido ante la negativa del obispo González de Reguera de ayudarle en su empeño de conseguir la conversión de los yuracarees del Mamoré: «Volví a hacer instancia ante dicho ilustrísimo señor Reguera con todo esfuerzo para que se tomase algún arbitrio sobre el particular, pero nada me fue bastante para poderla conseguir» (Peramás, 1782).

[6] Peramás, 1780, fol. 3r.

[7] La misión de Cabezas fue efectivamente fundada por el presbítero Melchor José Mariscal, en 1769. Pero la misión de Abapó, en realidad, fue fundada por el hermano Francisco del Pilar del colegio de Propaganda Fide de Nuestra Señora de los Ángeles de Tarija, en 1770. Puede ser que el presbítero Mariscal haya tenido alguna participación en esa fundación.

para esta reducción, y que llevaría algunos regalos para los infieles para hacer los tratados de la fundación de la misión a su costa[8].

Efectivamente, el presbítero Mariscal pasó nuevamente a las propiedades de Baltasar Peramás y fue también a visitar a los yuracarees:

> Con las licencias necesarias pasó en consorcio a aquellos cocales y habiéndolo hecho hasta las rancherías de dichos infieles, no encontró más que cuatro hombres y una mujer, los que condujo al cocal. Y quedaron los referidos conmigo y con dicho Doctor Mariscal, que mandó sacar a sus compañeros, para que se hiciesen las capitulaciones y se fundase la misión pronto[9].

Los yuracarees se hicieron esperar y los que habían venido a la hacienda de Peramás se enfermaron y decidieron volver a su tierra. Peramás y Mariscal también retornaron a sus respectivos pueblos (Mizque y Arani). No mucho después, sin embargo, llegó a la hacienda de Peramás un gran grupo de yuracarees: «A los pocos días de nuestro regreso o salida aparecieron dichos infieles, y fueron más de ciento cincuenta almas, mostrando un gran sentimiento de no haberse encontrado»[10]. Peramás, por más que se hubiese enterado de los deseos de los yuracarees, curiosamente no hizo por entonces nada para organizar su reducción y conversión.

El 14 de junio de 1780 Baltasar Peramás, sabiendo que Ignacio Flores había efectivamente entrado en la cordillera para pasar a las Montañas de Yuracarees, le mandó una carta desde Mizque, informándole sobre todas las gestiones que había hecho hasta entonces para realizar la fundación de una nueva misión. Le recordó lo que habían conversado hacía más de un año y le solicitó cumplir la palabra que por entonces le había dado: «y ahora que sé que está para entrar no excusaré el declarar que si, como quedamos, me mandara[11] indios a mi cocal de la misión de los yuracarees, estoy pronto a caminar con ellos como ofrecí»[12].

---

[8] Peramás, 1780, fols. 3r-3v.
[9] Peramás, 1782.
[10] Peramás, 1782.
[11] Leo «mande» y cambio, para facilitar la lectura.
[12] Peramás, 1780, fol. 1r. De hecho, toda esta historia de los planes de Peramás de abrir un camino a Mojos y fundar una misión parece haber ocurrido en dos mo-

Todo el plan de Baltasar Peramás fracasó, porque precisamente en este mismo mes de junio de 1780 Ignacio Flores recibió la orden de trasladarse a La Paz para encargarse de romper el cerco que los aymaras habían puesto alrededor de la ciudad. Sin embargo Peramás seguía esperando que algún día se pudiese iniciar la reducción de los yuracarees del río Mamoré y empezar su conversión. Así escribió el 23 de julio de 1782 al obispo de Santa Cruz Alejandro José de Ochoa y Morillo:

> Desde aquel entonces, que van algunos años, he experimentado que siempre han estado [los yuracarees] con la pretensión de su conversión, saliendo a solicitarla, pero como no encuentro ningunos arbitrios ni se me ha atendido sobre el particular, no hago más que consolarles y entretener sus deseos[13].

Lastimosamente no conocemos la reacción del obispo a esta carta de Baltasar Peramás. Lo que sí sabemos es que en aquellos años no se llegó todavía al establecimiento de misioneros entre los yuracarees del Mamoré.

3.2. LA FUNDACIÓN DE LA MISIÓN DE SAN FRANCISCO DE ASÍS DEL MAMORÉ

3.2.1. Los preparativos para una nueva fundación

Ocho años después el intendente gobernador Francisco de Viedma concibió por su cuenta la idea de reducir a los yuracarees de las cer-

---

mentos entre los cuales, por razones que ignoramos, ha habido un espacio de tiempo bastante largo. El encuentro con Flores en Pocona, la visita de los yuracarees a la hacienda de Peramás en el yunga de Chuquioma y la visita del mayordomo a Peramás en Pocona deben haber tenido lugar entre marzo y mayo de 1779. Basamos esta afirmación en que Peramás en su carta a Ignacio Flores del 14 de junio de 1780, al hablar de la solicitud de los yuracarees, dice: «en cuya solicitud a más de un año que andan». Los encuentros de Peramás con el obispo de Santa Cruz, con Alejandro Guzmán, con Ángel Mariano Moscoso y con Melchor Mariscal deben haberse realizado en mayo de 1780. Por entonces ya se habían empezado a hacer las exploraciones para abrir la senda a la misión de la Asunción y Ángel Moscoso tenía efectivamente planes de visitar personalmente su misión, planes que, de hecho, no se concretarían hasta agosto de 1781.

[13] Peramás, 1782.

canías del Mamoré y fundar una misión para ellos: «Desde el año pasado de 788 dediqué todos mis conatos a su establecimiento, por habérseme dado parte de lo deseosos que estaban los indios yuracarees a abrazar nuestra santa fe católica», escribió Viedma en 1798, añadiendo sin embargo que «no me fue posible en aquel tiempo conseguirlo»[14].

Solo a mediados del año 1793 se presentó una oportunidad para que el gobernador pudiese realizar su proyecto. Había llegado a Cochabamba el padre Tomás Anaya, quien informó a Francisco de Viedma acerca de los diferentes grupos de yuracarees que se encontraban establecidos desde la misión de la Asunción hasta el río Mamoré y acerca de la necesidad de tratar de reducirlos:

> Que habiéndome trasladado a la misión de los indios yuracarees nombrada de la Asunción y conociendo con nueva experiencia que para mejor sostenerla era preciso convertir a la fe los restantes pueblos, o a lo menos hacer otra misión al otro extremo de esta nación, para obviar sus perjudiciales retiradas con pretexto de ver sus parientes y otros peores motivos[15].

Viedma se entusiasmó con la propuesta del padre Anaya de fundar una nueva misión, pero carecía de medios para realizarla inmediatamente, «porque, aunque se hallan aplicadas las vacantes mayores y menores, se hacía preciso ocurrir a la junta Superior de real hacienda de Buenos Aires para impetrar la licencia correspondiente a estos gastos»[16]. Consciente de que los trámites en Buenos Aires duran mucho

---

[14] Viedma, 1798g, fol. 13r. En una carta al presidente de la real audiencia de Charcas, del 9 de noviembre de 1793, Viedma hace referencia también al hecho de que ya desde hacía varios años había querido establecer una misión entre los yuracarees del Mamoré: «Hace tiempo que he solicitado con todo empeño ocurrir a las instancias y clamores de los indios infieles de nación yuracarees que habitan en las inmediaciones del río Mamoré a la parte opuesta de la estancia de La Habana, perteneciente a la hacienda de Chalguani que fue de los ex-jesuitas y hoy poseen los herederos de don León Velasco, los cuales [yuracarees] saliendo repetidas veces de aquellos bosques han manifestado unos vivos deseos de abrazar nuestra sagrada religión, pidiendo a voces obreros evangélicos que los dirijan y encaminen por la senda de la salvación. La falta de medios para sufragar los crecidos gastos que ocasionan estas reducciones detenía mi cristiano celo a poner en ejecución obra tan santa» (Viedma, 1793b, fols. 238r-238v).

[15] T. Anaya, 1795, fol. 7r.

[16] Viedma, 1798g, fol. 13r.

tiempo[17], Viedma decidió mandar al padre Anaya al partido de Vallegrande para pedir la colaboración de los hacendados de aquella región:

> Tomé el arbitrio de mandar a dicho religioso al partido del Vallegrande, a que recolectase el ganado vacuno que sus vecinos quisiesen dar buenamente de limosna. Escribí cartas circulares a los curas, subdelegado y alcaldes de aquellos pueblos, recomendándoles coadyuvasen al intento[18].

Tomás de Anaya hizo el viaje y el 6 de junio de 1793 se reunieron en Samaipata, en la casa del párroco, «los vecinos estantes y habitantes», junto con el alcalde ordinario de aquel pueblo y de la doctrina de Chilón, y el señor cura. El alcalde explicó a los presentes

> con amorosas expresiones lo útil y ventajoso al servicio de ambas Majestades y causa pública que es la más leve concurrencia al fomento de las reducciones que se intentan establecer en los Yuracarees por el reverendo padre predicador fray Tomás del Sacramento Anaya[19].

Los presentes se comprometieron a entregar un total de treinta reses y uno de ellos dio «un real en plata que exhibió y queda en poder de dicho señor alcalde»[20]. El 24 de junio se realizó en el mismo pueblo de Samaipata un cabildo abierto del «vecindario restante de esta doctrina» y en esta oportunidad se ofrecieron otras seis reses, cuatro terneros y seis reales[21]. El padre Anaya debe haber recibido todavía muchas reses más en otros pueblos del partido de Vallegrande, porque Francisco de Viedma concluye su relato de la expedición de Tomás Anaya, diciendo que sus cartas circulares «surtieron tan buen efecto, que se juntaron más de trescientas cabezas de ganado vacuno»[22].

---

[17] «La retardación entorpecía lo urgente del intento, pues aquel tribunal en sus resoluciones es constante la mucha demora con que las despacha» (Viedma, 1798g, fol. 13r.).

[18] Viedma, 1798g, fol. 13r. Para una de estas cartas, ver Viedma, 1793a.

[19] M. Fernández, 1793, fols. 2v-3r.

[20] M. Fernández, 1793, fol. 3v.

[21] Ver Mejía, 1793, fol. 4r.

[22] Viedma, 1798g, fol. 13r. En otro documento habla Viedma de «quinientas treinta y cinco reses vacunas» (Viedma, 1794e, fol. 25v).

258 CON LOS YURACAREES. CRÓNICAS MISIONALES (1765-1825)

A comienzos de julio de 1793 el joven[23] presbítero José Joaquín Velasco, al haberse enterado de los planes de fundar una misión entre los yuracarees del Mamoré y de que el padre Anaya había tenido éxito en su viaje a Vallegrande, se dirigió en Cochabamba al intendente gobernador Francisco de Viedma para ponerle en conocimiento de las noticias que había adquirido «desde la hacienda de La Habana, perteneciente a su familia y no distante de la yunga de Chuquioma, donde se sabía que al fin de ella había yuracarees que habitaban los márgenes del Mamoré antiguo»[24], y para pedirle licencia

> para ir a convertir los pueblos o parcialidades de Mamoré, Pampas, Potrero, Santa Rosa, con auxilio del reverendo padre fray Tomás del Sacramento y Anaya, con los demás que por una parte siguen hasta la provincia de Mojos y por otra hasta las inmediaciones de Buena Vista y Santa Cruz[25].

Solicitó además al gobernador que interviniera en favor suyo ante el deán y cabildo de la diócesis de Santa Cruz[26] para que le confirieran «título de misionero, franqueándosele aquellas facultades que por la santa sede apostólica están concedidas a los de Propaganda Fide»[27]. Para dar peso a su solicitud, Joaquín Velasco comunicó a Viedma que había decidido realizar toda la empresa misionera que soñaba iniciar a su propio costo[28] y que, además, contaba con la colaboración de su

---

[23] El padre Bernardo Ximénez Bejarano, en una carta al gobernador Francisco de Viedma del 2 de diciembre de 1796, dijo de Velasco «no tener la edad de treinta y tantos años» (Ximénez, 1796c, fol. 18r).

[24] Zamora, 1805b, fols. 214v-215r.

[25] Astete, 1796, fol. 11r.

[26] La diócesis de Santa Cruz tuvo un largo período de *sede vacante*: desde la muerte del obispo José Ramón de Estrada y Orgás en 1792 hasta la posesión del obispo Manuel Nicolás de Rojas y Argandoña en 1796.

[27] Astete, 1796, fol. 11r.

[28] «Y que para la empresa ya referida no pensaba gravar mientras sus días el erario de Su Majestad ni del público, sino que franqueaba liberalmente a favor de tan santa obra no solo sus intereses y rentas beneficiales que consisten en una capellanía de principal de dos mil pesos de fundación y la sacristía, que puede rendir hasta ochocientos pesos poco más o menos anualmente, sino su patrimonio entero paterno y materno que llegará hasta seis mil pesos, como también todo el tren de la iglesia para el culto divino y administración de sacramentos, y cuatrocientos pesos empleados en varias especies y efectos del agrado de los infieles» (Astete, 1796, fols. 11r-11v). Como indicó en diciembre de 1796 el mismo Velasco al gobernador Viedma, el hecho de

hermano, Pedro Velasco, quien «tiene ofrecido allanarles el camino, proveerles a la misión con todos los víveres de sus haciendas de Chalguani como son vino, harina, charque, grasa y lo demás que producen con abundancia»[29]. Por su parte, el padre Anaya había ya recogido de limosna doscientas cabezas de ganado que habían sido trasladas de Vallegrande a una hacienda de los padres del presbítero Velasco. Los dos sacerdotes planeaban establecer una primera misión a orillas del río Mamoré donde, según sus estimaciones, «se juntarían hasta dos mil indios de sus contornos»[30].

Por auto del 17 de julio de 1793 el gobernador Viedma dio la licencia solicitada comprometiéndose, al mismo tiempo, a impetrar la licencia del deán y cabildo de Santa Cruz[31]. También ésta fue conseguida no mucho después[32].

3.2.2. La entrada de Tomás Anaya y José Joaquín Velasco al Mamoré y el establecimiento de la nueva misión

El 5 de septiembre del mismo año 1793 los dos sacerdotes, José Joaquín Velasco y Tomás Anaya, entraron al yunga de Chuquioma y el

---

solicitar al cabildo Eclesiástico de Santa Cruz el título oficial de misionero, hubo de ver con esta decisión de financiar personalmente el establecimiento de una reducción entre los yuracarees: «Es constante a V. Señoría, como se puede ver en mi escrito de ofertas, que cuando pedí a mi cargo esta empresa ofrecí los referidos mis intereses con la necesaria condición de ser yo el misionero y distribuirlos por mi mano y a mi arbitrio sin tener que dar cuenta de ello, porque de otro modo no podía hacer semejante donación según derecho, pues no manejándola yo es claro que quedaba totalmente incongruo, y esto no podía ser admisible en tribunal alguno de justicia ni yo podía presentarla sino con la enunciada consueta, pues de mi administración resultaba mi propia subsistencia» (Velasco, 1796a, fol. 15v).

[29] Astete, 1796, fol. 11v.

[30] Astete, 1796, fol. 11v.

[31] Ver Viedma, 1793c. En este auto se añade todavía que «con igual testimonio se dará cuenta a Su Majestad en el Real y Supremo Consejo de las Indias en el inmediato correo».

[32] No sabemos la fecha, pero que efectivamente el cabildo Eclesiástico de Santa Cruz dio al presbítero Joaquín Velasco el título de misionero consta del resumen que el escribano Francisco Ángel Astete hizo en 1796 del expediente que se había formado acerca del establecimiento de la misión de San Francisco de Asís del Mamoré, al hablar de «los títulos de teniente [y] el de misionero conferidos por el venerable deán y cabildo» en favor del presbítero Velasco (Astete, 1796, fol. 13v).

día 13 del mismo mes salieron de la hacienda La Habana para dirigirse al río Mamoré. El grupo que inició la entrada estuvo formado por diez personas[33]: los ya mencionados misioneros, el capitán Pedro José Cónsul[34], Antonio Peralta (el amigo de Velasco) y seis personas más cuyos nombres ignoramos. Llevaron consigo ocho mulas y dos burros, cuatro de silla y seis de carga. La expedición fue acompañada por dos capitanes yuracarees que habían ido a la hacienda de Chalguani, después de haber sabido del propósito de Velasco de hacer la entrada. El 27 de septiembre llegaron los misioneros y sus acompañantes a la primera población yuracaré. En el curso de las dos semanas de viaje, durante siete días no habían podido avanzar debido a fuertes precipitaciones pluviales.

El relato que mandó el presbítero Velasco el 10 de octubre de 1793 al intendente gobernador Francisco de Viedma se asemeja en mucho a los relatos que los padres Marcos Melendes y Tomás Anaya mandaron en 1776 a los hermanos Moscoso, informándoles sobre su entrada a las Montañas de Yuracarees, la recepción entusiasta que les habían brindado los yuracarees y sus primeras actividades como misioneros. Es ahora José Joaquín Velasco (y por supuesto con él el mismo Anaya de 1776) que se esmera en comunicar, con un lenguaje que roza el romanticismo, que la primera experiencia ha sido muy positiva y que las condiciones para el establecimiento de una misión entre los yuracarees del Mamoré son óptimas.

A pesar de las torrenciales lluvias que perjudicaron el rápido avance de la expedición, la entrada fue casi una marcha triunfal. A poco tiempo de haberse iniciado esta marcha, otros dos capitanes se presentaron «con sus tres compañeros y dos muchachuelas, viniendo en nuestra compañía los referidos capitanes cargando alguna cosa de poco peso y abriendo el camino; y otros dos guiando a la gente de carga

---

[33] En su informe sobre la entrada y el establecimiento en las cercanías del río Mamoré, Joaquín Velasco habla de «toda nuestra familia, que se compone de diez personas» (Velasco, 1793, fol. 235r).

[34] Este Cónsul entró sin el permiso necesario del intendente gobernador Viedma: «Sin embargo de haber escrito a V. S. que necesitábamos para nuestro auxilio y compañía al capitán don Pedro Josef Cónsul, no habiendo ocurrido tiempo para su respuesta, nos hizo el honor de acompañarnos espontáneamente», escribió Velasco en su informe a Viedma del 10 de octubre de 1793 (Velasco, 1793, fols. 237v-238r).

que anticipamos por delante»[35]. Al final de la primera semana se presentaron otros siete yuracarees, «obsequiándonos con algunos plátanos, yucas, componiendo el camino de ida y vuelta y al mismo tiempo ayudándonos con algunas cosas»[36]. Y cuando ya estaban cerca de la primera población de los yuracarees del Mamoré, les aguardaban

> muchas señoras que así las llaman estos infieles a sus mujeres, acompañadas de algunos niños en unas ramadas muy cómodas y proveídas de miel de abejas, yucas y plátanos, desde donde ya tuvimos un camino muy descansado […], siguiendo todos ellos en nuestra compañía y continuando con sus obsequios con generosidad, alegría y complacencia así de ellos como nuestra[37].

Velasco da la siguiente descripción de la población a la que habían llegado:

> La población se compone de siete casas espaciosas y en orden en un sitio nuevo de loma, desmontado, una cuadra de ancho y dos de largo, rodeado por una parte a media cuadra de un riachuelo de agua muy superior y estable y a los otros lados de muchas quebraditas de la misma calidad, todo de monte abundante en palmas de diversa especie, cedros y otras maderas útiles para edificios, en donde se crían muchas abejas que producen miel y cera en abundancia, árboles de aceite de María y otras resinas olorosas […]. Sus terrenos son muy pingües de plátanos, yucas, bayosas, alipas, camotes, maíz, caña, de que hay algunas plantas […]. El temperamento no es muy ardiente ni puede compararse con los de Santa Cruz y Buena Vista. […] En la circunferencia de la población hay muchos chacos sin orden ni cultura, que son del bien común, fuera de los particulares; por cuyo motivo abundan los buenos plátanos y yucas de grande crecimiento y asimismo se hallan en ellos como entre el monte algunas piñas, cañas, guayabas y papayas.
>
> […] A distancia de 8 cuadras a la parte de naciente se halla el río Mamoré […]. Estos indios sacan de allí mucho pescado con que nos han obsequiado, aunque mi gente con los anzuelos nada ha podido conseguir.

---

[35] Velasco, 1793, fol. 236r.
[36] Velasco, 1793, fol. 236v.
[37] Velasco, 1793, fol. 236v.

262 CON LOS YURACAREES. CRÓNICAS MISIONALES (1765-1825)

[...] Aunque el número de personas que habitan esta abundante y fecunda población parece despreciable por su cortedad, pues apenas asciende a ciento poco más o menos, de ambos sexos y edades[38].

Los yuracarees de esta población dejaron casi de inmediato una excelente impresión al presbítero Velasco, ya que no notó en ellos «ningún desacato malicioso, ni superstición, idolatría, ni vicio que sea muy escandaloso»[39].

La gente es muy racional, viva, de buen parecer, de mucho trabajo, aunque inconstante. Visten con escasez, conservando la honestidad uno y otro sexo. Entre ellas se han visto algunas camisetas de Mojos. Son muy diestros en la flecha. Conservan la unidad del tálamo nupcial, extrayéndose en esto de la costumbre de muchos infieles. Son muy interesados e impertinentes al paso que también son generosos, de modo que no quieren perder la más corta merced; hacen ostentación y vanagloria de la abundancia de sus frutos y creen que esta generosidad no se observa con ellos por afuera cuando salen[40].

En aquel mismo sitio Joaquín Velasco y Tomás Anaya fundaron la nueva misión, a la cual dieron por nombre, a sugerencia del gobernador Viedma, de San Francisco de Asís del Mamoré[41]. Al igual que los misioneros que fundaron la misión de Nuestra Señora de la Asunción en 1776, Velasco y Anaya empezaron de inmediato a construir una capilla y a doctrinar a los habitantes de la población. En cuanto a la mencionada capilla, dice Velasco lo siguiente:

Últimamente en el espacio de doce días que residimos en la población, han ido continuando con sus personas en la obra de la capilla que tenemos ya techado y es de 18 varas de largo y nueve de ancho, toda de madera y palmas, en la que han trabajado de muy buena voluntad[42].

Habrían querido inaugurar ya la capilla en la fiesta de San Francisco, el 4 de octubre, pero no fue posible. Para remediar esta desilusión, el

---

[38] Velasco, 1793, fols. 234v-236r.
[39] Velasco, 1793, fol. 237r.
[40] Velasco, 1793, fols. 237r-237v.
[41] «Patrón insinuado por V. S. de esta misión» (Velasco, 1793, fol. 237r).
[42] Velasco, 1793, fol. 236v.

franciscano Anaya decidió realzar la fiesta del fundador de su orden
con un bautismo singular: «Mi compañero el P. Fr. Tomás, ya que no
tuvo la satisfacción de estrenar la capilla el día de San Francisco, bautizó a un mudo de 18 años, con gusto y complacencia de todos»[43].
Por lo que respecta a la propia cristianización de los yuracarees del
Mamoré, observa Velasco:

> Deseamos que se concluya [la construcción de la capilla] para em-
> prender nuestra casería de lo mismo, antes que llegue la fuerza de las
> aguas, para poderles enseñar con comodidad a leer y rezar y cantar ala-
> banzas, pues habiéndonos acompañado en ellas en la ramada con la in-
> comodidad de trastes profanos y altar portátil, han quedado muy ansio-
> sos de aprender para ser cristianos, molestándonos aun en horas
> desproporcionadas a que les enseñemos y expliquemos todos estos prin-
> cipios[44].

Y Velasco manifiesta su impresión de que los yuracarees entre los
cuales se ha establecido pueden ser buenos cristianos: «Parece que demuestran una vocación verdadera al cristianismo»[45].

Tres días después de esta curiosa celebración de la fiesta de San
Francisco, ignorante de que el padre Tomás Anaya había ido a fundar
una nueva reducción y pensando que todavía se encontraba en la misión de la Asunción, el gobernador de Mojos Miguel Zamora, que estaba preparando la fundación de una misión entre los indios guarayos
y buscando para ella un misionero, se dirigió al presidente de la real
audiencia de Charcas para solicitarle conseguir que el padre Anaya fuera el primer encargado de llevar adelante su proyecto y se responsabilizara por la evangelización de aquellos indígenas:

> En la provincia no hay en el día eclesiástico a propósito, porque son
> raros los del espíritu de evangelizar. Y así Vuestra Alteza se servirá resol-
> ver que el padre Anaya, religioso de conocida virtud y ejercitado con fru-
> to en este ministerio, pase desde la reducción de yuracarees de la

---

[43] Añade Velasco: «De estos [mudos] hay cuatro, también sordos *a nativitate*, adultos e incapaces de catecismo, por lo que serán los primeros cristianos. Demuestran
mucha viveza en sus movimientos y acciones y por este camino algo se les podrá decir» (Velasco, 1793, fol. 237r).
[44] Velasco, 1793, fols. 236v-237r.
[45] Velasco, 1793, fol. 237r.

Concepción [*sic*], donde aun sobra el padre Buyán por lo poco o nada que se adelanta, a internarse a esta provincia, acompañado del padre Basilio u otro recoleto de notoria probidad, despachando a este efecto su real provisión con la mayor brevedad[46].

Por lo que respecta a las posibilidades de llevar la nueva misión a una situación económica favorable, Velasco expresa ya en su informe buenas esperanzas. Para el cultivo de caña de azúcar, de árboles de cacao y de café, Velasco ve buenas perspectivas: «[la caña] se producirá tan buena o mejor que la de Buena Vista. Asimismo se ha encontrado una planta de chocolate fructificable y otras recién puestas, como también 10 o 12 plantas de café, floreciendo sin la menor cultura»[47]. Y en cuanto a la ganadería, dice:

> El expresado río tiene unas playas muy espaciosas donde hace sus bañados llenos de pasto superior para poder establecer en ellos una estancia muy regular, lo que ha sido para mí y el compañero de mucha complacencia, aunque creeré que estos naturales lo repugnen, ya porque les sobra el alimento con la caza del río y del monte y sus chacras, como porque se verían precisados a atrincherar sus chacos para evitar los daños. Sin embargo de esto, luego que se haya abierto el camino, pienso establecer alguna estancia del mucho ganado que tiene asegurado la misión[48].

El 9 de noviembre Francisco de Viedma mandó una representación al presidente de la real audiencia de Charcas, informándole sobre la entrada que habían hecho al Mamoré el presbítero Velasco y el padre Anaya. En esta representación resalta de manera clara las ventajas que podrían resultar para la comunicación entre Cochabamba y Mojos el descubrimiento de una nueva vía que partiría de la nueva misión hacia el pueblo de Loreto. Dice Viedma, además, que el padre Velasco, por su intervención, pide permiso oficial a la real audiencia, para encargar al capitán Pedro Cónsul la exploración de esa vía:

> y como el descubrimiento de estos caminos es asunto delicado, mayormente en un gobierno que se halla en los límites de S. M. fidelísima, receloso que aquel gobernador lleve a mal la introducción de este sujeto

---

[46] Zamora, 1793.
[47] Velasco, 1793, fols. 234v-235r.
[48] Velasco, 1793, fols. 235v-236r.

por senda desconocida, solicita impetre de V. A. el correspondiente permiso[49].

Resalta Francisco de Viedma también las ventajas que puede tener la nueva misión para la provincia de Santa Cruz de la cual es gobernador intendente:

> Lo cierto es que el establecimiento de esta nueva reducción, a más de los progresos que atrae a nuestra santa fe, es ventajosísimo a la provincia y que sus terrenos ofrecen fertilidad para que pueda subsistir de sus propios frutos, sin tener que pensionar a la real hacienda ni otros intereses que se destinan para fomento de nuevas reducciones[50].

Finalmente, pide Viedma al presidente de la audiencia comunicar al gobernador de la provincia de Mojos «las órdenes que tenga por convenientes, para que atienda y auxilie no solo a los que se internen en ella sino a dicha reducción, como tan inmediata, en los términos que sea posible[51].

El 7 de diciembre de 1793 el fiscal de la audiencia dio al presidente de la misma su parecer acerca del expediente que se había formado con la documentación que el gobernador Viedma había mandado a la audiencia:

> Muy poderoso señor.
> El fiscal, en vista de este expediente para la reducción de los indios infieles yuracarees, dice:
> Que el gobernador intendente de Cochabamba debe continuar auxiliando al doctor don José Joaquín Velasco y demás conversores con el caudal de las vacantes mayores y menores que Su Majestad tiene cedido a estos santos fines y cuya versación está encargada a los intendentes particularmente, sin que por esto deje vuestra alteza de avisar al gobernador de Mojos con testimonio de este expediente a fin de que por su parte coadyuve a que se verifique la dicha reducción y, si posible fuera se una a las misiones de Mojos, en cuyo caso se trataría de costear la dicha reducción de los caudales de dichas misiones; pero mientras tanto no debe

---

[49] Viedma, 1793b, fol. 239v.
[50] Viedma, 1793b, fol. 240v.
[51] Viedma, 1793b, fol. 241r.

omitir el gobernador de Cochabamba diligencia ni gasto alguno para la reducción de estos infieles, en que tanto interesan ambas Majestades[52].

El 10 de diciembre el presidente de la real audiencia emite un auto por medio del cual asume lo indicado por el fiscal, dando órdenes al gobernador Viedma de llevar adelante el proyecto de la nueva misión con el caudal que está destinado para la fundación de nuevas reducciones. Pero la audiencia toma también posición acerca de la cuestión del descubrimiento de una nueva vía entre Cochabamba y Mojos, tema que el fiscal no había tocado en su parecer: «suspendiendo por ahora el descubrimiento o apertura del nuevo camino a la provincia de Mojos»[53]. Acoge también la audiencia la idea del fiscal de integrar eventualmente la nueva misión en el conjunto de las misiones de Mojos: «Y para determinar sobre la unión a esta [es decir, la provincia de Mojos] de la citada conversión, informe el gobernador don Miguel Zamora, pasándole para el efecto la correspondiente copia por el señor protector»[54]. El 23 de diciembre se mandó la provisión de la audiencia a Francisco de Viedma y el 3 de enero de 1794 éste hizo en Cochabamba el acto oficial de obedecimiento: «puesto en pie y destocado la cogió en sus manos, besó y puso sobre su cabeza obedeciéndola como a carta y real provisión de nuestro rey y señor natural»[55].

3.3. LA HAZAÑA EXPLORATORIA DE PEDRO CÓNSUL

Este acto solemne de obedecimiento de Francisco de Viedma tuvo algo de irónico, porque precisamente en el momento de realizarlo estaba en apuros por el hecho de que ya se había realizado la exploración de la nueva vía, exploración que había culminado con una tragedia. Y él lo supo. Cuando proyectó con el padre Tomás Anaya y el presbítero José Joaquín Velasco la fundación de una nueva misión de yuracarees en las cercanías del río Mamoré y preparó con ellos su entrada, encargó a Velasco

---

[52] Villava, 1793.
[53] Real audiencia de Charcas, 1793a, fol. 8r.
[54] Real audiencia de Charcas, 1793a, fol. 8r.
[55] Viedma, 1794a, fol. 9r.

tomase los más prolijos y exactos conocimientos de la distancia que mediaba de la enunciada reducción del Mamoré al primer pueblo de Loreto del gobierno de Mojos y que me informara para tomar aquellos medios conducentes a un examen práctico y prolijo[56].

Ya en su informe del 10 de octubre de 1793, Velasco hace mención de las perspectivas que existían para cumplir con el encargo del gobernador. El 6 de octubre el padre Anaya, a solicitud de Velasco, se había dejado informar al respecto por algunos yuracarees:

le han declarado en la lengua a mi compañero el R. P. Fr. Tomás Anaya del Sacramento, según me instruye, que en un día de camino por tierra de a mula y cuatro de navegación, han arribado algunos de ellos a la misión de Loreto[57].

Además, aquellos yuracarees se ofrecieron para hacer una expedición a Loreto bajo dirección del capitán Pedro Cónsul. Y Velasco se comprometió a dar las facilidades convenientes y a avisar a Viedma «para que con tiempo nos favorezca con alguna providencia de recomendación de la real audiencia para aquel gobierno [de Mojos] a fin de conocer ocularmente la evidencia que por ahora me presento en la imaginación de sus ventajas»[58]. Curiosamente, sin embargo, al final de su informe al gobernador, dice Velasco que el capitán Cónsul irá «al reconocimiento del camino de Mojos dentro de algunos días, auxiliado de todo lo necesario»[59]. Y así fue, de modo que Viedma escribió más tarde al ministro Gaspar de Jovellanos que Joaquín Velasco efectivamente había hecho averiguaciones acerca de las posibilidades de una comunicación entre la misión de San Francisco y Mojos y que

---

[56] Viedma, 1798g, fol. 15r.

[57] Velasco, 1793, fol. 234r. Parece que el padre Anaya ya en los primeros días de su estadía entre los yuracarees del Mamoré había hecho un intento de conseguir información sobre la distancia entre la nueva misión y Loreto, pero sin resultado claro: la información se las «ha sacado con el gracioso artificio de convidarles chocolate y decirles que se privaría[n] él y ellos de este agradable y forzoso alimento, si no facilitaban el recurso a aquella provincia, habiéndolo figurado antes algunos de ellos de un modo muy dificultoso y que no ofrecía la menor ventaja a los objetos referidos» (Ibídem).

[58] Velasco, 1793, fol. 234r.

[59] Velasco, 1793, fols. 234r y 238r.

«sin esperar contestación mía, mandó con diferentes indios de su reducción a don Pedro Cónsul que lo tenía consigo en ella, para el expresado pueblo de Loreto»[60].

Reproducimos aquí la carta/informe que Pedro Cónsul mandó al gobernador Viedma desde Santa Cruz el 20 de abril de 1794, en la cual da un testimonio conmovedor de su expedición a Mojos:

> No puedo menos que dar parte a V. S. e informar el viaje que hice a la provincia de Mojos desde el nuevo pueblo de San Francisco del Mamoré.
>
> El día 19 de octubre, por hallarse las aguas próximas y no poderse pasar los ríos, emprendí el viaje a instancia de los dos padres Dr. don Josef Joaquín Velasco y Fr. Tomás Anaya del Sacramento, en compañía de ocho bárbaros y dos mozos, éstos pagados por mí y aquellos por dicho doctor.
>
> Llevé dos oficios para el gobernador de Mojos en que se le anoticiaba aquella nueva reducción y lo útil que sería cuando se verificase la apertura de aquel camino, comunicándole ir yo con la empresa de este tan importante objeto.
>
> Asimismo se le remitió un fardito del peso de ocho libras, en que iban unas medallas, lana, botones y navajas, para que se sirviese por su importe dar a los bárbaros una o dos camisetas a cada uno y a mí una certificación de mi llegada.
>
> El primer día caminamos seis leguas de un camino todo pampa y chacras de ellos mismos, en cuyo día me mordió una víbora, habiéndoseme hinchado toda la pierna. Me curaron los dichos bárbaros con una hoja del monte.
>
> El segundo, tercero, cuarto y quinto llegamos al potrero en donde descansamos un día, por haber mucho pescado y plátanos y estar yo con las plantas de los pies llenos de llagas por no haber ya tenido zapatos.
>
> Al sexto día llegamos al pueblo de Pampas, cuyos bárbaros no me permitían entrar, hasta que los que yo llevaba hablaron como peleando.
>
> En este pueblo paramos tres días hasta lograr canoa, que envié a traer al pueblo de Cupetine, del tamaño de una batea grande mal hecha. En este intervalo fueron viniendo las familias que se hallaban dispersas en sus chacos; y enseñándoles a rezar y cantar el Alabado, ya cada rato andaban entre ellos con mis mozos cantando. El día de embarcarme, que fue el 30 de octubre, les repartí sortijas y otras frioleras, con cuya acción llena-

---

[60] Viedma, 1798g, fol. 15r.

ron la canoa de comidas y quedaron disponiendo sus cosas para, cuando fuese mi vuelta, ir conmigo al pueblo de San Francisco.

Seguimos nuestra navegación sin poder dormir de noche ni parar por los muchos tigres.

Llegamos al puerto de Loreto el día 4 de noviembre a las dos de la tarde. Luego que desembarcamos me fui al pueblo, en donde solo hallé al cura Fr. Manuel Antezana. Dispuse hacer un oficio al señor gobernador sobre mi venida, remitiéndole el fardito y oficios y pidiéndole la certificación de mi llegada para regresarme.

A los siete días vino orden que a los bárbaros los llevasen en buena guardia a la capital y que yo esperase con el un mozo, porque el otro quedó enfermo con los bárbaros en Pampas.

El día 18 de noviembre vino orden para que me pusiese un par de grillos, cuyo auto de prisión en substancia era: «Por haber internado como espía, fingiendo real servicio, me encerrasen en un cuarto, sin permitirme tinta ni papel, ni comunicación». Los grillos pesaban una arroba: verificose todo al pie de la letra.

Estando ya yo preso, revolvieron los bárbaros con cartas, una en que mandaba el gobernador llevar a mi mozo preso a San Pedro y embargarse todos mis papeles y armas y que los bárbaros pasasen sin entrar al pueblo a su barbarismo porque más parecían pillos.

Seguí mi prisión con sed, desnudez, terciana doble, hinchados mis pies (como que hasta ahora padezco) y ya sin esperanza de vida.

Diósele parte de todo y la respuesta, que fue dada por la condesa[61], dice: «Es incompatible la seguridad de un reo de estado con la de sus fingidas enfermedades. Y sobre todo, si estuviese muy malo, llamar al padre cura, que lo confiese y nada más para no faltar a la caridad».

Seguí, señor, con estos tormentos sin ver la luz del día emparedado cuatro meses y ocho días, ya cayéndoseme a pedazos la camisa del cuerpo y el vestido por no haber llevado más que lo encapillado.

El día de la Encarnación a las ocho del día llegó el correo a aquel pueblo, que venía para Jorés, quien trajo a mi criado a la muerte[62], con orden de que saliésemos y que no me diesen de comer más que lo preciso hasta el puerto; que no me pusiesen toldeta en la canoa y que me llevasen amarrado. No lo hicieron los indios, porque tienen más caridad que el que se confiesa cada tres días, pero padecí bastante.

[61] La condesa viuda de Argelejo, doña María Josefa Fontas y Lozada, esposa del gobernador Miguel Zamora.

[62] No apuro el sentido preciso de «a la muerte». Tal vez 'casi a punto de morir'.

Mandó entregarme todo y se quedó con los papeles, sobre los que no he querido mover nada, hasta dar a saber a V. S. la verdad de cuanto llevo relacionado y esperar órdenes de su mayor agrado[63].

Desde Loreto, Pedro Cónsul logró, tal vez por intermedio del párroco Antezana, mandar una nota a la madre del presbítero Velasco, doña María Ignacia Lozano, comunicándole la trágica suerte que le había caído encima y suplicándole buscar la intervención del gobernador Viedma[64] en su favor. Doña María escribió al gobernador el 12 de diciembre, añadiendo en su carta un comentario personal acerca de lo pasado, como hace entender Viedma después: con la resolución que tomó el gobernador Zamora

no solo priva el conocimiento que debe tomarse de semejante camino sino que, asombrados los nuevos catecúmenos del pueblo de Mamoré con el mal recibimiento que habrán visto los que acompañaban a Cónsul, ha expuesto la reducción a acabar en sus principios perdiendo cuanto se ha conseguido a costa de tantas fatigas y trabajos y a ser víctimas los conversores y sus acompañados[65] de su furor, según justamente recela la madre de dicho Velasco[66].

---

[63] Cónsul, 1794b. El mismo gobernador Miguel Zamora dio su versión sobre la expedición de Pedro Cónsul, insinuando que los dos misioneros Velasco y Anaya, poco después de haberse establecido entre los yuracarees del río Mamoré, se habían encontrado en apuros y que habían decidido pedirle ayuda a él: «llegaron con indecibles trabajos por falta de toda clase de prevenciones al fin de la citada yunga [de Chuquioma] y orillas del Mamoré, donde no hallaron sino diez familias de bárbaros, poco más o menos, de la nominada nación, y careciendo de subsistencias desde luego que llegaron y sin esperanza de tenerlas, aislados y sin recursos, les ocurrió el único de enviar una canoa a Mojos, que es el *refugium peccatorum*, representando al gobernador su crítica constitución y el berenjenal en que se habían metido, para que los sacase de él» (Zamora, 1805b, fols. 215r-215v). *Refugium peccatorum* ('refugio de los pecadores') es un título que se da a la Virgen María en la llamada *Letanía Lauretana*.

[64] Tomando en cuenta la fecha probable del envío de la nota (18 de noviembre), la fecha de la carta que envió doña Juana al gobernador Viedma (12 de diciembre) y la de la carta de Viedma al presidente de la audiencia de Charcas, es probable que la madre de Velasco viviese por entonces en Santa Cruz. Además, era imposible que los yuracarees que habían acompañado a Pedro Cónsul, una vez liberados, pudiesen llegar en menos de un mes desde Loreto hasta la hacienda de Chalguani, propiedad de la familia Velasco.

[65] Se corrige aquí el manuscrito, que reza «los conversones a su acompañados».

[66] Viedma, 1793c, fol. 20r.

El 23 de diciembre Viedma mandó una carta al presidente de la audiencia de Charcas, en la cual por un lado reconoce que

el doctor Velasco se apuró demasiadamente en este descubrimiento, pues debió primero darme parte para que se ejecutase con la formalidad debida franqueando los pasaportes necesarios al comisionado a fin de evitar la desconfianza sobre que habrá fundado la prisión el referido gobernador, teniéndolo tal vez por desertor o espía que intente reconocer caminos ocultos para penetrar en aquel gobierno[67].

Pero por otro lado manifiesta que espera del presidente que se sirva «comunicar la orden o providencia que tenga por conveniente dicho gobierno para que inmediatamente ponga en libertad al expresado Cónsul»[68]. También Miguel de Zamora, el gobernador de Mojos, envió un oficio a la real audiencia: y esta instancia falló en el asunto el 20 de febrero de 1794, ordenando a Zamora poner en libertad a Pedro Cónsul; y a Viedma, que

confiando la nueva reducción de indios yuracarees a otro sujeto en quien concurran las calidades necesarias, haga que el citado Cónsul pase a la ciudad de Arequipa a unirse con su mujer, suspendiendo todo procedimiento en cuanto al descubrimiento y apertura del camino, como se tiene mandado[69].

El 5 de marzo de 1794 Francisco de Viedma hizo en Cochabamba un nuevo acto de obedecimiento, pero no de buena gana, porque cuatro meses después se ve obligado replantear la cuestión de la apertura del camino desde la misión de San Francisco a Loreto en una extensa carta que dirigió entonces al virrey de Buenos Aires, don Nicolás de Arredondo:

El segundo [la apertura del camino] es asunto muy delicado, que a mi modo de entender corresponde a las privativas facultades de V. E. como puramente gubernativo; pero como lo ha decretado aquel regio tribunal no me es lícito entrar en cuestión, porque en ello con distinto conocimiento podrá V. E. hacer el concepto y uso que tenga por más conve-

---

[67] Viedma, 1793c, fols. 19v-20r.
[68] Viedma, 1793c, fol. 20r.
[69] Real audiencia de Charcas, 1794b, fol. 21r.

niente. Lo cierto es que las misiones de Mojos y Chiquitos cada día se van poniendo en términos que, por la falta de comunicación en ellas, llegará el caso de que se asombren los naturales al ver cualquier español. El camino ignoro qué perjuicios pueda atraer al Estado, antes por el contrario, si no me engaño, está manifestado las ventajas de una comunicación fácil, pronta y que prepara los mejores medios para reducir a los indios infieles de las vastas montañas del Mamoré, dando a la iglesia de Dios este mayor número de fieles y proporcionando al rey no pocos vasallos que le sean útiles[70].

El 17 de septiembre del mismo año 1794 tres miembros de la fiscalía del virreinato dieron su parecer acerca de la cuestión del camino al virrey y a los señores de la junta Superior, diciendo que «nada podemos exponer por ser enteramente extraño del instituto de nuestros ministerios»[71]. Y así quedó concluido el asunto. Sin embargo, todavía en 1798 Francisco de Viedma comentó una vez más este asunto en una carta al ministro Gaspar de Jovellanos:

> El tribunal procedió equivocadamente en persuadirse haber yo confiado la reducción al enunciado Cónsul; pues no tuve otra noticia de su estada en ella que la que se me dio de su prisión[72]; y aunque era muy justo pasase a hacer vida con su mujer, parece que haberse internado al pueblo de Loreto por encargo del conversor Velasco, no cometió delito que mereciese tan cruel castigo; y me confunde a la verdad el empeño de impedir la apertura de tan útil camino, cuando este asunto, como punto de gobierno, corresponde al virrey de Buenos Aires[73].

3.4. La misión de San Francisco hasta la llegada de los misioneros de Propaganda Fide

La colaboración entre el fraile y el presbítero no duró mucho tiempo, porque Joaquín Velasco a comienzos del año 1794 desamparó al padre Anaya, «por enfermo y dificultad de introducir de sus hacien-

---

[70] Viedma, 1794e, fols. 27r-27v.

[71] Medrano-Pinedo-Casamayor, 1794, fols. 29r-29v.

[72] Lo que no es cierto, porque Viedma supo de la presencia de Cónsul en la misión del Mamoré por la carta que le escribió el presbítero Velasco el 10 de octubre de 1793.

[73] Viedma, 1798g, fol. 15v.

das de Chalguani y Habana aun los bastimentos más necesarios»[74]. Y Tomás Anaya se vio en la obligación de solicitar ayuda económica al gobernador Viedma[75].

Durante su estadía solitaria en el Mamoré fray Tomás recibe frecuentemente visitas de yuracarees de otras partes. Estableció una relación amistosa con ellos y les prometió hacer lo posible para establecer con ellos una nueva misión. Como veremos en el siguiente capítulo, Anaya decidió preparar tal nueva misión y llegó a fundarla efectivamente. Consiguió que retornara el presbítero Joaquín Velasco a la misión del Mamoré y él se juntó con los yuracarees que le habían manifestado su deseo de ser reducidos.

A solicitud de Joaquín Velasco el 26 de abril de 1794, el provisor de la diócesis de Santa Cruz, Rafael de la Vara, nombró juez de comisión para hacer una inspección de la misión del Mamoré y establecer lo que Velasco había invertido en ella, al vice-párroco de Chalguani, don Pedro Medrano. Integraron también esta comisión un tal Joaquín Guillén, elegido por el mismo Velasco, y como tasador don Juan de Dios Sernato. La comisión hizo el «inventario y tasación de todos los efectos que [Velasco] repartió a presencia del comisionado y avaluadores, como los muebles respectivos a la iglesia, salarios satisfechos a los peones, bastimentos y demás que de ellos aparece»[76]. El 2 de enero de 1795, el notario público eclesiástico, Ambrosio Navia, dio un testimonio autorizado de la labor de esta comisión. A este testimonio fue añadida una «certificación dada por don Antonio María Peralta, residente en Mamoré, del estado floreciente en que se halla aquella misión, sus comodidades, abundancia de bastimentos y número de personas que concurren diariamente a alabar a Dios»[77].

[74] T. Anaya, 1795, fol. 7r. Alcide d'Orbigny, al mencionar la fundación de la misión de San Francisco del Mamoré en 1793, dice erróneamente que «el doctor Velasco [...] al año siguiente la entregó al convento de Franciscanos» (2002 [1839b], p. 1543).
[75] Esto se destaca de un auto de Francisco de Viedma del 23 de abril de 1794, donde dice «que se necesita auxiliar la nueva reducción de San Francisco de Asís del Mamoré» (Viedma, 1794b).
[76] Astete, 1796, fol. 13r.
[77] Astete, 1796, fol. 13r.

En el curso de los dos años y tres meses que dirigió la misión, Joaquín Velasco tuvo durante siete meses la colaboración de otro presbítero, Josef Manuel Moreno Montero[78].

Por problemas serios de salud[79] y porque sus recursos económicos habían empezado a agotarse[80]; sabiendo, además, que habían llegado de España misioneros franciscanos de Propaganda Fide al Valle de Cliza, algunos de los cuales ya habían entrado a las Montañas de Yuracarees, Velasco decidió retirarse de la misión del Mamoré. Salió de allá el 6 de octubre de 1796, dejando la reducción al cuidado de don Antonio Peralta[81]. Velasco dejó allá también una carta para el padre Bernardo Ximénez, comisario prefecto de los nuevos misioneros, por medio de la cual le solicitó dejar a uno de los padres en su misión para reemplazarle.

3.5. LA MISIÓN DE SAN FRANCISCO A CARGO DE LOS PADRES DEL COLEGIO DE PROPAGANDA FIDE DE TARATA

3.5.1. La visita de Bernardo Ximénez a la misión de San Francisco

La distancia entre la misión de San José del Coni y la de San Francisco del Mamoré era larga[82] y el camino bastante difícil. A los misioneros y sus ayudantes les costaba casi tres semanas cubrir la distancia entre las dos reducciones: llegaron a San Francisco del Mamoré el día 28 de octubre. Anotó entonces eufóricamente en su diario el padre Ximénez: «Llegamos pues hoy a dicha reducción, no tan gozo-

---

[78] Ver Velasco, 1796a, fol. 14v.

[79] Según el padre Ximénez Bejarano, el padre Velasco había «contraído el mal de orina dimanado de las continuas lluvias y humedades de aquellos lugares» (1796c, fol. 18r).

[80] Dice el mismo Joaquín Velasco en un memorial del 1 de diciembre de 1796 que «teniendo invertido mi patrimonio en él, todo, y no quedándome qué subsistir en la sociedad según exige mi estado que las rentas de mi pobre sacristía y capellanía, dejándola ésta adicta y sujeta a la contribución que hasta aquí ha estado a la expresada reducción, me expondría a quedar totalmente incongruo» (Velasco, 1796a, fols. 16r-16v).

[81] «sin quedar otro sujeto que don Antonio Peralta para la dirección de los indios» (Viedma, 1799b, fol. 1v).

[82] «Dista esta reducción de la del Coni 53 leguas» (Ximénez, 1796b, fol. 133v).

sos de mirar socorrida nuestra necesidad, como de dejar casi reducida toda la nación de yuracarees»[83].

Durante todo el trayecto habían alimentado la esperanza de encontrar en ella al presbítero Joaquín Velasco, pero resultó que, cuando por fin llegaron al Mamoré, aquél ya había abandonado la misión para retirarse a su hacienda La Habana. Pero al salir de la misión había dejado una carta para los nuevos misioneros, «en que franqueándonos los intereses de esta su misión, suplicaba quedase en ella uno de los padres, reservando para más adelante tratar los términos en que su reducción había de quedar a cargo del R. P. prefecto». El padre Ximénez atendió esta solicitud del presbítero Velasco y dispuso que el padre Pedro Hernández se quedase interinamente en la misión del Mamoré[84].

El día 1 de noviembre los padres Bernardo Ximénez e Hilario Coche emprendieron el camino de retorno al Valle de Cliza. El 15 de noviembre llegaron a Cocapata, donde recibieron una carta de Joaquín Velasco, quien les invitó visitarlo en su hacienda de La Habana. Llegaron allá el día siguiente y permanecieron en ella hasta el día 21 de noviembre.

> Llegamos a nuestro colegio el día 25 con perfecta salud, dando infinitas gracias a Dios que nos ayudó benignamente en esta expedición, aunque no con aquella plenitud de prosperidad a que naturalmente propende el hombre, pues como se expresa en todo este diario, no hubo especie de quebranto a que no estuviésemos sujetos, ni penalidad que no sufriésemos[85].

Al retornar a Colpa el comisario prefecto Ximénez no encontró en la comunidad que había establecido allá aquel espíritu de recogimiento, disciplina y austeridad que, según él, debía caracterizar un verdadero colegio de Propaganda Fide. Los frailes no estaban contentos con su situación, porque les faltaban los ingresos suficientes para satisfacer sus necesidades básicas y porque no habían recibido en la región el reconocimiento y la ayuda de parte de los habitantes que ha-

---

[83] Ximénez, 1796b, fol. 133v.
[84] Equivocadamente dice Francisco de Viedma que el padre Ximénez dejó «en ella dos de los religiosos que llevaba» (Viedma, 1799b, fol. 1v).
[85] Ximénez, 1796b, fol. 135r.

bían esperado. Por eso, reprochaban al padre Bernardo haberse interesado con demasía por sus expediciones misioneras y haber gastado mucho dinero en ellas, en vez de asegurar primero la estabilidad de la comunidad y los ingresos indispensables para que esta comunidad pudiese vivir decentemente. Además, para sorpresa del padre prefecto, el guardián y los discretos habían rayado claramente la cancha, muy conscientes de las facultades y competencias que les otorgaban las constituciones de la orden franciscana y las bulas apostólicas. El padre Ximénez pensaba que él, como fundador y comisario prefecto de misiones, seguía siendo el que podía decidir y determinar todo y que, de alguna manera, todos los frailes, incluso el guardián y los discretos, estaban sujetos a su voluntad. Se produjo una situación sumamente incómoda y tensa, manifestada de la manera más clara en una serie de conflictos que se suscitaron y que durante varios meses ocuparon las mentes de los frailes de la nueva fundación.

Es importante mencionar que el padre Ximénez no se quedó mucho tiempo en Colpa: dejó el convento del valle y se estableció en la ciudad de Cochabamba, hospedándose en la casa del intendente gobernador Francisco de Viedma.

3.5.2. La entrega de la misión al padre Ximénez

Después del encuentro con el Dr. Joaquín Velasco en su hacienda de La Habana, el padre Ximénez redactó, a solicitud del intendente gobernador Francisco de Viedma, un amplio informe sobre su primera entrada. En este informe aplaudió «el esmero y celo cristiano con que se manejó el Dr. Velasco en tan loable empresa», indicando al mismo tiempo que convenía «en que se le admita la dimisión de la expresada reducción del Mamoré»[86]. Indicó asimismo el prefecto de misiones que estaba dispuesto a encargarse de la misión[87]. En el memorial que Joaquín Velasco entregó en Cochabamba a Viedma el 1 de diciembre de 1796, junto con el inventario de la misión y una rendición de cuentas, presentó dos alternativas en relación con la futura responsabilidad por esta misión

---

[86] Viedma en Priewasser, 1919, 127, p. 379.
[87] Ver Viedma en Priewasser, 1919, 127, p. 379.

dándole a elegir uno de dos extremos, o todo o nada.

O todo: quiero decir que yo continúe de misionero con la independencia que hasta aquí me he manejado en lo espiritual y temporal, sujeto únicamente a mi prelado diocesano y que el dicho padre fray Miguel Hernández[88] u otro cualquiera de su colegio se me conceda de compañero subalterno para lo que yo no pueda hacer, y solo en mis necesarias ausencias pueda ejercer el ministerio de la dicha misión, sujeto a mis órdenes, para cuyo efecto le gratifico con doscientos cincuenta pesos anuales libres de su manutención.

Nada: quiero decir que con mucha satisfacción y gusto entrego y hago dimisión de la referida reducción al colegio y expresado comisario con solo los intereses que constan del reconocimiento e inventario que tiene formado don Felipe Santiago Soriano[89] en que están inclusos varios muebles de plata labrada y libros y otras cosas anexas al uso y comodidad del misionero que también cedo sin tener que obligarme a la menor contribución en lo sucesivo por vía de compromiso a no ser que la haga espontánea y voluntariamente, como y cuando mejor me parezca[90].

El mismo día 1 de diciembre de 1796 Francisco de Viedma hizo pasar este memorial del presbítero Velasco al padre Bernardo Ximénez, que también se encontraba en la ciudad de Cochabamba, «para que se sirva informar lo que se le ofrezca y parezca sobre esta solicitud»[91]. Ya al día siguiente Ximénez dio su parecer. En su carta a Francisco de Viedma resaltó en primer lugar la labor extraordinaria que el padre Velasco había realizado:

Estas operaciones tan cristianas, justas y dignas del mayor elogio en un joven de las circunstancias del doctor Velasco son acreedoras a que por Vuestra Señoría se trasladen a la piedad del rey, para que su real magnificencia se sirva premiarle con aquella gracia que sea de su soberano agrado[92].

[88] Debe ser Pedro Hernández.
[89] Yerno de Baltasar Peramás.
[90] Velasco, 1796a, fols. 15v-16r.
[91] Viedma, 1796b.
[92] Ximénez, 1796c, fol. 18r.

Asimismo remarcó la enorme cantidad de dinero que había invertido en su misión:

> y consta por menor de los ya citados inventarios, como en las oficinas y demás útiles que ha puesto, me parece no solo ha gastado los once mil y más pesos que expresa sino aun mucha más cantidad, por lo que se halla empeñado y escaso para subsistir en adelante como lo representa[93].

Ximénez declara enfáticamente que está dispuesto a admitir la misión de San Francisco de Asís del Mamoré para el colegio de Propaganda Fide de Tarata, pero ruega a Viedma que «se sirva dar parte de esta determinación a la junta superior de real hacienda de Buenos Aires por mano del excelentísimo señor virrey para que disponga se saque del ramo de vacantes lo necesario a la subsistencia y aumento de ellas»[94].

Ya el 3 de diciembre el gobernador Viedma acepta el desistimiento de la misión del Mamoré por parte del presbítero Joaquín Velasco y la admisión que hace de la misma el comisario prefecto del nuevo colegio de Propaganda Fide[95], y el 16 de enero de 1797 Viedma manda un oficio al virrey de Buenos Aires, don Pedro Melo de Portugal, solicitando la oficialización de la entrega de la misión del Mamoré al colegio de Tarata[96]. Sin embargo, el guardián y el discretorio del colegio no estaban de acuerdo con el modo en que el padre Ximénez había actuado al asumir la responsabilidad por esta misión, como manifestó en una carta al mismo virrey del 18 de abril de 1798 el guardián Juan Hernández: «El referido padre comisario, después de haber tomado a su cargo de su propia voluntad y sin intervención del colegio, a quien debía haber consultado para esto, las misiones de San José del Coni, [...] y de San Francisco del Mamoré»[97].

---

[93] Ximénez, 1796c, fol. 18r.
[94] Ximénez, 1796c, fols. 18r-18v. Con «ellas» Ximénez se refiere a las misiones del Mamoré y del Coni.
[95] Ver Viedma, 1796b.
[96] Ver Viedma, 1797c.
[97] J. Hernández, 1798d, fol. 1v.

3.5.3. La misión de San Francisco hasta el capítulo guardianal de 1799

El comisario prefecto ratificó al padre Pedro Hernández como misionero en la reducción del Mamoré y lo nombró como misionero para la misma reducción al padre Francisco Lacueva, quien, después de haber vivido un mes y medio en Tarata, había pasado luego a Punata. Desde allá salió a San Francisco del Mamoré a comienzos del año 1797[98]. Al darle la patente al padre Lacueva, el padre Ximénez le había asegurado que «nunca me dejaría sin compañero, ni jamás permitiría que ni yo ni religioso alguno estuviese solo en una conversión, por los gravísimos inconvenientes que se seguirían de esto»[99]. Sin embargo, ya en febrero de 1797, apenas un mes después de la llegada a San Francisco del padre Lacueva, el comisario prefecto retiró de esa misión al padre Hernández[100] y lo mandó a la misión de San José del Coni. Por más que Francisco Lacueva siguiese considerando al padre Hernández como su 'compañero', aguardaba en vano su pronto retorno. Hernández salió de la misión de San José a comienzos de septiembre de 1797; para llegar a Colpa tomó el camino de Chuquioma. Dejó en la hacienda de Chuquioma algunos víveres para el padre Lacueva[101]. En Cochabamba recibió orden del padre Ximénez de venir a las Montañas de Yuracarees, probablemente para hacerse cargo de la misión de la Asunción, pero no acató esa orden. Por el contrario, decidió él también pedir su desincorporación del colegio de Colpa y su incorporación al colegio de Moquegua:

---

[98] «Certifico yo el cura y vicario del beneficio de S. Juan Bautista de Punata, que de orden del R. P. fray Bernardo Ximénez Bejarano que gobernaba el nuevo colegio de P.P. misioneros de Propaganda Fide de este Valle de Cliza, se trasladó de Tarata a esta mi casa parroquial de Punata el R. P. Fr. Francisco Lacueva, con el designio de establecer en mi pueblo la tercera orden, donde se mantuvo el tiempo de cuatro meses, hasta que por enero del próximo pasado año de 97, se retiró a servir la misión del Mamoré con patente del mismo R. P. comisario» (Porosel, 1798, fols. 30r-30v).

[99] Lacueva, 1798, fol. 21r.

[100] Basamos este dato en lo que dice Francisco Lacueva en una certificación del 12 de abril de 1798: «Hoy se cumplen catorce meses que falta a la misión [el padre Hernández]» (Lacueva, 1798, fol. 22r).

[101] Ver Lacueva, 1798, fol. 26r.

Grave y venerable Discretorio:

Fray Pedro Hernández, predicador y misionero apostólico del colegio de Colpa, ante V.V. R.R. se presenta y dice:

que habiendo salido de los dominios de España con los santos fines de las conquistas, así de fieles como de infieles, y viéndose frustrados mis designios a causa de no haber colegio y no tener fondos la[s] misiones de infieles anexadas a ese esperado colegio, para que los padres conversores se mantengan en ellas, pues a Dios gracias he podido salir con mil trabajos a causa de la gravísima necesidad en que me hallaba, por la falta de alimentos. Y en atención a que en esta ciudad se halla un padre comisionado del colegio de Moquegua para llevar algunos P.P. de ese para remediar las necesidades de aquél, el que me consta se halla muy necesitado de operarios, y que al presente no hacen falta en ese tantos individuos, por tanto a V.V. Reverencias pido y suplico se me dé la correspondiente licencia para pasar al ya expresado colegio.

Así lo espero de la caridad de V.V. R.R.

Fray Pedro Hernández[102].

El discretorio de Colpa no dio permiso para que el padre Hernández se desincorporase. Más bien, recibió del padre comisario prefecto la orden de ir a Vallegrande para recoger otra parte de las reses que los hacendados de aquella región se habían comprometido entregar para la misión del Mamoré[103] y para dirigir esas reses a aquella misión. Desde Vallegrande el padre Hernández escribió por lo menos dos cartas al padre Lacueva, comunicándole acerca de lo que allá había experimentado en la recogida de las reses: «que el mismo padre Pedro me aseguró que eran quince y en otra ocasión escribió que eran ninguna, porque los que las ofrecieron los años pasados se excu-

---

[102] P. Hernández, 1797a.

[103] El que el padre Ximénez mandó al padre Hernández a Vallegrande, fue aparentemente por sugerencia u orden del gobernador Francisco de Viedma, como lo hizo entender el comisario al padre Lacueva: «Pero lo que me ha sido más sensible es el haberme ocupado el compañero. [...] De esto culpa el padre comisario al señor intendente en la citada carta del 28 de marzo: me dice el padre comisario que es disposición del señor intendente que el P. Fr. Pedro Hernández mi compañero fuese al Vallegrande a recoger unas reses pertenecientes a nuestra conversión. [...] En otra ocasión me dijo dicho padre comisario que él había resistido que el P. Fr. Pedro fuese ocupado en esta comisión y que se había opuesto a la pretensión del gobernador intendente» (Lacueva, 1798, fol. 22r).

saban de entregarlas ahora»[104]. El 9 de diciembre de 1797 fray Pedro escribió desde Vallegrande una carta al guardián, dando cuenta de su empresa y pidiendo auxilio para la misión del Mamoré:

> Y juntamente me remitirá [V. P.] algunos víveres para nuestra manutención, porque aunque mi compañero no me ha escrito nada [...], me presumo que el colegio estará obligado a mantenernos en la misión, porque ya [...] ve V. P. que de la hacienda del doctor Velasco no nos dan nada y habiendo venido yo a este valle a recoger las limosnas del padre Anaya, [...] se han conseguido algunas, las cuales no se han juntado por no querer Dios llover; no quieren los amos vaquear sus ganados porque están muy flacos. Y así bien pudiera V. P. haber enviado algún religioso del colegio a socorrer a mi compañero si es que se ha puesto enfermo, o si es porque los indios se han alzado, que si se han alzado no me pasaré yo de la yunga, porque la vida es amable y lo mismo si están los ríos grandes. Y así les mandará V. P. a los chapetones de Totora que nos envíen cada dos meses dos cargas de charque y dos de bizcocho y algunos bollos de chocolate por si acaso enfermamos[105].

Pedro Fernández, por motivos que ignoramos, nunca volvió a la misión del Mamoré. Estuvo ausente bastante tiempo[106], pero en el curso del año 1798 debe haberse ido nuevamente a la misión de San José.

Durante casi nueve meses Francisco Lacueva, que por entonces tenía 28 años de edad, se defendió solo en la misión de San Francisco del Mamoré. Tropezó con un sinnúmero de problemas para mantenerse en pie y para cumplir su deber de dirigir la misión. Durante su estadía solitaria en la misión del Mamoré, recibió varias cartas del comisario prefecto, en las cuales éste le prometió ayudarle y anunció también su visita a la reducción. Sin embargo, conforme al testimonio del padre Lacueva, Ximénez no cumplió su palabra.

> En carta del mes de enero del año próximo pasado, animándome a que hiciese cultivar el cañaveral que tiene la conversión, me ofrece despacharme para el tiempo de la molienda los respectivos auxilios para ella;

---

[104] Lacueva, 1798, fol. 22r.

[105] P. Hernández, 1797b.

[106] Lacueva reprochó al comisario Ximénez «no haber impedido la vagueación del P. Fr. Pedro» (Lacueva, 1798, fol. 22r).

y hasta ahora no tengo recibido para esto del dicho P. comisario ni un medio real ni valor de él.

En otra carta de 24 de marzo me mandó repartir a los indios unas herramientas y tucuyo que les enviaba y animarlos con esto a que le abriesen un camino desde la conversión hasta el embarcadero, o desembarcadero del río Mamoré, porque vendría por allí y llegaría a la conversión el día que yo menos pensase [...]. El encargo se hizo y del modo que se pudo se compuso un camino de veinte y cuatro leguas y se hicieron en el dicho sitio un rozo y otras señales que el P. comisario me decía en su carta. Y para que todo se hiciese a satisfacción suya y mía, yo mismo presencié toda esta diligencia; y gasté en ella veinte días, unos enfermo y otros muerto de hambre. Pero su paternidad me dejó bien burlado; hasta ahora aún no ha llegado a la conversión y pienso que no llegará jamás, a no ser que se cumpla su dicho de que llegará el día que yo menos piense [...].

En otra carta de 2 de junio me avisa su paternidad desde la conversión del Coni que cuanto antes se encaminará al Mamoré y a su llegada dará forma de socorrerme con algunos víveres. Ni S. P. ni los víveres han llegado hasta ahora, ni creo que lleguen jamás[107].

Después de la época de lluvias Francisco Lacueva decidió ir en búsqueda de yuracarees que vivían dispersos en las inmediaciones de la misión y aun más allá,

unos en distancia de dos días de camino de la conversión y otros en distancia de tres en unos terrenos fragosísimos, cuyos caminos eran tan ásperos, que jamás he visto otros semejantes a ellos; y si los quería andar a gusto entonces los andaba enteramente descalzo sin embargo de estar entonces mismo por causa de esto bien lastimado de los pies[108].

Logró agregar al número de yuracarees que habitaban la misión, unas noventa personas más, lo que significó prácticamente una duplicación de la población.

Durante los meses de septiembre y octubre del año 1797 hubo una epidemia de viruela en la misión y se huyó la mayoría de la gente de la misma[109]. Cuando pasó esta epidemia, casi todos los antiguos po-

---

[107] Lacueva, 1798, fols. 21v-22r.
[108] Lacueva, 1798, fol. 21r.
[109] Ver Lacueva, 1798, fols. 20r-20v.

bladores de la misión retornaron a ella, pero la mayoría de los que el mismo Lacueva había atraído a ella no volvió y se dispersó nuevamente en la selva.

Los medios de subsistencia eran todavía muy escasos en la misión. Desde su fundación en octubre de 1793 los misioneros y sus colaboradores no habían logrado desarrollar suficientemente la agricultura para asegurar una manutención regular de los habitantes.

El arroz no lo tuvimos en todo tiempo, como no a mitad del mes de febrero; desde entonces lo comí casi todos los días a medio día y a la cena, algunas temporadas guisado con solo sal y ají verde. Pero desde fines de septiembre, todo octubre, noviembre y parte de diciembre no lo comía a ninguna hora, porque no había quien me lo pilase y yo no tenía tiempo para esto.

[Plátanos] hubo hasta el mes de mayo, pero no abundante cosecha, pues, aunque el platanar es crecido, pero los indios apenas tienen una u otra planta de ellos con ser esta su ordinaria comida; y sin licencia ni respeto a nosotros se nos llevaban los plátanos y si se les reprendía por esto y otras cosas respondían con desvergüenza y altanería que aquello no era nuestro sino de su padre Velasco y que éste todas sus cosas las había dejado para ellos. Desde fines de mayo hasta el mes de noviembre casi del todo cesaron los plátanos, porque en dicho mes de mayo comencé a juntar en el pueblo las familias que vivían en sus inmediaciones y las que estaban a tres y cuatro jornadas de él en los llanos de Mojos: eran por todas como noventa personas. Ni estos ni los antiguos del pueblo tenían qué comer y de un modo que causaba lástima venían a decirme que tenían hambre. Por esto y porque veía que no podía remediar el que me robasen los plátanos a la mitad de crecer, que así los acostumbran a comer ellos, les daba licencia para que se los llevasen de donde quiera que los hubiesen. Y a más de esto partía con ellos los escasos víveres que yo tenía.

[...]

Con carne solían comprar alguna vez los mozos de casa [yucas] a los indios, pero era para comérselas ellos.

La caña dulce duró como dos o tres meses, pero, aunque hubiese durado trescientos, siempre sería esta no alimento de hombres, sino golosina de muchachos.

La primera miel la logré el día 17 de julio y a los primeros días me dio en rostro y solo la comí con alguna continuación por la noche por los meses de octubre y noviembre, porque no tenía otra cosa.

El primer aguardiente se hizo en el mes de agosto y tuve aguardiente hasta todo el mes de septiembre. En el mes de diciembre hice yo mismo un poco que se acabó bien presto[110].

Cuando el comisario Ximénez nombró al padre Lacueva para la misión del Mamoré, el guardián Juan Hernández escribió una carta a los dueños de la hacienda de Chuquioma, que se encontraba sobre el camino hacia esa misión, pidiéndoles que franqueasen a los misioneros lo que desde el Mamoré pedían y comprometiéndose a pagar lo que gastaran. La hacienda de Chuquioma con su inmenso territorio había sido donada a Baltasar de Peramás por «el cabildo, justicia y regimiento de la ciudad de Mizque»[111] el 26 de enero de 1767, un año y medio después de que aquél hubo realizado su entrada hacia las Montañas de Yuracarees. A su muerte en 1791 sus bienes fueron heredados por sus hijos y yernos. Dos de los últimos, Felipe Santiago Soriano y Francisco Sánchez, casados respectivamente con Antonia de Peramás y Ana de Peramás, se hicieron famosos por la administración emprendedora que hicieron de la parte de la hacienda que habían recibido. Fue a ellos a quienes se dirigió el padre Hernández en su carta escrita el 26 de diciembre de 1796 y fueron también ellos quienes tuvieron contacto con los misioneros del Mamoré. Sin embargo, a pesar de que más tarde el gobernador Viedma afirmase que él dió a Felipe Soriano «el estrecho encargo», «para que en todo tiempo socorriese a los religiosos conversores con los víveres necesarios para su subsistencia»[112], la ayuda real que los misioneros recibieron fue bastante pobre. Francisco Lacueva, en su *Certificación* del 12 abril de 1798, se extiende ampliamente sobre los contactos que ha tenido con los dueños de Chuquioma y, al detallar estos contactos, informa también acerca de los problemas que sufrió con los mozos que le asistían en la misión del Mamoré y con los yuracarees a quienes mandaba de vez en cuando a Chuquioma. Ya que algunos hechos que relata se encuentran en más de un folio de su informe, ofrecemos la siguiente recopilación cronológica:

[110] Lacueva, 1798, fols. 24r-24v.
[111] ALP/DFC 1820 C.1-D.2 (citado en Meruvia, 2000, p. 169, nota 3).
[112] Lacueva, 1798, fol. 24v.

Los víveres y demás auxilios con que me han socorrido don Felipe Soriano y don Francisco Sánchez son los siguientes[113].

La primera vez que ocurrí a dicho don Felipe le suplicaba en carta de 15 de enero me hiciese el favor de mandar ponerme en su hacienda una fanega de bizcocho, sesenta varas de tucuyo y unos panes de sal, previniéndole que pasados quince días (este solo término le señalaba porque tenía mucha necesidad de todo y porque lograba la oportunidad de que llegase a sus manos prontamente mi carta) despacharía a los yuracarees para que me lo entrasen hasta la conversión[114].

Yo lograba rara vez la ocasión de pedirles alguna cosa; y aun más dificultoso me era el enviar por ella a su hacienda. Aunque siempre tuve en casa algunos mozos, pero para esto era lo mismo que si estuviese solo. En una ocasión despaché a dos de ellos a dicha hacienda para que me trajesen lo que tenía anticipadamente pedido. Esto hace quince meses y hasta ahora aún no han vuelto a la conversión[115].

El día 9 de febrero del año pasado me despachó don Tomás Fermín, mayordomo de su hacienda de Chuquioma, dos panes de sal prestado[s], o por plata, como me dice en su carta[116].

Tardé sin embargo tres semanas y se volvieron los indios con la contestación de mi carta y los dos panes de sal prestado[s], o por plata; y el bizcocho llegó, aun no la mitad, después de tres meses; y eso por la casualidad de pasar por allí un mozo de la conversión[117].

Con los yuracarees no se podía contar para esto. La primera vez que los despaché a Chuquioma supieron ellos que iban a traer bizcocho y tucuyo y, creyendo que participarían algo de estas cosas, fueron de buena voluntad, pero viendo que no les entregaban nada de esto creyeron que los padres les habíamos burlado y se volvieron muy enojados; y si les queríamos dar alguna satisfacción se decían unos a otros delante de nosotros que los estábamos engañando. Desde esta ocasión siempre repugnaron el ir a Chuquioma y cuando les mandábamos esto solían decirnos que no eran nuestros yanaconas para que les mandásemos nada; que no querían en fin y otras desvergüenzas. Y solamente cuando estaban necesitados de sal se encontraba alguno que quisiese ir partiendo con él lo que trajese para nosotros[118].

---

[113] Fol. 25v.
[114] Fols. 26v-27r.
[115] Fol. 27r.
[116] Fol. 25v.
[117] Fol. 27r.
[118] Fols. 27r-27v.

El día 16 de abril un mozo de la conversión, que venía de Cochabamba, me trajo como dos arrobas de bizcocho de una fanega, que el día 15 de enero envié a pedir a D. Felipe Soriano. Me parece que me dijo este mozo que dicho mayordomo le había dicho: «llévele estas tres arrobas, o tres y media de bizcocho al padre del Mamoré, que se le está perdiendo aquí y tendrá buena necesidad de él». Sin embargo me parece que apenas llegarían a la conversión las dos arrobas dichas, aunque de esto puede ser causa el mozo que lo entraba y otras gentes que traía en su compañía[119].

El día 30 de abril me llegaron seis panes de sal que envié a buscar con los yuracarees[120].

En otra ocasión despaché a tres mozos a la misma hacienda y se estuvieron cuatro o cinco días en las inmediaciones de la conversión y se volvieron sin querer ir ni dar razón de por qué no habían ido[121].

El día 12 de agosto recibí dos panes de sal, ocho bizcochos y más dos libras de harina para hostias y una botellita con cinco vinajeras de vino, con el cual dije Misa otros tantos días de fiesta, o domingos. Todo esto del 12 de agosto me lo despachó desde Chuquioma don Francisco Sánchez en vista de una carta que escribí a don Antonio Ríos, habitante en dicha Hacienda (ignoraba yo que estuviese entonces por allí alguno de los dueños de la hacienda) en la que le decía que si estaba por allí don Francisco o don Felipe les suplicase en mi nombre me hiciesen el bien de enviarme un poco de harina y vino para celebrar[122].

Por aquellos días escribí a don Francisco se sirviese pagar un peso por un pan de sal que un peón de su hacienda me vendió en el Mamoré.

En el mes de agosto ya dije arriba qué socorro me enviaron, sin embargo de que en la dicha hacienda había porción de vino que habían entrado para la fiesta de la Asunción.

El mayordomo de dicha hacienda me envió en una ocasión ocho libras de bizcocho voluntariamente y en otra pagó dos pesos a petición mía. Supongo que estos dos últimos socorros fueron por cuenta de dicho mayordomo y que a él se deberán satisfacer.

En suma, todos los víveres con que me han socorrido en diferentes ocasiones don Felipe Soriano y don Francisco Sánchez (según he podido acordarme después de reflexionarlo muchas veces, porque no tengo a mano el cuaderno de cuentas; y cuando lo tenga, si resultare alguna cosa

---

[119] Fol. 25v.
[120] Fol. 25v.
[121] Fol. 27r.
[122] Fol. 25v.

contra esta declaración lo avisaré) son un peso en plata, trece panes de sal, casi toda para los gentiles, dos arrobas de bizcocho, o sean, haciéndoles todo favor, tres y media; dos libras de harina, ocho bizcochos y vino para cinco misas. Mucho más que todo esto vale lo que en su misma casa de su hacienda me han robado, o me han dejado perder. Y no pasaré por otra declaración por más jurada que esté, si no se me convence, o con mi letra, o con testigos que afirmen otra cosa distinta de lo que voy declarando[123].

En su soledad, el estado de ánimo de Francisco Lacueva fue debilitándose poco a poco y llegó prácticamente a la depresión:

> Y me creí tan desgraciado por haber sido destinado en la forma que lo fui a la sobredicha conversión que muchas veces prorrumpía por esto en palabras de un desesperado y envidiaba la suerte del más infeliz cautivo de Argel[124], no por la durísima necesidad que estaba sufriendo, sino por la aflicción de mi alma al ver que se me estaban muriendo lo[s] gentiles. [...] Aumentaba infinitamente mi aflicción el considerar que era yo responsable a Dios por unas almas que se condenaban y se condenaron sin remedio, porque no tenía absolutamente en aquella ocasión a nadie que me ayudase a salvar a aquellos infelices y a mí me era imposible acudir a un tiempo a todas partes[125].

El 31 de octubre de 1797 Francisco Lacueva escribió al guardián Hernández que tenía necesidad de salir de la misión «en solicitud de algunos víveres y tratar al mismo tiempo varios puntos con mi P. comisario, si estuviese por acá fuera»[126]. Pidió al guardián mandar a algún religioso para reemplazarle durante su ausencia y, si fuese posible, quedarse después con él. El padre Hernández atendió la solicitud del padre Lacueva y el 29 de noviembre llegó a la misión de San Francisco, el padre Gaspar Alegre[127]. Francisco Lacueva salió de la misión del

---

[123] Fol. 27r.

[124] La figura era conocida gracias a Miguel de Cervantes Saavedra, quien estuvo preso en Argel de 1575 a 1581, y en 1582 publicó una obra teatral titulada *El trato de Argel*. Los caps. 39 y 40 de la primera parte del *Quijote* traen reminiscencias de este cautiverio.

[125] Lacueva, 1798, fol. 21r.

[126] Lacueva, 1798, fol. 19v.

[127] Francisco Lacueva afirma más tarde en una carta al guardián Hernández que «este religioso no estaba destinado a dicha conversión [por el comisario prefecto] y

Mamoré a fines de diciembre, pidiendo a su hermano religioso «me hiciese el favor de permanecer allí hasta que yo volviese, creyendo que esto sería tan pronto como pactamos»[128]. Tanto Gaspar Alegre como Francisco Lacueva pasaron, el uno al entrar, el otro al salir, por la hacienda de Chuquioma, pidiendo algún auxilio para la misión.

> Cuando llegó el P. Alegre a la conversión, que fue el veinte y nueve de noviembre, me dijo que los dichos don Felipe y don Francisco le habían dicho compadeciéndose de mi necesidad que, si no tenía de quién valerme, por qué no les pedía lo que necesitaba y ellos lo harían introducir a su cuenta hasta la conversión (hasta entonces no me habían hecho tal ofrecimiento); y aprovechándome de tanto favor les escribí a dichos señores el primero de diciembre para que nos despachasen un poco de vino y harina, todo para celebrar, y tres arrobas de bizcocho. Cuando yo salí a Totora que fue 4 de enero les supliqué con instancia le remitiesen al padre Alegre el dicho auxilio cuanto antes, porque quedaba en mucha necesidad; y persuadidos de esto mismo me aseguraron que así lo harían. Y después he sabido por el padre Alegre que el día veinte y cinco de enero le llegó un poco de bizcocho que cuando más sería una arroba, mojado y casi perdido; unas cuatro o cinco libras de harina y un poco de vinagre en lugar de vino, que dicho padre y el anciano que dije arriba[129] juzgaron no era ni aun materia probable para celebrar aun en días domingos, o de fiesta[130].
> Después que yo salí de la conversión permaneció en ella el dicho religioso dos meses. Y me asegura que con los escasos víveres que le dejé y un corto socorro que a instancias mías le despachó don Felipe Soriano, tuvieron él y dos personas que quedaban en su compañía para comer tres semanas. Y en lo espiritual estaba sin poder celebrar aun los días de fiesta y domingos por falta de vino[131].

Francisco Lacueva fue de Totora a Cochabamba, donde se encontró con el padre comisario Ximénez. Le explicó el motivo de su sa-

---

solamente entró a ella enviado por V. P., para que me llevase algunos víveres y me ayudase a procurar la salvación de los indios, que estaban en extrema necesidad espiritual y yo no podía socorrerlos a todos» (Lacueva, 1798, fol. 19v).

[128] Lacueva, 1798, fol. 19v.
[129] Antonio Peralta.
[130] Lacueva, 1798, fol. 26v.
[131] Lacueva, 1798, fol. 20r.

lida de la misión del Mamoré y le informó también acerca de la ayuda que había pedido a los hacendados Soriano y Sánchez:

> Es verdad que dicho comisario llevó a bien que yo hubiese ocurrido a dichos don Felipe y don Francisco para que me socorriesen, pero esto lo supe después que salí de la montaña, cuando, contándole yo a dicho P. comisario lo poco que me habían auxiliado dichos señores, se disgustó bastante y me dijo que les enviaría a pedir una razón de todo lo que habían gastado a favor mío y de este modo hacerles cargo de dos reses pertenecientes a nuestra conversión, que desde el río Blanco se habían pasado a su hacienda de Chuquioma; y creí que, si era verdad que dichos don Felipe y don Francisco eran responsables por estas dos reses, aun salían alcanzados, porque, a más de ellas, en descuento del gasto que con nosotros han hecho, tienen gastado algún azúcar de un poco que se sacó hasta su hacienda de Chuquioma. Cuando yo pasé por dicha hacienda llevaban gastada una arroba para su gasto. No puedo afirmar cuánto le enviaría, pero en vista del que a mí me despachó, no sería dificultoso el adivinarlo[132].

Además, durante su estadía en Cochabamba, el padre Lacueva le pidió encarecidamente al comisario prefecto mandar socorros al padre Alegre[133]. Quiso volver pronto a la misión de San Francisco, pero el padre Bernardo «dispuso que no volviese por entonces a la conversión, sino que por el mes de mayo entraría en compañía suya. Y en atención a esto me dio licencia para que mi retirase al colegio»[134].

El padre Gaspar Alegre se retiró del Mamoré a fines de febrero de 1798 y la misión se quedó nuevamente al cuidado del anciano Antonio Peralta. El día 18 de marzo el guardián Hernández comunicó al intendente gobernador Francisco de Viedma (¡y no al comisario prefecto Bernardo Ximénez!) que la misión de San Francisco de Asís del Mamoré se había quedado desamparada

---

[132] Lacueva, 1798, fols. 26r-26v.

[133] «Hícele saber a éste muchas veces la necesidad en que estaba dicho padre. Pudo dicho padre comisario haberlo socorrido para mucho tiempo, y aun el gobernador intendente le prestó plata para esto» (Lacueva, 1798, fol. 20r).

[134] Lacueva, 1798, fol. 19v. En otra parte de la misma *Certificación* dice Lacueva que el comisario prefecto «resignándose con mi justa salida me permitió retirarme al colegio» (1798, fol. 25r).

por haberse retirado al colegio el religioso que estaba supliendo en ella por causa de la extrema necesidad de víveres y de otras cosas que estuvo sufriendo mucho tiempo y hallarse sin esperanza de ser socorrido; que la conversión está a punto de perderse por haberse retirado a sus antiguos sitios la mayor parte de la gente; que de las pocas familias que quedan en el pueblo, ninguna quiere permanecer allí, ni se convienen a establecerse juntas en alguna parte; que de esto y otras muchas desgracias que han acaecido en dicha conversión no se puede culpar a otro que al padre comisario por haber abandonado enteramente a los religiosos que tuvieron la desgracia de haber sido destinados a ella, faltándoles a cuantas palabras les había dado y no cuidándose de socorrerles, ni haberles socorrido con un medio real en más de diez y seis meses […], que esto será causa para que los religiosos repugnen con mucha razón ocuparse en el ministerio de las conversiones mientras que dicho padre comisario diga le pertenece a él el gobierno y la dirección de ellas[135].

Justamente en aquellos días se encontraba en Cochabamba el hacendado Felipe Soriano y parece que ahora sí el padre Ximénez le hizo una solicitud formal de ayudar a los misioneros del Mamoré. Por lo menos así fue la impresión del padre Lacueva: «Sospecho que ese encargo se lo hacía el padre comisario a don Felipe Soriano después del 18 del mes pasado, aprovechando la ocasión de estar dicho don Felipe en Cochabamba»[136]. El mismo Lacueva confirmó esa sospecha al certificar que Felipe Soriano, después de haber hecho una declaración jurada acerca de los socorros que él y Francisco Sánchez habían dado a los misioneros del Mamoré, al volver de Cochabamba a Chuquioma, pasó por Tarata y visitó allá al obispo de Santa Cruz, a quien hizo saber que «si nos había remitido algunos auxilios, fue en virtud de la carta arriba citada»[137], es decir la carta que el guardián Juan Hernández había mandado a los dueños de la hacienda de Chuquioma el 26 de diciembre de 1796.

El día 29 de marzo se despacharon de Cochabamba al colegio interino de Colpa dos cartas dirigidas al guardián Juan Hernández, una

[135] La carta del padre Hernández del 18 de marzo está citada en la carta de Francisco de Viedma del 29 de marzo (Viedma, 1798b, fols. 6v-7r), la cual, a su vez, se encuentra en la extensa carta del padre Hernández a Viedma del 13 de abril de 1798 (J. Hernández, 1798c).

[136] Lacueva, 1798, fol. 25r.

[137] Lacueva, 1798, fol. 25r.

del padre comisario prefecto Bernardo Ximénez y la otra del intendente gobernador Francisco de Viedma. El padre Ximénez comunica al guardián que después de la Pascua quiere ir a las Montañas de Yuracarees para visitar la misión de San José del Chimoré y después a la de San Francisco de Asís del Mamoré para organizar el traslado de esta misión a otro lugar. Comunica asimismo al padre Hernández que ha determinado que los padres Gaspar Alegre y Francisco Lacueva vayan nuevamente a la misión del Mamoré, entrando por Chuquioma «a disponer el ánimo de aquellos naturales y, con la arte y prudencia de que están dotados, venzan poco a poco la grandísima repugnancia que se ha de encontrar en neófitos y gentiles para dicha traslación»[138]. Finalmente, pide al padre guardián exhortar a los dos religiosos «al respeto, veneración y obediencia debida a mi empleo»[139].

La carta del intendente gobernador Viedma al guardián consta de dos partes. La primera es una reacción a la carta de Juan Hernández del 18 de marzo. En ella critica enérgicamente las actitudes de los padres Lacueva y Alegre. En la segunda parte Viedma pide al guardián aprobar el nombramiento de los padres Lacueva y Alegre para la misión de San Francisco del Mamoré.

Las cartas de Ximénez y Viedma fueron entregadas al guardián por el provisor del obispado de Santa Cruz, quien le hizo, a nombre del gobernador y por sí, «eficaces reflexiones» para cortar toda disensión. «Lo propio el ilustrísimo señor obispo»[140], dice el guardián, lo que hace entender que el mismo obispo fue con el provisor al convento de Colpa para hablar con el padre Hernández.

La primera reacción del guardián fue pedir a los padres Alegre y Lacueva redactar un comentario sobre la carta del gobernador Viedma:

Paso a vuesas reverencias el adjunto oficio del señor intendente, para que cada uno, respectivamente al tiempo que estuvo en la conversión del Mamoré, certifique por él en lo que le corresponda de lo que hubiese,

---

[138] Ximénez, 1798b, fol. 4v. El mismo día 29 de marzo Ximénez redactó las letras patentes para los dos misioneros. Véanse: Ximénez, 1798c y 1798d.

[139] Ximénez, 1798b, fol. 5r.

[140] J. Hernández, 1798c, fol. 9r.

con la debida claridad y específicamente; y que sea bajo la religión del juramento[141].

El 12 de abril el padre Lacueva escribió un comentario muy extenso (¡18 fojas!), atendiendo punto por punto el contenido de la carta del gobernador intendente y refutándolos al mismo tiempo[142]. El padre Alegre, en una brevísima certificación, se contentó en afirmar lo expuesto por Francisco Lacueva[143]. El 13 de abril el guardián Hernández escribió una carta al padre Ximénez y otra al gobernador Viedma. La carta al primero es sumamente escueta y seca:

> Recibí el oficio de V.P. con fecha veinte y nueve del mes pasado de marzo y enterado de su contenido me remito a la contestación que en esta misma fecha dirijo al señor gobernador intendente, quien me ha escrito sobre el particular; proponiéndole la paz que con tantas ansias deseo[144].

En su extensísima carta al gobernador Viedma, Juan Hernández dice ante todo que hubiera sido mejor que el mismo comisario prefecto se presentase en el colegio para conversar junto con los frailes sobre sus relaciones mutuas y sobre la situación de las misiones:

> Dios ha permitido, como en la otra ocasión, que el padre comisario, sin embargo de hallarse más de tres meses ha en esa ciudad, en cuyo espacio, si el padre comisario hubiese venido a su colegio, podía haberse tratado el asunto más a fondo y mejor que en la plaza del siglo como se explica [en] nuestras constituciones; ha querido elegir este tiempo, en que se halla inmediato a partir para las reducciones, sin averiguar primero, como debía, cuál es la práctica del colegio de Tarija[145], para no aventurar el acierto en un asunto en que se interesa no menos que la paz y armonía religiosa[146].

---

[141] J. Hernández, 1798a. Esta solicitud fue entregada a los mencionados padres el 11 de abril.

[142] Ver Lacueva, 1798.

[143] Alegre, 1798.

[144] J. Hernández, 1798b.

[145] Como se verá enseguida, las prácticas de Tarija pasaron a constituir oficialmente la pauta a seguir por parte del más reciente colegio de Propaganda Fide de Tarata.

[146] J. Hernández, 1798c, fol. 9v.

A continuación dice Hernández que las certificaciones juradas que han hecho los padres Lacueva y Alegre acerca de su experiencia en la misión de San Francisco del Mamoré, junto con otras informaciones que ha podido recibir, le convencen de que la defensa que hizo el gobernador en favor de la actuación del prefecto Ximénez en mucho carece de fundamento. Precisamente por esta convicción que se ha formado, el guardián ha acogido a los dos misioneros «benigna y caritativamente, patrocinándolos como a hijos y como a hermanos»[147]. Luego, también él refuta ampliamente los diferentes puntos que el gobernador había tocado en su carta del 29 de marzo y hace entender que solo está dispuesto a mandar frailes del colegio a las misiones que ha asumido el padre comisario si existen las garantías de que pueden ejercer su ministerio evangélico sin tener que preocuparse constantemente por su manutención diaria. Ya que tales garantías en la actualidad no se dan, el guardián no se presta para aprobar las patentes que el padre Ximénez ha emitido.

Cinco días después, el 18 de abril, Juan Hernández mandó una carta al virrey de Buenos Aires, en la cual primero hace referencia a las dificultades que habían surgido entre el colegio y el comisario prefecto a comienzos del año 1797. Enseguida menciona la provisión de la real audiencia de Charcas, del 6 de abril de 1797, la cual ordenó que el nuevo colegio siguiera el ejemplo del colegio de Propaganda Fide de Tarija en cuanto a las relaciones entre las partes mencionadas. Luego enumera ante el virrey toda una serie de problemas que no estaban resueltos y que podemos resumir de la siguiente manera:

El comisario prefecto se ha introducido «violentamente» en la misión de Nuestra Señora de la Asunción y ha asumido las misiones de San José del Coni/Chimoré y de San Francisco de Asís del Mamoré sin consultar al colegio.

El comisario prefecto nombra misioneros, extendiendo letras patentes, sin consultar previamente al guardián y su discretorio.

El comisario prefecto no ha mantenido como es debido a los misioneros.

El traslado de la misión de San Francisco de Asís del Mamoré se realiza contra las leyes y contra la voluntad de sus habitantes yuracarees.

No hay sínodos para el mantenimiento de los misioneros.

---

[147] J. Hernández, 1798c, fol. 11v.

El comisario prefecto da un trato violento e injusto a los yuracarees.

El comisario prefecto hace trabajar unas haciendas para comercio, lo que va contra el espíritu evangelizador.

El comisario prefecto no ha venido al colegio desde que salió de él después de haber retornado de su primera entrada.

El comisario prefecto no practica la obediencia a su superior.

El comisario prefecto, junto con el gobernador intendente, busca la destrucción del colegio.

Concluye el padre guardián su carta al virrey de la siguiente manera:

> Yo, excelentísimo señor, siempre he deseado que dicho padre comisario se presentase en este su colegio, en donde procediendo con la armonía y razón que corresponde, podríamos componer fácilmente nuestras diferencias mejor que en la plaza del siglo, en donde las más veces se empeoran, como sentidamente dicen nuestras constituciones. Pero, olvidándose sin duda de todos los sentimientos de religión, hace cerca de dos años que no ha pisado los umbrales de su colegio, sino que permaneciendo exclaustrado con manifiesto y público abandono de nuestras constituciones y de la subordinación que como a prelado legítimo suyo me debe, en casa del gobernador intendente, apoyando asimismo sus determinaciones con la autoridad de éste, pone a esta comunidad en la mayor consternación, buscando siempre las ocasiones de nuestra destrucción e ignominia […].
>
> Por fin, excelentísimo señor, el gobernador intendente y el padre comisario valido de su autoridad parece quieren atropellar con la razón que nos asiste, especialmente después de la real provisión que autoriza mis oposiciones, las que también recibirán nuevas justificaciones siempre que V. E. tuviese a bien el informarse de personas acreditadas y fidedignas de este Valle de Cliza, o de Cochabamba, con tal que no sea del gobernador intendente, quien a una piensa con el padre comisario. En cuya conformidad espero de la justificación de V. E. que nuestras diferencias han de ser finalizadas, mandando al dicho gobernador intendente que nos deje observar la disposición que para ello dio esta real audiencia de La Plata y, al padre comisario, que en un todo se conforme a la práctica del colegio de Tarija[148].

---

[148] J. Hernández, 1798d, fols. 3v-4r.

Y así se quedaron en Colpa los padres Francisco Lacueva y Gaspar Alegre.

El 4 de junio de 1798 el hermano Nicolás Gardet mandó desde el convento de Colpa la siguiente carta a Tadeo Haenke:

> Muy señor mío:
>
> Suplico a Vmd. me haga el favor de participar al señor intendente la intención que tengo de pasar a la abandonada misión de Mamoré, siempre que su señoría quiera tomarla debajo de su protección especial y darme licencia para recurrir para mi avío a la liberalidad de las personas caritativas. Tengo lugar de esperar que la ocasión de ganar las indulgencias concedidas por los Sumos Pontífices a aquellos que contribuyen para la manutención de los indios que se reducen, me facilitará los medios de procurarme lo más preciso para llevarles un pronto socorro. De mi parte tengo determinado hacer cuanto sea en mí para que no se pierda esa pobre gente ya medio reducida y comprada con la tan costosa pasión y preciosa sangre de un hombre Dios.
>
> A Vmd., muy señor mío, dejaré el cuidado de facilitarme las licencias necesarias y de avisarme de ellas, como el asunto interesa igualmente a todo buen cristiano. Espero que Vmd. no tomará a mal que yo le hago esta confianza, rogando a Dios con fervor muchos años una salud que Vmd. emplea tan útilmente para el bien de la sociedad y a Vmd. me crea y me mande como a su más humilde y obediente servidor[149].

Haenke entregó la carta a Francisco de Viedma y éste abrazó la oferta del hermano «como venida del cielo»[150]. El gobernador de inmediato escribió al guardián, pidiéndole dar licencia al hermano Nicolás a pasar a la misión del Mamoré. El guardián condescendió y el mismo Viedma habilitó al hermano «con lo preciso para su subsistencia ínterin se tomaban otros arbitrios»[151]. El 13 de julio el guardián decidió mandar también a la misión de San Francisco de Asís al padre Vicente Esquirós y lo comunicó a Viedma, mandándole una carta por intermedio del hermano Felipe Anaya. Francisco de Viedma reaccionó el día 15 del mismo mes:

[149] Gardet, 1798.
[150] Viedma, 1799d, fol. 35r.
[151] Viedma, 1799d, fol. 35r.

Muy señor mío y de mi mayor estimación:

Recibí la de V. P. de 13 de el que rige, que me ha entregado el padre [*sic*] Fr. Felipe Anaya y enterado de la resolución de V. P. en mandar al padre Esquirós a la reducción de San Francisco de Asís de Mamoré, con el hermano Nicolás. Este religioso no es de la aprobación del padre comisario para reducciones, por haber proferido la voz en la Asunción de estar sublevados los indios y resueltos a matar a los padres, con otras noticias, en que me ha hecho ver su concepto[152].

Mi deliberación para que entre el hermano Nicolás no tiene otro objeto que el sostener aquella reducción hasta que se traslade a mejor paraje. A este fin espero las resultas de la junta Superior de Buenos Aires sobre sínodos y libranzas que está para resolverse.

La causa que V. P. da para su envío, es de haber algunos indios bautizados capaces de la recepción de sacramentos. Es muy justa, pero ésta no la tuvieron presente los P.P. Lacueva y Alegre para desamparar aquellos infelices. Y lo peor es el mucho tiempo que ha mediado, sin haberse hecho cargo de la causa que ahora le estimula a V. P. para mandar al padre Esquirós. No me opongo a su ida, digo mi sentir con la ingenuidad que acostumbro. V. P. determinará lo que le parezca. Por si entra, lleve carta a don Felipe Soriano, reiterándole el encargo para que socorra a ambos religiosos con los víveres que necesitase a su subsistencia[153].

Fueron efectivamente el padre Esquirós y el hermano Gardet a la misión del Mamoré. A principios del año 1799 salió de esta misión el hermano Nicolás, junto con tres yuracarees, «para que se enseñasen al comercio»[154]. Se dirigió a Cochabamba para informar al gobernador Viedma de la marcha de la misión. No retornó al Mamoré, porque fue destinado a la misión de San José del Chimoré. No sabemos por cuánto tiempo se quedó Vicente Esquirós en la misión de San Francisco; sin embargo está claro que en 1799 retornó a Colpa y que

---

[152] Como veremos más adelante, al presentar la historia de la misión de San José, en abril de 1798, el padre Esquirós había certificado que los yuracarees de aquella misión se habían opuesto a su traslado del Coni al Chimoré y que el padre comisario Ximénez había usado medios violentos para obligarles a ese traslado.

[153] Viedma, 1798d. En una carta al virrey de Buenos Aires del 13 de octubre de 1799, Viedma manifestó también su desacuerdo con el envío del padre Esquirós: «El guardián a pocos días envió al P. Fr. Vicente Esquirós con repugnancia mía por no considerarle a propósito, como ya se tenía experimentado en el tiempo que estuvo en la de Vista Alegre» (Viedma, 1799d, fol. 35r).

[154] Gardet, 1799, fol. 1r.

en su lugar fueron al Mamoré los padres Francisco Lacueva y Alejandro Delgado, con el encargo de realizar el traslado de la misión a otro lugar[155]. De hecho, los dos frailes trabajaron en este traslado y escogieron para el establecimiento de la misión un lugar sobre el río Mamoré entre los ríos Iruste y Bisuta[156].

A comienzos de agosto de 1799 el guardián y el discretorio, empeñados en la preparación del capítulo guardianal que iba a tener lugar el siguiente mes, decidieron llamar al padre Delgado para que asistiera al mismo. Francisco de Viedma se enteró de esta decisión y mandó una carta al padre visitador que ya había llegado a Colpa, pidiendo su intervención para que se anulara la llamada al padre Delgado. En su carta Viedma hizo referencia a diferentes documentos oficiales que determinan que en ninguna misión puede haber un misionero solo[157]. Pero, por más que el padre visitador presentase, en una reunión del discretorio, la observación del gobernador y su insistencia de anular la convocatoria, no tuvo el efecto deseado por Viedma[158].

Estando el padre Lacueva en el lugar donde se iba a establecer la nueva misión de San Francisco, Alejandro Delgado abandonó la misión antigua, sin dar comunicación a su compañero, y llegó a Colpa el 19 de septiembre. Curiosamente, ya al día siguiente mandó una carta al intendente gobernador Francisco de Viedma para disculparse de haber dejado solo al padre Lacueva: «Bien ha conocido —escribe Viedma tres días después— este religioso lo mal que hizo, pues in-

---

[155] Por más que el guardián Hernández hubiese argumentado que el traslado de esta misión iba en contra de las leyes, Francisco de Viedma, en una carta a la comunidad del colegio interino de Colpa del 23 de septiembre de 1799, dice: «El rey me tiene aprobada esta traslación en la real orden que llevo citada» (Viedma, 1799b, fols. 3r-3v).

[156] Ver Viedma, 1799b, fol. 5r.

[157] Viedma dio en septiembre del mismo año 1799 el siguiente comentario acerca de esta llamada: «No bastó la urgente necesidad de dos religiosos en aquella misión por estarse trasladando al paraje que llevo referido, ni la constitución del Rmo. padre comisario general Fr. Manuel de la Vega, inserta en las Inocencianas y establecidas para las misiones y conversiones de las custodias de la Concepción del Nuevo México, de San Carlos de la Sonora, de San Gabriel de California y de San Antonio de la Nueva Viscaya, en que al párrafo 6° de ellas manda que ningún misionero pueda residir solo en los pueblos, misiones y nuevas conversiones» (Viedma, 1799b, fol. 5r).

[158] Ver Viedma, 1799b, fol. 5r.

tenta disculparse en carta que me escribe con fecha 20 del que rige»[159]. Y añade Viedma a esta observación el siguiente comentario airado acerca de este padre:

> Se acoge a la [disculpa] general de todos los que obran voluntariosa-mente, desviándose de sus obligaciones, y es el llamarse a enfermo, supo-niendo padece unos pujos de sangre. Es de admirar que esta enfermedad sea tan grave y ejecutiva que no le diese treguas para dar aviso a su pre-lado y este gobierno a que se le sustituyese otro religioso; y no lo sea para llegar en menos de dos días desde el pueblo de Totora a ese colegio que media cerca de veinte leguas de camino. Y lo que es más notable, el solicitar con la mayor eficacia se le excuse de volver a entrar en las mi-siones, porque desde niño padece mucha debilidad y notable flaqueza de estómago. Cuando se incorporó en España para venir a este reino de con-versor a costa de la real hacienda, tuvo la robustez y fuerzas necesarias a los trabajos que voluntariamente abrazaba y le fue hecho ver en la pa-tente del R. P. Colector. Tampoco se hallaba en esta debilidad cuando fue nombrado de conversor de dicha misión; y ahora que llegó el capí-tulo todas son dolencias y enfermedades con que intenta satisfacer una acción nada religiosa, caritativa, opuesta a su venerable instituto y al ser-vicio de Dios y del rey, y continuar en el colegio, como si no hubiese venido para el fin santo de la reducción[160].

3.5.4. La misión de San Francisco hasta su ruina en 1805

El padre Lacueva fue elegido guardián en el capítulo del 24 de septiembre de 1799. En el colegio no se tenía la absoluta seguridad de que él fuese a aceptar su elección y por eso, no mucho después, se deliberó acerca de qué hacer en caso de renuncia.

> En este interino colegio de Colpa en 11 de octubre de 1799 se con-gregaron en la celda de el M. R. P. visitador general, el R. P. presidente y venerable discretorio para determinar si, en caso de renunciar el padre guardián electo que se halla en conversiones o de morir, se quedara con-tinuando en esta comunidad el mismo P. presidente nominado por el M. R. P. visitador. Y todos fueron de parecer que el dicho P. presidente Fr. Ramón de Soto debía quedar y quedará de tal presidente de esta comu-

---

[159] Viedma, 1799b, fol. 5v.
[160] Viedma, 1799b, fol. 6r.

nidad, con todas las facultades, como prelado local hasta nueva determinación de N. P. Rmo. a quien el M. R. P. visitador dará parte[161].

El padre Lacueva, sin embargo, aceptó el cargo de guardián, pero fue a Colpa recién a finales de noviembre: «Hallábame entonces ausente del colegio, ocupado en la traslación de la conversión de San Francisco del Mamoré de la nación de los yuracarees, en la que me fue preciso detenerme hasta el mes de noviembre»[162].

Entre paréntesis, el gobernador Viedma se enteró de que el padre Lacueva se encontraba solo por el Mamoré para realizar el trabajo difícil del traslado de la misión y que, seguramente sin saber que él había sido elegido guardián, mandó un oficio a la comunidad de Colpa «con fecha de 26 de septiembre de 1799, en el que se queja agriamente por permitir resida solo en la misión de San Francisco de Asís del Mamoré»[163]. Sin embargo, habiéndose enterado del nombramiento del padre Lacueva, manifestó claramente su complacencia en una carta al virrey de Buenos Aires del 13 de octubre del mismo año:

> La elección del nuevo guardián fray Francisco Lacueva me parece muy acertada, pues es el único de los religiosos que han dado buen ejemplo en su abstracción del siglo y clausura. Y aunque se retiró de la misión del Mamoré, dejó allí su compañero y vino para que se le socorriese con lo necesario. La cortedad de su genio en no haber ocurrido a don Felipe Soriano le hizo tomar esta determinación. He experimentado en el tiempo que volvió a la misión su empeño y buen celo para la traslación de ella, y suavidad con los indios. Si V. E. tiene a bien escribirle con aquellas prevenciones necesarias, hago juicio podrá remediarse mucho[164].

Según indica Viedma en la carta que acabamos de citar, fueron mandados a la misión del Mamoré los padres Francisco Lorda y Bernardino López Pantoja, para relevar al guardián electo Francisco

---

[161] ACFT, LDC, fol. 5.

[162] Lacueva, 1799, fol. 162r.

[163] Delgado, 1909 [1806], p. 185. Así comentó el padre Alejandro Delgado en una carta del 11 de septiembre de 1806 dirigida al mismo intendente gobernador Viedma. La razón por la que el padre Delgado le hizo recuerdo a Viedma de su carta de 1799, fue que, como guardián, había solicitado al mismo gobernador poder enviar a un religioso a la misión de Bibosi en la que el padre Juan Hernández se encontraba solo.

[164] Viedma, 1799d, fol. 37r.

Lacueva[165] y reemplazar al padre Delgado[166]. De su permanencia allá no sabemos nada. No deben haber estado en esa misión mucho tiempo, porque a comienzos de enero de 1800 fueron a la misión nueva del Mamoré los padres Ramón Soto y José Boria. Lacueva, después de haber cumplido su período de guardián, retornó al Mamoré a finales del año 1802. Los padres Soto y Lacueva[167] continuaron juntos en la misión de San Francisco hasta abril del año 1805.

En abril del año 1804 un grupo grande de yuracarees de la misión de San Carlos huyó de su reducción y se refugió en la misión de San Francisco del Mamoré. Su permanencia allá, empero, no duró mucho tiempo, porque los padres Lacueva y Soto pudieron convencerles de retornar a su propia misión.

Hasta comienzos del año 1805 la nueva misión del Mamoré llegó a tener la siguiente situación demográfica:

> Tiene la misión cincuenta y seis familias, doscientas y doce almas, de ello ciento y diez hombres y ciento dos mujeres, de aquellos treinta y nueve de la edad de uno a diez años; los treinta y uno de diez a veinte y cinco años y los cuarenta de veinte y cinco adelante. Entre ellos hay de cristianos once párvulos y veinte adultos; y en las mujeres que se compone de ciento dos hay treinta y dos párvulas y setenta adultas, de éstas diez y seis cristianas niñas y trece adultas. De suerte que se encuentran ciento cuarenta y una personas hábiles para el trabajo en setenta y un hombres y setenta mujeres. En el total de las doscientas y doce almas hay sesenta cristianos, entre ellos siete matrimonios *in facie ecclesiae* y cuarenta y tres de contrato natural ante testigos para extinguir la costumbre que tenían de repudiar unas y casarse con otras. Desde la fundación de esta

---

[165] Lacueva salió de la misión de San Francisco a finales de octubre de 1799.

[166] Dice Viedma al respecto: «Ni se me ha pasado noticia de oficio como corresponde por su prelado, ni han venido a tratar conmigo sobre los medios que deben tomarse para la seguridad y fijeza de la misión, disculpándose el referido padre Lorda en una carta particular que me escribió dándome aviso de su nombramiento, que al siguiente día de su fecha se ponía en camino, siendo así que se detuvo en Tarata cerca de ocho días en asuntos que nada le interesaban para ocupar el tiempo que debía aprovechar en auxilio y socorro del guardián electo y miserables indios» (Viedma, 1799d, fol. 36r). Después del capítulo el padre Delgado se estableció en la misión de San José del Chimoré.

[167] En noviembre de 1804 el padre Lacueva hizo un viaje a Mojos junto con el padre Alejandro Delgado. Se ausentaron por algunos meses de sus misiones.

3. LA MISIÓN DE SAN FRANCISCO DE ASÍS   301

misión ha[n] muerto treinta y un párvulos y veinte y cinco adultos con el santo sacramento del bautismo[168].

Cada familia llegó a tener su propia casa y también sus propios chacos para el cultivo de yuca, maíz y otras semillas[169].

En febrero de 1805 se presentaron en la misión del Mamoré los primeros indicios de malestar entre los yuracarees:

> Por el mes de febrero último se avisó a los padres que el tal indio [Ciguilincu] y sus parciales habían conducido con las canoas una gran porción de maíz a la orilla opuesta del río Mamoré con el fin de que les sirviese de avío en la huída que pensaban hacer; que el dicho teniente [Vicente Ayciliyu] iba explorando para lo mismo los ánimos de la otra parcialidad; y que el sobredicho capitán Benito[170], que ya más de un año andaba diciendo se habían de huir abajo, en una junta que a deshora de la noche tuvo en su casa con sus aliados, les decía: vámonos cuanto antes, porque les hace buen tiempo a los soldados de afuera para entrar a esclavizarnos[171].

A mediados de marzo varios yuracarees de la misión

> se fueron retirando de la conversión, pidiendo licencia a los padres, primero para ir a comer la fruta que llaman tembi y para pescar y cazar; y después, con el motivo de una erisipela contagiosa que se introdujo en el pueblo, pedían licencia para retirarse a sus chácaras hasta que cesase el accidente, de modo que los que se huyeron apenas eran once o doce familias[172].

En la mañana del día de la fuga de la gente de la misión del Chimoré (de la que hablaremos en el próximo capítulo) llegaron allí dos yuracarees de la misión de San Francisco del Mamoré, enviados por el padre Ramón Soto, para solicitar a alguien competente en un trabajo específico. Los misioneros Fernández y Delgado decidieron en-

---

[168] Soto-Lacueva, 1805a, fols. 178v-179r.
[169] Ver Soto-Lacueva, 1805a, fol. 179r.
[170] Benito Ceigrihuma, capitán de una de las parcialidades de la misión del Mamoré.
[171] Soto-Lacueva-Fernández-Delgado, 1912 [1805], p. 256.
[172] Soto-Lacueva-Fernández-Delgado, 1805, fol. 182v.

viar al Mamoré al carpintero José Rojas para atender el trabajo y también para que pusiera a sus hermanos franciscanos al tanto de lo sucedido. Difícilmente los padres Soto y Lacueva pudieron creer lo que había pasado en el Chimoré, pero Ramón Soto decidió investigar si los yuracarees del Mamoré tenían también la intención de abandonar su misión.

Y sin embargo para averiguar si los de su misión pensaban también en ello, mandó al fiscal que llamase al cacique, y que éste le respondió que no quería ni tenía negocio ninguno que tratar con dicho padre. Pero que el fiscal fue a decirle con mentira de que ya iba a obedecer su llamada y nunca compareció, porque esa misma noche se mudaron todos llevando consigo todas las herramientas y utensilios sin dejar niños ni enfermos[173].

Enterados los misioneros de la huida de los yuracarees decidieron ir tras de ellos para ver si podrían convencerles de retornar a la misión. Fue el padre Ramón Soto junto con el carpintero José Rojas y con el joven español Juan García que trabajaba ya unos cinco años en las misiones de Yuracarees[174].

Como el padre Soto con dos mozos llamados Juan García y José Chura [sic] alcanzase a ver que iba a desembarcar alguna gente a la orilla opuesta del río Mamoré, hizo pasar a nado al mozo Juan para que persuadiese a los indios a que volviesen con la canoa hacia donde se hallaba dicho padre que les quería hablar. Los indios no hicieron caso de las razones del mozo, ni tampoco de las voces del padre que con el mayor cariño los llamaba desde la orilla opuesta; y el capitán de una parcialidad llamado Benito Ceigrihuma, que volvió con alguna gente a la canoa, pretendía huirse con ella, pero como el mozo la detuviese, cogió el capitán sus flechas y le dijo: «suéltame la canoa y si no te flecho». Echole el mozo las manos al arco y las flechas diciéndole: «¿Por qué me has de flechar? Oye al padre que te está llamando». Pero apenas se desprendió de él y volvió a salir la canoa, cuando el capitán le disparó una flecha al corazón hi-

---

[173] J. Rojas 1805, fol. 193r.

[174] En la declaración que este Juan García dio más tarde dijo «que hace el espacio de cinco años que ha estado en las misiones de Yuracarees a donde lo llevó el padre Boria para que le sirviera de intérprete, porque sabía la lengua de aquellos neófitos, que la aprendió habiendo estado antes entre ellos en compañía del padre Anaya que estuvo allí de conversor» (J. García, 1805, fol. 195v).

riéndole de muerte; y otro indio llamado Marcos Chehuehue le tiró otra que le dio en el brazo izquierdo. Viéndose el mozo mortalmente herido soltó la canoa y los indios se fueron río abajo, diciendo el capitán muy satisfecho de su vileza: «así hacen los yuracarees». Entonces hizo pasar el padre al otro mozo para que cuidase del herido mientras volvía al pueblo a traer algún auxilio y a otro mozo para que ayudase a hacer una balsa en que pasar al moribundo, pero cuando volvieron al sitio de la desgracia el mozo José no pareció y el herido no pudo dar razón de él porque ya no hablaba y solo por señas daba a entender que ya no había tal mozo.

Los padres, incapaces de socorrer al moribundo por ser el río tan caudaloso [...] y no saber nadar ellos ni el mozo que quedaba, se fueron por las chácaras en busca de algunos indios que les eran más afectos, esperando conseguir de ellos que pasasen el río al mozo Juan antes que acabase de morir, pero por más que siguieron sus rastros y recorrieron muchos de sus chacos, no pudieron encontrarlos[175].

Ramón Soto y Francisco Lacueva, al final de aquel día dramático, se resignaron de no poder hacer nada ya para Juan García y, temiendo que pudiesen retornar algunos yuracarees a la misión para robar o para hacerles daño, se escondieron en el monte. El día siguiente abandonaron San Francisco y se dirigieron a la misión del Chimoré, donde llegaron después de una caminata de dos días. Los cuatro franciscanos decidieron retornar de inmediato al colegio de Tarata. Les acompañaron el mestizo Pedro Frías, el pardo libre Daniel Leche, el joven español Patricio Herbas, todos hombres que de una u otra manera ayudaron a los padres en las misiones. Al llegar a Yuracasa, Pedro Frías se separó del grupo para dirigirse a Cochabamba e informar a las autoridades de lo acontecido. Los demás fueron a Tarata.

El 18 de abril el intendente gobernador Francisco de Viedma ordenó se tomasen declaraciones a las personas que tenían conocimiento de los sucesos ocurridos en las dos misiones. Ese mismo día hizo sus declaraciones Pedro Frías y lo hicieron el 23 de abril Daniel Leche, el 24 de abril Patricio Herbas y el 27 de abril Andrés Mercado, un vecino de Cochabamba que había viajado a la misión del Chimoré donde se había encontrado allá con los padres de la misión del Mamoré que habían huido de su reducción.

---

[175] Soto-Lacueva-Fernández-Delgado, 1805, fols. 183r-183v.

Ninguno de ellos había sido testigo ocular de lo que había ocurrido al otro lado del río Mamoré donde Juan García se había enfrentado con el capitán Benito. Encontramos en sus relatos cuatro versiones parcialmente diferentes de la manera en que Juan García fue herido. Pedro Frías dijo que el capitán Benito «le tiró un flechazo por así al corazón y otro en el brazo un indio mudo conocido por Zambrana»[176]. Daniel Leche relató que los yuracarees «mataron de dos flechazos a un peón nombrado Juan García y que no se sabía del carpintero José que pasó al río con destino de auxiliarlo, si también los indios le quitaron la vida o lo llevaron consigo»[177]. Patricio Herbas declaró que a Juan García le quitaron la vida con dos flechazos y que «igualmente se hacía de que haya sucedido otro tanto con el carpintero José que lo mandaron a la banda del río a auxiliar al herido»[178]. Finalmente, Andrés Mercado dijo saber que el capitán Benito le tiró un flechazo a Juan García

> y otro indio mudo hizo lo mismo. Que por esto el herido se salió de dentro de la agua a donde estaban los indios. Que para que auxilie al nominado Juan mandó dicho padre Soto al carpintero José; que de este sabe que lo mataron los indios de Mamoré a flechazos[179].

Después de haber tomado estas declaraciones, Francisco de Viedma mandó un oficio al colegio de Tarata solicitando a los padres de las dos misiones le informasen sobre todo lo ocurrido. De hecho, los cuatro padres ya habían redactado un informe el día 27 de abril, el mismo que fue enviado al gobernador Viedma. Sin embargo, acatando la solicitud de Viedma, el 8 de mayo redactaron un segundo texto. Además, ese día compusieron también un informe sobre el estado de las dos misiones en el momento de su abandono por parte de los yuracarees.

Pocos días después de haber enviado al gobernador intendente estos informes, los padres de Tarata llegaron a saber, con gran sorpresa, que el carpintero José Rojas había llegado a la ciudad de Cochabamba. De inmediato pusieron al tanto de esta novedad al gobernador Viedma

---

[176] Frías, 1805, fol. 173v.
[177] Leche, 1805, fol. 174r.
[178] Herbas, 1805, fol. 175r.
[179] A. Mercado, 1805, fol. 176r.

que por entonces se encontraba en su hacienda Las Chulpas, cerca de
Tarata, y éste ordenó hacer traerlo de Cochabamba para que diese sus
declaraciones. Apareció José Rojas en Las Chulpas donde prestó declaraciones el día 14 de mayo.

Que el que declara pasando a la banda le curó las heridas a Juan García
y por tierra lo llevó río arriba cosa de dos cuadras, donde [se] encontró
con una partida de indios de la misión del Mamoré nombrados pampiños, quienes le dijeron al deponente que había de morir por haber venido a la misión a hacer cepo para mortificación de ellos; y lo llevaron preso por el monte adentro y le dieron la pensión de cargar dos enfermos
que estaban entre ellos y se dio modo el que declara de cargar cosa de
una cuadra el uno y volver por otro, con cuya fatiga caminaron cosa de
dos leguas, donde determinaron dichos indios enterrar a los citados enfermos; y con el deponente hicieron cavar los sepulcros y sin atender a
los ruegos de los enfermos que clamaban los dejasen vivos, pues podrían
sanar de sus enfermedades. Sin embargo les amarraron las manos y, po-
niéndole en la una las flechas y en la otra el machete, les vistieron de camisetas emplumadas, siguiendo en esto la costumbre que habían tenido
de enterrar a los muertos con todos los aprestos que tenían. Y reproban-
do el sistema de los padres que les habían prohibido dicha costumbre en-
terrando los cuerpos en mortaja; y que así aliñados los echaron a los hoyos y cubrieron primero con palos y después con tierra, asegurando de
tal modo que no puedan vencer la cerradura cuando puedan levantarse.
Que después de hechos los enterramientos siguieron el camino otra legua más donde encontraron la ramada y habitación de ellos, en la que lo
tenían a la vista en calidad de prisionero. Y a cosa de la media noche,
mientras los dichos indios dormían, se dio maña el deponente de retirarse gateando por dentro de la montaña hasta distancia de una cuadra
desde donde ya empezó a caminar y llegó ya al amanecer a la misión del
Mamoré donde encontró a los indios mamoreños saqueando los bienes
de los padres a quienes habían ido a matarlos; y por no haberlos encontrado descargaron su furia en romper los baúles del padre fray Francisco
Lacueva, de donde sacando los libros los habían hecho pedazos y reco-
giendo cuanto había en las viviendas de los padres, iglesia y sacristía tanto que se habían vestido después de hacer los tercios para cargar, los unos
con albas y los otros con las casullas. Y que el cacique también de alba
sentado a la mesa había estado tomando del vino[180] que tenían los pa-

---

[180] Juan García pintó esta escena de la siguiente manera: «Sacaron todos los ornamentos y se pusieron unos las casullas, otros las capas y los otros las albas y man-

dres para celebrar en el vaso sagrado. Y que luego que se asomó el declarante, el referido cacique quiso tirarle con la flecha expresándole que iba desertado; y que el declarante le persuadió asegurándole que sus compañeros le habían enviado a llevar sal, de lo que creído le mandó que dispusiese su carga de algunos otros trastes que habían quedado por disponer. Y que el declarante se echó al hombro un poncho del padre Lacueva, otro del padre Soto y unos calzones del herido Juan García, quien había estado en el cuarto del padre Lacueva; y porque éste aparentó estar ya casi muerto lo dejaron y marcharon cada cual con su carga que tenían dispuesta llevando con ellos al declarante siempre en calidad de prisionero hasta fuera del pueblo, donde al descuido pudo meterse dentro de un cañaveral donde quedó escondido. Y después que los indios se habían retirado salió de allí y cargado llevó a Juan García a esconderse en el monte llevando para su alimento un poco de charque[181].

Los dos lograron escaparse a la persecución de los yuracarees del Mamoré y, pasando por la misión del Chimoré, llegaron a Ypachimucu. José Rojas salió primero de allá y se fue a Cochabamba. Juan García fue más tarde al pueblo de la Palma, donde se quedó.

El 16 de mayo Francisco de Viedma dio orden de traer de la Palma a Juan García. Éste llegó a la hacienda de Chulpas, donde prestó sus declaraciones el 25 de mayo. Explicó cómo había llegado a la misión después de que los yuracarees habían llevado consigo a su compañero José Rojas:

viéndose ya solo, poco a poco fue continuando el camino río arriba, hasta que [se] encontró con un indio que era su compadre, quien por dicha relación y haberle ofrecido regalarle una porción de sal sin que los padres lo sepan, le pasó el río y se volvió. Y que el que declara en todo aquel día pudo llegar al pueblo o misión donde ya no encontró a los conversores, porque luego se habían mudado y no hizo más que meterse en cama[182].

daron repicar las campanas en honor de que ya eran padres y que en el cáliz bebieron agua» (J. García, 1805, fol. 197r).
[181] J. Rojas, 1805, fols. 193v-194v.
[182] J. García, 1805, fol. 196v.

Presentó Juan García en su relato todavía el siguiente detalle que ilustra aun más esta pequeña novela sobre el final de las misiones del Chimoré y del Mamoré:

> Que de dicha misión [del Chimoré] se retiraron hasta el lugar de Ypachimuco y que antes de retirarse le vio en el envoltorio de José Rojas un candelero de plata y las vinajeras con su platillo del mismo metal que de la misión del Mamoré se había robado y el declarante se fue solo hasta la Palma en donde supo que el dicho José Rojas había traído consigo la naveta de poner incienso con su cucharita[183].

[183] J. García, 1805, fol. 197v.

4. LA MISIÓN DE SAN JOSÉ

4.1. La fundación de la misión sobre el río Coni

Como hemos visto en el anterior capítulo (3.4.), durante su estadía solitaria en el Mamoré fray Tomás Anaya recibió con cierta frecuencia visitas de yuracarees de otras partes que le manifestaron su deseo de hacerse, también ellos, cristianos. Vinieron de Sacta, Pampas, Cupetine, Chimoré y otros lugares:

> deseando cristianarse conmigo prometieron juntarse en uno; y para facilitar mi ida abrieron por tierra nuevo rumbo, trabajaron sembradíos, fabricaron casa para recibirme, donde junto a una cruz están rezando y cantando con un servicial cristiano que les dí[1].

El dirigente principal del grupo fue el ya conocido capitán Poyato. Esperando el retorno del presbítero Velasco, el padre Anaya prometió a los yuracarees que se habían reunido juntarse con ellos. Pero como algunos le informaron «que el camino abierto era sumamente escabroso y lleno de espantosos precipicios, desistió del empeño»[2]. Propuso más bien a Poyato «se pasase con toda su gente al lugar de Cupetine o al río Chimoré a donde él entraría también luego que comunicase este proyecto con el gobernador de la provincia y se le auxiliase con

---

[1] T. Anaya, 1795, fol. 7r.
[2] Ximénez, 1915 [1796], p. 216.

lo preciso para un nuevo establecimiento»[3]. Anaya se comunicó efectivamente con el gobernador Viedma acerca de la posibilidad de fundar una nueva misión y pidió ayuda para establecerla. No resultó nada fácil prestar pronto tal ayuda. El 23 de abril de 1794 Francisco de Viedma dictó el siguiente auto:

> Mediante que se necesita auxiliar la nueva reducción de San Francisco de Asís del Mamoré y especialmente tomar las medidas necesarias a la que va a formarse en el pueblo de Cupetine, distante tres días de camino de aquella; como que están pidiendo sacerdote para abrazar nuestra santa fe católica, sus naturales ser más número de almas y presentar aun mejores proporciones, para lo cual se necesita no pocos fondos, a efecto de tomar conocimiento del que existe de las vacantes mayores y menores que manda la real audiencia destinar a unos fines tan piadosos: Los señores ministros de real hacienda me pasarán una razón circunstanciada de ellos[4].

Ya al día siguiente atendieron esta solicitud los oficiales de la contaduría provincial de Cochabamba, indicando que no había fondos del ramo de vacantes en las cajas reales de la ciudad debido a que, por una parte, se había remitido una cierta cantidad de estos fondos a las cajas generales de Buenos Aires y que, por otra parte, se habían extraído de ellos ciertas sumas. Además señalaron estos oficiales que, por más que fuese necesario socorrer a los responsables de la reducción de los yuracarees, no se podía extraer nada de las cajas «sin precedente orden de la superintendencia general y junta superior de real hacienda de Buenos Aires, como lo tiene aquella dispuesto en órdenes de cuatro de junio, trece y diez y seis de octubre [de mil setecientos noventa y tres]»[5]. Francisco de Viedma, verdaderamente resuelto a ayudar al padre Anaya, el 25 de abril de 1794 dictó el siguiente auto:

---

[3] Ximénez, 1915 [1796], p. 216.

[4] Viedma, 1794b.

[5] Contaduría de Cochabamba, 1794a, fol. 12r. El 6 de marzo de 1793 desde Cochabamba se habían solicitado algunos caudales para las reducciones chiriguanas de Piray, Cabezas y Abapó «correspondientes a los productos de vacantes menores de la catedral de Santa Cruz de la Sierra destinados para aquellos fines» (M. I. Fernández, 1793, fol. 10r). El 4 de junio de 1793 se había comunicado desde Buenos Aires a los oficiales reales de Cochabamba «que no hagan pagos extraordinarios de la real hacienda de su cargo sin que pueda [intervenir] la que corresponde de esta intenden-

Visto el antecedente informe con las órdenes de la superintendencia general de este virreinato: Devuélvase el expediente a los mismos señores ministros, para que vuelvan a informar, teniendo presente la distribución del ramo de vacantes mayores y menores, prevenida por real cédula de quince de febrero de mil setecientos noventa y uno[6], ciñéndose en él a su literal sentido, que es la que rige, y no dichas órdenes[7].

El 26 de abril los ministros Pedro Casals y Josef González de Prada informaron a Viedma que habían analizado detenidamente la ley a que hizo referencia en su auto del día anterior y que este análisis les había convencido de que tenían razón acerca de lo expuesto en su informe del día 24 de abril. Es más, dijeron los ministros que el estudio de aquella ley «nos corrobora y afianza más y más en el concepto que dejamos explayado en aquel lugar»[8]. Sin embargo, añadieron los mismos ministros a este su segundo informe que no era de su competencia tomar una decisión acerca del uso de los fondos de vacantes, sugiriendo al mismo tiempo al gobernador intendente tratar el asunto en una reunión de la junta provincial. Y Viedma decretó todavía el mismo día: «Para resolver el presente asunto pásese el expediente a junta provincial, la que se convocará el lunes veinte y ocho del que rige en las casas de mi morada»[9]. Esta junta se reunió el día miércoles 30 de abril y tomó la decisión de otorgar al padre Tomás Anaya

cia general, quien para librarla es justo se halle instruida de las cédulas u órdenes del rey que la autoricen. Y más hoy que con la división de virreinatos parece debe sufrir este erario el desembolso que antes era correspondiente al de Lima por hallarse esas cajas sujetas a aquella jurisdicción» (M. I. Fernández, 1793, fol. 10r). El 15 de agosto del mismo año los señores de la junta provincial de Temporalidades de La Plata, apoyando la solicitud de Cochabamba, se dirigieron a la superintendencia de Buenos Aires, presentando otros argumentos para hacer uso de los fondos de vacantes. También éstos recibieron una reacción negativa de las autoridades del virreinato (Buenos Aires, 13 de octubre de 1793. Ver Sanz, 1793a). Finalmente, el 5 de septiembre de 1793 la junta de Temporalidades de La Plata se dirigió nuevamente a las autoridades de Buenos Aires, comunicándoles que había tomado una nueva providencia para ayudar a las mencionadas reducciones chiriguanas. También esta vez Buenos Aires negó la competencia de la junta de La Plata para tomar decisiones con respecto al uso de los fondos de vacantes (Buenos Aires, 16 de octubre de 1793. Ver Sanz, 1793b).

[6] Esta ley está reproducida en AGN. Tribunales, Leg. 131, Exp. 21: fols. 30r-32r.
[7] Viedma, 1794c.
[8] Contaduría de Cochabamba, 1794b.
[9] Viedma, 1794d.

un sínodo de doscientos pesos anuales y destinar, además, por una sola
vez la suma de mil pesos

> para con ellos proveer la iglesia de ornamentos, vasos sagrados y demás
> necesario al culto divino, auxiliar y agasajar a los indios con algunos mue-
> blecillos de quinquillería y socorrerlos de ciertas herramientas como son
> *hachacunas*[10], hachas, palas, martillos y algunos arados, etcétera, indispen-
> sables para rozar los terrenos y ponerlos aptos para que fructifiquen las
> semillas de que carecen y es urgente proveerlos de ellas[11].

Sin embargo, la misma junta consideró no tan urgente entregar inmediatamente estos fondos y decidió pedir primero la autorización
correspondiente a la junta Superior de Buenos Aires.

Y así al padre Anaya no le llegó ninguna ayuda concreta. Diez meses después de haberse establecido en el Mamoré el padre Tomás decidió ir personalmente a Cochabamba y buscar socorro para asegurar
la formación de la nueva reducción. Prometió al capitán Poyato y su
gente volver en el mes de agosto «con el fomento de nuestro soberano, de quien estos pobres indios bárbaros esperaban más gustosos, acla-
mando en su modo: *tata rey*»[12]. Dejó la misión del Mamoré en manos del presbítero Velasco quien poco antes debió haber retornado a
ella: «Mas por no tener totalmente socorro alguno, me fue preciso dejar la referida misioncita de San Francisco de Asís al total cuidado de
dicho mi compañero a su regreso de Santa Cruz»[13].

A finales de julio del año 1794 el padre Tomás Anaya llegó a
Cochabamba y allá el gobernador Viedma le comunicó que el 15 del
mismo mes había dado parte al virrey «de haber proyectado hacer otra
[reducción] en el sitio llamado Cupetine inmediato a las orillas del
río Chimoré»[14] y le informó que los oficiales reales de la ciudad habían decidido pedir al virrey del Río de La Plata el permiso de financiar el nuevo proyecto. Ese permiso no llegó y en su desespera-
ción Anaya recurrió primero al provisor de la diócesis de Santa Cruz,

---

[10] Localismo: de «hacha» y «cuña».
[11] Junta provincial, 1794, fol. 15r.
[12] T. Anaya, 1795, fol. 7v.
[13] T. Anaya, 1795, fol. 7r.
[14] Viedma, 1797i, fol. 42r.

cura de Arani, para que le ayudase, pero tampoco este recurso tuvo éxito.

En la administración virreinal de Buenos Aires se empezó a tratar la solicitud de ayudar económicamente al padre Tomás Anaya el 23 de agosto de 1794, indicando escuetamente: «Hágase presente [el expediente] en junta superior de real hacienda»[15]. El 3 de septiembre se decretó: «Informen los ministros generales de real hacienda, Tribunal de cuentas y vista a los señores fiscales, protector, y de lo civil, y por enfermedad de este señor entiéndase con el señor oidor más moderno»[16]. El 17 de septiembre los ministros generales de real hacienda Pedro Medrano, Antonio de Pinedo y Félix de Casamayor dieron el siguiente fallo sobre la solicitud del gobernador Viedma al virrey y a los ministros de la junta Superior:

> Este expediente en que el señor intendente de la provincia de Cochabamba menciona y acompaña todos los antecedentes que han precedido al establecimiento de la nueva reducción de indios de San Francisco de Asís en las montañas del Mamoré, a cargo del presbítero don Josef Joaquín de Velasco, y la que se piensa hacer en el pueblo Cupetine, cercano al de San Francisco, a cargo de Fr. Tomás del Sacramento Anaya, lo hemos visto con la mayor atención por la mucha gravedad de los puntos de que trata. Y en consecuencia debemos informar a V.E. y VSS. que la providencia de la junta provincial de real hacienda de Cochabamba, señalando el sínodo de 200 pesos a Fr. Tomás Anaya y un mil pesos por una vez para auxilio de la reducción del pueblo de Cupetine sobre los ramos de vacantes mayores y menores, es arreglada a la real cédula de 15 de febrero de 1791, de que para mejor instrucción acompañamos copia certificada; y por lo mismo consideramos que V.E. y VSS. pueden aprobarla y mandarla ejecutar por el próximo correo, para que no padezcan el menor entorpecimiento unas empresas tan laudables y privilegiadas en el religioso ánimo de nuestros católicos monarcas, previniendo V. E. y VSS. a dicho señor gobernador intendente continúe auxiliando con los influjos de su celo estas y las demás reducciones que se ofrezcan; y a los señores ministros de real hacienda, que con arreglo a dicha real cédula subministren de los referidos ramos de vacantes las cantidades que como

---

[15] AGN. Tribunales, Leg. 131, Exp. 21, fol. 28r.
[16] AGN. Tribunales, Leg. 131, Exp. 21, fol. 28r.

urgentes se acuerden en junta de real hacienda con la calidad de dar cuenta a esta superior[17].

El día 14 de noviembre dio su parecer favorable el fiscal protector de Naturales Francisco Manuel de Herrera[18] y el 19 de noviembre la solicitud del gobernador Viedma fue aprobada por la junta Superior de Buenos Aires[19]. Se tomó razón de esta aprobación en el Tribunal de cuentas de Buenos Aires el 4 de diciembre de 1794[20]. Y el 5 de enero de 1795 se pasó la orden de pagar el sínodo de 200 pesos y de liberar 1.000 pesos para los primeros gastos de la nueva reducción al intendente gobernador Francisco de Viedma[21].

Irónicamente, casi dos años después de que el padre Anaya se había alejado definitivamente de la misión de San José, se despachó de Madrid la aprobación definitiva de parte del rey Carlos IV, a saber el 10 de julio de 1798[22].

A comienzos de 1795 el padre Tomás se dirigió, con vehemencia, en carta a la real audiencia de Charcas:

Lo más doloroso que me angustia es ver que ninguno contesta de Buenos Aires en más de medio año al informe y recurso correspondiente del citado señor intendente, de cuyo parecer, temiendo se frustre tan importante empresa, he tomado este arbitrio de participar todo a su superior atención. No acabo de entender el escrúpulo de responsabilidad en alguno de los oficiales reales de acá en obedecer prácticamente la provisión real de V. A. librada en virtud de cédula real moderna, que directamente le dirigió su Majestad[23].

[17] Medrano-Pinedo-Casamayor, 1794, fols. 28v-29r.
[18] Ver Herrera, 1794.
[19] Ver Junta Superior de Buenos Aires, 1794.
[20] Ver AGN. Tribunales, Leg. 131, Exp. 21, fols. 35v-36r.
[21] Ver AGN. Tribunales, Leg. 131, Exp. 21, fol. 36r.
[22] De hecho, el expediente sobre la solicitud fue preparado para Madrid el 3 de junio de 1795: «Nota. En tres de junio de noventa y cinco se sacó el testimonio que se manda de este expediente para dar cuenta a S. M. en fojas ochenta y tres, primer pliego, papel de oficio y lo demás común. Lo anoto para que conste. Velasco» (AGN. Tribunales, Leg. 131, Exp. 21, fol. 36r). Para la aprobación regia, véase: Saavedra, 1798. Y para el acuso de recibo en Buenos Aires, véanse: Gallego, 1799, y Altolaguirre, 1799.
[23] T. Anaya, 1795, fol. 7v.

Y haciendo, sin duda, referencia a la ayuda que pidió al provisor y que no le fue dada, dijo en su carta:

> Todo lo que me obliga suplicar a V. A., como le pido por amor a ambas Majestades y del estado, se sirva esforzar o reiterar su provisión real, alargando más la liberal mano real, supuesto que en el ramo de vacantes del obispado de Santa Cruz hay suficiente de que echar mano[24].

Y en caso de no haber ninguna reacción del virreinato y que no se le pueda cooperar de otra manera, pide al final de su carta el permiso de buscar los medios necesarios por su propia cuenta:

> Mas si no se puede alargar el auxilio y limosna real como pretendo, se sirva V. A. concederme licencia para poder pedir limosna pública y general de los fieles, que tal vez con esperanzas de las tierras de aquellos naturales, a más de las almas, quieran interesarse y aumentar el fomento de esta obra, pidiendo yo personalmente o por medio de otro religioso de mi hábito [...]. Porque conceptúo que ya en el día y, cuanto más tarde mi entrada, me costará más el establecer la misión en el centro de las dos misiones[25].

El 25 de febrero de 1795 los oidores de la audiencia pasaron la carta del padre Anaya al fiscal y éste dio su parecer el 4 de marzo:

> El fiscal dice que este religioso debe acudir al gobierno de Cochabamba, el que se halla bastante autorizado para dar estos auxilios de las vacantes de Santa Cruz, las cuales están designadas por S. M. para estos fines, sin necesitar el *fiat* de Buenos Aires, a cuyo fin podrá V. A. incitar el celo de dicho gobierno con nueva real provisión auxiliatoria a favor de estas misiones, pues habiendo fondos para ellos no se puede conceder el permiso a la limosna que solicita[26].

Por más que fuese bastante claro este parecer del fiscal y que los oidores diesen permiso a las autoridades de Cochabamba a dar al pa-

---

[24] T. Anaya, 1795, fol. 7v.

[25] T. Anaya, 1795, fol. 8r. Es decir: entre las misiones de Nuestra Señora de la Asunción y la de San Francisco de Asís del Mamoré.

[26] T. Anaya, 1795, fols. 8r-8v. El parecer del fiscal se encuentra a continuación de la carta del padre Anaya.

dre Anaya los auxilios económicos necesarios para emprender su proyecto, pasaron todavía varios meses hasta que efectivamente se los pudiese desembolsar: «habilitado por el cristiano celo de este jefe[27] con víveres, herramientas y todo lo necesario para el culto divino salió de Cochabamba a mediados de agosto del año de 1795, acompañado de un religioso lego para su asistencia»[28]. Francisco de Viedma comentó la entrada del padre Anaya de la siguiente manera: «y con el ganado recolectado, libranza de mil pesos que dio la expresada junta Superior por decreto de 19 de noviembre de 1794, pasó el referido padre Anaya a establecer la reducción de Cupetine, en el sitio nombrado Coni»[29].

A orillas del río Coni el padre Anaya se encontró con el capitán Poyato, quien había escogido ese lugar para la fundación de la nueva misión. Al padre le pareció bien «su local situación, y proporcionada al cumplimiento de sus ideas» y decidió mover

> el ánimo de los pocos naturales que encontró situados en ella, el de Poyato y de los que le habían acompañado, para que se estableciese la conversión en aquel sitio; y suplicándoles convocasen a este efecto todos los yuracarees de Chimoré, Cupetine y Sacta[30].

Con esta decisión de establecer la nueva misión en las orillas del río Coni, de hecho Anaya actuó contra las instrucciones que había recibido del gobernador Viedma: «en lugar de haber cumplido con lo que se le previno fijó su establecimiento en el sitio de Coni»[31].

El padre Anaya pronto tuvo problemas, particularmente en relación con la alimentación de los yuracarees que se reunieron con él en la nueva misión, bautizada como la misión de San José de Coni. Mandó un informe al gobernador Viedma y le rogó mandarle urgentemente víveres.

---

[27] El intendente gobernador Francisco de Viedma.
[28] Ximénez, 1915 [1796], p. 216.
[29] Viedma, 1798f, fol. 13v.
[30] Ximénez, 1915 [1796], p. 216.
[31] Viedma, 1797c, fol. 42v. En una carta dirigida al virrey de Buenos Aires dice el mismo Viedma que el padre Anaya se fue al río Coni, «donde por un efecto de su capricho y propia comodidad, faltando a las órdenes que se le dieron por este gobierno, se ha situado» (Viedma, 1796b, fol. 3r).

El 4 de mayo de 1795, la junta provincial de real hacienda de Cochabamba, reconociendo las necesidades de la nueva misión, sugirió que se la proveyese de ganados y que se organizase el establecimiento de una estancia de ganado, «pues siendo tan adictos los indios al alimento de la carne de vaca, sirve de un fuerte incentivo para atraerlos a la reducción»[32]. Es posible que se hubiera traído algún ganado de una estancia cercana, por ejemplo la de Laymetoro, que se encontraba relativamente cerca de la misión de San Francisco del Mamoré, pero no consta en ningún documento que se haya podido establecer una estancia.

El 9 de noviembre del mismo año Viedma encargó al naturalista botánico Tadeo Haenke visitar las Montañas de Yuracarees e informarle «de la situación del paraje del Coni y de las proporciones que ofrece aquel distrito a los progresos de las conquistas espirituales de la nación yuracarees, encargada al celo del R. P. Fr. Tomás del Sacramento Anaya»[33].

En su breve informe del 7 de enero de 1796, Haenke presenta primero la ubicación de la nueva misión:

> Este sitio, que el citado padre eligió por su actual residencia y centro de sus empresas espirituales, está situado al pie de la última serranía baja que desde los altos de la cordillera real hasta aquí continúa, extendiéndose adelante en aquellas vastas e inmensas llanuras que ocupa la provincia de Mojos y los demás terrenos incógnitos hasta el río de Amazonas. Su distancia del pueblo de la Asunción, misión de la misma nación últimamente formada, es de cuatro leguas hacia el N. E., camino llano de monte espeso, intermediando entre los dos parajes el río de San Mateo que en tiempo de secas se pasa por vado [y] en tiempos de aguas en balsas que los indios de la Asunción pasan nadando de una banda a otra. Su latitud es de 16° 42' Sur y su longitud de 52° 13' occidental de Tenerife[34].

Más adelante dice Haenke en su informe que

---

[32] Junta provincial, 1795, fol. 1r. Las fojas 3r-4r contienen un presupuesto para la creación de la estancia.

[33] Haenke, 1974 [1796], p. 162.

[34] Haenke, 1974 [1796], p. 162.

es paraje en toda consideración impropio para la conquista y reducción para la nación yuracaré. Primero, por su situación local y actual escasez de víveres; segundo, por su distancia demasiado corta de la misión de Asunción; tercero, por la distancia considerable de los parajes que ocupan los indios que son objeto de esta empresa; y cuarto, por la facilidad de escoger otro paraje en que se eviten todos estos inconvenientes[35].

A continuación explica el naturalista Haenke cada uno de estos cuatro puntos, para sugerir finalmente que sería mejor que «el padre misionero escogiese por su residencia un paraje en las inmediaciones del río Chimoré»[36].

Resalta Haenke también que en el Coni a los yuracarees

> nada les espera sino hambre y necesidad, como lo experimentan actualmente los indios sujetos al capitán Poyato, que por su celo y fervor a nuestra santa fe católica se transfirió con muchos de los suyos, desde las inmediaciones del río Chimoré a Coni[37].

A base de este informe de Haenke, Francisco de Viedma ordenó al padre Anaya trasladar la misión al sitio indicado por el naturalista. Anaya decidió acatar la orden del gobernador y en dos cartas, fechadas el 21 y 22 de marzo de 1796, le comunicó que, «a haberle reprobado se estableciese en el lugar del Coni», se hallaba «pronto a mudarse al asignado paraje de Chimoré o Cupetine», pidiendo al mismo tiempo «se le auxiliase con diferentes efectos para atraer y captar a la reducción a los demás infieles»[38]. El 10 de mayo se reunió en Cochabamba la junta provincial de real hacienda para considerar la solicitud del padre Anaya; y el día siguiente los ministros Pedro Canals

---

[35] Haenke, 1974 [1796], p. 163.

[36] Haenke, 1974 [1796], p. 164.

[37] Haenke, 1974 [1796], p. 164. Existe una segunda versión de este informe, fechada igualmente en 7 de enero de 1796 y encontrada por la señora Renée Gicklhorn en el archivo del Jardín Botánico de Madrid entre estudios, papeles y cartas de Haenke depositados en aquel archivo. Esta versión empieza con las siguientes palabras: «Me he convencido de que la situación de esta misión es desolada. [El] padre Anaya, que fue a los yuracarees como misionero de la Compañía de Jesús [sic], ha escogido mal el lugar de su misión» (Haenke, 1962-63 [1796], p. 41).

[38] Viedma, 1797c, fol. 42v.

y Josef González de Prada presentaron, sobre la base de los datos proporcionados por Anaya, un

> presupuesto de los gastos urgentes, menos urgentes y anuales que deben hacerse, los primeros para que el misionero fray Tomás del Sacramento Anaya traslade la misión al río Chimoré y los restantes para continuación y subsistencia de la misión[39].

Pocos días después de la reunión de la junta provincial llegó a manos de Francisco de Viedma una carta del padre Anaya, en la cual se retractó en cuanto a su decisión de trasladar la misión de San José al río Chimoré, «insistiendo en la permanencia de la misión en Coni»[40]. Y Viedma se rindió: en una carta al virrey Pedro Melo de Portugal del 17 de junio de 1796 comunicó lo siguiente:

> A pocos días de haberse celebrado dicha junta, recibí carta de este religioso con fecha de 24 de abril, en que insiste a la permanencia de dicha misión en el expresado sitio de Coni; y como el paraje no atrae las ventajas que los que van referidos a los buenos efectos de esta empresa, y me he llegado a desengañar lo casi imposible que ha de ser obligarlo a que cumpla con las órdenes de este gobierno, eludiéndolas con los aparentes pretextos que aduce, he suspendido mandar se libren los 200 pesos referidos; y solo con el residuo que queda de los mil pesos de la primera libranza he tomado el arbitrio de socorrerle provisionalmente, esperando la llegada de los religiosos de Propaganda que vienen a fundar el colegio de Tarata, por si de entre ellos puede sacarse uno o dos, que con distinta franqueza se hagan cargo de este útil establecimiento, en cuyo caso me veré obligado a usar de lo acordado por la junta, porque se hará aun más urgente en aquel entonces[41].

4.2. Los frailes del colegio de Propaganda Fide de Tarata se hacen cargo de la misión

El día 1 de octubre de 1796 llegaron el padre Bernardo Ximénez y sus acompañantes a la misión de San José del río Coni. «En ella en-

---

[39] F. Canals, 1796, fol. 1r.
[40] Viedma, 1797c, fol. 42v.
[41] Viedma, 1796a, fol. 3v.

contramos al P. Fr. Tomás Anaya del Sacramento, su fundador, que estaba experimentando con todo el rigor los trabajos y penalidades inseparables de la vida de un misionero, en una reducción nuevamente establecida»[42].

Ya el día siguiente

el P. Fr. Tomás Anaya, en virtud de la orden que recibió del señor intendente gobernador don Francisco de Viedma, hizo la entrega de esta reducción en manos del R. P. prefecto. Sin embargo, quedó aquí dicho padre a instancia del R. P. prefecto por parecerle útil por ahora[43].

Los días 3 y 4 de octubre fueron dedicados a celebrar la fiesta de San Francisco.

A las 12 del día [...] se tocaron las campanas, tambores, flautas, zambomba, con tiros de escopeta en honor de nuestro P. San Francisco. Se cantaron vísperas con la solemnidad posible, a las cuatro de la tarde, con el rezo de completas y maitines. Al toque de oraciones se renovó la misma función del medio día, añadiendo varias luminarias y un baile tierno de los niños neófitos, en que con gran alegría cantaban sin interrupción en su idioma. «P. S. Francisco que nos trajiste a Dios, socorrednos pues por amor de Dios». Tierno espectáculo a la verdad y quizá más agradable al glorioso patriarca que muchos cultos, que en este día se le tributan con particular magnificencia.

Por la mañana se cantó la Misa de nuestro P. San Francisco y seguidamente se bautizaron, por mano del R. P. prefecto, cuatro adultos, con toda la solemnidad que ordena el Ritual Romano [...] y a todos se les puso el nombre de Francisco, en honor de nuestro S. Padre[44].

★★★

Durante su breve estadía en la misión de San José del Coni, Bernardo Ximénez

---

[42] Ximénez, 1796b, fol. 126v.
[43] Ximénez, 1796b, fol. 127r.
[44] Ximénez, 1796b, fols. 127r-127v.

enterado de la buena doctrina y enseñanza de su primer conversor Fr.
Tomás del Sacramento Anaya y lo impuesto que estaba en la lengua de
ellos, procuró atraerlo para que se incorporase en el colegio, por lo útil
que era a aquellas conversiones[45].

El padre Anaya, que a la sazón ya tenía sesenta y cuatro años de
edad, aceptó la invitación y el padre Ximénez «en uso de las facultades concedidas a los comisarios prefectos por las Inocencianas, le libró la patente de incorporación»[46].

Después de su retorno a Colpa, el padre Ximénez habló al guardián «en repetidas conversaciones» de las grandes ventajas que se podría tener de la presencia del padre Anaya en la misión de San José y
en el oficio que le entregó le suplicó «le admitiese con entrañas de
padre»[47]. No se tomó por entonces ninguna decisión, sino recién cuando el padre Anaya se presentó personalmente en Colpa. Se reunió entonces el discretorio y éste decidió no aceptar al padre Anaya. El 6 de
febrero de 1797 se mandó la siguiente carta al padre Ximénez:

> De acuerdo el reverendo padre guardián y discretos de este interino
> colegio de Colpa determinamos que atendiendo ya a la constitución en
> que nos hallamos y a lo que previenen nuestras sagradas bulas, no pode-
> mos de ninguna manera admitir al reverendo padre fray Tomás del
> Sacramento y Anaya a nuestra compañía, siendo indispensable que para
> esta admisión haya de preceder el beneplácito de dicho reverendo padre
> guardián y discretos, con el prefecto comisario de misiones, previo pues-
> to el informe. Y como vuestra paternidad arroja una facultad que no le
> compete por lo que toca a la admisión de individuos, nos es forzoso ad-
> vertirle que es verdad que nuestro padre reverendísimo le concedió la au-
> toridad para poder crear un nuevo guardián y religiosos discretos, tanto
> de los que conducía, como de los que viniesen agregados, o incorpora-
> dos con nosotros en aquel entonces de la primera creación. Esta se veri-
> ficó y por ella quedó vuestra paternidad privado de tal facultad[48].

El 8 de febrero el padre Bernardo reaccionó airadamente en una
carta dirigida al intendente gobernador Francisco de Viedma:

[45] Viedma, 1797k, fol. 8r.
[46] Viedma, 1797k, fol. 8r.
[47] Ximénez, 1797b, fol. 45.
[48] J. Hernández, 1797b, fol. 44r.

me hacen saber haber expulsado al reverendo padre fray Tomás del Sacramento y Anaya, a quien yo tenía admitido, incorporado y destinado para la conversión de San Josef del Coni. […] han cometido el atentado y acción indecorosa de separarlo de su compañía, sin reparar en el deshonor que se le infiere de esta acción[49].

Pidió el padre prefecto al gobernador Viedma, elegir

tres sujetos letrados, con la cautela que pide este asunto por todas sus cualidades, y que sean de la mejor nota en virtud y literatura, para que con presencia de dicho decreto [de expulsión] y de las Bulas Inocencianas que para el efecto acompaño las letras patentes de mi dicho reverendísimo[50], expongan su dictamen sobre el particular, apoyados únicamente sobre las doctrinas y reglamentos que contienen dichas bulas[51].

El mismo día 8 de febrero el gobernador Viedma nombra a las siguientes personas para que analicen los documentos entregados por Ximénez y den su dictamen en este asunto: su asesor y teniente letrado don Eusebio Gómez García, el doctor don Gerónimo Cardona y Tagle, abogado de la real audiencia de Charcas y cura rector de la iglesia matriz de Cochabamba, y el licenciado don Fermín Escudero, igualmente abogado de la real audiencia y alcalde ordinario de primer voto de la ciudad de Cochabamba.

El segundo de los nombrados, Gerónimo Cardona y Tagle, dio su dictamen el 9 de febrero[52]. Los otros dos tardaron casi una semana en dar su fallo: lo hicieron el día 14[53]. Los tres coincidieron en dar la razón al padre Ximénez en sentido de que él estaba facultado para incorporar a frailes al nuevo colegio. No negaron, sin embargo, que también el guardián y los discretos pueden hacer la incorporación: «la incorporación puede hacerse por los guardianes con el dictamen y asenso de los discretos, o por solo el comisario en la forma antecedentemente prescripta»[54]. Añaden Gómez y Escudero a su exposición:

[49] Ximénez, 1797f, fol. 46.
[50] Se refiere al padre comisario general de Indias Pablo de Moya.
[51] Ximénez, 1797f, fol. 46.
[52] Ver Cardona, 1797.
[53] Ver Gómez-Escudero, 1797.
[54] Gómez-Escudero, 1797, fol. 57.

Damos este dictamen para tranquilizar el ánimo de aquellos religiosos y contribuir en lo posible a precaver las terribles consecuencias que podría atraer la división y oposición a su mismo fundador, prefecto y comisario en detrimento de sus conciencias, exponiéndose a incurrir en los anatemas justamente establecidos contra los que no se someten a las decisiones apostólicas[55].

Bernardo Ximénez, enterado del dictamen de los tres expertos, se dirigió nuevamente al gobernador Francisco de Viedma, pidiéndole mandar al colegio de Colpa a un escribano real para que éste haga conocer a los frailes de la comunidad el fallo de los peritos. Pidió también a Viedma que redacte un exhorto para que el guardián y el discretorio admitan «al padre fray Tomás Anaya del Sacramento y a otro cualquiera religioso que se les presente con mis letras de admisión»[56].

Viedma de inmediato redactó el solicitado exhorto[57] y mandó el mismo junto con los dictámenes al escribano real Ambrosio Navia, que se encontraba en Arani, encargándole entregar todo al guardián[58]. Navia se trasladó a Colpa y cumplió la orden de Viedma. Después redactó en Colpa el siguiente testimonio:

En esta hacienda de Colpa, a los diez y seis días del mes de febrero de mil setecientos noventa y siete años: El infrascrito escribano, habiendo pasado al colegio de San Josef, en observancia del precedente orden que recibí anoche a las nueve en el pueblo de Arani, le pasé el recado de atención que se me previene al reverendo padre guardián de él, quien mandó congregar a los reverendos religiosos que componen el discretorio y, estando juntos, hice entrega del exhorto que acompaño, de que doy fe.

Ambrosio Navia, escribano de Su Majestad y de su notario público de Indias[59].

Esta medida no surtió ningún efecto: el guardián y el discretorio mantuvieron su decisión de no admitir al padre Anaya, por las mismas razones que ya habían presentado al tomarla por primera vez (el

---

[55] Gómez-Escudero, 1797, fol. 57.
[56] Ximénez, 1797g, fol. 59.
[57] Ver Viedma, 1797f.
[58] Ver Viedma, 1797j.
[59] Navia, 1797.

6 de febrero). Viedma comentó de la siguiente manera la postura tomada en esta secunda ocasión por los frailes de Colpa, en la carta que el 10 de abril escribió al virrey del Río de La Plata: «no ha tenido más resultas que el desprecio de la autoridad de mi empleo»[60].

Mucho más tarde, el 4 de julio de 1798, el expediente de este asunto llegó a manos del comisario general de Indias Pablo de Moya. El 23 de agosto del mismo año, en un oficio dirigido al Secretario general del Consejo de Indias, manifestó que

la oposición del discretorio para no dar cumplimiento a la patente despachada por el P. comisario Bejarano al P. Fr. Tomás del Sacramento, fue bien hecha y fundada en el texto literal de otra bula del mismo Inocencio XI dada en Roma a 16 de octubre de 1686 […]. Sobre este indispensable fundamento el P. comisario Bejarano desde el 7 de septiembre de 96, mediante la creación que en virtud de comisión mía hizo de guardián y discretos, quedó sin facultad para proceder por sí solo sin el consentimiento de la mayor parte del discretorio a dar patente de incorporación en el colegio de religioso alguno[61].

El padre Anaya, después de no haber sido admitido en el colegio de Colpa, primero se integró en la Recoleta de La Plata. Más tarde se incorporó en el colegio de Propaganda Fide de Moquegua y fue misionero en San Gabán de Carabaya[62].

★★★

El día 8 de octubre el padre Ximénez prosiguió el viaje junto con los padres Pedro Hernández e Hilario Coche, «con 14 peones cargados de víveres y otros cuatro que en esta misión se agregaron a nues-

[60] Viedma, 1797k, fol. 14.
[61] Moya, 1798, fol. 96.
[62] Encontramos este dato en un documento, del cual hay una copia en el archivo de Tarata, titulado: «Plan y razón del año en que se fundó el colegio de misioneros de Propaganda Fide de la Villa de Moquegua, del número de los individuos y de las misiones y conquistas que tiene hoy a su cargo en los gobiernos del Cuzco, Paz, Puno y Arequipa. Cuzco, 12 de Febrero de 1801». En ese documento se dice de Fr. Tomás del Sacramento y Anaya y Fr. Pascual Dou: «Destinados a la conquista de la gentilidad del valle de San Gabán».

tra compañía, peritos del terreno y de la lengua de los indios»[63]. La
misión del Coni quedó «interinamente al cuidado de los padres fray
Tomás Anaya, fray José Pérez y fray Vicente Esquirós»[64].

4.3. EL CASO BERNARDO MATEOS

No mucho después de haber retornado de su primera entrada el
padre Ximénez mandó a su sobrino, Bernardo Mateos, a las Montañas
de Yuracarees para llevar víveres y otras cosas para los misioneros de
la Asunción y de San José[65]. En la misión de la Asunción le entregó
una carta el padre Domingo Real, y en la misión de San José los padres José Pérez y Vicente Esquirós le entregaron otra: la primera des-
tinada para el prefecto Ximénez y la segunda para el guardián.

El día 9 de febrero de 1797, el padre Anaya reveló al guardián y
al provisor Rafael de la Vara que él había visto que Bernardo Mateos
había abierto las dos cartas. Fue testigo también el presbítero que vivía en la Palma. El guardián se molestó muy seriamente por esta re-
velación y decidió tomar una medida drástica contra Mateos, embar-
gando sus bienes. Además, tomó la decisión de escribir al gobernador
Viedma, pidiendo «la más pública y justa satisfacción con todas sus
circunstancias, penas y censuras contra tales delincuentes»[66].

El 11 de febrero se presentó Bernardo Mateos en Colpa para buscar sus cosas, porque estaba por entrar nuevamente a las Montañas de
Yuracarees para cumplir un encargo que le había dado Francisco de
Viedma, y llevar nuevamente carga para los misioneros. Ese mismo día
relata a su tío lo que le pasó:

---

[63] Ximénez, 1796b, fol. 128r.

[64] Ximénez, 1796b, fols. 128r-128v.

[65] Francisco Lacueva, en su certificación de abril de 1798, dio el siguiente comentario acerca de esta entrada: «y con la plata que le habían prestado para el socorro de la conversión del Mamoré habilitó a su sobrino don Bernardo Mateos para
que entrase a la conversión de Nuestra Señora de la Asunción (perteneciente al ilustrísimo señor obispo del Tucumán) y aprovechando la ocasión de estar ausente el religioso doctrinero de ella [Francisco Buyán], se utilizase de la cosecha del cacao y
frutas que tiene esta conversión» (Lacueva, 1798, fol. 20r).

[66] J. Hernández, 1797e.

Mi más venerado señor:

No he podido pasar a Tiraque en busca de las mulas hasta ayer por haberme ocupado todo este tiempo en componer mi ropa y, aunque no los he traído, ha quedado el alcalde de Mizque en obligar a un arriero a que venga por las cargas el lunes o martes; y según esto marcharé el martes o miércoles, si no hay impedimento, pues después de haber llegado esta tarde a este colegio al tiempo de ir a pedir las llaves de la celda, el P. vicario fue advertido por el P. guardián que estaban las llaves arriba, que subiese. Subí y encontré en la celda al P. guardián y discretos. Al punto me mandó abrir mi baúl, e ir sacando cuanto había en él, lo que hice sin la más leve réplica ni dilación; y ellos fueron asentando todo en un papel, que llamaron inventario, dando orden a Fr. Juan Fernández y a Fr. Ramón Lápido de que se encargasen[67] de las llaves de mi baúl y de la celda de usted, como en efecto lo hicieron así. De esta suerte quedo privado de todo sin saber el motivo, pues el padre guardián no me le ha dado y sí solo me ha dicho que el señor intendente deliberará sobre el caso.

Me acumula el padre guardián que le abrí las cartas que mandaron los padres de la Asunción y Coni; y para probarlo dice que tiene dos testigos eclesiásticos (y yo digo que tendrá todos los que quiera, pues cuando se trata de perjudicar el honor de un sujeto hay muchos testigos que nunca declaran según la ley de Dios y siempre lo hacen según la del diablo).

Yo por mí protesto no haberme pasado semejante maldad ni aun por el pensamiento, pero aunque esto es así, con la falsedad se prueba cuanto se quiere. Otras cosas me ha dicho que no solo no son dignas de la pluma, sino ni de la memoria de un mediano talento, y así no canso a usted en bagatelas que son buenas para entre mujeres y niños de escuela[68].

Francisco de Viedma no solamente recibió la carta del guardián Hernández, sino que también le fue pasada la carta de Bernardo Mateos. El 13 de febrero escribió una enérgica carta al guardián, ordenándole entregar de inmediato al sobrino del padre Ximénez sus bienes[69]. Dos días después, en otra carta al guardián, le dijo que los padres del colegio deben abstenerse

---

[67] Leo «entregasen»; enmiendo por el sentido.

[68] Mateos, 1797, fol. 35.

[69] Ver Viedma, 1797e.

de tomar por sí mismos ninguna otra resolución contra dicho don Bernardo por no residir facultades en V.V. R.R. para ello, evitando de este modo los notables escándalos que están causando así en agravio de su religioso instituto, como en el de mi empleo, tomándose por sí autoridad que no tienen[70].

Tampoco esta carta de Viedma surtió efecto y, como él relata en su informe al virrey del 10 de abril, este conflicto terminó de película:

> pero nada le hizo fuerza [al guardián] para entregar la ropa y muebles a don Bernardo Mateos, inhabilitando por este medio su entrada a la montaña, donde se le comisionó a conducir víveres para la subsistencia de aquellos religiosos conversores, de que carecían, dejándole solamente la ropa que tenía puesta para resistir lo cruel de la intemperie de la cordillera, continuando este empeño en desprecio de la real jurisdicción. Y aún hasta el día no hubiera conseguido su ropa, a no haberse valido de extraerla una noche sigilosamente con el auxilio del religioso agustino que reside en aquella hacienda y el lego fray Felipe Anaya, de que resultó no poco escándalo en aquel valle, por haber despachado a Fr. Juan García a que lo prendiese, luego que le echaron menos en el colegio y reconocieron haber sacado lo que era suyo, suponiendo haberse llevado otra ropa perteneciente a la comunidad[71].

4.4. EL CASO FELIPE ANAYA

El 2 de marzo de 1797 Bernardo Ximénez escribió al guardián que había nombrado como compañero suyo al hermano lego Felipe Anaya para que se hiciera cargo de la compra y conducción de los efectos necesarios para las misiones de Yuracarees:

> En esta atención estimaré a vuesa paternidad que luego que se le presente con mis letras patentes que le remito para este efecto con el mismo dador de esta, le conceda su venia a que emprenda su viaje a esta ciudad donde me hace notable falta, permitiéndole también traiga la ropa

---

[70] Viedma, 1797d.
[71] Viedma, 1797k, fol. 13.

de su uso, un par de navajas de afeitar, un par de lancetas, que cuidaré de satisfacer a ese colegio el valor de ellas[72].

Pocos días después de haber recibido la carta del padre Bernardo, el guardián Hernández viajó a Chuquisaca para atender ciertos asuntos del colegio, dejando como superior del convento al vicario, Ramón Soto.

El hermano Felipe reaccionó el día 8 de marzo al nombramiento que le había hecho el prefecto de misiones:

> Padre Comisario:
> Recibí la muy apreciada de vuesa paternidad con la adjunta patente y, luego que la recibí, practiqué lo que vuesa paternidad me prevenía en la suya en la misma hora que la recibí. Se la presenté al padre guardián, a que me respondió que a su tiempo me la despacharía, con que no sé cuando será este tiempo. Yo de mi parte, no hay duda que iría de buena gana a acompañar a vuesa paternidad en sus trabajos, como se lo tengo prometido, pero mucha falta hago en este colegio como vuesa paternidad no ignora[73].

El 9 de marzo, no sabiendo que el guardián se había ausentado del colegio, Ximénez escribe de nuevo, ya que no había recibido respuesta a su primera carta. Insiste en que cuanto antes se le dé permiso al hermano Felipe de juntarse con él:

> Repito este segundo oficio haciendo a vuesa paternidad la misma súplica y previniéndole la responsabilidad del atraso y ruina que se seguirán a dichas [conversiones] si vuesa paternidad no concurre por su parte en que venga dicho fray Felipe, y sobre cuyo particular pondré en uso los medios que me proporcionan las leyes para evitar consecuencias tan funestas y que no se me pueda argüir de omiso en el cumplimiento de mis deberes[74].

El 15 de marzo el vicario Soto escribió una brevísima carta al padre Bernardo, comunicándole que el guardián se había ausentado y

---

[72] Ximénez, 1797h.
[73] F. Anaya, 1797.
[74] Ximénez, 1797i, fol. 66.

que procuraría remitirle las cartas que el comisario prefecto le había escrito[75].

El padre Ximénez buscó entonces nuevamente la intervención del gobernador Viedma. La carta que escribió a Viedma el 20 de marzo, empieza así:

> Los debates, insultos y desprecios que hasta el día tengo experimentados del reverendo padre guardián fray Juan Hernández, vicario, y religiosos jóvenes del colegio de Propaganda de San Josef de Tarata residentes en Colpa, no me intimidan para procurar por todos los medios posibles el desempeño de las graves obligaciones de mi ministerio de comisario prefecto de las misiones del obispado de Santa Cruz, ni menos dejar de aprovechar por momentos el tiempo para el adelantamiento de las que ya se hallan a mi cargo y para aumentar las conversiones de tanto número de almas infieles que a poca costa puede lograrse[76].

Luego expone ampliamente que de veras necesita al hermano Felipe para que le ayude en la ejecución de su trabajo, y se extiende sobre las bulas y constituciones que le autorizan hacer el nombramiento que de hecho había dado. Finalmente indica que es absolutamente necesario realizar cuanto antes una nueva entrada y pide a Viedma procurar que venga a Cochabamba el hermano Felipe[77].

El 23 de marzo Francisco de Viedma decretó:

> Líbrese exhorto en forma de ruego y encargo a dicho reverendo padre guardián, vicario, o al que por ausencia de ambos le corresponde el mando de dicho colegio, para que inmediatamente y sin dar lugar a que se repita otro, mande al hermano fray Felipe Anaya para compañero del expresado padre comisario, en conformidad de la patente que a este fin le tiene librada[78].

Viedma encargó al subdelegado del partido de Cliza, Vicente Ramón de Espinosa y Arrázola, y al escribano real Pedro Revollo entregar el auto al vicario Ramón Soto. Lo hicieron el día 25 de mar-

---

[75] Ver Soto, 1797a.
[76] Ximénez, 1797j, fol. 67.
[77] Ver Ximénez, 1797j, fols. 68-71.
[78] Viedma, 1797i, fol. 76.

zo. El padre Soto rehusó acatar el decreto del gobernador, argumentando que

> no le era peculiar este permiso sino al reverendo padre guardián, y ya porque aquel religioso hacía suma falta al colegio por ejercer en él las funciones de cocinero, de barbero y de otras de que tiene necesidad el colegio; y que finalmente se entendiese dicho despacho con el referido padre guardián[79].

El padre Ximénez, habiéndose enterado de la negativa del padre Soto de enviar al hermano Felipe, «escribió al vicario, diciéndole que, ya que tanta falta hacía a la comunidad el referido lego, le mandase otro, dejando a su arbitrio la elección»[80]. El padre Soto nombró entonces a fray Bernardino López Pantoja y lo mandó a Cochabamba, pero esto no fue de ninguna manera del agrado del padre Bernardo, quien le

> tenía repugnado por los motivos que le consta al guardián, por lo que no acomodando al padre comisario, parece intenta despacharlo a su colegio, queriendo más bien entrar solo en la montaña que con un compañero que, en lugar de servirle, perjudique sus intentos[81].

Entró finalmente con él el hermano donado Nicolás Gardet.

También en este caso el padre Pablo de Moya dio la razón a las autoridades del colegio y no al padre Ximénez: «el P. comisario Bejarano no tuvo razón para quejarse del discretorio de Tarata en no haber accedido a su empeño de llevar por compañero al religioso lego Fr. Felipe Anaya, pues la resistencia fue legal»[82].

4.5. LOS BIENES DEL PADRE BERNARDO XIMÉNEZ

El día 4 de abril de 1797 el padre Bernardo Ximénez mandó desde Calacala (Cochabamba) la siguiente carta al padre vicario de Colpa:

---

[79] Espinosa, 1797, fol. 79.
[80] Viedma, 1797k, fol. 16.
[81] Viedma, 1797k, fol. 16.
[82] Moya, 1798, fol. 96.

Mi amado Soto.

La inclusa es del señor intendente que por súplica mía interpone su alto respeto a fin de que me remitas mis baúles, cajita, cama, almofres, maleta, libros, papeles, agujas, optante, sopera, con las tres docenas de platos, manteles, servilletas, la olla con su tapadera de dicho señor intendente y, en una palabra: cuanto sea de mi uso y necesario para la montaña; y he de estimarte sobremanera atiendas a su insinuación, no permitiendo por ningún pretexto quede desairado y yo desnudo de todo punto para entrarme a las conversiones para el veinte y cuatro, como tengo dispuesto. Espero de tu cariño este favor; y manda a este tu afectísimo comisario.

Da mis expresiones a Delgado, Lápido y demás del colegio[83].

En su carta de la misma fecha, a la que Ximénez hace referencia al inicio de la suya, Viedma ruega al padre Soto entregar los bienes del padre comisario a don Sebastián Borda, portador de las cartas. El día 5 de abril, no solamente este señor Borda se presentó en el colegio de Colpa para reclamar los bienes del padre Bernardo, sino también el provisor Rafael de la Vara junto con un escribano. El señor provisor ya tenía conseguidas mulas para trasladar los bienes del padre Ximénez, pero sin motivo, porque el padre Soto rehusó entregar los bienes requeridos. Escribió de la Vara a Viedma desde Arani, el 6 de abril: «Hablé al vicario, lo que me pareció conveniente para que entregue los baúles, lo que dejó de hacer por la razón que dijo daría a vuesa señoría y al padre comisario en respuesta a las cartas. Por esta causa no he dado mulas, las que dije a don Sebastián estaban prontas»[84].

Ese mismo día 6 de abril el vicario Soto contestó a la carta de Francisco de Viedma, no a la de su hermano de religión Bernardo Ximénez:

Señor Intendente.

Recibí la suya, en la que Useñoría me insinúa que entregue sin dilación alguna a don Sebastián Borda todo cuanto se dice y refiere en la del reverendo padre comisario, por serle útil y necesario para la ejecución de su ministerio apostólico. A lo que digo no poder condescender a lo in-

---

[83] Ximénez, 1797l.
[84] Vara, 1797.

sinuado por Useñoría por cuanto el reverendo padre guardián, partiendo de este, me ha coartado y limitado las facultades de poder dejar salir los baúles del reverendo padre comisario, insinuándome al mismo tiempo que, si pedía la ropa de su uso, no se la negase, a lo que me obligo condescender, mandándome para el efecto aviso de la ropa que necesita, por cuanto considero serle necesario e indispensable para cumplir con su santo ministerio.

Todo esto es lo que reside y se halla en mi poder y facultad. Pero, aun dado [el] caso que el reverendo padre guardián no me hubiese hecho la expresa prohibición arriba insinuada, me vería obligado a no hacer el inventario que Useñoría me dice, por cuanto la mañana siguiente a la noche en que don Bernardo [Mateos] se salió de este colegio, se halló cerrajeado uno de los baúles, por lo que no podría yo dar razón de lo que antes se contenía en dicho baúl y me expondría a peligro manifiesto de que el reverendo padre comisario me pidiese cuenta y razón de lo que antes se contenía en el sobredicho baúl, cuya razón no podría dar por no saber lo que antes en él se hallaba[85].

Lastimosamente no se han podido encontrar otros datos, por lo que no sabemos en qué acabó este espinoso asunto.

4.6. ¿Cómo financiar las misiones?

En páginas anteriores hemos hecho varias veces referencia a la precaria situación económica de la misión de Nuestra Señora de la Asunción y de sus misioneros. El padre Bernardo Ximénez, en el curso de su primera entrada a las Montañas de Yuracarees, pudo percatarse también de esta situación, tanto de la misión de la Asunción como (y en especial) de la nueva misión que el padre Tomás Anaya había fundado en el Coni. Luego, al estudiar el informe económico que el presbítero Velasco había entregado al gobernador Viedma y que éste le había pasado a Ximénez junto con el memorial del mismo Velasco, Ximénez debe haberse convencido aun más de la enorme dificultad de financiar las misiones que había aceptado para el colegio de Propaganda Fide de Tarata.

El informe económico resumido que presentó Joaquín Velasco en su memorial es el único que hemos encontrado en nuestra docu-

---

[85] Soto, 1797b.

mentación sobre las misiones de Yuracarees. Nos facilita una aproximación al problema del costo de una misión y es por eso que hemos decidido copiarlo aquí en su totalidad.

Presento a Useñoría el adjunto expediente que acredita los gastos invertidos de mi propio peculio en el establecimiento de la reducción de San Francisco de Asís del Mamoré, nación de infieles yuracarees, desde cinco de septiembre setecientos noventa y tres hasta seis de octubre del presente, en cumplimiento del compromiso voluntario que hice para este fin de invertir seis mil pesos de mi patrimonio paterno y materno, con más los emolumentos de mi sacristía y capellanía, y es de esta manera nueve mil cuatrocientos noventa y nueve pesos, seis y medio reales que constan de los gastos autorizados por el vice-párroco de la doctrina de Chalguani, comisionado para este efecto por el señor provisor y gobernador Eclesiástico del obispado de Santa Cruz, doctor don Rafael de la Vara, y certificado por don Felipe Santiago Soriano, nombrado por Useñoría para el efecto, lo que corre desde fojas siete hasta fojas veinte y siete, en cuya cantidad están inclusos los de fojas primera hasta fojas seis, como firmados por el reverendo padre fray Tomás Anaya y testigos que se hallaron presentes.

Por cuatrocientos sesenta y seis pesos que importan los yerbajos y cuidado del ganado perteneciente a la misión de Cupetine, el que por insinuación de VSª. ha existido tres años poco más o menos en las haciendas de la Habana al cuidado de su administrador Manuel Aguilar, y concertados que le asisten sin gravamen del real erario, habiéndolo franqueado su señora madre, dueña de dichas haciendas, por empeño y solicitud mía, aun con perjuicio a sus intereses, a razón de cuatro reales por cabeza según costumbre.

Por trescientos pesos poco más o menos que he satisfecho anualmente a diez peones que no me han faltado en el servicio de la misión, con el salario de treinta pesos por año, fuera de alimentos y cabalgaduras, entre los cuales don Joaquín Guillén, por ser hombre de respeto y algunas habilidades, le concerté por setenta y dos pesos al año, y sirvió dos desempeñando su obligación, todo lo que importa novecientos ochenta y cuatro pesos y está acreditado en este expediente.

Por ciento diez pesos que pagué al presbítero don Josef Manuel Moreno por siete meses que me acompañó de ayudante en la misión, como es conforme a fojas veinte y tres de este expediente.

Suman estas partidas once mil seiscientos pesos, dos y medio reales.

Principal de donde se ha gastado según lo ofrecido.

Primeramente, por los documentos que constan desde fojas cuarenta hasta fojas cuarenta y dos inclusive, asciende mi patrimonio paterno y materno a la cantidad de seis mil setecientos tres pesos.

Según consta de las certificaciones del cura rector más antiguo de Santa Cruz y el contador de la mesa capitular que corren a fojas cuarenta y cuatro y fojas cuarenta y cinco, asciende la renta de mi sacristía anualmente a la cantidad de seiscientos cuarenta y dos pesos, cuatro reales, de los que se deben deducir ciento cincuenta que ha llevado el sustituto y cincuenta más que le importa la octava parte de las primicias, con más treinta pesos anuales que lleva el sacristán subalterno y otros tantos que se deben deducir para la cuarta episcopal, según aparece de los documentos a fojas cuarenta y tres y fojas cuarenta y seis, las cuales pensiones deducidas tienen a dejar el producto total y anual de la dicha mi sacristía en trescientos ochenta y dos pesos, cuatro reales, que en tres años corridos hacen un mil ciento cuarenta y siete pesos, cuatro reales.

A más de estos se agregan cien pesos anuales que rinde una capellanía de dos mil pesos de fundación, a cuyo título me ordené, de los cuales se deben deducir tres pesos de seminario, con los que asciende únicamente en los tres años a doscientos noventa y un pesos.

Suman estas partidas la cantidad de ocho mil ciento nueve pesos, cuatro reales, y siendo la de mis gastos en la reducción de once mil seiscientos pesos, dos y medio reales, es claro que he excedido a mis rentas en tres mil cuatrocientos y cincuenta y nueve pesos, uno y medio reales[86].

El padre Bernardo Ximénez decidió organizar un tipo de encuesta para recabar datos que le harían posible presentar ante las autoridades competentes una apropiada solicitud de ayuda económica para las misiones de su responsabilidad. El 6 de diciembre de 1796 solicitó al provisor de la diócesis de Santa Cruz que dispusiera que el presbítero Joaquín Velasco hiciera su declaración[87]. El 9 de diciembre pidió al gobernador Viedma ordenar que dieran declaraciones los vecinos del yunga de Chuquioma, Francisco Sánchez y Felipe Soriano[88]. El 13 de diciembre Ximénez se dirigió al naturalista Tadeo Haenke, pidiendo su colaboración en la realización de su encuesta[89]. El 19 de

---

[86] Velasco, 1796a, fols. 14r-15v.
[87] Ver Ximénez, 1796d.
[88] Ver Ximénez, 1796e.
[89] Ver Ximénez, 1796f.

diciembre solicitó a Francisco de Viedma mandar que declarasen los señores Francisco Canals, Miguel Mercado, Francisco Caro y Mariano Villarroel, los cuatro hacendados en la Nueva Yunga de Yuracarees[90]. Finalmente, el 11 de enero de 1797 mandó oficios a los padres Francisco Buyán[91] y Tomás Anaya[92], solicitando también a ellos proporcionarle los datos de que quería disponer.

Las declaraciones de estas nueve personas se hicieron de la siguiente manera:

Joaquín Velasco[93]	7-12-1796	Cochabamba
Tadeo Haenke[94]	13-12-1796	Cochabamba
Francisco Caro[95]	20-12-1796	Cochabamba
Francisco Canals[96]	20-12-1796	Cochabamba
Miguel Mercado[97]	2-1-1797	Arani
Francisco Sánchez y	4-I-1797	Totora
Felipe Santiago Soriano[98]		
Francisco Buyán[99]	12-1-1797	Cochabamba
Mariano Villarroel[100]	12-1-1797	Cochabamba
Tomás Anaya[101]	14-1-1797	Cochabamba

A las personas que había seleccionado, Ximénez pidió información acerca de los siguientes puntos: 1. la distancia entre el convento de Colpa y las misiones de la Asunción, del Coni y del Mamoré; 2. la calidad de los caminos que llevan a estas misiones; 3. la capacidad de carga de las mulas y el costo del flete; 4. la capacidad de carga de peones y el pago diario que se les hace; 5. los gastos de los efectos para

[90] Ver Ximénez, 1796g.
[91] Ver Ximénez, 1797a.
[92] Ver Ximénez, 1797b.
[93] Ver Velasco, 1796b.
[94] Ver Haenke, 1796.
[95] Ver Caro, 1796.
[96] Ver F. Canals, 1796.
[97] Ver M. Mercado, 1797.
[98] Ver Sánchez, 1797.
[99] Ver Buyán, 1797a.
[100] Ver M. Villarroel, 1797.
[101] Ver T. Anaya, 1797a.

la subsistencia de los misioneros y de los yuracarees reducidos; 6. el monto de sínodo que da el obispo Moscoso al padre Buyán.

La distancia entre el colegio interino de Colpa y la misión de la Asunción es estimada entre veintiséis y treinta leguas, la de esta misión al Coni en cuatro leguas y la distancia del Coni al Chimoré en seis leguas. La distancia entre el colegio de Colpa y la misión de San Francisco de Asís del Mamoré alcanza alrededor de cincuenta leguas.

La situación de los caminos seguía siendo sumamente precaria, de modo muy particular el camino a la misión de San Francisco del Asís del Mamoré. El camino más o menos estable era el de Cochabamba o del Valle de Cliza a la misión de la Asunción. Tadeo Haenke, sin embargo, pondera de modo especial lo difícil que es pasar por la cordillera:

> El tránsito de la cordillera que se pasa a las montañas de las referidas misiones es de lo más áspero y peligroso de todo el reino del Perú. Los caminos de este tránsito son de los más fragosos y arriesgados, todo esto por el corto tiempo que se ha hecho transitable esta cordillera y por falta de toda especie de recursos, así para los pasajeros como para las bestias, en los altos de esta cordillera, casi siempre nevada, en cuyo tránsito perecieron desde el principio de su entrada infinitos hombres y animales[102].

Los hacendados de la llamada «Nueva Yunga de Yuracarees» o «Nueva Colonia de Yuracarees» reconocen también la fragosidad del camino a la Asunción, pero afirman al mismo tiempo que ellos se esfuerzan para mantenerlo abierto. Francisco Canals dice «que para el efecto tienen puesto un mozo asalariado»[103] y Mariano Villarroel afirma que, aunque las fragosidades «son algo malas, procuran allanarlas de continuo el declarante y los demás interesados»[104].

Más problemática ya es la situación más adentro, de Asunción al Coni y del Coni al Chimoré. El padre Buyán dice que

> del pueblo de la Asunción al de Coni media un río caudaloso, que por tiempo de aguas es peligroso el pasar cargas, aunque sea en embarcación,

---

[102] Haenke, 1796, fol. 30r.
[103] F. Canals, 1796, fol. 32r.
[104] M. Villarroel, 1797, fol. 34r.

e imposible el que pasen mulas sin evidente peligro de ahogarse como ha sucedido muchas veces[105].

Los declarantes que han viajado del Valle de Cliza al Mamoré, distinguen tres situaciones diferentes en cuanto a las posibilidades de tránsito. El primer tramo, que se extiende entre Colpa y Totora, es «camino real y muy llano»[106]: no ofrece dificultades especiales. El segundo tramo, de Totora a Chuquioma, ya tiene características complicadas por el hecho de que se debe pasar por la cordillera, pero el tercer tramo, de Chuquioma al Mamoré, es el más intransitable:

> desde Chuquioma no ha tenido formal composición, siendo la espesura de árboles tejida de espinos, estacones de palos caídos, hoyos de raíces y piedras, otras [veces] de precipicios y resbaladizas, especialmente en cinco ríos caudalosos en tiempo de aguas, que de cinco cabalgaduras que llevé apenas volvió una de las de mi uso; sus intemperies experimenté extremosas y nocivas[107] a la salud humana, como horrorosas sus tempestades[108].

Los declarantes reconocen unánimemente que, dados los grandes problemas de tránsito del Valle de Cliza a las Montañas de Yuracarees, es bastante difícil encontrar arrieros y peones dispuestos a llevar cargas a las misiones, sobre mulas o sobre sus hombros, y que el costo de internar víveres y otros objetos aumenta conforme el camino se hace más intransitable. Así, dice el presbítero Velasco que por el camino real de Colpa a Totora «suelen llevar a dos pesos por carga de diez arrobas», que de Totora a Chuquioma se «suelen pagar dos pesos por carga, con la condición que ésta no pese sino cinco arrobas» y que de Chuquioma al Mamoré «se hace preciso conducir las cargas en mulas propias y mozos pagados»[109]. Y el hacendado Francisco Canals declaró:

> Que es bastante dificultoso encontrar arrieros y peones para la conducción de los bastimentos necesarios a la citada misión de la Asunción,

---

[105] Buyán, 1797a, fol. 36v.
[106] Velasco, 1796b, fol. 28v.
[107] Ambos adjetivos en masculino, seguramente por errata.
[108] T. Anaya, 1797a, fol. 38 r.
[109] Velasco, 1796b, fols. 28v-29r.

a motivo de que desde la ceja del monte hasta ella no se encuentran pastos para las bestias y que éstas las más veces mueren con los continuos aguaceros que las fatigan en las cuestas […]. Que de la Asunción a Coni hay mucha más dificultad para la conducción de bastimento por las continuas lluvias y el peligro de pasar dos ríos, el uno caudaloso que se transita, la gente y bastimentos en canoas y las bestias a nado, y el otro penoso por estar todo pantanoso y trabajoso para las bestias el paso. Y que por las circunstancias penosas ya referidas los arrieros a más de llevar caro los fletamentos, rehúsan y es necesario persuadirlos a ruegos y otras veces coartarlos por la justicia[110].

Los padres Buyán y Anaya coinciden en señalar que a los peones que llevan cargas sobre sus hombros se les pagan cuatro reales de jornal[111]. Anaya añade que no es posible todavía hacer trabajar a los mismos yuracarees como peones de carga:

Ni se pueden todavía pensionar a los yuracarees por no espantar la causa de sus almas y ser ellos débiles para el caso, respecto de sustentarse de mantenimientos débiles y muy escasos, que diariamente buscan por montes y ríos con más contingencias que los cazadores de acá[112].

Ya estaba clara la dificultad de financiar estas misiones alejadas cuyo acceso es tan complicado y dificultoso. Por eso, entendemos la observación de Tadeo Haenke: «que en esta conformidad tienen que gastar los padres misioneros la mayor parte de su sínodo únicamente en fletes de sus provisiones de primera necesidad, que por lo común importan el triple o cuádruplo de su valor intrínseco»[113]. Por reconocer esta situación delicada, el obispo Moscoso había decidido subir el monto del sínodo que daba al padre Francisco Buyán: «desde el año noventa y uno ha dado ochocientos pesos, que de estos sale para la manutención del padre, para las herramientas de los indios, bayeta y frazadas para los muchachitos y pobres y para las demás necesidades»[114].

---

[110] F. Canals, 1796, fols. 32r-32v.

[111] Véanse: Buyán, 1797a, fol. 36v, y Anaya, 1797a, fol. 39r.

[112] T. Anaya, 1797a, fol. 39r. Al comienzo de la cita cambio «casa» (errata) por «causa».

[113] Haenke, 1796, fols. 30r-30v.

[114] Buyán, 1797a, fols. 36v-37r.

Realizada la encuesta el 14 de enero de 1797, de inmediato Bernardo Ximénez se dirige a Francisco de Viedma para manifestarle sus hondas preocupaciones en cuanto al financiamiento de sus entradas y a la manutención de los misioneros y de las misiones. Su decisión de apelar con insistencia a Viedma estaba inspirada también en lo que le había escrito unos días antes (el 6 de enero) el guardián del colegio, el padre Juan Hernández. El padre Ximénez había pedido al colegio suministrarle víveres para enviarlos a los misioneros que ya se habían establecido en las misiones de Yuracarees. Reaccionó el padre Hernández ante esta solicitud: «el gasto de las misiones me va a privar muy pronto de la manutención necesaria de mis súbditos. En efecto, siguiendo el colegio costeando dichas misiones, antes de un año se consume toda la plata»[115]. Por eso pide al comisario prefecto dirigirse al gobernador Viedma, suplicándole

se digne adelantar el sínodo de los dos padres que se hallan en el Coni, o dar alguna cosa de las cajas reales o, si nada de esto se puede lograr, echar mano, por último remedio y más pronto socorro de los padres, del ganado que tienen dichas misiones y con él alimentar a los conversores y aliviar a este colegio[116].

Por lo que respecta a la entrada ya realizada dice Bernardo Ximénez en su carta a Francisco de Viedma:

Los gastos que se han impendido en dicha mi entrada y en dejar a los cuatro religiosos conversores los víveres necesarios a su subsistencia, han salido de los fondos destinados para la fundación de mi colegio hasta tanto que por Useñoría se provea su reintegración[117].

---

[115] J. Hernández, 1797a, fol. 20r.
[116] J. Hernández, 1797a, fol. 20v.
[117] En su informe al virrey del 16 de enero de 1797, Francisco de Viedma explica por qué el padre Ximénez había tenido que invertir dinero del colegio en la compra de víveres: «supliendo los gastos de los fondos destinados al colegio, por hallarme yo en aquel entonces ausente de esta ciudad en los pueblos de Capinota y Tapacarí […] y no permitirle su religioso celo malograr el tiempo en esperar mi venida para su entrada, por lo próximo de las aguas» (Viedma, 1797c, fol. 43v).

Y en cuanto a la nueva entrada que planea realizar una vez pasada la época de lluvias, ésta tendrá gastos más elevados, porque se debe trasladar la misión de San José del Coni al Chimoré.

> Estos gastos y los de la traslación de la misión de San Josef del Coni a Chimoré o Cupetine han de ser mayores y, si no se provee de dinero, cuanto se ha emprendido se pierde. A todo ello es indispensable que Useñoría ocurra, pues como llevo dicho: o se han de abandonar dichas reducciones haciendo inútil el sagrado objeto de nuestra venida y establecimiento del colegio, o se nos ha de socorrer. Si lo primero no es posible porque sería contravenir a las soberanas y religiosísimas intenciones del rey, sí lo segundo. Useñoría me pone mil inconvenientes con manifestar no se halla autorizado para gastar del dinero que existe en estas reales cajas del ramo de vacantes [...]. La excusa que Useñoría me da, ella será muy justa, pero me es preciso suplicar a su respecto me permita decirle que gastos de esta naturaleza no tienen espera porque son ejecutivos y muy del agrado de Su Majestad. Fuerte cosa es que yo no haya podido poner una piedra para el fundamento de mi colegio ni aun señalar el sitio donde se ha de establecer su fábrica por anteponer, como es de mi obligación, los deberes de mi empleo, conociendo lo mucho que interesaba mi entrada y reconocimiento de la montaña! Todo ello lo abandoné exponiendo mi vida a los peligros que manifiesta el diario. ¿Y es posible se encallen de esta suerte mis fatigas y trabajos por falta de medios[118]?

Finalmente, dice Ximénez a Viedma que sabe que a los conversores que trabajan en las misiones de chiriguanos se les ha asignado un sínodo de 200 pesos, lo que le parece suficiente, porque se trata de misiones bien establecidas que ya tienen sus propios ingresos. Todo lo contrario es la situación de las misiones de San José del Coni y de San Francisco de Asís del Mamoré. Por eso, pide a Viedma conseguir que a los conversores de estas nuevas misiones se les dé un sínodo de 400 pesos[119].

Francisco de Viedma reaccionó de inmediato a la carta del padre Ximénez: el mismo día 14 de enero. Para el día siguiente convocó una reunión de la junta provincial de real hacienda, «sin embargo de ser feriado»[120]. Esta reunión tuvo efectivamente lugar el día 15 de enero.

---

[118] Ximénez, 1797d, fols. 22v-23r.
[119] Ver Ximénez, 1797d, fols. 22r-23v.
[120] Viedma, 1797b.

Los miembros de la junta analizaron detenidamente toda una serie de decretos y documentos[121], y tomaron finalmente las decisiones que se detallan a continuación.

Por lo que respecta a los gastos hechos por el padre Ximénez en su primera entrada:

[121] Para entender el grado de seriedad con que actuó la junta provincial de real hacienda de Cochabamba en la atención a las solicitudes del padre Ximénez, nos parece oportuno citar aquí la parte de la resolución que presenta estos decretos y documentos: «Y habiéndose en consecuencia con esta solicitud traídose a la vista y reconocido *en primer lugar* la real provisión de la audiencia de Charcas de veinte y tres de diciembre de mil setecientos noventa y tres, en que aprobando este superior tribunal el establecimiento de la citada reducción de San Francisco de Asís sita en el lacio [es decir, la llanura] del río Mamoré, costeado por el enunciado presbítero Velasco, manda a este gobierno e intendencia auxilie a los conversores con el caudal destinado para estos objetos. *En segundo*: el auto de [la] superior junta de real hacienda de este virreinato, fecha diez y nueve de diciembre de mil setecientos noventa y cinco en que con precedente conocimiento de los antecedentes que precedieron a la erección de la enunciada misión y la proyectada en el río Chimoré, lugar de Cupetine, a cargo del citado religioso Anaya, y que por accidente situó cerca del Coni, se dignó aprobar lo acordado por esta misma provincial, obtenida en treinta de abril de mil setecientos noventa y cuatro: mandar a esta intendencia proteja por los medios más adecuados y económicos que le dicte su celo las expresadas y demás reducciones que se ofrezcan y que los ministros de real hacienda se arreglen en lo que subministren a la real cédula de veinte y tres de septiembre de mil setecientos noventa y uno, siempre que le acuerden los gastos como urgentes y con calidad de darse cuenta a la propia Superior junta. *En tercero*: la real cédula de quince de febrero de mil setecientos noventa y uno, en que se halla inserta la ley tercera título veinte y uno, libro primero del nuevo *Código de Indias*, y manda *en primer lugar* que los productos de los ramos de vacantes mayores y menores se inviertan con especialidad en el viático y manutención de los misioneros y misiones vivas. *En segundo*: a dotar párrocos incongruos para la mejor administración de sacramentos. *En cuarto*: la real cédula de erección del expresado colegio de Tarata de veinte de noviembre de mil setecientos noventa y dos [...]. *En quinto*: el expediente por el que consta la dimisión que hizo el nominado presbítero Velasco de la reducción que erigió de San Francisco de Asís, por virtud de la cual ha entrado en posesión de ella, el mencionado colegio. *En sexto*: la carta que con fecha seis del que rige, le pasó al mismo comisario el guardián del colegio, respuesta a la prevención que le hizo aquél para socorrer a los misioneros estantes en las dos citadas reducciones [...]. *En séptimo y último*: el diario que arregló en su entrada el referido comisario» (Junta provincial, 1797, fols. 24v-25r. Hemos subrayado ordinales para facilitar la lectura; nótese que no hay «tercer lugar» en lo mandado, posiblemente por error de copia). Nótese que la secuencia general parece interrumpirse debido a la inclusión de dos disposiciones del *Código de Indias*.

Y siendo los fondos de que echó mano destinados a otro propósito, al tiempo mismo que dichos gastos son de aquellos que deben costear con especialidad las vacantes [...] son ejecutivos y de naturaleza que no dan espera y de aquellos que deben hacerse antes de esperar aprobación de la Superior junta, pues el alimento de unos operarios tan esenciales al objeto propuesto en la erección del colegio es de una ejecución que no da treguas, se entreguen al mismo comisario de los existentes fondos de vacantes de pronto ochocientos pesos a buena cuenta de lo gastado [...]. Pero con esta condición, de que, si la superior junta de real hacienda, porque lo tenga por conveniente, no se dignase aprobar esta buena cuenta y excesiva cantidad a que puedan ascender estos gastos de víveres y entrada, según la cuenta que ha de presentar el referido comisario, se ha de descontar la cantidad a que asciendan de los sínodos que han de satisfacerse, luego que la misma superioridad acuerde los con que han de ser dotados los cuatro expresados misioneros[122].

En cuanto a los gastos de la segunda entrada:

se consulte a la Superior junta sobre el abono de los gastos que produzca esta segunda incursión. Pero si se retardase la resolución de este superior Tribunal y el tiempo estrechase a poner en ejecución el proyecto indicado, entonces el mismo padre comisario arreglará el presupuesto de los costos que pueda tener la apertura de comunicación de uno a otro paraje en que está y al que ha de llevarle la misión, de manutención, viaje, etcétera, y en su vista acordará lo que exijan las circunstancias en una nueva junta que deberá obtenerse[123].

Finalmente, por lo que respecta a los sínodos de los misioneros:

Que la dotación de sínodo a los religiosos misioneros, aunque ordinaria y de expresa real voluntad, no es de urgente necesidad, y que por lo mismo acordaban se señalen a cada religioso de los cuatro que están encargados de las dos referidas reducciones de San Francisco de Asís del Mamoré y San José de Cupetine, los cuatrocientos pesos anuales que pide el citado comisario [...] con la limitación que deberá acudirse a cada uno de dichos misioneros con respecto a los cuatrocientos pesos ínterin las reducciones carezcan de fondos, esto es de producciones del propio suelo y con las cuales pueda subvenir a auxiliarse y mantenerse, pues llega-

---

122 Junta provincial, 1797, fols. 26r-26v.
123 Junta provincial, 1797, fols. 26v-27r.

do este tiempo quedará reducido el sínodo a la ordinaria cuota de doscientos pesos anuales[124].

Estas determinaciones de la junta provincial de Cochabamba hacen ver que los integrantes de la misma reconocen la necesidad de echar una mano al padre comisario prefecto y a los misioneros pero que, para una solución definitiva de los problemas económicos de las misiones, remiten la cuestión a la junta superior de real hacienda de Buenos Aires. Y efectivamente, el gobernador intendente ya el 16 de enero de 1797 se dirigió al virrey, don Pedro Melo de Portugal, pidiéndole la atención del caso de las misiones de las Montañas de Yuracarees. Ahora bien, resulta que la junta de Buenos Aires no tenía ninguna prisa por atender las solicitudes presentadas por el padre Ximénez y por la junta provincial de Cochabamba presidida por Francisco de Viedma. Este último se dirigió nuevamente a las autoridades del virreinato de La Plata el 16 de marzo. No obtuvo respuesta. Y una vez más apeló a aquellas autoridades el 14 de diciembre[125]. Tampoco hubo reacción y a comienzos de marzo de 1798 Francisco de Viedma se vio obligado a salvar personalmente la dramática situación económica de las llamadas misiones:

para no abandonarlas con pérdida de los gastos hechos, tomé el arbitrio de deponer en calidad de depósito en estas reales cajas mi plata labrada y que se me descontase doscientos pesos al mes, para cubrir dos mil pesos que mandé entregar al comisario de ellas Fr. Bernardo Ximénez Bejarano, hasta la aprobación de dicha Superior junta, o lo que estimase de justicia, descuento que ha seguido y concluirá en el presente mes, que completa dicha cantidad[126].

---

[124] Junta provincial, 1797, fols. 25v-26r.

[125] No hemos podido encontrar los últimos dos oficios mencionados. Hacen referencia a ellos dos miembros de la junta de Buenos Aires en un documento del 24 de abril de 1798 que, como ya vimos, dice: «Las representaciones que ha dirigido a esta superioridad el señor gobernador intendente de Cochabamba con fecha de 16 de enero, 16 de marzo y 14 de diciembre del año próximo pasado» (Casamayor-Carrasco, 1798a, fol. 46r).

[126] Esto escribió Viedma en una carta al virrey del 13 de diciembre de 1798 (Viedma, 1798f, fol. 54r). Y al día siguiente hace mención de esto también en una

El 24 de abril de aquel año 1798 dos ministros de la junta superior de real hacienda de Buenos Aires entregaron al virrey un larguísimo comentario sobre los diferentes puntos que Viedma había presentado en sus diferentes oficios. Limitándonos a las tres cuestiones que hemos mencionado arriba y que habían considerado los miembros de la junta provincial de real hacienda de Cochabamba el 15 de enero de 1797, encontramos en el documento del 24 de abril de 1798 las siguientes observaciones:

Gastos de la primera entrada del padre Bernardo Ximénez:

> La solicitud del padre prefecto comisario de las misiones del colegio de Tarata Fr. Bernardo Ximénez Bejarano para que se le diesen ochocientos pesos a buena cuenta por los gastos que dice impendió en la entrada a las reducciones y que se le libraron por la junta provincial de Cochabamba; y sobre que pide la aprobación de esta superior, carece de los documentos justificativos que acrediten este gasto: debió preceder a su ejecución la formación de un presupuesto que lo designase para que la junta de Cochabamba, que se halla autorizada por ésta, permitiese y librase su monto, sin perder de vista los fondos de donde deben extraerse estas cantidades; y es bien extraño que, no habiendo presentado la cuenta de su totalidad como debió hacerlo, pida y se le diese la expuesta cantidad sin más documento ni formalidad que su palabra[127].

La planificada segunda entrada del padre Ximénez:

carta al ministro de gracia y justicia Gaspar de Jovellanos: «como los crecidos gastos que se fueron ocasionando en ambas reducciones, especialmente en los plantíos que han hecho de cacagüetales y algodonales al fomento y subsistencia de ellas y en beneficio de la pública utilidad de estas provincias, no me era facultativo librarlos del ramo de vacantes, a causa de no haber la expresada junta de Hacienda despachado la aprobación de las de la provincial [...], me vi obligado a afianzar con mi plata labrada en las reales cajas la cantidad de dos mil pesos, de que tengo dado parte a V. E. en 13 de abril de este año, para que se digne trasladarla a Su Majestad, a fin de que recaiga la resolución tan urgente y propia de su piadoso y religiosísimo ánimo» (Viedma, 1798g, fol. 14r). Un documento del 14 de marzo de 1798 especifica de qué plata labrada se trataba: «doce fuentes redondas. Ídem doce apalanganadas grandes. Seis ídem chicas. Cuatro docenas de platos y cuatro soperas, todo con peso de trescientos sesenta y cuatro marcos, cuyas piezas por la buena calidad del metal y hechura apreció el maestro platero Manuel Argote a ocho pesos cuatro reales cada marco» (Canals, 1798b).

[127] Casamayor-Carrasco, 1798a, fol. 47r.

La nueva entrada del padre comisario de misiones con el fin de mudar la de Cupetine[128] tiene contra sí la falta de fondos para estos gastos, además que el señalamiento del lugar para las reducciones es propio de los gobernadores y si en el en que está situada no le faltan las calidades que previene la ley para las poblaciones, no ejecuta a hacer esta traslación, aunque haya otros lugares más ventajosos; pero si les falta tierra de pan llevar y para la cría de los ganados, es preciso concedérsela, sin que se estime necesaria la asistencia personal del padre comisario, sino que por el señor gobernador intendente se den las providencias convenientes a algún vecino inmediato que la verifique sin costo de la real hacienda; y en su falta, por oficio a los mismos conversores que, si son a propósito para tan altos fines, lo serán sin duda para hacer mudar las chozas de los indios con ellos mismos a lugar más cómodo[129].

Sínodos:

La asignación de cuatrocientos pesos por sínodo a cada uno de los conversores tiene contra sí el gozo que está señalado a los demás de su clase en todas las otras misiones y la asignación de doscientos pesos que la misma junta provincial de Cochabamba señaló por sínodo a Fr. Tomás del Sacramento Anaya, conversor en sus principios de la misma reducción de Cupetine que se aprobó por esta junta Superior. Sin embargo, cuando varían las circunstancias y motivos que impulsaron cualquiera determinación, desfallece la ley y solo debe regir la práctica y conocimientos locales que hacen la verdadera instrucción en estas materias[130].

De todos modos se sugiere que se rebaje el sínodo temporal a trescientos pesos.

Apenas habían emitido los ministros Félix de Casamayor y Antonio Carrasco al virrey sus comentarios, llegaron a sus manos dos oficios de Francisco de Viedma, fechados ambos en 16 de marzo de aquel año 1798, uno dirigido al presidente interino de la junta Superior de Buenos Aires y el otro a la misma junta. Estos oficios estuvieron acompañados por una rendición de cuentas preparada por el padre Ximénez y aprobada por la junta de Cochabamba. En un segundo comentario, del 27 de abril de 1798, opinan los dos ministros que «aunque nos

---

[128] Tanto aquí como en la siguiente cita se debe entender «Coni».
[129] Casamayor-Carrasco, 1798a, fol. 48v.
[130] Casamayor-Carrasco, 1798a, fol. 46v.

parezcan excesivas estas cantidades, no lo son para la junta provincial y señores ministros de real hacienda de Cochabamba»[131]. Con todo, los señores Casamayor y Carrasco sugieren al virrey que

> se apruebe en todo cuanto propone el señor gobernador intendente de Cochabamba y aquella junta provincial devolviéndole a dicho señor gobernador intendente la plata labrada que ha depositado y los doscientos pesos que se ha hecho retener mensualmente de sus sueldos, porque, además de debérsele dar las gracias, sería muy disconforme a las piadosas intenciones del rey exigir esta clase de seguros y mucho más mirándose el objeto de estas erogaciones tan recomendadas por las leyes de estos dominios[132].

La decisión definitiva recién fue tomada a finales del año 1798 y llegó a conocimiento de Francisco de Viedma en enero de 1799.

4.7. EL TRASLADO DE LA MISIÓN DE SAN JOSÉ DE VISTA ALEGRE DEL RÍO CONI AL RÍO CHIMORÉ

Como hemos visto, el 7 de enero de 1796 el naturalista Tadeo Haenke, después de haber visitado a solicitud de Francisco de Viedma la misión de San José del Coni, sugirió que ésta fuese trasladada a otro sitio, concretamente al río Chimoré. Sus argumentos fueron los siguientes:

> El río Chimoré, siendo uno de los ríos mayores en esta parte que entra en el río Mamoré y navegable en canoas, ofrece otras producciones, así para los indios como para el público, abundando en pescado; y con la más fácil comunicación con la yunga de Chuquioma y una nueva salida más cómoda que las demás para las cabezadas de dicho río al partido de Mizque [...].
>
> En cuanto a los padres misioneros, tendrán en el citado sitio la ventaja de tener, fuera del camino de la Asunción, abierto por tierra y el río Chapare, otro por la parte de la yunga de Chuquioma para su socorro y alivio[133].

[131] Casamayor-Carrasco, 1798b, fol. 49r.
[132] Casamayor-Carrasco, 1798b, fol. 49v.
[133] Haenke, 1974 [1796], pp. 164-165.

Francisco de Viedma se dejó convencer por los argumentos de Tadeo Haenke e instruyó al padre Bernardo Ximénez realizar el traslado de la misión de San José del río Coni al río Chimoré. Ximénez había leído el informe de Haenke y lo había añadido a un texto que escribió sobre la fundación de la misión de San José de Coni, con la siguiente observación:

> El concepto que formó este sabio comisionado se ve claramente en la contestación que puso al gobernador intendente y que yo trasunto al pie de la letra con el fin de que los religiosos que lo lean y se dediquen a este apostólico trabajo obren con la reflexión y pulso que deben para el glorioso acierto de sus fatigas[134].

El 14 de enero de 1797 el padre Ximénez comunicó a Francisco de Viedma que estaba dispuesto a realizar una segunda entrada a las Montañas de Yuracarees para poner en ejecución el traslado de la misión de San José. Viedma pidió entonces a la junta provincial de real hacienda dar su parecer sobre esta iniciativa. El 15 de enero esta junta manifestó al gobernador intendente sus reservas acerca de la realización de este traslado por los altos gastos que traería consigo, y decidió tratar el asunto en tiempo oportuno. El 24 de abril del mismo año Bernardo Ximénez solicitó nuevamente a Viedma poder hacer una nueva entrada y ejecutar el planificado traslado, presentando al mismo tiempo un detallado presupuesto para el mismo.

El 25 de abril la junta provincial de real hacienda dio su beneplácito al proyecto del traslado de la misión del Coni, aprobando provisionalmente el presupuesto presentado por el padre Ximénez e indicando al mismo tiempo que la aprobación definitiva debía ser hecha por la superior junta de real hacienda de Buenos Aires[135].

A comienzos de mayo el padre Bernardo hizo su segunda entrada a las Montañas de Yuracarees, llevando consigo al hermano Nicolás Gardet. Después de una breve visita a la misión de la Asunción pasó a la misión de San José del Coni y empezó a organizar inmediatamente el traslado de esta misión a las cercanías del río Chimoré, aun-

---

[134] Ximénez, 1915 [1796], p. 217.
[135] Ver Junta provincial de real hacienda, 1909 [1797], p. 216.

que tropezó con la oposición de los yuracarees que vivían en la misión del Coni y sus alrededores, como se destaca de una certificación que dio en abril de 1798 el padre Esquirós a solicitud del guardián:

> Que residiendo yo en la Asunta, primer pueblo de los yuracarees, oí decir que habiendo llegado el P. comisario al pueblo de San José del Coni, distante del que yo estaba cinco leguas, con el fin de trasladarle a las riberas del río Chimoré, les intimó para este efecto a los gentiles sus designios. Y viéndolos que estaban constantes en no querer dejar esta reducción de San José de Coni, aludiendo para esto de que en Chimoré no había la suficiente caza para su manutención, los amenazó dicho R. P. comisario con el castigo y solo de este modo convinieron en su determinación.
>
> También me dijeron de que, así como llegó su paternidad a este pueblo de Coni, mandó quemar las ramadas o casas que dichos gentiles tenían en sus chacos, distantes por lo regular del pueblo como media legua unas y otras cerca de legua, para por este medio quitarles de que algunos que tenían costumbre de vivir en dichas ramadas o casas sin querer venir a rezar, residiesen en dicho pueblo, para [que] por este medio asistiesen al rezo.
>
> Por lo que hace a las casas del pueblo, también me dijeron que dicho R. P. comisario no las quiso quemar por entonces, pero que dijo que después las quemaría[136].

La nueva población:

> Está situada a las cincuenta y cinco varas de la orilla de un brazo del río Chimoré; y lo restante de su caudal, que es la mayor parte, va cosa de dos cuadras distante de dicho brazo. Corren sus aguas de sur a norte, formando un islote frente de la misión, entre el expresado brazo chico y el principal, y el pueblo situado a la parte del oeste[137].

Se establecieron en la nueva misión los padres Bernardo Ximénez, Domingo Real y José Pérez, junto con el hermano Nicolás Gardet. El padre José Pérez, sin embargo, estuvo algunos meses en la misión de la Asunción, desde octubre de 1797 hasta enero de 1798.

---

[136] Esquirós, 1798, fol. 29v.
[137] Pérez, 1998 [1799a], p. 40.

Los yuracarees que se establecieron en la misión del Chimoré pertenecían a dos parcialidades: la del capitán Poyato y la del capitán Teodoro.

En la nueva misión se formó una plaza de ochenta y seis varas de largo y sesenta y siete de ancho. A un costado fueron construidas la iglesia y la casa de los misioneros. A los otros tres costados de la plaza fueron construidos los ranchos de los yuracarees:

Conforme a sus planes presentados a la junta provincial de real hacienda, el padre Ximénez hizo rozar buenas partes del terreno de los alrededores de la nueva misión para plantar cacao y algodón. También se empezó de inmediato el cultivo de plátanos, yucas y otras frutas.

En enero de 1798, habiéndose concluido la formación elemental de la misión, el padre Bernardo viajó a Cochabamba para informar al intendente gobernador Viedma acerca de lo que se había logrado hasta aquel momento. Llevó consigo al hermano Nicolás Gardet. Retornó al Chimoré recién el 5 de junio, junto con los padres Francisco Lorda y Pedro Hernández[138] y el hermano Felipe Anaya, a quien ahora sí se le había dado el permiso de acompañar al comisario prefecto.

En este período llegó a esta misión del Chimoré la noticia que a una distancia de cuarenta leguas de la misma se encontraba un grupo de yuracarees de la sub-etnia de los solostos. El padre Domingo Real decidió mandar a algunos de los yuracarees de la misión a buscar a aquel grupo y averiguar si estaban dispuestos a reducirse y abrazar el cristianismo. Estos expedicionarios, «habiendo caminado como cosa de treinta leguas[139] [...] encontraron con unas veinte familias apóstatas de

---

[138] Que los padres Lorda y Hernández entraron con el comisario prefecto Ximénez, puede deducirse de una carta que escribió el padre Ximénez el 29 de marzo de 1798 al guardián de Colpa, en la que dice lo siguiente: «V. S. conoce muy bien que esta operación [el adelantamiento de la misión del Chimoré] no puedo ejecutarla yo solo y que para hacerla verificable me es preciso valerme de otros brazos que sean proporcionados al intento. Ningunos más a propósito que los del P. fray Francisco Lorda y el P. Fr. Pedro Hernández, a quienes tengo escrito sobre el particular para que entren conmigo por la expresada conversión de Vista Alegre» (Ximénez, 1798b, fol. 4v). No sabemos cuánto tiempo trabajó el padre Lorda en la misión del Chimoré.

[139] Francisco de Viedma hace referencia a este encuentro en una carta del 14 de diciembre de 1798, pero tergiversa un poco lo que leyó en la certificación que el padre Domingo Real había escrito unos días antes, al decir que familias de las misiones de Mojos habían transmigrado «a los espesos bosques de Yuracarees, donde viven

los indios de los pueblos de Mojos»[140]. Resultó que estas familias habían abandonado las antiguas misiones jesuíticas de Mojos debido a «la suma crueldad, tiranía y rigor con que los trataba el gobernador de aquellas misiones y la opresión indecible en que se hallaban constituidos»[141]. Asustados por el testimonio de aquellos mojeños, los yuracarees decidieron no arriesgarse más adentro y volver a la misión del Chimoré. Dice el padre Real en una certificación que escribió en Cochabamba el 3 de diciembre de 1798: «Versándose desde aquel entonces los expresados indios yuracarees con mucho recelo, he procurado desvanecer con el cariño, dulzura y amor con que les trato»[142].

A mediados del año 1798 salió de la misión de San José el padre José Pérez.

El 22 de noviembre del mismo año 1798 salió de la misión el padre Domingo Real con el encargo de presentarse al gobernador Viedma para pedirle auxilios. El 4 de diciembre le entregó una carta en la cual explica

> la lastimosa constitución en que nos hallamos, sin tener arbitrio con que socorrer las urgentes necesidades que nos rodean en aquel desamparado destino, sino únicamente los frutos silvestres que producen aquellos espesos montes que por ser tan extraordinarios y no comunes a la manutención humana, ya causan estrago en nuestras personas[143].

Pide a Francisco de Viedma socorrer a los misioneros «con aquel dinero que conceptúe necesario a calmar las presentes urgencias»[144] e insistir ante la junta Superior de Buenos Aires a que asigne de una vez los sínodos pedidos. También esta vez Viedma reaccionó inmediatamente: el 5 de diciembre encargó a los ministros de la junta provincial de real hacienda darle su opinión acerca de las solicitudes formuladas por el padre Real. El 6 de diciembre, uno de aquellos

---

apóstatas, como unas cuarenta leguas de la reducción de Vista Alegre del Chimoré» (Viedma, 1798g, fol. 11v).

[140] Real, 1798a, fol. 1.

[141] Real, 1798a, fol. 1.

[142] Real, 1798a, fol. 1. No apuro el sentido del verbo con el que comienza la oración.

[143] Real, 1798b, fol. 55r.

[144] Real, 1798b, fol. 55r.

ministros, Josef González de Prada, indicó al gobernador en nombre de sus colegas que

> la subsistencia de los religiosos conversores en circunstancias de no estar todavía dotados con los sínodos que se tienen propuestos es un gasto sumamente urgente y sin el cual es absolutamente imposible que puedan continuar las funciones de su ministerio[145].

El 10 de diciembre Francisco de Viedma tomó la siguiente decisión:

> Socórrasele al reverendo padre Fr. Domingo Real, conversor de Vista Alegre del Chimoré por los señores ministros de real hacienda con los víveres más necesarios para la subsistencia de dicha misión, con el dinero del ganado que se tiene vendido y se juntó de limosnas que existen en calidad de depósito en estas reales cajas, procurando con la mayor economía[146].

Wolfgang Priewasser, basándose en un documento a que no hemos podido tener acceso, afirma que la junta dio al padre Domingo Real

> 10 arrobas de charque para los peones y algunas otras cosas necesarias, prometiéndole que enviaría algunos peones para la limpia y cosecha del algodonal, puesto que con la ayuda de los yuracarees no se podía contar, promesa que no quedó cumplida. En esta salida logró reunir el padre, de limosna, unas 42 reses que juntó en la hacienda de la Habana para conducirlas en socorro de la misión a fines del año[147].

El 13 de diciembre Viedma se dirigió una vez más al virrey de Buenos Aires, para explicarle la decisión que había tomado para ayudar a los misioneros del Chimoré y para pedirle también a él su colaboración:

> V. E. conocerá los apuros en que me veo y que, si no se toma pronta providencia, será preciso se retiren los religiosos abandonando aquellas

---

[145] González de Prada, 1798, fol. 55v.
[146] Viedma, 1798e, fol. 56v.
[147] Priewasser, 1919, 128, p. 407.

reducciones. Yo confío en la justificación de V. E. no llegará tal caso y no dudo que hecho cargo de este conflicto, se servirá V. E., como se lo suplico, mandar pasar aquel recaudo[148] que estime por conveniente a dicho superior Tribunal para que a la brevedad posible resuelva este negocio que tantos sudores y fatigas me causa[149].

Lastimosamente no conocemos cómo reaccionó el virrey a este clamor de Francisco de Viedma.

En noviembre y diciembre de aquel año 1798 se hicieron en la misión varias nuevas plantaciones de cacao y de algodón.

El trato que dieron los misioneros a los yuracarees fue durísimo y esto ocasionó que la mayor parte de ellos abandonara la misión el día 17 de enero de 1799. Cuando algunos días después llegó allá el padre Real con los víveres y el ganado que había traído, halló en ella solo a los padres Bernardo Ximénez y Pedro Hernández, al hermano Felipe Anaya[150], a algunos peones y un muy reducido número de yuracarees.

El 28 de enero el padre Ximénez salió de la misión, junto con el hermano Felipe Anaya, para dirigirse a Cochabamba y dar parte a Francisco de Viedma de lo ocurrido. Su gran sueño de crear una gran misión, estable y permanente, de golpe se había esfumado totalmente. Y nunca más volvería a ver a los yuracarees.

Poco después de su llegada a Cochabamba, Bernardo Ximénez se encontró allá con el hermano Nicolás Gardet, quien, como hemos visto, había salido de la misión de San Francisco de Asís del Mamoré con tres yuracarees. Ximénez propuso al hermano ir a la misión de San José para acompañar a los padres que estaban allá. El gobernador Viedma apoyó esa propuesta. El hermano les presentó sus reparos:

> Sintiendo yo algún recelo por lo sucedido al reverendo padre Buyán, alegué que yo no tenía ropa ninguna por habérseme quedado toda ella en el Mamoré, a lo cual se dignó Useñoría mandar se me habilitase con la ropa competente. Me valí después de don Tadeo Haenke, de don

---

[148] Se lee «recuerdo»; corrijo por el sentido.

[149] Viedma, 1798f, fol. 54v.

[150] Esto significa que el padre Esquirós ya había salido de esta misión. No hemos podido saber cuándo.

Cayetano Rico y del reverendo padre visitador fray Esteban Ortega; y no pude dispensarme de esa para mí tan funesta entrada[151].

Y así se trasladó a la misión del Chimoré.

En abril del mismo año dejó también la misión del Chimoré el padre Domingo Real, «aquejado por una enfermedad»[152].

4.8. LA VISITA DE IGNACIO PÉREZ A LA MISIÓN DE SAN JOSÉ DEL CHIMORÉ

Francisco de Viedma, al haberse enterado de la fuga de los yuracarees de la misión de San José del Chimoré, añadió a su instrucción de 1798 el siguiente texto:

No habiéndose podido verificar la comisión conferida a don Juan Ignacio Pérez por auto de diez y siete de julio del año anterior próximo, por los justos inconvenientes que mediaron y, estando próximo a emprender su viaje para ponerla en práctica, se le previene haga una prolija inquisición en ella de los motivos que han ocasionado la fuga de los indios de la reducción de Vista Alegre de Chimoré a los montes, si han sido por malos tratamientos, o por influjos de malintencionados, arreglándose en la pesquisa al auto que con esta fecha tengo proveído en los obrados sobre dicha fuga; y que procure en el modo posible atraer a los indios a dicha reducción por los medios que le dicte su buena prudencia y cristiano celo, dedicándose con todo empeño a la limpia de los plantíos de algodonales y cacagüetales, que se hallan cubiertos de maleza y en estado de perderse por falta de brazos con la huída y desamparo de la misión de dichos indios, facilitando los peones que pueda, ya en el Vallegrande, ya en Tiraque o haciendas de la nueva colonia de la Palma, a quienes satisfará su justo jornal de estilo, por lo que se le habilitará del dinero necesario.

Cochabamba, abril veinte y tres de mil setecientos noventa y nueve. Viedma[153].

---

[151] Así escribió el hermano Gardet a Francisco de Viedma el 12 de septiembre de 1799: Gardet, 1799, fol. 1v.

[152] Priewasser, 1919, 128, p. 410.

[153] Viedma, 1998 [1799a], pp. 14-15.

Apenas llegado a la misión de Nuestra Señora de la Asunción, el 15 de mayo de 1799, el comisionado Juan Ignacio Pérez acató el encargo que Francisco de Viedma le había dado en la *Adición a la Instrucción para la Visita*, a saber: ubicar a los yuracarees fugitivos y tratar de reducirlos nuevamente. El primer día de la visita encargó al cacique de la misión Domingo Pununtuma elegir a una persona de su confianza para que ésta visitara a los dirigentes de los que habían abandonado sus respectivas misiones y los invitara a presentarse al visitador. El cacique eligió a un tal Marcelo Quilicasi, de cincuenta y cinco años, y éste de inmediato se puso en camino para cumplir el cometido. Ya el día 18 de mayo se hizo presente en la Asunción el cacique Poyato. En una sesión oficial, realizada el mismo día, Poyato explicó con todo detalle cuáles fueron las causas que les había motivado a abandonar la misión de San José.

él y toda su gente se hallaban en la misión sirviendo como de peones, que hicieron la iglesia, la casa de los padres y muchas casas para sus habitaciones, con cuyo motivo iban los padres mucho antes que amaneciese a echarlos de sus ranchos al trabajo; y aunque ellos rogaban a los padres que los dejasen hasta que amaneciese por motivo de las muchas víboras que había en aquel lugar, nunca quisieron oírlos, antes los sacaban de sus ranchos con violencia, dándoles de golpes con el guacaule o verga de toro, que con motivo de no haberles permitido hacer a cada familia sus rozos o chacos para sembrar yucas, maíz y otras cosas para su sustento y el de sus mujeres e hijos, se hallaban padeciendo muchas hambres y necesidades insoportables; y aunque en el chaco de la comunidad o de la misión habían sembrado de todas aquellas frutas, como no podían los indios sacar nada sin permiso de los padres, éstos se las daban por sus mismas manos con tanta escasez que no alcanzaban para saciar la hambre de sus hijos, pero a su regreso estaban los padres con cuidado, iban a sus ranchos y les quitaban el pescado y caza que traían, amenazándoles con la verga de toro de darles veinte y cinco azotes si no la entregaban, de modo que viéndose en esta estrechura tomaron el arbitrio de esconder en sus ranchos y aun enterrar lo que traían, pero ni aun esto les sirvió porque los padres todo lo registraban y aun con palos puntiagudos iban reconociendo el suelo de los ranchos y regularmente encontraban lo que habían enterrado y se lo llevaban a su vivienda.

Que aunque tuviesen carne de vaca fresca los padres, no por eso dejaban todos los días de obligar a los indios a que fuesen a traerlos pescado fresco, con amenaza de veinte y cinco azotes si no traían; y como no

siempre se podía coger por estar crecido el río o por otros acontecimientos, a su regreso a los indios los castigaban con el guacasili[154], que
jamás dejaban de la mano los padres.

Que por estas faltas y otras aun más leves castigaron en varias ocasiones con azotes a Luisito neófito, otro Luis cristiano[155], Francisco Bueno
neófito, Juan de Molondro neófito, Jacinto cristiano, Pascual neófito,
Antonio cristiano, Pedro cristiano, a Pedro Samine neófito con mucho rigor, porque en el camino desde el Coni al Chimoré se le murieron tres
pollos de los que conducía al sobrino del cacique Poyato nombrado
Conzal neófito; a un muchacho cantor de la misión llamado Francisco
Nuque; al padre de éste llamado Pozo neófito, de cuyas resultas parece
murió aquél. A una sobrina de Poyato llamada Antonia la azotó el mismo padre comisario y también a la mujer del indio Esteban, de que le
hizo verter mucha sangre de las nalgas a esta neófita, porque no había sacado de la iglesia la tierra que había juntado de lo que había barrido.
También azotó el padre comisario a la india Teresa neófita, hija del gentil Aberiu, al indio Pedro, sobrino del Silvestre. A todos estos indios los
azotaron el reverendo padre comisario y fray Domingo Real.

Que así estos dos religiosos, como fray Pedro Hernández, acostumbran estar en la misión del Chimoré en cuerpo de camisa y sin hábitos
y el padre fray Domingo Real siempre acostumbraba cargar cuchillo en
la cinta, y con él los solía amenazar para degollarlos.

Que un peón llamado Antonio, porongueño, que se lo trajo consigo
fray Domingo Real cuando entró a la misión, le aconsejó a Poyato y su
gente a que se fueran de la misión, haciendo creer que iba a entrar mucha gente de Cochabamba a matarlos a todos.

Y viéndose tan hostigados y maltratados de los padres, con tanto que
trabajar diariamente, sin tener qué comer ellos y sus mujeres e hijos, y
con la noticia que les dio el porongueño, tomaron la deliberación de desamparar como desampararon la misión[156].

Juan Ignacio Pérez exhortó al cacique retornar a la misión con
toda su gente y Poyato se declaró dispuesto a hacerlo bajo condición
de que «se les permita hacer sus chacos a cada familia para poder sembrar lo necesario a su sustento; que no se les castigue con azotes y
que se les deje los días de libertad necesarios para salir a buscar su ali-

---

[154] Una especie de látigo.
[155] El término «neófito» designa al que se ha convertido recientemente, pero en
este documento se le da un uso impropio, queriendo designar al no bautizado.
[156] Pérez, 1998 [1799a], pp. 32-33.

mento»[157]. Pérez se comprometió a conseguir que los encargados de la misión cumplieran estas condiciones. Se acordó que Poyato reuniera a su gente y que con ella esperara al visitador en el paso del río Coni para dirigirse juntos a la misión de San José.

Gracias a la insistencia de Juan Ignacio Pérez y su promesa de hacer cumplir las condiciones que Poyato había puesto, más o menos la mitad de los yuracarees fugitivos retornó junto con él a la misión del Chimoré. Allá Pérez empezó su visita el día 24 de mayo, concluyéndola el día 27 del mismo mes.

El visitador hizo también allá un empadronamiento, tanto de los que se encontraban entonces en la misión como de los que todavía se encontraban fuera de ella. De la parcialidad del mismo Poyato se contaban 65 miembros: 15 matrimonios, 7 solteros, 1 viudo, 1 viuda y 26 menores. Solo 11 de ellos eran bautizados, 54 no bautizados. De la misma parcialidad 63 miembros estaban todavía fuera de la misión: 17 bautizados y 46 no bautizados. La parcialidad del alcalde Teodoro contaba en la misión con 63 miembros: 17 parejas, de las cuales 6 sin hijos, 3 solteros y 26 menores. De los integrantes de esta parcialidad 29 eran bautizados y 34 no bautizados. Fuera de la misión se encontraban todavía 23 personas: 7 bautizados y 16 no bautizados.

Llama la atención que entre los miembros de la parcialidad de Poyato que seguían siendo fugitivos se contaba José Mariano Cilindango de la misión de la Asunción. Éste se presentó el día 27 de mayo por la tarde y después de haberse entrevistado con el visitador hizo la promesa de traer a la misión del Chimoré a su mujer, sus hijos y sus parientes.

Durante su estadía en San José de Vista Alegre el visitador hizo reconocimiento del pueblo y de los rozos y plantíos de la misión. Éstos se encontraban en una situación de clara dejadez, debida a la huída de los yuracarees que había tenido lugar a mediados de enero de aquel año y a la falta de peones que hubieran podido mantenerlos durante la larga época de lluvias.

Dado el hecho de que la gran mayoría de los yuracarees que durante la visita se encontraban en la misión eran no bautizados, no es de sorprender que su conocimiento del cristianismo fuera mínimo. En el *Acta* de su visita, Juan Ignacio Pérez observó escuetamente: «solo

[157] Pérez, 1998 [1799a], p. 34.

dan razón algunos del *Padrenuestro, Avemaría, Credo y Salve*, pero todos los demás lo ignoran»[158].

Al final de su visita Juan Ignacio Pérez reunió nuevamente a la gente y les dio una breve exhortación:

les di a entender las ventajas que les resultaría de que fuesen todos ellos extendiendo sus chacos y haciendo nuevos plantíos de cacao, coca y ají y algodón para vender estos frutos y vestirse como los cristianos. También les exhorté a que el chaco de la comunidad que está cerca del pueblo, lo formalicen plantando cacao con plátanos, para que [de] su producto se les habilite de cuñas, machetes y otras cosas que son de primera necesidad para ellos.

Que formen cada familia con separación sus casas para evitar por este medio el mal ejemplo que se dan unos a otros y principalmente a sus hijos y, al mismo tiempo, vivirán con más desahogo y libertad.

Que procuren limpiar cuando se les mande los chacos de la misión, para que de este modo puedan subsistir los padres misioneros y que no tenga el rey nuestro señor (que Dios guarde), que es quien mira por ellos y procura con anhelo su bien temporal y salvación de sus almas, que gastar[159] las sumas inmensas que está gastando en sostener estas misiones solo por su alivio de ellos.

Que amen, respeten y veneren a los padres misioneros, como que son los que les enseñan la doctrina cristiana [a ellos] y a sus hijos y los que les han de guiar por el camino verdadero de la gloria donde está Dios que es quien nos ha de salvar a todos[160].

Al final del *Acta* de la visita, Pérez observa que ninguno de los yuracarees se había quejado del trato que les daba el padre Pedro Hernández, pero que, sin embargo, le había parecido oportuno encargarle encarecidamente a ese misionero procurar «con el mayor cariño atraer a los ausentes enviando por ellos a sus parientes»[161].

Por lo que respecta a la misión de San José del Chimoré, el visitador Pérez debió reconocer que también su ubicación era excelente:

[158] Pérez, 1998 [1799a], p. 59.
[159] El manuscrito dice «que tenga el rey […] que gastar». El sentido de toda la oración es precisamente el contrario, por lo que añado «no» delante de «tenga».
[160] Pérez, 1998 [1799a], p. 60.
[161] Pérez, 1998 [1799a], p. 61.

La situación de esta es muy hermosa y propiamente Vista Alegre, sus terrenos sobresalientes y en mi concepto mejores que los de la Asunta, porque no conservan tanto como estos el agua sobre su superficie, sino que mantienen una humedad competente para sostener en buen estado de salud cualquier planta que se ponga de aquellas que se acostumbran cultivar en aquel clima, sin encontrarse tantos barrizales y atolladeros como en las cercanías de la Asunta[162].

Con muchísimo optimismo Bernardo Ximénez había empezado a plantar en los terrenos que hizo desmontar y rozar, cacao y algodón, con la seguridad de que en poco tiempo darían frutos suficientes para mantener la nueva misión. El resultado fue, sin embargo, prácticamente nulo. En cuanto a los plantíos de cacao, se cometió el error de hacerlos sin abrigarlos con plátanos:

Esta plantada está mal hecha y con poco conocimiento de su delicadeza, pues la experiencia tiene acreditado que solo a la sombra del plátano se cría perfectamente y sin ella se muere, porque el excesivo calor del sol la cuece y achicharra hasta la edad de cuatro o cinco años en que ya adquiere la necesaria resistencia para mantenerse por sí sola. Este fue el yerro que se cometió al principio y también de haber puesto muchas yucas entre las plantas, con cuyo motivo es inmenso el bejuco que se ha criado y que han hecho retardar su crecimiento[163].

El que no diera el algodón que se esperaba obtener, se debió a que se había sembrado semilla traída de la costa de Moquegua, «de que jamás han podido conseguir su fruto, no obstante de haberlos puesto muchas veces en aquellos terrenos del Coni y Asunta»[164].

Para el visitador el mejor cultivo para San José del Chimoré sería el de la coca, ya que los terrenos de esta misión son los más aptos para él, incluso mejores que los de los yungas de La Paz y de los yungas de Chuquioma.

Habiendo indagado, por encargo del gobernador intendente, de modo especial la cuestión del desamparo que hicieron los yuracarees de esta misión en el mes de enero de aquel año 1799, el visitador lle-

162 Pérez, 1998 [1799b], p. 66.
163 Pérez, 1998 [1799a], p. 67.
164 Pérez, 1998 [1799a], p. 69.

gó a la conclusión de que su causa principal había sido el trato que
los misioneros habían dado a los reducidos:

> El autor principal de este acaecimiento es y ha sido el rigor o dure-
> za con que se les ha tratado por los padres conversores con el guacaule
> o verga de toro que pocas veces solían dejar de la mano, único auxilio
> de que se han valido para intimidarlos y hacerles trabajar[165].

Juan Ignacio Pérez, por eso, presentó a Viedma la siguiente advertencia para que no se produzca nuevamente una huída de los yuracarees reducidos en San José:

> Sobre este asunto, y en descargo de mi conciencia, debo exponer a
> Vuestra Señoría lo mismo que todos los indios de aquella misión me di-
> jeron. Que si los padres conversores y en especial el reverendo padre co-
> misario fray Bernardo Ximénez Bejarano seguía el mismo método que
> hasta aquí, en cuanto a castigarlos con azotes, desampararían otra vez la
> misión y no volverían a ella hasta que hubiese otros religiosos. Sírvale a
> Vuestra Señoría de gobierno esta noticia para los sucesivos procedimien-
> tos, sin despreciarla, en inteligencia de que el rey, y no los padres, es el
> que pierde en caso de otra fuga[166].

Inmediatamente después de haber recibido el *Informe* del comisionado Pérez, Francisco de Viedma se dirigió a Colpa y tomó contacto personal con los frailes del colegio para comentar con ellos las afirmaciones y sugerencias que contenía aquel documento y tomar
decisiones acerca del futuro de las misiones en cuanto al personal que
podría responsabilizarse por ellas[167]. Fruto de estas conversaciones fue
el decreto que el gobernador intendente emitió el 27 de junio de
1799:

> Vistos estos autos, con que ha dado cuenta don Juan Ignacio Pérez,
> comisionado nombrado por este gobierno para la visita de las reduccio-

---

[165] Pérez, 1998 [1799a], p. 76.
[166] Pérez, 1998 [1799a], p. 77.
[167] Extraemos el texto citado a continuación de una carta de Viedma del 23 de
septiembre de 1799, dirigida a la comunidad de Colpa, en la cual habla de «las con-
ferencias que he tenido con V.P. el R.P. guardián y religiosos que posteriormente se
han destinado a ambas reducciones» (Viedma, 1799b, fol. 2r).

nes de Yuracarees, denominadas nuestra Señora de la Asunta y San José de Vista Alegre de Chimoré, con lo informado sobre los diversos puntos de que es comprensiva la instrucción de este gobierno, con arreglo a la cual ha practicado las diligencias que constan de ellos; en atención a ser uno de los asuntos más urgentes y graves que exigen pronta resolución el arreglo de ambas misiones, constituyéndose los conversores que han de entender en tan importante objeto, por resultar de los mismos autos los ningunos progresos que se han experimentado en lo espiritual y temporal, ya por la inacción y demasiada condescendencia del padre fray Francisco Buyán, conversor de la Asunta, y ya por el cruel y violento manejo del reverendo padre comisario prefecto fray Bernardo Ximénez Bejarano, fray Domingo Real y fray José Pérez en los excesivos castigos que han dado a los neófitos y gentiles a la de San José de Vista Alegre, como también de la citada de la Asunta en el tiempo que corrieron a cargo de ellos, privándoles de aquellos precisos recursos a su subsistencia, haciéndose con estos procedimientos el objeto del odio y abominación de dichos indios, a quienes, debiendo atraer por los suaves medios que inspiran las leyes y las máximas del Evangelio, los han retraído de los piadosos designios de abrazar la religión cristiana, obligándoles con tan inhumano trato a que hubiesen hecho fuga de la misión y desamparádola por el tiempo que consta de dichos autos; y no pudiendo verificarse aquel, siempre que se restituya[n] a ellas los referidos padres, por la repugnancia y aversión que han concebido contra ellos la que los movió a representar al comisionado que no volverían a reducirse a la población ya formada y que antes repetirían la fuga a los montes si dicho padre continuara en el mismo sistema riguroso que se le ha notado, viniéndose de aquí mismo en conocimiento que su intervención no solo puede hacer difícil, sino aun imposibilitar la conversión y propagación del Evangelio, mayormente cuando los disturbios, desavenencias y espíritu de división y partido que domina entre dicho padre comisario, guardián y discretos del colegio de San José de Tarata, es uno de los mayores obstáculos que preparan los más infaustos sucesos.

Por ahora y hasta tanto que la real audiencia del distrito, con presencia de dichos autos y de los obrados sobre dichos disturbios y cuanto se tenga por conveniente informar, aquella superioridad toma las providencias que le dictare su sabia y prudente justificación[168], suspenderán la entrada a las referidas misiones, así el reverendo padre comisario, como los dos religiosos nominados fray Domingo Real y fray José Pérez, para lo

---

[168] «Por ahora y hasta tanto… aquella superioridad [la real audiencia] toma las providencias o resoluciones convenientes», etc.

que se le pasará el correspondiente oficio al referido padre guardián, a fin de que por su parte se sirva contribuir al cumplimiento de esta providencia[169].

El mismo día 27 de junio Viedma mandó el mencionado oficio al guardián de Colpa, pidiéndole suspender la entrada a la misión de San José de Vista Alegre de los padres Ximénez, Real y Pérez.

Esta suspensión tuvo varias consecuencias. La primera fue que el día 30 del mismo mes el guardián y discretorio, acatando la orden de Viedma, nombraron a otros padres para aquellas misiones:

> En treinta días del mes de junio del año mil setecientos noventa y nueve se juntaron en la celda discretorial los RR. PP. guardián y discretos para nombrar tres religiosos que debían destinarse a las conversiones de S. José de Vista Alegre del Chimoré y S. Francisco de Asís del Mamoré; y fueron señalados los PP. Fr. Francisco Lacueva, Fr. Alejandro Delgado y Fr. José Boria, y juntamente se nombró por presidente de estos religiosos y de los que hay en la conversión del Chimoré, al sobredicho P. Fr. Francisco Lacueva[170].

El padre Lacueva se encontraba ya en la región del Mamoré y se estaba dedicando al traslado de la misión a otro lugar. El padre José Boria dejó efectivamente el colegio de Colpa y se estableció en la misión de San José. El padre Alejandro Delgado viajó recién a las misiones después del capítulo guardianal del 24 de septiembre de aquel año 1799. Se estableció en la misión del Chimoré.

Una segunda consecuencia del decreto de suspensión de entrada de los padres Ximénez, Real y Pérez fue que el comisario prefecto Ximénez rompió su estrecha relación con el intendente gobernador Viedma y se estableció en el colegio de Colpa. Se reconcilió con el guardián y con sus hermanos de convento. Es más, según Viedma se solidarizó con ellos contra su persona, olvidando todo el apoyo que durante tres años había recibido de él:

> Resentido el R. P. comisario prefecto de ella, se olvida de la protección que le dispensó el intendente en los designios que fueron justos y

---

[169] Viedma, 1998 [1799b].
[170] ACFT, LDC, fol. 5.

de todo cuanto bien le había hecho. El agradecimiento se posterga a la pasión de la irascible[171]. El resentimiento y la venganza se alarman por todos medios. Sofoca en su corazón los que obraban contra el R. P. guardián y religiosos sus parciales, procurando su íntima alianza para desahogar los que había concebido contra el intendente[172].

Que estas afirmaciones del gobernador Viedma no fueron equivocadas se manifestó cuando a mediados de agosto llegó a Colpa el padre Esteban Ortega, visitador y presidente del capítulo guardianal que iba a celebrarse más adelante en aquel año. Bernardo Ximénez le informó ampliamente sobre los acontecimientos en las misiones y sobre la decisión que el gobernador Viedma había tomado con respecto a los tres misioneros. El 23 de agosto entregó, además, al visitador un interrogatorio con 42 preguntas, pidiéndole que mandara a que los padres Esquirós, Hernández, Real y Pérez las contestaran[173]. Lastimosamente no sabemos si se aplicó efectivamente este interrogatorio a los mencionados padres, porque en el archivo de Tarata no hemos podido encontrar nada al respecto. Como sea, el visitador, a su vez, redactó un informe sobre este asunto para la real audiencia, el mismo que hizo llevar a Charcas por el padre Francisco Lorda[174].

El 9 de enero de 1800, el padre Bernardo Ximénez solicitó su desincorporación del colegio de Propaganda Fide de San José de Tarata, «con el dolor de no poder ser ya útil al colegio si permanezco en él»[175]. En la misma fecha el discretorio le dio facultad al padre Ximénez para incorporarse en cualquier provincia de Indias o retornar a Espa-

---

[171] Deja tácito un sustantivo que puede ser «potencia» o «parte», tal como se lee en muchos autores del Siglo de Oro y posteriores (también se habla de «pasión»). «Irascible» por oposición a «concupiscible».

[172] Viedma, 1799b, fol. 3v.

[173] Priewasser (1919, 128, p. 414) cita esta solicitud: «conviene al mayor servicio de Dios y de nuestro Católico Monarca, utilidad de la conversión de S. José de Vista Alegre del Chimoré, honor de este colegio y mucho más de mi persona, haga comparecer a los PP. Fr. Domingo Real, Fr. Vicente Esquirós, Fr. José Pérez y Fr. Pedro Hernández, para que presten juramento bajo de cuyo sagrado desaten con la mayor claridad y menudencia las preguntas que contiene el interrogatorio que acompaña.»

[174] Encontramos los datos acerca de estos informes y del interrogatorio en Priewasser, 1919, 128, pp. 414-415.

[175] ACFT, LDC, fol. 7.

ña[176]. El padre Ximénez se incorporó en la provincia de San Antonio de los Charcas[177].

El padre Domingo Real, a pesar de la prohibición que el intendente gobernador Viedma había dado de que entrara nuevamente a las misiones, visitó la misión del Chimoré a comienzos de noviembre de 1799[178]. No sabemos cuánto tiempo estuvo allá. No debe haber sido mucho, porque el 12 de diciembre del mismo año firmó en Colpa un decreto de comunidad[179]. A partir de su retorno a Colpa en abril de 1799 Domingo Real cumplió diferentes funciones en el mismo colegio, hasta su desincorporación en el año 1806.

El padre José Pérez retornó a las misiones de Yuracarees a finales del año 1805.

Una tercera consecuencia del citado decreto de Francisco de Viedma fue la manera en que los frailes cuya entrada a las Montañas de Yuracarees había sido suspendida reaccionaron ante la exploración que el padre Pedro Hernández realizó, por encargo del gobernador Viedma, para encontrar una mejor conexión entre la misión del Chimoré y el Valle de Cliza. Relata Viedma lo sucedido de la siguiente manera:

> Habiendo salido el padre fray Pedro Hernández con cinco peones y siete indios de la expresada conversión del Chimoré, por el sitio de Arepucho, para descubrir más fácil y llano camino, por más instancias que hice a que viniese a informarme de aquellos parajes, con el diario que llevó, y del asiento de dichos peones, a fin de satisfacerles los jornales por que clamaban, no pude conseguirlo hasta después de pasados muchos días, a pretexto de hallarse enfermo y esto mediando la autoridad del R. P. Fr.

---

[176] Ver ACFT, LDC, fols. 7-8.

[177] Ver Torrico-Mendizábal, 1919 [1801], p. 491.

[178] Esto consta en dos testimonios. El 2 de noviembre de 1799 Antonio Molina, un mestizo que residía entonces en la misión de la Asunción, declaró ante el visitador episcopal Justo Mariscal que «habiendo llegado el día de ayer el citado padre Real de paso por Chimoré se puso toda la gente en expectación y que oyó decir a algunos de ellos que si se quedaba aquí se irían al monte» (Molina, 1799, fol. 63v). Y el mismo visitador declaró en una carta al obispo de Santa Cruz que los yuracarees «tienen horror a los dichos padres comisario y Real por su trato cruel, lo que he confirmado cuando llegó el P. Real a la Asunción de paso para Chimoré» (J. Mariscal, 1799c, fol. 68r).

[179] ACFT, LDC, fol. 6.

Esteban Ortega, visitador de ese colegio, a quien interpelé para el efecto, siendo así que tengo documentos auténticos de lo contrario, y que el verdadero motivo de esta negativa fue el recelar así el R. P. comisario como el padre Fr. Domingo Real que, si venía solo, se exponían a que me diese algunas noticias que pudieran perjudicarles. Así se lo manifestó el R. P. guardián al referido R. P. visitador, quien se halla en ese colegio. Conozco su sinceridad y honradez. Él dirá si es cierto o no. Al fin vino el padre Fr. Pedro Hernández con el padre Real, después de pasados cerca de quince días, pero inútilmente: ni trajo el asiento de los peones, ni el diario del camino y ni quiso o no supo explicar los parajes, situaciones y demás circunstancias de cuanto había andado, de modo que fue menester decirle era excusada su venida. Los peones clamaban por su dinero, sufriendo los muchos perjuicios que les ocasionó el padre comisario, hasta que al fin vino este religioso con los otros dos, que regresaron. Se les pagó a los peones. Pero el diario lo retuvo en su poder. Es verdad, no se lo pedí, por no exponerme a una desairada negativa, propia de sus arrebatos. De estos procedimientos se ha malogrado el tiempo más oportuno a un prolijo examen de tan útil camino, dejando la operación para el siguiente año, si acaso tienen término las disensiones con que se entorpecen las providencias de este gobierno[180].

Y una cuarta consecuencia del decreto de suspensión de entrada, fue la decisión que se tomó en el convento de Colpa de hacer buscar al hermano Nicolás Gardet, quien se había quedado con el padre José Boria, y traerlo al convento «con el fin de quitarle el hábito»[181]. Para este fin se mandó a la misión del Chimoré al hermano Felipe Anaya. Efectivamente sacó éste al hermano donado Gardet de la misión. Llegados a Tiraque, el hermano Nicolás, «noticioso de semejante intento, pudo escapar y venir a esta ciudad, valiéndose de la protección de mi empleo»[182]. El hermano llegó a la casa de Francisco de Viedma el día 12 de septiembre y le hizo conocer la situación en que

[180] Viedma, 1799b, fols. 4v-5r. .

[181] Viedma, 1799b, 4r.

[182] Viedma, 1799d, fol. 35r. Wolfgang Priewasser, que no conoció los documentos que están a nuestra disposición y que, como veremos más adelante, pinta una imagen bastante negativa de la actuación del gobernador Viedma, para defender principalmente al padre Ximénez, dice lo siguiente acerca del episodio de Tiraque: «[Francisco de Viedma] hizo esperar en Tiraque a los dos legos, con el encargo de que el alcalde le aprontase un caballo [a Gardet] y le llevase sin ser visto por el h. Felipe a Cochabamba» (Priewasser, 1919, 128, p. 416).

se encontraba, suplicándole al mismo tiempo intervenir a favor de él ante el padre visitador Esteban Ortega. Presentó como motivo principal el intento del despojarle del hábito franciscano el hecho de que había informado a Viedma sobre la verdad acerca de la situación de la misión de San José y de la actuación en ella del padre comisario y del padre Real:

> La obligación que cada uno tiene de velar a la conservación de su reputación se extiende, si no me engaño, hasta a los miserables donados de San Francisco. Yo soy uno de ellos y veo la mía arañada de las garras de unos religiosos a quienes he parecido un santo mientras mis obligaciones y sus intereses llevaron un mismo sendero. Ese tiempo se acabó, cuando yo me vi en Dios y en conciencia precisado a informar a Useñoría del verdadero estado de la misión del Chimoré, que el reverendo padre comisario y otros tenían tanto interés de ocultar[183].

Francisco de Viedma atendió la solicitud del hermano Gardet, el cual al día siguiente de su llegada a Cochabamba salió para Colpa con una carta del gobernador para el visitador Ortega:

> El hermano Nicolás Gardet, noticioso de que los reverendos padres guardián y comisario prefecto habían despachado al lego fray Felipe Anaya a la conversión de San José de Vista Alegre del Chimoré, donde se hallaba de compañero con el conversor fray José Boria, con el fin de quitarle el hábito ignominiosamente, llegó a mi casa el día de ayer doce del que rige, solicitando, no el que se le disimulen sus delitos si los tiene y sí el que se le atienda en justicia por vuesa paternidad haciendo un prolijo examen de su conducta, para que o se le castigue si lo merece, o se le deje indemne en su honra. Y a ese fin me ha pasado la representación que original dirijo a vuesa paternidad.
> La pretensión no puede ser más justa; al paso que por modo alguno es mi ánimo proteger maldades, no puedo desentenderme de atender la inocencia. Si el hermano Nicolás ha delinquido, es muy justo se le castigue, según la clase de sus delitos. Si se obra con pasión por dichos reverendos padres, está obligado vuesa paternidad a indemnizarle. El conocimiento es propio y peculiar de la potestad de vuesa paternidad en la visita que actúa: a menos que no resulte alguna criminalidad en que deba entender la jurisdicción ordinaria, no me mezclo directa ni indirectamente

---

[183] Gardet, 1799, fol. 1r.

en los asuntos del colegio que no tengan conexión alguna con este gobierno.

Vuesa paternidad se servirá atender a este donado con aquella justificación propia de su religioso y recto modo de obrar y con oportunidad darme parte de sus resultas[184].

Del 14 de septiembre al 2 de octubre el hermano Nicolás estuvo en el convento de Colpa y durante estas dos semanas nadie se preocupaba verdaderamente por su situación o intervenía ante las autoridades del colegio para hacerle justicia.

No le fue posible conseguir le hiciesen cargo los religiosos de lo más mínimo; y receloso de que su política era a que la visita se concluyese para poder libremente desahogar sus pasiones, se retiró a esta ciudad, e incorporó en el convento de la Recoleta, con permiso del R. P. provincial, que actualmente se halla en ella[185].

★★★

El franciscano Wolfgang Priewasser[186], miembro del colegio de Propaganda Fide de San José de Tarata, compuso un ensayo titulado «Alrededor de dos épocas. Apuntes sueltos sobre la historia religiosa del Alto Perú y de la nueva república boliviana», que a partir de 1916 fue publicado por medio de una larga serie de entregas en la publicación periódica titulada *Archivo de la Comisaría Franciscana de Bolivia*. Este libro consta de dos partes: la primera dedicada a la evangelización de los chiriguanos y la segunda dedicada a la evangelización de los yuracarees.

Queremos llamar la atención aquí sobre la manera en que Priewasser presenta a la persona de Francisco de Viedma. Al principio señala con énfasis que el gobernador intendente, inmediatamente después de la llegada de los frailes del nuevo colegio, entró en una ex-

---

[184] Viedma, 1799a.

[185] Viedma, 1799d, fol. 35v. Veinticinco años más tarde, el 29 de agosto de 1824, Nicolás Gardet pidió ser readmitido en el colegio como comensal (ver ACFT, LDC, fol. 24). La comunidad accedió a su solicitud y don Nicolás «empezó a ser comensal el cinco de septiembre del mismo año» (Ibídem: nota a pie de página).

[186] Franciscano austríaco que se incorporó en el colegio de Propaganda Fide de Tarata en 1888.

celente relación con el comisario prefecto Ximénez, y hace referencia a un oficio de Viedma dirigido al virrey de Buenos Aires en el que manifiesta buenas expectativas por la presencia de los frailes para la cristianización de los yuracarees[187]. Pero añade: «¡Quién al leer este relato de Viedma creería que tanta amistad, intimidad y admiración duraría tan pocos años!»[188]. Después de haber hablado extensamente sobre la primera entrada del padre Ximénez, dice Priewasser: «Sobre los sucesos en Yuracarees en los tres años siguientes escasean las noticias»[189]. Solo resalta que «lo que más perjudicó fue la hostilidad siempre creciente del gobernador Viedma»[190]. Después de haber relatado los acontecimientos de enero de 1799 (la fuga de los yuracarees de la misión de San José del Chimoré), dice Priewasser: «Viedma desde algún tiempo estaba disgustado con el P. Bejarano», dando luego tres motivos para ese disgusto:

> Le habían dicho [a Viedma] que el padre se había expresado de que nunca se haría cargo de las misiones de la Cordillera[191] administradas por los PP. de Tarija, mostrándose por ende contrario a uno de los predilectos proyectos del gobernador.
> La forma y el método del P. comisario que quería una fundación en estilo grande, gastando mucho al principio y ahorrando después a favor del erario real, en vez de vegetar años y años con los mezquinos subsidios, no gustaban tampoco a su señoría.
> Habíanle llegado también quejas sobre el rigor del P. comisario; y a pesar de los acostumbrados besamanos sabía éste mostrar bastante independencia[192].

Las apreciaciones negativas acerca de la actuación de Francisco de Viedma que presenta el padre Priewasser han hecho historia. Sarela Paz, Bertha Suáznabar y Ana Garnica, estudiantes de la Carrera de Sociología de la Universidad Mayor de San Simón de Cochabamba, en un trabajo de 1989 titulado *La religión yuracaré y su proceso de trans-*

---

[187] Ver Viedma, 1797c.
[188] Priewasser, 1919, 127, p. 375.
[189] Priewasser, 1919, 127, p. 384.
[190] Priewasser, 1919, 127, p. 385.
[191] Ver 2.8.2.
[192] Priewasser, 1919, 128, p. 411.

figuración, al presentar brevemente la historia de la fundación de misiones entre los yuracarees, afirman, sin entrar en mayores detalles, que «se agudizaron las malas relaciones entre Viedma y Ximénez Bejarano, a quien se le prohibió la entrada en las misiones»[193]. Mucho más explícita y amplia es la tesis de licenciatura de Estela Ramírez en la Universidad Católica de Cochabamba, titulada *Las reducciones franciscanas entre los yuracarees (1773-1823)*: coloca su investigación, por decirlo así, bajo el rótulo del *reformismo borbónico*, representado en el caso de Cochabamba y sus tierras tropicales por el intendente gobernador Francisco de Viedma. Al abordar el período 1796-1799, enfatiza Ramírez que, aunque en un principio la relación entre el gobernador intendente y el comisario prefecto de misiones parece haber sido positiva, se deterioró pronto y empeoró aun más cuando Viedma, después de los acontecimientos de comienzos de 1799 en la misión de San josé del Chimoré, decidió hacer inspeccionar las misiones de las Montañas de Yuracarees. La autora comenta de la siguiente manera el *Informe* que presentó Juan Ignacio Pérez:

> La idea laica de lo que deberían ser las reducciones en el Chapare se manifiesta claramente en el *Informe* de Pérez, delegado de Viedma. Ambos proponen llevar adelante la reducción desde una perspectiva económica, sin importar el aniquilamiento de la identidad yuracaré. La idea es que las reducciones abran el camino para los hacendados y comerciantes y que se logre el supuesto desarrollo de la zona tropical yuracaré. [...]
>
> El *Informe* del comisionado Pérez expresaba la hostilidad que internamente se había originado entre el P. comisario prefecto del colegio de Tarata y Viedma, hostilidad que fue haciéndose más creciente. [...]
>
> Por su parte, el P. comisario Bejarano había informado sobre estos hechos a las autoridades de la audiencia. El intendente Viedma, enterado de este *Informe*, culpó directamente al P. Bejarano y difundió calumnias contra él y contra los religiosos de Tarata; luego, negó la contribución de los sínodos y auxilios que se necesitaban para llevar adelante las reducciones[194].

---

[193] Paz-Suáznabar-Garnica, 1989, p. 17.
[194] Ramírez, 1998, pp. 100-101.

Finalmente, Roy Querejazu, en su obra *La cultura de los yuracarees, su hábitat y su proceso de cambio*, basándose exclusivamente en las obras anteriormente citadas, hace las siguientes afirmaciones:

> [Los franciscanos] se quejaron del envío, por parte de Viedma, de un comisionado dependiente de su casa (D. Juan Ignacio Pérez), cuyas costumbres se constituían en un mal ejemplo para los yuracarees, así como por habérseles negado el apoyo de sínodos y auxilios.
>
> Por otra parte, el encono de Viedma contra el padre Bejarano llegó al extremo de prohibirle la entrada a la reducción del Chimoré y de destinar a las dos misiones religiosas a su arbitrio.
>
> Las desavenencias entre el padre comisario prefecto Bernardo Ximénez Bejarano y el gobernador Francisco de Viedma indujeron a que este último enviase, en mayo de 1799, una comisión evaluadora (con Juan Ignacio Pérez como visitador) a las misiones de Asunta y de San José. Las observaciones de la comisión, que desacreditaban la labor del padre Bejarano, agradaron a los yuracarees que habían abandonado la misión. […] El *Informe* del visitador dio pie a que el gobernador Viedma suspenda la entrada a las misiones de los padres Bernardo Ximénez Bejarano, Domingo Real y José Pérez[195].

Las apreciaciones de Priewasser acerca del intendente gobernador Francisco de Viedma se basan exclusivamente en una carta que, a solicitud del padre Ximénez Bejarano, escribió, en Oruro en el año 1800, don Silvestre Orgaz, procurador de la audiencia de Charcas, al presidente de la misma[196]. Ximénez se había desincorporado del colegio de Tarata y se había establecido temporalmente en la ciudad de Oruro. Frustrado por no haber podido cumplir su sueño de crear un territorio misionero de gran tamaño y de importancia económica, trató de echar la culpa a Viedma, para disminuir el peso de su propio fracaso. Lastimosamente los autores que han seguido la interpretación de Priewasser no se han tomado el trabajo de verificar lo correcto de esta interpretación; por el contrario, se han contentado con seguir la línea de su pensamiento.

Gracias al hallazgo de otros documentos, de modo muy especial de dos extensos expedientes que se encuentran en el Archivo General

---

[195] Querejazu, 2005, p. 61.
[196] Ver Orgaz, 1919 [1800], XI, p. 127.

de la Nación Argentina en Buenos Aires, me es posible ahora corregir la interpretación de Priewasser y sus seguidores y realizar una cierta rehabilitación de la persona del intendente gobernador Francisco de Viedma.

Tenemos que centrar nuestra atención primero en la comunidad franciscana que se estableció en septiembre de 1796 en el convento agustino de Colpa en el extremo oriental del Valle de Cliza. Desde el inicio del establecimiento de aquella comunidad, su situación económica era sumamente precaria. El comisario prefecto Bernardo Ximénez se ausentó casi de inmediato, con un pequeño grupo de frailes, y dejó a la comunidad a su propia suerte. Pronto los miembros de la comunidad empezaron a acusarle, principalmente a él, de su penosa situación. Él había gastado demasiado en el viaje de España a Cochabamba, en especial en el tramo desde Buenos Aires, permitiéndose el lujo de tomar para sí una costosa carroza. Había usado, además, bastante dinero para la preparación de su primera entrada y para la realización de la misma. Y no se había preocupado por dar a la comunidad lo suficiente para garantizar su subsistencia. Y a estos hechos se añadió el que los frailes, al hacer sus primeras salidas para buscar limosnas en los pueblos del valle, no recibieron la acogida que habían esperado.

Al retornar de su primera entrada, el padre Ximénez debe haber sido recibido con bastante frialdad por los frailes de Colpa. Dejó pronto el convento y se estableció en la ciudad de Cochabamba, para desde allá preparar su segunda entrada. Y en Colpa se profundizó la animosidad contra su persona, por diferentes causas, como podemos leer en las cartas del padre Juan Hernández, primer guardián del colegio. El padre comisario, en su primera entrada había incorporado al colegio al padre Tomás Anaya, sin haber buscado para esta incorporación primero el consentimiento del guardián y del discretorio. Había aceptado oficialmente para el colegio la misión de San Francisco de Asís del Mamoré, sin haber consultado a las autoridades del mismo. Ordenó el traslado de esta misma misión a otro lugar, contra las leyes y contra la voluntad de los yuracarees que vivían en ella. Dio patentes a diferentes miembros del colegio, una vez más sin acordarlo previamente con el guardián y los discretos. No había asegurado suficientemente la subsistencia y la manutención de los misioneros, en concreto de los de la misión del Mamoré, que no contaban todavía con sínodos, por más que él mismo se hubiese comprometido a hacerlo. Por lo que respecta a la misión del Chimoré, la comunidad de Colpa le reprochó con vehemencia el querer convertirla en una gran hacienda para comercio, lo que iba contra el espíritu franciscano, según afirmaba, y que, además, daba un trato demasiado violento a los indígenas que vivían y trabajaban en ella. Finalmente, el padre Bernardo no cumple con sus deberes como religioso, viviendo fuera del convento en los períodos que no se encuentra en las misiones. Con todo esto, el comisario prefecto busca la destrucción misma del colegio[197].

Por su parte, el comisario prefecto Ximénez, al retornar a Colpa de su primera entrada a las Montañas de Yuracarees, no encontró en la comunidad que había establecido aquel espíritu de recogimiento, disciplina y austeridad que, según él, debía caracterizar un verdadero colegio de Propaganda Fide. Además, para su sorpresa, el guardián y los discretos habían trazado claramente la cancha, muy conscientes de las facultades y competencias que les otorgaban las constituciones de la orden franciscana y las bulas apostólicas. El padre Ximénez pensaba que él, como fundador y comisario prefecto de misiones, seguía siendo el que podía decidir y determinar todo y que, de alguna manera, todos los frailes, incluso el guardián y los discretos, estarían pendientes de su voluntad y de sus decisiones. Buscaba, ciertamente, lograr algo grande, como se puede apreciar en el el proyecto que, el 24 de abril de 1797, presentó al intendente gobernador Francisco de Viedma y a la junta provincial de real hacienda de Cochabamba con respecto a la misión de San José, antes de realizar su segunda entrada:

> No podré descubrir con una exactitud precisa todos los objetos de ventaja a la religión y estado que llaman mi atención en esta empresa, hasta que más bien lo acredite el suceso; pero debo hacer a V. Señoría una sucinta relación de ella, para que por sí y demás vocales de la junta puedan fijar el concepto sobre lo urgente e indispensable de este extraordinario gasto.
>
> Voy a abrir camino desde el paraje de Coni, donde provisionalmente se situó la reducción en corto número de neófitos al abrigo de unos reducidos ranchos y en paraje que no admite extensión ni comodidad, para congregar infieles a las riberas del río Chimoré donde por estar circundado de indios y ser centro de su domicilio, terreno ameno y el río

---

[197] Véase para todo esto: J. Hernández, 1798c.

abundante de pescado para su manutención, y un punto ventajoso de comunicación, abre tránsito a la esperanza de poblar dentro de poco tiempo la misión de un gran número de familias; de proporcionar alimentos suficientes para la conservación de ellas; de internarse y abrir comunicación con la misión de San Carlos de Buena Vista, distante de Santa Cruz como unas veinte leguas; de plantificar otras nuevas, principalmente de la nación de los solostros, nación la más bárbara, feroz y agreste que se conoce y de que en mi primera entrada concebí esperanzas muy fundadas en su catequización con progresos favorables; y en fin, de practicar otras excursiones y reconocimientos de unos lugares que hasta ahora han sido impenetrables y muy poblados de infieles, por quienes y su reducción rinde votos sin cesar al Omnipotente nuestra santa piadosa Madre la Iglesia.

Voy a desmontar y rozar de una espesa arboleda el sitio que dejé demarcado en mi primera entrada para el pueblo que tengo que erigir desde la primera a la última casa para habitación de las familias ya reducidas y demás que me prometieron congregarse luego que verificase la traslación de la misión.

Voy a fabricar la iglesia, dándola toda la extensión que demanda una reducción que por todas las muestras que me da, ha de ser numerosa, y la casa para los padres conversores.

Voy a rozar y desmontar los sitios para sembrar yucales, platanales y demás raíces y semillas que hacen el alimento y sin las cuales no pueden ser subsistentes en el pueblo los indios. He de hacer ahora los plantíos de todas estas especies, pues necesitan un año para fecundizar, crecer y fructificar.

Voy a hacer los rozos y desmontes necesarios para preparar la tierra en los lugares aparentes para hacer chácaras y trasplantar a ellas cinco mil y más plantas de cacao que tiene almacigadas el padre fray Domingo Real, con el objeto de que sirvan con el tiempo de fondo a las misiones; y también para algodonales de que tengo remitida la semilla necesaria.

Y voy en fin a dar una verdadera forma y establecer la misión bajo de un pie sólido y permanente[198].

[198] Ximénez, 1909 [1797], pp. 209-210. Este mismo concepto expresó el padre Ximénez en 1798 en la patente que dio al padre Gaspar Alegre: «Habiendo resuelto (con dictamen y acuerdo de este señor gobernador intendente) la traslación de la conversión de San Francisco de Asís del sitio en que actualmente se halla establecida a otro paraje que sea más ventajoso para proporcionar los auxilios que necesitan los yuracarees que deben componerla, los religiosos que han de cuidarla y darla todo aquel fomento en los plantíos de preciosas semillas que la hagan feliz y proporcionen

En cuanto a su visión de la formación de misiones y las perspectivas económicas de las mismas, Bernardo Ximénez congeniaba completamente con las ideas del intendente gobernador Viedma. Y por lo que respecta a sus reivindicaciones de autoridad contra las del guardián y discretorio de Colpa, encontró en el gobernador un aliado y defensor.

No hay duda de que Viedma buscó el progreso económico de la región que tenía que gobernar y, por lo que respecta a Cochabamba, su vinculación con Mojos y el establecimiento de haciendas en el piedemonte andino y las Montañas de Yuracarees.

En cuanto a las reivindicaciones de autoridad de parte del padre Ximénez, Viedma estaba convencido de que el comisario prefecto tenía la razón y se solidarizó con él. Es más, a solicitud o insistencia del padre Bernardo varias veces escribió cartas a la comunidad de Colpa, exigiendo que hiciese caso a los reclamos y disposiciones del mismo. Y aún en aquel otoño del año 1799, cuando decidió suspender una nueva entrada del padre Ximénez, no lo hizo por convicción propia, sino presionado por las circunstancias:

> Los autos seguidos sobre los disturbios y desavenencias que van enunciados y las conferencias que he tenido con V. P. el R. P. guardián y religiosos que posteriormente se han destinado a ambas reducciones, me pusieron en la estrecha necesidad de abrazar este medio[199].

Explica Viedma de la siguiente manera la decisión que tomó:

> La política obligaba a condescender en esta oferta[200], así para con los indios como para V. P., el R. P. guardián y demás religiosos de esa venerable comunidad: para con los indios, por el horror que su pusilanimidad

al mismo tiempo con sus frutos conocidas ventajas a esta provincia en el ramo de comercio que con ella puedan entablar, excusando de este modo los crecidos gastos, así de sínodos como de los que llaman extraordinarios, que con tanto dispendio del real erario consume Su Majestad en las más de las conversiones casi inútilmente. Punto que a la verdad debía ocupar la atención de los misioneros y especialmente de los comisarios, consultando siempre en sus expediciones a estos ahorros y a la economía que exige la altísima probeza de nuestro evangélico instituto» (1798c, fol. 5r).

[199] Viedma, 1799b, fol. 2r.

[200] El guardián y el discretorio, que acusaban al padre Ximénez no solo del violento trato que daba a los yuracarees de la misión del Chimoré, sino también de mal

había concebido a los castigos, y para V.V. P. P. y R. R. por el que tenían al dicho R. P. comisario[201].

Y no excluyó el gobernador la posibilidad de que el padre Ximénez y los otros dos afectados por su decreto volviesen a las misiones: lo dejó en manos de la real audiencia de Charcas[202].

La solidaridad del gobernador intendente con el comisario prefecto perduró inclusive hasta más allá de la fecha del famoso decreto de suspensión de entrada a las misiones de los padres Ximénez, Real y Pérez. Todavía en una carta del 23 de septiembre de 1799 dice Viedma: «Sostengo al R. P. comisario prefecto en lo que corresponde a sus facultades y adelantamiento de la población y plantíos»[203]. Pero mientras tanto, el mismo padre Ximénez se había distanciado de su amigo Viedma. Bernardo Ximénez volvió, por fin, al convento de Colpa y se reconcilió con sus hermanos.

Ya antes de la llegada de los frailes del nuevo colegio, Francisco de Viedma había empezado a moverse para conseguir un sínodo para el padre Tomás Anaya, fundador de la misión de San José del Coni. Y después de que el padre Ximénez se había hecho cargo de esta misión, Viedma continuó sus esfuerzos para dar una base económica a la presencia de los misioneros en las Montañas de Yuracarees. Ya el 16 de enero de 1797 el gobernador intendente se dirigió al virrey de Buenos Aires, don Pedro Melo de Portugal, pidiéndole prestar pronta atención al caso de las misiones del Chimoré y del Mamoré[204]. Repitió esta solicitud el 16 de marzo. No obtuvo respuesta. Y una vez más Viedma apeló a las autoridades del virreinato el 14 de diciembre[205]. Tampoco hubo reacción. A comienzos de marzo de 1798, Francisco

---

manejo de los fondos destinados a aquella misión, ofrecieron mandar al Chimoré a unos buenos religiosos bajo condición de retirar de la misión al padre Ximénez.

[201] Viedma, 1799b, fol. 2r.

[202] Ver Viedma, 1799a.

[203] Viedma,1799b, fol. 4r.

[204] Ver Viedma, 1797c.

[205] No hemos podido encontrar los dos últimos oficios. Hacen referencia a ellos dos miembros de la junta Superior de Buenos Aires en un documento del 24 de abril de 1798 que, como ya vimos, dice: «Las representaciones que ha dirigido a esta superioridad el señor gobernador intendente de Cochabamba con fecha 16 de enero, 16 de marzo y 14 de diciembre el año próximo pasado» (Casamayor-Carrasco, 1798a, fol. 46r).

de Viedma se vio obligado a salvar personalmente la dramática situación económica de las mencionadas misiones: depositó en las cajas reales de Cochabamba parte de su plata labrada como garantía, para que le descontasen mensualmente doscientos pesos y pudiese él cubrir de esta manera los dos mil pesos que entregó al padre Ximénez. El 27 de abril de 1798 los ministros de la junta Superior de Buenos Aires sugirieron al virrey aprobar lo que Viedma había solicitado y ordenar que se le devolviese lo depositado y lo prestado. Con todo, recién a finales del año 1798 se tomó en Buenos Aires la decisión definitiva acerca del otorgamiento de sínodos para los misioneros del colegio de Propaganda Fide de Tarata. La noticia llegó a Cochabamba a finales de enero de 1799.

> Pero mi empeño a una obra tan santa no omitió arbitrio a su prosperidad y subsistencia. Mis repetidas instancias a la junta superior de real hacienda y a S. M. por la vía reservada de gracia y justicia[206], vencieron todos los imposibles, franqueando la benévola y piadosa mano del rey las vacantes de esa diócesis, La Paz y la del Cuzco.
>
> Poco antes que llegase esta soberana resolución acaeció la fuga de los indios de la reducción de Vista Alegre del Chimoré a los montes[207].

Francisco de Viedma no tenía nada en contra de la orden de San Francisco y tampoco contra la comunidad del colegio de Tarata. Todo lo contrario: en su carta del 23 de septiembre de 1799 habla del «innato afecto con que desde mis tiernos años he mirado la esclarecida religión de mi seráfico padre san Francisco»[208] y «del amor que profeso a la Religión Seráfica»[209]. Es más, resalta en esta carta dirigida a la comunidad de Colpa, que en noviembre de 1798 pasó personalmente al pueblo de Tarata para

> autorizar con mi asistencia la función de poner la primera piedra para la fábrica del nuevo colegio [...], dando ejemplo a aquel numeroso vecindario del aprecio con que miro una fundación tan santa, y a toda esa ve-

---

[206] Se refiere a su carta del 14 de diciembre de 1798 dirigida al ministro de gracia y justicia Gaspar de Jovellanos; ver Viedma, 1798g.

[207] Viedma, 1799b, fol. 2r.

[208] Viedma, 1799b, fol. 1r.

[209] Viedma, 1799b, fol. 2v.

nerable comunidad, en las distinciones generosas con que le manifesté mi amor[210].

Ese cariño que tenía por la orden de San Francisco le llevó a preocuparse profundamente, debido a que determinados miembros de la misma no cumplían con las obligaciones de su instituto: los «desvíos de su sagrada regla son dardos que traspasan mi corazón»[211]. Para Viedma, los frailes que viven en el convento de Colpa deben llevar una vida de estricta observancia y dedicarse a la oración y la meditación. A lo máximo algunos de ellos pueden salir para pedir limosnas. Pero la realidad es otra: los misioneros que están

> destinados al único objeto de la conversión no deben distraerse a otros fines ni dejar de observar lo estrecho de su venerable instituto en la vida contemplativa, viviendo exclaustrados en casas particulares unos, otros empleados de cuaresmeros y aun de ayudantes de curas [...]. Notorio es en toda la provincia [...] que [...] dicho padre guardián lo ha sostenido con su ejemplo, siendo muy corta su residencia en el colegio y continuados sus paseos en los pueblos de ese valle y esta ciudad, manteniendo dos caballos a pesebre de considerables precios[212].

Una segunda preocupación que manifestó Francisco de Viedma en su carta a la comunidad de Colpa del 23 de septiembre de 1799, tiene que ver con el concepto del guardián acerca de las actividades de los misioneros en las reducciones: ellos deben dedicarse exclusivamente a tareas evangelizadoras y pastorales y estar libres de toda actividad económica. Viedma combate este concepto:

> Si yo me desviase de unos principios en que se apoya la buena moral y economía política, me haría indigno de la confianza que he mere-

---

[210] Viedma, 1799b, fol. 6r.

[211] Viedma, 1799b, fol. 2v.

[212] Viedma, 1799b, fol. 2v. En su carta al virrey de Buenos Aires del 10 de abril de 1797, Viedma ya había manifestado su disgusto con el guardián Hernández, que por entonces se encontraba en Chuquisaca, acusándole de haber dejado «abandonado el colegio en poder del vicario, con solo dos sacerdotes, un corista, dos religiosos legos y un donado, por haber distribuido los demás en los curatos de cuaresmeros, contra el método y práctica que se observa en todos los colegios, y voluntad del rey, que no los envía a otros fines que el de reducir a los infieles» (1797k, fol. 9r).

cido al rey, de poner a mi cargo el gobierno de esta provincia. Sé que V. P., padre guardián, detesta este manejo. Así lo ha manifestado a Su Excelencia en la citada representación, diciendo que por ser la de San José de Chimoré de mi devoción, se empeñó el R. P. comisario en ponerla en un estado que más que conversión pareciese una grande hacienda. Generalmente trata V. P. a la conversión del Chimoré de *la hacienda real* y ha llegado V. P. a proferir que dará orden para que se arranque cuantos plantíos hay en ella, con el pretexto de decir que no han venido V. V. P. P. a ser chacareros y sí solo a enseñar a los infieles el camino de nuestra verdadera religión. Confieso que este es el principal fundamento de su venida, pero los verdaderos operarios evangélicos, para afirmar unos principios tan santos, no deben separarse de lo industrial y económico: éste tiene una íntima relación con aquél, de tal modo que no puede darse fijeza en la religión si falta la subsistencia a que estamos condenados por la maldición del Señor en el pecado que cometieron nuestros primeros padres. El rey no tiene sus tesoros para prodigarlos en fomentar la ociosidad y haraganería[213].

Finalmente, al gobernador intendente le preocupó también seriamente la inconstancia de los misioneros en las reducciones, de modo muy especial en la de San Francisco de Asís del Mamoré. El guardián Juan Hernández justificó esta inconstancia por dos razones: la primera, porque, de hecho, esa misión no había sido aceptada oficialmente por el colegio, sino por el comisario prefecto Ximénez, y la segunda, porque ni el comisario prefecto ni el gobernador intendente habían asegurado suficientemente la subsistencia de los misioneros. Y Francisco de Viedma argumenta sencillamente que aunque, como hemos visto, él se haya esforzado por conseguir los sínodos necesarios para garantizar esa subsistencia, es verdad que los misioneros no deben buscar en las misiones la comodidad y la vida fácil, sino más bien sacrificarse, porque para eso han optado por ser ministros del Señor en medio de los infieles a quienes quieren ofrecer la salvación.

El gran perdedor en este drama de los primeros años de actividad misionera del colegio de Tarata fue, sin duda, el comisario prefecto Bernardo Ximénez Bejarano. En enero de 1800 pidió su desincorporación del colegio, la que se le concedió inmediatamente. Se estableció en Oruro, donde seguía alimentando su resentimiento, mostrán-

---

[213] Viedma, 1799b, fol. 3r.

dose así un mal perdedor. Dictó allá a Silvestre Orgaz la carta que tomó más de cien años después el padre Priewasser para crear el mito del encono del intendente gobernador Francisco de Viedma contra el padre Ximénez y contra los frailes del nuevo colegio.

4.9. El obispo de Santa Cruz solicita información acerca del comportamiento de los padres Ximénez y Real

Mientras se estaba preparando la visita del delegado del obispo de Santa Cruz a la misión de la Asunción, el padre Bernardo Ximénez fue informado por Francisco de Viedma de que el obispo tenía la intención de visitar también las misiones de San José del Chimoré y de San Francisco del Mamoré. Probablemente por temer que el visitador llegara a saber cosas que no le convenían, el padre Ximénez libró una patente al padre Francisco Lorda, que por entonces era vice-prefecto de misiones, indicándole que el obispo no tenía derecho de ordenar la visita a las misiones del colegio de Propaganda Fide de Tarata y que «en caso de empeñarse [el visitador] a entrar le permita tres días solamente de residencia y después le arroje con su equipaje»[214].

El obispo, a su vez, se enteró de esta reacción del padre Ximénez. Sabedor ya, sin duda, de las críticas que había habido acerca del comportamiento de los padres Ximénez y Real[215], mandó el 28 de octubre de 1799 una carta al visitador Justo Mariscal, quien se encontraba ya en la misión de la Asunción, para que recabara información sobre la conducta de los mencionados padres.

> Conviniendo saber si la conducta y manejo que han observado los padres del nuevo colegio de Tarata en esas misiones ha correspondido a los piadosos fines que se propuso mi antecesor el ilustrísimo señor D. D. Alejandro José de Ochoa en pedir la fundación de dicho colegio, el cual se está costeando con las rentas de esta mitra, que dejó para el efecto el expresado mi predecesor, de cuyo asunto estoy encargado por Su Majestad; y para averiguar la verdad de lo que se ha divulgado en con-

---

[214] M. Rojas, 1799b, fol. 2v.

[215] Es probable que haya habido contacto entre el visitador franciscano P. Esteban Ortega y el obispo, ya que este último durante la estadía del visitador en Colpa se encontraba en Punata.

tra, y demás fines que haya lugar, recibirá Vm. una información secreta con testigos imparciales del referido manejo y conducta. Y fecha me la devolverá vuestra merced, con el informe que igualmente hará, tomando para ello los que le parezcan.

Nuestro Señor guarde a vuestra merced muchos años.

Pueblo de Punata y octubre 28 de 99.

Manuel Nicolás.

Obispo de Santa Cruz[216].

4.9.1. La investigación del Dr. Justo Mariscal

El obispo debe haber mandado esta carta con un estafeta, porque ya el 2 de noviembre el Dr. Mariscal inició la solicitada investigación. Aquel día interrogó en la misión de la Asunción a Antonio Molina, un mestizo de Porongo que residía por entonces en aquella misión. Dos días después, el 4 de noviembre, ya en camino de retorno a Cochabamba, interpeló en la hacienda de la Concepción de Millomayo a otras tres personas: Manuel Santos Chávez, un español natural de Punata, hacendado en la colonia de la Palma; Juan Santos, un negro portugués libre, residente en la hacienda de Callejao, y Gregorio Antonio de Sosa, otro negro portugués libre. Antonio Molina había servido en calidad de concertado a los padres de la misión del Chimoré. La hacienda de Manuel Santos se encontraba cerca de un arroyo salado donde los yuracarees de las misiones de la Asunción y de San José venían con frecuencia a juntar sal. Juan Santos había vivido dos años en la misión del Chimoré y Gregorio de Sosa había estado siete meses en la misma misión.

Los cuatro testigos coincidieron en afirmar que los padres Ximénez y Real trataban muy mal a los yuracarees, haciéndoles trabajar duramente y castigándoles constantemente con latigazos y azotes, a veces de la manera más cruel.

El negro Juan Santos declaró que a lo largo de los dos años que vivía en la misión

se ocupó en sacar aguardientes [de] caña, maíz, arroz y yuca por orden del padre comisario, quien lo mandó diciendo que era para mostrar al señor intendente, pero que nunca se verificó la remesa, porque los padres

216 M. Rojas, 1799a.

se lo tomaban y calientes con el aguardiente castigaban con más exceso a los indios[217].

También Manuel Santos y Gregorio de Sosa hablaron de las embriagueces de los misioneros.

Los padres se adueñaban de productos que los yuracarees sacaron para su propia manutención y, cuando los ocultaban, los hacían buscar o trataban de encontrarlos a la fuerza. Con mucha frecuencia los misioneros mandaban a los yuracarees a ir a pescar para ellos: «Que los enviaban a pescar el dorado y cuando no podían pillar este pez y traían otros, les daban la ración con el guacaule dándoles hasta veinte y cinco»[218].

Dos de los declarantes hablaron también de los acosos sexuales de los padres[219].

En un pequeño informe que el visitador Mariscal escribió en Punata para el obispo de Santa Cruz el 19 de noviembre, junto con las declaraciones de los testigos, señala que «el manejo riguroso y cruel, temerario y escandaloso» de los padres Ximénez y Real «se ha hecho notorio no solo en el Chimoré y la Asunción, sino también en las haciendas del Millomayo»[220]. Hubiera querido tomar más declaraciones, pero no le fue posible, «porque los de Millomayo pretendían excusarse y los de la Asunción son neófitos y por lo mismo incapaces todavía de hacerse cargo de la gravedad del juramento»[221]. Añade Mariscal a esta observación que, si el obispo quiere obtener más información, «puede hacerlo en este mismo valle con los muchos que entraron a trabajar en la expresada misión del Chimoré»[222].

4.9.2. La cuestión de las visitas episcopales a las reducciones de indígenas

Claramente sorprendido por la reacción del padre Bernardo Ximénez ante su intención de hacer visitar también las misiones del Chimo-

---

[217] J. Santos, 1799, fol. 65r.

[218] M. Santos, 1799, fol. 64r.

[219] Véanse M. Santos, 1799, fol. 64v. y Sosa, 1799, fols. 65v-66r. Véase también: J. Mariscal, 1799c, fol. 67v.

[220] J. Mariscal, 1799c, fol. 67v.

[221] J. Mariscal, fol. 67r.

[222] J. Mariscal, fol. 67r.

ré y del Mamoré, el obispo de Santa Cruz decidió no extender la visita de la misión de Nuestra Señora de la Asunción a aquellas misiones y consultar al presidente del superior Tribunal de la real audiencia de Charcas acerca de su derecho de visitar oficialmente las misiones que los colegios de Propaganda Fide tenían en su diócesis. En su carta al mencionado presidente del 8 de noviembre de 1799 dice el obispo de Santa Cruz:

> En efecto, únicamente envié para que visitase la Asunción, de comisionado, al Dr. Dn. Justo Mariscal, en lo cual no podía ofrecerse el menor reparo, por lo que llevo expuesto que han hecho lo mismo mis antecesores[223] y no correr con ella el nominado colegio. Pero por lo que hace a las otras dos, del Chimoré y del Mamoré, que van expresadas, y a las demás que tiene en este obispado el colegio de Tarija, no he querido dar paso sin consultar el acierto con el superior Tribunal de vuestra audiencia, así por hacerme responsable a S. M. en caso de omitir lo que manda por la mencionada real cédula[224], como para evitar perjudiciales disputas[225].

El presidente del superior Tribunal de la audiencia decidió hacer consultas sobre esta cuestión. Conocemos las respuestas del intendente gobernador Francisco de Viedma y del arzobispo de Charcas Josef Antonio de San Alberto.

Del informe que redactó Francisco de Viedma en Cochabamba el 3 de enero de 1800 destacamos el hecho de que, según su opinión, la misión de la Asunción, al crearse el colegio de Propaganda Fide de Tarata fundamentalmente para hacerse cargo de la evangelización de los yuracarees, habría debido pasar a la jurisdicción de aquel colegio:

---

[223] En toda la documentación de la que disponemos para la reconstrucción de la historia de la evangelización de los yuracarees, no hemos encontrado ningún dato acerca de alguna visita oficial de parte de un obispo de Santa Cruz antes de la visita del Dr. Mariscal.

[224] Al inicio de su carta el obispo hace mención de una real cédula del 29 de febrero de 1776 que le ordena instruirse del estado y progresos de las misiones, de la conversiones vivas y de las nuevas reducciones que existen en su diócesis (ver M. Rojas, 1799b, fol. 2r).

[225] M. Rojas, 1799b, fol. 2v.

El reverendo obispo de Santa Cruz alega por hecho cierto de que la conversión de la Asunta, a cargo del padre Buyán, ha estado siempre sujeta a la jurisdicción diocesana y que a pedimento del de Córdoba del Tucumán había despachado visitador. No alcanzo en qué funde este prelado la potestad de su jurisdicción diocesana sobre ella. Lo cierto es que los mismos motivos y fundamentos que obran para con los religiosos de los colegios de Propaganda, obran también para las demás religiones de estos dominios que se dediquen a la conversión de gentiles; y es indiferente el que se hubiese fundado y se siga costeando por aquel prelado, o por la real hacienda, para despojar a los religiosos conversores de la independencia que tienen con la jurisdicción diocesana. Si hemos de estar a lo literal de la real cédula de la erección del colegio de San José de Tarata, no se les puede privar a sus religiosos conversores de esta conversión; y el señor obispo del Tucumán, desde luego que vinieron y se establecieron en el colegio, debió ponerla a su cuidado[226].

El arzobispo San Alberto, quien dio su respuesta recién el 21 de junio de 1800, no entró en detalles jurídicos, sino que simplemente comunicó al presidente del Tribunal de la audiencia que

en todo el tiempo de su gobierno no ha tenido motivo de considerar necesaria, ni congruente la intervención suya, o de sus visitadores, porque como quien ha tratado de cerca a dichos religiosos y ha vivido algún tiempo con ellos, está seguro del celo, prudencia y exactitud con que éstos desempeñan su ministerio, sin que jamás haya sabido cosa en contra; y por esto no ha tenido a bien visitar en persona, ni enviar comisionados a sus reducciones[227].

4.10. Desarrollo y final de la misión del Chimoré

4.10.1. Desarrollo de la misión de San José

El padre Pedro Hernández retornó a la misión de San José después de haber realizado su exploración por el Arepucho[228]. No sabe-

---

[226] Viedma, 1800, fol. 8r.

[227] San Alberto, 1800, fols. 15v-16r.

[228] «Hasta que en agosto de noventa y nueve salió de dicha conversión un religioso llamado Fr. Pedro Hernández (que a la sazón está en el mismo Vista Alegre) con indios y peones a rumbear nuevo camino que llaman del Arepucho» (Real, 1800, fol. 22r).

mos por cuánto tiempo se quedó allá[229]. En octubre de 1799 el padre Alejandro Delgado se estableció también en la misión de San José de Vista Alegre. A comienzos de enero del año 1800 el padre Boria dejó la misión de San José y se estableció en la misión de San Francisco de Asís del Mamoré. A mediados del año 1800 el ex-guardián Juan Hernández fue nombrado presidente de misiones y también él fue a vivir en la misión de San José del Chimoré[230].

A comienzos de diciembre del año 1800 los padres Hernández y Boria emprendieron «una excursión hacia las tierras de los infieles cercanos a nuestras misiones, a fin de dar con los indios bárbaros solostos y proponerles su reducción»[231]. Este viaje los llevó al puerto de Loreto en Mojos, desde donde escribieron una carta al gobernador de aquella provincia, Miguel Zamora, pidiéndole permiso para explorar las posibilidades de extender el campo misionero del colegio de Propaganda Fide de Tarata a Mojos, basándose en lo que había sugerido el obispo Alejandro Ochoa y Morillo al solicitar al rey la funda-

---

[229] Pedro Hernández murió en Tarata en el año 1803 (ver Priewasser, 1914, diciembre, día 2).

[230] Leemos en el *Libro de Decretos de Comunidad* lo siguiente: «En este hospicio interino de S. Agustín de Colpa en 20 de Mayo de 1800 se congregó la comunidad en la celda del P. guardián a resolver por votos vocales algunas dudas que se ofrecían acerca de la elección de comisario prefecto de misiones, que se había determinado hacer en el día siguiente; y como entre otras cosas quedase muy dudoso si la bula de N. Smo. P. Pío VI que empieza *Cedula Romani Pontifici Providentia* dada en Roma a 13 de Marzo de 1792 autorizaba a los guardianes para hacer y confirmar esta elección; o si para esto necesitaban especial comisión de Nro. P. Rmo.; o si a este le era privativo hacer esta elección de tres religiosos que le presentase la comunidad, como sucede en la muerte, renuncia, o privación de guardián para la elección de sucesor. Se terminó por unánime sentimiento que se suspendiese dicha elección de comisario prefecto hasta consultar sobre esto al colegio de Tarija» (ACFT, LDC, fol. 8). No sabemos cuál fue el resultado de esta consulta. Podemos suponer que, mientras tanto, se nombrara al padre Hernández presidente de misiones, basándonos en lo que él mismo escribió en enero de 1803: «En cumplimiento de las obligaciones propias y peculiares del ministerio apostólico que he ejercido algunos años en calidad de conversor y presidente de las misiones sujetas al colegio de S. José de Tarata» (J. Hernández, 1803a, fol. 12v). En 1805 el padre Juan Hernández debe haber sido elegido oficialmente como comisario prefecto de misiones, porque el día 16 de abril de 1808 «salió electo canónicamente con tres votos» como visitador y presidente del próximo capítulo «el P. Fr. Juan Hernández, comisario prefecto de misiones del citado colegio» (ACFT, LCG, 16 de abril de 1808).

[231] J. Hernández, 1803b.

ción de un colegio en su diócesis y en lo que el rey había decretado en su real cédula de 1792. El 12 de enero de 1801 Zamora contestó, desde la misión de la Purísima Concepción de Baures, de la siguiente manera a la solicitud de los padres Hernández y Boria:

> Recibí en aprecio el oficio de vuestros reverendos de fecha veinte y seis del pasado y, enterado de las causas que los condujeron a esta provincia de mi mando, apruebo su internación; y copiando sus deseos como tan propios de su ministerio, comprendiendo muy bien que, ceñido su celo a dos reducciones tan cortas como las de los yuracarees y con pocas esperanzas de otras, aspiran, como buenos obreros, a mayor mies, por cumplir con su instituto y no tener en inacción su fervor apostólico. Y ciertamente a este efecto no pudieron proponerse punto de vista más adecuado a que dirigir sus miras evangélicas que a las misiones de Mojos que, rodeadas de infieles de varias naciones, y muchas de ellas de los mismos de los pueblos reducidos, ofrecen una proporción que admite pocas comparaciones en esta América Meridional[232].

Miguel Zamora se comprometió a hacer los trámites necesarios ante la real audiencia de Charcas y el virreinato de Buenos Aires para conseguir los permisos necesarios para el establecimiento de los frailes de Tarata en Mojos. Sin embargo no se llegó a nada concreto. Los padres Hernández y Boria se detuvieron seis meses en Mojos. A su retorno de Mojos ambos se establecieron en la misión de San José.

El gobernador Zamora fue expulsado de Mojos en septiembre de 1801:

> Me dirigí por el río Chapare para salir más breve al Perú; y con las noticias de la reducción de San José del Chimoré, tomé el río de este nombre, llegando a aquella población a fines de octubre de mil ochocientos uno, en la que me tuvo confinado el intendente de Cochabamba como dos meses, excesivo tiempo y tiempo sobrado para mortificarme y mucho mayor de lo que necesitaba para imponerme de aquel triste rincón[233].

José Boria salió de la misión en marzo del año 1802 para hacer entrada, junto con el padre Hilario Coche, a la región de Mosetenes,

---

[232] Zamora, 1801a.
[233] Zamora, 1805b, fols. 208v-209r.

donde fundó la reducción de Nuestra Señora de la Purísima Concepción de Mosetenes[234].

El padre Juan Hernández fue elegido guardián del colegio en el capítulo guardianal del 13 y 14 de noviembre de 1802. No participó en este capítulo, pero a finales de aquel año dejó la misión del Chimoré[235], después de haber recibido allá al que iba a reemplazarlo, a saber el padre Juan Benito Fernández. Éste estuvo en la misión de San José, junto con Alejandro Delgado[236], hasta abril de 1805.

A comienzos de 1805 la misión de San José del Chimoré presentaba la siguiente situación demográfica:

> Tiene la misión setenta y cuatro familias, doscientas cuarenta y cuatro almas, ciento veinte y siete varones y ciento diez y siete mujeres. De los varones desde la edad de un año hasta diez componen veinte y cinco cristianos y diez y ocho catecúmenos; y desde edad de diez hasta veinte y cinco componen veinte y ocho cristianos y siete catecúmenos y desde esta edad de veinte y cinco hasta adelante componen veinte y cinco cristianos y veinte y cinco catecúmenos. En las ciento diez y siete mujeres hay desde edad de un año hasta diez, diez y nueve cristianas y diez y seis catecúmenas; y desde edad de diez hasta veinte y cinco, componen veinte y siete cristianas y doce catecúmenas y desde esta edad de veinte y cinco arriba componen quince cristianas y veinte y ocho catecúmenas. Entre estas hay treinta matrimoniados *in facie ecclesiae* y treinta y dos de contrato natural ante testigos. Entre viudos y viudas doce. Los muertos desde el año de mil ochocientos tres hasta el presente, entre párvulos y adultos, se enterraron veinte y seis recibiendo el santo sacramento del bautismo.

---

[234] La primera misión de indios mosetenes fue fundada en septiembre de 1790 por los franciscanos José Jorquera y Agustín Marti, miembros de la provincia de San Antonio de los Charcas. Esta misión debe haberse perdido hacia finales del siglo XVIII. En agosto del año 1800 el padre Bernardo Ximénez Bejarano hizo una entrada a Mosetenes, pero no llegó a fundar una misión. La misión fundada por los frailes del colegio de Propaganda Fide de Tarata, después de que ésos vieron que no estaban en condiciones de seguir atendiéndola, pasó al cuidado del colegio de Propaganda Fide de Moquegua.

[235] En realidad, el padre Hernández no aceptó el cargo de guardián, más bien presentó renuncia del mismo, lo que fue aceptado por el discretorio el 28 de enero de 1803 (ver ACFT, LCG, 3 de octubre de 1803).

[236] A comienzos de noviembre del año 1804 los padres Alejandro Delgado y Francisco Lacueva hicieron un viaje a Mojos (ver Lacueva-Delgado, 1804).

En el número total de doscientos cuarenta y cuatro que componen los habitadores de esta misión hay ciento sesenta y seis personas útiles para el trabajo, que componen de ochenta y cuatro varones y ochenta y dos mujeres[237].

También en esta misión todas las familias llegaron a tener su casa. Además, a «cada familia se les ha hecho hacer chacos, en los que siembran maíz, yuca y otras semillas que les sirven para su sustento»[238].

4.10.2. El dramático final de la misión del Chimoré

Parece haber sido acertada la advertencia que hicieron los padres del colegio de Tarata a Francisco de Viedma, en su carta del 12 de abril de 1804, en relación con la posibilidad de que los yuracarees que habían abandonado la misión de la Asunción y se habían dispersado por los montes fuesen a ejercer una influencia negativa sobre sus congéneres de las misiones de San José del Chimoré y San Francisco del Mamoré. De hecho poco después de la pérdida definitiva de la misión de la Asunción, los yuracarees que habían pertenecido a ella entraron en contacto con parientes y conocidos que tenían en las otras misiones, en especial en la del Chimoré, que estaba más cerca, vanagloriándose de la libertad que habían reconquistado: «En alguna ocasión les insultaron con esto a los indios del Chimoré otros de la misión de la Asunta, haciéndoles una larga enumeración de las pensiones a que estaban sujetos y de las que estaba en sus manos librarse como ellos»[239]. Pronto se llegó a algunas acciones concretas, como relatan los cuatro padres encargados de aquellas misiones en un informe de abril de 1805:

> El capitán del Chimoré hace más de año y medio que iba diciendo se habían de huir a Isiboro; y en el año pasado muchos de aquella conversión hicieron sus chacras muy retiradas de ella.
> En una y otra misión, desde más de un año, se robaban unos a otros las herramientas, cosa que jamás se había visto; y lo que era prueba de que intentaban huirse […].

---

[237] Fernández-Delgado, 1805, fols. 181r-181v.
[238] Fernández-Delgado, 1805, fol. 181v.
[239] Soto-Lacueva-Fernández-Delgado, 1912 [1805], p. 257.

En el Mamoré, el teniente Vicente Ayciliyu, el año pasado iba incitando a las gentes para abandonar la reducción ponderándoles la sujeción y trabajo en que vivían y acordándoles la libertad de sus bosques.

Ahora año y medio, un indio llamado Ignacio Ciguilincu, con algunos de sus parciales, hizo una chacra diez o doce leguas más allá de la conversión[240].

Aunque estas acciones pueden haber sido todavía aisladas o esporádicas, está claro que poco a poco iba formándose y acentuándose, casi silenciosa e inadvertidamente, una atmósfera revoltosa ya generalizada. Ésta acabó por manifestarse bruscamente en febrero y marzo del año 1805.

En la misión de San José del Chimoré la revuelta total empezó el jueves antes de la Semana Santa, el 28 de marzo. Lo relató después el carpintero José Rojas, amigo del padre Juan Fernández, que fue testigo de los acontecimientos.

Y que una noche del día jueves de la semana de Ramos de la inmediata pasada Cuaresma, un indio que es teniente capitán en dicha misión, cuyo nombre no se acuerda, le contó al que declara de que estaban con ánimo de mudarse al monte toda la gente que componía la reducción a presencia de otro indio de la misión de Iruste[241] nombrado José Joaquín quien le animaba al dicho teniente, haciéndole relación de otros iguales pasajes acaecidos en otras misiones en las que habían muerto o quitádoles las vidas a sus conversores para que en lugar de ellos entren otros buenos, cuyas noticias se las daba otro indio también nombrado José Joaquín que había sido concertado del doctor don José Joaquín Velasco cuando estuvo en la misión del Mamoré, quien se lo llevó consigo para Santa Cruz y al cabo de seis años volvió a contar dichas especies o noticias que las había adquirido en tiempo que estuvo en la ciudad. Que el deponente, con motivo de la expresada relación, les preguntó que si estos padres eran malos, o qué motivo les había dado para hacer dicha empresa y contestaron asegurando que les impedían la bebida de la chicha [...].

Que esta conversación acaeció como a horas de la media noche y a esa misma hora pasó el deponente a dar noticia de ella al referido padre fray Juan como a su conversor; y que éste levantándose de su cama pasó

---

[240] Soto-Lacueva-Fernández-Delgado, 1912 [1805], pp. 255-256.

[241] Se trata de la misión de San Francisco del Mamoré, ubicada cerca de la desembocadura del río Iruste en el Mamoré.

a la habitación de su compañero fray Alejandro Delgado, con quien acordaron se llamase al alcalde de la parcialidad de arriba; y que el mismo padre fray Juan lo llevó al cuarto del dicho padre Delgado, quien le hizo cargo del proyecto de sus parientes los indios de la parcialidad de abajo. Y que dicho alcalde le contestó diciendo que también tenía noticia de ello y porque era afecto a los padres le tenían ojeriza los de la parcialidad de arriba. Que al siguiente día el citado alcalde le preguntó delante del padre al dicho teniente de capitán qué había conversado a la media noche con el que declara sobre la fuga que quería hacer con su gente; y que en castellano respondió negando, pero que en su lengua le dijo al alcalde que era cierto y habían determinado retirarse a los montes por tener la libertad de embriagarse sin el embarazo de los padres, amenazando a dicho alcalde que, si se exponía a seguirlos, lo matarían a flechazos, lo que el padre no entendió, ni el deponente quiso manifestarlo por miedo de los indios. Que de resultas de dicha averiguación entre el expresado teniente y alcalde habían reñido en el pueblo y por eso el día lunes por la noche que se contó primero del mes de abril se habían mudado ambas parcialidades sin dejar enfermos ni niños y llevando consigo todas las herramientas y demás efectos que tenían[242].

Los padres de la misión del Chimoré, perplejos ante el intempestivo acto de abandono de los yuracarees, se resignaron y «habiendo antes sabido el ánimo obstinado y cruel con que se retiraban los indios, no fueron en su seguimiento, cuando los echaron menos»[243].

Como hemos visto al final del anterior capítulo, los dos padres de la misión de San Francisco de Asís del Mamoré, que habían tenido también una experiencia dramática en aquellos mismos días, fueron a la misión del Chimoré y junto con los dos padres de aquella misión, dejaron las Montañas de Yuracarees para replegarse hacia el convento de Tarata.

---

[242] J. Rojas, 1805, fols. 191v-192v.
[243] Soto-Lacueva-Fernández-Delgado, 1805, fols. 182v-183r.

5. LAS MISIONES DE SAN JOSÉ DE YPACHIMUCU Y DE SAN ANTONIO DEL CHIMORÉ

5.1. La misión del gobernador de Mojos Pedro Pablo Urquijo

Una vez más volvemos al oficio que Francisco de Viedma mandó a los padres del colegio de Tarata el 29 de abril de 1805, después de haberse enterado ampliamente acerca de la fuga de los yuracarees de las misiones de San José del Chimoré y de San Francisco de Asís del Mamoré. En él pedía también que le propusieran en relación con el futuro de los yuracarees que habían abandonado las misiones, «todos los medios y arbitrios prudenciales que podrán adoptarse para aquietar sus ánimos, extraerlos de los montes y reducirlos al estado en que se hallaban»[1].

En su respuesta a esta cuestión los padres Soto, Lacueva, Fernández y Delgado señalan primero que «las leyes del reino prescriben el modo a pacificar los indios alzados y cuándo se deben usar los medios pacíficos y cuándo los rigorosos»[2]. En el caso concreto de los yuracarees que abandonaron las misiones de la Asunción, de San José del Chimoré y de San Francisco de Asís del Mamoré, lo ideal sería poder «usar de los medios de suavidad y clemencia que son los más conformes a las intenciones de un Dios que quiere la misericordia y no el sacrificio y a la incomparable piedad de nuestro soberano», pero, al optar por

---

[1] Viedma, 1805b, fol. 176v.
[2] Soto-Lacueva-Fernández-Delgado, 1805, fol. 189r.

estos medios se debe proceder según el siguiente plan, que implica también algunas condiciones para que pueda tener éxito:

> La restauración debe comenzarse con competente resguardo de los religiosos, porque ya no es prudencia fiarse de aquellos bárbaros, por la abandonada misión de la Asunta.
>
> Debe establecerse una misión en la mitad de la distancia que hay entre el Mamoré y San Carlos de Buena Vista, la que puede formarse en esta ocasión con la gente que fue a reducir el padre Hernández[3].
>
> Otra misión debe fundarse en el sitio llamado Isiboro de las gentes apóstatas de la misma nación de yuracarees y otros apóstatas de Mojos que ha muchos años andan por aquellas tierras, con lo cual se lograra la comunicación con la misión de Mosetenes.
>
> La misión del Chimoré ha de trasladarse a mejor sitio.
>
> En cada reducción debe establecerse una estancia y a todas ellas debe darse comunicación por el camino que tienen los religiosos descubierto por el Arepucho[4], procurando se establezcan con buen método en la entrada de la montaña una o dos poblaciones de españoles.
>
> Pensamos que con este arbitrio quedarán seguras las misiones[5].

Consideraban también que en caso de que las autoridades estuvieran de acuerdo con este plan y decidieran ejecutarlo, sería menester actuar con rapidez

> porque con la demora han de perecer muchas almas, se ha de perder la mayor parte de los plantíos, los ornamentos y demás muebles útiles que quedaron en las misiones; y también porque hasta el mes de octubre se mantendrán los indios en las inmediaciones de los pueblos, aprovechándose de sus sementeras y fácilmente se dará con ellos, pero desde octubre adelante se esparcirán, de modo que con dificultad se halle alguna familia[6].

---

[3] En octubre de 1804 se hizo cargo de una nueva misión, la de San Juan Bautista de Bibosi, misión que más tarde se convirtió en parroquia y que actualmente es el pueblo de Saavedra en el norte de Santa Cruz.

[4] En un documento de 1844 que trata precisamente de un nuevo proyecto de abrir un camino por la ruta de Arepucho, leemos: «No es la primera vez que se ha proyectado abrir este conducto por el mejor: en el año 1800 fueron comisionados al efecto el R. P. Boria y el Sr. D. Felipe Soriano» (Mujía-Ondarza, 1872 [1844], p. 12).

[5] Soto-Lacueva-Fernández-Delgado, 1805, fols. 189r-189v.

[6] Soto-Lacueva-Fernández-Delgado, 1805, fols. 189v-190r.

Por aconsejable y deseable que fuese este plan, los cuatro misioneros manifiestan claramente su escepticismo en cuanto al éxito de su ejecución. Hacen referencia a lo que pasó en el año 1799, cuando el visitador Juan Ignacio Pérez aceptó benignamente las condiciones que pusieron los yuracarees que habían abandonado la misión del Chimoré, para poder conducirlos nuevamente a su reducción. Su aceptación

> sirvió para que ellos quisiesen dominar a los padres, les prescribiesen de qué modo los habían de tratar, les amenazasen que los harían echar de las misiones con ignominia y les dijesen con altanería que se había acabado el tiempo de los azotes[7].

Por eso dicen los padres: «Sospechamos que ahora se han de insolentar más si se les trata con suavidad y se han de confirmar en el concepto en que se tienen de que los españoles no son capaces de sujetarlos»[8].

Si dependiera de ellos, los cuatro franciscanos, basándose en toda su experiencia de los años en que habían tratado de civilizar y evangelizar a los yuracarees, optarían por la otra alternativa:

> Por lo que juzgamos que lo más acertado sería sacarlos de sus bosques interminables y repartirlos en los pueblos de Chiquitos, ocupando después sus terrenos y aprovechándose de los adelantamientos temporales de las misiones tantas gentes pobres como hay por acá fuera[9].

Y van aun más allá, dando el siguiente consejo:

> Si fuese necesario enviar alguna gente para recogerlos, no sea gente de acá fuera, que no es práctica en aquellos bosques e irá muy expuesta a perecer de necesidad en ellos, o en sus ríos caudalosos, o tal vez a manos de los indios […], sino que deben entrar indios flecheros de las misiones de Buena Vista, San Carlos y Porongos, o de otras de la provincia de Santa Cruz, que son prácticos en aquellos montes[10].

---

[7] Soto-Lacueva-Fernández-Delgado, 1805, fol. 189v.
[8] Soto-Lacueva-Fernández-Delgado, 1805, fol. 189v.
[9] Soto-Lacueva-Fernández-Delgado, 1805, fol. 189v.
[10] Soto-Lacueva-Fernández-Delgado, 1805, fol. 190r.

Las autoridades prefirieron no optar por este método drástico, sino por explorar la posibilidad de reunir nuevamente a los yuracarees fugitivos en las misiones abandonadas. El 1 de julio de 1805 el virrey de Buenos Aires, Marqués de Sobremonte, escribió la siguiente carta al presidente de la real audiencia de Charcas:

> No habiendo evacuado V. S. el informe que le pedí por oficio de 28 de julio del año próximo pasado con motivo del abandono hecho de la misión de Nuestra Señora de la Asunta por los religiosos conversores que se expresaron, sobre las providencias que haya expedido V. S. para proveerla de este auxilio, se lo repito, conforme a mi decreto [...] de este día, para que lo verifique a la mayor brevedad por lo mucho que importa tomar la resolución oportuna en este grave negocio, a causa de las sensibles ocurrencias de que ha dado cuenta el señor intendente de Cochabamba con fecha de 14 de mayo próximo anterior relativas a la fuga y deserción de los montes de los indios de las reducciones de San Josef del Chimoré y San Francisco de Asís del Mamoré y excesos que han cometido[11].

La audiencia, sin embargo, ya había actuado. Sabiendo que en la hacienda de las Chulpas, propiedad del intendente gobernador Francisco de Viedma, se encontraba el recientemente nombrado nuevo gobernador de Mojos Pedro Pablo Urquijo, esperando los auxilios para poder trasladarse por Yuracarees a su territorio, la audiencia le encargó a éste, por medio del intendente gobernador Francisco de Viedma, explorar la disposición de los yuracarees de vivir nuevamente en las misiones[12]. En un oficio que Viedma entregó a Urquijo el mismo 1 de julio, le dijo entre otras cosas: «procure por todos los me-

---

[11] Sobremonte, 1805a.

[12] Parece que la real audiencia no solo encargó a Urquijo sondear la disposición de los yuracarees, sino también a algunas personas de Mojos. Dice Gabriel René-Moreno: «Partió del puerto de San Pedro una flotilla a principios de septiembre a Yuracarees en busca del gobernador Urquijo. Iba comandada por el administrador de Magdalena, don Esteban de Rozas, y asistida espiritualmente por el cura primero de Santa Ana don José Ignacio Baca. A fines de 1804 [sic] habían apostatado los indios yuracarees y expulsado a sus padres conversores venidos de Tarata. Uno y otro comisionados debían tantear el ánimo de aquellos indios, procurando con blandura atraerlos de nuevo a la vida cristiana» (René-Moreno, 1974 [1888], p. 388). René-Moreno se basa en el siguiente documento: «Expedientes sobre los auxilios que el gobernador interino de la provincia de Mojos, don Antonio Álvarez, proveyó el año de 1805 para favorecer la entrada, por los Yuracarees, del gobernador provisto, don Pedro Pablo

dios suaves y pacíficos que le dictare su conocida sagacidad y prudencia, su restablecimiento y sumisión a los conversores que se han dedicado a su instrucción y enseñanza»[13].

El 3 de julio Francisco de Viedma mandó un oficio al presidente del colegio de Tarata, el padre José Pérez, comunicándole que había determinado entre otras cosas:

> que el R. P. Fr. Francisco de Lacueva, que se halla instruido en el idioma de aquellos indios y conoce el genio y natural de ellos, por sí y por medio de los religiosos que juzgare más aparentes, coopere al restablecimiento de dichas misiones, acompañando al Sr. gobernador de Mojos D. Pedro Pablo Urquijo, que está próximo a emprender su viaje por el pueblo de la Palma y las referidas misiones para su destino, quien, habiendo admitido la comisión que le tengo conferida [...] para la pacificación de los referidos indios y restablecimiento de las reducciones, se tendrá[14] el tiempo necesario al logro de una empresa tan interesante a la religión y al estado, procediendo de acuerdo con el expresado P. Fr. Francisco de Lacueva[15].

En aquellos mismos días de comienzos de julio de 1805, el presbítero Lucas de la Parra, vecino de Arani, estaba por salir al pueblo de la Palma para hacerse cargo de la atención pastoral de los habitantes de los yungas de Chuquioma. El gobernador Viedma se enteró del previsto viaje de ese presbítero y le encargó hacer una averiguación acerca del estado de ánimo de los yuracarees fugitivos. En la Palma, de la Parra se enteró de que «los indios de las conversiones abandonadas estaban como rebelionados, sin admitir sacerdote ni querer conversores»[16]. De inmediato decidió visitar las misiones abandonadas para enterarse de la situación real en que se encontraban y buscó un conocedor de la lengua yuracaré para acompañarle:

> Movido de la pérdida de tantas almas que se habían de perder al riesgo de no seguir con la conversión que tenían, emprendí mi viaje a las

Urquijo, quien aguardaba y solicitó dichos auxilios desde la ciudad de Cochabamba en junio de dicho año» (ABNB, MyCh, vol. 17, XVII).

[13] Viedma, 1919 [1805a], p. 538.

[14] Es decir, se detendrá.

[15] Viedma, 1919 [1805b], pp. 538-539.

[16] Parra, 1919 [1805], p. 507.

inmediatas misiones con motivo de estar pronto el sujeto con quien podía ir, porque les sabía su idioma[17].

El día 7 de julio de 1805 salió Lucas de la Parra de la Palma, junto con su intérprete, el español punateño llamado Esteban Rojas, y
un negro libre de nombre Roque Correa, vecino de la Palma. El día
8 llegó a la misión de la Asunción. No encontró allí a nadie. Al día
siguiente mandó a uno de sus acompañantes en búsqueda de los yuracarees, lo que dio resultado, porque ya el 10 de julio

> se presentaron todos los indios y dijeron que vivían en la banda de San
> Antonio que está pasando el río grande del Paracti, porque no tenían ca-
> pellán y quieren tener y fabricar el pueblo de San Antonio por ser me-
> jor de situación y sanidad para ellos[18].

El mismo día 10 de julio se dirigió el presbítero en dirección de
la misión del Chimoré, acompañado de cinco yuracarees de San
Antonio. Al llegar a Ypachimucu, pasó lo siguiente:

> A cosa de las cinco de la tarde en un paraje que llaman Ypachimucu
> dieron unos gritos los indios que conmigo iban a los que allí habitaban;
> y luego que oyeron este alboroto ganaron al monte los que allí vivían. Y
> se vieron tres indios con sus mujeres que, desamparando sus casas y tras-
> tes, así hombres como mujeres, muy alertos, querían escapar; y temblan-
> do de miedo se presentaron y, llegando a averiguar el caso y por qué se
> tenían así huyendo del sacerdote que venía a buscarlos, dijeron que el
> Churco, criado que era de los reverendos padres conversores, estaba allí
> días antes y éste les dijo a todos que el clérigo de Millomayo que va a
> entrar aquí era muy malo; pues yo no he querido verlo y me he pasado
> de noche solo para avisarles a vosotros; éste viene a juntarlos a vosotros
> con engaño, y detrás los soldados a matarlos, y así huyan al monte y no
> se presenten a él, que esta noticia he traído y he dado a todos los yura-
> carees por tenerles lástima, no sea que se dejen matar[19].

[17] Parra, 1919 [1805], p. 507.
[18] Parra, 1919 [1805], p. 507.
[19] Parra, 1919 [1805], pp. 507-508.

Al llegar a la antigua misión del Chimoré, se enteró de que la misión de San Francisco del Mamoré había sido incendiada por los yuracarees que la habían habitado

> siendo el factor de esto el *fiscal chico* y un indio nombrado Soriano; este se revistió por sí registrando las vestiduras sagradas y así vestido caminó a su casa; y por permisión divina dio un tropezón y cayó y levantándose fue a su casa con dolor de cabeza. Y murió al instante, como también seguidos murieron ocho indios y tres indias y varias criaturas[20].

Los yuracarees del Chimoré se habían dejado atemorizar por la noticia de estos acontecimientos y se quedaron «bastante disciplinados y civilizados y han formado mayor miedo a las cosas sagradas»[21]. Sin embargo, Lucas de la Parra decidió llevar consigo todos los ornamentos y objetos sagrados que todavía se encontraban en esa misión.

Antes de su viaje a la Palma, al presbítero de la Parra se le habían entregado unas cartas del gobernador Pedro Pablo Urquijo con el encargo de procurar que las mismas fueran llevadas a Mojos. En el Chimoré, de la Parra les comunicó a los yuracarees que el nuevo gobernador de Mojos iba a pasar por allá y consiguió que algunos de ellos llevaran a Mojos esas cartas.

El 22 de julio de la Parra informó al gobernador Viedma del resultado de su viaje a Yuracarees, subrayó que los yuracarees del Chimoré le dieron a conocer «que están muy sujetos y rendidos a todo, como se espera de ellos, que no darán el más leve sentimiento»[22].

El discretorio del colegio de Tarata acató la solicitud que les había hecho Francisco de Viedma, pero no sin aferrarse a sus propios derechos en cuanto a la selección de las personas que iban a acompañar al gobernador Urquijo, derechos que Francisco de Viedma, al nombrar por su cuenta al padre Lacueva, había violado. El 6 de julio de 1805 el padre José Pérez comunicó a Viedma que había nombrado al padre Ramón Soto, que a la sazón era presidente de misiones, como principal encargado de explorar la posibilidad de reunir nuevamente a los yuracarees, y que el padre Francisco Lacueva iría como compañero de aquél. Además, señaló en la misma carta lo siguiente con res-

---

[20] Parra, 1919 [1805], p. 509.
[21] Parra, 1919 [1805], p. 509.
[22] Parra, 1919 [1805], pp. 509-510.

pecto a la reunión de los yuracarees y la eventual nueva presencia fija
de misioneros entre ellos:

> por esta vez se les perdonarán sus delitos, si se comprometen vivir en con-
> versión y dejar de una vez sus bárbaras costumbres, indagando al mismo
> tiempo en los individuos de cada uno de los tres pueblos antiguos si quie-
> ren vivir juntos en ellos o en cuántos pueblos, en qué sitios y qué con-
> versores son los de su agrado[23].

El gobernador Urquijo y los padres Soto y Lacueva salieron del
Valle de Cliza la segunda semana de agosto y llegaron a la misión de
la Asunción el día 15 del mismo mes. Se presentaron allá algunas familias yuracarees. El gobernador les reprochó que habían abandonado la misión y la religión, pero ellos contestaron que «no era culpa
de ellos el estar como gentiles por el monte: que sus padres los desampararon y que, sin embargo, se habían mantenido dos años en aquellas inmediaciones esperando sacerdote»[24]. Urquijo entonces les pidió
buscar a los demás que se encontraban en las inmediaciones de la misión. El día 17 de agosto se realizó una reunión con más gente. Los
yuracarees expresaron su disposición de recibir nuevamente a un sacerdote entre ellos, pero, cuando Urquijo les instó a volver a poblar
la misión abandonada, se manifestaron reacios e hicieron saber que habían decidido establecerse en los parajes llamados Ypachimucu y San
Antonio. La comisión adoptó el parecer de ellos y el día siguiente, al
dirigirse a la misión del Chimoré, pasó por los lugares señalados por
los yuracarees y se convenció de la buena ubicación de aquellos parajes: «Y no hay duda de que uno y otro son fértiles, en los que están trabajando haciendo sus rozos, formando sus chacos para sembrar
sus alimentos y hacer la población»[25].

El 19 de agosto Urquijo y los dos franciscanos llegaron a la misión del Chimoré. 25 familias de las que seguían encontrándose cerca de ella, habiendo sido advertidas de la venida de la comisión, se habían huido porque no querían encontrarse con el gobernador y los
frailes. Las 17 familias que se habían quedado allá habían escogido un

---

[23] Pérez, 1919 [1805], p. 540.
[24] Urquijo, 1919 [1805], p. 542.
[25] Urquijo, 1919 [1805], p. 543.

nuevo terreno para establecerse, a una distancia de algo más de tres leguas de la misión, río abajo.

Fue allá, por el Chimoré, que tenían que llegar las canoas para trasladar al nuevo gobernador a Mojos, pero no aparecieron, de modo que él se vio obligado a permanecer bastante tiempo en aquel lugar. El 13 de septiembre se presentaron allá algunos yuracarees de la misión de San Francisco del Mamoré. También a ellos Pedro Pablo Urquijo preguntó acerca de los motivos que habían tenido de abandonar su misión.

Según los indios era la causa próxima de la huída un tal peón José Rojas, conocido generalmente con el apodo «Churco». Este, pasando por la Asunta, S. José y S. Francisco del Mamoré, contaba a los yuracarees con todas las señales de profundo espanto que había estado preso en Cochabamba, pero libertado a ruegos del piadoso P. Buyán. Allí había sabido también como cosa cierta y segura que el P. Ramón Soto había escrito una carta al gobernador hablando muy mal de los indios del Chimoré y Mamoré pidiendo fuesen castigados ejemplarmente.

El gobernador reunía por ende soldados para hacer graves estragos entre los indios. Churco, movido de gran compasión y sentimientos humanitarios, quería evitar a sus queridos yuracarees tantos males; y para prevenir una sorpresa de parte de los despiadados cochabambinos había venido a toda prisa, resuelto a internarse, también con los indios a los bosques, haciéndose yuracaré, puesto que por los avisos dados peligraría su vida en manos de los airados soldados. Que él les procuraría herramientas.

Decían los fugitivos que habían dado plena fe a tal nueva y que el consiguiente furor fue la causa de la ruina, robos y devastación de la reducción del Mamoré, residencia del P. Soto.

Durante este trastorno general se había apoderado Churco de 6 vinajeras de plata de la iglesia del Mamoré para hacerse puños de bastón; y no había despreciado algunas arrobas de cacao en grano y bollos, encontradas en la Asunta.

Los deponentes dieron también varios detalles sobre el saqueo de la conversión del Mamoré, acusando entre otros a un mudo de haber destrozado una capa pluvial.

Los papeles existentes no indican la ulterior suerte del picaresco Churco, exceptuado por el gobernador Viedma del perdón general otorgado a los sublevados. Debían cogerle las autoridades y entregarle a la cárcel de Cochabamba[26].

También ellos manifestaron cierta disposición de recibir de nuevo a un misionero. «Y poco a poco fueron concurriendo varias familias quedando en lo mismo y de trabajar sus rozos, chacos y población en un excelente terreno, distante un cuarto de legua de la antigua misión»[27].

No se perdió el tiempo para estrechar nuevamente los lazos con los yuracarees de la región del Chimoré. Y el mismo gobernador echó una mano y se dejó querer por los indígenas.

> Es indecible e imponderable tanto el celo pastoral de estos religiosos y lo que han trabajado para estas reducciones, dejando aparte el mío, no quedando resorte que no se haya tocado para este fin; pues, a más de regalarles chaquiras, cuchillos, agujas, jabón y cuanto es dable, sino también usando de mi genio suave y pacífico y experiencia del mundo, siendo padrino de bautismo de algunas criaturas y lo mismo de algunos de mi familia, pasándoles la mano, rozándome con ellos, enseñándoles casacas, veneras y cuanto tenía.
>
> Y con estos atractivos me llaman todos y todas «padre». Y fueron y van concurriendo, poco a poco, con estas noticias [...].
>
> Los PP. misioneros R. Fr. Ramón Soto y Fr. Francisco Lacueva están incesantemente trabajando con los indios e indias, ya en lo espiritual y temporal y ya en medicinas a los que en esta del Chimoré se hallan enfermos, ayudándoles yo igualmente con la quina y creemos al alivio de ellos, para de este modo exitarles más y más a que estén contentos, como se verifica[28].

El 29 de septiembre redactó Urquijo en la misión del Chimoré su informe para el gobernador Francisco de Viedma. En él, fuera de incluir un breve relato de su viaje y de su estadía en las misiones, hace una serie de observaciones acerca de las medidas que, según su parecer, se deberían tomar para asegurar el éxito de una nueva presencia

---

[26] Priewasser, 1916-1920, XI (131), pp. 541-542. Priewasser redactó este texto a base de documentos que encontró en el archivo del convento franciscano de Tarata.
[27] Priewasser, 1916-1920, XI (131), p. 546.
[28] Priewasser, 1916-1920, XI (131), p. 547.

misionera entre los yuracarees. En primer lugar, enfatiza que se debe conservar la antigua misión de Nuestra Señora de la Asunción:

Contemplo precisa, necesaria e indispensable el sostenimiento de la primera misión, cual es de la Asunta, pues, no conservando ésta al momento, están las demás perdidas por ser, como lo he experimentado y con noticias positivas, los imbuidores de malas máximas a los otros, con el fin de abandonar a los PP. Y esto sucederá siempre, ya por la coligación y parentesco que tienen con los neófitos de las otras, ya si se les falta a lo preciso y no se les ponga un religioso experimentado e idóneo, agradable, lenguaraz, capaz y prudente en todas sus partes[29].

Además, mientras que no se tenga abierto un camino mejor, esta misión es necesaria, porque

no habrá por dónde internar los víveres a los demás religiosos, ni menos pasar los tráficos que con el tiempo pueden acaecer, por ser [los yuracarees de la Asunta] dueños de los ríos del Paracti, S. Mateo con el de Lope Mendoza y Coni[30].

Por otro lado, está convencido el gobernador Urquijo de la conveniencia de concluir la apertura del camino del Arepucho, no solamente porque presentará una buena comunicación con Totora y de allá con los valles de Cochabamba, sino también porque, existiendo esta alternativa, los yuracarees de la Asunción «estarían humildes y no ensoberbecidos por razón de tener los ríos del Paracti, S. Mateo con el de Lope Mendoza, el Coni y otros que les sirven de fuertes»[31].

Remarca también Urquijo que aprovechó la mayor parte del tiempo que estuvo en las misiones para observar a los yuracarees y adquirir conocimientos acerca de ellos. El juicio que emite sobre ellos no es muy positivo. De los de la Asunción dice:

Estos naturales son de un carácter pedigüeño, queriendo que continuamente y con frecuencia se les dé lo que solicitan; pero de poco apego al trabajo, pues cuesta lo que es indecible aun para lo de ellos. Y la prueba es que solo tienen tres chacos con sus acostumbrados alimentos,

[29] Priewasser, 1916-1920, XI (131), pp. 547-548.
[30] Priewasser, 1916-1920, XI (131), p. 548.
[31] Priewasser, 1916-1920, XI (131), pp. 548-549.

como son yuca, plátanos y otros, para 14 familias que ahora hay en los sitios donde van a hacer su nueva población correspondientes a la misión antigua de la Asunta[32].

De los yuracarees del Chimoré observa: «En cuanto al carácter de estos y sus estilos digo que, con corta diferencia, son lo mismo que los de la Asunta»[33]. Y los del Mamoré «son de carácter aun más desidioso al trabajo, pues en mi presencia dijeron a los PP. que su casa había de ser pequeña, que el cacao se había de plantar poco, que no se había de mantener algodonal y que no había de haber cepo»[34]. Sin embargo, piensa Urquijo que debe ser posible subordinarles a todos. Aunque opina que los yuracarees «sin el castigo nada son capaces de hacer», sugiere que en una primera instancia se acceda a aceptar las condiciones que ellos ponen para vivir en misión para más adelante poder exigirles más: «que con el tiempo, bondad, suavidad y manejo de los religiosos que se destinen a ella, los suavicen y reduzcan, poco a poco, a lo contrario»[35].

Finalmente, expresa el gobernador de Mojos su preocupación por la conducta de los peones que frecuentan las Montañas de Yuracarees; un tema que, como hemos visto, otros ya habían tocado antes también. Sugiere dar

> facultad a los PP. misioneros de que siempre y cuando se les coja por estas misiones a cualquier peón sin la correspondiente licencia se le castigue con severidad y se le eche fuera, conducido por los indios, hasta entregarle a la primera jurisdicción ordinaria y esta a su primitivo superior, pues no vienen a otra cosa sino a lo dicho: a dar mal ejemplo a los neófitos, a engañar a estos con sus mercancías y alterar el orden de las misiones, imbuyéndoles malas máximas contra los PP., proviniendo de esto el abandono de ellas y la fuga a los bosques[36].

Pedro Pablo Urquijo pudo salir por fin del Chimoré el día 7 de octubre de 1805.

---

[32] Priewasser, 1916-1920, XI (131), p. 544.
[33] Priewasser, 1916-1920, XI (131), p. 546.
[34] Priewasser, 1916-1920, XI (131), p. 546.
[35] Priewasser, 1916-1920, XI (131), p. 547.
[36] Priewasser, 1916-1920, XI (131), p. 544.

5.2. BUSCANDO REUNIR NUEVAMENTE A LOS YURACAREES

Basándose sin duda en el informe relativamente favorable del gobernador Urquijo, las autoridades del colegio de Tarata decidieron destinar a otros dos frailes a las misiones de Yuracarees. Fueron nombrados los padres José Pérez y Gaspar Alegre. Ambos ya habían vivido antes entre los yuracarees[37]. Los dos padres llegaron al Chimoré en la segunda quincena del mes de noviembre. Trajeron una patente para el padre Francisco Lacueva del nuevo guardián, el padre Alejandro Delgado, con la orden de informarle a la brevedad posible del «estado de las misiones y si es cierto que se van ya reuniendo los indios»[38].

Después de haberse realizado una primera exploración junto con el gobernador Urquijo, se trató ahora de investigar y establecer con mayor precisión dónde estaban ubicados los yuracarees que habían abandonado las tres misiones. Parece que los padres Alegre y Pérez dedicaron con preferencia sus esfuerzos a los antiguos habitantes de las misiones de la Asunción y de San José del Chimoré. De los padres Lacueva y Soto consta que, desde la llegada de sus nuevos compañeros, hicieron dos viajes a la misión del Mamoré[39].

El resultado de esta investigación que los cuatro frailes hicieron conocer al guardián el 11 de enero de 1806, fue el siguiente:

Las mayoría de los yuracarees de la misión de la Asunción se había establecido relativamente cerca de la misma misión:

9 familias	en la orilla opuesta del río Paracti, en un sitio llamado Baiba Sama, a una distancia de más o menos media legua de la Asunta
7 familias	en Ypachimucu, en la orilla opuesta del río Ibirizu o S. Mateo, a una distancia de dos leguas de la Asunción

---

[37] El padre José Pérez había estado de octubre de 1796 hasta octubre de 1797 en la misión de San José, de octubre de 1797 hasta enero de 1798 en la misión de Nuestra Señora de la Asunción y de enero de 1798 hasta mediados de aquel año nuevamente en la misión de San José. El padre Gaspar Alegre había estado de finales de noviembre de 1797 hasta fines de febrero de 1798 en la misión de San Francisco del Mamoré.

[38] Lacueva-Alegre-Soto-Pérez, 1919 [1806], p. 589.

[39] «Pero sin embargo de haber pasado allá en dos ocasiones el P. Soto y yo» (Lacueva-Alegre-Soto-Pérez, 1919 [1806], p. 593).

7 familias	en S. Antonio, en la otra orilla del río S. Mateo, a una distancia de media legua de Ypachimucu
2 familias	en la orilla del río Chipiriri, a una distancia de dos leguas de S. Antonio
5 familias	bajaron del río Chapare y se establecieron en lugar desconocido
4 familias	se fueron al río Isiboro
30 familias	se fueron al Isiboro ya en 1796

En cuanto a los yuracarees de la misión del Chimoré, los datos son menos precisos: «Esta misión está absolutamente desierta y sus indios se hallan, los más, esparcidos por estas inmediaciones al otro lado del río»[40]. La única especificación que dan los misioneros es que ocho familias de la misión del Chimoré y dos familias de la del Mamoré se habían establecido en un paraje llamado Tojeuma.

Finalmente, por lo que respecta a los yuracarees del Mamoré, se presentan los siguientes datos:

45 familias	están en las inmediaciones de la misión
5 familias	están a uno o dos días de camino más adelante
8 o 9 familias	están mezcladas con los yuracarees del Chimoré

Al ubicar a los yuracarees dispersos los misioneros trataron también de averiguar quiénes estaban dispuestos a reducirse nuevamente, o sea a vivir otra vez en una misión. Por más que el gobernador Urquijo en su informe a Francisco de Viedma hubiese hablado de una disposición de los yuracarees dispersados de aceptar nuevamente a un misionero y vivir *en sociedad*, la exploración de los ánimos que realizaron los padres Lacueva, Alegre, Pérez y Soto, demostró claramente que no había mucho entusiasmo al respecto. De las cinco familias de la misión de la Asunción que se habían retirado por el río Chapare, se dice que después de que «supieron se trataba del restablecimiento de su misión y ofrecieron venirse, no lo han verificado hasta ahora»[41]. De los yuracarees de la misión del Chimoré dicen los padres en su *Informe* que

---

[40] Lacueva-Alegre-Soto-Pérez, 1919 [1806], p. 591.
[41] Lacueva-Alegre-Soto-Pérez, 1919 [1806], p. 590.

no se ha podido conseguir que volviesen al pueblo, porque, llevados de sus aprensiones y de la libertad con que viven en sus chácaras, repugnan hacer noche en sus casas; y si alguna vez vienen, que regularmente es a pedir, se vuelven inmediatamente al monte. Ni aun algunos enfermos de tercianas que hay, no quieren venirse al pueblo, en donde se les ofrece asistirlos y poderlos sanar[42].

Los yuracarees del Mamoré en una primera instancia «afectaron estar prontos a volver a vivir en reducción» y «dijeron que todos se habían convenido en trabajar otra vez su pueblo»[43], pero a la hora de la verdad no se llegó a nada:

El verdadero motivo de que no se haya vuelto a formar este pueblo es el poco empeño que en esto tienen los indios y su extremada desidia que da bien a entender cuán poco se puede esperar de ellos[44].

Con todo, los cuatro frailes decidieron crear dos nuevos centros misionales. Descartaron totalmente la posibilidad de un restablecimiento de la misión del Mamoré o de una reubicación de la misma.

Sería lo más acertado [...] destruir la del Mamoré, distribuyendo sus indios en las otras; porque, ¿qué se puede esperar ya de la gente del Mamoré en aquel inmenso desierto? Además que no hay religiosos para atender debidamente a estas tres misiones, ¿quién se confiará ya a unas gentes que, peores que fieras, en el tiempo que menos motivo tenían se conspiraron contra la vida de sus padres que se estaban sacrificando por ellos? ¿Qué harían en beneficio de su misión? ¿Cuándo compondrán su camino de diez y seis leguas que está todo perdido? ¿Cómo adelantarán los plantíos útiles, si ni aun quieren que haya aquellos que ya habían experimentado, que a costa de los padres se beneficiaban para que ellos comiesen, se vistiesen y proveyesen de lo necesario? ¿Qué gastos no se ofrecerán en volver a habilitar aquella misión, su iglesia y casa de los padres[45]?

Para los yuracarees que viven en las cercanías de la antigua misión del Chimoré, el mejor lugar para una nueva reducción sería Tojeuma.

---

[42] Lacueva-Alegre-Soto-Pérez, 1919 [1806], p. 591.

[43] Lacueva-Alegre-Soto-Pérez, 1919 [1806], p. 593.

[44] Lacueva-Alegre-Soto-Pérez, 1919 [1806], p. 593.

[45] Lacueva-Alegre-Soto-Pérez, 1919 [1806], pp. 593-594.

Son pocas las familias que se han reunido allá «y su trabajo ha anda-do con tanta lentitud que apenas tienen hecho un pequeño rozo y una casita de palma aún no acabada para el padre y tres o cuatro in-dios están haciendo las suyas»[46]. Sin embargo, se podría llevar a este lugar familias de la abandonada misión del Mamoré: «Muchas fami-lias de ella quieren venirse a estos otros sitios, algunos se están vi-niendo ya, otras ya se vinieron; y los de por acá dicen que los que tie-nen allá parientes, irán a traerlos»[47].

Más complicada es la cuestión dónde ubicar una nueva misión en el área de la antigua reducción de la Asunción:

> Cuando se trató con estas gentes del restablecimiento de su misión, se convinieron en reunirse en Ypachimucu, pero el mismo día se retracta-ron los de S. Antonio, quienes con ocho familias más del Chimoré que se han retirado allí, se mantienen en aquel sitio sin quererse avenir a otro partido, con el pretexto de que el capitán de aquella parcialidad irá a bus-car los apóstatas de Isiboro, con los que se podrá formar una reducción en S. Antonio, cuya oferta tiene poco fundamento»[48].

> Los del partido de Ypachimucu con los de Baiba Sama, Chipiriri y cin-co familias del Chimoré abrieron y sembraron de las acostumbradas se-millas un rozo grande junto al pequeño río Ylobulo y a distancia de cin-co o seis cuadras de Ypachimucu, para formar allí el pueblo. Hasta ahora no tiene hecho otro trabajo que una mediana casa de palma para los pa-dres aún no acabada y una casa de indio. Los demás ofrecieron hacer las suyas por el tiempo del «tembi»; y los de Baima Sama y Chimoré se re-tiraron a sus sitios por no haber qué comer en Ypachimucu[49].

Como sea, los misioneros optarían por fundar una nueva misión en Ypachimucu.

Casi al final de su *Informe* los cuatro padres señalan todavía tres ne-cesidades que deben ser atendidas para que el restablecimiento de mi-siones en las Montañas de Yuracarees pueda tener éxito:

> Debe abrirse el camino que se tiene descubierto por el Arepucho, por-que el de Yunga va a perderse, pues así está pasando con las haciendas, y

---

[46] Lacueva–Alegre–Soto–Pérez, 1919 [1806], p. 591.
[47] Lacueva–Alegre–Soto–Pérez, 1919 [1806], p. 594.
[48] Lacueva–Alegre–Soto–Pérez, 1919 [1806], p. 590.
[49] Lacueva–Alegre–Soto–Pérez, 1919 [1806], p. 590.

el río de S. Mateo tiene insolentes a los indios y aun a nosotros nos piden paga por pasarnos.

Debe establecerse una estancia en cada misión, pues de otro modo ni se podrá aplicar a estos naturales a la industria y cultivo de la tierra, ni se podrán impedir sus continuas y perjudiciales vagueaciones a causa de ser gentes que viven de la caza y la pesca.

Y finalmente debe procurarse para cada misión un competente número de familias de chiriguanos o choropas que recojan toda la nación, la enseñen a vivir como hombres y sujeten a estas naturalmente tímidas, que solo ceden al temor; y que cuanto tengan de sujeción tanto tendrán de disposición para ser racionales y cristianos[50].

Si no es posible cumplir estas condiciones, no queda otra alternativa que esparcir a los yuracarees entre las misiones de las otras naciones.

Hallándose las misiones en este pie se puede esperar que con la ayuda de Dios fructifique el celo y predicación de los religiosos y se logre la reducción de unas gentes ingratas, inconstantes, vagabundas, ociosas, pedigüeñas, cada día más atrevidas y desvergonzadas, llenas de los vicios más abominables, enemigas de toda subordinación, que ni aun para sí trabajan, como se ha visto este año que han estado sin padres, en que apenas se han hecho uno u otro chaco; que nada más se figuran de los religiosos sino que éstos los han de proveer de todo lo que se les antoja; que están en la inteligencia de que tenemos necesidad de ellas y por eso las buscamos con tantas fatigas; que se dejan morir en el monte como bárbaros sin hacer el menor caso de nuestros consejos y exhortaciones y de las diligencias de irlos a buscar a dos o tres días de camino por estos bosques impenetrables, como acaba de suceder; que no se han persuadido de ninguna verdad cristiana y que treinta años ha que están haciendo resistencia al Evangelio[51].

Este informe, en una versión ampliada, fue enviado en la misma fecha, 11 de enero de 1806, también al intendente gobernador Francisco de Viedma. Subrayan los cuatro misioneros que «es imposible reunir a los indios fugitivos a vivir en unión, a causa de que se

[50] Lacueva-Alegre-Soto-Pérez, 1919 [1806], pp. 594-595.
[51] Lacueva-Alegre-Soto-Pérez, 1919 [1806], p. 595.

hallan muy dispersos en los montes, proponiendo los arbitrios que les han parecido oportunos para su subsistencia»[52].

La reacción, por parte de Viedma, fue un decreto del 25 de enero de 1806. Considerando que será prácticamente imposible restablecer las misiones abandonadas o formar misiones nuevas, ordena el gobernador al guardián del colegio de Tarata

> que se sirva mandar a los religiosos conversores que se hallan en las Montañas de Yuracarees y abandonadas reducciones que luego que pase el presente tiempo de lluvias se retiraren a su colegio, con la prevención de que, si en este intermedio de tiempo advierten que los indios manifiestan algunas fundadas esperanzas de reducirse como antes a la vida civil y cristiana bajo la dirección de ellos, suspendan su venida y den parte a fin de proveerles de lo necesario a su apostólico ejercicio[53].

5.3. La fundación de nuevas misiones

Los padres Lacueva, Alegre, Soto y Pérez se quedaron. En febrero de 1806 fundaron dos nuevas misiones: una al oriente del río Chapare, en Ypachimucu, cerca del río Coni y del río Ylobulo, bautizada como misión de San José de Ypachimucu; la otra, a siete leguas al este de la primera, a orillas del río Chimoré, bautizada como la misión de San Antonio del Chimoré.

Las nuevas misiones fueron formadas principalmente con familias de las antiguas misiones de la Asunción, de San José del Chimoré y de San Francisco del Mamoré. En un informe sobre estas misiones del 31 de julio de 1806 encontramos los siguientes datos sobre sus composiciones:

> Las familias que han concurrido a este sitio de Ylobulo son 54, en ellas se hallan 217 almas; las 86 de la misión de N. S. de la Asunción, 67 de la de S. Francisco del Mamoré y 64 de la de S. Josef del Chimoré.
> Son 114 hombres y 103 mujeres. De los hombres, 34 son de edad de uno a diez años; 38 de 10 a 25; 37 de 25 a 60 y cinco de 60 años ade-

---

[52] Citado por Priewasser, 1919, 132, pp. 595-596. Dice el autor que el informe dirigido a Viedma se encuentra también en el archivo de Tarata.
[53] Viedma, 1919 [1806], pp. 596-597.

lante. De las mujeres, hay 20 de edad de uno a diez años; 36 de diez a veinticinco; 41 de veinticinco a sesenta, y seis de 60 adelante.

Además de esta gente se hallan existentes en el sitio de S. Antonio 28 familias, que hacen 106 almas; las 42 de la misión de la Asunción, 32 de la del Chimoré y otras 32 de la del Mamoré. Son 58 hombres y 48 mujeres. De aquellos 17 de edad de uno a diez años; 19 de diez a veinticinco; 21 de veinticinco a sesenta y 1 de sesenta arriba. De las mujeres hay 11 de uno a diez años de edad; 8 de diez a veinticinco; 28 de veinticinco a sesenta, y 1 de sesenta adelante[54].

No sabemos cuál fue la evolución demográfica de estas nuevas misiones. Solo tenemos los siguientes escasos datos que encontramos en un estudio de 1815. Dice el autor, Dr. José María Boso, de la misión de San José: «Hay en esta misión hasta cien indios de trabajo»; y de la misión de San Antonio: «Tiene menos familias que la antecedente».

En la misión de San José se establecieron los padres Francisco Lacueva y Gaspar Alegre, en la de San Antonio los padres Ramón Soto y José Pérez.

A pesar de su pesimismo, los cuatro franciscanos que fundaron las dos nuevas misiones dieron todo de sí para lograr algún éxito en su empeño de atraer nuevamente a los yuracarees. Y les fue bien. El 31 de julio del mismo año escribieron con cierta euforia la siguiente carta a Francisco de Viedma:

Señor Gobernador Intendente:

Por el «Estado» de las misiones que acompañamos[55], inferirá V. S. las pruebas que han dado estas gentes de volver a la vida civil y cristiana, desde 11 de enero último, en que informamos a V. S. lo desesperada que se hallaba la reducción.

El haber visto congregarse estas familias en la penosísima estación de las aguas desde diez, veinte, treinta y más leguas, dejando sus comidas y viniendo a sitios donde ni había de comer, ni cómo buscarlo, ni les valían sus recursos de la pesca y la caza; el haber notado en los indios bastante empeño para hacer a lo menos las precisas casas y sementeras en aquellos días que se suspendían las aguas, que hasta ahora, de un modo increíble, han sido raros estos días.

Hay esperanza de que sucesivamente irán concurriendo más gentes.

[54] Lacueva-Alegre, 1920 [1806], pp. 117-118.
[55] Ver Lacueva-Alegre, 1920 [1806], XII, pp. 115-119.

El logro de los que se iban muriendo con el santo bautismo. El haber entre los indios algunos buenos, que no merecen ser tratados con la suerte de los culpados.

Y finalmente la persuasión en que estamos de que el excelentísimo señor virrey habrá tomado o tomará algún arbitrio conforme a su acreditado celo y prudencia, que fije la conversión de esta nación.

Todo esto ha sido la causa para que no nos retirásemos a nuestro colegio conforme el auto proveído por V. S. a consecuencia de nuestro sobredicho informe.

Dios guarde a V. S. muchos años.

Ypachimucu y Julio 31 de 1806[56].

5.4. Primer desarrollo de las nuevas misiones (1806-1809)

A pesar de que no tenemos muchos documentos de los años que siguieron a la fundación de las dos nuevas misiones, podemos formarnos una cierta idea de cómo ellas se desarrollaron.

Por el retorno paulatino de las familias que en años anteriores habían fugado y se habían establecido en otras partes, las dos misiones experimentaron un crecimiento de población. De la misión de S. Antonio dice el padre Lacueva en una carta del 16 de enero del año 1809: «En el Chimoré hay ya más gente de la que es capaz aquel sitio»[57]. De la misión de San José de Ypachimucu se había retirado gente por la falta de posibilidades de mantenerles. Los padres ven la necesidad y la posibilidad de fundar una o dos misiones más. Dice Francisco Lacueva en la misma carta:

Yo soy de parecer que debe hacerse otra tercera reducción en el sitio llamado Lecheleche, y ésta ponerla como legua y media más abajo de aquí, donde ya se comenzó el trabajo para esto y se les hice suspender cuando supe el mal despacho que tuvo el último informe[58].

Piensa también Lacueva en la conveniencia de fundar una misión por el río Isiboro. Dos representantes de los yuracarees que se habían

---

[56] Lacueva-Alegre-Soto-Pérez, 1920 [1806], XII, p. 114.

[57] Lacueva, 1919 [1809a], p. 127.

[58] Lacueva, 1919 [1809a]. Lastimosamente no conocemos el informe a que hace aquí referencia el padre Lacueva.

establecido allá vinieron a visitarle y expresaron su deseo de vivir en misión: «dos indios vinieron ahora poco tiempo enviados de sus parientes a saber si quería ir padre a sus tierras, que se juntarían cerca del río Isiboro y compondrían el camino desde aquí cuanto fuese posible»[59]. Francisco Lacueva está persuadido de que

> habiendo las tres misiones sobredichas[60], concurrirían muchos de ellos y lo mismo de otros apóstatas que viven en este río Chapare abajo y que ninguno de ellos quiere venir aquí ni a Chimoré y ofrecen concurrir al segundo sitio que propongo[61].

Sin embargo, se presentaron una serie de obstáculos para garantizar la subsistencia de las misiones existentes y la extensión del campo de acción misionero.

Un primer obstáculo fue el del personal misionero. A comienzos de octubre del año 1808 el padre Gaspar Alegre abandonó la misión de Ypachimucu para participar en el capítulo guardianal[62]. Se quedó solo allá el padre Francisco Lacueva. Después del capítulo del 28 de octubre del mismo año 1808 debe haber ido a acompañarlo el padre José Boria[63].

---

[59] Lacueva, 1919 [1809a], p. 128.

[60] Se refiere a las dos existentes, la de San José y la de San Antonio, y a la nueva de Lecheleche.

[61] Lacueva, 1919 [1809a], p. 128. En una carta del 1 de abril de 1809, dirigida también al guardián y discretorio del colegio de Tarata, Francisco Lacueva se atreve a hacer un pronóstico aun más categórico: «Si algún día ha de ser reducida esta nación, cualquiera conocerá que fuera lo más acertado hacer un pueblo en Isiboro, otro hacia las inmediaciones del río Paracti, otro entre el Chapare y el Coni y el otro en Chimoré» (Lacueva, 1919 [1809b], p. 130).

[62] El padre Gaspar Alegre se incorporó en la provincia de San Antonio de los Charcas y en el capítulo de 1813 fue elegido guardián del convento de la Recoleta de Cochabamba.

[63] José Boria fue a Yuracarees a pesar de haber sido elegido discreto en aquel capítulo. Con varias interrupciones trabajó en las misiones hasta el año 1818. A finales de agosto de 1809 participó en el capítulo prefectural (ver ACFT, LCG, 29 de agosto de 1809). Debe haber salido de la misión a comienzos de abril de 1811, porque el 29 de abril de 1811 firma como discreto el documento que testimonia su elección como visitador y presidente del próximo capítulo guardianal (ver ACFT, LCG, 29 de abril de 1811). Presidió efectivamente aquel capítulo que tuvo lugar el día 28 de octubre de 1811. En el capítulo Prefectural que se realizó el 7 de noviembre del

En cuanto a los frailes de la misión de San Antonio, a comienzos de octubre del año 1808 salió de ella el padre José Pérez para participar en el capítulo guardianal, el mismo que se realizó el 28 de octubre de aquel año y en el cual el padre Pérez fue elegido discreto[64].

Se quedó solo en S. Antonio el padre Ramón Soto. Sin embargo, después del capítulo guardianal debe haber ido a las misiones el hermano lego Manuel Juste, quien había pertenecido al colegio de Propaganda Fide de Moquegua y se había incorporado en el colegio de Tarata.

La perseverancia de los padres Francisco Lacueva y Ramón Soto es realmente admirable, cuando tomamos en cuenta las difíciles circunstancias en que tenían que realizar su labor misionera y los problemas de salud con que ambos tropezaron. Comprensiblemente tuvieron momentos de desaliento.

En diciembre de 1808 el padre Lacueva visitó a su hermano y un mes después escribió en una carta dirigida al colegio:

Al P. Soto lo ví ahora poco menos de un mes y me retiré de él cuanto antes por no afligirme más con su vista: está abatido a una tristeza y melancolía que lo oprime. Protesta que ya no es más de utilidad en su destino. Varias veces ha estado a punto de salirse; no le faltan sus escrúpulos, llora como una criatura y causa lástima hasta a los mismos bárbaros. Yo me hubiese quedado a lo menos por algún tiempo en su lugar, si no tuviese tanta necesidad como él de salir; si no temiese que me hubieran dejado para siempre en aquel sitio y si la gente de esta reducción no anduviese tan vaga, que apenas entre los dos religiosos podemos estar al cuidado de ella[65].

mismo año, José Boria fue elegido comisario prefecto de misiones. En esta función retornó a Yuracarees. Debe haber interrumpido nuevamente su permanencia allá a comienzos de octubre de 1814, porque el 27 de octubre firma el acta de la visita que realizó al colegio el padre Manuel Cienfuegos (ver ACFT, LADV, fol. 10v). No parece haber retornado a las misiones antes de mediados del año 1815, porque en su estudio de las Montañas de Yuracarees fechado el 25 de mayo de 1815, el Dr. José María Boso menciona solamente al padre Lacueva como misionero de San José de Ypachimucu y al padre Ramón Soto como misionero de San Antonio (véase Boso, 1985 [1815], p. 348).

[64] El padre Pérez ya no retornó a las misiones.

[65] Lacueva, 1920 [1809a], p. 126.

El mismo Francisco Lacueva empezó a tener problemas de salud a finales del año 1807. En la misma carta en la que habla de su visita al padre Soto y que fue escrita el 16 de enero de 1809, dijo:

> Me hallo convaleciendo del accidente llamado angina o esquinencia, que en el espacio de poco más de un año me ha acometido tres veces, sin otras dos más que, o por venir con menos violencia o porque surtieron[66] bien los medicamentos, se logró atajarlo en su principio. Este peligroso accidente en una situación en que no hay proporción para los remedios y curación que pide, me trae lo más del tiempo con una salud arruinada y expuesto a morir simplemente[67].

El 1 de abril del mismo año 1809 escribió en una nueva carta al colegio que la enfermedad que había sufrido apenas le hacía posible rezar el oficio y oír Misa los días de obligación, «haciéndome llevar una silla a la iglesia» y que aun así se había desmayado[68].

El mismo colegio pasó por momentos sumamente difíciles en cuanto a personal. De los veintidós frailes que se habían establecido en Colpa en el año 1796, dos habían fallecido (el padre Vicente Sabáñez y el padre Pedro Hernández[69]) y nueve se habían desincorporado del colegio (los padres Juan García, Ramón Lápido, Bernardino López Pantoja, Domingo Real y Bernardo Ximénez Bejarano, y los hermanos legos Felipe Anaya, Francisco Prieto, Vicente Ralfes y Nicolás Gardet). Solo se habían incorporado en el colegio el hermano Manuel Juste y el padre Nicolás Álvaro, pero este último estuvo apenas unos meses en él[70].

A pesar de ser conocedor de la precaria situación del colegio, Francisco Lacueva apela en su carta del 16 de enero de 1809 a que los frailes del mismo sigan asumiendo su responsabilidad por las misiones, porque, al fin y al cabo, el colegio había sido fundado en primerísi-

---

[66] En el manuscrito, «surgieron».

[67] Lacueva, 1920 [1809a], pp. 125-126.

[68] Lacueva, 1920 [1809b], p. 130.

[69] Además, en este mismo año 1809 fallecieron en Tarata los padres Hilario Coche y José Pérez (ver Priewasser, 1914, diciembre, día 2).

[70] El padre Álvaro fue miembro del colegio de Propaganda Fide de Nuestra Señora de los Ángeles de Tarija de 1788 a 1805. En julio del año 1805 se incorporó en el colegio de Tarata, pero se desincorporó poco tiempo después para hacerlo en el colegio de Moquegua.

mo lugar para realizar la evangelización de los infieles mediante la fundación y la conservación de misiones.

Del colegio, que no puede lícitamente prescindir de ellas, esperamos se tome algún medio para consolarnos algún tanto en nuestro ministerio y para mejorar la situación en que se hallan unas almas que penden del mismo colegio; para cuyo remedio vinimos a tanta costa, de cuya salvación nosotros mismos nos encargamos y cuya eterna perdición causará la de los religiosos que debieron procurar evitarla y no lo hicieron[71].

Más adelante en la misma carta dice Francisco Lacueva:

A proporción de la extremada necesidad de estas gentes, aumenten su caridad para con ellas, que donde hay poco trabajo, poco mérito habrá en acudir a él. Estén VV. RR. en la inteligencia de que con mantener en estas montañas y entre unas gentes de esta naturaleza tres religiosos en el estado en que nos hallamos, agobiados con el tedio, trabajo y dolor de tantos años, de un destino del que todos huyen, no satisface el colegio a la obligación de atender a la salvación de estas únicas almas de su cargo[72].

Y termina Lacueva su carta diciendo que

si los religiosos del colegio no están ya para administrar estas ridículas misiones, entréguese el colegio con ellas a la provincia[73], a quien no le faltan religiosos que puedan conservar y adelantar las misiones, como lo ha hecho con las de Apolobamba, con la de Mosetenes lo hacía y lo hubiese hecho con estas, si las hubiesen dejado a su cuidado[74].

Un segundo obstáculo lo constituían al parecer los mismos yuracarees, porque no cambiaban en nada su modo de ser, sus actitudes y sus costumbres. Con frecuencia los misioneros se desesperaban con respecto a la posibilidad de civilizarles y evangelizarles conforme a los conceptos de «cultura» y «cristianismo» que ellos habían heredado.

---

[71] Lacueva, 1919 [1809a], p. 126.
[72] Lacueva, 1919 [1809a], p. 129.
[73] Se refiere a la provincia de San Antonio de los Charcas.
[74] Lacueva, 1919 [1809a], p. 129.

Un tercer obstáculo sigue siendo la manutención de los habitantes de las misiones. Dice Francisco Lacueva en su (ya varias veces) citada carta del 16 de enero de 1809 sobre los yuracarees de su misión: «Aquí, por la imposibilidad que tienen de mantenerse, se han ido muchos y otros están pensando en irse»[75]. Más adelante dice:

> Muchas familias pasan especialmente hacia el lado de Lecheleche la mayor parte del año, con motivo de la pesca, del [sic] «tembi» y de que aún tienen por allí sus sementeras. Se niegan a fijarse aquí, alegando que no tienen con qué mantenerse[76].

5.5. La muerte del intendente gobernador Francisco de Viedma

El 28 de junio del año 1809 falleció en la ciudad de Cochabamba el intendente gobernador Francisco de Viedma. La partida de defunción reza como sigue:

> En el año del Señor de mil ochocientos nueve, en veinte y ocho de junio, murió en su casa y en la comunión de Nuestra Santa Madre Iglesia, el Señor D. Francisco de Viedma, gobernador intendente de esta provincia, español natural del Reino de Jaén, casado con Da. Teresa Gallegos, de edad de setenta y tres años, cuyo cuerpo fue sepultado al día siguiente en la iglesia de San Francisco con oficio cantado. Se confesó para morir con mi teniente de cura rector Doctor don Francisco de Cardona, el veinte y cinco de este y en el mismo recibió el viático y extrema-unción de mi mano, y para que conste lo firmo. Dr. Gerónimo de Cardona y Tagle[77].

Después del cura/obispo Ángel Mariano Moscoso, fue el intendente gobernador Francisco de Viedma quien más años acompañó y estimuló la reducción y cristianización de los yuracarees, durante casi veinticinco años. Hijo de grandes hacendados de la Andalucía española, se había destacado por su empeño en mejorar la agricultura de las haciendas de sus antepasados. Fue destinado en 1778 por el presidente del Consejo de Indias a las Américas, concretamente a la Pata-

---

[75] Lacueva, 1919 [1809a], p. 127.
[76] Lacueva, 1919 [1809a], p. 128.
[77] Viedma, 1969, p. (6).

gonia, para proteger y defender esta parte del Imperio español contra los ingleses[78] y desarrollar en ella la agricultura[79]. Durante cuatro años trabajó en aquella parte de las colonias españolas. Por real orden del 5 de agosto de 1783 Francisco de Viedma fue nombrado como primer gobernador intendente de la provincia de Santa Cruz de la Sierra, con sede en Cochabamba, y era esperable que también en su nuevo territorio se dedicaría al desarrollo de la agricultura, concretamente impulsando la extensión de las fronteras agrícolas de Cochabamba hacia las tierras bajas de su jurisdicción.

Ya en España Viedma debe haber tomado conocimiento de los escritos del economista irlandés Bernard Ward, quien en los años 40 del siglo XVIII se había establecido en España y que había publicado en 1750 una pequeña obra titulada *Obra pía y eficaz modo para remediar la miseria de la gente pobre de España*[80], en la cual el autor abordaba la problemática de la pobreza y de la ociosidad, y promovía de modo especial la idea que el Estado podría esperar beneficios económicos sustanciales dando tareas útiles a los pobres ociosos. El rey Fernando VI llegó a conocer esta obra y comisionó por real orden a Ward para visitar diferentes países de Europa «a fin de que cotejando los adelanta-

---

[78] «Desesperanzados los ingleses de recobrar las vastas posesiones que ven substraídas de su dominio en América Septentrional con tanto menoscabo de su marina y comercio, y consiguientemente de su extensivo poder, les es ya indispensable pensar en hacer alguna adquisición en América Meridional, la cual sirva al mismo tiempo de empleo y de fomento de pesquerías, navegación mercantil y fuerzas navales, y prometa a la Potencia Británica para lo sucesivo alguna competente indemnización de la gran pérdida que ha padecido» (AGI, Buenos Aires, 326: *Instrucción del Conde de Floridablanca sobre organización de los establecimientos en Patagonia*, Madrid, 8 de mayo de 1778).

[79] «Las circunstancias que acompañaron este nombramiento merecen ser referidas. Se excusaba Viedma por las muchas atenciones de familia y por su ninguna aptitud para esta clase de empleos. Insistía el ministro y volvía a excusarse el candidato. Por fin cansado Gálvez de la resistencia que encontraba en su protegido, mudó de conversación y le preguntó en qué estado había dejado sus haciendas. Viedma, que ponía todo su orgullo en pasar por el primer agricultor de Andalucía, le contestó, que a fuerza de cuidados y trabajos había logrado llevarlas a un estado de prosperidad extraordinaria. "Esto es precisamente lo que quiere el rey que V. haga en Patagonia", le dijo el ministro, devolviéndole su renuncia» (Pedro de Angelis, «Discurso preliminar a la Memoria de Viedma sobre Patagonia», en F. de Viedma, [1784] 1836, p. I).

[80] Valencia, Viuda de Jerónimo Conejos, 1750.

mientos de otras naciones en la agricultura, artes y comercio, propusiese los medios para perfeccionar en España la industria»[81]. Bernard Ward viajó durante cuatro años por varios países europeos y redactó después su obra *Proyecto económico en que se proponen varias providencias dirigidas a promover los intereses de España, con los medios y fondos necesarios para su plantificación.* La obra fue concluida en 1762, pero editada recién en 1779[82]. Francisco de Viedma hizo suyos el pensamiento y las ideas de Ward y decidió aplicarlos en la promoción y el fomento de la agricultura, la industria y el comercio dentro de su jurisdicción, desarrollando una política que enfocaba decididamente el establecimiento de haciendas en tierras nuevas, la apertura de sendas que debían facilitar la comunicación entre los valles de Cochabamba y esos nuevos espacios agrícolas, así como el comercio de productos y la fundación de misiones dentro de las cuales los indígenas —«pobres ociosos»— debían aprender diferentes oficios para llegar a ser vasallos útiles para el Estado[83].

Francisco de Viedma no pudo realizar sus grandes sueños: las haciendas que empezaron a establecerse en las Montañas de Yuracarees, fundamentalmente a partir del año 1788, no llegaron a convertirse en nuevos centros agrícolas. Es más, después de un período inicial de grandes expectativas e incluso de cierta euforia por parte de los vecinos de Cochabamba que decidieron entrar en aquellas zonas tropicales, poco a poco llegaron a arruinarse, y esto debido principalmente a la total inexperiencia de hacer agricultura en regiones calurosas y altamente húmedas y a la imposibilidad de formar sendas seguras y estables. Y en cuanto a las misiones de indios yuracarees, de las tres que fueron fundadas a comienzos de la década de 1790 con el apoyo y

---

[81] Juan Luis Castellano Castellano, «Estudio preliminar» (p. IX) en B. Ward, 1982 [1762].

[82] Madrid, Joaquín Ibarra, 1779. En esta obra fue incluida, como segunda parte (pp. 320-400), la obra *Obra pía* de 1750.

[83] En su Plan de Gobierno, redactado concretamente para las cuatro misiones chiriguanas de la Cordillera, pero sin duda pensado también para las misiones de las Montañas de Yuracarees, Viedma cita la obra *Proyecto económico* de Bernard Ward; contempla la aplicación, a los indios de su jurisdicción, de los experimentos que Ward hizo en España con minusválidos y mujeres ociosas, tratando de convertirlos en ciudadanos productivos. Este Plan de Gobierno está incluido en la obra de Viedma *Descripción geográfica y estadística de la Provincia de Santa Cruz de la Sierra.* Está fechado en Cochabamba, 15 de enero de 1788.

decidido empeño de Viedma, San Carlos (1791), San Francisco de Asís del Mamoré (1793) y San José del Coni/Chimoré (1795), las dos últimas se perdieron definitivamente en marzo/abril del año 1805, mientras que la primera no pasó a la jurisdicción de Viedma, pese a sus esfuerzos. Las dos nuevas misiones que se fundaron en las Montañas de Yuracarees en el año 1806 con el apoyo de Viedma, a la hora de su muerte se encontraban todavía en una situación altamente precaria.

5.6. El oro de Manuel Juste

A comienzos de diciembre del año 1809 el padre Ramón Soto abandonó la misión de San Antonio del Chimoré, muy probablemente por motivos de salud, y se fue al colegio de Tarata. Se quedó solo al cargo de esta misión el hermano Manuel Juste. No le resultó nada fácil al hermano soportar la soledad y dirigir la misión. El 2 de abril de 1810 escribió, curiosamente no al guardián y discretorio del colegio, sino al intendente gobernador interino de Cochabamba Josef González de Prada:

> También estimaré a Vuestra Señoría nombre al reverendo padre guardián del colegio, que mande a esta reducción religiosos sacerdotes, pues cuatro meses hace que estoy supliendo en esta reducción sin pastor espiritual de estas almas por haberse salido el padre Soto; y está en Tarata paseando, habiéndome dado palabra de volver y no ha parecido más por esta reducción. Y siento mucho que estas almas no están con sacerdote, gastando el rey para el auxilio de dichos religiosos. Se lo estimaré mucho que para primeros de mayo estén los religiosos en esta reducción[84].

El padre Francisco Lacueva, que se encontraba en la misión de San José de Ypachimucu, escribió en el mismo mes de abril al padre Francisco Lorda, comisario prefecto de misiones, acerca del hermano:

---

[84] Juste, 1810, fol. 2v. En la transcripción que el padre Wolfgang Priewasser hizo de la carta del hermano Juste y que publicó en *Archivo de la Comisaría Franciscana de Bolivia* cometió el siguiente error: en vez de «También estimaré a Vuestra Señoría nombre al reverendo padre guardián del colegio, que mande a esta reducción religiosos sacerdotes», puso en el texto: «También estimaré que Usía mande a esta reducción religiosos sacerdotes» (Juste, 1918 [1810], p. 266).

«Fr. Manuel está como un desesperado; va a salirse llamándose a engaño»[85].

Para llamar la atención hacia su persona o simplemente para distraerse con algo, el hermano Juste, semanas antes de lanzar su grito de auxilio al gobernador, pretendió haber encontrado oro en un derrumbe a orillas del río Chimoré. Había enviado una cierta cantidad de arena supuestamente aurífera a un conocido suyo, el teniente coronel Francisco de Rivera. Éste puso al tanto del descubrimiento al gobernador González y él, a su vez, mandó un oficio al padre Lacueva, conversor de la misión de Ypachimucu, encargándole hacer las averiguaciones pertinentes acerca del asunto. El padre Lacueva fue a San Antonio y pasó junto con el hermano al derrumbe que se encontraba a poca distancia de la misión, a la otra orilla del río. El padre Lacueva hizo recoger tres arrobas de la misma tierra que el hermano había mandado al coronel y algunos pedazos de otra especie de tierra de la que estaba compuesto el derrumbe. Envió todo esto después a Cochabamba. Lacueva habría querido hacer entonces personalmente una mayor investigación, pero lo impidieron las lluvias y, además, tenía prisa de retornar a su propia reducción. Encargó al hermano Manuel hacer algunas excavaciones para obtener mayor seguridad acerca de la presencia de oro en aquel lugar y en otros lugares cercanos.

El 2 de abril el hermano escribió por su propia cuenta lo siguiente al gobernador González:

> Pasó a esta reducción el reverendo padre Lacueva[86] en solicitación de la orden de Vuestra Señoría, para que se le mande la muestra del derrumbe; y por no tener operarios para el trabajo no hemos podido coger de lo mejor del derrumbe, que es en el plan[87], por pasar el río con mucha agua en dicho plan.
>
> Yo quisiera que Vuestra Señoría mandara algún sujeto inteligente, con algunos hombres y herramientas, para el mes de mayo, para poder hacer algún trabajo formal ya en el derrumbe y poder registrar algunas playas

---

[85] Lacueva, 1810b, fol. 4.

[86] La transcripción del manuscrito hecha por Priewasser reza equivocadamente: «Pasó esta petición el profeso padre Lacueva» (Juste, 1918 [1810], p. 266).

[87] Aquí «plan» se usa en el sentido de «conjunto de labores de la mina a una misma profundidad» (DRAE).

y recodos de dicho río; y haremos un reconocimiento formal para el bien público y del rey[88].

El 5 de abril el padre Lacueva envió al gobernador González un informe de la inspección que había hecho junto con el hermano Juste, dando una descripción bastante minuciosa del lugar del derrumbe y de las características geológicas de la orilla del río[89].

Unos diez días después el hermano Manuel envió al padre Lacueva una cierta cantidad de pepitas de oro y algunas otras muestras de este metal. El padre Francisco reaccionó con euforia ante el hallazgo hecho por el hermano y el 16 de abril escribió con entusiasmo al prefecto de misiones:

> Pienso que esta es la hora de ajustar con el gobierno un plan que asegure la conversión de esta nación, el cual, mi parecer es, fue y será que debe reducirse a aquella máxima de S. Agustín: *Terreantur et doceantur; si terreantur et non doceantur, improba dominatio erit; rursus si doceantur et non terreantur, in desuetudinem abibunt*[90].
>
> Y que se tenga bien presente las poquísimas proporciones de estos sitios para mantener en el mejor de ellos un corto número de gente[91].

Tal plan de conversión se considera urgente en un momento, como ya ha habido tantos otros en esta historia, en que los contados misioneros que se dedican a la evangelización de los yuracarees se sienten

---

[88] Juste, 1810, fols. 2r-2v.

[89] Ver Lacueva, 1810a.

[90] La cita es de la Carta 93, que escribió San Agustín en el año 407 o 408 a un donatista llamado Vicente. En la versión de la obras de San Agustín de la Biblioteca de Autores Cristianos el texto reza así: «Si enim terrerentur et non docerentur, inproba quasi dominatio uideretur; rursus si docerentur et non terrerentur, uetustate consuetudinis obdurati ad capessendam uiam salutis pigrius mouerentur», «Si se les atemorizase y no se les instruyese, parecería una dominación cruel. Por otra parte, si se les instruyese y no se les atemorizase, como están endurecidos por la costumbre vieja, se moverían perezosamente a emprender el camino de la salvación» (Carta 93, 1. 3. *Obras completas de San Agustín*, VIII, Madrid, La Editorial Católica, 1986, pp. 605-606).

[91] Lacueva, 1810b, fol. 4r. Entre paréntesis, en esta carta el padre Lacueva toca la cuestión de las dispensas matrimoniales: «Si hay alguna cosa favorable en orden a las dispensas matrimoniales, estimaré que inmediatamente me lo avise con un propio, porque así lo necesito» (Ibídem).

desalentados y desamparados. Parece que en el mismo colegio, prescindiendo del hecho de que ya no se contaba prácticamente con gente para mandar a las misiones, dadas las constantes dificultades que estas misiones causaban y el relativamente poco resultado que cosechaban los esfuerzos de los misioneros, se produjo un cierto desánimo de continuar cumpliendo el compromiso que se había tomado con respecto a los yuracarees. Así se puede entender el grito amargo que lanzó el padre Lacueva al final de su carta a Francisco Lorda:

> como [estimaré] también el saber del mismo modo lo que últimamente se resolviese en orden a estas misiones. En el desaliño con que se hallan, la mitad de la nación déla V. P. por perdida y destinada a los infiernos y la otra mitad a punto de serlo[92].

Mandó el mineral encontrado al padre Francisco Lorda, pidiéndole entregarlo al gobernador intendente, personalmente o por intermedio de una persona de absoluta confianza. Adjuntó también el padre Lacueva una breve carta para el mismo gobernador González de Prada, en la que dice que el hermano Manuel Juste había cumplido lo que le había encargado:

> Me parece que ha correspondido a lo que podía pretender este religioso, que regularmente el día que pasó necesitaría casi toda la mañana para hacer que los indios le pasasen el río, y que a pocas horas le instarían para volver a la misión; y que si hizo algún trabajo lo haría con sus propias manos, porque ni aun muchachos tiene y los indios no son para esto. Encontró al pie del derrumbe ocho pepitas de oro y, más abajo en la playa, nueve[93], y otras más pequeñitas dentro del río, todas las cuales incluyo a Vuestra Señoría con una poca tierra lavada del pie del derrumbe, que juntamente me ha enviado, para que así este descubrimiento satisfaga[94] a las justificadas intenciones de Vuestra Señoría de promover también por este medio la felicidad y comodidad de la provincia de su mando. Así lo deseo y pido a Dios con todas las venas de mi corazón, ya por el mismo motivo que Vuestra Señoría, ya también por lo que espero que ha

---

[92] Lacueva, 1810b, fol. 4r.

[93] En la carta al padre Lorda, Lacueva habla de «diez y siete o diez y ocho pepitas de oro» (Lacueva, 1810b, fol. 4r).

[94] Se lee «satisface»; enmendamos.

de contribuir este descubrimiento al remedio de estas misiones, ya que[95] estos desventurados indios yuracarees sean algún día útiles a la religión y al estado[96].

El padre Francisco Lorda fue a Cochabamba, junto con el síndico del colegio y de sus misiones, Hermenegildo Mariscal, y el 1 de mayo entregó personalmente los minerales al intendente gobernador Josef González junto con un oficio del síndico[97], por medio del cual éste pide que el gobernador se sirva conceder al colegio de Tarata «el registro para que en adelante sea el título atributivo del dominio y propiedad, a fin de que alguno otro no pretenda derechos»[98]. El día siguiente, 2 de mayo, el padre Francisco Lorda a su vez solicitó al gobernador conceder al colegio «la necesaria licencia, a nombre de la misión referida, para el formal reconocimiento y trabajo de la labor»[99]. El mismo día 2 de mayo el gobernador González otorgó esta licencia: «Se da por hecho el registro del venero de oro que se expresa y se concede la licencia para su laboreo»[100].

De hecho, ya había entonces por lo menos otro interesado, a saber el teniente coronel Francisco de Rivera. También él solicitó licencia para estacarse en la misma orilla del río Chimoré, pero «a distinto rumbo de los que han solicitado los nominados religiosos»[101]. También a él se le otorgó la licencia solicitada.

Pero conforme a lo que había pedido el hermano Manuel Juste, el gobernador intendente decidió mandar a un experto para que investigara con mayor conocimiento de causa el lugar. Pidió igualmente el gobernador al padre Francisco Lacueva acompañar al experto, don Josef Azurduy. El día 1 de junio el señor Azurduy y el padre

---

[95] Es común significar «para que» con la expresión «ya que».

[96] Lacueva, 1810c, fol. 3r.

[97] De esta entrega se dio la siguiente constancia: «Cochabamba, primero de mayo de mil ochocientos diez. Por recibido a las nueve de la mañana el presente oficio con las pequeñas pepitas y tierra que se enumeraron agregue a los antecedentes del mismo padre la Cueva y del hermano fray Manuel Juste que obran en este gobierno para los efectos que haya lugar» (González de Prada, 1810a, fol. 3r).

[98] H. Mariscal, 1810, fol. 3v.

[99] Lorda, 1810, fol. 5r.

[100] González de Prada, 1810b, fol. 5v.

[101] Rivero, 1810, fol. 8v.

Lacueva fueron juntos con el hermano Manuel al famoso derrumbe. Casi de inmediato

> comenzó a desconfiar don Josef de que pudiese sacarse de allí algún interés, ya porque no se podría entablar trabajo formal en el derrumbe, por ser tierra muy suelta y socavándola se había de desplomar y en la playa por causa de la mucha cargazón y las avenidas del río, ya también porque al ver las capas de lama, unas perpendiculares y otras diagonales, infirió que aquella lama no era traída por las aguas, sino criada allí mismo y que allí no podía estar el oro[102].

Los días siguientes seguían investigando la orilla del río Chimoré, haciendo diferentes excavaciones mientras que al mismo tiempo algunos peones lavaban arena, y encontraron primero un pedacito de guijo de oro, luego cuatro planchitas de oro y, el último día, 5 de junio, todavía dos planchitas más. Sin embargo, para sorpresa del padre Lacueva, el experto le dijo después de estos hallazgos: «Padre, hablemos en satisfacción. El único que ha hallado las pepitas de oro es Fr. Manuel. Los trabajadores han estado con el mayor cuidado lavando desde el amanecer; y ni un átomo de oro han encontrado»[103]. Fue entonces que el padre Lacueva sometió a una minuciosa investigación las planchitas que habían encontrado y debió constatar que en una de ellas «estaba claro un corazoncito y en él esculpidas las cinco llagas de nuestra redención»[104]. Todo resultó ser un invento del hermano Juste.

No sabemos qué le dijo el padre Lacueva al pobre hermano después de haberse dado cuenta del engaño. Pero basta citar lo que él escribió el día 10 de junio a los padres del colegio:

> Esta es la escandalosa tragedia de la mina del Chimoré. Justicia, padres discretos; y con un público castigo reparen, si no se pueden los perjuicios, a lo menos el público escándalo que va a suceder. Justicia, padres míos, y comience ésta por VV. PP. En esta ignominia ha permitido Dios se vea el colegio, tal vez por haber dado lugar con su indolencia a que una misión cayese en manos de un lego bruto, mentecato, malévolo y de poquísima o ninguna religión, como lo es Fr. Manuel Juste[105].

---

[102] Lacueva, 1918 [1810c], pp. 269-270.
[103] Lacueva, 1918 [1810c], p. 271.
[104] Lacueva, 1918 [1810c], p. 271.
[105] Lacueva, 1918 [1810c], p. 272.

Al día siguiente Lacueva escribió también al gobernador intendente, pidiendo disculpas por todo lo ocurrido y al mismo tiempo
manifestando su temor de que se le pudiese involucrar en el asunto:

> Creo que, sin ser temerarios, se formarán de mí muchos malos juicios.
> Pero, señor, soy sacerdote, hablo delante de Dios que me ha de juzgar y
> pongo a Jesucristo por testigo de que no miento: jamás me pasó por la
> tela del juicio semejante maldad, ni aun la sospeché hasta que don José
> me lo hizo advertir el último día a mí[106].

El mismo gobernador, poco después de haber recibido la carta del
padre Lacueva, se dirigió al guardián del colegio de Tarata, exigién-
dole imponer al hermano Juste «las correcciones que conceptúe necesarias a refrenarlo»[107].

5.7. La labor misionera se hace cada vez más difícil

La mala jugada que había hecho con esta historia del oro no fue
el único disgusto que Manuel Juste causó al padre Lacueva. En realidad, durante el tiempo en que se vio obligado a dirigir la misión de
San Antonio, el hermano había cometido varios errores que pertur-
baban profundamente el ánimo del padre Lacueva:

> Yo me desviaría del asunto [del oro], si quisiera aquí insertar algunas
> de las muchas mortificaciones con que ha ejercitado mi paciencia, en tan-
> to grado que llegué a gemir y a afrentarme de verme tan abatido; pero
> no omitiré una de otra especie sobre la cual no soy capaz de hallar con-
> suelo. Y es que de cuatro párvulos que en su tiempo han muerto en el
> Chimoré, que suelen ser el único fruto y consuelo de nuestros padeci-
> mientos, si no es uno que yo mismo fui a bautizar más allá del río Cuque,
> a los otros tres los ha dejado morir sin bautismo; y sin embargo a dos los
> hizo enterrar en el campo santo y al otro en la iglesia, con lo que uno
> y otro quedaron violados y yo tuve que reconciliar la iglesia para poder
> celebrar, después de hacer desenterrar aquel infeliz cadáver[108].

---

[106] Lacueva, 1918 [1810d], p. 273.
[107] González, 1918 [1810], p. 274.
[108] Lacueva, 1918 [1810c], p. 272.

Con todo, el padre Lacueva no se atrevió a reñir al hermano ante el pueblo de San Antonio, porque temía que, en caso de que los habitantes se enteraran de la patraña de fray Manuel, éste podría irse y dejar desamparada la misión[109].

Sin embargo, no mucho después el hermano fue llamado al colegio y el padre Ramón Soto retornó a la misión de San Antonio del Chimoré.

Pero Francisco Lacueva se encontraba agotado y desanimado, hasta tal punto que pensó seriamente en retirarse, e incluso en pedir su desincorporación del colegio:

> Para proseguir en este destino mi espíritu no está pronto, porque jamás lo he tenido; y mi carne perdió ya su robustez, no tanto por los trabajos corporales, cuanto por la amargura y dolor que perpetuamente me ha oprimido en ocho años que llevo de un destino del que todos van huyendo. [...] Si no hallo conmiseración en VV. PP. me veré en la precisión de usar del favor que me han ofrecido, de solicitarme del señor virrey la licencia de separación[110].

No conocemos la reacción del colegio ante este desahogo del padre Lacueva. El hecho es que se quedó en Ypachimucu ¡doce años más!

Las noticias que tenemos de los años que siguieron al episodio del oro son sumamente escasas[111]. Los dos misioneros, Soto y Lacueva, sufren de soledad y alimentan la sensación de que en Tarata ya no se tiene mucho interés en las misiones de Yuracarees. Parece que esta sensación fue en aumento por el hecho de que les llegaban cada vez menos auxilios materiales y que tampoco podían contar con la llegada de más personal. La presencia del padre José Boria no era constante. Francisco Lacueva, ya en su carta del 10 de junio de 1810 había acusado a sus hermanos de Tarata de «insensibilidad en orden a su característica obligación»[112]. En una carta del 26 de noviembre del mismo

---

[109] Ver Lacueva, 1918 [1810d], p. 274.

[110] Lacueva, 1918 [1810c], p. 273.

[111] Llama fuertemente la atención que en el *Libro de Decretos de Comunidad* del colegio de Propaganda Fide de San José de Tarata se salta del 30 de enero de 1808 al 27 de febrero de 1818: ¡diez años sin determinaciones registradas del discretorio!

[112] Lacueva, 1918 [1810c], p. 272.

año dice que «pronto llegará el caso que la necesidad los obligará a salir a auxiliarse de la piedad de los fieles o de dejar por fin a las misiones y al colegio»[113].

La poca ayuda que en aquellos años se recibía del colegio; la imposibilidad de autoabastecerse y, de modo especial, la insuficiencia de pesca y caza en las zonas en que estaban establecidas las dos misiones, lo que causaba la constante ausencia de cierto número de yuracarees de las reducciones; todo ello hacía pensar a los misioneros en la fundación de una tercera misión, que podría ser también una refundación de la de Nuestra Señora de la Asunción.

Seguía siendo objeto de gran preocupación en estos años el problema de la comunicación con Cochabamba: «El camino actual se está arruinando y no hay esperanza de otro», dice Francisco Lacueva en una carta al colegio, en 1813[114]. La idea de restablecer la misión de la Asunción tenía que ver precisamente con el mejoramiento de las comunicaciones desde las Montañas de Yuracarees: «Uno de los motivos que me persuaden de restablecer la misión de la Asunta es el estado del camino. El pasaje del río Ibirizu solo así queda expedito»[115]. En el pasado Lacueva había tratado en reiteradas oportunidades de promover la apertura del camino por el Arepucho, pero ahora, en 1813, ya no tiene esperanzas de que se haga realidad: «El camino por el yunga de Arepucho (hacia Totora), después de 23 años que se trata de abrir y de 8 o 10 tentativas que se han hecho a este fin, está como al principio y desconfío que jamás se abra»[116]. Piensa más bien en una nueva alternativa:

A mí me parece que el camino actual se pudiera componer de modo que se desechase toda la cordillera, tirando a salir desde más arriba de Millomayo y antes de llegar al puente de S. Mateo, al camino que entra desde Colomi a la hacienda del Espíritu Santo; pudiera enderezarse hacia algunos de los sitios llamados S. Gertrudis, S. Isabel, Paracti, que suelen estar poblados y desde donde va camino expedito afuera. Cuando mucho, en este caso serían 8 o 10 leguas el camino que debía abrirse.

[113] Lacueva, 1919 [1810], p. 175.
[114] Lacueva, 1919 [1813], p. 177. En esta carta no está indicada la fecha.
[115] Lacueva, 1919 [1813], p. 177.
[116] Lacueva, 1919 [1813], p. 178.

En este camino, así en su apertura como en su conservación, se interesaría la gente de Millomayo. Tendría la ventaja de ser 20 leguas más breve que el de Arepucho[117].

5.8. Construcción de la historia VI

En la impresionante obra *Viaje por la América Meridional* de Alcides d'Orbigny se encuentra también la siguiente reconstrucción de la evangelización de los yuracarees, redactada con base en un manuscrito del padre Francisco Lacueva[118]:

El carácter atrevido de los yuracarees los inclinó a comunicarse en todo tiempo con los españoles, de quienes tenían necesidad para procurarse instrumentos de hierro. [...] Los españoles de las montañas, que así los conocieron, pensaron reducirlos al cristianismo. En 1768 el obispo de Santa Cruz, don Francisco Ramón Herboso, hizo abrir una senda hasta el Chapare, siguiendo sus huellas por la cordillera nevada de Palta Cueva; pero se suspendió todo hasta 1775, época en que los hermanos don Ángel y don Mariano Moscoso, curas ambos, uno de Punata y otro de Tarata, en el Valle de Cliza, pidieron y obtuvieron del obispo permiso para intentar a su costa la reducción de los yuracarees. El 28 de junio de 1775 enviaron al padre Francisco[119] Marcos, recoleto, quien partió con veinte hombres para abrir el camino. El religioso tuvo que vencer obstáculos sin cuento en medio de las nieves, de los precipicios y de la espesura de los bosques. Lo abandonaron sus hombres y se quedó solamente con cuatro hombres. Como encontrara algunos yuracarees, después de veinte días de marcha en su compañía llegó a una de sus aldeas, situada sobre el río Coni y poblada por ciento cincuenta habitantes de esta nación, los cuales lo recibieron muy bien, proporcionaron víveres y le expresaron sus deseos de hacerse cristianos. Después de darles a conocer sus condiciones, el religioso volvió a Cochabamba para dar cuenta de su misión.

Al año siguiente, el padre Marcos y otro religioso tornaron al Coni por el mismo camino y fueron acogidos con entusiasmo; construyeron una capilla y ya al año siguiente quinientos yuracarees se habían reunido, tan-

---

[117] Lacueva, 1919 [1813], p. 178.

[118] Así lo afirma el mismo d'Orbigny: «Estos datos y muchos otros que seguirán fueron sacados de un manuscrito del padre Lacueva» (ver A. d'Orbigny, 2002 [1893b], p. 1541, nota 3).

[119] Debe ser: el padre franciscano Marcos.

to en Coni como en San Antonio, donde se separó a la tribu de los cu-chis[120]. Llevaron la reducción cerca del río Paracti y la llamaron Asunción de María Santísima. Viendo tan buenos resultados, pero habiendo gasta-do mucho sin ningún beneficio, el padre Marcos se presentó al arzobis-po de Chuquisaca y a la audiencia de Charcas; el primero no le dio más que veinticinco pesos y la audiencia le negó fondos. A punto de aban-donar el establecimiento, el padre Marcos se desesperaba, cuando en 1779 nombrose gobernador de Mojos a don Ignacio Flores. Este funcionario tenía intención de abrir entre Mojos y Cochabamba un camino más di-recto que el de Santa Cruz. El padre Marcos aprovechó la ocasión para presentarse; recibió orden de cobrar mil pesos en Mojos, de tomar indios de esas misiones para que lo ayudasen a abrir esta nueva vía de comuni-cación y de adoctrinar a los yuracarees. Pero cuando la obra estaba ya bastante adelantada, Flores recibió el comando de las tropas enviadas con-tra Tupac Amaru, y su lugarteniente en Mojos, Peralta, como tenía inte-rés en que subsistiese el camino por Santa Cruz, retiró inmediatamente a los indios mojos, sin querer hacer nada en favor de la reducción ni de las nuevas comunicaciones.

La falta completa de recursos hizo desertar a los yuracarees, que vol-vieron al corazón de sus selvas; y esta reducción, al comienzo florecien-te, se hallaba reducida a la tercera parte de lo que había sido, cuando, har-to de tantas contrariedades, el padre Marcos la abandonó. Anduvo de mal en peor bajo los curas seculares hasta 1784, año en que un misionero de Apolobamba, Francisco Buyán, vino a hacerse cargo de ella; volvió a atraer a los fugitivos por la dulzura y allí permaneció hasta 1788; pero, privado de todo, sin encontrar apoyo alguno del gobierno y, sobre todo, no ha-biendo obtenido nada de los yuracarees, se fue de Asunción, que quedó sin religioso. […]

El doctor Velasco fundó en 1793, por las fuentes del río Mamoré, otra reducción de yuracarees, llamada San Francisco del Mamoré; pero al año siguiente la entregó al convento de franciscanos. Como esta misión esta-ba mal situada, entre las montañas, en 1799 se cambió por orden del go-bernador veintiséis leguas más abajo, en un terreno llano en el que muy pronto los campos de cacao, de tamarindos y de café dieron buenos fru-tos. Sin embargo, cuando menos se lo podía imaginar, la versatilidad de carácter de los yuracarees los llevó, el 2 de abril del año 1805, a escapar todos a las selvas, abandonando la reducción después de haberle prendi-do fuego.

[120] Nota de d'Orbigny a pie de página: «Muy pronto fue destruida esta misión».

En 1795 el hermano Tomás Anaya fundó cerca del río Coni la tercera reducción de indios de esta nación, llamada San José, de la cual se encargó el colegio de Tarata en 1796, después del viaje de Bernardo Ximénez Bejarano, prefecto de misión, y del informe del naturalista don Tadeo Haenke. La transfirieron cinco leguas más al este, cerca del río Chimoré y se adoptaron todas las medidas para hacerla progresar. Hicieron inmensas plantaciones y la misión estaba en franco tren de prosperidad, cuando en 1798 los indios se retiraron a los bosques. No obstante, regresaron todavía y huyeron de nuevo en marzo de 1805; más tarde volvieron a ser reunidos y luego dejados sin religiosos en el sitio en donde todavía están.

El padre Lacueva, que ya había habitado la misión del Mamoré, volvió a ella en 1805 acompañado por otros dos franciscanos. Con una paciencia infinita volvió a reunirlos en la reducción de Asunción, situada entre los ríos Coni y Chapare, en el lugar en que yo la había encontrado. Hizo inauditos esfuerzos para hacer adelantar esta misión; pero posteriormente hubo que abandonarlo todo por falta de religiosos[121].

En la primera parte de esta construcción se reconoce fácilmente el relato que compuso el padre Marcos Melendes en 1789. Sin embargo, por ciertos errores y omisiones que encontramos en la presentación de d'Orbigny, es de suponer que el padre Lacueva no tuviera a mano el texto mismo del padre Melendes.

Hace falta resaltar aquí algunas afirmaciones de Lacueva-d'Orbigny que parecen ser más bien interpretaciones de los hechos. Al comentar la salida del padre Marcos Melendes de la primera misión en octubre de 1777, se dice: «Viendo tan buenos resultados, pero habiendo gastado mucho más sin ningún beneficio, el padre Marcos se presentó al arzobispo de Chuquisaca y a la audiencia de Charcas»[122]. El propio testimonio de Marcos Melendes que, como hemos visto, fue incluido por Francisco de Viedma en su obra redactada en los años 1792 y 1793, y que es el único documento que tenemos acerca de esta salida de Melendes, no presenta datos que permitan afirmar que el padre fue a Chuquisaca para buscar ayuda porque las inversiones que había hecho en su primera misión (inversiones hechas posibles gracias a la ayuda de los hermanos Moscoso) no hubieran dado beneficios. Es

---

[121] A. d'Orbigny, 2002 [1839b], pp. 1542-1544.
[122] A. d'Orbigny, 2002 [1839b], pp. 1542-1543.

más, estas inversiones fueron realizadas para atraer a los yuracarees y establecer la misión. En aquel primer año no se podía esperar que dieran a la reducción una base económica propia. Por otro lado, no fue el mismo Marcos Melendes quien tomó la iniciativa de ir a Chuquisaca: la tomaron los hermanos Moscoso, enviándolo a él para asegurar que las autoridades superiores asumieran también la responsabilidad en la empresa de esta primera misión entre los yuracarees.

Sobre la controversia entre Antolín Peralta y fray Marcos Melendes y sobre la conclusión de la labor misionera de Melendes entre los yuracarees dicen Lacueva-d'Orbigny:

> Peralta, como tenía interés en que subsistiese el camino por Santa Cruz, retiró inmediatamente a los indios mojos, sin querer hacer nada en favor de la reducción ni de las nuevas comunicaciones. La falta completa de recursos hizo desertar a los yuracarees, que volvieron al corazón de sus selvas y esta reducción, al comienzo floreciente, se hallaba reducida a la tercera parte de lo que había sido, cuando, harto de tantas contrariedades, el padre Marcos la abandonó[123].

No hay ningún documento que permita suponer que Antolín Peralta quisiera obstaculizar la construcción de la senda Cochabamba-Mojos. Es más, aún después de la salida de Marcos Melendes de las Montañas de Yuracarees, Peralta continuó la labor de la apertura de la senda y la concluyó. Melendes dejó por segunda vez la misión para buscar el apoyo de Ignacio Flores en su controversia con Antolín Peralta, esperando ser justificado por el gobernador y poder continuar su labor misionera. Ignacio Flores, sin embargo, dio su respaldo a su lugarteniente, se distanció del padre Melendes y consiguió que Ángel Mariano Moscoso sustituyese al padre y mandase a un sacerdote diocesano.

Finalmente, en cuanto a la salida de la Asunción del padre Francisco Buyán en 1788, dicen Lacueva-d'Orbigny: «privado de todo, sin encontrar apoyo alguno del gobierno y, sobre todo, no habiendo obtenido nada de los yuracarees, se fue de Asunción, que quedó sin religioso»[124]. Buyán no estaba «privado de todo» y no tenía que solicitar nada al gobierno: por contrato fue mantenido por el párroco de Tarata,

---

[123] A. d'Orbigny, 2002 [1839b], p. 1543.
[124] A. d'Orbigny, 2002 [1839b], p. 1543.

Ángel Mariano Moscoso, y, por lo que consta de la documentación disponible, este contrato fue correctamente ejecutado por Francisco Claros como encargado. No es cierto tampoco que el padre Buyán no obtuviera nada de los yuracarees: tal vez no mucho, pero nada, no. Por lo demás, Marcos Melendes dijo que el padre dejó la misión «por aburrimiento».

5.9. A FINALES DE LA ÉPOCA COLONIAL

Poco sabemos de la historia de las misiones de yuracarees durante los últimos años de la época colonial. La documentación sobre esos años es lastimosamente muy escasa.

Los padres Ramón Soto y José Boria deben haberse retirado de las misiones de Yuracarees a más tardar a comienzos de febrero de 1818, ya que encontramos sus firmas a pie de un decreto de comunidad que se redactó en Tarata el 27 de febrero de aquel año[125]. La misión de San Antonio del Chimoré quedó definitivamente abandonada.

En el capítulo guardianal y prefectural del 7 de noviembre de 1818 el padre José Boria fue elegido guardián. Los principales candidatos para el cargo de prefecto de misiones fueron los padres Francisco Lacueva y Ramón Soto. Fue elegido para ese cargo el primero[126].

Durante el ejercicio de su prefectorado de tres años el padre Francisco Lacueva vivió una temporada en el convento de Tarata: encontramos su firma a pie de dos decretos de comunidad: del 18 de octubre de 1819 y del 4 de abril de 1820[127]. Pero entre ambas fechas, realizó, a finales del año 1819 y comienzos del año 1820, por encargo del gobernador intendente de Cochabamba, el Brigadier José de Mendizábal, una exploración por el lado de Corani para investigar la posibilidad de abrir una senda en dirección al río Isiboro[128].

---

[125] Ver ACFT, LDC, fol. 14.

[126] Ver ACFT, LCG, fol. 8 de noviembre de 1818. El padre Ramón Soto se desincorporó del colegio de Tarata y se incorporó en la provincia de San Antonio de los Charcas, tomando domicilio en el convento de San Francisco de la ciudad de Cochabamba.

[127] Véanse: ACFT, LDC, fols. 20 y 21.

[128] Ver Lacueva, 1820. En las cercanías de Corani fue «asaltado por un grupo de ladrones que parece traían ánimo de acabar con la poca gente y ganado que había en

A mediados del año 1820 Francisco Lacueva volvió a las Montañas de Yuracarees, aparentemente con nuevas fuerzas y ánimo, porque ya en agosto de aquel año empezó a tomar contacto con yuracarees que hasta entonces no habían pertenecido a ninguna misión y otros que habían abandonado las misiones para formar un nuevo pueblo entre los ríos San Mateo y Paracti. Sus esfuerzos fueron obstaculizados gravemente por una epidemia que afectó a mucha gente:

> habiéndose padecido en casi toda aquella montaña una enfermedad propia de aquellos bosques, en los años secos como lo fue aquel, de los indios que concurrieron al nuevo sitio casi todos se enfermaron, murieron algunos, se huyeron otros y los más se mantuvieron esparcidos[129].

En marzo de 1821 esa epidemia dejó de azotar a la gente y se pudo reiniciar el trabajo de formar la nueva misión. Medio año después ya se había podido hacer lo principal para que se formalizase su fundación. A comienzos de septiembre Lacueva escribió al gobernador intendente de Cochabamba: «[Los yuracarees] han ido trabajando a su modo sus casas, sus sementeras y una pequeña iglesia. En el día, se hallan treinta y siete familias, en las que se cuentan ciento ochenta y tres almas y hay esperanza de que concurran más»[130]. Indicó también al gobernador que el colegio de Tarata estaba dispuesto a nombrar a un padre para hacerse cargo de la nueva misión: «Por parte de mi colegio no hay dificultad en destinar un religioso que me ayude en el trabajo y arreglo de esta misión y, conseguido este, siga de su conversor»[131]. Pero el problema era conseguir sínodo para otro conversor. Lacueva indica al gobernador que por superior orden del virrey de Buenos Aires, del 23 de abril de 1799, «se asignó [sínodo] para cuatro conversores de las misiones de Yuracarees, respecto a que ac-

---

Corani. Me quitaron lo principal y mayor parte de los víveres y algunas herramientas, y di muchas gracias a Dios porque por una especial misericordia suya pude salir con todos los peones de aquel peligro» (Lacueva, 1820, fol. 2r).

[129] Lacueva, 1912 [1821], p. 282.

[130] Lacueva, 1912 [1821], p. 282.

[131] Lacueva, 1912 [1821], p. 283. Al inicio de esta carta de septiembre de 1821 dice Francisco Lacueva que «en las Montañas de Yuracarees se puede conseguir una misión, además de las dos que hay» (Ibídem, p. 282). Sabemos con seguridad que por entonces existía la misión de la Asunción.

tualmente no estamos ocupados en ellas más de tres conversores»[132]. El 22 de septiembre el gobernador intendente pidió informe al ministerio de Hacienda Nacional y el 5 de octubre Manuel María de Aguirre, de la contaduría nacional de Cochabamba contestó lo siguiente:

> La ley que cita el R. P. Conversor, Fr. Francisco Lacueva, solo previene que a los religiosos conversores se les favorezca y auxilie cuando se encaminen a hacer sus reducciones, pero como la superior orden que también cita no existe en esta oficina, era necesario tenerla a la vista para ver qué número de religiosos deben destinarse en Yuracarees; pues pudiera ser que la superioridad desaprobase el que se dé sínodo a más de los tres que actualmente están disfrutando[133].

El 12 de octubre la junta superior de real hacienda trató a su vez este asunto y determinó asignar el sínodo de trescientos pesos anuales a cuatro religiosos conversores del colegio de Tarata[134].

El padre Francisco Lacueva debe haber dejado definitivamente las misiones de Yuracarees en el curso del año 1822[135]. En el año 1823 se hizo cargo de la conversión de los guarayos del río San Miguel, entre Mojos y Chiquitos[136].

---

[132] Lacueva, 1912 [1821], p. 283. En la misión de la Asunción estaba por entonces el padre Pedro Nolasco Argullol, en la otra misión el mismo padre Francisco Lacueva. No hemos podido establecer quién era el tercer misionero.

[133] Aguirre, 1912 [1821], p. 284.

[134] Ver Junta Superior, 1912 [1821], p. 285.

[135] Después de su salida de Yuracarees se formó una tradición según la cual habría dejado su misión por sentirse amenazado de muerte por los yuracarees: «el padre Francisco la Cueva, padre santo y apostólico, que le hicieron correr precipitadamente queriéndolo acribillar con saetas, de cuyas resultas se pasó a Guarayos» (la cita proviene de un trabajo colectivo y anónimo a cargo de «Unos amigos del padre Izquierdo», 1873, p. 6).

[136] Francisco Lacueva vivió y trabajó entre los guarayos hasta octubre del año 1848. Totalmente debilitado salió de la misión de Yaguarú el día 18 de octubre de aquel año, para pasar sus últimos días en Tarata, acompañado por el padre Manuel Viudez y el hermano Diego Rocabado. Se dirigieron primero a Loreto y de ahí en canoa hasta la nueva misión del Chimoré de Yuracarees, donde tuvieron que «permanecer hasta pasada la estación de las aguas, por no haber sido posible continuar el viaje por las continuas lluvias y fragosidades del camino, que hacían del todo imposible el tránsito de la serranía» (Cors, 1957 [1875], p. 161). Recién en junio de

El último padre de quien tenemos noticias como misionero de los yuracarees, es el padre Manuel Pascual Negrillo. Vino a Tarata como secretario del padre visitador Manuel Cienfuegos en enero de 1822 y se incorporó en el colegio. Los últimos dos documentos de la época colonial de los que tenemos conocimiento, fechados ambos en Cochabamba el 1 de julio de 1825, dan cuenta de la ayuda económica y de los sínodos que el padre Negrillo recibió de parte de la contaduría Nacional de Cochabamba:

> Informe de todos los ramos de hacienda, bajo el título de hacienda nacional en común: se satisface a fray Pascual Manuel Negrillo, conversor de la reducción de Yuracarees, el cual fue enterado con sal y suma de dinero para alimentos[137].
>
> Informe de todos los ramos de hacienda, bajo el título de vacantes menores: se satisface a fray Pascual Manuel Negrillo, conversor de la reducción de Yuracarees de sus sínodos devengados[138].

Al final de la época colonial debe haber entrado también en las misiones de Yuracarees el hermano Manuel Sañudo, cuya procedencia desconocemos, así como el momento en el que se incorporó al colegio de Tarata.

1849 el padre Lacueva pudo ser trasladado a Tarata, y de este modo vivió nuevamente una temporada entre los yuracarees. Falleció en el convento de Tarata el día 3 de diciembre de 1849, a los 82 años de edad.

[137] ABNB, Minas, t. 2, núm. 7, 1825.

[138] ABNB, Minas, t. 2, núm. 9, 1825.

6. ¿POR QUÉ SE FRUSTRARON LAS TENTATIVAS DE REDUCIR Y CRISTIANIZAR A LOS YURACAREES?

Después de haber realizado la reconstrucción de la historia de cada una de las misiones que se fundaron entre los yuracarees a partir del año 1776, nos queda abordar el tema de la pérdida de casi todas estas misiones. ¿Por qué se frustraron las tentativas de reducir y cristianizar a los yuracarees? Es un tema bastante complejo y tenemos que tratarlo con mucho cuidado, evitando simplificar esta apremiante cuestión. En la primera parte de este capítulo abordaremos este tema analizando la documentación de la época que abarca nuestro estudio. En la segunda parte presentaremos críticamente a los autores que a su manera han hecho una reconstrucción de la historia de la reducción y evangelización de los yuracarees en la época colonial.

6.1. ¿QUÉ DICEN LAS FUENTES DE LA PÉRDIDA DE LAS MISIONES DE LAS MONTAÑAS DE YURACAREES?

6.1.1. Reducción

Según la ley primera del título tercero del Libro VI de las *Leyes de Indias*, se resolvió

que los Indios fuesen reducidos a Pueblos y no viviesen divididos y separados por las sierras y montes, privándose de todo beneficio espiritual y temporal, sin socorro de nuestros ministros y del que obligan las necesidades humanas, que deben dar unos hombres a otros; y por haberse re-

conocido la conveniencia de esta resolución por diferentes órdenes de los
señores reyes nuestros predecesores, fue encargado y mandado a los virreyes, presidentes y gobernadores que con mucha templanza y moderación
ejecutasen la reducción, población y doctrina de los indios con tanta suavidad y blandura que, sin causar inconvenientes, diese motivo a los que
no se pudiesen poblar luego, que viendo el buen tratamiento y amparo
de los ya reducidos, acudiesen a ofrecerse de su voluntad.

Fue atribución de las reales audiencias otorgar el permiso de fundar nuevas reducciones. Generalmente se daba primero el permiso para
explorar la predisposición de los indígenas a ser reducidos y para investigar las cualidades del lugar donde se pensaba fundar una reducción. Y una vez obtenida una relativa seguridad acerca de la colaboración de los indios y de la sostenibilidad de tal nueva fundación, se
daba el permiso formal de establecerla. En cuanto al establecimiento
de reducciones entre los yuracarees, el procedimiento fue variado, según se vio en los casos que hemos analizado en esta obra. A finales
de julio del año 1773 el obispo Francisco de Herboso recibió permiso de la real audiencia de Charcas para mandar frailes a las Montañas
de Yuracarees e investigar la posibilidad de reducir a los habitantes indígenas de aquella región. Dos años más tarde el franciscano Marcos
Melendes entró en aquellas Montañas e hizo su exploración. En el
año 1776 el mismo Melendes, junto con el padre Tomás Anaya, entró
nuevamente en las tierras bajas entre Cochabamba y Mojos y se fundó allá la primera reducción de yuracarees. En el año 1793 entraron,
con apoyo del intendente gobernador Francisco de Viedma, en la parte oriental de las Montañas de Yuracarees, el presbítero José Joaquín
Velasco y el franciscano Tomás de Anaya, sin que antes se hubiera pedido el permiso a la audiencia de Charcas. Recién cuando Viedma recibió los primeros informes acerca de esta entrada y de la fundación
a orillas del río Mamoré (Ichilo) de la misión de San Francisco de
Asís, él mismo hizo al respecto una comunicación a la real audiencia
de Charcas, y el 10 de diciembre del mismo año la audiencia le dio
permiso de llevar adelante el establecimiento de la reducción. Por lo
que respecta a la fundación de la reducción de San José del Coni por
parte del padre Tomás Anaya, realizada en el año 1795, contó con el
pleno apoyo de Francisco de Viedma, pero no nos consta que la audiencia hubiera formalizado esta fundación. Finalmente, la fundación
de las reducciones de San José de Ypachimucu y San Antonio del

Chimoré, que se efectuó en febrero del año 1806, se debió a los resultados del encargo que la real audiencia de Charcas había dado al gobernador de Mojos Pedro Pablo Urquijo de investigar la posibilidad de reunir a los yuracarees que el año 1803 habían salido de la misión de la Asunción, y a los que en el año 1805 habían abandonado las misiones de San José del Chimoré y de San Francisco de Asís.

En principio, el financiamiento de las entradas misioneras para fundar nuevas reducciones, así como del establecimiento formal de las mismas, corría a costa de la Corona, pero también en este punto la realidad resultó diferente en cada caso que hemos presentado. Para la primera reducción que el obispo de Santa Cruz pensaba fundar entre los yuracarees, el mismo rey Carlos III ordenó ya en 1772 a la real audiencia de Charcas financiarla con dinero de la Junta de temporalidades, pero, suponiendo que eventualmente esa audiencia no dispusiese de fondos, ordenó al mismo tiempo al virrey de Lima que, en caso necesario, financiase esa fundación con el fondo de vacantes mayores y menores. No se efectuó nada de esto, porque en 1773 el cura Tomás Manuel Moscoso ofreció costear la empresa, ofrecimiento con el cual se comprometió más tarde también su hermano Ángel Mariano Moscoso. Y, de hecho, la fundación y el posterior mantenimiento de esa primera reducción fue económicamente posible gracias a los aportes de los hermanos Moscoso. Por lo que respecta a la misión de San Francisco de Asís del Mamoré, cuando se hacían los primeros planes para fundarla, Viedma se vio en la imposibilidad de financiarla y decidió apelar a Buenos Aires, no esperando sin embargo de allá una pronta respuesta. Por eso mandó al padre Anaya al partido de Vallegrande para pedir ayuda (donación de reses) a los vecinos de aquella comarca. La solicitud de Viedma y Anaya fue respondida positivamente. Pero, además, entró en el escenario el presbítero José Joaquín Velasco, quien se comprometió a costear con sus propios caudales la formación de la nueva reducción. Además, la real audiencia de Charcas decretó que Viedma tenía que ayudar a la formación de la reducción con el caudal de las vacantes mayores y menores. Insinuó también la audiencia que la nueva misión se uniese a las misiones de Mojos y que en tal caso se la podría financiar con los caudales de aquellas misiones. Por lo que sabemos, la reducción del Mamoré fue establecida y mantenida en sus primeros tiempos exclusivamente por los aportes del presbítero Velasco. El traslado del ganado que el padre Anaya había conseguido en Vallegrande tardó en llegar a la misión. Finalmente, cuando en 1794 el padre Anaya quiso fundar una nueva reducción en las orillas del río Coni con los yuracarees del capitán Poyato, pidió ayuda económica al intendente gobernador Francisco de Viedma. Al haberse dirigido Viedma a los responsables de la contaduría provincial de Cochabamba, se enteró de que no había fondos del ramo de vacantes en las cajas de la provincia. Además, los oficiales de Cochabamba le indicaron al gobernador que para liberar cualquier suma de dinero necesitaban autorización de la junta superior de real hacienda de Buenos Aires. A instancias de Viedma, la junta provincial decidió otorgar al padre Anaya un sínodo de 200 pesos y destinar 1.000 pesos para los gastos iniciales de la formación de la reducción, pero esta decisión fue, por así decirlo, meramente simbólica, ya que de todos modos los señores de la junta optaron por pedir el permiso de Buenos Aires para el desembolso. El padre Anaya seguía insistiendo en que se le ayudara, apelando incluso a la real audiencia de Charcas, la misma que permitió a las autoridades de Cochabamba librar los mencionados 1.000 pesos para que se pudiese empezar la reducción de los yuracarees del río Coni. En marzo de 1798, como ya se ha visto, Francisco de Viedma mismo se vio obligado a depositar parte de su plata labrada en las cajas reales de Cochabamba como garantía para que se librara dinero para salvar la precaria situación económica de las misiones del Mamoré y del Chimoré.

Reducir a los yuracarees quería decir en primerísimo lugar, como ya lo indica la ley que hemos citado al inicio de esta parte, poner fin a su vida selvática nómada y agruparlos en un solo sitio, lo que significaba, en la mentalidad de las autoridades y de los misioneros, sacarlos de la selva, considerada como un espacio caótico, y llevarlos al claro que se abriría en medio de la selva, conceptuado como un espacio ordenado.

Acerca de cómo se efectuó este proceso en la práctica, no nos dicen mucho nuestros documentos. Sin embargo, podemos señalar algunos aspectos. Parece que en algunas zonas de la muy extensa región que ocupaban los yuracarees ya había cierta concentración de aquellos indígenas, sin que esto significase que conocieran lo que entendemos por 'pueblos'. Tales concentraciones existían aparentemente en las orillas de los ríos Chapare, Coni, Chimoré y Mamoré (Ichilo). Los misioneros se enteraron de la existencia de esas agrupaciones y fundaron sus misiones en medio de ellas o cerca de ellas, tratando luego de atraer a la misión a los yuracarees de los alrededores. Podemos decir que así se establecieron las reducciones de la Asunción, de San Francisco de Asís del Mamoré y hasta cierto punto también la de San José del Coni. Cada una de estas tres reducciones o misiones fue trasladada a otro lugar; la de Nuestra Señora de la Asunción incluso dos veces. Por lo que respecta a las dos misiones que se fundaron en el año 1806 con yuracarees de las abandonadas misiones de la Asunción, de San José y de San Francisco, los frailes que se encargaron de esa fundación tropezaron con una seria oposición por parte de los yuracarees dispersados a reunirse en los lugares que los misioneros consideraban aptos para crear nuevos pueblos, y solo con dificultades se llegaron a acuerdos.

Desde las reducciones establecidas los misioneros de vez en cuando hacían entradas en los montes para buscar a yuracarees que vivían dispersos y tratar de convencerles de venir a vivir en las reducciones. En esto tuvieron un éxito muy relativo; en los años que abarca este estudio, sin duda hubo un considerable número de yuracarees que no llagaron a tener una experiencia reduccional. Pensemos en especial en los yuracarees del río Sécure.

Muy poco sabemos de los verdaderos motivos que tenían los yuracarees para dejarse reducir. Los capitanes que buscaron a los padres Melendes y Anaya les pidieron formar también con ellos un pueblo. Las familias yuracarees que querían entrevistarse con Baltasar Peramás en su hacienda de Chuquioma expresaron su deseo de que se viniese donde ellos llevando un herrero, para que no tuviesen necesidad de ir al Valle de Cliza o a Cochabamba para buscar herramientas, evitando de esta manera viajes por la fría cordillera. La protección contra enemigos (chiriguanos, chiquitanos u otros) parece haber sido también en algún caso un motivo. Esto es prácticamente todo lo que nos informan nuestros documentos en cuanto a motivos que los mismos yuracarees manifestaron. Por otro lado, tenemos algunas, muy pocas, impresiones que se formaron los misioneros de estos motivos. Cuando Marcos Melendes está por segunda vez entre los yuracarees, empieza a darse cuenta de que ellos están más interesados en cosas materiales que en un cambio de vida. Habiendo visto en todo nuestro estudio que los yuracarees seguían en el fondo fuertemente apegados a su vida de cazadores, es comprensible que raras veces tuvieran motivos serios para cambiar su vida nómada por una vida sedentaria.

Reducir significaba también encaminar a los yuracarees a un *estado de niñez* para poder educarles y enseñarles cómo tenían que vivir para ser «verdaderas» personas humanas. Ya que, según la idiosincrasia de los misioneros, los yuracarees no habían tenido la oportunidad de formarse civilizadamente; por ello eran considerados «miserables» y «menesterosos»[1]. La educación que debían recibir los yuracarees en la reducción abarcaba fundamentalmente cuatro aspectos. En primer lugar tenían que dejar su vida errante, su vida nómada, y aprender a vivir en un lugar fijo, haciéndose sedentarios y someterse a un cierto orden con horarios precisos para las diferentes actividades que el ser humano debe realizar para que su vida pueda desarrollarse positivamente. En segundo lugar, tenían que dejar de vivir separados los unos de los otros[2] y aprender a vivir en una verdadera sociedad. Así la reducción de los yuracarees era sinónimo de su sociabilización, y ésta implicaba también una sub-ordinación, un sometimiento a la dirección de los misioneros que sabían cuáles son los beneficios de una convivencia humana en reducción, y al mismo tiempo la integración en la estructura social del imperio español por medio de la sujeción, el vasallaje debido al monarca. En tercer lugar, tenían que dejar los yuracarees su vida de cazadores y pescadores, considerada por los misioneros como una vida de ociosidad, y aprender a trabajar, es decir dedicarse a la agricultura (y eventualmente a la ganadería)[3].

Sin embargo, era preciso hacer entrar aquellas gentes en la pensión a que nos sujetó el pecado de nuestros primeros padres de habernos de sustentar con el sudor de nuestro rostro, y que entendiesen que el hombre

---

[1] Estos términos encontraron también su lugar en la jurisprudencia castellana al hablar de los indios. Según Javier Barrientos Grandon, «con casi total certeza fue el célebre jurista castellano Gregorio López (1496-1560) quien, por primera vez, asignó a los indios el carácter de "personas miserables" en su claro contexto jurídico y no en el pastoral o evangélico con el cual algunos religiosos también les llamaban» (Barrientos, 2004, p. 249).

[2] «No tenían establecimiento fijo, ni solían andar juntas más de dos o tres familias» (Soto-Lacueva-Fernández-Delgado, 1805, fol. 186r); «Cada familia quería vivir apartada de los demás» (Ibídem, fol. 185v).

[3] Soto-Lacueva-Fernández-Delgado, 1805, fol. 186v.

nace para el trabajo, como, por el contrario, que la ociosidad enseña mucha malicia.

Y en cuarto lugar, tenían que abandonar sus costumbres ancestrales, tanto culturales como religiosas, para adaptarse a la civilización española y al cristianismo.

Para alcanzar entre los yuracarees la estabilidad domiciliaria, la vida social, la dedicación al trabajo y la práctica de costumbres civilizadas y cristianas se presentaban dos caminos: el de la imposición de un régimen reduccional fuerte o el del lento acostumbramiento de los yuracarees a la vida y al trabajo de la reducción. Hemos visto en el capítulo dedicado a la misión de San José del Chimoré que varios franciscanos del colegio de Propaganda Fide de Tarata optaron por el primer camino, dirigiendo con métodos drásticos aquella reducción. En parte esto debe haber guardado relación con el afán del comisario prefecto Bernardo Ximénez —y en esto contaba con el apoyo del intendente gobernador Francisco de Viedma— de convertir cuanto antes esta misión en un pueblo sostenible y aun productivo. Estos frailes veían con ojos críticos el método suave y paciente que aplicaba el padre Francisco Buyán en la misión de Nuestra Señora de la Asunción. Y fue precisamente el obispo Ángel Mariano Moscoso quien defendió enérgicamente el método de reducción y civilización por el que había optado el padre Buyán.

> Subsisten todavía muchísimos y aun casi todos de los que salieron de los montes atraídos por mis halagos para reducirse en el pueblo de la Asunción. Estos salvajes tenían habitudes de muchos años que habían formado ya como carácter de sus genios. Acostumbrados al ocio han mirado siempre la independencia como el primer derecho del hombre y el descanso como el principal placer de la naturaleza. Es muy difícil borrar o transformar aquel carácter primitivo sin el círculo de muchos años, como se ve por experiencia en todos los países bárbaros que han sido conquistados por otras naciones cultas; y no deba creer el señor gobernador de Cochabamba que solamente los indios yuracarees debiesen de servir por excepción de una regla tan general en todo el universo.
>
> Apurar a los indios con castigos y represiones inoportunas no debía producir otro efecto que la irritación y el despecho para perder en un día el trabajo de muchos años, ahuyentando a los indios a la oscuridad de los bosques, como aconteció en resulta de los dislocados procedimientos del padre Real.

[...] La mansedumbre, la caridad y la paciencia han sido siempre los únicos resortes del Evangelio. El corazón del hombre no se gana por la fuerza, ni los salvajes se domestican en un solo día; y por esto, lejos de ser culpable la suavidad, el disimulo y la tolerancia discreta del misionero que yo elegí para esta santa obra, lo constituyen por el contrario el más idóneo y a propósito para un ministerio de tan importantes consecuencias[4].

Para los frailes mencionados más arriba la sociabilización de los yuracarees debía ser alcanzada a toda costa y, si fuese necesario, con métodos coercitivos: para que los yuracarees «fuesen acomodándose a la civilidad y entrando en la pureza del cristianismo, era indispensable corregirlos y reprenderles con frecuencia y con firmeza»[5].

El encuentro diario entre los yuracarees y los misioneros en las reducciones iba nutriendo percepciones distintas de los unos con respecto a los otros. Por lo que respecta a los yuracarees, no hay duda de que aquellos que fueron dirigidos por el franciscano Francisco Buyán llegaron a estimar su presencia en medio de ellos y a quererle de alguna manera. Los yuracarees de Nuestra Señora de la Asunción clamaron por el retorno del padre Buyán, cuando empezaron a experimentar la mano dura del padre Domingo Real y de los que le sucedieron en la dirección de aquella reducción (Vicente Esquirós y José Pérez). Estaban contentos con el padre Francisco, porque buscaba el mayor bien para ellos. Al contrario, los yuracarees que experimentaron la disciplina drástica que les impusieron los padres Ximénez, Real y Pérez del colegio de Propaganda Fide de Tarata calificaron como malos a aquellos misioneros[6].

En cuanto a la percepción que los misioneros se formaron acerca de los yuracarees, podemos decir que, generalmente, en un principio, es decir al iniciar su labor civilizadora y apostólica entre aquéllos, los juzgaban de modo relativamente positivo, pero que en el curso de los años fueron cambiando de opinión y empezaron a calificarlos de un modo más negativo. El mismo padre Buyán, tan apreciado por los yuracarees de la Asunción, en una primera instancia resaltó su obedien-

---

[4] Á. Moscoso, 1804a, fols. 26r-27r.
[5] Soto-Lacueva-Fernández-Delgado, 1805, fol. 185v.
[6] Lastimosamente hemos encontrado muy pocos documentos en que los mismos yuracarees se expresan acerca de sus misioneros.

cia y su aplicación al trabajo, pero más tarde, ante el visitador ecle-siástico Justo Mariscal, se quejó de la veleidad de los yuracarees de su reducción y de su falta total de sujeción. El padre Carrasco, compa-ñero de Buyán durante los últimos años de existencia de la misión de Nuestra Señora de la Asunción, decidió abandonar esa misión por con-siderar su trabajo entre los yuracarees inútil debido a «la poca suje-ción de los indios». Llaman de modo muy especial la atención los jui-cios tan negativos que los padres Francisco Lacueva y José Boria, los dos misioneros que más tiempo han trabajado en las Montañas de Yuracarees, en diferentes oportunidades emitieron acerca de ellos. En una carta que escribió el 5 de agosto de 1807 al Arzobispo de Charcas, solicitando dispensas para matrimonios que se habían celebrado entre parientes cercanos, Francisco Lacueva dijo lo siguiente:

> Estos indios son unos salvajes estúpidos, una gente que anda errante por estos bosques inmensos, sin leyes, sin culto, sin templo, sin sacrificios, sin Dios, sin saber de dónde han venido, ni para qué fin están en este mundo, ni a dónde han de ir a parar después de esta vida. Unos hom-bres que apenas conservan la figura humana, de una razón oscurecida, embrutecida y sepultada en la materia[7].

En los apuntes sobre los yuracarees que entregó Francisco Lacueva a Alcides d'Orbigny, leemos todavía las siguientes apreciaciones:

> Su andar altivo y arrogante concuerda perfectamente con su carácter y la elevada idea que tienen de sí mismos[8].
>
> El carácter de los yuracarees ofrece la reunión más monstruosa de cuan-tos defectos puede acarrear en un hombre sin instrucción y supersticio-so, una educación que está libre a toda edad de reprimendas y aun de los consejos más elementales. Enemigos de cualquier especie de restricción que pudiera quitarles algo de su independencia, viven en familias; y en éstas se ignoran las mutuas consideraciones y la subordinación, pues cada individuo forma parte de ella por su propia cuenta y capricho[9].

---

[7] Lacueva, 1919 [1807], pp. 124-125.
[8] A. d'Orbigny, 2002 [1839b], p. 1545.
[9] A. d'Orbigny, 2002 [1839b], p. 1545.

Desde su nacimiento el joven yuracaré recibe los cuidados más tiernos de su madre, que se convierte en la esclava de todos sus caprichos, de todos sus antojos[10].

El yuracaré, cuyo carácter es una mezcla singular de vicios y de virtudes, es paciente en el sufrimiento, vivo de pensamiento y de acción y, sin embargo, perezoso. Envidioso, mentiroso descarado, ladrón, detesta hasta a sus mismos compatriotas. Se cree el primero en el mundo y trata de ignorantes a todos los demás hombres, aun a los de la ciudad, a quienes mira por sobre el hombro[11].

Fuertes fueron también los juicios del padre José Boria:

Son robustos, de una naturaleza bien desarrollada, de genio alegre, impávidos, de entendimiento vivo, astutísimos, expeditos, de ánimo vil, soberbios, atrevidos, insolentes, pero cobardísimos cuando se ven algo subordinados; codiciosos, pedigüeños, ociosos, embrutecidos con la deshonestidad, connaturalizados con la embriaguez y con cuantos vicios son consiguientes a éstos: envidiosos, enemigos unos de otros, parricidas, ladrones, mentirosos, inconstantes, insubordinados, enemigos de toda sociedad, aun de la doméstica y conyugal. Donde se juntan, allí se ve una idea cabal de la anarquía. Y digan sobre esto lo que quieran los teólogos y aun los sabios de la antigüedad pagana y hasta el mismo Epicuro, estas gentes son ateístas de corazón y de entendimiento, son el hombre natural que tanto quieren ver los sofistas de nuestros días y a cuya felicidad trabajan tanto por reducir al género humano. En fin, son una prueba de lo que es capaz el hombre y hasta dónde puede llegar el trastorno de su razón, si la depravación de su corazón, cuando a los impíos se les quita la luz y Dios, por sus terribles juicios, les permite abandonarse a sus juicios[12].

Aquí surge, por supuesto, una pregunta: a qué se debían estas aseveraciones negativas con respecto a los yuracarees. Es difícil dar una respuesta contundente, pero al menos podemos aventurar posibles motivos. En primer lugar, tenemos que pensar en una convicción de superioridad cultural y moral que, sin duda, los misioneros (al igual que otros españoles de su época) sentían y cultivaban en sí mismos al

---

[10] A. d' Orbigny, 2002 [1839b], p. 1546.

[11] A. d'Orbigny, 2002 [1839b], p. 1547.

[12] Boria, 1897, núm. 2.653, [p.] 2, col. 5.

comparar su propia formación y tradición con las de los yuracarees. Los sentimientos de preeminencia deben haber causado prejuicios con respecto a esos indígenas que, según los misioneros, se encontraban todavía en un estado de primitivismo e incivilización. En segundo lugar, la fe casi ciega en lo absolutamente correcto de su metodología de civilización y cristianización y la dolorosa experiencia de que con su ejemplo y métodos de trabajo no lograban convertir a los yuracarees en seres humanos útiles, conforme a lo que ellos entendían como tales, deben haber generado en los misioneros la desilusión y la frustración, y estos sentimientos deben haber fomentado también la formación de conceptos negativos acerca de los que querían elevar a un nivel más alto de vida y de cultura. Y en tercer lugar, el hecho de que muchos misioneros tuvieron que trabajar solos en medio de indígenas con quienes en el fondo no congeniaban y con cuyas costumbres, modo de vida e idiosincrasia no podían ni querían identificarse, también debe haber jugado un papel en la toma de posición contra aquéllos.

A lo largo de los cincuenta años de tentativas de civilizar y cristianizar a los yuracarees, el abandono de las reducciones, tanto por parte de los mismos yuracarees como por los misioneros, fue un fenómeno constante. Hace falta abordarlo con detenimiento porque, según nuestro parecer, encontramos en su análisis las principales causas de la frustración de aquellas tentativas.

En el auto que Francisco de Viedma mandó el 29 de abril de 1805 a los padres Soto, Lacueva, Fernández y Delgado, les pidió entre otras cosas informarle acerca de «los motivos que [los yuracarees] hubiesen tenido para la apostasía y sacudir el yugo de la subordinación»[13]. En su extenso documento del 8 de mayo de aquel año los cuatro misioneros dicen ante todo que «lo único que se ha podido averiguar acerca de los motivos que hubiesen tenido los indios para la apostasía y sacudir el yugo de la subordinación, es que se huyeron por irles a la mano en su embriaguez»[14]. Sin embargo, un poco más adelante en el mismo documento abordan con mucho mayor detalle este tema:

[13] Viedma, 1805b, fol. 176v.
[14] Soto–Lacueva–Fernández–Delgado, 1805, fols. 184r-184v.

Por el descontento y disposición para huirse que en otras ocasiones advertimos en algunas familias, inferimos que lo que más poderosamente ha hecho resolver a los indios a su fuga ha sido lo primero las correcciones de los padres y los castigos que por sus excesos se les aplicaban; lo segundo, la escasez de alimento; lo tercero, el trabajo; y lo cuarto, la comunicación con el resto de la nación que vivía por los bosques, gozando de su falsa libertad y entrega a sus brutales costumbres[15].

Ya hemos hecho varias veces referencia al trato duro que algunos misioneros consideraban oportuno propinar a los yuracarees que habían reducido en sus misiones. Al respecto los cuatro frailes mencionados comentaron en su informe a Viedma lo siguiente:

Inferimos ser la primera causa de la fuga de los indios las correcciones de los padres y los castigos que por sus excesos se les aplicaban, aunque nuestro empeño fue ganar aquellos gentiles por medio de la oración, la predicación, la vida ejemplar, la suavidad y el agrado. Sin embargo, porque tratábamos con unas gentes relajadas y que solo ceden al temor, debíamos también añadir algún rigor para remediar en los indios aquellos excesos que se oponen a la pureza de nuestra moral cristiana. No podíamos tenerles una condescendencia delincuente ni disimularles lo que pedía la corrección y el castigo[16].

Uno de los mayores y más apremiantes problemas para los misioneros era cómo garantizar la alimentación suficiente y adecuada para los yuracarees que habían reducido en sus conversiones. A lo largo de los años de intentos de reducción y cristianización de aquella etnia, en ninguna de las misiones que se fundaron se llegó a una autonomía económica y una verdadera autosubsistencia. La escasez de alimentos y en especial de carne era crónica. Y precisamente esto fue una de las causas fundamentales de la fuga de los yuracarees.

Antes de reducirse a conversiones [esta nación] vivía más de la caza y pesca y de las frutas silvestres que hallaban con abundancia en tan enorme extensión, que de los frutos de sus sementeras se cuidaban muy poco. [...] Ahora hacía ya muchos años que en la conversión del Chimoré se mantenían en un sitio setenta familias y cincuenta y seis en la del Mamoré.

[15] Soto-Lacueva-Fernández-Delgado, 1805, fol. 184v.
[16] Soto-Lacueva-Fernández-Delgado, 1805, fols. 184v-185r.

En una y otra misión cada día estaban los indios sobre los ríos y por los montes inmediatos y era forzoso que de este modo escasease el pescado y la caza, por lo que muchas veces les sucedía volverse del monte o del río sin nada, después de cansarse todo el día, impacientándose con su poca fortuna y aborreciendo la vida presente con la memoria de su pasada abundancia[17].

En 1815 José María Boso observó con respecto a las frecuentes salidas de los yuracarees de las misiones: «Son estas misiones inconstantes en el número de sus gentes, porque se van al monte y solo cuando tienen necesidad de herramientas vuelven a salir; y así están como el flujo y reflujo del mar»[18].

La idea y el deseo de formar alguna buena estancia de ganado, como hemos visto ya, nunca llegó a concretarse[19]. De este modo, las misiones seguían dependiendo de ayudas de fuera y, para que esta ayuda pudiese llegar con regularidad, era indispensable poder contar con una buena comunicación con Tarata y Cochabamba. Por eso, a lo largo de los años también los misioneros habían estado sumamente interesados en los proyectos camineros y ellos mismos habían explorado la posibilidad de la apertura de una senda de la misión del Chimoré hasta Totora por el Arepucho. En 1802 Juan Carrillo de Albornoz presenta un proyecto de apertura de un camino, y también la relaciona con la evangelización de los yuracarees. Para Carrillo, la existencia de solo un camino muy precario

es el origen de que las misiones establecidas por orden del soberano y en que se ha consumido gran copia de dinero con el santo objeto de atraer a nuestra verdadera religión el considerable número de almas que allí habitan en el letargo de la idolatría y barbarie, se vean tan atrasadas en lo

---

[17] Soto-Lacueva-Fernández-Delgado, 1805, fol. 186r.
[18] Boso, 1985 [1815], p. 348.
[19] Esta idea la tenían también los padres de la misión del Mamoré: «Había mucho tiempo que los indios del Mamoré estaban mortificando a los padres para que los trasladasen a otro sitio distante cuatro días de camino hacia Santa Cruz por el motivo de que ya no encontraban caza ni pesca, de modo que los padres compadecidos habían ya encargado la compra de un competente número de vacas y tomado sus medidas para hacer este año una pequeña estancia a costa de sus sínodos para socorrer aquel pueblo que sin este arbitrio tenían por imposible el que subsistiese» (Soto-Lacueva-Fernández-Delgado, 1805, fols. 186r-186v).

temporal y espiritual. En lo primero, porque, privando ese espantoso camino nuestra entrada, carecen los religiosos misioneros de los auxilios y gente precisa para el cultivo de las tierras y hacerlas producir en los frutos ya expresados [...][20], evitando al real erario los [gastos] que ahora impende con este motivo. Lo segundo, porque nuestra mayor y más inmediata comunicación con aquellos infieles los atraería al gustoso trato racional, al cristianismo, y los haría más civiles en el comercio de las gentes [...]; y vendrán a hacerse de unos brutos cerriles, miembros del estado[21].

Como una tercera causa del abandono de las misiones por parte de los yuracarees, los frailes Soto, Lacueva, Fernández y Delgado indican el trabajo al que les sometían, trabajo al que, por supuesto, no estaban acostumbrados y al que les costaba adecuarse.

El tercer motivo que pudieron tener los indios para profugar a los montes, fue el trabajo. Una nación que es de su naturaleza haragana y desidiosa aborrece mortalmente el trabajo y reputa por esclavitud cualquiera ocupación laboriosa que no le es voluntaria. Tal es la nación de los yuracarees[22].

Y como cuarta causa de la salida de las misiones señalan los frailes el contacto con yuracarees que se encuentran fuera de ellas.

La comunicación con los indios de la abandonada misión de la Asunta es la cuarta y acaso la más poderosa causa que indujo a los indios de nuestras misiones para sacudir el yugo de la subordinación. Veían éstos que aquellos parientes suyos había casi dos años que vivían a su libertad, gozando pacíficamente de sus criminales pasiones, y se tenían como afrentados por estar bajo la dirección de los padres. En alguna ocasión les insultaron con esto a los indios del Chimoré otros de la misión de la Asunta, haciéndoles una larga enumeración de las pensiones a que estaban sujetos y de las que estaba en su mano librarse como ellos[23].

---

[20] Coca, cacao, café, caña, yuca, plátano, maíz.
[21] Carrillo, 1802, fol. 2v.
[22] Soto-Lacueva-Fernández-Delgado, 1805, fol. 186v.
[23] Soto-Lacueva-Fernández-Delgado, 1805, fol. 187v.

A estas causas de abandono de las misiones de parte de los yuracarees podemos añadir todavía algunas epidemias que a veces amenazaban con diezmar la población de las reducciones. Conocemos concretamente dos casos: a mediados de 1785 se produjo una enfermedad contagiosa en la misión de Nuestra Señora de la Asunción[24] y en 1797 hubo una epidemia en la misión de San Francisco de Asís del Mamoré[25]. A finales del año 1820 y comienzos del año 1821 hubo una epidemia en las Montañas de Yuracarees que obstaculizó el afán del padre Lacueva de atraer a la misión de San José de Ypachimucu a yuracarees que vivían dispersos en la región.

6.1.2. Cristianización

6.1.2.1. «Queremos ser cristianos»

Los encuentros de los yuracarees con personas interesadas en su cristianización se realizaron de diferentes maneras. Al inicio de la historia que hemos tratado de reconstruir en esta obra tuvo lugar un encuentro, que podemos llamar casual, entre un grupo de yuracarees y algunos exploradores contratados por el tarateño Juan Cristóbal de Borda. Este encuentro tuvo como efecto que aquellos exploradores llevaran a algunos yuracarees a Punata y que allá estos últimos tuvieran contacto con el párroco del pueblo y luego con el mismo Juan Cristóbal de Borda y varios vecinos del pueblo. En segundo lugar, tenemos los casos en que los mismos yuracarees iban en búsqueda de personas de quienes sabían que podrían estar ansiosas de traerlos al cristianismo. Así, hubo yuracarees que se desplazaron al pueblo de Arani e incluso hasta la ciudad de Santa Cruz de la Sierra para entrevistarse con el obispo Francisco Ramón de Herboso. En 1775, algunos caciques yuracarees que se habían enterado de la entrada a su territorio del padre Marcos Melendes, lo visitaron en el lugar a donde había llegado en esta entrada. Y en 1776 el capitán Marcos Teniente visitó a los padres Melendes y Anaya, que se habían establecido a orillas del

---

[24] Ver 2.6.2.

[25] Declaró al respecto el padre Francisco Lacueva, misionero por entonces de aquella reducción: «Ya se había huido toda la gente estando yo allí en los meses de septiembre y octubre, por causa de haber entrado en la conversión la epidemia de las viruelas» (Lacueva, 1798, fols. 20r-20v).

río Coni, para manifestar su deseo de que los padres fuesen al lugar donde vivía con los suyos para fundar también allá un pueblo de misión. En 1779 hubo yuracarees de la región del río Mamoré que caminaron a la hacienda de Chuquioma para encontrarse con Baltasar de Peramás. Cuando el padre Tomás Anaya se encontraba solo en la recientemente fundada misión de San Francisco de Asís del Mamoré, le buscó allá el capitán Poyato para pedirle que fuese con él para unir a su gente en una misión. Y en 1809 dos yuracarees del Isiboro visitaron al padre Francisco Lacueva en la misión de San José de Ypachimucu para expresar su deseo de vivir en misión. En tercer lugar, diferentes eclesiásticos fueron a buscar a los yuracarees para atraerlos hacia el cristianismo. El franciscano Marcos Melendes en 1775 penetró desde el Valle de Cliza hasta la región del río Coni para explorar la predisposición de los yuracarees de hacerse cristianos y al año siguiente entró junto con el padre Tomás Anaya en la misma región para fundar una misión. Los padres Domingo Real y Francisco Lacueva, el primero desde la misión de San José del Chimoré y el segundo desde la misión de San Francisco de Asís del Mamoré, hicieron viajes en dirección a Mojos para atraer yuracarees nómadas, que vivían dispersos a lo largo de los ríos Chimoré y Mamoré, hacia sus misiones.

En todos estos encuentros se centraba la atención en la cristianización de los yuracarees. En la conversación que los exploradores de Borda tuvieron con los yuracarees a quienes encontraron por casualidad cerca de la cordillera de Tiraque, los últimos afirmaron que ya eran cristianos, argumentando que todos tenían nombres cristianos y que llevaban cruces al cuello. Esto repetían ante Juan Cristóbal de Borda y los vecinos de Punata durante el interrogatorio a que les sometieron aquéllos en la casa de Clemente Montaño. Tres de los presentes en aquel encuentro declararon más tarde cómo los yuracarees habían contestado las preguntas que les hicieron acerca de su deseo de ser cristianos.

El mismo Clemente Montaño aseguró que los yuracarees habían dicho «que eran cristianos y tenían nombres de cristianos y que portaban al cuello sus cruces de chonta y que daban muchas muestras de convertirse»[26].

---

[26] C. Montaño, 1765, fol. 61r.

Felipe González declaró «que en las preguntas que les hizo de que si eran cristianos, dijeron que sí y que traían muestras o inclinación de serlo por la insignia que traían al cuello de una cruz de chonta»[27].

Y Rafael Vega certificó que los yuracarees «manifestaban el deseo de ser cristianos, como que así lo expresaban en su idioma; y que las más veces decían eran cristianos y que así mismo cargaban al cuello una cruz de chonta y tenían todos ellos nombres de cristianos»[28].

En estas breves declaraciones encontramos dos afirmaciones diferentes, una de parte de los yuracarees y la otra de parte de los interrogadores. Los yuracarees dicen que son cristianos y corraboran esta afirmación indicando que llevan nombres cristianos y que llevan cruces; y los tres vecinos de Punata, de manera un poco diferente, expresan su impresión de que los yuracarees están dispuestos a abrazar el cristianismo, indicando que «daban muestras de convertirse», que daban de entender estar inclinados a hacerse cristianos, o que «manifestaban el deseo de ser cristianos». Aquí surge espontáneamente la pregunta sobre cuánto y qué han podido saber esos yuracarees del cristianismo para afirmar su pertenencia a él. Con seguridad que habían tenido algún contacto con cristianos, de quienes habían adoptado algunas costumbres relacionadas con el cristianismo (llevar cruces y tener nombres llamados cristianos) para hacer esa afirmación. Sabemos de contactos de los yuracarees con los indígenas de las misiones de Mojos y también de contactos con los habitantes de Cochabamba y del Valle de Cliza. Parece que las noticias que tenían del cristianismo no fue más allá de un conocimiento muy rudimentario, pero que a sus ojos ya era suficiente para identificarse de alguna manera con los verdaderos cristianos[29]. Así parecen haberlo entendido los tres hombres que interpretaban las palabras y gestos de los yuracarees a quienes interrogaban, cuando hablaban de deseo, de inclinación y daban muestras de convertirse. Pensaron que esto era motivo suficiente para que se pusiera en marcha un proceso de mayor acercamiento a esos yuraca-

---

[27] F. González, 1765, fol. 61v.

[28] Vega, 1765, fol. 62v.

[29] Me atrevo a comparar esta manera de afirmarse como cristianos con un dato que encontré en mis investigaciones acerca de la religión de los aymaras: cuando nace una criatura, el padre de familia le pone un poco de sal en la boca (lo que antiguamente hacía el sacerdote en el rito católico del bautismo) y dice: «ya es cristiano».

rees y sus compatriotas, y de organización de un trabajo misionero entre ellos.

En otros casos de primeros encuentros de eclesiásticos con yuracarees, éstos pidieron ser bautizados, lo que indica que de alguna manera se habían enterado de que el bautismo es la puerta de entrada al cristianismo.

Los yuracarees que visitaron al obispo Herboso en Arani solicitaron enviarles un sacerdote para que les instruyese. Así también, los yuracarees que fueron a la hacienda de Baltasar Peramás y se entrevistaron con su mayordomo, manifestaron que querían que les pusiese un capellán para ser catequizados. Lo mismo hicieron saber el capitán Chuche, que visitó al padre Marcos Melendes cuando éste se encontraba por el río Coni en 1775, y el capitán Poyato, que visitó al padre Tomás Anaya en la misión de San Francisco en 1794.

Finalmente, los dos yuracarees que buscaron al padre Francisco Lacueva en la misión de San José de Ypachimucu, en 1809, expresaron su deseo de vivir en misión.

Con todo, los testimonios y anotaciones de las declaraciones en que se mencionan los encuentros en que se ha hablado de la voluntad de los yuracarees de hacerse cristianos son llamativamente escuetas. No hemos encontrado ningún documento que indique que hubo, por lo menos en algunos casos de encuentro, una indagación más amplia y profunda acerca del conocimiento que tenían los yuracarees del cristianismo y de su predisposición de hacerse también ellos verdaderos cristianos. Esto es tanto más sorprendente cuanto que los dos obispos que tuvieron que ver con el inicio de la evangelización de los yuracarees insistían en tal indagación. Parece que el simple sí de los yuracarees a la pregunta de si querían ser cristianos bastó para afirmar que efectivamente tenían el deseo de serlo. Y curiosamente esta simple afirmación de parte de los yuracarees llevó a los que les habían interrogado a propagar la convicción de que, en cuanto a los yuracarees, se trataba de un pueblo que estaba listo para ser sometido al suave yugo del Evangelio. A su vez, esta convicción fue asumida sin mayores consideraciones en otros niveles, tanto eclesiásticos como niveles gubernamentales.

6.1.2.2. El proceso de cristianización y sus logros

En varios casos los misioneros, una vez habiendo reunido un cierto número de yuracarees, se esmeraron en construir primero una modesta capilla e inauguraron la fundación de la nueva misión con una eucaristía festiva o con algún otro acto religioso. Así, Marcos Melendes y Tomás Anaya celebraron, el 15 de agosto de 1776, apenas diez días después de su llegada al río Coni, el inicio de su labor apostólica entre los yuracarees con la inauguración de la capilla, aplicando misas a la pronta evangelización de aquellos indígenas entre los cuales se habían establecido. José Joaquín Velasco y Tomás Anaya, que llegaron al Mamoré el 27 de septiembre de 1793, de inmediato iniciaron el trabajo de la construcción de una capilla; y el 4 de octubre, fiesta de San Francisco, a quien habían escogido como patrono de la nueva misión, solemnizaron la fundación de la nueva misión bautizando a un yuracaré mudo. Los primeros misioneros del colegio de Propaganda Fide de San José de Tarata, al hacerse cargo a comienzos de octubre del año 1796 de la misión de San José del Coni, celebraron con entusiasmo la fiesta de San Francisco, no solamente para honrar al patrono de su orden religiosa, sino también para festejar el inicio de su trabajo misionero entre los yuracarees.

Los misioneros eran conscientes de que su primera y más importante tarea era 'salvar almas', «almas que por su antigua desventura ignoran el sacrosanto nombre de Dios»[30]. Para conseguir esto, los yuracarees debían ser sujetados al suave yugo del Evangelio y reducirse al gremio de la santa Iglesia Católica. Esta última forma de reducción, que se añade lógicamente a las formas de reducción que hemos señalado en la parte anterior, consistía fundamentalmente en la imposición de un horario de prácticas religiosas que se combinaba con el horario de trabajo que se aplicaba en la misión, basándose en el conocido lema de San Benito: *Ora et labora*. De hecho, observando el orden del día de las misiones[31], podemos compararlo de alguna manera con el orden monacal que tradicionalmente reinaba en abadías, claustros y conventos. Sin embargo, a la observancia de rezos, cantos y misas, se añadía como elemento de mayor importancia la enseñanza y explicación de la doctrina cristiana. Y para esto último, según la

[30] J. Borda, 1767, fol. 156r.
[31] Ver 2.12.3.1.

convicción de muchos misioneros, era indispensable enseñar a los indígenas la lengua castellana, aunque en algunos casos se optaba también por la elaboración de sencillas cartillas en lengua yuracaré. Así, para una eficaz formación de los yuracarees en la vida cristiana, el presbítero Justo Mariscal indicó lo siguiente durante su visita oficial a la misión de la Asunta en noviembre de 1799:

> Por lo que hace a la enseñanza, el primer cuidado que deben tener los padres es que estos indios entiendan nuestro idioma castellano, especialmente se debe cuidar con los de la escuela y las muchachas, procurando que la hablen, pues de lo contrario jamás entenderán lo que rezan ni lo que leen como sucede en el día.
>
> En segundo lugar no se debe contentar el padre con que se enseñe una vez al día el rezo, sino que a más de enseñarles por la mañana en la Misa como se practica, se repita esta diligencia por la noche cuando se juntan al Rosario antes de empezar esta devoción sin omitir el catecismo y aunque se cercenen algunas alabanzas que cantan para que no se les haga pesado.
>
> En tercer lugar, todos los días festivos y los jueves de todas las semanas, cuando no se pueda todos los días, les explicará el padre en la Misa algún punto del rezo que se les enseña, con método sencillo, claro, sin figuras, y como comentándoles en su idioma para acomodarse a la capacidad de estos, siendo breve en su explicación, de modo que puedan comprender, repitiéndoles en resumen para que puedan retener lo que se les explica.
>
> En cuarto lugar se podrá destinar un día a la semana para tomar razón de lo que se les ha enseñado y explicado, reprendiendo al que se manifestare indolente, avergonzándolos, siendo necesario, con alguna pena que arbitrare el padre, y por el contrario acariciando y distinguiendo a los que reparare aplicados y dieren buena cuenta de la enseñanza.
>
> En quinto lugar deberá hacer que se junten todas las mujeres jóvenes y muchachas tiernas, capaces ya de enseñanza, todos los días a mañana y tarde después de la escuela a rezar las oraciones; y cuando el padre se halle desembarazado podrá entrar algunas veces a la escuela y también a la enseñanza de las mujeres a explicarles algún punto con el método y forma que se lleva dicho.
>
> En sexto lugar se le podrá encargar al padre misionero que, a más de lo expuesto hasta aquí para la enseñanza de aquellos, instruya en particular y con más frecuencia a los catecúmenos, en lo necesario que de-

ben saber y entender para recibir dignamente y con fruto el santo sacramento del bautismo[32].

Fuera de la explicación de la doctrina católica, en la formación que daban los misioneros a los yuracarees se incluye, como elemento fundamental, la enseñanza de la moral cristiana. En su concepto de evangelización se veían obligados de erradicar costumbres que consideraban en flagrante contradicción con las enseñanzas del Evangelio y con los modales morales cristianos, como ellos los entendían. Curiosamente, en ninguno de los documentos a los que hemos tenido acceso y en que se habla de la cristianización de los yuracarees, se habla de la presentación de la vida y enseñanza de Jesús o de la historia de la salvación. Por otro lado, podemos suponer que se hubiera presentado en la formación católica de los yuracarees la vida y el ejemplo de los santos, en especial de los santos patronos de las misiones y que se hubiera promovido su devoción. Conocemos el caso de la devoción de la Madre de Jesús, propagada por Marcos Melendes y Tomás Anaya entre los yuracarees de la misión de la Asunta: ellos presentaron a Nuestra Señora de la Asunción, bajo cuya protección pusieron su primera misión, como la Meme («mi madre» en lengua yuracaré) por excelencia de los yuracarees que iban a introducirse en el cristianismo. Fray Marcos escribe a los hermanos Moscoso: «Ya estos gentiles conocen a su madre y bienhechora, y con muestras de agradecimiento cantan el *Alabado* todas las noches y nombran a su patrona y señora con la voz de Meme»[33]. Encontramos otro dato puntual en el *Informe* del visitador Juan Ignacio Pérez sobre la misión de San José del Chimoré, por lo demás en forma de crítica[34]:

> No hay más que una sola imagen del señor San José en aquel altar, sin corona y tapada la cabeza con un pedazo de papel pintado. La mesa de él y su tarima es de palos de palma y lo propio la de la sacristía. Estas gentes se llevan mucho de la exterioridad y no miran con la atención que debían estas cosas que debían ser su único objeto, porque las ven indecentes. Madera hay en abundancia en aquel paraje para sacar las tablas

---

[32] Mariscal, 1799c, fols. 59v-60v.
[33] Melendes, 1776b, fol. 257r.
[34] Pérez, 1998 [1799b], p. 77.

que se necesiten, y es fácil poner con toda decencia un corto retablo por ahora y una imagen de Nuestra Señora con su camarín.

En general, los misioneros se mostraban reticentes en administrar el sacramento del bautismo a los yuracarees. Bautizaban, sí, a las criaturas que se encontraban en peligro de no sobrevivir y a agonizantes de cualquier edad, pero tenían mucho reparo en bautizar a jóvenes y adultos, y esto por varios motivos relacionados entre sí. En primer lugar, porque querían tener la seguridad de que estaban suficientemente catequizados: de que conocían lo principal de la doctrina cristiana. En segundo lugar, porque estaban convencidos de que no era nada fácil conseguir que los bautizados encontrasen una verdadera estabilidad en la fe católica. Y en tercer lugar, porque, debido a que los yuracarees difícilmente lograban acostumbrarse a la vida sedentaria en las misiones, temían que pudiesen apostatar de la fe y volver a sus costumbres gentílicas.

Los datos que tenemos acerca del número de bautizados a que se llegó en las diferentes misiones son pocos. El padrón que hizo el visitador Pérez en 1799 de la población de la misión de Nuestra Señora de la Asunción indica que de los 291 habitantes 216 estaban bautizados. En el año 1803 vivían 179 personas en esta misión, de las cuales 126 habían recibido el bautismo. Cuando Juan Ignacio Pérez visitó la misión de San José del Chimoré en 1799, contó dentro de la misma 128 personas, 40 de ellas bautizadas. Según la información de los capitanes Poyato y Teodoro se encontraban todavía fuera de la misión 86 miembros de sus parcialidades, entre los cuales había 24 bautizados. En el año 1805 esta misión había llegado a tener 244 habitantes, de los cuales 139 estaban bautizados. En el mismo año 1805 la misión de San Francisco de Asís del Mamoré tenía 212 habitantes, de los cuales solo 60 habían recibido el bautismo (27 niños y 33 adultos). Estos datos no nos permiten formarnos una idea clara acerca del resultado del proceso de cristianización en las diferentes misiones. Por lo demás, llama la atención que entre los años 1799 y 1803 la población de la misión de la Asunción haya ido disminuyendo, mientras que el porcentaje de bautizados sobre el total de la población se mantenía más o menos igual, y que en las otras misiones el porcentaje de bautizados fuera considerablemente menor que en la Asunta.

Mucho menos abundantes son los datos sobre los matrimonios celebrados dentro de la Iglesia. El visitador Pérez registró en 1799 en la misión de la Asunta 69 parejas, de las cuales 43 eran bautizadas y 26 no bautizadas, pero no indica si las parejas de bautizados habían contraído matrimonio en la Iglesia o solamente por contrato natural. Parece, más bien, que la mayoría se había casado por contrato natural, ya que, según se indica en la carta que los frailes de Tarata mandaron al intendente gobernador Viedma en 1804, antes de la desintegración total de esta misión en agosto de 1803 hubo en ella solamente 7 matrimonios cristianos. En el padrón de la población que compuso Juan Ignacio Pérez en 1799 en la misión de San José del Chimoré no hay datos acerca de matrimonios eclesiásticos o de contrato natural. Más bien, según el informe que redactaron los padres Soto, Lacueva, Fernández y Delgado en 1805 sobre esta misión, había en ella, antes de su desintegración, 30 parejas matrimoniadas *in facie ecclesiae* y 32 de contrato natural ante testigos. El único dato que tenemos de la misión de San Francisco del Mamoré se encuentra en el mismo informe de los mencionados misioneros: en 1805, antes del abandono que hicieron de esta misión los yuracarees, había 7 matrimonios *in facie ecclesiae* y 43 de contrato natural ante testigos.

Un importante aspecto de la cristianización de los yuracarees era también la celebración de fiestas, especialmente de la fiesta patronal de las misiones. Precisamente en tales fiestas aumentaba el optimismo de los misioneros con respecto a los alcances y buenos resultados de su labor apostólica.

6.1.2.3. Críticas y defensa

Cuando Bernardo Ximénez Bejarano hizo su primera entrada a las Montañas de Yuracarees y pasó por la hacienda La Cumbrecilla, adonde había acudido el padre Francisco Buyán con un grupo de niños de su misión, se quedó maravillado por el hermoso canto de esos niños para realzar la solemnidad de Nuestra Señora de la Merced que se celebraba en aquella hacienda. En su diario manifestó su admiración por lo que el misionero había alcanzado con estos pequeños. Sin embargo, cuando algunos días más tarde, estando en la misma misión de la Asunta, puso en su diario sus primeras impresiones acerca de aquella misión, se expresó más bien negativamente:

Basta decir que los indios, sujetos ya tantos años a la instrucción de su misionero, siguen todavía en la mayor parte sus costumbres del gentilismo, como en pintarse la cara en las ceremonias de sus difuntos etc. Y esto debe admirar tanto más cuanto es notoria la suma docilidad y condescendencia de esta nación en todo lo que sea relativo a su instrucción espiritual[35].

Encontramos críticas más amplias sobre los resultados de muchos años de tentativas de cristianización entre los yuracarees en las actas de visita y los informes de Juan Ignacio Pérez y Justo Mariscal. Durante el último día de su visita a la misión de la Asunción, Pérez hizo convocar a toda la población para informarse acerca de su conocimiento de los primeros rudimentos de la doctrina cristiana y en especial del misterio de la encarnación. El resultado no fue muy positivo: «solo el indio Carlos Rejas, que se halla de doctrinero, dio razón completa en el idioma castellano, pero ninguno de los demás pudo hacer otro tanto»[36]. Entre los niños había varios que habían aprendido bastante bien a rezar y a ayudar en la Misa. Por lo que respecta a los adultos

siguen la voz del doctrinero en sus rezos y solo el santo rosario, que rezan diariamente, siguen todos en general, hombres, mujeres y niños; y habiendo intentado que en su propio idioma den razón del misterio de la encarnación, no han podido los intérpretes explicárselo con la claridad y distinción que se requiere, por la grande dificultad que se le presenta su rusticidad[37].

Y en el *Informe* que Pérez redactó para el intendente gobernador Francisco de Viedma, dice:

Aunque es cierto que algunos se han incorporado de pocos años a esta parte, también lo es que muchos lo están muchos años hace, y por esta se ve que todos los indios en general están ignorantes en los primeros rudimentos de nuestra santa fe después de tantos años de reducidos [...]. Hay algunos que por necesidad les han hecho aprender a ayudar las mi-

---

[35] Ximénez, 1796b, fol. 126r.
[36] Pérez, 1998 [1799a], p. 39.
[37] Pérez, 1998 [1799a], p. 39.

sas rezadas comoquiera, pero ni uno que sea capaz de oficiar una Misa cantada[38].

Curiosamente las observaciones que el mismo Pérez hizo acerca de la cristiandad de la misión de San José del Chimoré, son más bien escuetas:

Se les fue examinando a los indios existentes en la doctrina cristiana y solo dan razón algunos del *Padrenuestro*, pero todos los demás ignoran. Y para que conste se pone por diligencia, advirtiéndose que por lo respectivo a los muchachos y muchachas saben medianamente rezar y algunos muy bien[39].

Justo Mariscal observó que, a pesar del régimen bastante fuerte que, en cuanto a participación en las oraciones, cantos, misas y enseñanza de la doctrina cristiana, sin duda el padre Buyán había mantenido a lo largo de los años de su permanencia en la misión, la gran mayoría de los yuracarees de la Asunción no había llegado a comprender la doctrina cristiana y a rezar con entendimiento. De los muchachos «algunos pocos sabían las oraciones y los demás hasta el credo y los chicos el persignarse, pero ninguno de ellos tenía inteligencia de lo que leían ni de lo que rezaban»[40]. Y en cuanto a los hombres mayores

a excepción de unos pocos que sabían las oraciones, con tal cual inteligencia que dos o tres tienen de lo que rezan, todos los demás, así neófitos como catecúmenos, se hallan muy atrasados en el rezo, pues el que más, no pasa del *Padrenuestro* y ninguna inteligencia de lo que rezan[41].

Por lo que respecta a las mujeres

fuera de tres o cuatro jóvenes que saben las oraciones hasta mandamientos y algo del catecismo, las demás apenas podían decir el *Padrenuestro*,

[38] Pérez,1998 [1799b], p. 63.
[39] Pérez, 1988 [1799a], fol. 59.
[40] J. Mariscal, 1799a, fol. 51v.
[41] J. Mariscal, 1799a, fol. 51v.

muchas solo el persignarse y algunas ni aun esto y, preguntándoles de la inteligencia, ninguna de ellas pudo dar razón de cosa alguna[42].

En el ya varias veces citado alegato de junio de 1804, Ángel Mariano Moscoso reaccionó también frente a estas críticas, haciendo la defensa de la labor misionera realizada por el padre Francisco Buyán:

> Se ha ponderado con altísimos clamores que aquellos neófitos no entienden los más de ellos el sentido del catecismo, aunque algunos lo repiten en castellano, queriendo probar con esto la falta de enseñanza y el descuido del padre Buyán, atribuyéndole también como por nota de delito el que hubiese permitido el uso de abalorios y pinturas en los festines y danzas de los indios, como lo practicaban en el tiempo de su gentilidad[43].

> No puede dudar ninguno de mis acusadores las dificultades que aún hoy cuesta en lo general del reino del Perú el instruir completamente sobre los puntos de doctrina cristiana al cabo de cerca de tres siglos que están reducidos aquellos indios, con todo de hallarse traducido todo el catecismo en el idioma del país desde el tiempo del primer Arzobispo de Lima, el señor don Gaspar de Loayza[44]. Han sido continuas y reñidas las disputas sobre si importa más que los feligreses aprendan la lengua en que habla el párroco, o más bien que éste se ha de acomodar al idioma propio del país por ser más fácil que un ministro ilustrado adquiera conocimiento perfecto de las lenguas del Reino donde ha de predicar que una provincia o reino entero el idioma del predicador, ni el sentido de las voces con que se explican los misterios de la religión.

> Yo prescindo del valor de las opiniones opuestas, pero no puedo desentenderme que [ha de] extrañar mucho que el padre comisario y el señor gobernador de Cochabamba en medio de la ilustración hayan hecho

---

[42] J. Mariscal, 1799a, fol. 53v.

[43] Á. Moscoso, 1804a, fol. 25r.

[44] Jerónimo (¡no Gaspar!) de Loayza (1498-1575) fue obispo de Lima de 1543 a 1547 y luego arzobispo de 1547 a 1575. Convocó el Primer Concilio Limense para unificar criterios para la elaboración de cartillas de catequesis en las lenguas aymara y quechua. Los primeros catecismos fueron elaborados, más bien, durante el episcopado de Toribio de Mogrovejo (1581-1606) en el Tercer concilio Limense (1582-1583) y editados en 1584 y 1585 en Lima como *Doctrina cristiana y Catecismo para instruccion de los indios*. Fueron tres: *Catecismo breve para los rudos y ocupados, Catecismo mayor para los que son más capaces,* y *Tercero Catecismo y exposición de la Doctrina Cristiana, por Sermones*. Estos tres catecismos llevan el texto en castellano, quechua y aymara.

alto en la ignorancia de los indios, de los yuracarees, en punto de doctrina cristiana, confesando ellos mismos que se les enseña en castellano, excepción de aquellas explicaciones doctrinales con que el misionero suple la falta de traducción de las cartillas de su escuela. Debían admirar todos ellos la espantosa memoria de aquellos niños que, sin entender lo que leen, lo aprenden y lo repiten sin reserva del latín en que ayudan las misas de su párroco[45].

Reacciona también Moscoso nuevamente contra los métodos drásticos que aplicaban varios frailes del colegio de Tarata para conseguir la pronta civilización y cristianización de los yuracarees de sus misiones:

Mucho se podría filosofar sobre este importante punto, pero me basta insertar aquí el tenor de la Ley 2ª, núm. 4, Libro 4 de Indias por comprenderse en su texto la solución perentoria de todas las objeciones que quedan indicadas:

Asentada la paz con los naturales y sus repúblicas (dice esta ley) procuren los pobladores se junten; y comiencen los predicadores con la mayor suavidad y caridad que pudieren a persuadir que quieran entender los misterios y artículos de nuestra fe católica y a enseñarla con mucha prudencia y discreción por el orden que se contiene en el título de la Santa Fe Católica, usando de los medios más suaves que parecieren para aficionar a que quieran ser enseñados; y no comiencen a reprenderles sus vicios ni idolatrías, ni les quiten las mujeres ni ídolos por que no se escandalicen ni les cause extrañeza la doctrina cristiana, enséñensela primero, y después que estén instruidos les persuadan a que de su propia voluntad dejen lo que es contrario a nuestra santa fe católica y doctrina evangélica, procurando los cristianos vivir con tal ejemplo que sea el mejor y más eficaz maestro.

Véase aquí puntualmente la pauta por donde ha dirigido su conducta el misionero Buyán[46].

6.1.2.4. Interpretaciones

Por más que a lo largo de los cincuenta años de labor misionera entre los yuracarees que se estudian en esta obra haya habido mo-

---

[45] Á. Moscoso, 1804a, fols. 25r-26r.
[46] Á. Moscoso, 1804a, fols. 26r-26v.

mentos de satisfacción entre los misioneros y ciertos logros en cuanto a la cristianización de esta etnia, una evaluación última de la misma arroja más bien resultados negativos. Los mismos misioneros fueron conscientes de esto. Las interpretaciones, sin embargo, de la
situación que se produjo en las Montañas de Yuracarees han sido, en
parte, claramente opuestas.

El ex–gobernador de Mojos Miguel Zamora, que, expulsado de su
provincia, al trasladarse a Cochabamba pasó unos meses en las misiones de San José del Chimoré y de Nuestra Señora de la Asunción, dio
en su extensa carta a la real audiencia de Charcas del 21 de noviembre de 1805 una impresión de lo que había observado en la misión
de San José durante su estadía allá. Sus observaciones se refieren tanto a los yuracarees como a los misioneros.

> pero fue más admirable que después de tantos años no hubiese uno solo
> que se confesase ni que entendiese la religión, sí antes bien ridiculizán-
> dola, preguntando los más antiguos y al parecer más racionales, si entre
> las delicias del cielo había buen pescado y estaba bien asado, si la escale-
> ra era muy alta para tanta elevación y otras especies de este jaez, que dan
> cabal idea de su creencia, de manera que aun los que tienen la fortuna
> de estar bautizados, son unos verdaderos bárbaros y su dedicación es a sus
> antiguos usos gentílicos[47].
>
> Algunas veces noté el desprecio con que se trataba a la religión por los
> mismos misioneros, oyéndoles decir con dolor al reconvenirles algunas
> personas a mi presencia por qué celebraban los casamientos por contra-
> to, privando a aquellos indios de la gracia que pudieran recibir siendo ya
> por sacramento, supuesto el bautismo como puerta de todos, y con la pre-
> cisa instrucción que los hiciera susceptibles, que (esta fue su respuesta)
> que la Madre Santísima no fue desposada sino por contrato; y a la répli-
> ca de no haber podido ser en otra forma, pues que el matrimonio no fue
> elevado a sacramento sino mucho después por su Santísimo Hijo en las
> bodas de Caná[48], contestaron con especies de desprecio, como a la re-
> convención de no bautizar a los párvulos, a que dieron la salida de que
> por no entrarlos más adentro en el infierno, porque en llegando a adul-
> tos imitarían la viciosa conducta de sus padres, cuyas huellas de perdición
> seguirían. Con tales respuestas no parece había lugar a nuevas preguntas[49].

---

[47] Zamora, 1805b, fol. 210v-211r.
[48] «Canaán» en el manuscrito.
[49] Zamora, 1805b, fols. 219r-219v.

Zamora planteó también la cuestión del por qué los yuracarees hicieron abandono de las misiones, lo que mostraba que no se logró su verdadera cristianización. Dio dos respuestas al respecto. La primera hace referencia a los propios yuracarees:

> La una es que los yuracarees son duros de cerviz, como decía San Pablo de sus paisanos los hebreos[50], de un carácter áspero y tenaz en sus preocupaciones gentílicas, de que es difícil desasirlos[51].

La segunda causa hay que buscarla en los misioneros:

> Y la otra que, según entiendo, no se empezó a evangelizar bien, de manera que, habiendo sembrado en piedras, se llevaron las aves las semillas; y alguna de éstas que por fortuna cayó en tierra, que pudiera fructificar, como iba llena de cizaña y creció con ella, no fue de provecho, quiero decir iba impregnada de fines particulares, como intereses mundanos, ya de la coca en aquella yunga, con cuya producción se creyó atesorar, como de que sonase en la corte, de donde produjesen satisfacciones temporales.
>
> Por esto parece no secundó Dios las obras de los hombres con sus bendiciones, como quien conoce y ve sus corazones, y este es el motivo porque el conversor no adelantó un paso, logrando únicamente con su dulzura y suavidad que mucha parte viviesen en poblado y no fuesen tan frecuentes sus escapes al monte, adonde solo gustan permanecer, huyendo la sujeción[52].
>
> Desde los principios no se les instruyó bien, según he presumido, y que se han dedicado a las negociaciones con la gente más común de Cochabamba y sus valles, que son los que entran para el cultivo de la coca y traficar con dichos indios, cuantos han resabiado, aprendiendo mejor sus deshonores que la religión; y por último, que a la menor restricción de la chicha o cualquiera sujeción que se les impone, huyen al monte, que es su mejor asilo, y sus cazas y pescas total contracción; pocas

---

[50] Más bien, fue San Esteban quien dijo esto al final de su largo discurso sobre la historia de la salvación ante el Sanedrín: «¡rebeldes, infieles de corazón y duros de cerviz!» (*Hechos*, 7, 51).

[51] Zamora, 1805b, fol. 211v.

[52] Zamora, 1805b, fols. 211v–212r. El conversor al que hace referencia aquí Miguel Zamora, es sin duda el padre Francisco Buyán, a quien conoció en la misión de Nuestra Señora de la Asunción.

esperanzas ofrecen para encargarse de ellos, mayormente si se para la consideración en algunas especies de su desgarrada constitución, por las que,
si no me arrojase a afirmar que esta reducción (y digo lo mismo de las
otras de San Francisco y San José, también de yuracarees, a quienes juz-
go en el mismo caso), no tuviesen la anatema del cielo y su reprobación,
pues sería ligereza asegurarlo, tampoco su adopción, pues si hacemos memoria de aquella sentida queja del Señor, hablando de su nación escogi-
da «este pueblo me honra con los labios, pero su corazón está lejos de
mí»[53], ¿Que podría decir de estos Su Majestad[54]? Que ni de un modo ni
otro le han venerado, que no ha habido culto interior ni aun exterior y
que de todos modos se le ha deshonrado, aun por algunos ministros de
dichas reducciones y particularmente de las últimas expresadas. ¿Qué es
lo que podrá prometerse al Soberano[55]?

Finalmente, Miguel Zamora sugirió que se empezase de nuevo,
formando nuevas misiones con clero secular y regular de las mismas
tierras americanas:

Y con las noticias que este prelado adquiera de los eclesiásticos seculares y regulares criollos más a propósito, teniendo presente que de éstos
piden los indios (como consta en este expediente[56]), trate de evangelizar
de nuevo, bajo un nuevo pie, sólido, celoso y constante, y que lo mismo
emprenda con las otras citadas reducciones de San José y San Francisco
que están al cargo del colegio de Tarata, [...] excusando así gastos de vacantes, quizá empleados indebidamente por aparentar lo que no había[57].

---

[53] Palabras de Jesús en *Marcos* 7,6, citando a *Isaías* 29, 13.

[54] La expresión «Su Majestad» designa a Dios, como título honorífico que propiamente le pertenece (ver *Aut*).

[55] Zamora, 1805b, fols. 212v-213r.

[56] Cuando el mozo Juan García, que había presenciado en 1805 el abandono que
hicieron los yuracarees de la misión de San Francisco de Asís del Mamoré, preguntó
al capitán Benito por qué se había fugado con su gente, éste «respondió por todos,
asegurando que no querían oír al padre ni querían conversores europeos, sino clérigos criollos, porque aquellos eran malos y por eso se retiraban a los montes» (J. García,
1805, fol. 196r). Lo mismo dijeron los yuracarees de la misión de San José de Vista
Alegre del Chimoré, a quienes José Rojas y Juan García encontraron cuando trataban de salir de las misiones en aquella dramática Semana Santa del año 1805: «Los
europeos eran malos y querían a los clérigos criollos que eran sus parientes, y aquéllos no» (J. García, 1805, fol. 197v).

[57] Zamora, 1805b, fols. 214r-214v.

Mientras Miguel Zamora atribuía buena parte del malogro de la cristianización de los yuracarees a una metodología equivocada (por lo demás, sin explicar claramente en qué fallaba esta metodología y sin indicar cuál debería ser la adecuada), los misioneros generalmente echaban la culpa del fracaso a los mismos yuracarees.

Sin que los añadieran explícitamente a los cuatro motivos que presentaron los padres Ramón Soto, Francisco Lacueva, Juan Fernández y Alejandro Delgado en su informe al intendente gobernador Francisco de Viedma de 8 de mayo de 1805, encontramos dicho informe todavía otros dos para el abandono que hicieron los yuracarees de las misiones. El primero es el régimen religioso que los padres impusieron en las reducciones:

La reducción del Mamoré tenía ya doce años y la del Chimoré diez. Casi la mitad de aquellos indios eran cristianos y se les había enseñado los mandamientos de Dios y de la Iglesia, a cuya observancia se obligaron en el bautismo. Sin embargo, tanto los cristianos como los catecúmenos eran unos bárbaros ateístas sin más Dios que su vientre, ni esperanza de otra felicidad que de los sentidos. Aborrecían mortalmente los ejercicios de religión, contradecían descaradamente la predicación y algunos tenían comunicación con el demonio[58].

El otro motivo es que los yuracarees habían llegado a tener «a los religiosos conversores por causa de todas sus desgracias, de sus enfermedades y sus muertes»[59].

[58] Soto–Lacueva–Fernández–Delgado, 1805, fol. 185r.
[59] Soto–Lacueva–Fernández–Delgado, 1805, fols. 185r-185v. Justifican aquí también estos misioneros el método radical para llevar a los yuracarees a la civilización y el cristianismo: «Para que unas gentes de tan perversas costumbres fuesen acomodándose a la civilidad y entrando en la pureza del cristianismo, era indispensable corregirlos y reprenderlos con frecuencia y con firmeza y, no pocas veces, por medio de sus alcaldes y fiscales se castigaban aquellos excesos que no permitían de modo alguno disimularse. Aunque el castigo se hacía con la mayor moderación y después de que se les hacía entender la malicia de su culpa y la ofensa que habían cometido contra Dios, sin embargo es increíble cuánto fomentaba este manejo (en el ánimo de unas gentes que jamás supieron lo que era castigo) un general descontento contra los padres» (Ibídem, fol. 185v).

Y en una carta que los padres Francisco Lacueva y Gaspar Alegre escribieron el 18 de septiembre de 1808 a Francisco de Viedma, leemos:

> Si después de todo esto no diesen crédito los indios a la predicación del Evangelio, ni correspondiesen a la piedad con que los trata la religión y el gobierno, si no se ven en ellos esperanzas de ser mejores, en una palabra, si fuesen como hasta aquí, con alguna astucia se podrían transportar a todos a la provincia de Mojos, enviando a los principales y cuantos se pudiese con algún pretexto y viniendo luego algunas canoas de canichanas y caiguaguas[60] a recoger a los otros. Al año serían tan cristianos como los Mojos, mucho más industriosos que ellos y a nadie serían molestos[61].

Finalmente, el padre Francisco Lacueva, en una carta del año 1819 dirigida al gobernador intendente de Cochabamba, se desahogó de la siguiente manera de lo que él había ido experimentando con los yuracarees de la misión de San José de Ypachimucu:

> Me han llegado a decir que deje la plática. Allí mismo me han contradicho. Allí mismo el uno me dice: «yo no creo en ese Dios que el padre nos anuncia, ni en lo que ese Dios ha enseñado a su Iglesia». Otro dice: «ya el sol está alto, me voy», y detrás de él se van saliendo los otros como ovejas descarriadas.
>
> Porque acostumbraba en lugar de doctrina decirles un compendio de las cosas que debían saber y guardar para salvarse, me decían: «ya hemos oído eso... ¿cuántas veces nos lo has de decir?» Si les explicaba la necesidad de la confesión a tantos como eran cristianos desde 30 y más años, y el modo de hacerla fructuosa, solían decir: «¿Y qué me dará el padre si me confieso? ¿me dará machete o hachita o cuchillo o plata?».
>
> En una ocasión habiéndoles explicado el precepto de la santificación de las fiestas, en el domingo siguiente de más de 300 que había en el pueblo apenas vinieron 26 a la iglesia y con desvergüenza me decían que los cristianos de afuera no hacían mucho en ir a la iglesia todos los domingos y aunque fuese todos los días, porque no hacían trabajos fuertes como ellos. Era entonces el tiempo en que suelen cortar sus chacos; que se reduce este trabajo a un rato de bulla y pasar bebiendo y bailando el

---

[60] Caiguagua: Cayuvava. Canichanas y cayuvavas son dos pequeñas etnias de Mojos.

[61] Lacueva-Alegre, 1919 [1808], p. 124.

resto del día y aún hasta la media noche y también amanecerse de este modo.

Las verdades de nuestra santa fe y la observancia de los mandamientos no hace dos meses que repetían que eso pertenecía a la gente de afuera; que ellos, los yuracarees, tenían otro origen, otra creencia y otra moral.

Antes sabían poco su historia fabulosa, pero desde que les prediqué repetidas veces la historia de la religión, dieron ellos en contar aun en forma de predicación patrañas de su origen.

Si se ven en algunos trabajos, me preguntan con insolencia quién es el que los trata de este modo; si es Dios o el demonio. Y si es Dios, con una especie de sarcasmo dicen: «se conoce que nos ama y cuida de nosotros», atribuyéndole las enfermedades y la muerte. Tratan a Dios con los términos más abominables de su idioma. «¿Por qué no nos deja vivir Dios —dicen otros— hasta que de puros viejos no podamos movernos y entonces nos lleva al cielo? Eso sí que sería amarnos de veras».

«¿Qué derecho tiene Dios -dicen otros- para imponernos su ley y no permitirnos que vivamos en donde y como queramos?». «Mi arco y mis flechas son mi Dios —dicen otros—; éste es quien me da de comer». No ha muchos días que decían por modo de irrisión: «Si Dios es tan bueno y nos ama tanto, como nos dice el padre, ¿por qué no viene aquí a vivir entre nosotros y trae en abundancia cuchillos, hachitas y demás herramientas y lo que necesitamos?; y creeremos en él».

Otras blasfemias dicen tan indecentes que no pueden escucharse. Hablarles de Dios, del fin porque han sido criados, de las suertes de la otra vida y demás interesantes verdades de nuestra religión, es para que se rían. Y si con algún empeño se les quiere reprender su brutal modo de vivir, es para que se vayan al monte, haciéndole al padre mucho favor, o para que traten de quitarle la vida. En este riesgo me vi, entre otros, muchas veces; que tengo expuesta mi vida no ha mucho tiempo y todavía no estoy libre si vuelvo entre ellos[62].

6.1.2.5. Los misioneros

No solamente fueron los yuracarees los que abandonaban las misiones, lo hicieron también los misioneros. Y hasta cierto punto también de ellos se podría decir con José María Boso: «están como el flujo y reflujo del mar». De los muchos misioneros (franciscanos de la provincia de San Antonio de los Charcas, franciscanos del colegio de

[62] Lacueva, 1920 [1819], pp. 278-280.

Propaganda Fide de San José de Tarata y sacerdotes diocesanos) pocos permanecieron por un tiempo relativamente largo en las misiones. También fueron muy variados los motivos por los que tantos misioneros hicieron abandono de la labor civilizadora y evangelizadora a la cual se habían comprometido o a la cual habían sido destinados. De los frailes de Charcas, el que más años trabajó entre los yuracarees fue el padre Francisco Buyán, a saber alrededor de trece años, siempre en la misión de Nuestra Señora de la Asunción; pero abandonó hasta tres veces aquella misión: en 1788 «por aburrimiento», según el testimonio del padre Marcos Melendes; en 1796 por desavenencias con el padre Domingo Real; y en 1803 supuestamente por cansacio y problemas de salud. Al padre Buyán le acompañó durante casi cuatro años el padre Josef Manuel Carrasco. Éste dejó la misión en 1803, pocos meses después que el padre Buyán, porque se había convencido de que su trabajo entre los yuracarees no daba ningún fruto. Marcos Melendes estuvo apenas dos años entre los yuracarees y no de forma permanente. Después de una primera presencia de algo más de un año fue a Tarata para dar información acerca de los logros que había obtenido con su labor misionero. Tal vez regresase después por muy poco tiempo a la misión de la Asunción por él fundada, pero luego fue a La Plata para buscar ayuda económica para la reducción de los yuracarees. Retornó a finales del año 1780, pero al cabo de un año dejó nuevamente la misión debido a discrepancias con el gobernador interino de Mojos Antolín Peralta, que dirigía por entonces la construcción de una senda de Cochabamba a las Montañas de Yuracarees. El padre Tomás Anaya fue co-fundador de dos misiones y fundador de una tercera. En agosto del año 1776 fundó junto con Marcos Melendes la misión de Nuestra Señora de la Asunción. Ya en el mes de diciembre del mismo año se retiró debido a la casi total falta de medios para llevar adelante la reducción y cristianización de los yuracarees. Volvió a esa misión en julio del año 1792 y se quedó allá casi un año. A fines de septiembre del año 1793 fundó, junto con el presbítero José Joaquín Velasco, la misión de San Francisco de Asís del Mamoré. Quedó allá hasta mediados del siguiente año. Abandonó esta misión de San Francisco para fundar una tercera misión, a saber la de San José del río Coni. Esta fundación se realizó a finales de agosto del año 1795. En esta misión lo encontraron los primeros frailes misioneros del colegio de Tarata. El comisario prefecto Ximénez le invitó a incorporarse en ese colegio, lo que aceptó. Con la patente de incorporación se fue a Colpa para presentarse a la comunidad, con la idea de retornar después al Coni, pero, debido a la negativa del guardián y del discretorio de reconocerlo como miembro del colegio, se retiró a la Recoleta de La Plata. Finalmente, de los frailes de la Recoleta de Cochabamba, que pertenecía a la provincia de San Antonio de los Charcas, que durante los años 1822-1825 atendieron la misión de la Asunta, refundada en el año 1815, no sabemos absolutamente nada: ni siquiera conocemos sus nombres.

De los veintidós fundadores del colegio de Propaganda Fide de San José de Tarata[63], catorce sacerdotes y un hermano lego trabajaron entre los yuracarees; algunos, sin embargo, casi como pasajeros nomás: los padres Bernardino López Pantoja y Francisco Lorda, y el hermano lego Felipe Anaya. Los que más tiempo vivieron en las misiones de las Montañas de Yuracarees fueron los padres José Boria (doce años), Alejandro Delgado (algo más de seis años), Francisco Lacueva (casi veinte años) y Ramón Soto (diecisiete años). Con la salida del padre Lacueva de la misión de Ypachimucu en 1822 se puso fin definitivo a la presencia de los fundadores entre los yuracarees: estuvieron solo unos veinticinco años allá, aunque un buen número de ellos no tenía todavía treinta años de edad (nueve en total[64]) y dos apenas treinta años[65] cuando se establecieron en el convento agustino de Colpa.

★ El padre Gaspar Alegre se estableció en la misión de San Francisco de Asís del Mamoré a finales del año 1797 para reemplazar al padre Francisco Lacueva, quien fue a Cochabamba para encontrarse con el comisario prefecto Bernardo Ximénez. El padre Lacueva se había comprometido a retornar pronto a la misión, pero el prefecto le ordenó permanecer un tiempo en el convento de Colpa. No aguantando la soledad y carente de medios para su manutención, el padre Alegre abandonó la misión en febrero del año 1798.

---

[63] Incluimos en este grupo al padre Vicente Esquirós, quien se incorporó en el colegio en Buenos Aires.

[64] Gaspar Alegre (26), Felipe Anaya (27), José Boria (23), Alejandro Delgado (24), Pedro Hernández (26), Francisco Lacueva (26), Bernardino López Pantoja (24), Francisco Lorda (28), Ramón Soto (25).

[65] Juan Benito Fernández y Juan Hernández.

Después del capítulo guardianal de noviembre de 1802 fue mandado a la misión de la Purísima Concepción de Mosetenes para acompañar al padre José Boria, fundador de la misma. Desilusionado por el poco éxito de su trabajo misionero entre los mosetenes, pidió su relevo y retornó al colegio de Tarata a mediados del año 1805.

En noviembre de 1805 fue nuevamente a las Montañas de Yuracarees para ayudar en la reunificación de los yuracarees que habían abandonado a comienzos de aquel año las misiones del Mamoré y del Chimoré y en la fundación de nuevas misiones. Se estableció en la misión de San José de Ypachimucu. Dejó esta misión en octubre de 1808 para participar en el capítulo guardianal.

En la segunda década del siglo XIX el padre Alegre se desincorporó del colegio de Propaganda Fide de Tarata y se incorporó en la provincia de San Antonio de los Charcas, integrándose en el convento de San Francisco de Cochabamba. Era miembro todavía de aquel convento en el año 1841[66].

★ El hermano lego Felipe Anaya estuvo entre los yuracarees apenas medio año. Se estableció en la misión de San José del Chimoré en junio de 1798 y la dejó en enero de 1799, acompañando al comisario prefecto Bernardo Ximénez, quien también la dejó.

Más tarde el hermano abandonó el colegio, se secularizó y se estableció como laico en el pueblo de Tarata.

★ José Boria fue nombrado para las misiones después de que el intendente gobernador Viedma hubo vetado una nueva entrada a las Montañas de Yuracarees de los padres Ximénez, Real y Pérez. En junio de 1799 se estableció en la misión de San José del Chimoré. A comienzos de enero del año 1800 se estableció en la misión de San Francisco de Asís del Mamoré. En diciembre de

---

[66] En una carta de Francisco López, encargado de la presidencia y comandancia General de Cochabamba, a Facundo Infante, teniente de la sección de gobierno, del 12 de septiembre de 1826 (ABNB, Minas, t. 11, núm. 13, 1826), en la cual presenta una «Razón de los religosos ordenados *in sacris*», figura fray Gaspar Alegre como miembro del convento de San Francisco. En un documento de 1841 que se encuentra igualmente en el Archivo Nacional de Bolivia, titulado «Anexo. Salvador García: Censo del cuartel cuarto de esta ciudad» (ABNB, Minas, t. 86, núm. 23, 1841), hay una lista de religiosos de la orden franciscana en la cual figura entre otros también fray Gaspar Alegre.

1800 hizo un viaje a Mojos para investigar la posibilidad de extender el campo misionero del colegio de Tarata a aquella provincia y se quedó casi medio año allá. A su retorno de Mojos se estableció nu evamente en la misión de San José del Chimoré. Abandonó esta misión en marzo del año 1802 para dirigirse a Mosetenes con el fin de fundar allá una nueva misión.

El 2 de mayo de 1802 hizo entrada a la región de los mosetenes, junto con el padre Hilario Coche. Fundaron allá la reducción de Nuestra Señora de la Purísima Concepción de Mosetenes. A mediados del año 1806 Boria se retiró de esta misión.

En noviembre de 1808 se estableció en la misión de San José de Ypachimucu. Estuvo en las Montañas de Yuracarees hasta el año 1818, aunque con interrupciones.

En el capítulo de 1818 fue elegido guardián del colegio. Falleció en Tarata el 1 de noviembre de 1834.

★ Alejandro Delgado primero estuvo un corto período en la misión de San Francisco de Asís del Mamoré, a saber: de marzo a agosto del año 1799. Se retiró de allá para participar en el capítulo guardianal. En octubre del mismo año se estableció en la misión de San José de Vista Alegre del Chimoré. A finales del año 1804 hizo, junto con el padre Francisco Lacueva, una «exploración apostólica» por el río Mamoré. A comienzos de abril de 1805 abandonó San José debido a la desintegración definitiva de aquella misión. Sucedió en 1808 al padre Juan Hernández como conversor de la misión de San Juan Bautista de Bibosi.

En septiembre de 1826 figura todavía en una lista de los frailes de Tarata.

★ Vicente Esquirós entró en septiembre de 1796, junto con el comisario prefecto Ximénez, en las Montañas de Yuracarees y se estableció en la misión de San José del Coni. Quedó allá hasta mayo de 1797, cuando se trasladó a la misión de Nuestra Señora de la Asunción. A comienzos de octubre del mismo año retornó al convento de Colpa. De julio de 1798 hasta comienzos del año 1799 estuvo en la misión de San Francisco del Mamoré. No sabemos por qué se retiró de aquella misión.

No hemos podido encontrar datos acerca de la vida posterior del padre Esquirós.

★ Juan Benito Fernández trabajó en la misión de San José del Chimoré desde finales del año 1802 hasta comienzos de abril de 1805. Dejó esta misión debido a la desintegración definitiva de la misma.

El padre Fernández debe haber fallecido en Tarata antes del final de la época colonial, porque no figura en la lista de frailes que se presentó en 1826[67].

★ Juan Hernández se estableció en la misión de San José de Vista Alegre del Chimoré a mediados del año 1800. A finales del mismo año entró, junto con el padre José Boria, en Mojos para explorar las posibilidades de extender la labor evangelizadora del colegio de Tarata a aquella provincia. Se quedó allá alrededor de seis meses. Dejó la misión de San José a finales del año 1802.

En octubre de 1804 se hizo cargo de la misión de San Juan Bautista de Bibosi. En octubre de 1808 abandonó esta misión para asumir el cargo de guardián en Tarata. Salió de Tarata en 1814 para colectar en España frailes para el colegio[68]. No retornó.

★ Pedro Hernández fue el primer fraile del colegio de Tarata que se hizo cargo de la misión de San Francisco de Asís del Mamoré, pero permaneció solo muy poco tiempo allá, a saber de octubre de 1796 hasta febrero de 1797. Entonces fue mandado a la misión de San José del Coni, donde estuvo hasta septiembre del mismo año 1797. Hizo un viaje al partido de Vallegrande para traer reses que habían sido obsequiadas allá para las misiones de Yuracarees. De mediados del año 1798 hasta mediados del año 1799 trabajó nuevamente en la misión de San José. Dejó esa misión para hacer una exploración para el establecimiento de una senda desde San José por Arepucho al Valle de Cliza.

Falleció en Tarata en el año 1803, a la edad de 33 años.

---

[67] El último dato acerca del padre Fernández lo encontramos en Priewasser: El 3 de abril de 1820 renunció del cargo de vicario del colegio «no hallándome con fuerzas suficientes para seguir con él, por los varios achaques que he padecido y que actualmente padezco» (Priewasser, 1916-1920, XI (130), pp. 504-505).

[68] Ver «1816, Expediente promovido por el padre Juan Hernández, comisario del colegio de Tarata, en solicitud de auxilios para enviar a dicho colegio algunos de los religiosos de la misión de 30 sacerdotes y tres legos que se le concedió en enero de 1815» (AGI, Buenos Aires, 585).

⋆ Francisco Lacueva trabajó casi todo el año 1797 en la misión de San Francisco de Asís del Mamoré. Dejó esta misión para tomar contacto directo con el comisario prefecto Bernardo Ximénez en Cochabamba. De allá fue a Colpa y se quedó en el colegio hasta marzo del año 1799. Entonces se estableció nuevamente en la misma misión. En el capítulo de octubre de 1799 fue elegido guardián. Después de haber cumplido su período de guardián retornó a San Francisco del Mamoré. Estuvo allá hasta comienzos de abril de 1805: dejó la misión debido al abandono que hicieron de ella los yuracarees. En febrero de 1806 fundó la misión de San José de Ypachimucu y se estableció en ella. Estuvo en esta misión hasta el año 1822, con una interrupción de septiembre de 1819 hasta mediados de 1820, haciendo en este tiempo exploraciones para encontrar una mejor senda para conectar el Valle de Cliza con las misiones.

En el año 1823 fue a trabajar en las misiones de Guarayos. Cumplió allá su ministerio misionero hasta octubre de 1848. Volvió al colegio de Tarata, pasando por Yuracarees, donde se quedó hasta junio de 1849. Murió en Tarata el 3 de diciembre de 1849, a los 82 años de edad. Con su muerte concluyó la historia de los fundadores del colegio de Propaganda Fide de San José de Tarata.

⋆ Bernardino López Pantoja vivió algunos meses en la misión de San Francisco de Asís del Mamoré, a saber: de octubre de 1799 a comienzos de 1800. No sabemos por qué abandonó esa misión.

A mediados del año 1805 fue a la misión de la Purísima Concepción de Mosetenes para acompañar allá al padre José Boria, quien se había quedado solo por el abandono que hizo de aquella misión el padre Gaspar Alegre. También allá su experiencia fue frustrante y de poca duración. En una extensa carta que él y el padre Boria escribieron el 20 de marzo de 1806 al intendente gobernador Francisco de Viedma, dijeron que todos los esfuerzos que habían hecho para conseguir el fomento de la misión habían quedado sin resultado y que habían decidido dejar ese campo de trabajo[69].

El padre López retornó a Tarata a mediados del año 1806 y no mucho después se desincorporó del colegio.

---

[69] Ver Boria-López, 1919 [1806].

* Francisco Lorda trabajó un tiempo breve en la misión de San Francisco de Asís del Mamoré: de octubre de 1799 hasta comienzos del año 1800.

Es uno de los pocos fundadores que siguió perteneciendo al colegio de Tarata hasta más allá de la época colonial. Falleció en Tarata el 3 de mayo de 1834.

* José Pérez acompañó al comisario prefecto Bernardo Ximénez en su primera entrada a las Montañas de Yuracarees en septiembre de 1796. Se estableció entonces en la misión de San José del Coni. En octubre del año 1797 se trasladó a la misión de Nuestra Señora de la Asunción para reemplazar al padre Vicente Esquirós y se quedó allá hasta febrero del año siguiente. Entonces volvió a la misión de San José, pero no se quedó mucho tiempo allá: retornó a Colpa a mediados del año 1798, no sabemos por qué motivos. En noviembre de 1805 volvió a las Montañas de Yuracarees y fue, junto con los padres Francisco Lacueva, Gaspar Alegre y Ramón Soto, co-fundador de las dos nuevas misiones que se establecieron en febrero de 1806. Se estableció en la misión de San Antonio del Chimoré. Retornó al colegio de Tarata a comienzos de octubre de 1808 para participar en el capítulo guardianal.

El padre Pérez falleció en Tarata en 1809.

* Domingo Real entró también en Yuracarees en septiembre de 1796 y se estableció en la misión de Nuestra Señora de la Asunción para acompañar al padre Francisco Buyán. Cuando este último se retiró de aquella misión en diciembre del mismo año, el padre Real se quedó solo allá. En mayo de 1797 se trasladó a la misión de San José del Coni, donde trabajó hasta abril del año 1799. Se retiró al convento de Colpa por motivos de salud.

En 1806 se desincorporó del colegio de San José de Tarata.

* Ramón Soto, uno de los tres frailes del colegio de Tarata que más años trabajó entre los yuracarees, tuvo como primer campo misionero la reducción de San Francisco de Asís del Mamoré. Allá trabajó de enero del año 1800 hasta comienzos de abril del año 1805. Después de que los yuracarees abandonaran en masa la misión se retiró a Tarata junto con su compañero, el padre Francisco Lacueva. Volvió a las Montañas de Yuracarees en noviembre de 1805 y participó en la reunificación de los yuracarees y la fundación de las misiones de San Antonio del Chimoré y San José de Ypachimucu. Con una interrupción de diciembre de 1809 a mediados de 1810 atendió la misión de San Antonio hasta febrero de 1818. Muy debilitado de salud retornó entonces al colegio.

En el año 1818 se desincorporó del colegio y se integró en la provincia de San Antonio de los Charcas. Allá se encontraba todavía en septiembre de 1826, según la lista de frailes que por entonces se confeccionó por encargo del gobierno republicano.

   ★ Bernardo Ximénez Bejarano hizo su primera entrada en las Montañas de Yuracarees de septiembre a noviembre de 1796. Visitó las tres misiones por entonces existentes: Nuestra Señora de la Asunción, San José del Coni y San Francisco de Asís del Mamoré. En mayo de 1797 hizo su segunda entrada y realizó el traslado de la misión de San José del río Coni al río Chimoré. En enero de 1798 retornó a Cochabamba para informar al intendente gobernador Francisco de Viedma acerca del traslado y de la situación de la misión en su nuevo sitio. Volvió al Chimoré en junio del mismo año. Inmediatamente después del abandono que hicieron los yuracarees de la misión, en enero de 1799, la dejó y volvió a Cochabamba. En junio del mismo año Francisco de Viedma le prohibió entrar nuevamente a Yuracarees.

El 9 de enero de 1800 el padre Ximénez se desincorporó del colegio de Tarata y se integró en la provincia de San Antonio de los Charcas, estableciéndose en el convento de Oruro. En agosto del mismo año 1800 hizo una entrada hacia la región de los mosetenes para explorar la posibilidad de fundar una nueva misión entre aquellos indígenas. Retornó a Oruro en marzo de 1801.

De los frailes que se incorporaron en el colegio de Propaganda Fide de San José de Tarata en las primeras décadas del siglo XIX y que trabajaron entre los yuracarees, casi no sabemos nada. El primero de ellos fue el hermano lego Manuel Juste. Éste vivió en la misión de San Antonio del Chimoré de noviembre de 1808 hasta mediados del año 1810. Fue llamado al colegio debido a su hazaña fraudulenta con el oro. Siguió perteneciendo al colegio y murió en Tarata en el año 1839. Manuel Domínguez trabajó en la restablecida misión de Nuestra Señora de la Asunción desde 1816 hasta noviembre de 1819 y fue reemplazado allá por el padre Pedro Nolasco Argullol, quien perteneció al colegio de Propaganda Fide de Moquegua y se incorporó en el colegio de Tarata en 1819. Trabajó en esta misión desde noviembre de 1819 hasta noviembre de 1821. Al inicio de la época republicana seguía perteneciendo al colegio de Tarata. El padre Manuel Pascual Negrillo se incorporó en el colegio de Tarata en 1822, trabajó entre los yuracarees a finales de la época colonial. Todavía en el año 1835 seguía perteneciendo al colegio de Tarata. Finalmente, el hermano lego Manuel Sañudo acompañó al padre Negrillo a finales de la época colonial.

De los primeros sacerdotes diocesanos que trabajaron entre los yuracarees, a saber en la misión de Nuestra Señora de la Asunción, no sabemos prácticamente nada. Uno, cuyo nombre ignoramos, fue compañero del padre Marcos Melendes desde comienzos del año 1777 hasta octubre del mismo año. Poco después de que el padre Melendes saliera de la misión para informar a los hermanos Moscoso sobre los logros de su labor misionera, salió también él de la Asunta, llevando consigo a cuatro yuracarees, los mismos que fueron luego bautizados en la iglesia de Tarata. Lo que fue de él después no lo sabemos. De los diocesanos que atendieron la misión entre 1780 y 1784 conocemos solo dos nombres: Ignacio Montaño y un tal Anaya. Lo único que podemos afirmar es que en aquellos años hubo una seria inconstancia en la atención de la misión.

El presbítero José Joaquín Velasco fundó, junto con el padre Tomás Anaya, la misión de San Francisco de Asís del Mamoré a finales de septiembre del año 1793. Se retiró de esta misión a comienzos del año siguiente por problemas de salud. Retornó a San Francisco a mediados del año 1794 y atendió esta misión hasta septiembre de 1796, acompañado en el año 1795 durante siete meses por otro sacerdote diocesano, Josef Manuel Moreno Montero. En diciembre de 1796 el padre Velasco entregó la misión de San Francisco al comisario prefecto Bernardo Ximénez Bejarano. Del padre Velasco sabemos que después fue miembro del cabildo de la Catedral de Santa Cruz como canónigo penitenciario y que fundó en el año 1807 entre los guarayos la misión de San Luis Gonzaga.

La misión que tuvo menos estabilidad es la de Nuestra Señora de la Asunción; y fue precisamente esta inestabilidad otra de las causas del abandono de parte de los yuracarees: el primer abandono por parte de misioneros fue causa del abandono posterior por parte de los yuracarees. De esta manera la misión de la Asunta conoció cuatro desintegraciones: en 1777 por la salida del padre Melendes y su compañero, en 1780 por el abandono que hizo de ella nuevamente el padre Melendes; en 1788 por el abandono del padre Francisco Buyán y en 1803 por el abandono de los padres Buyán y Carrasco.

6.1.3. Causas externas de la desintegración de las misiones

No podemos buscar las causas de la desintegración de las misiones de las Montañas de Yuracarees solamente en el campo misionero, es decir en el desencuentro de los yuracarees y los conversores. También en otros niveles de decisión y participación en el proyecto de reducción y cristianización de los yuracarees ha habido factores negativos que contribuyeron a obstaculizar la consecución de las metas propuestas. Trataremos de analizar estos niveles para encontrar una respuesta a la cuestión de la ausencia de resultados positivos definitivos de la labor misionera que se ha desempeñado entre los yuracarees de las tierras bajas entre Cochabamba y Mojos.

Un primer nivel de decisión y participación abarca aquellas personas e instancias que jugaron un papel importante y directo en las iniciativas que se proponían un acercamiento a los yuracarees para su reducción y cristianización, y que de una u otra manera acompañaron y apoyaron el proceso que debía culminar, en última instancia, en su integración plena en la sociedad española y en la Iglesia Católica, convirtiéndolos en vasallos del rey, ciudadanos útiles, hombres civilizados y sumisos al llamado «suave yugo del Evangelio». Los primeros que tomaron tal iniciativa de manera efectiva fueron los hermanos Tomás Manuel y Ángel Mariano Moscoso, ambos curas en el Valle de Cliza. Se lanzaron con entusiasmo y desinteresadamente al proyecto, buscando y contratando misioneros, e invirtiendo cuantiosas sumas de sus propios caudales para reabrir el camino que había empezado a construir el obispo Herboso en la segunda mitad de la década de los sesenta del siglo XVIII y que por diferentes circunstancias se había prácticamente perdido, y para formar la primera reducción y mantener a los misioneros. Hubo un momento de cierto desaliento en los dos hermanos después de haber bautizado en la iglesia de Tarata a los primeros yuracarees convertidos, debido principalmente a los altos costos de realización del proyecto y de un agotamiento de los fondos disponibles (invertidos también en la construcción de iglesias en el Valle de Cliza). Pero cuando el gobernador de Mojos Ignacio Flores decidió reanudar la formación de una senda estable entre Cochabamba y Mojos por las Montañas de Yuracarees, los dos hermanos se animaron a participar económicamente en la ejecución de esta vía y apoyar nuevamente la reducción y cristianización de los yuracarees. Después de la muerte de su hermano, Ángel Mariano Moscoso decidió seguir contribuyendo a solas a favor de la conversión de los yuracarees. Fue realmente una aventura solitaria, aunque haya sido apoyada, en un sentido más moral que práctico, por amigos suyos en Tarata y Cochabamba. De hecho, Ángel Moscoso convirtió la misión de Nuestra Señora de la Asunción en un territorio de su exclusiva incumbencia y, durante los años de su permanencia en Tarata, la administró de una manera bastante realista: cuatro veces la visitó, dio instrucciones y órdenes para el mejoramiento de la senda que vinculaba el Valle de Cliza con esta misión, tomó iniciativas para el aumento de cultivos y buscó medios para dar a la misión una estancia de ganado. Los resultados de todo esto fueron mínimos, debido en parte a la inconstancia de los misioneros, en parte a la gran dificultad de crear, sin tener la debida experiencia, en bosques todavía cerrados un centro agrícola-ganadero rentable. Una vez distanciado de su curato de Tarata y del contacto directo con la misión de la Asunción, al haber tomado posesión de su sede episcopal en Córdoba del Tucumán, Ángel Moscoso perdió su pragmatismo con respecto al proyecto de la reducción y cristianización de los yuracarees y empezó a idealizar la obra que había iniciado y al misionero que había contratado; y desde esta idealización, que le colocó también en una situación de aislamiento, empezó a alimentar susceptibilidad en relación con supuestas críticas que algunas personas habían manifestado acerca de esa obra. En el fondo, esta idealización y la defensa tenaz de una obra que, de hecho, no había alcanzado todavía un nivel de estabilidad y prosperidad seguras, fueron las que, por supuesto junto con otros factores, perjudicaron el desarrollo de la misión de la Asunción. Si Ángel Moscoso hubiera mantenido el pragmatismo que manifestó en la primera época de su acompañamiento de la formación de esa misión, tal vez el resultado en la realización de esa obra hubiera sido más positivo y duradero.

El gobernador intendente Francisco de Viedma, a cuya jurisdicción pertenecían las misiones formadas y por formarse en su territorio, jugó un papel importante en la creación y el desarrollo de todas las misiones de yuracarees, fuera de la de la Asunción. Acogió con agrado el deseo del padre Tomás Anaya y del presbítero José Joaquín Velasco de convertir a los yuracarees del río Mamoré, y más tarde la predisposición del padre Anaya de juntar a los yuracarees de la región del río Coni en una reducción. Se empeñó en la entrega de las misiones de San Francisco de Asís del Mamoré y San José del Coni a los frailes del colegio de Propaganda Fide de Tarata y en el traslado de estas misiones a lugares más apropiados. Finalmente, por orden de la real audiencia de Charcas, encargó al gobernador de Mojos Pedro Pablo Urquijo buscar, junto con los padres Francisco Lacueva y Ramón Soto, medios para reunir a los yuracarees que se encontraban dispersos después de haber abandonado las dos últimas misiones mencionadas. Al resultado positivo del cumplimiento de este encargo se debió la fundación de las misiones de San Antonio del Chimoré y San José de Ypachimucu. Por más que fuese la máxima autoridad de la provincia de Santa Cruz, la situación del gobernador intendente era bastante complicada. Tenía a su lado un asesor, pero debía contar también con la junta provincial de real hacienda y con el cabildo de Cochabamba. Aunque él mismo presidía la junta provincial, no siempre pudo imponer sus criterios en cuanto al uso de fondos para financiar las misiones y la labor de los misioneros, y se vio obligado a aceptar el recurso que, según los miembros de la junta, se debió hacer a la junta superior de real hacienda de Buenos Aires. De esta manera el gobernador intendente era una autoridad subalterna que no disfrutaba de todas las facultades deseadas para gobernar su provincia. Lo mismo vale en cuanto a su relación con la real audiencia de Charcas. Aunque Viedma, como fiel y cumplido vasallo del rey, acató obedientemente las decisiones de la audiencia, no siempre lo hizo de buena gana. Por lo que respecta a sus relaciones con los obispos, no podemos decir que siempre fueran cordiales y fluidas, pero, por otro lado, apoyó plenamente el deseo del mismo obispo de hacer posible la fundación de un colegio de Propaganda Fide en su diócesis. Tuvo problemas serios con el obispo Ángel Mariano Moscoso, quien primero le acusó de comprometerse con el padre Ximénez Bejarano en el afán que tenía éste de conseguir para el colegio de Tarata la misión de Nuestra Señora de la Asunción; y luego, cuando esto no se logró, de buscar la pérdida de esa misión. Ya que las misiones de San Francisco de Asís del Mamoré y de San José del Chimoré caían directamente bajo su control, pero al mismo tiempo pertenecían al colegio de Propaganda Fide de Tarata, Francisco de Viedma se vio también precisado a entrar en frecuente contacto con el gobierno de aquel colegio. Acogió con entusiasmo a los frailes que vinieron de España, les ayudó a encontrar un hospedaje adecuado a su número y a sus necesidades, y demostró todo su interés en la construcción del convento de Tarata. Pero, al identificarse demasiado con las pretensiones del comisario prefecto Ximénez, entró pronto en conflicto con el guardián y discretorio del colegio. Después de que el padre Ximénez se hubo alejado del colegio, las relaciones entre las autoridades del mismo y Viedma mejoraron de alguna manera, aunque nunca llegaron a ser óptimas.

No cabe duda de que también Francisco de Viedma era un hombre solitario, y además autoritario; muy consciente de su deber como servidor del rey, estaba decidido a expandir la frontera agrícola de Cochabamba a las zonas tropicales de su provincia que se extendían hacia Mojos y convertir aquellas zonas en una región próspera y productiva para el Estado. Dentro de esta política económica cabían el fomento de la reducción de los yuracarees y su firme decisión de convertir la misión de San José del Chimoré en un centro modelo de agricultura tropical. En este último punto encontró el apoyo absoluto del padre Ximénez, pero tropezó con el desacuerdo de las autoridades del colegio de Tarata, quienes abogaban en primerísimo lugar por la cristianización y salvación de los yuracarees antes que por la búsqueda de rendimientos económicos de las misiones.

El colegio de Propaganda Fide de Tarata, conforme a la cédula real del 20 de noviembre de 1792, fue fundado «para la conservación y aumento de las misiones de indios que hay en el obispado de Santa Cruz de la Sierra»[70]. Desde la misma llegada de los frailes franciscanos españoles, fundadores de ese colegio, hubo problemas para interpretar con precisión estas palabras, que constituían nada menos que la definición de la tarea que se tenía que asumir y cumplir dentro de la diócesis de Santa Cruz en relación con la evangelización de los indígenas. Un primer problema surgió en relación con las llamadas misiones de la Cordillera, es decir las misiones de chiriguanos que estaban a cargo de los misioneros franciscanos del colegio de Propaganda Fide de Nuestra Señora de los Ángeles de Tarija. El obispo Alejandro

[70] Carlos IV, 1994, p. 413.

Ochoa y Morillo, al concebir la idea de la fundación de un colegio de Propaganda Fide en su diócesis, pensó ya en la integración de las misiones de la Cordillera en el campo misionero de ese colegio. Esta intención llegó al conocimiento del padre Bernardo Ximénez cuando fue nombrado colector de frailes para la nueva fundación, y también la acogió el intendente gobernador Francisco de Viedma, pero nunca prosperó y las mencionadas misiones siguieron perteneciendo al colegio de Tarija. En dos oportunidades la provincia de Mojos fue visitada por frailes del colegio de Tarata, que fueron allá para explorar la posibilidad de extender su campo misionero a etnias que no habían sido evangelizadas por los jesuitas; pero tampoco en estos casos se llegaron a materializar sus anhelos de ampliar su territorio. Y dos veces, apoyados decididamente por el gobernador Viedma, trataron de conseguir la dirección de la misión de San Carlos, basándose nuevamente en la real cédula de 1792: a comienzos del año 1803, después de la muerte del presbítero fundador Pedro Josef de la Roca y, en 1806, debido a una solicitud de los mismos yuracarees; pero en ninguno de estos casos se tuvo éxito. Por algunos años hubo frailes del colegio que trabajaron entre los mosetenes, en una región que no pertenecía a la diócesis de Santa Cruz. El padre Juan Hernández fundó la misión de San Juan Bautista de Bibosi dentro de la jurisdicción del obispo de Santa Cruz. Por lo que respecta a los yuracarees, el colegio de Tarata solamente atendió las misiones de San Francisco de Asís del Mamoré y de San José del Chimoré, y fundó, casi un año después de que los habitantes de estas misiones las abandonaran, las misiones de San Antonio del Chimoré y San José de Ypachimucu, reuniendo en ellas yuracarees de las dos misiones abandonadas y de la también abandonada misión de Nuestra Señora de la Asunción.

Las autoridades del colegio se veían con frecuencia en dificultades para asegurar una permanencia estable de un buen número de conversores en las dos misiones que les pertenecían, y esto por dos motivos. Primero, porque varios frailes no lograron adaptarse a las circunstancias peculiares de la vida en los bosques tropicales y en medio de indígenas con quienes no congeniaban, y retornaron pronto a su convento en el Valle de Cliza. Segundo, porque el número de miembros del colegio fue decreciendo constantemente y no se logró traer nuevos misioneros de España. Solo en la última década de la época que abarca nuestra obra se incorporaron al colegio varios frailes de otros colegios, concretamente de los de Tarija y de Moquegua, algunos de los cuales fueron enviados a las Montañas de Yuracarees, pero por entonces las misiones ya se habían debilitado de tal manera que fue imposible darles nueva vitalidad. Puede ser que la Guerra de la Independencia haya influido también de alguna manera en este proceso de decadencia que culminó en el retiro definitivo del colegio de Tarata de las Montañas de Yuracarees[71].

En un segundo nivel de decisión y participación encontramos, en lo civil, a la real audiencia de Charcas y al virreinato de Buenos Aires. Y en lo eclesiástico se superponen varios planos simultáneos: hay que tener a la vista a los obispos por lo que respecta a las misiones en general y a los sacerdotes diocesanos en particular; en relación con la orden franciscana, al provincial por lo que atañe a los frailes de la provincia de San Antonio de los Charcas y al comisario general de Indias por lo que se refiere al colegio de Propaganda Fide de Tarata. Las actitudes de la real audiencia de Charcas no siempre fueron claras. Ya hemos indicado más arriba que era competencia de esa audiencia otorgar el permiso para la fundación de una misión, pero solo en el caso de San Carlos lo hizo formalmente. Por otro lado, encargó al gobernador de Mojos Pedro Pablo Urquijo, que iba a viajar a su provincia por las Montañas de Yuracarees, hacer todo lo posible para reunir a los yuracarees que se habían retirado de las misiones de aquella región y procurar su refundación o la fundación de nuevas misiones. La audiencia tenía también competencia con respecto a la permanencia de conversores en las misiones, pero tampoco en esto actuó de manera coherente. Cuando Francisco de Viedma vetó una nueva entrada a las misiones de los padres Ximénez, Pérez y Real, lo hizo de forma provisional, solicitando a la audiencia tomar las providencias pertinentes en este asunto, pero la audiencia no atendió esta solicitud. Sin embargo, en dos ocasiones en que el padre Francisco Buyán había abandonado la misión de Nuestra Señora de la Asunción, la audiencia lo ratificó como misionero «en calidad de *por ahora*». No fue atendida la solicitud del obispo Moscoso, dirigida a la audiencia, de asumir la responsabilidad de esa misma misión y buscar a un misionero para atenderla. No eran de competencia de la audiencia las cuestiones econó-

---

[71] Solo en el año 1840 el colegio de Propaganda Fide de Tarata se vio nuevamente en posibilidades de retornar para trabajar entre los yuracarees.

micas. Sin embargo, en dos oportunidades, habiendo recibido solicitudes de ayuda económica para nuevas misiones, concretamente las de San Francisco de Asís del Mamoré y San José del Coni, la audiencia dio órdenes a Francisco de Viedma de prestar esa ayuda con fondos de las cajas reales de Cochabamba. En estos dos casos la junta provincial de real hacienda de Cochabamba se opuso, argumentando que se necesitaba el permiso de Buenos Aires. Pero, cuando la hermana de Ángel Mariano Moscoso reclamó el dinero que éste había depositado para la manutención de la misión de la Asunta, la audiencia misma pasó el asunto a las autoridades máximas del virreinato.

Los virreyes jugaron un papel muy moderado en los asuntos de las misiones de los yuracarees. Su participación principal tuvo que ver con asuntos económicos, y no mostraron mucho interés en atender con prontitud las solicitudes de ayuda y los reclamos de asignación de sínodos. Parece que tenían instrucciones de la Corona de actuar con la mayor austeridad posible, obligando así a los responsables de las misiones a buscar, a la brevedad posible, la sostenibilidad de las mismas.

Por lo que respecta a los obispos, el primero que tuvo que ver con la evangelización de los yuracarees, Francisco Ramón de Herboso, no mostró mucha prisa para atender con energía este proyecto, estando más ocupado en la apertura del camino que debía conectar Cochabamba con Mojos, en la construcción de la catedral de Santa Cruz y, después de la expulsión de los jesuitas de Mojos y Chiquitos, en la búsqueda de sacerdotes para las misiones que habían quedado acéfalas. Sin embargo, dio todo su apoyo a los hermanos Moscoso cuando éstos decidieron promover con hechos concretos la reducción y cristianización de los yuracarees. Su sucesor, Alejandro José Ochoa y Morillo, se mostró más decidido a promover la evangelización de los indígenas de su diócesis: se empeñó en conseguir el permiso para la fundación de un colegio de Propaganda Fide dentro del territorio de su jurisdicción. Ya que antes de la emisión de la real cédula de fundación del mencionado colegio fue nombrado obispo de La Paz, no pudo participar de forma directa en el desarrollo de la misión de San Carlos. Murió en el año 1796, de modo que ya no pudo observar cómo iba a desarrollar su misión el colegio para cuya fundación se había esforzado. Manuel Nicolás de Rojas jugó un papel en los acontecimientos que marcaron el desarrollo de la misión de Nuestra Señora de la Asunción, en los años 1797-1799. A solicitud de Ángel Mariano

Moscoso consiguió el retorno a esa misión del padre Francisco Buyán, quien la había abandonado debido a desavenencias con el padre Domingo Real. Y también a solicitud del obispo Moscoso mandó a esa misión un visitador, para que informara con objetividad acerca de su situación tanto material como espiritual. El informe del visitador Justo Mariscal no agradó a Ángel Moscoso y éste acusó al obispo de haberse dejado influir (en la selección de la persona que evaluaría el estado de la misión), por el provisor Rafael de la Vara y Madrid, quien, según Moscoso, era un aliado del intendente gobernador Francisco de Viedma. Los últimos obispos de Santa Cruz de la época colonial ya no participaron en el desarrollo de las misiones de los yuracarees.

Los provinciales de la provincia franciscana de San Antonio de los Charcas solamente jugaron un papel concreto en la preparación del envío de los primeros misioneros a las Montañas de Yuracarees y en la historia primitiva de la misión de Nuestra Señora de la Asunción. El provincial Diego Espinoza nombró, a solicitud de los hermanos Moscoso, a los padres Marcos Melendes, Tomás Anaya y Josef Villanueva como primeros misioneros, y él mismo se comprometió, después de haber recibido las primeras noticias optimistas sobre la acogida de estos frailes por parte de los yuracarees, a buscar en los conventos de la provincia a otros hermanos para la evangelización de aquellos indígenas. Sin embargo, esto no prosperó. En 1781 el mismo padre Espinoza fue a España para colectar frailes para su provincia y para la cristianización de los yuracarees, pero tampoco este viaje dio el resultado anhelado.

Los comisarios generales de Indias de la orden franciscana entraron solamente dos veces en el escenario de las misiones de los yuracarees. El padre Manuel María Trujillo apoyó positivamente la solicitud del obispo Ochoa al rey de España, de fundar un colegio de Propaganda Fide en el Valle de Cliza, y el padre Pablo de Moya reconoció la competencia del guardián y discretorio del colegio contra las reivindicaciones del comisario prefecto Bernardo Ximénez Bejarano.

Finalmente, el nivel superior de decisión y participación correspondía al Consejo de Indias y al rey. El gobernador eclesiástico de Santa Cruz Pedro Toledo Pimentel, en un informe dirigido al obispo Alejandro Ochoa y Morillo, afirmó lo siguiente con respecto a la política misionera de los reyes de España:

Es constante que desde el descubrimiento de estas Américas ha propendido en todos tiempos el católico celo de nuestros soberanos, y con muy particular cuidado y atención aplicado todos los medios posibles para reducir a los indios naturales al gremio de la Santa Iglesia Católica Romana y al conocimiento de su Majestad Católica. De esta indubitable verdad son testimonios irrefragables innumerables cédulas, ordenanzas y leyes reales; y además el cuantioso número de pueblos de misiones y reducciones de indios que hay formados y establecidos en la vastísima extensión de estos dominios de Indias; y la profesa regia liberalidad del rey nuestro señor, que tiene continuamente abierta su real mano para la construcción y decente adorno de sus templos y congrua manutención de sus ministros y para el embarque, transporte y subsistencia de misiones de religiosos para doctrineros conversores y propagadores de nuestra santa fe[72].

Los reyes participaron, por lo que consta de la documentación consultada, solamente dos veces en el proyecto de cristianización de los yuracarees: el rey Carlos III mandó en junio de 1772 un oficio al obispo Francisco Ramón de Herboso para comunicarle (en respuesta a una carta del obispo de abril del mismo año) que había decidido apoyar de manera concreta su afán de organizar la reducción y cristianización de los yuracarees ordenando a la real audiencia de Charcas y al virrey de Lima poner a disposición del obispo los fondos necesarios para la realización de esa obra. A su vez, el rey Carlos IV emitió en noviembre de 1792 la real cédula por medio de la cual se fundó oficialmente el colegio de Propaganda Fide de San José de Tarata. Del Consejo General de Indias solamente encontramos en nuestra documentación una indicación de su apoyo a la fundación del colegio de Propaganda Fide de Tarata y de su toma de conocimiento en las controversias entre el guardián y Dicretorio del colegio y el comisario prefecto Ximénez.

6.1.4. Conclusiones

El que no se lograra la reducción y evangelización permanentes de los yuracarees a lo largo de los cincuenta años de presencia misione-

---

[72] P. Toledo, 1789, fols. 152r-152v.

ra entre aquellos indígenas, se debe, sin duda, a toda una serie de factores. El compromiso de la corona española de promover la conversión de los habitantes gentiles de su imperio era más teórico que práctico: no se percibe una política clara, explícita y concreta de
cristianización de aquellos grupos humanos que se encontraban todavía fuera del control directo de la administración de las colonias, ni
tampoco instrucciones contundentes a las instancias inmediatamente
inferiores al gobierno central (virreinatos, audiencias, intendencias)
para conseguir, mediante un plan bien elaborado, esa conversión. Se
dejaba, más bien, la toma de decisiones relativas a la reducción y evangelización de los indígenas que no estaban todavía integrados en la
sociedad española a la iniciativa de particulares. Pero tampoco en este
nivel, como hemos podido ver a lo largo de esta obra, se llegó, en el
caso de los yuracarees, a la elaboración de un proyecto consensuado
y uniforme. No hubo en ningún momento una coordinación con-
certada entre el virreinato de Buenos Aires, la real audiencia de Charcas
y la intendencia de Cochabamba, entre las autoridades gubernamentales y las autoridades eclesiásticas, y tampoco entre los misioneros diocesanos, los misioneros franciscanos de la provincia de San Antonio de
los Charcas y los misioneros franciscanos del colegio de Propaganda
Fide de Tarata. El gobernador intendente vivía normalmente en
Cochabamba o cerca de esta ciudad[73] y los obispos de Santa Cruz re-
sidían con mucha frecuencia en el Valle de Cliza[74], mientras que el
guardián del colegio de Propaganda Fide de San José se encontraba
de 1796 a 1802 en Colpa y después en Tarata. A pesar de esta proxi-
midad física, no tenemos conocimiento de encuentros entre estas autoridades para trazar juntas un plan para la conversión de los yuracarees. Tampoco está documentado algún encuentro entre los diferentes
misioneros para coordinar su trabajo apostólico, discernir acerca de la
metodología de su labor evangelizadora o hacer acuerdos acerca de
una posible colaboración mutua.

En principio la corona española garantizaba el financiamiento del
traslado de los misioneros de España a las tierras de misión y la ma-

---

[73] La hacienda Las Chulpas de Francisco de Viedma se encontraba cerca de Tarata
en el Valle de Cliza.

[74] Francisco Ramón de Herboso residía frecuentemente en Tarata, lo mismo que
Alejandro José Ochoa y Morillo; a su vez, en Punata, Manuel Nicolás de Rojas.

nutención de los misioneros y de las misiones por medio de sínodos. Por lo que respecta al pago del traslado de los misioneros, parece que se cumplía el compromiso, pero en cuanto al pago de los sínodos acordados, a lo largo de los cincuenta años de evangelización de los yuracarees hubo constantemente problemas y reclamos. La tardanza en el cumplimiento del pago de los sínodos debe haber mantenido relación con la política borbónica de exigir que las misiones se convirtiesen en el menor tiempo posible en centros productivos, económicamente sostenibles y rentables. Esto no se logró en ninguna de las misiones de las Montañas de Yuracarees y por eso estas misiones seguían dependientes de abastecimiento desde fuera, concretamente desde Cochabamba y el Valle de Cliza, abastecimiento que, para ser regular y fluido, debía contar con la existencia de caminos seguros y estables, transitables aun en las épocas de lluvias; tampoco esto se logró, a pesar de constantes intentos, tanto de civiles como de los mismos misioneros, de encontrar y establecer sendas sólidas.

Los conflictos, desacuerdos, sospechas y animosidades entre diferentes actores de la historia que hemos tratado de reconstruir en esta obra deben haber influido también negativamente la labor de reducción y cristianización de los yuracarees. Y a esto se puede añadir todavía el hecho de que para la mayoría de los misioneros era sumamente difícil, para no decir imposible, entender la idiosincrasia y el *ethos* cultural de los yuracarees y empatizar con ellos.

Finalmente, los mismos yuracarees estaban tan aferrados a su propio modo nómada de vivir y a su cultura de caza y pesca que difícilmente se dejaban convencer de que una vida sedentaria y la dedicación a la agricultura como medio para encontrar el sustento diario eran mejores; mucho menos donde los misioneros, a pesar de grandes esfuerzos, no lograron garantizar este sustento en sus misiones. Además, la indudablemente débil dimensión religiosa de la cultura yuracaré debe haber limitado su capacidad de sentirse atraídos hacia el cristianismo.

6.2. RECONSTRUCCIONES E INTERPRETACIONES DE LA HISTORIA DE LA EVANGELIZACIÓN DE LOS YURACAREES

En nuestra búsqueda de las causas de que la mayoría de los misioneros que vivieron y trabajaron entre los yuracarees no hayan alcanzado la verdadera evangelización de esta etnia, no podemos pasar por alto a los investigadores que, ya en la época republicana, de alguna manera han tratado de re-construir la historia de la reducción y cristianización de aquellos indígenas. De hecho, son pocos los que se han dedicado a este trabajo y entre ellos hay solamente dos, el franciscano Wolfgang Priewasser y la magister Estela Ramírez, que usaron un buen número de documentos manuscritos de la época colonial para realizar su obra.

6.2.1. Alcide d'Orbigny

El explorador y naturalista francés Alcide d'Orbigny, en su extenso viaje por las tierras bajas de Bolivia, tuvo dos veces contacto con yuracarees. Viniendo desde Guarayos, donde había tenido un grato contacto con el padre Francisco Lacueva, llegó, después de un viaje de dos semanas por los ríos Mamoré, Chapare y Coni, el 27 de mayo de 1832 a la región donde habían existido las misiones de San José de Ypachimucu y San Antonio del Chimoré. Permaneció entre los yuracarees de aquella zona hasta el día 5 de junio. En los últimos días de su estadía anotó lo siguiente:

> 2 de junio. Una vez en la aldea, me establecí en una casa deshabitada y continué con mis investigaciones, mientras aguardaba los medios de partir. De las cuatro o cinco casas todavía intactas, una sola estaba ocupada por una familia de yuracarees; todo lo demás estaba abandonado y se caía en pedazos. Al ver esos vestigios de Asunción[75], recordé que el venerable padre Lacueva había vivido allí de 1805 a 1823, predicando el cristianismo a la nación entera que, en este sentido, había hecho progresos inmensos. Hoy esos indios están diseminados por las selvas, dispuestos a reunirse cuando vuelvan los misioneros a esos parajes. Es lamentable abandonar tantos esfuerzos inútiles, sobre todo cuando ese punto puede ser de una importancia tan grande para el intercambio de las partes montañosas con las llanuras del centro y la navegación hacia el Amazonas[76].

[75] A. d'Orbigny habla de la misión de Asunción de Isiboro. Se trata de la antigua misión de San José de Ypachimucu, fundada cerca del río Ylobulo, donde el padre Francisco Lacueva vivió, con algunas interrupciones, desde 1806 hasta 1822.
[76] A. d'Orbigny, 2002 [1839b], p. 1505.

4 de junio. Por fin, después de tres leguas de camino, había llegado a las ruinas de la antigua misión de San Francisco[77], de la que ya no quedaban otras huellas que un matorral más espeso, compuesto por árboles distintos de los que los rodeaban. Muy cerca de allí encontré el río San Mateo. [...] Por la otra costa [del río San Mateo] anduve unos seis kilómetros, trepando por una suave cuesta [...] y llegué a las ruinas de la antigua reducción de San Antonio, en donde resolví pasar la noche en una casa abandonada, la única intacta. Esta reducción de los yuracarees estaba deshabitada desde hacía varios años, pues los indios se habían desparramado por las selvas[78].

De Ypachimucu d'Orbigny fue a Cochabamba y a mediados de julio cruzó la cordillera para internarse nuevamente en las Montañas de Yuracarees. Esta vez se estableció entre los yuracarees que vivían más al norte en dirección de los ríos Isiboro y Sécure. Estuvo con ellos hasta el 30 de julio. Allá anotó en su diario todavía lo que sigue:

De todas esas misiones solo queda la de San Carlos, pues todas las demás fueron abandonadas. En cuanto a los yuracarees, éstos todavía se encuentran en sus selvas. La única sección de esta nación que nunca haya tenido trato con los religiosos es la que mora en las fuentes del río Sécure, en donde ahora me encuentro. Estos conservaron siempre su independencia[79].

Ya hemos presentado la (re-)construcción que hizo Alcide d'Orbigny con base en los apuntes que le fueron entregados en Guarayos por el padre Lacueva (5.8.). Basta reproducir aquí el comentario que el naturalista francés dio después de haber presentado la historia:

Cuando se reflexiona en las inmensas ventajas que el comercio en general podría obtener de misiones bien organizadas al pie oriental de los Andes, misiones que podrían a la vez dar los mejores productos de las regiones tropicales y servir de puerto para la navegación interior de la provincia de Mojos, uno se asombra de que los diversos gobiernos que se han sucedido desde hace un siglo en ese territorio no hayan tomado nin-

---

[77] También aquí d'Orbigny se equivoca: probablemente se trate de la misión de la Asunción que se encontraba cerca del río San Mateo.
[78] A. d'Orbigny, 2002 [1839b], p. 1506.
[79] A. d'Orbigny, 2002 [1839b], p. 1544.

488 CON LOS YURACAREES. CRÓNICAS MISIONALES (1765-1825)

guna medida para asegurarse tantas ventajas. El íntimo conocimiento que adquirí de los intereses rivales que se han opuesto hasta hoy a la regularización de las misiones de los yuracarees me permite hacer una detallada exposición. Si los jesuitas, con su espíritu metódico, con sus recursos y su perseverancia, se hubiesen encargado de los yuracarees, habrían logrado sin duda importantes resultados; pero, libradas a la buena voluntad de los particulares o de los hermanos recoletos[80], cuando no a los franciscanos[81], que no podían invertir en la explotación muchos fondos, las misiones tenían que vegetar fatalmente, aparte de que se oponía siempre a su éxito el obispo de Santa Cruz[82], a quien con su debilidad lo alentaba el gobierno de Cochabamba. Después de la expulsión de los jesuitas, las provincias de Chiquitos y de Mojos dependieron de Santa Cruz de la Sierra y fueron consideradas como los huertos de esta ciudad, la cual recibía todos sus productos y proveía a aquéllas de los empleados religiosos o seculares necesarios para su administración. Cierto es que el intendente de Cochabamba gobernaba Santa Cruz de la Sierra, en tanto que Cochabamba dependía de la diócesis de Santa Cruz[83]; de donde resultaba que si, por ejemplo, la administración intentaba abrir un camino de Cochabamba a Mojos por el país de los yuracarees o apoyar a las misiones de esta tribu, encontraba la más viva oposición del obispo de Santa Cruz, quien, valido de la inmensa influencia del clero en América, neutralizaba todas las buenas disposiciones o enervaba todos los esfuerzos intentados para establecer comunicaciones entre Cochabamba y Mojos[84].

[80] Se refiere a los franciscanos del convento de la Recoleta de Cochabamba, perteneciente a la provincia de San Antonio de los Charcas. De este convento salieron como misioneros de los yuracarees los padres Marcos Melendes, Tomás Anaya, Francisco Buyán y Josef Manuel Carrasco.

[81] Los franciscanos del colegio de Propaganda Fide de San José de Tarata.

[82] No me parece acertada esta afirmación. Los obispos Francisco Ramón de Herboso y Alejandro José Ochoa contribuyeron, cada uno a su manera, a la cristianización de los yuracarees. De ningún obispo de la época de nuestro estudio nos consta que haya obstaculizado la labor de los misioneros.

[83] La ciudad de Cochabamba y sus alrededores pertenecían a la jurisdicción del Arzobispo de Charcas, mientras que el Valle de Cliza pertenecía a la del obispo de Santa Cruz.

[84] A. d'Orbigny, 2002 [1838b], pp. 1544-1545. Parece que d'Orbigny ignoraba que precisamente el obispo Francisco Ramón de Herboso fue uno de los primeros y grandes propulsores del establecimiento de esta comunicación, quien además costeó en gran parte la apertura de la primera senda entre el Valle de Cliza y las Montañas de Yuracarees.

Alcide d'Orbigny presenta aquí las siguientes causas del malogro de las misiones establecidas entre los yuracarees:

La falta de una clara metodología misionera en los franciscanos.

La falta de fondos y recursos para garantizar el buen establecimiento y desarrollo de las misiones.

La permanente oposición de los obispos de Santa Cruz al proyecto de la evangelización de los yuracarees.

El choque de intereses económicos entre cochabambinos y cruceños.

Llama la atención que d'Orbigny no hable de la llamada 'obstinación' de los yuracarees frente a su reducción y evangelización, que como veremos más adelante, es mencionada con frecuencia por otros re-constructores de la historia como causa de la frustración del proyecto misionero.

6.2.2. Hugolino Gorleri

En 1875 el padre Hugolino Gorleri, franciscano italiano que se incorporó en el colegio de Propaganda Fide de San José de Tarata en 1852 y permaneció en este colegio hasta su muerte en 1895, compuso una pequeña obra titulada *El colegio de Tarata y sus Misiones*, obra que fue editada por el padre Mauricio Valcanover en el año 1996. El padre Gorleri no presenta en su escrito una historia sistemática de la evangelización de los yuracarees. Más bien se limita a una breve mención de la entrada de los primeros misioneros de Propaganda Fide y a la labor realizada por los padres Francisco Lacueva y José Boria. Sin embargo, para nuestro propósito de descubrir las causas de la frustración de las tentativas de un establecimiento sólido de misiones en las Montañas de Yuracarees nos parece oportuno reproducir las partes pertinentes de la obra de Gorleri.

Inmediatamente el padre fray Bernardo Jiménez Bejarano envió misioneros para la conversión de los indios yuracarees, que de tres distintas partes confinaban con el Valle de Cliza, de manera que entre solo este año 1796 y el siguiente 1797 ya contaba cuatro reducciones o pueblos reunidos en esta nación de los indios yuracarees[85]. En el libro de cuen-

---

[85] Gorleri sugiere aquí que las misiones de Nuestra Señora de la Asunción, San José del Coni y San Francisco de Asís del Mamoré habrían sido fundadas por los frai-

tas de este año se encuentra el P. Vicente Esquirós para entrar a la misión de nuestro padre San Francisco del Mamoré[86]; el padre Domingo Real cuando entró a la conversión del Chimoré, a la orilla del Río San Mateo[87]; al año siguiente 1797, p. 33, dice: «Nuevas conversiones de los gentiles yuracarees que están a cargo del reverendo padre fray Bernardo Jiménez Bejarano, primer comisario prefecto y fundador del colegio de San José de Tarata: conversión de San Juan de Coni y San José de Vista Alegre de Chimoré»[88]. En este tiempo entró a los indios yuracarees el padre fray Francisco Lacueva.

[...] El padre fray Francisco Lacueva, aragonés de la ciudad de Turuel[89], permaneció poco tiempo en la misión en esta su primera entrada, mas fue suficiente para que, añadiéndose a los estímulos de su celo apostólico la bondad del clima, la hermosura de los paisajes, la lozanía de la vegetación y todo lo risueño de aquella naturaleza virgen, quedase prendado de ella y solo esperase el instante oportuno para regresar. [...]

En este año [1805], después de la célebre indulgencia de la Porciúncola de Asís, se puso de viaje y regresó a Chimoré en Yuracarees y de allí no salió más hasta 1822. Es imposible describir lo que el buen padre padeció, lo que se fatigó, lo que hizo, combatiendo siempre con la apatía y proverbial pereza y rudeza de los indios yuracarees. Estudió y aprendió perfectamente su idioma para poder instruirlos en nuestra santa religión. Desmontó terrenos y los puso en cultivo. Existen todavía los chacos de yuca, de plátanos, de café, de cacao que mandó trabajar el infatigable padre Lacueva.

Los indios, aficionados a la caza, se remontaban frecuentemente y él corría tras ellos a buscarlos en el monte y reducirlos a las conversiones. Para quitarles en parte, a lo menos, esta tentación, el padre introdujo ganado vacuno, que los cuidasen y dábales a comer carne de vaca.

les de Tarata, lo que es un error. Además, nunca hubo en las Montañas de Yuracarees más de tres misiones. Las fundadas por el colegio de Tarata, que lo fueron en el año 1806, son las de San José de Ypachimucu y San Antonio del Chimoré.

[86] El padre Esquirós fue a esta misión recién en la segunda quincena de julio del año 1798.

[87] Domingo Real fue a la misión de San José en mayo de 1797. Esta misión se encontraba por entonces a orillas del río Coni, y no del Chimoré ni del San Mateo.

[88] No se trata de dos nuevas misiones: la misión del Coni fue trasladada al río Chimoré. La misión del Coni fue fundada con el nombre de San José y no de San Juan.

[89] Según la lista oficial de los frailes que salieron del puerto de Cádiz en 1795, Francisco Lacueva era natural de Aliaga, arzobispado de Zaragoza.

[...] Por muchos años acompañó al P. Francisco Lacueva el P. José Boria. Los dos padres poseían conocimientos superiores a los que comúnmente se suponen en los padres misioneros que desde su juventud se consagran a la conversión de los indios. El padre Lacueva tenía conocimientos bastante exactos, según la época, de la geografía, hidráulica y astronomía. Conocía el manejo de la brújula, del cuadrante y sextante y tenía siempre estos instrumentos para la construcción de relojes solares y para determinar las longitudes y latitudes de los lugares. El padre Boria había venido muy joven a la América y fue remitido a la Universidad de la Plata (Sucre) para completar sus estudios. Su aplicación predilecta fue la hidráulica y la arquitectura.

Primeramente el padre Lacueva, con el auxilio de sus instrumentos, abrió el camino de Yuracarees al Valle de Cliza por Paltanueva, en seguida por el yunga de Bandiola y posteriormente entre los dos abrieron otro camino por los yungas de Totora, para poner en comunicación directa y fácil sus reducciones con los pueblos civilizados y comerciales.

A pesar de tantos cuidados su subsistencia era muy penosa. Al principio especialmente la falta casi absoluta del sal, pues no tenían sino la que se cargaban de Cochabamba y que por la humedad del temperamento se le derretía y desaparecía bajo los ojos, esturgaba su estómago y arruinaba su salud. Recogían en vasijas el agua que goteaba sal[90] y condimentaban con ella.

La yuca y el maíz eran su subsistencia diaria. Para no perder a los indios, como sucedía cuando iban a cazar al monte, se privaban de la caza y de la carne de los monos.

El pescado apenas servía por un día. Introducido el ganado, cuando desollaban una res, se conservaba a lo más dos días y después se agusanea o se pudre por el calor y la humedad. La distribuían pues entre los indios y quedaban con yuca. La misma feracidad del clima, la abundancia de una infinidad de frutas del monte, de cazas y de pescado de sus ríos, favorece la vida nómada de los indios, quienes, agobiados por la pereza y mala conducta, son naturalmente indolentes y no quieren trabajar. Mas estas mismas causas atormentaban a los padres conversores, quienes se veían frecuentemente obligados a privarse de la caza y de la pesca por no pretextar y se remontasen los indios; y las frutas del monte les causaban atroces dolores de estómago y de barriga y a veces con cólicos que los conducían al borde de la muerte.

Se cuenta que en una expedición los dos padres, con dos mozos que llevaban, perdieron el camino, se encontraron con una inundación y el

---

[90] En el manuscrito «goteaba del sal»; omitimos la contracción.

cielo nublado, sin poder tomar dirección por el sol. Subieron a los árboles y por las ramas que se cruzan, arrastrando sus petacas de provisiones anduvieron así por los árboles como los monos por algunos días, hasta que se puso la inundación, apareció el sol y pudieron dirigirse a un punto conocido. Por más extraño que apareciera este acontecimiento, quien conoce esos montes, la espesura de los árboles, la facilidad de las inundaciones y la ocultación del sol por muchos días seguidos, no encontrará nada de inverosímil, como en realidad los padres dan este hecho por cierto y muy averiguado.

No obstante los buenos misioneros pasaban alegremente por todas estas privaciones y trabajos. Lo que amargaba su alma y oprimía su corazón era la obstinación de los indios en no abandonar sus supersticiones y no querer aprender la doctrina cristiana.

Los yuracarees reúnen a su estupidez e indolencia un carácter de felonía traicionera y vengativa. A una reconvención del padre, a una obligación impuesta imperiosamente para el trabajo, el indio calla y hace lo que dice el padre. Presenta todas las apariencias de una sumisión; mas lejos de ellos, medita los medios de una venganza sin su peligro. Espera la noche y entonces o acecha al padre misionero con su arco armado de una flecha emponzoñada, o bien se acerca a su casa para ponerle fuego, cuando el padre esté profundamente dormido. Una infinidad de estos percances ocurrieron al padre Lacueva en el largo curso de los 18 años que permaneció constantemente entre ellos. Pero especialmente cuatro o cinco veces estaba en gravísimo peligro de perder así la vida. Dios lo libró milagrosamente por un concurso de circunstancias imprevistas, que llamamos casualidades. Entonces el buen padre, cuando podía, regresaba al colegio y con los socorros de la comunidad y con limosnas de los vecinos de Cochabamba, compraba herramientas y otras chucherías del agrado de sus indios. Provisto de estas cosas regresaba entre ellos y acariciándolos los reunía, los llamaba y continuaba su obra de evangelización y de cristiandad.

A esto debe añadirse su hipocresía, felonía y traición, por las que el padre Lacueva, en particular, estuvo expuesto varias veces a perder bárbaramente su vida, no obstante los resortes que le sugería su caridad y su celo para atraerlos, pues les proporcionaba herramientas y otras cositas de su gusto, mediante los socorros del colegio y las limosnas de los vecinos de Cochabamba: los reunía, los vestía, los acariciaba, les mostraba las ventajas de la vida civil, la utilidad del cultivo del algodón y demás productos del clima y de la vida civil; ensanchábales los corazones con las esperanzas de la tierra y del cielo, mas, ¡en vano!... A la primera ocasión se rebelaban y fugaban al monte!...

A pesar de tan amargos desengaños, el buen padre Lacueva perseveró entre ellos hasta 1822, por el espacio de 18 años, en que, desesperado de los yuracarees, pasó, por orden del gobierno del rey, a la conversión de los Guarayos[91].

Está claro que para el padre Gorleri la única causa de la frustración de los intentos de evangelizar a los yuracarees fueron ellos mismos: los misioneros daban todo de sí, mientras que los yuracarees resistían y se oponían, aferrándose a su vida nómada de cazadores y pescadores.

6.2.3. Wolfgang Priewasser

El franciscano austríaco Wolfgang Priewasser llegó a Bolivia en el año 1888 y se incorporó en el colegio de Propaganda Fide de San José de Tarata. Fue miembro de este colegio hasta su cierre en 1938. Después se integró en la provincia de San Antonio de los Charcas y murió en el convento del Hospicio de Cochabamba en 1954.

Uno de sus grandes méritos fue fundar y editar la revista *Archivo de la Comisaría Franciscana de Bolivia*, en la cual publicó importantes documentos sobre la historia de los colegios de Propaganda Fide de Bolivia y sus misiones.

6.2.3.1. *Bolivia, die Franciscaner von Tarata und die Indianer*

En 1897 Wolfgang Priewasser fue elegido guardián del colegio de Tarata. Durante su guardianato dedicó tiempo a investigar la historia del colegio y de sus actividades misioneras. Resultado de sus investigaciones fue la publicación del libro cuyo título traducido sería *Bolivia, los franciscanos de Tarata y los indios*, editado en Innsbruck en 1900. No es un libro académico, sino más bien una historia novelada, atractiva para los lectores devotos de su patria. Sin embargo tiene un gran valor, precisamente por contener la primera re-construcción amplia de la historia de las misiones del colegio de Tarata. Los capítulos 7, 8, 9 y 11 de esta obra están dedicados a la historia de la evangelización de

[91] Gorleri, 1996 [1875], pp. 6-14.

los yuracarees en la época colonial. Por su extensión no es posible reproducir aquí en traducción estos capítulos. Pero para nuestro propósito de descubrir las verdaderas causas de la frustración de la evangelización de los yuracarees, nos limitaremos a indicar cómo el padre
Priewasser concibió la historia de esta evangelización y cómo inter-
pretó, a su manera, diferentes momentos de esta historia.

El capítulo 7 relata en su segunda parte (*Los yuracarees y el P. Melendes*)[92] la fundación de la misión de Nuestra Señora de la Asunción y
su desarrollo hasta la salida definitiva de ella del padre Marcos
Melendes (1776-1780). La única fuente que Priewasser usa para este
relato es la *Relación histórica* de Melendes. Veamos cómo a su manera
interpreta algunos datos de esta *Relación*.

La *Relación histórica* dice que el padre Tomás Anaya dejó la misión
de la Asunción debido a la falta de recursos para la manutención de
los misioneros y para ayudar a los yuracarees, llevando una carta del
padre Melendes. Al leerla, los hermanos Moscoso mandaron enseguida
da recursos y un sacerdote diocesano. Priewasser presenta en su obra
la siguiente versión de estos hechos:

> En la despedida su compañero le entregó [al padre Tomás] una nueva
> solicitud al párroco de Punata junto con una rendición de cuentas de los
> gastos que había hecho en el viaje. La carta no surtió el deseado efecto.
> El señor párroco había reflexionado mientras tanto sobre el asunto de los
> yuracarees y pensaba que un sacerdote secular podría agarrar este asunto
> de manera más acertada que un simple monje que no entiende nada de
> este mundo[93].

Priewasser dice que fray Marcos dejó la misión de la Asunción a
comienzos de octubre de 1777 con el objeto de pedir permiso a los
hermanos Moscoso para fundar, con la parcialidad de los yuracarees
chuchis, una segunda misión; y para solicitar dinero con destino a esta
nueva misión.

> Se despidió, pues, del clérigo y le pidió tener paciencia hasta su pron-
> to retorno. El padre tuvo un viaje feliz, pero lastimosamente no hubo esta
> vez dinero contante para la conversión de los yuracarees. Pasó lo que si-

[92] El autor escribe «Menéndez». Enmiendo.
[93] Priewasser, 1900, p. 116.

gue. Pocos días después de la salida del franciscano, al sacerdote secular la hermosa región de la selva verde le resultó desagradable; pensaba en el regreso al hogar y en una presentación palpable de sus éxitos apostólicos. Se dejó acompañar a Tarata por algunos indios y presentó a éstos como ejemplos devotos de los catecúmenos deseosos de su salvación. Los yuracarees se comportaban extraordinariamente mansos[94].

Impresionados por el trabajo de los misioneros, los hermanos Moscoso decidieron bautizar a los yuracarees. «Cuando pasó esto, los dos curas de almas pusieron una gruesa raya en su libro de egresos, lo que quiso decir: hasta aquí y no más»[95]. Ellos habían hecho lo suficiente y ahora le tocaba al Arzobispo de La Plata asumir la responsabilidad económica por la continuidad de la conversión de los yuracarees, porque

> como obispo de Santa Cruz él había empezado con toda esta historia de los yuracarees; sería una cuestión de honor para él concluirla [...]. Al misionero no le gustó en absoluto esta nueva propuesta. Por eso, buscó primero entre los blancos benefactores para sus indios, pero cuando se trataba de dar dinero, éstos declararon que lastimosamente esta vez era imposible ayudar, ya que habían tenido que hacer gastos imprevistos y estaban mal de fondos[96].

Finalmente, en cuanto a la controversia entre Antolín Peralta y Marcos Melendes dice:

> Cuando Peralta había llegado con su gente hasta el Coni, se enemistó con el pobre misionero, no sé por qué motivos; y para entristecerle aun más, sacó de la reducción también a las tan útiles familias mojeñas. Para salvar lo que todavía pudiera, salió el padre Marcos a toda prisa del Coni para dar alcance al señor Flores, para que éste pusiera frenos a las arbitrariedades de Peralta. En Tarata se encontró con Flores, pero tanto éste como el párroco de Tarata estaban en favor de su amigo Peralta. El quejoso padre fue simplemente rechazado[97].

---

[94] Priewasser, 1900, p. 117.
[95] Priewasser, 1900, p. 117.
[96] Priewasser, 1900, p. 118.
[97] Priewasser, 1900, pp. 121-122.

El capítulo 8 presenta la historia de la evangelización de los yuracarees desde 1780 hasta 1796. Relata brevemente la estadía en la misión de la Asunción de sacerdotes diocesanos y la labor realizada allá por el padre Francisco Buyán. Al mencionar el abandono que hizo de la misión el padre Buyán en 1788 va más allá de lo que indica el texto de Melendes, el cual dice que el misionero dejó la misión «por aburrimiento»: «Así trabajaba el pobre misionero, varios años. Pero, ya que de su convento no pudo conseguir un compañero, perdió el gusto de seguir en el difícil e ingrato campo de trabajo y lo abandonó (1788)»[98].

No sabemos en qué documentos se pudo basar Priewasser para relatar las actividades misioneras del presbítero José Joaquín Velasco y del padre Tomás Anaya en esta época. Basándonos en las fuentes que hemos encontrado, nos parece que el padre Wolfgang también aquí va más allá de lo que la documentación permite decir. Por lo que respecta a los yuracarees del río Mamoré dice:

> Mientras tanto se mandó a los yuracarees un nuevo bienhechor. El sacerdote Dr. Joaquín Velasco había dirigido al río Mamoré, junto con el franciscano Tomás Anaya, la cura de almas de algunos yuracarees dispersos y a éstos los había llevado a su hacienda que se encontraba allá, para trabajar en ella. Ya que era un hombre acaudalado, prometió al padre Tomás ayudarle en la eventual fundación de una misión entre los yuracarees. Sin embargo, no lograron entenderse en cuanto al lugar y el plan de conversión, y así el padre Tomás trató de fundar una misión por su propia cuenta[99].

El capítulo 9 está enteramente dedicado a la evangelización de los yuracarees desde la primera entrada de los franciscanos españoles de Propaganda Fide (1796) hasta la pérdida de las misiones del Chimoré y del Mamoré en el año 1805. El capítulo empieza con la reproducción en alemán del diario de la entrada del padre Bernardo Ximénez Bejarano y sus compañeros[100]. Menciona luego la fundación de la misión de San José de Vista Alegre del Chimoré, realizada, según él supone por el padre Domingo Real con la ayuda del padre Lacueva y

---

[98] Priewasser, 1900, pp. 123-124.

[99] Priewasser, 1900, p. 124.

[100] Priewasser, 1900, pp. 135-146.

probablemente bajo dirección del padre Ximénez, pero dice que «sobre esto faltan apuntes detallados»[101]. Esta observación se repite un poco más adelante para todo el período 1796-1800: «Lastimosamente faltan todos los apuntes detallados desde noviembre de 1796 hasta 1800»[102], añadiendo solamente a esta observación que «el nuevo colegio concluyó el siglo XVIII con la posesión de cuatro misiones» y que «pronto su número crecería con otras»[103]. Estas observaciones optimistas, empero, son mitigadas por la frase con la cual Priewasser concluye este capítulo: «De los diferentes misioneros entre los yuracarees llegaron noticias lamentables y desanimadoras. Tenían sobre el convento el efecto de frías heladas nocturnas sobre tiernas flores»[104].

En el capítulo 11 continúa Priewasser su re-construcción de la historia de la evangelización de los yuracarees por parte de los franciscanos del colegio de Propaganda Fide de Tarata, indicando primero que «las noticias sobre los yuracarees de comienzos del siglo XIX son incompletas, de modo que solo puedo comunicar poco»[105]. De hecho, no presenta ningún dato sobre el período 1800-1805, ni siquiera menciona la pérdida de las dos misiones, la del Chimoré y la del Mamoré, que pertenecían al colegio. Salta inmediatamente a la nueva entrada a las Montañas de Yuracarees del padre Francisco Lacueva en agosto de 1805, sin decir que este padre iba en compañía del gobernador de Mojos Pedro Pablo Urquijo y del padre Ramón Soto en exploración de las posibilidades de reunir nuevamente a los yuracarees que habían abandonado las dos misiones mencionadas. Es más, ni siquiera menciona la fundación, en 1806, de las nuevas misiones de San José de Ypachimucu y de San Antonio del Chimoré; más bien dice que la misión del padre Lacueva era la de San José de Vista Alegre del Chimoré. A partir de aquí sigue en su relato prácticamente lo que había encontrado en el manuscrito del padre Hugolino Gorleri, centrando toda su atención en la persona del padre Lacueva y, de paso,

[101] Priewasser, 1900, p. 147.

[102] Priewasser, 1900, p. 147.

[103] Priewasser, 1900. El colegio tenía por entonces solo dos misiones: la de San Francisco de Asís del Mamoré y la de San José del Chimoré. Priewasser cuenta todavía la del río Coni, que, sin embargo, había sido trasladada al río Chimoré, y la de Nuestra Señora de la Asunción, que no pertenecía al colegio de Tarata.

[104] Priewasser, 1900.

[105] Priewasser, 1900, p. 166.

en la de José Boria. Al concluir su re-construcción de la historia de
la labor misionera de los padres de Tarata presenta el siguiente comentario:

> Los yuracarees habían jugado con la gracia divina. La sombra de la
> muerte y del pecado cayó sobre ellos más profundamente que nunca. Los
> tumultos políticos entre los blancos no eran desconocidos a los indios y
> pueden haber contribuido a su obstinación. ¿No habrá tenido un efecto
> dañino sobre los ánimos de los indios el sublime ejemplo que daban aque-
> llos por sus mutuas matanzas[106]?

6.2.3.2. Alrededor de dos épocas

Años más tarde, Wolfgang Priewasser retomó la re-construcción de
la historia de la evangelización de los yuracarees, basándose esta vez
en el resultado de una seria búsqueda de documentos manuscritos en
el archivo del colegio de Tarata. Compuso un libro titulado *Alrededor
de dos épocas. Apuntes sueltos sobre la historia religiosa de Alto Perú y de la
nueva República boliviana*, trabajo que a partir de 1916 fue publicado
por medio de una larga serie de entregas en el *Archivo de la Comisaría
Franciscana de Bolivia*. Esta obra, de hecho, consta de dos partes: la primera dedicada a la evangelización de los chiriguanos (caps. I-XVIII)
y la segunda dedicada a la evangelización de los yuracarees (caps. XIX-
XXI, XXIII-XXVIII y XXX-XXXI)[107].

En este nuevo trabajo Priewasser no dice nada acerca de los intentos de evangelización de los yuracarees anteriores a la entrada de
los franciscanos españoles en las tierras bajas entre Cochabamba y
Mojos. El autor desarrolla el tema de la siguiente manera:

Cap. XIX: Entre los yuracarés en 1796.

Cap. XX: Afanes y desengaños desde 1797 a 1800.

Cap. XXI: Desavenencias ruidosas con el gobernador Viedma por
la nueva reducción del Chimoré (1799).

---

[106] Priewasser, 1900, p. 169.

[107] El cap. XXII está dedicado a la evangelización de los mosetenes. El XXIX no
existe. Al final del cap. XXXI el autor dice que la obra continuará, pero, de hecho,
no la continuó.

Cap. XXIII: Apostasía y sublevación de los yuracarés (1805). La expedición del cura teniente de la Palma. Informe de los PP.

Cap. XXIV: El gobernador nombra otra comisión para Yuracarés. Lo que pasó y lo que informó el Sr. Urquijo (1805).

Cap. XXV: Las misiones Yuracarés en enero de 1806.

Cap. XXVI: De cómo el colegio quería impedir nuevas apostasías de masa (1806).

Cap. XXVII: Las reducciones de Ipachimucu y S. Antonio del Chaparé. Esperanzas nuevamente frustradas.

Cap. XXVIII: Los yuracarés siguen pervivaces. Proyectos. Rutas viables.

Cap. XXX: Resultado del apostolado en 1818.

Cap. XXXI: El colegio abandona las misiones yuracarés.

Lo que más llama la atención en esta nueva y ampliamente documentada re-construcción de la historia de la evangelización del padre Priewasser, es que ha podido llenar el vacío que tenía su primera obra, de los años 1797-1805.

Sería largo pasar en detalle por esta nueva re-construcción. Nos parece más importante evaluar esta obra en relación con algunos temas relevantes para contestar la pregunta de cómo ha sido posible que tantos intentos de reducir y cristianizar a los yuracarees resultaran frustrados.

La primera respuesta que encontramos en la obra de Priewasser es que una de las causas principales del malogro de las misiones debe ser buscada en los mismos yuracarees: ellos eran simplemente reacios a la labor misionera. Al hablar de los yuracarees de la misión de San José del Coni a quienes, en mayo de 1797, los nuevos misioneros trataban de trasladar al Chimoré, acatando las determinaciones del gobernador Viedma, dice Priewasser: «Los yuracarees del Coni no estaban ya muy inclinados a la proyectada traslación»[108]. Y un poco más adelante dice:

> Creció la aversión de los indios a las obras nuevas. Vieron en peligro su libertad salvaje y la perspectiva de tener que dejar su vida de haraganes debiendo continuar algún día los trabajos que hacían ahora los peones que más tarde abandonarían la misión[109].

---

[108] Priewasser, 1919, 128, p. 405.
[109] Priewasser, 1900, p. 406.

Según Priewasser la toma de posición de estos yuracarees del Coni había sido el resultado de la influencia de sus hermanos de la misión de Nuestra Señora de la Asunción:

> Los indios de la misión [de la Asunta] se habían mostrado sordamente hostiles al nuevo rumbo que habían tomado los asuntos yuracarés y principiaban a decir que no querían tener nada con los «Carais», palabra que designaba a los españoles[110].

Incitábanlos a esta resistencia los indios de la reducción de la Asunta, centro desde entonces de la guerra contra los nuevos misioneros[111].

Los sucesos de marzo-abril de 1805 que resultaron en el colapso definitivo de las misiones del Chimoré y del Mamoré, son interpretados también por Priewasser como claras manifestaciones de la absoluta oposición de los yuracarees a la labor de los misioneros. Habla del «carácter cruel y obstinado de los indios»[112], de «las hipócritas declaraciones de los yuracarés»[113] al ser interrogados acerca de los motivos del abandono que hicieron de las misiones y de que, una vez fuera de las misiones, «progresaban sin duda en alevosía»[114]. Critica nuestro autor, por eso, la actitud mansa del gobernador Viedma al optar por el envío a los yuracarees, como intermediario, a Pedro Pablo Urquijo. Por más que este gobernador de Mojos, ayudado por los padres Lacueva y Soto, hubiese hecho el esfuerzo de reunir nuevamente a los yuracarees dispersos, a los misioneros que a comienzos de 1806 trataron de fundar dos nuevas misiones no les resultó nada fácil conseguir su objetivo: «el Sr. gobernador no se había persuadido aún de que "los medios suaves y prudenciales" empleados por él no iban a dar los resultados apetecidos. Hay ciertas gentes para las que la suavidad es un veneno. Creen que es debilidad lo que es bondad»[115]. Fue precisamente «la impunidad de la última sublevación» la que, según Priewasser, había aumentado «la indolencia e insolencia de aquella tri-

---

[110] Priewasser, 1900, p. 403.
[111] Priewasser, 1900, p. 405.
[112] Priewasser, 1900, p. 505.
[113] Priewasser, 1900, p. 506.
[114] Priewasser, 1900, p. 537.
[115] Priewasser, 1900, p. 597.

bu nómada y dispersa»[116]. Y critica también, desde la óptica del poco resultado que cosecharon los nuevos misioneros de 1806, la manera de actuar del gobernador Urquijo: «¿Qué diría aquel buen caballero de Alcántara, Dn. Pedro Pablo Urquijo, al oír en Mojos el resultado de sus compadrazgos con los yuracarés?»[117].

Para Priewasser los yuracarees forman definitivamente «una tribu indócil e indómita»[118]. Los yuracarees

> no se industrian, no se procuran con sus trabajos lo que más precisa la gente civilizada. No dándoles el misionero herramientas y vestidos, quedan sumidos en las usanzas antiguas. Existe siempre el temor de una nueva dispersión[119].

Así concluyó Priewasser su re-construcción de la historia de la evangelización de los yuracarees en la época colonial, en el año 1920. Desde el año 1904 los padres del colegio de Propaganda Fide de Tarata, a solicitud del obispo de Cochabamba, habían hecho un nuevo intento de cristianizar a los yuracarees, pero también esta vez sin mucho éxito[120]. Al crearse el Vicariato Apostólico de Beni en 1918, la única misión que por entonces existía entre los yuracarees, la de San Antonio, había pasado a la jurisdicción de aquel Vicariato. Pero como no se disponía todavía de suficiente personal, se consiguió del colegio que el encargado de la misión, el padre Fulgencio Lasinger, continuara atendiéndola. De todos modos, parece cierto que lo que dijo Priewasser acerca de los yuracarees de finales de la época colonial vale, en su concepto, también para los de la segunda década del siglo XX.

Priewasser defendía los métodos duros que algunos padres de Propaganda Fide habían adoptado para llevar a los yuracarees a la civili-

---

[116] Priewasser, 1900, p. 598.

[117] Priewasser, 1920, 136, p. 121.

[118] Priewasser, 1900, 140, p. 336.

[119] Priewasser, 1900, p. 339.

[120] Hubo también de parte del colegio de Propaganda Fide de San José de Tarata un intento de evangelización de los yuracarees en el siglo XIX: desde 1840 hasta 1859 diferentes miembros de este colegio trabajaban entre los yuracarees, pero en el último año mencionado se desanimaron y abandonaron la misión que habían fundado. Un ex-miembro del colegio, el padre José María Izquierdo, quien se había incorporado en la provincia franciscana de San Antonio de los Charcas, atendió todavía por un tiempo la misión, pero también él la abandonó.

zación y a la vida cristiana y para manejar a los peones que habían traído para ayudar en la empresa misionera:

> Hubo disgustos por varios peones, huidores incontinentes o inobedientes. Lo mismo sucedió con los indios. No quedó otro freno que el castigo y así hubo en varias ocasiones aplicación moderada de azotes tanto a los peones, entre los que se encontraban algunos zambos (mulatos), como a los indios e indias.
>
> Opinaba el P. comisario que después de 20 años en que habían estado los yuracarés en continuo contacto con misioneros y con pueblos cristianos, debían estos aprender algo de disciplina, de vida civil, de moral católica y de trabajo; ser, en una palabra, útiles a la religión y al Estado.
>
> Quien ama al hijo errante o díscolo le castiga prudentemente para su enmienda[121].

El que en 20 años no se lograra civilizar y cristianizar a los yuracarees no solo se debía a la oposición de aquellos indígenas, sino también a que los misioneros que se dedicaron a su reducción y evangelización habían actuado con una condescendencia demasiado grande hacia ellos: el método misionero de los padres de Tarata, según Priewasser, fue visto por parte de otros conversores como una clara crítica hacia ellos: «No podía, pues, gustarles la actividad del nuevo P. prefecto y de sus compañeros, que significaba para ellos un cierto reproche o promovía susceptibilidades personales»[122]. Es más, en su relato de la fuga de los yuracarees de la misión del Chimoré en enero de 1799, insinúa que los misioneros de la Recoleta de Cochabamba habrían sido cómplices en ella:

> De las informaciones jurídicas formadas en Agosto de 1799 se desprende que esta ocasión tenía un apoyo indirecto en el P. Buyán y tal vez también en el P. Anaya, ambos contemporizadores con la dejadez e indolencia de los bárbaros[123].

El autor encuentra otra causa de la falta de éxito en la labor misionera de los padres del colegio de Tarata en el cambio de actitud en el intendente gobernador Francisco de Viedma con respecto a la pre-

---

[121] Priewasser, 1919, 128, p. 406.
[122] Priewasser, 1900.
[123] Priewasser, 1900, p. 403.

sencia de aquéllos en la Montañas de Yuracarees. Al inicio todo andaba sobre rosas:

> Viendo el P. comisario prefecto el empeño con que Viedma se había contraído a fomentarles [las misiones], arrebatóse (ateniéndonos a un oficio dirigido por el gobernador al virrey de Buenos Aires) su genial inclinación en el celo apostólico[124].

Pero desde la perspectiva de su conocimiento de lo que pasó después en las relaciones entre el padre Ximénez y el gobernador, Priewasser, añade la siguiente observación: «¡Quién al leer este relato de Viedma creería que tanta amistad, intimidad y admiración duraría tan pocos años!»

Aunque Priewasser, hablando del primer período de presencia de los franciscanos de Propaganda Fide (1796-1799), afirma que «sobre los sucesos en Yuracarés en los 3 años siguientes escasean las noticias»[125], dice dos cosas enfáticamente: primero, «que la indolencia, flojera y costumbres nómadas de los indios impidieron el desarrollo de la industria textil» y segundo, que «lo que más perjudicó fue la hostilidad siempre creciente del gobernador Viedma»[126].

Al mencionar el retorno, después de una permanencia en Cochabamba de casi medio año, del padre Ximénez a la misión de San José del Chimoré, en junio de 1798, dice Priewasser: «Pero en pos de él venía la tempestad desencadenada en Cochabamba y fraguada en Yuracarés»[127]. Ilustra esta afirmación con un ejemplo concreto, a propósito del retorno al Chimoré del padre Domingo Real, quien por encargo del padre Ximénez había ido a Cochabamba en noviembre de 1798:

> De regreso ya al Chimoré supo que tanto de la Asunta como de la intendencia de Cochabamba habían cruzado correos. Más pensativo le puso aun, cuando al conducir el ganado, en la Asunta tuvo un recibo algo displicente de parte del P. Buyán (14 de Enero de 1799) hallándole en com-

---

[124] Priewasser, 1900, 127, p. 375.
[125] Priewasser, 1900, p. 384.
[126] Priewasser, 1900, p. 385.
[127] Priewasser, 1900, 128, p. 407.

pañía y secretos con el teniente del cura de Millomayo, Pbro. Lucas de la
Parra[128].

Después de la visita que en junio de 1799 hizo Juan Ignacio Flores,
por encargo de Francisco de Viedma, a las misiones de Nuestra Señora
de la Asunción y de San José del Chimoré, el gobernador no solamente vetó una nueva entrada a las Montañas de Yuracarees de los padres Bernardo Ximénez[129], José Pérez y Domingo Real, sino que compuso también, «burócrata, desde su bufete, un reglamento o instrucción
para los misioneros, a fin de que pudiesen dirigir con sagacidad y prudencia a los bárbaros conquistados para la civilización»[130]. Para Wolfgang Priewasser este reglamento era demasiado condescendente para
con los yuracarees y su aplicación una de las causas de la pérdida de
las misiones del Chimoré y del Mamoré en 1805[131]. «¡Y ahora, como
resultado, tal desastre!», exclama Priewasser después de haber relatado
los acontecimientos de marzo-abril de 1805[132]. Según él, a Viedma le
faltó coraje para imponer mano dura contra los yuracarees que habían
abandonado entonces las dos misiones y puesto en peligro la vida de
los misioneros.

[128] Priewasser, 1900.

[129] Este veto condujo, de hecho, a que el padre Ximénez pidiese su desincorporación del colegio. Se fue a Oruro y desde allá hizo una entrada a los mosetenes.
Comentaron en 1801 dos amigos del padre Ximénez, favorecedores de la reducción
y evangelización de los mosetenes en una carta al virrey de Buenos Aires: «Noticioso
de esta expedición el Sr. gobernador intendente de Cochabamba, D. Frac. de Viedma,
ignorante acaso del verdadero destino del religioso y arrebatado del celo de su jurisdicción, informó al Exmo. Sr. virrey, antecesor de V. E., quejándose de que el P.
Bejarano, despreciando su autoridad [e] investidura y con transgresión de las leyes, se
había pasado a las conquistas de infieles dentro del territorio de su comando»
(Mendizábal, 1919 [1801], p. 492). Dice Priewasser que «las gestiones de los bienhe-
chores de los Mosetenes Torrico y Mendizábal parece no fueron favorablemente des-
pachadas en Buenos Aires, donde Viedma tenía vara alta». Priewasser, 1919, 130, p.
495.

[130] Priewasser, 1919, 130, p. 511.

[131] Lastimosamente conocemos de este Reglamento solo lo que Priewasser re-
sume de él: «Había establecido [Viedma] que a los indios se dejasen libres 2 o 3 días
por semana, debiéndose emplear los otros días en pro de los chacos de la comunidad
misionaria, o arreglar los días por el número de 15, 20 o más, para ocuparlos en estos y 10 o 12 en aquellos» (Priewasser, 1919, 130, p. 511).

[132] Priewasser, 1919, 130, p. 511.

El Sr. Viedma se hallaba, como ya otras muchas veces, por una temporada en su hacienda de Chulpas.

Estaba preocupado por la última sublevación yuracarés.

Los indios [...] ya no huían simplemente al bosque como los del Chimoré en el año 1799. Esta vez habían destruido también a su pueblo y atentado contra la vida de los conversores y sus adherentes.

Era verdad, estos actos eran criminales. Merecían castigo, amén de que el gobierno de Cochabamba ha mostrado hasta la fecha mucha deferencia, aun a costa de los PP. conversores, hacia aquellos bárbaros, y erogado por ellos, del ramo de vacantes, sumas no despreciables. Lo hecho envolvía, pues, un menosprecio hacia su autoridad y su poder, una ingratitud tanto más punible cuanto más había sido encubierta ya varias veces con hipócrita sujeción.

Pero por otra parte no estaba su señoría para expediciones belicosas, molestas y costosas.

Podía suplirse la expedición vengadora con la diplomacia[133].

Esta diplomacia, gestionada por el gobernador de Mojos Pedro Pablo Urquijo, de hecho, no tuvo el resultado que se esperaba y los misioneros que a comienzos de 1806 trataron de fundar dos nuevas reducciones sugirieron a Francisco de Viedma, por medio del guardián Alejandro Delgado, que se les entregara la misión de San Carlos que años antes un sacerdote diocesano había fundado con los indios solostos, para que se pudiese amenazar con aquellos a estos últimos y conseguir así una mayor sumisión a los misioneros. Tal sugerencia no tuvo éxito y Priewasser, haciendo claramente referencia a la postura del gobernador Viedma, comenta: «La mezquindad de miras y medios cortó, como otras veces, el celo por el bien de la religión y de la patria»[134].

Con esta última cita tocamos también una última causa, presentada por Priewasser, de la frustración de los intentos de llevar a los yuracarees a una vida civilizada y cristiana, a saber: la falta de medios económicos.

Al comentar que Ángel Mariano Moscoso mantenía la misión de Nuestra Señora de la Asunción con sus propios medios, dice

[133] Priewasser, 1900, 131, pp. 537-538.
[134] Priewasser, 1900, 132, p. 602.

Priewasser: «A esta circunstancia de ser independiente de las subvenciones, a veces tan disputadas y mezquinadas, de la gobernación de Cochabamba, debía la misión probablemente su conservación»[135].

El padre Ximénez decidió hacer en la nueva misión de San José del Chimoré grandes plantaciones para que en el futuro con sus productos esta misión pudiese autofinanciarse y se pudiesen realizar otros proyectos. Comenta Priewasser:

> Salvándose estos plantíos había para tener fondos para promover nuevas conversiones sin necesidad de los subsidios reales, cuya consecución ordinariamente por sus trámites, molestia e insuficiencia era obra de mucha paciencia y de no poco tiempo[136].

Y al final de su re-construcción de la historia de las misiones en la época colonial, dice todavía Priewasser, en tono de conclusión:

> El erario, continuamente mezquino y exhausto, niega los dineros más indispensables, dejando al misionero sin recursos, sin prestigio entre los indios, hastiado, aburrido y corrido.
> ¡Y después de todo esto se requiere que establezca pueblos florecientes[137]!

6.2.4. José Chávez Suárez

En 1944 se publicó en La Paz la obra del autor beniano José Chávez Suárez *Historia de Mojos*, en la cual encontramos un acápite titulado «La reducción de los indios yuracarés». Se basa exclusivamente en la obra de Francisco de Viedma *Descripción geográfica y estadística de la Provincia de Sta. Cruz de la Sierra* de 1793 y en la obra *Catálogo del Archivo de Mojos y Chiquitos* de Gabriel René-Moreno, de 1888. Al limitarse a estas dos obras, Chávez Suárez pudo presentar de la historia de la reducción de los yuracarees solamente aquello que se refiere a la misión de Nuestra Señora de la Asunción. Reproducimos integralmente el texto de Chávez, poniendo a pie de página nuestras observaciones.

---

[135] Priewasser, 1900, 127, p. 377.
[136] Priewasser, 1900, 128, pp. 405-406.
[137] Priewasser, 1920, 140, pp. 339-340.

La nación de los indios yuracarés fue conocida por los españoles desde la época de las primeras expediciones que hacían a los llanos, por los
ríos Guapay y Piraí. Varias familias de esta nación poblaban los bosques
entre dichos ríos, avanzando algunos grupos en busca de la pesca y la
caza, hasta los márgenes del Chapare y Chimoré.

En el luminoso informe del gobernador-intendente D. Francisco de
Viedma y Narvaes (1739)[138], se hacen conocer los esfuerzos que se realizaron para reducir algunas de las familias de estos indios, que ya habitaban en aquellos últimos ríos, seguramente por las noticias que obtuvo
de la relación que escribió el religioso franciscano P. Marcos de San José
Melendes[139].

[...] En 1768 se efectuaron los primeros esfuerzos para conocer la ubicación de familias yuracarés, que podían utilizarse en la comunicación
entre Mojos y Cochabamba, gracias a la ayuda del obispo Herboso, para
cuyo efecto se consiguió abrir una senda desde el punto llamado Chapani
al río Chapare[140].

Mas esta labor y el mérito de esa reducción en parte corresponde le-
gítimamente al misionero franciscano P. Marcos de San José Melendes,
que aceptó la comisión de los curas de Punata y Tarata, hermanos Manuel
y Ángel Mariano Moscoso, interesados espiritualmente en dicha conversión.

Obtenida la autorización del obispo de Santa Cruz, el padre Marcos
penetró con 20 hombres el 25 de julio de 1775 hacia las montañas al norte de la villa de Cochabamba, cuya aspereza y boscosidad, pasada la
Cordillera, hizo regresar a muchos de ellos, aunque continuó, firme en
su empresa, aquel religioso con solo tres o cuatro compañeros.

En unas salinas encontró algunos indios bárbaros beneficiando sal; con
la ayuda de ellos pudo llegar a la junta de dos ríos que forman el Chapare,
de donde pasó al pueblo llamado «Coné», que estaba próximo, de unas
150 almas. Después de 53 días de permanencia resolvió regresar para dar
cuenta de sus descubrimientos, haciendo la promesa a dichos indios de

---

[138] Debe ser 1793. Ver Viedma, 1969.

[139] De hecho, Viedma integró en su obra la relación del padre Melendes. Ver
Melendes, 1969. Chávez Suárez comete la misma transcripción defectuosa que
Priewasser del apellido del padre Marcos Melendes. Lo normalizamos en las citas.

[140] Los primeros contactos con los yuracarees se establecieron en el año 1765,
dentro del contexto del intento de Juan Cristóbal de Borda de abrir una senda desde el Valle de Cliza hacia las Montañas de Yuracarees.

volver pronto con más gente y vituallas, bajo la garantía de que lo esperaran con casa y capilla hechas.

Los hermanos Moscoso, informados por él del resultado de la expedición, le facilitaron mayores auxilios, consiguiendo le acompañaran dos franciscanos, los padres Tomás de Anaya y José Villanueva, con quienes volvió a partir en abril de 1776. El padre fray Villanueva se regresó muy luego por motivo de haberse enfermado. Después de dos semanas de viaje llegó a las salinas, pasando hasta el pueblo de Coné.

Construidas tanto la casa para los religiosos como la capilla, comenzose la obra de reducción, bautizando a los neófitos[141] y enseñándoles la doctrina cristiana. Después de cuatro meses, ya sin recursos, el P. Anaya resolvió abandonar la nueva misión, quedando solo el P. Melendes, que escribió entonces al cura de Punata, insinuándole por nuevos socorros.

Al efecto, se le envió para su compañero a un sacerdote secular y algunos auxilios, pudiéndose reparar la misión y atraer unas 500 almas, de las cuales pertenecían 200 a otra parcialidad, los «Chuchis», que fueron separados en pueblo aparte, al que se llamó San Antonio[142].

El P. Marcos tuvo que viajar para informar del estado de estas reducciones. El sacerdote que estaba con él, igualmente partió con varios indios. Pasó [el padre Marcos] hasta Charcas para pedir el amparo del entonces arzobispo Herboso, quien nególe toda ayuda, manifestando «que no metía su hoz en mies ajena» y que debía ocurrir al obispo de Santa Cruz de la Sierra.

Por entonces se encontraba en Charcas D. Ignacio Flores, posesionado como gobernador de Mojos. Tuvo que pedir [el padre Melendes] su apoyo, en vista de que la audiencia le había negado toda subvención, interesándole en la comunicación fácil de Cochabamba a Mojos, bajo cuya protección pudo conseguir se le acordase la entrega de mil pesos de los caudales de esa provincia y, también la orden de Flores para llevar algunos artesanos indios del pueblo de Loreto, adelantándosele 200 pesos a cuenta de aquella suma.

De La Plata el P. Melendes se dirigió a Santa Cruz, embarcándose luego en el puerto de Pailas. Una vez en Loreto, consiguió cinco buenos artesanos, con sus familias, que los condujo en 14 días de navegación hasta el pueblo de los yuracarés (octubre de 1799), informando después de este viaje, al mismo Flores, quien parece intentó trasladarse a Mojos por

[141] No se administró el sacramento del bautismo. El primer bautismo de yuracarees tuvo lugar en octubre de 1777 en la iglesia de Tarata.
[142] Chávez no indica que esta reducción no prosperó y se desintegró pronto.

la ruta del Chapare[143], pero que se detuvo debido a su nombramiento de jefe de las fuerzas realistas que debían sofocar la sublevación indigenal de 1780, por cuyo hecho encomendó a Peralta el gobierno interino de la provincia, con la recomendación de que procurase establecer camino por el río Chapare, desde el pueblo de Loreto, a Cochabamba[144]. Desgraciadamente Peralta no mantenía buenas relaciones con el P. Melendes, a quien llegó a quitarle los artesanos mojeños tan pronto como estuvo investido de la gobernación interina de Mojos, sin que Flores después atendiese las representaciones que le hizo aquel religioso.

El P. Melendes tuvo que retirarse, después de que procuró vencer las dificultades de toda naturaleza con que tropezó en su deseo de llevar la luz del evangelio a los infieles yuracarés, cuyo esfuerzo de concentrar varias familias en reducciones que trataba de organizar[145] quedó sin resultado.

Al poco tiempo, el padre franciscano Francisco Buyán procuró restablecer la reducción[146] con el nombre de la Asunción[147], en sitio que quedaba a 34 leguas de Cochabamba, unida por un camino fragoso, con cuestas largas y tan elevada la cima por donde se debía cruzar la cordillera que ocasionó la muerte de muchas personas, debido al «mal de montaña», con cuyo motivo la audiencia dispuso se siguiera usando la vía de Santa Cruz para la exportación de los productos de Mojos. Viéndose solo el P. Buyán, se retiró en 1788, dejando en abandono a los indios de la misión que se tenía ya formada[148].

Todavía más adelante encontramos otra página en que Chávez Suárez hace referencia a la historia de los yuracarees y a su reducción y evangelización:

---

[143] Más que intentar trasladarse a Mojos, Flores inició personalmente el trabajo de la apertura de una nueva senda a las Montañas de Yuracarees.

[144] Ignacio Flores encargó a Antolín Peralta continuar el trabajo de la apertura de la senda.

[145] El padre Melendes, después de su retorno a las Montañas de Yuracarees, se limitó a la dirección de la misión de Nuestra Señora de la Asunción y la trasladó a otro sitio.

[146] No tan «poco tiempo»: Chávez pasa por alto que, después de que el padre Melendes hubo abandonado la misión en la segunda mitad del año 1780, durante cuatro años la misión fue atendida por varios sacerdotes diocesanos. El padre Buyán se hizo cargo de esta misión recién en el año 1784.

[147] Ya los padres Melendes y Anaya habían bautizado esta primera misión con este nombre: a sugerencia del obispo Francisco Ramón de Herboso.

[148] Chávez, 1944, pp. 389-392.

Ya hemos informado el esfuerzo que realizaron algunos misioneros franciscanos, como los padres Melendes, Anaya y Buyán, en la zona del río Chapare, procurando la conversión de los infieles yuracarés [...].

Hacia 1796[149] llegaron hasta estos indios, partiendo de Cochabamba, el prefecto de misiones P. Bejarano, con varios otros religiosos franciscanos[150]; para cuya reducción [de los yuracarees] se pidió después ayuda al gobernador Viedma, quien proporcionó en 1797 dos mil pesos destinados a cubrir los gastos de una nueva entrada, sostenimiento de algunos de los padres que se habían quedado entre dichos indios y para el traslado del pueblo o misión del Coni (antiguo Coné) al punto —como lo dice el mismo P. Bejarano a Viedma— en que desde un principio se acordó establecerla, con la denominación de «Cupetine»[151], donde parece que el terreno ofrecía condiciones más favorables para una población, considerado como centro de las aldeas repartidas por aquellos parajes y lugar ventajoso para intentar la comunicación directa con la misión de San Carlos, pudiéndose desde allí también dirigir la reducción de otras tribus bárbaras, como la de los feroces «Solostros»[152].

La intención de José Chávez Suárez, al introducir en su obra estos datos sobre los yuracarees, no fue trazar una historia objetiva de las tentativas de reducción y evangelización de esa etnia, sino demostrar que aquellos indígenas deberían ser considerados como pertenecientes al gran conjunto de etnias de Mojos y no así a las etnias andinas, y que por eso las Montañas de Yuracarees deberían ser consideradas como parte de Mojos, es decir, del actual Departamento del Beni. Chávez Suárez participó con su escrito en la polémica acerca de la frontera, nunca fijada definitivamente, entre los departamentos bolivianos de Cochabamba y Beni: basándose en un argumento étnico, el autor quiere indicar que el Chapare (Montañas de Yuracarees) debe

---

[149] Concretamente en septiembre y octubre de 1796.

[150] Frailes del colegio de Propaganda Fide de San José de Tarata que a su llegada al Valle de Cliza en julio y agosto de 1796 se habían establecido en el convento agustino de Colpa.

[151] Fue más bien Cupetine, un lugar a las orillas del río Coni, donde el padre Tomás Anaya fundó en 1795 la misión de San José, la misma que fue trasladada, a sugerencia de Tadeo Haenke, a orillas del río Chimoré.

[152] Chávez, 1944, p. 447.

formar parte del departamento de Beni (Mojos)[153]. Las siguientes observaciones que el autor de *Historia de Mojos* insertó en su historia de las reducciones de yuracarees, hablan de por sí:

> Seguiremos la descripción hecha por Viedma en este capítulo, ya que es un deber para nosotros el hacer luz sobre la forma como se redujeron varias familias de otra de las naciones de indios de los llanos, cuya procedencia es tan remota como la de las demás parcialidades de Mojos, que no tuvo contacto alguno, ni relación de parentezco, ni semejanza lingüística, con los quechuas de Cochabamba[154].

> René Moreno, en una de las notas en su libro «Mojos y Chiquitos», página 152[155], dice claramente: «acerca de la población de esta nueva misión, perteneciente a las de mojos»[156], afirmación que demuestra incontestablemente que la nación de los yuracarés estaba comprendida, como una de tantas, en los llanos de Mojos, cuya extensión comenzaba cabalmente desde el final de los contrafuertes andinos por la parte de Cochabamba[157].

> Hemos querido agregar estas notas sobre la nación de los Yuracarés, para comprobar que ella no provino de la zona andina y no tuvo ninguna relación con los quechuas de Cochabamba, sino que era una de las que habitaban los llanos orientales, cuya ubicación primitiva estuvo al norte de la ciudad de Santa Cruz, de donde fueron retirándose hacia el Ichilo, Chimoré, Chapare y algunos afluentes del Sécure, buscando siempre el bosque más rico en caza y los márgenes de los ríos, por la pesca[158].

---

[153] Es interesante observar aquí que, cuando en 1918 se creó el Vicariato Apostólico de Beni, la misión de yuracarees, que estaba a cargo por entonces del colegio de Propaganda Fide de San José de Tarata, fue integrada en el territorio de aquel Vicariato.

[154] Chávez, 1944, p. 389.

[155] Chávez cita de la primera edición de la obra de René-Moreno: Santiago de Chile, 1888.

[156] Al describir el núm. IV del vol. 5 del ABNB, MyCh, dice René-Moreno: «Años 1778-1780. Cartas del cura de la Asunción de los Yuracarés, fray Marcos Melendes, acerca de la población de esta nueva misión, perteneciente a las de Mojos, y fomento para su subsistencia» (René-Moreno, 1974 [1888], p. 101; escribe Meléndez y enmiendo).

[157] Chávez, 1944, p. 392.

[158] Chávez, 1944, ps. 393-394.

6.2.5. Mario Montaño Aragón

El antropólogo orureño Mario Montaño Aragón publicó en 1989 su extensa obra *Guía etnográfica lingüística de Bolivia*. Lastimosamente, en especial en las partes dedicadas a la historia de cada etnia, esta obra presenta un gran número de errores e imprecisiones y una considerable confusión de datos, debido a que el autor no usó con cuidado las fuentes bibliográficas que tenía a su disposición y tampoco hizo una investigación seria de archivos.

Este territorio [yuracaré] resultaba ser importante puerta de ingreso a los llanos de Mojos desde Cochabamba, también por el hecho de lograrse comunicación directa con las misiones jesuíticas organizadas a orillas del Mamoré y sus afluentes. Todo ello constituía poderosa razón para el trazo de un camino que permitiese acceder a dicha región[159].

El proyecto tuvo el apoyo del obispo Herboso, quien propició la apertura de dicha vía desde el lugar llamado Chapani hasta el río Chapare y, como acción de acompañamiento de carácter precursor, el P. Fr. Marcos Melendes[160] estableció la misión llamada Asunción de Yuracarés en el Chapare cochabambino, desde donde se podía llegar a Loreto[161]. Así, la reducción de la etnia fue emprendida por este misionero, con el apoyo de los franciscanos de Cochabamba[162]. [...]

También hubo apoyo del obispo de Santa Cruz para su ingreso con 20 hombres, «el 25 de julio de 1775, a las montañas del norte de la villa de Cochabamba», en palabras del autor beniano [Chávez Suárez].

[...] No debe olvidarse que los yuracarés, en sus excursiones más orientales, solían llegar hasta las márgenes del río Grande o Guapay[163]. En los inicios de su reducción la fantasía popular había exagerado tanto respecto al temperamento de los selvícolas en cuestión que Gabriel René

---

[159] El autor pasa totalmente por alto que el primer motivo para abrir una senda entre Cochabamba y Mojos fue el de trasladar tropas desde los Andes a las tierras bajas para detener un eventual avance de los portugueses hacia el interior de Mojos.

[160] Enmiendo «Meléndez», variante del apellido del padre Marcos que ya vimos en G. René-Moreno.

[161] Esta afirmación produce la impresión de que la apertura de la primera senda y la entrada del padre Melendes tuviesen lugar en la misma época. De hecho, hay una distancia de diez años entre los dos acontecimientos.

[162] Mas bien, con el apoyo del superior de la provincia franciscana de San Antonio de los Charcas.

[163] El movimiento migratorio de los yuracarees parece haber sido más bien desde el oriente hacia el occidente. Ver Kelm, 1966.

Moreno decía: «Ánimo intrépido, salud de bronce y fuego en el pecho se han menester, sin duda ninguna, para emprender estas entradas a las selvas en busca de bárbaros[164]. Y corrían entonces al respecto de los yuracarés las especies más extraordinarias, hasta pintarles como antropófagos y como contendientes habituales de tigres y leones[165].

En el Chapare, donde halló[166] a indígenas yuracarés beneficiando sal, se hallaba también un poblado indígena llamado Coné o Coni; este caserío albergaba a 150 indígenas, sitio en el cual pasó cerca de dos meses, viéndose obligado a salir para conseguir más apoyo económico[167] y, en razón del informe presentado, se le concedió inclusive la compañía de colaboradores de su orden, los PP. José Villanueva y Tomás de Anaya.

Ahora bien, por mediación de unos integrantes de su orden, radicados en Punata[168], logró colaboración pecuniaria con la que pudo mejorar y terminar de construir una capilla[169] y también movilizarse para atraer a los yuracarés; de ese modo consiguió nuclear a más de 500 selvícolas, de los cuales aproximadamente unos 200 pertenecían a otra etnia: llamada Chuchis (seguramente los Yukíes) de raigambre tupí-guaraní[170].

[164] Con esta afirmación René-Moreno hace referencia exclusiva al padre Marcos Melendes, en una nota enteramente dedicada a este misionero.

[165] La cita es de: René-Moreno, 1974 [1888], p. 341. No sabemos en qué documentos se basa René-Moreno para hacer esta afirmación.

[166] Montaño vuelve a hablar aquí de la entrada del padre Marcos Melendes del año 1775.

[167] Esta afirmación no es correcta, ya que el padre Melendes hizo en 1775 solo una entrada de exploración: tenía que sondear la predisposición de los yuracarees para ser reducidos y convertirse al cristianismo.

[168] No había frailes franciscanos en Punata, sino un sacerdote diocesano, Manuel Tomás Moscoso, quien había tomado la iniciativa de tratar de convertir a los yuracarees. Este sacerdote y su hermano Ángel Mariano, párroco de Tarata, dieron el sustento económico para el proyecto de la reducción y evangelización de los yuracarees. Llama la atención que Montaño no haga ninguna referencia a los hermanos Moscoso, que jugaron un importante papel en la conversión de los yuracarees.

[169] En su primera entrada el padre Melendes no empezó a construir una capilla, porque esa entrada fue solo de exploración. La capilla fue construida cuando los padres Melendes y Anaya se establecieron entre los yuracarees en agosto de 1776.

[170] Al inicio del cap. 5 hemos explicado que los indígenas que tenían como capitán a Chuchi eran yuracarees como los demás con quienes entraron en contacto los padres Melendes y Anaya.

Como estos últimos no pudiesen vivir con los yuracarés, se organizó otro poblado que fue bautizado con el nombre de San Antonio de Chapare dada su ubicación[171]. Corría el año de 1777.

[...] Hubieron [sic] numerosos problemas respecto a cuestiones de jurisdicción eclesiástica, resultando de ello que el P. Melendes tuvo que hacer un peregrinaje entre Cochabamba, Sucre y Santa Cruz[172]. Sin embargo consiguió algún provecho, debido a que al pasar por Trinidad[173], consiguió le cediesen algunos artesanos (5 familias), además de proveerle de dinero por disposición de la audiencia de La Plata hasta un monto de 1000 pesos, de los cuales le dieron 200 por adelantado. En verdad exiguas sumas si se tiene en cuenta el trabajo misionero y la cantidad de plata que beneficiaba la corona en el Cerro Rico de Potosí.

Las actitudes del gobernador interino Antolín Peralta, quien fue nombrado en el cargo a raíz de que el titular, don Ignacio Flores, [el cual] debía posesionarse como gobernador de Mojos, fue requerido para el cargo de comisario[174]; la situación se hizo insostenible para el misionero y, por ese motivo, los yuracarés volvieron a sus selvas[175].

Le tocó el turno al P. Francisco Buyán[176]; sus esfuerzos estuvieron enfocados a rehabilitar la misión organizada por el P. Melendes, dándole una

---

[171] Montaño no indica que esta 'misión' existió solo muy poco tiempo y, de hecho, nunca llegó a ser una misión formal.

[172] No hubo esos «numerosos problemas de jurisdicción eclesiástica». El único problema de este tipo se presentó después de llegar el padre Melendes a la ciudad de La Plata (esto quiere decir que no pudo ser motivo del viaje a Charcas), a saber que el nuevo Arzobispo de Charcas, Francisco Ramón de Herboso, que había sido obispo de Santa Cruz y como tal había promovido la conversión de los yuracarees, no quiso comprometerse más en este proyecto para no entremeterse en la jurisdicción de su sucesor en la sede episcopal de Santa Cruz.

[173] Marcos Melendes no pasó por Trinidad, sino por Loreto.

[174] En este contexto «comisario» significa «supervisor», en concreto, de los trabajos del camino.

[175] Pongamos las cosas en su debido orden: el gobernador de Mojos Ignacio Flores inició el trabajo del establecimiento de una nueva senda del Valle de Cliza a las Montañas de Yuracarees. Estando en este trabajo fue enviado a La Paz por el virrey de Buenos Aires para sofocar una rebelión de la aduana. Nombró entonces como gobernador interino a Antolín Peralta y le encomendó continuar con la construcción del camino. Efectivamente Peralta tuvo desavenencias con el padre Marcos y éste decidió salir de la misión de la Asunción para encontrarse con Ignacio Flores. Éste no atendió los reclamos del fraile y el cura Ángel Moscoso decidió que no retornara a la misión.

[176] Al igual que Chávez Suárez, también Montaño pasa por alto que, después de la salida de las Montañas de Yuracarees del padre Melendes, en la segunda mitad del

ubicación bastante difícil como reza en los manuscritos[177]; se sabe que quedaba a 34 leguas de Cochabamba y, para llegar a ella, había que sortear muchos peligros como recorrer un camino de herradura sumamente escarpado, además de trepar a alturas donde era corriente el «sorojcho» o mal de montaña, lo que hacía muy difícil perseverar en el mantenimiento de la misión[178].

El P. Buyán contaba con la ayuda del P. Tomás Anaya[179], cura que según Tadeo Haenke todavía se hallaba en el territorio citado cuando el científico realizaba sus investigaciones[180]. Al respecto, está la descripción hecha por el sabio: «El establecimiento de los cocales en los montes de Yuracarés ha sido fuerte empresa; y sus fundadores tuvieron que vencer más dificultades que en ninguna otra parte, por lo fragoso y precipitado del terreno y el difícil tránsito de la cordillera».

Y como dichos misioneros se habían dividido las tareas según afirma Tadeo Haenke[181] y hacía saber al gobernador Viedma, Francisco Buyán atendía la misión de Asunción de Yuracarés, en tanto que Tomás de Anaya hacía el mismo trabajo en la de Coni[182], sobre la cual también hay una carta del investigador. En ese momento era el año 1795[183].

---

año 1780, la misión de la Asunción fue atendida durante cuatro años por sacerdotes diocesanos. El padre Buyán se hizo cargo de ella en el año 1784.

[177] Más bien al contrario: a finales del año 1779 el padre Buyán buscó un mejor lugar para la misión que el padre Melendes había trasladado del río Coni a la península de las juntas de los ríos San Mateo y Paracti.

[178] Solo más adelante, después de haber llegado al año 1796, Montaño indica que en 1788 el padre Buyán abandonó la misión de la Asunción.

[179] La colaboración de los dos frailes en la misión de la Asunción duró solo nueve meses: de agosto de 1792 a mayo de 1793. En septiembre de 1793 el padre Tomás Anaya entró junto con el presbítero José Joaquín Velasco a la parte oriental de las Montañas de Yuracarees y fundó una nueva misión, la de San Francisco de Asís del río Mamoré (hoy río Ichilo), misión a la cual Montaño no hace mención en su reconstrucción de la historia.

[180] Haenke hizo una investigación acerca de la misión de San José del Coni, por encargo del intendente gobernador Francisco de Viedma, en noviembre y diciembre de 1795. Para su informe, fechado 7 de enero de 1796, véase: Haenke, 1974 [1796a].

[181] Ver Haenke, 1974 [1796b].

[182] No es así que los dos misioneros se dividieron el trabajo. El padre Anaya fundó en 1795 una tercera misión, la de San José del Coni, con yuracarees de diferentes lugares que le habían visitado en la misión de San Francisco. Haenke visitó esta nueva misión a solicitud del intendente gobernador Francisco de Viedma y conoció allí al padre Anaya.

[183] El autor no dice nada de la historia de la misión de Nuestra Señora de la Asunción a partir del año 1795 hasta su desintegración que se realizó en 1803.

Por lo que atañe a la misión de Coni, [Haenke] la veía ubicada en un lugar fragoso e impropio, lleno de dificultades de todo género, incluyendo hallarse lejos de los parajes habitados por los yuracarés y, demasiado cerca de la misión de Asunción que, por lo demás, se hallaba situada en una planicie de algunas leguas cuadradas de superficie, por eso mismo opuesta al ambiente de la de Coni[184].

[...] Otro aspecto que debe aclararse aquí es el referente a la atención que merecieron los yuracarés por parte de las autoridades coloniales y eclesiásticas.

Al revisar la documentación consultada, se sabe que los yuracarés orientales fueron atendidos directamente por el obispado de Santa Cruz. Razón demás para comprender que las parcialidades de la etnia situadas entre Buena Vista, San Carlos y Santa Rosa de la provincia Ichilo, estuviesen en manos de franciscanos dependientes de dicha diócesis[185].

El sector occidental fue atendido por el colegio de Propaganda Fide de Tarata que envió sus misioneros a la región habitada por los yuracarés: el Chapare. Gracias a sus actividades se fundaron las misiones de Asunción de Yuracarés y Coné o Coni respectivamente. La primera por el P. Melendes [...]; la de Coni fue por el P. Fr. Tomás del Sacramento Anaya del colegio de Tarata, reiterando las noticias[186].

[...] Retomando el tema histórico, como la audiencia ignorase la labor evangelizadora del Chapare y, debido a sus disposiciones, se optase por hacer el comercio con Mojos vía Santa Cruz, el P. Buyán abandonaba la misión de Asunción en 1788 volviendo los indígenas a su vida inicial[187].

[184] Ver Haenke, 1974 [1796a].

[185] Ningún franciscano trabajó entre los yuracarees orientales. La única misión que se fundó en su región fue atendida desde el principio por sacerdotes diocesanos de Santa Cruz.

[186] Aquí Montaño comete un grave error: los frailes Marcos Melendes y Tomás Anaya no eran miembros del colegio de Propaganda Fide de San José de Tarata, sino de la provincia franciscana de San Antonio de los Charcas. Antes de la llegada de los frailes del mencionado colegio a lo que hoy es Bolivia (en julio y agosto de 1796) fundaron juntos la misión de Nuestra Señora de la Asunción. El padre Anaya fundó la misión de San Francisco de Asís del Mamoré junto con el presbítero José Joaquín Velasco (1793) y, solo, la misión de San José del Coni (1795). En octubre de 1796 los misioneros de Tarata se hicieron cargo de la misión del Coni y en diciembre del mismo año de la del Mamoré.

[187] La relación histórica del padre Melendes, que es la única fuente que hace mención de ese abandono, no presenta esas dos causas: simplemente dice que el padre Buyán «se salió aburrido» de la misión.

Cronológicamente la reducción de San Carlos se establecía entre 1789 y 1791 contando con 180 indígenas, según da a conocer el gobernador don Francisco de Viedma. Estas noticias corresponden a un lapso de tiempo que abarca hasta 1796, según los documentos del archivo correspondiente a Mojos.

Los yuracarés, interesados en la organización de las misiones, colaboraron en la construcción de los templos y viviendas para los misioneros y realizaron visitas a las autoridades, como muestra del deseo de superar su situación socio-económica tan difícil[188].

Entre 1796 y 1797, el P. prefecto de misiones de la orden franciscana, Bernardo Ximénez Bejarano, ingresaba nuevamente a las tierras del Chapare, contándose con la colaboración del gobernador Viedma que proporcionó dos mil pesos para cubrir esos gastos[189]. Eran nuevamente los padres del convento de Tarata los que llegaron hasta la misión de Coni[190] y procedieron a su traslado hasta el sitio que proponía Haenke; también los misioneros habían visto mucho más aceptable el lugar llamado «Cupetine»[191], desde donde se podía construir una senda que permitiese comunicación con la misión de San Carlos de Yuracarés. [...]

Entre 1802 y 1805 los PP. misioneros La Cueva y Delgado, según queda expresado en los legajos, se hallaban en la región o provincia de Yuracarés para: «... ver de extender la luz del evangelio entre los bárba-

---

[188] Afirmaciones sin más exageradas. No conocemos ninguna visita de yuracarees a autoridades civiles o eclesiásticas para pedir ayuda para las misiones.

[189] Bernardo Ximénez, en su calidad de Prefecto de misiones del colegio de Propaganda Fide de San José de Tarata, hizo su primera entrada en septiembre de 1796, retornando al colegio interino de Colpa en noviembre del mismo año. Su segunda entrada, para la cual recibió la mencionada ayuda económica, se realizó en mayo de 1797. En una nota en las páginas 448-449 de su obra, Montaño confunde la ayuda económica que Viedma dio al padre Ximénez en 1797 con la ayuda que la audiencia de Charcas dio en 1779 al padre Marcos Melendes: «Francisco de Viedma, *Descripción Geográfica y Estadística de la Provincia de Santa Cruz de la Sierra*, asegura que fueron 1000 pesos, p. 132, con cargo a los caudales de Mojos, de los cuales escasamente le dieron 200 por haber dispuesto así don Ignacio Flores». Añade Montaño el siguiente comentario: «Estas maquinaciones, egoístas sin duda, inhibirían a cualquier persona que quisiese alegar dominios sobre territorios a los que, al fin de cuentas, se negó sistemática e incompensiblemente unos escasos recursos para la obra proyectada por los franciscanos del valle alto de Cochabamba» (Montaño, 1989, p. 449).

[190] No «nuevamente»: ya a comienzos de octubre de 1796 los franciscanos del colegio de Propaganda Fide se hicieron cargo de la misión del Coni. A partir de mayo de 1797 realizaron el traslado de esta misión del río Coni al río Chimoré.

[191] Cupetine era más bien el lugar a orillas del río Coni donde el padre Tomás Anaya fundó la misión de San José.

ros que rodean a la provincia de Mojos». Es bueno recordar que ambos misioneros pertenecían al colegio de Tarata (Leg. XIV del vol. 17 del Archivo)[192] que única y permanentemente, hasta donde la disponibilidad de misioneros, dinero y materiales lo permitieron, asistió a las nacientes misiones de Yuracarés del Chimoré-Chapare. [...]

Hacia 1805 era el P. La Cueva quien animaba, dado su cargo de comisario prefecto de misiones del colegio de Propaganda Fide de San José de Tarata, la labor de los misioneros en el Chapare[193].

6.2.6. Sarela Paz, Bertha Suáznabar y Ana Garnica

En septiembre de 1989 las estudiantes Sarela Paz, Bertha Suáznabar y Ana Garnica, de la Carrera de Sociología de la Universidad Mayor de San Simón de Cochabamba, entregaron en la materia *Taller colectivo de ideología*, un trabajo titulado: *La religión yuracaré y su proceso de transfiguración*. En las páginas 14-21 del trabajo las autoras presentan una re-construcción de la historia de los esfuerzos misioneros entre los yuracarees en la época colonial, basándose exclusivamente en la segunda obra del padre Wolfgang Priewasser y en algunos documentos publicados por él en el *Archivo de la Comisaría Franciscana de Bolivia*. Lastimosamente han realizado una lectura y análisis poco cuidadosos

[192] El padre Alejandro Delgado trabajó como misionero en San José del Chimoré de octubre de 1799 a abril de 1805. Francisco Lacueva estuvo en la misión de San Francisco de Asís del Mamoré desde finales del año 1802 hasta comienzos de abril de 1805. A finales del año 1804 los dos misioneros hicieron un viaje a Mojos para investigar la posibilidad de extender el campo misionero del colegio de Propaganda Fide de Tarata a esa provincia. La cita que da Montaño proviene de la descripción que hizo Gabriel René-Moreno del Exp. XIV del vol. 17 del ABNB, MyCh (véase: René-Moreno, 1974 [1888], p. 160).

[193] M. Montaño, 1989, pp. 413-421. Mario Montaño no hace mención del final de las misiones de San José del Chimoré y de San Francisco de Asís del Mamoré que se produjo en 1805, ni tampoco de la fundación, en 1806, de las misiones de San Antonio del Chimoré y de San José de Ypachimucu y de la historia de estas dos nuevas misiones. Por lo que respecta al padre Lacueva, éste, después de haber abandonado la misión de San Francisco de Asís del Mamoré a comienzos de abril de 1805, retornó a las Montañas de Yuracarees, junto con el padre Ramón Soto, a mediados de agosto del mismo año, para explorar la posibilidad de reunir a los yuracarees que habían abandonado las misiones del Chimoré y del Mamoré. Por entonces el padre Soto era Prefecto de misiones y no el padre Lacueva. Este último fue elegido Prefecto de misiones en noviembre de 1818.

de los textos que encontraron en aquella revista, de modo que su re-construcción de la historia está llena de errores.

Las autoras mencionadas han optado por organizar su re-construcción mencionando en orden cronológico las diferentes fundaciones de misiones que hubo en el lapso de los sesenta años que empezaron con la primera entrada del padre Marcos Melendes (1775) y que terminaron con la fundación de la República de Bolivia (1825). Veamos las fundaciones que ellas presentan:

> En 1775 se introdujeron misioneros franciscanos con el objetivo de re-ducir y convertir a los indios al cristianismo y a la vida «civilizada», dán-dose así la primera reducción [...].
> La *primera reducción* es fundada el mismo año (1775) por el P. Francisco de San José Melendes[194] a orillas del río Coni[195]. Dicha reducción en este lugar duró muy poco tiempo ya que los indios yuracarés se retiraron a sus antiguas viviendas[196]. Es por esta razón que se funda una *segunda re-ducción* llamada de la Asunción, al poco tiempo del cierre de la prime-ra[197]; es el P. Buyán que trata de restablecer la ex-reducción del río Coni, trasladándola a orillas del río Paracti reuniendo a los yuracarés que hu-yeron junto con los que vivían en el lugar[198]. [...]
> En 1790 se funda el colegio de Tarata en el lugar del mismo nom-bre[199], con el fin de formar a los misioneros que partirían hacia el Chapare. [...]

---

[194] Enmendamos «Menéndez». Las autoras replican el error de Priewasser y Chá-vez Suárez en la transcripción del apellido del padre Marcos.

[195] En realidad, en el año 1775 el padre Marcos Melendes entró a las Montañas de Yuracarees solo para sondear la predisposición de yuracarees de ser reducidos y cristianizados. En el año 1776 entró junto con el padre Tomás Anaya y estos dos fun-daron en agosto de aquel año la primera misión, a saber: la de Nuestra Señora de la Asunción.

[196] No fue exactamente así. Más bien, en septiembre de 1777 los misioneros (por entonces el padre Melendes y un franciscano de quien no conocemos el nombre) sa-lieron de la misión y no retornaron. La misión, por este motivo, se desintegró.

[197] El padre Melendes retornó al río Coni en diciembre del año 1779 y trasla-dó la misión a la península de las juntas de los ríos San Mateo y Paracti.

[198] El padre Melendes abandonó nuevamente la misión de la Asunción en el año 1780. Durante cuatro años esta misión fue atendida por diferentes sacerdotes dioce-sanos. El padre Francisco Buyán se hizo cargo de esta misión en el año 1784 y la trasladó a un lugar no muy distante en la misma península de las juntas.

[199] El colegio se fundó, de hecho, en noviembre del año 1792 por cédula real, pero los primeros misioneros de este nuevo colegio de Propaganda Fide llegaron re-

Este mismo año[200] se organiza la *tercera misión*: San Carlos de Yuracarés, ubicada cerca de la misión de Buena Vista, situada en territorios pertenecientes a Santa Cruz (cruzando el Ichilo). [...]

Cinco años más tarde el P. Anaya funda la *cuarta misión* del Coni de San Juan Bautista[201] [...].

La *quinta misión* llamada de la Asunción o Asunta, fue también fundada por el P. Anaya en una región ubicada cerca del río Chapare[202] [...]. No se tiene el dato exacto de la organización de la *sexta misión* llamada San Francisco de Asís del Mamoré, pero es en este año de 1795 que el P. Jiménez Bejarano visitó la misión que dice estar ubicada a 53 leguas del Coni[203] [...].

En el transcurso de esta temporada el año 1798 se construyó la *séptima misión* de San José de Vista Alegre del Chimoré, misión reorganizada después del traslado de la misión del Coni[204] [...].

La reorganización y traslación de la primera misión del Mamoré se efectúa en este mismo año (1799) formándose así la *octava misión* de San Francisco del Mamoré. [...]

En este lapso de tiempo se conforma la *novena misión* de Ypachimucu (1805)[205] [...].

La *décima misión* parece que fue fundada antes de 1821 a impulso del P. Lacueva[206] que ya se encontraba de comisario prefecto de misiones en Tarata[207]. La misión de la cual no se sabe el nombre tenía por intención salvar el funcionamiento de las diversas misiones del Chapare y de crear

---

cién al Valle de Cliza en julio de 1796. Se establecieron en el convento agustino de Colpa y solo se trasladaron a Tarata cuando se concluyó la construcción de su propio convento, a saber en 1801 o 1802 (no tenemos el dato exacto por el momento).

[200] Más bien en el año 1791.

[201] Efectivamente en el año 1795 el padre Tomás Anaya fundó una misión sobre el río Coni y la dedicó a San José, no a San Juan Bautista.

[202] No hubo tal fundación.

[203] Sí, se tiene el dato exacto: la fundaron el sacerdote diocesano José Joaquín Velasco y el padre Tomás Anaya a finales de septiembre del año 1793. El padre Ximénez la visitó en octubre del año 1796.

[204] Este traslado tuvo lugar en la segunda mitad del año 1797.

[205] Esta misión fue fundada en el año 1806, junto con la de San Antonio del Chimoré.

[206] No hubo tal nueva fundación. Mas bien, el padre Lacueva, en el curso de los años que dirigía la misión de Ypachimucu, propuso varias veces la fundación de nuevas misiones, pero nunca se llegó a su realización.

[207] Francisco Lacueva fue comisario prefecto de misiones de 1818 a 1821, cargo que ejerció, de hecho, en las Montañas de Yuracarees y no en Tarata.

algunas más, así se proyectó la fundación de una nueva misión en el río San Mateo y Paracti la cual fue aprobada en 1822; posiblemente falten datos que detallen más sobre el desarrollo de esta última misión de la cual tampoco se tiene el nombre[208].

En cuanto a las causas de las sucesivas pérdidas de las misiones que señalan las autoras de *La religión yuracaré y su proceso de transfiguración*, podemos indicar las siguientes:

Al mismo inicio de su relato histórico las autoras, hablando de la primera misión, dicen «que no tuvo mayor repercusión por la deserción de las familias que, acostumbradas a obtener alimento de la caza y la pesca, recurrían al bosque constantemente, abandonando la reducción»[209]. Este fenómeno de deserción se acentuó aun más cuando los misioneros de Tarata impusieron un nuevo sistema misional: con este sistema «se impuso una nueva forma de organización al interior del grupo, empezando por la reunión en comunidad de un número más o menos grande de personas al cual no estaban acostumbrados a vivir» y por eso «permanentemente se rebelaban al sistema de vida»[210]. Observan las autoras también que «en el año 1797 las misiones de la Asunta y el Coni empezaron a confrontar problemas con las manifiestas rebeldías de los indios que no estaban de acuerdo al lugar donde debían ir»[211].

La falta de buenos recursos fue otra causa de que las misiones no prosperaran: «el presupuesto gubernamental escaseaba constantemente»[212].

La mala ubicación de varias misiones fue otra causa de su pérdida o, tal vez mejor dicho, de la necesidad de su traslado. En cuanto a la

[208] Paz-Suázbabar-Garnica, 1989, pp. 14-21. De hecho, se trata aquí de una refundación de la misión de Nuestra Señora de la Asunción, la misma que se realizó en el año 1815 o 1816. Poniendo en orden la secuencia de fundaciones tenemos el siguiente esquema: 1. Nuestra Señora de la Asunción: fundación en 1776, primer traslado en 1779, segundo traslado en 1784, refundación en 1815/16. 2. San Carlos: fundación en 1791. 3. San Francisco de Asís del Mamoré: fundación en 1793, traslado en 1799. 4. San José: fundación en 1795, traslado en 1797. 5. San Antonio del Chimoré: fundación en 1806. 6. San José de Ypachimucu: fundación en 1806.
[209] Paz-Suázbabar-Garnica, 1989, p. 14.
[210] Paz-Suázbabar-Garnica, 1989, p. 16.
[211] Paz-Suázbabar-Garnica, 1989, p. 17.
[212] Paz-Suázbabar-Garnica, 1989, p. 14.

misión del Coni que fundó el padre Anaya, dicen las autoras: «El lugar escogido por el P. Anaya fue el más inadecuado, quien después de un tiempo se quejaba reconociendo «la falta de condiciones físicas»[213]. Lo mismo dicen de la primera misión del Mamoré: «sufrió también los inconvenientes causados por la «falta de condiciones físicas, lo que no permitía un fácil aprovisionamiento de víveres»[214].

Las autoras ven otra causa de la frustración de la labor misionera en la integración forzada de yuracarees en las haciendas que se habían ido formando en la zona:

> hay algunas pautas que se muestran en declaraciones y cartas de que los yuracarés eran secuestrados para mano de obra de dichas haciendas y sin pago alguno, cosa [por la] que también se quejaban los misioneros, pues cualquier trabajo remunerado iría en beneficio de la misión[215].

Finalmente, señalan las autoras que «a principios del siglo XIX la situación misional no cambió en nada, agudizándose aun más la crisis con la guerra de la independencia, es decir hasta 1825»[216].

6.2.7. Estela Ramírez

En 1998, Estela Ramírez Rodríguez defendió en la Universidad Católica Boliviana, Unidad Académica de Cochabamba, una tesis para obtener el título de Licenciatura en Teología titulada *Las Reducciones franciscanas entre los yuracarees (1773-1823)*. En esta tesis, la reconstrucción de la historia de la evangelización de los yuracarees recibe amplia atención y corre de la página 62 hasta la 144. El gran mérito de esta obra es que la autora ha utilizado documentos manuscritos, encontrados en varios archivos, que no habían sido aprovechados por autores anteriores, aunque se hubiese podido saber de su existencia, al menos en gran parte.

---

[213] Paz–Suázbabar–Garnica, 1989, p. 16.
[214] Paz–Suázbabar–Garnica, 1989, p. 17.
[215] Paz–Suázbabar–Garnica, 1989, pp. 17-18.
[216] Paz–Suázbabar–Garnica, 1989, p. 17.

Estela Ramírez divide la historia en tres períodos: Primer Período (1773-1796); Segundo Período (1796-1805); y Tercer Período (1806-1823).

En cuanto al primer período, después de haber indicado que «en 1773, el párroco de Punata, Manuel Moscoso y Pérez, inició el plan de reducción de los yuracarees»[217], Ramírez habla de cuatro entradas misioneras y luego de las reducciones de San Carlos, de San Francisco de Asís del Mamoré y de San Juan Bautista del Coni. Las cuatro entradas son la del padre Marcos Melendes en 1775, la de los padres Marcos Melendes y Tomás Anaya en 1776, la del padre Marcos Melendes en 1779 y la del padre Francisco Buyán en 1784.

Por lo que respecta al segundo período, la autora, fuera de hablar de las dificultades con que tropezaba la reducción de la Asunción, concentra acertadamente su atención en el desarrollo de las misiones de las que se había encargado el colegio de Propaganda Fide de San José de Tarata. Se extiende también sobre la expansión de la labor apostólica del colegio de Tarata, con la entrada en el territorio de los mosetenes; la aceptación, por parte del colegio, de la misión de San Juan Bautista de Bibosi en Santa Cruz, y de una exploración que realizaron en 1804 los padres Francisco Lacueva y Alejandro Delgado hacia el Mamoré; acontecimientos que, de hecho, caen fuera del tema mismo de su tesis.

En cuanto al tercer período, Ramírez analiza los pormenores de la fundación y del desarrollo de las nuevas misiones de San José de Ypachimucu y de San Antonio del Chimoré, y, por no disponer de muchos datos acerca de este período, introduce un apartado sobre los «apóstoles de los yuracarees», mencionando solo de paso a los padres Marcos Melendes, Tomás Anaya y Francisco Buyán, de la Recoleta de Cochabamba, y extendiéndose sobre los padres José Boria y Francisco Lacueva, los grandes actores misioneros de este tercer período; pero pasa por alto la presencia del padre Ramón Soto durante muchos años en la misión de San Antonio del Chimoré. Añade a esto todavía una «evaluación apostólica del padre Lacueva».

En la tesis de Estela Ramírez encontramos dos grandes líneas de interpretación de los hechos: la primera toma como punto de partida la llamada reforma borbónica que se inició en España con la su-

[217] Ramírez, 1998, p. 63.

bida al trono del rey Carlos III en 1759; y la segunda parte de la idiosincrasia cultural de los yuracarees y la postura que tomaron los misioneros frente a esta idiosincrasia.

Estela Ramírez no trata explícitamente el tema de la frustración de la evangelización de los yuracarees, pero señala a lo largo de su exposición de la historia de esta evangelización una serie de conflictos que deben ser considerados como causantes de esa frustración. De hecho, coloca toda su investigación, por decirlo así, bajo el lema de «reformismo borbónico» que ha tenido sus efectos también en las colonias americanas del imperio español.

> En toda la América española, la dinastía borbónica trajo consigo una serie de reformas. La Iglesia altoperuana, que comprendía el Arzobispado de la Plata y los obispados de La Paz y Santa Cruz, experimentó estas transformaciones, que profundizaron el pensamiento y práctica regalista.
>
> Una de las reformas fue la administrativa, que creó en 1776 el virreinato del Río de la Plata, con capital en Buenos Aires. Como resultado, la audiencia de Charcas pasó a formar parte de éste con cuatro distritos: La Paz, Potosí, Charcas y Santa Cruz. A raíz del levantamiento indígena dirigido por Tupac Amaru (1780), se estableció, en 1782, el sistema de intendencias, que demostraba la tendencia a la centralización administrativa en las manos del rey[218].
>
> La intendencia influyó notoriamente sobre la Iglesia, porque el Real Patronato ya no fue ejercido por una sola autoridad, que podía ser el virrey o el presidente de la audiencia, sino además por intendentes, que intervinieron también en el campo eclesiástico[219].

Por lo que respecta al primer período de la evangelización, resalta Ramírez que los misioneros

> por el deseo de salvar almas y anunciar el Evangelio, vencieron con gran energía las dificultades geográficas y económicas que se presentaron. Sin

---

[218] Precisemos: la primera intendencia que fue establecida en las Américas fue la de Cuba, a saber: el 31 de octubre de 1764. En 1776 fue establecido el virreinato del Río de La Plata, y el 28 de enero de 1782 se establecieron en aquél las intendencias de Asunción del Paraguay, San Miguel de Tucumán, Santa Cruz de la Sierra, La Paz, Mendoza, La Plata y Potosí. Esta medida gubernamental no guardó relación con la rebelión indígena del Alto Perú.

[219] Ramírez, 1998, pp. 16-17.

embargo, las relaciones con las autoridades civiles y eclesiásticas presentaron un obstáculo superior a sus esfuerzos personales[220].

La autora no trata aquí en detalle las relaciones de los misioneros con las autoridades eclesiásticas; más bien comenta la cuestión de la relación con las autoridades civiles de la siguiente manera:

> La política del Patronato, que se basaba en intereses económicos como los del gobernador Peralta se entrometía en la labor evangelizadora de los misioneros. Pensamos que fue así como entraron en conflicto estos dos enfoques: el misionero, dirigido a lograr la evangelización, y el civil, orientado hacia fines económicos[221].

Este concepto es presentado nuevamente por Ramírez al final de su re-construcción del primer período de evangelización:

> Durante los veintiún años de acción misionera entre los yuracarees (1775-1796), no solo primó el interés espiritual; unido a éste estaba el interés civil-económico de abrir un camino corto y menos dificultoso de Cochabamba a Mojos —que tendría sus propiciadores y sus opositores— y el interés de establecer haciendas, con la mano de trabajo que futuramente saldría de la población yuracaree[222].

Ramírez centra luego su atención en la persona de Francisco de Viedma a quien considera como el representante por excelencia de la llamada 'política borbónica'. Al iniciar el acápite 4.1.4.1. de su tesis, que lleva por título «Don Francisco de Viedma y Narváez», dice así:

> Durante el período del coloniaje es difícil de desligar los intereses civiles de los religiosos, pues ambos estaban entrelazados; se llegó incluso a sobreponer los primeros a los segundos. Estos hechos fueron más notorios a finales de este siglo XVIII.
> Por otro lado, a comienzos de la conquista y posteriormente a ella, la economía del Perú y del Alto Perú estaba fundamentada en las zonas andinas. A finales del siglo XVII y hasta 1767, en las zonas tropicales, los jesuitas lograron en sus reducciones una economía bastante halagadora, que

---

[220] Ramírez, 1998, p. 68.
[221] Ramírez, 1998, p. 72.
[222] Ramírez, 1998, pp. 78-79.

posteriormente se vino abajo por la expulsión de estos religiosos. Pero el interés por llevar adelante esta economía en el trópico persistió, ya no en favor de los indígenas, sino en favor de los hacendados.

Para llevar adelante este proyecto de «desarrollo» económico, necesariamente tenían que existir lazos de comunicación directa, fácil y rápida entre el trópico y las zonas de los valles y el altiplano; así se podría lograr un flujo económico y social. A todo esto se agregaba el interés por la evangelización de los pueblos indígenas a través de la reducción; asentándolos y pacificándolos se podrían lograr los propósitos de este proyecto.

De ahí, surgirá una controversia entre los intereses civiles cuyo promotor fue Viedma, y los intereses de la evangelización que emprendieron los misioneros [...], quienes no aceptaron los proyectos civiles, que Viedma quería implantar[223].

En cuanto a la relación entre los misioneros y los yuracarees en este primer período, Ramírez presenta la siguiente evaluación:

En general, se constata en los documentos consultados la predisposición de los yuracarees a la reducción y a la fe católica. Los misioneros como Melendes[224], Buyán y Anaya tenían experiencia misionera entre infieles, y ésta ayudó mucho en la relación con los yuracarees, junto con la aplicación de un método que implicaba paciencia en la evangelización, sin atropellos directos — de planes impositivos — y con un período de catecumenado muy amplio, que permitía a los indígenas de la reducción la práctica de sus costumbres y creencias. [...]

Fue difícil, en veintiún años, lograr que los yuracarees vivieran constantemente en la reducción: ellos llevaban al monte a toda su familia, tanto para la caza, como para practicar sus ritos, que generalmente coincidían con la maduración del tembi.

Frente a esta situación, los documentos de todo este período no expresan ninguna queja de los yuracarees al respecto, ya que los misioneros tuvieron que adaptarse al modo de vivir de los yuracarees[225].

En el segundo período (1796-1805), que, como hemos visto, empieza con la actuación misionera en las Montañas de Yuracarees de los

---

[223] Ramírez, 1998, p. 80.

[224] «Menéndez»: volvemos al conocido error de Cávez Suárez y otros autores en la transcripción del apellido.

[225] Ramírez, 1998, p. 79.

franciscanos españoles del flamante colegio de Propaganda Fide de Tarata, se aumentaron y agudizaron los conflictos, en perjuicio de la evangelización de los yuracarees. Al abordar este período, Ramírez sigue poniendo énfasis en el conflicto entre Francisco de Viedma y los misioneros, es decir el conflicto entre intereses civiles e intereses eclesiásticos. Aunque en un principio la relación entre el gobernador intendente y el comisario prefecto de misiones parecía haber sido positiva, se deterioró pronto y se agudizó aun más cuando Viedma, después de los acontecimientos de comienzos del año 1799, decidió hacer inspeccionar las misiones de la Asunción y de San José del Chimoré. Ramírez comenta de la siguiente manera el *Informe* que presentó después de su visita a aquellas misiones el comisionado de Francisco de Viedma, Juan Ignacio Pérez:

> La idea laica de lo que deberían ser las reducciones en el Chapare se manifiesta claramente en el *Informe* de Pérez, delegado de Viedma. Ambos proponen llevar adelante la reducción desde una perspectiva económica, sin importar el aniquilamiento de la identidad Yuracaree. La idea es que las reducciones abran el camino para los hacendados y comerciantes y que se logre el supuesto desarrollo de la zona tropical Yuracaree. [...]
>
> El *Informe* del comisionado Pérez expresaba la hostilidad que internamente se había originado entre el P. comisario prefecto del colegio de Tarata y Viedma, hostilidad que fue haciéndose más creciente. [...]
>
> Por su parte, el P. comisario Bejarano había informado sobre estos hechos a las autoridades de la audiencia. El intendente Viedma, enterado de este informe, culpó directamente al P. Bejarano y difundió calumnias contra él y contra los religiosos de Tarata; luego, negó la contribución de los sínodos y auxilios que se necesitaban para llevar adelante las reducciones[226].

---

[226] Ramírez, 1998, pp. 100-101. Un poco antes, dice Ramírez: «Este informe contenía el pensamiento desarrollista de las reducciones, puesto que Pérez consideró que éstas no habían adelantado como se esperaba, pues, a pesar de que tenían tierras fértiles, no podían sostenerse por sí solas; por eso continuaban percibiendo fondos económicos, tanto de Moscoso como del Erario» (p. 98). Más adelante en su tesis Ramírez aborda también el tema de los problemas económicos con que tropezaban las misiones y que fueron causa de que éstas no se desarrollaran como se quería (ver el epígrafe 4.2.3.).

Un segundo conflicto fue el que se suscitó entre los padres de Tarata y los mismos yuracarees, a raíz del método de reducción que decidieron aplicar los franciscanos españoles. Comenta Estela Ramírez:

> Los padres misioneros asumieron una pedagogía más rigurosa, con aplicación de castigos a los inobedientes y desertores, tanto varones como mujeres. Según Bejarano, ellos debían aprender algo de disciplina, de vida civil, de moral católica y de trabajo, para ser útiles a la religión y al Estado. Este cambio de [...] método, más sistemático y riguroso, trajo consecuencias posteriores[227],

a saber las deserciones frecuentes, aún después de los intentos de intervención del presbítero de la Parra y del gobernador Urquijo:

> El conflicto de la deserción indígena no estaba totalmente resuelto, pues las acciones que emprendieron los comisionados Parra y Urquijo ayudaron a reunir a pocas familias yuracarees, quienes llegaron a organizar junto con los misioneros otras reducciones en sitios diferentes. Esta situación respondía a la idiosincrasia «nómada» yuracaree, que rechazaba la vida sedentaria de las reducciones y exigía un nuevo traslado después de un período de tiempo de asentamiento[228].

En la pequeña introducción a lo que presenta como tercer período, Ramírez argumenta que en los años que abarcan este período (1806-1823) los acontecimientos políticos y sociales en el Alto Perú perjudicaron seriamente la labor de los misioneros:

> En América, el período comprendido entre los años 1806 y 1823, tercer período en la presente investigación, se caracterizó por ser de transición en términos globales: tanto en lo político, como en lo social, económico y religioso. En el Alto Perú se fue gestando lo que sería la «independencia». En 1809, en La Plata comenzaron las insurgencias libertarias, fruto del descontento hacia la administración borbónica.
> La Iglesia, en estos acontecimientos, no tenía una palabra oficial; muchos sacerdotes estaban de acuerdo con la consigna libertaria y otros, en contra. Los misioneros religiosos, generalmente procedentes de España, eran el blanco de los insurgentes, y, por ello, la posibilidad de llevar ade-

---

[227] Ramírez, 1998, p. 93.
[228] Ramírez, 1998, p. 124.

lante la tarea misional se hizo más difícil; muchas autoridades españolas habían huido, se carecía de las asignaciones económicas para las reducciones y los misioneros en pleno trabajo sufrían las consecuencias de estos acontecimientos[229].

Más adelante la autora repite este concepto:

> Como hito histórico, 1809 fue la fecha de la transición de una etapa colonial a otra republicana. A partir de esta fase, se fueron desencadenando en el Alto Perú las luchas por la independencia, que generaron efectos significativos en la acción misionera de la Iglesia. El colegio de Tarata vivió estos efectos; los misioneros franciscanos sintieron la inestablidad de su destino[230].

Sin embargo, en relación con este período, Ramírez no presenta ningún dato concreto para corroborar las afirmaciones generales que hace. Habla de la escasez de misioneros, del agobio de los frailes que seguían trabajando en las dos misiones de San José y de San Antonio y de la precaria situación económica de estas misiones, pero no relaciona estos hechos con la gesta libertaria. Y no pudo hacerlo, porque ningún documento de la época sobre las misiones de las Montañas de Yuracarees hace referencia a esa gesta y a su eventual impacto sobre la labor misionera del colegio de Propaganda Fide de Tarata, ni mucho menos a que los misioneros de Yuracarees hubiesen sido «blanco de los insurgentes».

6.2.8. Conclusiones

En las reconstrucciones que hemos presentado y comentado se presentan serios vacíos y, además, muchos errores, debido principalmente a que los autores no se han esforzado por realizar una investigación amplia de archivos para poder establecer una documentación extensa sobre la historia de la reducción y evangelización de los yuracarees, y a que han trabajado con sus fuentes de una manera poco crítica.

Por lo que respecta a las causas del poco éxito de la labor misionera entre los yuracarees, en gran medida estos autores señalan aque-

---

[229] Ramírez, 1998, p. 125.
[230] Ramírez, 1998, p. 142.

llo que también nosotros hemos encontrado en las fuentes de la época: la obstinación y la deserción de los yuracarees, su gran apego a la vida nómada y la influencia negativa de los que seguían viviendo «libres» o habían retornado a su antigua vida; los métodos duros y drásticos de varios misioneros para forzar la reducción y cristianización de los yuracarees o, más bien, la condescendencia de otros con respecto a la civilización de aquellos indígenas; los conflictos entre el intendente gobernador Francisco de Viedma y los frailes del colegio de Propaganda Fide de Tarata; la falta de personal misionero; la deficiencia de recursos y de medios económicos.

Por otro lado, encontramos también otras causas, concretamente el conflicto entre intereses civiles e intereses eclesiásticos, y las circunstancias especiales de la guerra de la independencia. Por lo que respecta a la primera de estas supuestas causas de la frustración de las tentativas de reducir y convertir a los yuracarees, tenemos que observar que, por más que la política económica del régimen borbónico pueda haber jugado un papel importante en la administración de los gobernadores de la provincia de Santa Cruz, fue precisamente esta política la que fracasó, y esto ya antes de que la gesta libertadora tomase la fuerza que culminó en la fundación de la República de Bolivia. El proyecto de convertir el piedemonte andino de Cochabamba y las tierras bajas entre Cochabamba y Mojos en un nuevo espacio económico por medio de la creación de haciendas altamente productivas no tuvo el resultado que se esperaba. Dentro de este proyecto estaba contemplada también la formación de reducciones sostenibles, algo que los misioneros apoyaban sin ninguna duda, de modo que también ellos deben haber sufrido por la falta de éxito de esta política. Pero, según mi parecer, defender tan rotundamente la tesis de que una de las principales causas de no haberse logrado la evangelización de los yuracarees fue el conflicto constante entre intereses civiles e intereses eclesiásticos es ir demasiado lejos. No he podido encontrar tal conflicto en mi documentación. Y en cuanto a una influencia fuerte del conflicto entre la corona española y los libertadores criollos sobre la labor misionera y sobre los mismos yuracarees, me parece que es un tema que queda por ser investigado detenida y cuidadosamente. Por lo menos puedo decir que en los muchos documentos que he podido reunir para realizar mi investigación, no he encontrado referencias concretas acerca de tal influencia.

7. EPÍLOGO

A finales del mes de julio del año 1765 un pequeño grupo de yuracarees subió la cordillera de Cochabamba para encontrarse con los exploradores contratados por Juan Cristóbal de Borda y tuvieron una conversación con este último y con algunos vecinos del pueblo de Punata en el Valle de Cliza. Fue el inicio de contactos entre representantes de dos culturas, de dos modos de ser, de dos idiosincrasias culturales, sociales, económicas y religiosas, contactos que a partir del año 1775 se intensificarían y que a lo largo de los años siguientes tendrían como resultado la apertura de sendas entre Cochabamba y las Montañas de Yuracarees, la fundación de misiones y la formación de haciendas, dando así la esperanza de que la frontera agrícola de Cochabamba se desplazase definitivamente en la dirección de Mojos y que los indígenas yuracarees se integrasen plenamente en el Reino de España y en la Iglesia Católica. No fue así. Toda una serie de causas contribuyeron a que los esfuerzos que se hicieron para reducir y evangelizar a los yuracarees y para convertir la región que habitaban en una nueva zona productiva, quedaron en última instancia sin efecto positivo. Sesenta años después de efectuado el primer contacto con los yuracarees las sendas se encontraban descuidadas, las haciendas arruinadas, las misiones prácticamente abandonadas y los mismos yuracarees vivían nuevamente como nómadas dedicándose a la caza en sus selvas y a la pesca a lo largo de sus ríos y cultivando sus costumbres ancestrales. Sesenta años de encuentros y desencuentros, de expectativas y de frustraciones, de realizaciones y de desilusiones. Al realizar nuestra investigación sobre la historia de las tentativas de reducir y convertir a los yuracarees, hemos tratado de familiarizarnos con ellos y con todos los actores de esta historia humana, esforzándonos en presentarla de la manera más objetiva posible para hacer justicia a todos los que han jugado un papel en ella. Los documentos a que hemos podido tener acceso y que hemos tratado de usar con atención dejan prácticamente oculta una dimensión importante de esta historia, a saber: su dimensión psicológica o emocional. A penas hemos podido leer algo sobre los sentimientos de los yuracarees hacia los misioneros, sobre las emociones de los misioneros con respecto al ejercicio de su ministerio apostólico, sobre las frustraciones de Francisco de Viedma y de Ángel Mariano Moscoso. Quedan muchas preguntas: ¿Cómo conversarían entre ellos los yuracarees, al encontrarse con los que penetraban en su mundo, al integrarse en una misión, al recibir instrucciones y orientaciones de parte de los misioneros, al tomar la decisión de huir de las misiones y retomar su vida nómada? ¿Y cómo se sentirían al escuchar que su manera de vivir no era la correcta, que tenían que abandonar sus costumbres y adoptar otro estilo de vida? ¿Cómo manifestarían los misioneros sus esperanzas e ilusiones, y cómo enfrentarían sus frustraciones? Y así podríamos seguir preguntando, lo que implica que nuestra crónica es solamente una parte de la verdadera historia, una parte sin duda importante, pero no toda la historia. Esperamos, sin embargo, que lo que hemos podido esclarecer de ella contribuya a precisar nuestros conocimientos acerca del complejo proceso de evangelización que se ha desarrollado en las tierras bajas de Bolivia en la época colonial.

DOCUMENTOS MANUSCRITOS

1. ARCHIVOS. LEGAJOS Y EXPEDIENTES

1.1. Archivo y Biblioteca Nacionales de Bolivia (Sucre)[1]

1.1.1. Archivo de Mojos y Chiquitos: Gabriel René-Moreno
ABNB, MyCh-GRM, 5, VII
> 1779-1785. Cartas de los curas de las misiones de Mojos, sobre las ocurrencias y estado de ellas.

ABNB, MyCh-GRM, 5, IX
> Carta de don Baltasar de Peramás, vecino de Mizque, proponiendo algunos arbitrios para la formación de un pueblo entre los yuracarees. 1780.

ABNB, MyCh-GRM, 17, XIV
> Año de 1805. Sobre la exploración apostólica que por el Mamoré hicieron en fines del año anterior los padres conversores de Propaganda de Tarata, Lacueva y Delgado, para ver de extender la luz del Evangelio entre los bárbaros que rodean a la provincia de Mojos.

ABNB, MyCh-GRM, 19, I
> 1765-1767. Primer cuaderno. Autos formados sobre apertura de nuevo camino desde la Villa de Cochabamba para las misiones de Mojos.

---

[1] En el Archivo Nacional de Bolivia existen dos colecciones de documentos referentes a Mojos y Chiquitos: la primera colección fue formada por Gabriel René Moreno y lleva la sigla MyCh-GRM, la segunda fue formada por Gunnar Mendoza y lleva la sigla ALP-MyCh.

ABNB, MyCh-GRM, 19, II

1767-1773. Segundo cuaderno. Autos formados sobre apertura de nuevo camino desde la Villa de Cochabamba para las misiones de Mojos.

ABNB, MyCh-GRM, 19, III

Cuaderno tercero. Formado sobre la apertura del nuevo camino que se promovió en el año de 1765 desde la Villa de Cochabamba a las misiones de Mojos, a consecuencia de orden del superior gobierno de 12 de septiembre de 1775 años.

ABNB, MyCh-GRM, 19, s. n.

1804, Expediente formado en virtud de la solicitud de fray Juan Hernández, guardián del nuevamente fundado colegio de misioneros de Propaganda Fide de Tarata, a la real audiencia, para que se les entregue las misiones de las provincias de Mojos y Chiquitos.

ABNB, MyCh-GRM, 40, XVII

Oficios de recibo o remisivos del gobernador de Mojos don Pedro Pablo Urquijo a la audiencia o al oidor protector, y corren desde 1805 hasta 1810 años.

1.1.2. Audiencia de La Plata: Mojos y Chiquitos

ABNB, ALP-MyCh, 33

Expediente sobre las acciones de Baltasar Peramás. 1766.

ABNB, ALP-MyCh, 75

Testimonio que contiene varias cartas escritas por el ilustrísimo señor obispo de Santa Cruz de la Sierra, y [para el] gobernador de la provincia de Mojos, sobre el estado en que se hallan aquellos pueblos por la escasez de sacerdotes doctrineros, proponiendo por esta causa la entrega de ellos o cualquiera parte a alguna religión, o la de Propaganda de la Villa de Tarija para su subsistencia y conservación: sacadas de distintos expedientes en que se hallan agregadas. 1771.

ABNB, ALP-MyCh, 336

El padre Anaya, conversor de los infieles yuracarees, informa lo próspero de sus misiones, y pide [...] pronto y oportuno auxilio. 1796.

ABNB, ALP-MyCh, 445

Reverendo obispo de Santa Cruz sobre deber hacer las visitas por medio de sus visitadores de las conversiones vivas y nuevas reducciones de su obispado. 1799.

ABNB, ALP-MyCh, 515

Expediente sobre el abandono que hicieron los padres Francisco Buyán y Manuel Carrasco de la misión de Nuestra Señora de la Asunción, fundada por Ángel Mariano Moscoso. 1806.

ABNB, ALP-MyCh, 627

Informe del padre fray Francisco Lacueva al gobernador intendente de Cochabamba sobre el estado de las misiones de Yuracarees. 1820.

1.1.3. Minas

ABNB, Minas, T. 2, núm. 7

Relación que da el padre presidente del colegio de Tarata, partido de esta provincia, fray Josef Boria, de sus ingresos y gastos en cumplimiento de lo mandado por el excelentísimo señor general en jefe del ejército libertador Antonio Josef de Sucre en superior orden de 6 de mayo de 1825.

ABNB, Minas, T. 158, núm. 5

Expediente sobre supuesto hallazgo de oro por el hermano lego Manuel Juste.

1.2. Archivo del colegio de Propaganda Fide de San José de Tarata (Cochabamba)

ACFT, LADV

Libro de Autos y Decretos de Visita

ACFT, LCG

Libro de los Capítulos Guardianales

ACFT, LDC

Libro de Decretos de Comunidad

1.3. Archivo General de Indias (Sevilla)

AGI, Charcas, 436, 1798

Expediente sobre la cuenta y razón documentada acerca de la inversión de 2.800 pesos que confidencialmente le entregó el padre prefecto comisario fray Bernardo Ximénez Bejarano a don Lorenzo Meruvia, para compra de utensilios a los indios. Hay también la rendición de cuentas de otras personas ante la junta de real hacienda en Cochabamba. 1798.

AGI, Charcas, 436, 1798

Carta del intendente gobernador Francisco de Viedma al virrey de Buenos Aires Eugenio Laguno, manifestando las necesidades en que estaban los misioneros de San José de Vista Alegre del Chimoré y San Francisco de Asís del Río Mamoré. Acompaña documentos. Cochabamba, 3 de abril de 1798.

AGI, Charcas, 436, Anexo núm. 5

Real provisión de la audiencia de Charcas para que el gobernador intendente de Cochabamba siga auxiliando al doctor Joaquín Velasco y demás conversores. 1793.

AGI, Charcas, 436, Anexo núm. 11

Certificación del padre fray Domingo Real. Cochabamba, 3 de diciembre de 1798.

AGI, Charcas, 436, Anexo núm. 15

Testimonio de los autos obrados en Samaipata, acerca de la contribución que dieron los vecinos para el sostenimiento de las misiones. 1793.

AGI, Charcas, 436, Anexo núm. 16

Testimonio de las reales provisiones de la audiencia de Charcas: la una al gobernador de Mojos, Zamora, para que mande poner en libertad a don Pedro Cónsul y la otra al intendente Viedma, para que encomiende a otro sujeto la misión de Yuracarees y haga que Cónsul vaya a Arequipa a reunirse con su mujer. 1793.

AGI, Charcas, 436, Anexo núm. 19

Carta del intendente gobernador de Cochabamba Francisco de Viedma al ministro de gracia y justicia Gaspar de Jovellanos. Cochabamba, 14 de diciembre de 1798.

AGI, Charcas, 436, Anexo núm. 21

Copia de los capítulos de cartas escritas por el fiscal de Charcas, con fecha 8 de septiembre de 1798, oponiéndose a la aprobación del Reglamento de misiones y a la creación de la nueva intendencia en Santa Cruz de la Sierra y a la libertad de los indios de Chiquitos. – Respuesta de Francisco de Viedma.

AGI, Charcas, 447

Copia del expediente acerca de la reducción de infieles guarayos, verificada en el partido de Baures de la provincia de Mojos con la denominación de Nuestra Señora del Carmen, en los años 1794 y 1795, por dirección del señor gobernador don Miguel Zamora Treviño, con las posteriores diligencias de los felices progresos, y real ordenanza de Su Majestad que se agregaron al fin.

AGI, Charcas, 572

1798, Expediente sobre el señalamiento de 200 pesos anuales de sínodo al religioso conversor de la misión de San Francisco, de indios yuracarees.

AGI, Charcas, 576

Carta de Ignacio Flores al virrey del Río de la Plata. Cochabamba, 9 de febrero de 1780. s. n.

Carta de Ignacio Flores a Josef de Gálvez. La Paz, 21 de septiembre de 1780. s. n.

1.4. Archivo General de la Nación Argentina (Buenos Aires)[2]

AGNA, División Colonia, Sección Gobierno, Leg. 2569

Tadeo Haenke. Informes varios, 1793-1796.

AGNA, División Colonia, Sección Gobierno, Intendencia de Cochabamba, 1806-1808, Leg. 7.

Cartas de Francisco Buyán, Ángel Mariano Moscoso y Manual Nicolás de Rojas, 1796-1797.

AGNA, División Colonia, Sección Gobierno, Sala IX, 5.9.1

Expediente sobre la controversia entre el padre Francisco Buyán y los misioneros del colegio de Propaganda Fide de Tarata.

AGNA, División Colonia, Sección Gobierno, Sala IX, 5.9.2

Carta del padre Josef Pérez a Baltasar Hidalgo de Cisneros. Cochabamba, 2 de diciembre de 1809.

AGNA, División Colonia, Sección Gobierno, 1808

Carta informe de los frailes del colegio de Propaganda Fide de Tarata al intendente gobernador Francisco de Viedma sugiriendo la reducción forzosa de los yuracarees. Ypachimucu, 19 de septiembre de 1808.

AGNA, División Colonia, Sección Gobierno, 1808

Carta del intendente gobernador Francisco de Viedma al virrey Santiago Liniers. Cochabamba, 15 de noviembre de 1808.

---

[2] José de la Fuente Jeria, autor del libro *Los límites Cochabamba-Beni* me facilitó amablemente la adquisición de fotocopias de algunos manuscritos del Archivo General de la Nación Argentina. Lastimosamente la persona que hizo las fotocopias no anotó los números de legajos y expedientes. Hice un viaje a Buenos Aires para encontrar las referencias pertinentes, pero no fue posible, a pesar de la gentil colaboración del personal del Archivo.

AGNA, Hacienda, Leg. 84, Exp. 2170

Señor gobernador intendente de Cochabamba en su oficio informe de 16 de enero de 97 con el número 367 sobre el colegio de Tarata y religiosos con los números 35, 179, 183, 286, 278, 310.

AGNA, Hacienda, Leg. 111, Exp. 2849

Estado de la reducción de San Francisco de Asís del Mamoré, por el cual se demuestra su constitución actual en lo temporal y espiritual, material y formal que lo formé yo el padre procurador y conversor fray Ramón Soto, 1803.

AGNA, Interior, Leg. 41, Exp. 23

El señor intendente de Cochabamba sobre auxiliar la nueva reducción de nación yuracarees del cargo del padre fray Tomás del Sacramento Anaya, 1796.

AGNA, Justicia, Leg. 34, Exp. 1005

Obrado sobre competencia entre los R.R. P.P. Fr. Pedro de Cueli, guardián del convento de San Francisco de esta capital y Fr. Bernardo Ximénez Bejarano, comisario prefecto de misiones del colegio de Tarata.

AGNA, Justicia, Leg. 39, Exp. 1162bis

Colegio de San José de Tarata. Desinteligencias de su discretorio con el comisario prefecto de misiones. Real provisión de la real audiencia. 1798.

AGNA, Justicia, Leg. 50, Exp. 1427, Conversión, 31-88

Incidencia entre el cabildo Eclesiástico de Santa Cruz de la Sierra y el intendente gobernador Francisco de Viedma. 1805.

AGNA, Tribunales, Leg. 131, Exp. 121

El gobernador intendente de Cochabamba sobre las nuevas reducciones de los indios yuracarees, solostros y otros. Reducción de Cupetine a cargo de fray Tomás del Sacramento Anaya.

1.5. Archivo Histórico de la Prefectura del Departamento de Cochabamba (AHPC)

AHPC, Leg. 28, exp. 16

Expediente sobre la oferta de Juan Carrillo de Albornoz de abrir un nuevo camino a las Montañas de Yuracarees.

1.6. Archivo del Museo Catedralicio de Santa Cruz (Santa Cruz de la Sierra)

AMCSC, 23 de julio, 1782
Carta de Baltasar Peramás al obispo de Santa Cruz Alejandro José de Ochoa y Morillo.

1.7. Archivo de la Real Academia de Historia (Madrid)

ARAH, Colección Mata Linares, T. XI
Reducción de Mamoré, 1793.

ARAH, Colección Mata Linares, T. XI (B)
Misiones del cuidado del colegio de Tarata, 1797.

ARAH, Colección Mata Linares, T. XII
Julio 17 de 1794 (diversos documentos).
Arreglo de tasas en Cochabamba. 1798.

ARAH, Colección Mata Linares, T. LXVIII
Incidente importante sobre apertura de un camino desde Cochabamba a los indios yuracares y comunicación con las misiones de Mojos.

ARAH, Colección Mata Linares, T. LXX
Expediente sobre erección de obispado en Cochabamba.

ARAH, Colección Mata Linares, T. LXXII
Carta de Benito de la Mata Linares al virrey de Buenos Aires, 1 de julio de 1799.

2. DOCUMENTOS MANUSCRITOS IDENTIFICADOS EN LOS LEGAJOS Y EXPEDIENTES

Aguilar, Sebastián

1786a   Respuestas dadas por Sebastián Aguilar al interrogatorio presentado por Ángel Mariano Moscoso. Tarata, 26 de octubre de 1786. ABNB, ALP-MyCh, 515, fols. 94v-96r.

1786b   Ratificación de las respuestas dadas por Sebastián Aguilar al interrogatorio presentado por Ángel Mariano Moscoso. Cochabamba, 15 de diciembre de 1786. ABNB, ALP-MyCh, 515, fol. 106v.

Aguilar y Pérez, Marcos

1788   Constancia de la publicación del auto del gobernador Francisco de Viedma del 23 de mayo. Ciudad de Oropesa, 25 de mayo de 1788. ABNB, ALP-MyCh, 515, fols. 69v-70r.

1789   Certificación de parte del escribano Marcos de Aguilar y
        Pérez. Cochabamba, 4 de junio de 1789. ABNB, ALP-MyCh,
        515, fol. 112r.

Alegre, Gaspar

1798   Certificación del padre Gaspar Alegre. Colpa, 12 de abril de
        1798. AGNA, Justicia, Leg. 39, Exp. 1162bis, fol. 28r.

Altolaguirre, Martín José

1799   Orden de Martín José Altolaguirre. Buenos Aires, 13 de fe-
        brero de 1799. AGNA, Tribunales, Leg. 131, Exp. 21, fol. 37v.

Álvarez de Acevedo, Tomás

1769   Parecer del fiscal Tomás Álvarez de Acevedo. La Plata, 17 de
        mayo de 1769. ABNB, MyCh-GRM, 19, II, fols. 39r-42r.

1772   Parecer del fiscal Tomás Álvarez de Acevedo. La Plata, 21 de
        mayo de 1772. ABNB, MyCh-GRM, 19, II, fols. 55r-56v.

1773   Parecer del fiscal Tomás Álvarez de Acevedo acerca de la re-
        presentación del obispo de Santa Cruz con respecto a la re-
        ducción de los yuracarees. La Plata, 22 de junio de 1773.
        ABNB, MyCh-GRM, 19, II, fols. 65v-67r.

Álvarez de Sotomayor, Antonio

1804a   Oficio del gobernador interino de Mojos Antonio Álvarez de
        Sotomayor al presidente de la real audiencia de Charcas. Pue-
        blo de la Exaltación de la Cruz, 7 de febrero de 1804. ABNB,
        MyCh-GRM, 19, s. n., fols. 16r-19v.

1804b   Oficio del gobernador interino de Mojos Antonio Álvarez de
        Sotomayor a los padres Francisco Lacueva y Alejandro
        Delgado. San Pedro, 16 de noviembre de 1804. ABNB, MyCh-
        GRM, 17, XIV, fol. 119r.

1805a   Oficio del gobernador interino de Mojos Antonio Álvarez de
        Sotomayor al presidente de la real audiencia de Charcas. Pue-
        blo de San Pedro de Mojos, 8 de enero de 1805. ABNB,
        MyCh-GRM, 17, XIV, fols. 121r-122r.

1805b   Oficio de Antonio Álvarez de Sotomayor a Josef Ignacio Baca.
        Pueblo de San Pedro, 1 de septiembre de 1805. ABNB,
        MyCh-GRM, 40, XVII, fols. 149r-149v.

Amat, Manuel de

1765   Carta del virrey de Lima Manuel de Amat al obispo de Santa
        Cruz Francisco Ramón de Herboso. Lima, 25 de octubre de
        1765. ABNB, MyCh-GRM, 19, I, fols. 79r-80r.

1766   Carta del virrey de Lima Manuel de Amat al obispo de Santa Cruz Francisco Ramón de Herboso. Lima, 29 de noviembre de 1766. ABNB, MyCh-GRM, 19, I, fols. 139r-140v.

1768   Auto del virrey Manuel de Amat. Lima, 20 de junio de 1768. ABNB, MyCh-GRM, 19, II, fols. 51r-52r.

1775   Carta del virrey de Lima Manuel de Amat al presidente de la audiencia de Charcas. Lima, 12 de septiembre de 1775. ABNB, MyCh-GRM, 19, III fols. 1r-1v.

Anaya, Felipe

1797   Carta del hermano Felipe Anaya al padre Bernardo Ximénez Bejarano. Colpa, 8 de marzo de 1797. AGI, Charcas, 590, fols. 66-67.

Anaya, Tomás

1776   Carta del padre Tomás Anaya a los hermanos Manuel Tomás Moscoso y Ángel Mariano Moscoso. Nuestra Señora de la Asunción, 20 de agosto de 1776. ABNB, MyCh-GRM, 19, III, fols. 48v-49v.

1795   Carta del padre Tomás Anaya a la audiencia de Charcas, informando sobre lo próspero de sus misiones. [Cochabamba, febrero de 1795]. ABNB, ALP-MyCh, 336, fols. 7r-8v.

1797a   Declaración del padre Tomás Anaya. Cochabamba, 14 de enero de 1797. AGNA, Hacienda, Leg. 84, Exp. 2170, fols. 37v-39r. También en ARAH, Colección Mata Linares, XI (B), fols. 300r-302v.

1797b   Respuestas dadas por el padre Tomás Anaya al interrogatorio presentado por Francisco Paula Moscoso. Ciudad de La Plata, 31 de julio de 1797. ABNB, ALP-MyCh, 515, fols. 137v-142r.

Arredondo, Nicolás de

1790   Oficio del virrey de Buenos Aires Nicolás de Arredondo al ministro Antonio Porlier. Buenos Aires, 25 de noviembre de 1790. AGI, Buenos Aires, 78, fols. 1-2.

Arteaga, José Mariano

1803   Petición de Providencia de parte del obispo Ángel Mariano Moscoso, presentada por su apoderado Mariano Arteaga. La Plata, 11 de noviembre de 1803. ABNB, MyCh, ALP-515, fols. 3r-5r.

1805   Solicitud de Providencia de parte de José Mariano Arteaga, a nombre de doña Juana Petronila Moscoso y Pérez. Plata, 27 de septiembre de 1805. ABNB, MyCh, ALP-515, fols. 227r-228v.

Astete, Francisco Ángel

1796　Resumen de un expediente formado sobre la reducción de San Francisco de Asís del Mamoré. AGNA, Hacienda, Leg. 84, Exp. 2170, fols. 11r-17v.

1810a　Certificación del Escribano Público Francisco Ángel Astete. Cochabamba, 1 de mayo de 1810. ABNB, Minas, t. 158, núm. 5.

1810b　Certificación del Escribano Público Francisco Ángel Astete. Cochabamba, 3 de mayo de 1810. ABNB, Minas, t. 158, núm. 5.

Ballesteros, Pedro Josef

1794　Nota de Pedro Josef Ballesteros. Buenos Aires, 15 de octubre de 1794. AGNA, Tribunales, Leg. 131, Exp. 21, fol. 29v.

Benavides, Ambrosio de

1776　Auto del presidente de la audiencia de Charcas Ambrosio de Benavides. La Plata, 6 de julio de 1776. ABNB, MyCh-GRM, 19, III, fols. 28v-29v.

Borda, Francisco

1810　Carta del comisario prefecto de misiones Francisco Borda al intendente gobernador interino de Cochabamba Josef González de Prada. Tarata, 2 de mayo de 1810. ABNB, Minas, t. 158, núm. 5.

Borda, Francisco Xavier de

1766　Declaración de Francisco Xavier de Borda. Tarata, 11 de septiembre de 1766. ABNB, MyCh-GRM, 19, I, fols. 118r-120v.

Borda, Juan Cristóbal de

1765a　Carta de Juan Cristóbal de Borda al obispo de Santa Cruz Francisco de Herboso. Río de San Pedro, 9 de julio de 1765. ABNB, MyCh-GRM, 19, I, fols. 51r-52r.

1765b　Carta de Juan Cristóbal de Borda al obispo de Santa Cruz Francisco de Herboso. Tarata, 22 de julio de 1765. ABNB, MyCh-GRM, 19, I, fols. 52r-53v.

1765c　Carta de Juan Cristóbal de Borda al obispo de Santa Cruz Francisco de Herboso. Tarata, 31 de julio de 1765. ABNB, MyCh-GRM, 19, I, fols. 53v-54v.

1765d   Testimonio de Juan Cristóbal de Borda. Punata, 2 de agosto de 1765. ABNB, MyCh-GRM, 19, I, fols. 41r-41v.

1765e   Declaración de Juan Cristóbal de Borda. Villa de Oropesa, 6 de agosto de 1765. ABNB, MyCh-GRM, 19, I, fols. 42v-44v.

1765f   Carta de Juan Cristóbal de Borda al presidente de la audiencia de Charcas Juan de Pestaña. Cochabamba, 8 de agosto de 1765. ABNB, MyCh-GRM, 19, I, fols. 47r-47v.

1766   Declaración de Juan Cristóbal de Borda. Villa de Oropesa, 15 de enero de 1766. ABNB, MyCh-GRM, 19, I, fols. 70r-71v.

1767   Carta de Juan Cristóbal de Borda al presidente interino de la real audiencia de Charcas Victorino Martínez de Tineo. Tarata, 16 de septiembre de 1767. ABNB, MyCh-GRM, 19, II, fols. 13r-14v.

1768   Carta de Juan Cristóbal de Borda al presidente interino de la real audiencia de Charcas Victorino Martínez de Tineo. Tarata, mediados de 1768. ABNB, MyCh-GRM, 19, II, fols. 30r-35r.

Buyán, Francisco

1787   Respuestas dadas por el padre Francisco Buyán al interrogatorio presentado por Ángel Mariano Moscoso. Pueblo de Nuestra Señora de la Asunción del Valle Ameno, 20 de marzo de 1787. ABNB, ALP-MyCh, 515, fols. 113r-117r.

1789   Ratificación de las respuestas dadas por el padre Francisco Buyán al interrogatorio presentado por Ángel Mariano Moscoso. Cochabamba, 6 de junio de 1789. ABNB, ALP-MyCh, 515, fols. 113r-117v.

1796   Carta del padre Francisco Buyán al obispo de Córdoba Ángel Mariano Moscoso. Nuestra Señora de la Asunción, 10 de septiembre de 1796. AGNA, División Colonia, Sección Gobierno, Sala IX, 5.9.1, fols. 7r-7v.

1797a   Declaración del padre Francisco Buyán. Cochabamba, 12 de enero de 1797. AGNA, Hacienda, Leg. 84, Exp. 2170, fols. 36r-37r.

1797b   Carta del padre Francisco Buyán al obispo de Córdoba Ángel Mariano Moscoso. Cochabamba, 15 de enero de 1797. AGNA, División Colonia, Sección Gobierno, Sala IX, 5.9.1, fols. 7v-8r.

1797c   Carta del padre Francisco Buyán al obispo de Córdoba Ángel Mariano Moscoso. Cochabamba, 15 de mayo de 1797.

AGNA, División Colonia, Sección Gobierno, Sala IX, 5.9.1, fols. 8r-11r.

1803   Carta del padre Francisco Buyán al presidente de la audiencia de Charcas. Cochabamba, 31 de diciembre de 1803. ABNB, ALP-MyCh, 515, fols. 6r-7r.

Cabildo de Cochabamba

1765   Informe del cabildo de Cochabamba sobre las perspectivas de la apertura de un camino a Mojos. Cochabamba, 12 de abril de 1765. ABNB, MyCh-GRM, 19, I, fols. 3v-5v.

1776   Testimonio del cabildo de Cochabamba. Cochabamba, 25 de septiembre de 1776. ABNB, MyCh-GRM, 19, III, fols. 33r-34v.

Canals, Francisco

1796   Declaración de Francisco Canals. Cochabamba, 20 de diciembre de 1796. AGNA, Hacienda, Leg. 84, Exp. 2170, fols. 31v-32v.

Canals, Josef

1786   Decreto de realización de ratificación de las respuestas dadas al interrogatorio presentado por Ángel Mariano Moscoso. Cochabamba, noviembre de 1786. ABNB, ALP-MyCh, 515, fol. 104v.

Canals, Pedro

1798a   Informe de Pedro Canals, de la contaduría General de Cochabamba, al intendente gobernador Francisco de Viedma. Cochabamba, 2 de marzo de 1798. ARAH, Colección Mata Linares, XI (B), fols. 317r-320r.

1798b   Diligencia de Pedro Canals. Cochabamba, 14 de marzo de 1798. AGI, Charcas, 436, fol. 27r.

Canals, Pedro y Josef González de Prada

1796   Presupuesto de los gastos urgentes, menos urgentes, y anuales que deben hacerse, los primeros para que el misionero fray Tomás del Sacramento Anaya traslade la misión al Río Chimoré, y los restantes para continuación y subsistencia de la misión. Cochabamba, 11 de mayo de 1796. AGNA, Interior, Leg. 41, Exp. 23, fols. 3r-4v.

Cardona y Tagle, Gerónimo

1797   Dictamen del Doctor Gerónimo Cardona y Tagle. Cochabamba, 9 de febrero de 1797. AGI, Charcas, 590, fols. 47-53.

Carlos III, rey de España

1772 Carta del rey al obispo de Santa Cruz Francisco Ramón de Herboso. Madrid, 28 de junio de 1772. ABNB, MyCh-GRM, 19, II, fols. 57r-58v.

Caro, Francisco

1796 Declaración de Francisco Caro. Cochabamba, 20 de diciembre de 1796. AGNA, Hacienda, Leg. 84, Exp. 2170, fols. 31r-31v.

Carrasco, José Manuel

1799 Carta del padre José Manuel Carrasco al obispo Ángel Mariano Moscoso. Asunción, 11 de diciembre de 1799. ABNB, ALP-MyCh, 515, fols. 161r-161v.

Casamayor, Félix y Antonio Carrasco

1798a Declaración de Félix Casamayor y Antonio Carrasco al virrey y a los Señores de la junta superior de real hacienda, Buenos Aires, 24 de abril de 1798. AGNA, Hacienda, Leg. 84, Exp. 2170, fols. 46r-49r.

1798b Declaración de Félix Casamayor y Antonio Carrasco al virrey y a los Señores de la junta Superior. Buenos Aires, 27 de abril de 1798. AGNA, Hacienda, Leg. 84, Exp. 2170, fols. 49r-49v.

Castro, Nicolás de

1767 Informe y diario de Nicolás de Castro acerca de su entrada a las Montañas de Yuracarees. Santa Cruz, 16 de diciembre de 1767. ABNB, MyCh-GRM, 19, II, fols. 19r-24v.

Centeno, Fernando

1766 Declaración de Fernando Centeno. Tarata, 11 de septiembre de 1766. ABNB, MyCh-GRM, 19, I, fols. 120v-122r.

Consejo de Indias

1798a Dictamen del Consejo de Indias dirigido a Su Magestad Carlos IV. Madrid, 15 de marzo de 1798. AGI, Charcas, 572, fols. 1r-8r.

1798b Oficio del Consejo General de Indias al virrey del Río de la Plata. Madrid, 8 de noviembre de 1798. AGI, Charcas, 590, fols. 101-103.

1798c Oficio del Consejo General de Indias al comisario general de Indias Pablo de Moya. Madrid, 8 de noviembre de 1798. AGI, Charcas, 590, fols. 106-107.

Cónsul, Pedro José

1794a   Carta de Pedro José Cónsul al intendente gobernador Francisco de Viedma. Jores, 6 de abril de 1794. AGNA, Tribunales, Leg. 131, Exp. 21, fols. 24r-24v.

1794b   Carta de Pedro José Cónsul al intendente gobernador Francisco de Viedma. Santa Cruz, 20 de abril de 1794. ARAH, Colección Mata Linares, XI, fols. 247r-248v. También en AGNA, Tribunales, Leg. 131, Exp. 21, fols. 17r-18r.

Contaduría de Cochabamba

1794a   Informe de la contaduría provincial de Cochabamba al intendente gobernador Francisco de Viedma. Cochabamba, 24 de abril de 1794. AGNA, Tribunales, Leg. 131, Exp. 21, fols. 12r-12v.

1794b   Informe de la contaduría provincial de Cochabamba al intendente gobernador Francisco de Viedma. Cochabamba, 26 de abril de 1794. AGNA, Tribunales, Leg. 131, Exp. 21, fols. 12v-13v.

Cueli, Pedro de

1796a   Representación del guardián del Convento de la Observancia de San Francisco, Pedro de Cueli, al virrey Pedro Melo de Portugal. Buenos Aires, 16 de febrero de 1796. AGNA, Justicia, Leg. 34, Exp. 1005, fols. 1r-2v.

1796b   Representación del padre Pedro de Cueli al virrey Pedro Melo de Portugal. Buenos Aires, 23 de febrero de 1796. AGNA, Justicia, Leg. 34, Exp. 1005, fols. 7r-9v.

1796c   Oficio del padre Pedro de Cueli al virrey Pedro Melo de Portugal. Buenos Aires, 2 de marzo de 1796. AGNA, Justicia, Leg. 34, Exp. 1005, fols. 12r-12v.

1796d   Carta del guardián Pedro de Cueli al virrey Pedro Melo de Portugal. Buenos Aires, 17 de marzo de 1796. AGNA, Justicia, Leg. 34, Exp. 1005, fol. 13r.

Delgado, Alejandro

1808   Certificación del padre guardián Alejandro Delgado. Tarata, 15 de octubre de 1808. AGNA, División Colonia, Sección Gobierno, 1808.

Delgado, Domingo
1766 Declaración de Domingo Delgado, Clérigo Presbítero. Tarata, 10 de septiembre de 1766. ABNB, MyCh-GRM, 19, I, fols. 110r-115r.

Espinoza y Arrázola, Vicente Ramón
1797 Diligencia de Vicente Ramón Espinosa y Arrázola. Colpa, 25 de marzo de 1797. AGI, Charcas, 590, fols. 78-79.

Esquirós, Vicente
1797a Oficio del padre Vicente Esquirós al discretorio del colegio de Tarata. [Cochabamba, mediados de octubre]. AGNA, Justicia, Leg. 39, Exp. 1162bis, fols. 28r-28v.

1797b Oficio del padre Vicente Esquirós al discretorio del colegio de Moquegua. [Cochabamba, mediados de octubre]. AGNA, Justicia, Leg. 39, Exp. 1162bis, fol. 28v.

1798 Certificación del padre Vicente Esquirós. Colpa, 17 de abril de 1798. AGNA, Justicia, Leg. 39, Exp. 1162bis, fols. 29v-30r.

Estado Eclesiástico
1790 Representación del Estado Eclesiástico. Valle de Cliza, 29 de mayo de 1790. AGI, Buenos Aires, 78, fols. 12-19.

Estado Secular
1790 Representación del Estado Secular. Valle de Cliza, 22 de mayo de 1790. AGI, Buenos Aires, 78, fols. 3-12.

Fernández, Juan y Alejandro Delgado
1805 Estado de la misión del Chimoré. Tarata, 8 de mayo de 1805. ABNB, ALP-MyCh, 515, fols. 180r-182r.

Fernández, Manuel Ignacio.
1793 Oficio de Manuel Ignacio Fernández de la intendencia General del virreinato de Buenos Aires a los oficiales reales de Cochabamba. Buenos Aires, 4 de junio de 1793. AGNA, Tribunales, Leg. 131, Exp. 21, fols. 9v-10r.

Fernández, Miguel
1793 Certificación del alcalde ordinario de las doctrinas de Samaypata y Chilón, Miguel Fernández. Samaypata, 6 de junio de 1793. AGI, Charcas, 436. Anexo núm. 15, fols. 2v-3v.

Fernández y Trujillo, Andrés
1765a Notificación de Baltasar Peramás por parte del corregidor de la provincia de Mizque Andrés Fernández y Trujillo. Mizque, 6 de diciembre de 1765. ABNB, ALP-MyCh, 33, fol. 29r.

1765b   Embargo de bienes de Baltasar Peramás por parte del corregidor de la provincia de Mizque Andrés Fernández y Trujillo. Mizque, 10 de diciembre de 1765. ABNB, ALP-MyCh, 33, fols. 31r-31v.

Ferrer, Juan

1797   Carta del guardián del colegio de Propaganda Fide de Tarija Juan Ferrer al guardián del colegio de Propaganda Fide de Tarata Juan Hernández. Tarija, 10 de abril de 1797. AGNA, Justicia, Leg. 39, Exp. 1162bis, fols. 31r-31v.

Ferrer, Juan y Antonio Comajuncosa

1797   Informe del guardián del colegio de Propaganda Fide de Tarija Juan Ferrer y del comisario prefecto de misiones Antonio Comajuncosa al guardián del colegio de Propaganda Fide de Tarata Juan Hernández. Tarija, 6 de septiembre de 1797. AGNA, Justicia, Leg. 39, Exp. 1162bis, fols. 31v-33v.

Ferrofino, Juan Ventura

1786   Proveimiento del comandante de milicias y alcalde de primer voto de Tarata en cuanto a la aplicación del interrogatorio presentado por Ángel Mariano Moscoso. Tarata, 23 de octubre de 1786. ABNB, ALP-MyCh, 515, fol. 91r.

Flores, Ignacio

1780a   Carta de Ignacio Flores al virrey del Río de la Plata. Cochabamba, 9 de febrero de 1780. AGI, Charcas, 576. Doc. 2. s. n.

1780b   Carta de Ignacio Flores a Josef de Gálvez. La Paz, 21 de septiembre de 1780. AGI, Charcas, 576. Doc. 5. s. n.

Frías, Pedro

1805   Testimonio sobre el abandono de las misiones del Mamoré y del Chimoré. Cochabamba, 18 de abril de 1805. ABNB, ALP-MyCh, 515, fols. 172v-173v.

Fuente y Rocabado, Diego de

1786a   Respuestas dadas por Diego de Fuente y Rocabado al interrogatorio presentado por Ángel Mariano Moscoso. Tarata, 25 de octubre de 1786. ABNB, ALP-MyCh, 515, fols. 93r-94v.

1786b   Ratificación de las respuestas dadas por Diego de Fuente y Rocabado al interrogatorio presentado por Ángel Mariano Moscoso. Cochabamba, 1 de diciembre de 1786. ABNB, ALP-MyCh, 515, fols. 105v-106r.

Gallego, Félix Manuel

1799   Auto de Félix Manuel Gallego. Buenos Aires, 12 de febrero de 1799. AGNA, Tribunales, Leg. 131, Exp. 21, fol. 37v.

García, Bonifacio

1766   Declaración de Bonifacio García. Tarata, 11 de septiembre de 1766. ABNB, MyCh-GRM, 19, I, fols. 116r-118r.

García, Juan

1805   Testimonio de Juan García sobre el abandono de las misiones del Mamoré y del Chimoré. Hacienda de Chulpas, 25 de mayo de 1805. ABNB, ALP-MyCh, 515, fols. 195r-198r.

García Claros, Francisco

1781   Respuestas dadas por Francisco García Claros al interrogatorio presentado por Ángel Mariano Moscoso. Villa de Oropesa, 11 de diciembre de 1781. ABNB, ALP-MyCh, 515, fols. 80v-81v.

1787a   Respuestas dadas por Francisco García Claros al interrogatorio presentado por Ángel Mariano Moscoso. Cochabamba, 3 de diciembre de 1787. ABNB, ALP-MyCh, 515, fols. 107v-109v.

1787b   Respuestas dadas por Francisco García Claros al interrogatorio presentado por Nicolás Josef Montaño. Cochabamba, 3 de diciembre de 1787. ABNB, ALP-MyCh, 515, fols. 109v-111v.

1789   Ratificación por parte de Francisco García Claros de las respuestas dadas al interrogatorio presentado por Nicolás Josef Montaño. Ciudad de Oropesa, 24 de diciembre de 1789. ABNB, ALP-MyCh, 515, fols. 121r-121v.

Gardet, Nicolás

1798   Carta del donado Nicolás Gardet a Tadeo Haenke. Colpa, 4 de junio de 1798. AGNA, Justicia, Leg. 39, Exp. 1162bis, Anexo 1.

1799   Carta del donado Nicolás Gardet al intendente gobernador Francisco de Viedma. Cochabamba, 12 de septiembre de 1799. AGNA, Justicia, Leg. 39, Exp. 1162bis, Anexo 3, fols. 1r-2r.

Gómez García, Eusebio

1788   Decreto y proveimiento del asesor general Eusebio Gómez García. Cochabamba, 17 de septiembre de 1788. ABNB, ALP-MyCh, 515, fol. 70v.

Gómez García, Eusebio y Fermín Escudero
1797   Dictamen de Eusebio Gómez García y Fermín Escudero. Cochabamba, 14 de febrero de 1797. AGI, Charcas, 590, fols. 53-57.

Gómez Trigoso, Juan Antonio
1782   Carta de fray Juan Antonio Gómez Trigoso al presidente de la real audiencia de Charcas. Cochabamba, 20 de enero de 1782. ABNB, MyCh-GRM, 5, VII, fols. 9r-9v.

González, Felipe
1765   Declaración de Felipe González. Punata, 26 de agosto de 1765. ABNB, MyCh-GRM, 19, I, fols. 61v-62r.

González de Prada, Josef
1798   Informe de los ministros de real hacienda, Cochabamba, 6 de diciembre de 1798. AGNA, Hacienda, Leg. 84, Exp. 2170, fols. 55v-56v.

1810a   Auto del intendente gobernador interino de Cochabamba Josef González de Prada. Cochabamba, 1 de mayo de 1810. ABNB, Minas, t. 158, núm. 5.

1810b   Decreto del intendente gobernador interino de Cochabamba Josef González de Prada. Cochabamba, 2 de mayo de 1810. ABNB, Minas, t. 158, núm. 5.

1810c   Decreto del intendente gobernador interino de Cochabamba Josef González de Prada. Cochabamba, 14 de mayo de 1810. ABNB, Minas, t. 158, núm. 5.

Haenke, Tadeo
1796   Certificación de Tadeo Haenke. Cochabamba, 13 de diciembre de 1796. AGNA, Hacienda, Leg. 84, Exp. 2170, fols. 29v-30v.

Herbas, Patricio
1805   Testimonio de Patricio Herbas sobre el abandono de parte de los yuracarees de las misiones del Mamoré y del Chimoré. Cochabamba, 24 de abril de 1805. ABNB, ALP-MyCh, 515, fols. 174v-175v.

Herboso, Francisco Ramón de
1765a   Carta del obispo de Santa Cruz Francisco de Herboso, al presidente de la real audiencia de Charcas Juan de Pestaña. Cochabamba, 13 de agosto de 1765. ABNB, MyCh-GRM, 19, I, fols. 48r-50r.

1765b Carta del obispo de Santa Cruz Francisco Ramón de Herboso al virrey Manuel de Amat. Cochabamba, 21 de diciembre de 1765. ABNB, MyCh-GRM, 19, I, fols. 80r-82v.

1766a Carta del obispo de Santa Cruz Francisco Ramón de Herboso al presidente de la real audiencia de Charcas Juan de Pestaña. Cochabamba, 10 de marzo de 1766. ABNB, MyCh-GRM, 19, I, fols. 85r-86v.

1766b Carta del obispo de Santa Cruz Francisco de Herboso al presidente de la real audiencia de Charcas Juan de Pestaña. Tarata, 3 de julio de 1766. ABNB, MyCh-GRM, 19, I, fols. 99r-100r.

1766c Carta del obispo de Santa Cruz Francisco de Herboso al presidente de la real audiencia de Charcas Juan de Pestaña. Tarata, 22 de julio de 1766. ABNB, MyCh-GRM, 19, I, fols. 103r-104r.

1766d Carta del obispo de Santa Cruz Francisco Ramón de Herboso al gobernador de Cochabamba Gabriel de Herboso. Tarata, 9 de septiembre de 1766. ABNB, MyCh-GRM, 19, I, fols. 109r-110r.

1766e Carta del obispo de Santa Cruz Francisco Ramón de Herboso al virrey Manuel de Amat. Tarata, 15 de septiembre de 1766. ABNB, MyCh-GRM, 19, I, fols. 130r-134v.

1767a Carta del obispo de Santa Cruz Francisco Ramón de Herboso al virrey Manuel de Amat. Tarata, 10 de enero de 1767. ABNB, MyCh-GRM, 19, I, fols. 140v-143v.

1767b Carta del obispo de Santa Cruz Francisco de Herboso al presidente de la real audiencia de Charcas Juan de Pestaña. Tarata, 15 de enero de 1767. ABNB, MyCh-GRM, 19, I, fols. 136r-137r.

1772 Carta del obispo de Santa Cruz Francisco Ramón de Herboso al presidente de la real audiencia de Charcas Ambrosio de Benavides. Cochabamba, 4 de abril de 1772. ABNB, MyCh-GRM, 19, II, fols. 53r-54v.

1773 Carta del obispo de Santa Cruz Francisco Ramón de Herboso al presidente de la real audiencia de Charcas Ambrosio de Benavides. La Plata, 19 de mayo de 1773. ABNB, MyCh-GRM, 19, II, fols. 61r-61v.

Herboso, Gabriel de

1765a   Auto del gobernador de Cochabamba Gabriel de Herboso. Villa de Oropesa, 5 de agosto de 1765. ABNB, MyCh-GRM, 19, I, fols. 41v-42r.

1765b   Auto del gobernador de Cochabamba Gabriel de Herboso. Cochabamba, 9 de agosto de 1765. ABNB, MyCh-GRM, 19, I, fols. 44v-45r.

1765c   Carta del gobernador de Cochabamba Gabriel de Herboso al presidente de la real audiencia de Charcas Juan de Pestaña. Cochabamba, 13 de agosto de 1765. ABNB, MyCh-GRM, 19, I, fols. 55r-56r.

1765d   Oficio del gobernador de Cochabamba Gabriel de Herboso al presidente de la real audiencia de Charcas Juan de Pestaña. Cochabamba, 7 de septiembre de 1765. ABNB, MyCh-GRM, 19, I, fols. 58r-58v.

1766   Auto del gobernador de Cochabamba Gabriel de Herboso. Tarata, 10 de septiembre de 1766. ABNB, MyCh-GRM, 19, I, fol. 110r.

Hernández, Juan

1797a   Carta del padre guardián Juan Hernández al padre Bernardo Ximénez Bejarano. Colpa, 6 de enero de 1797. AGNA, Hacienda, Leg. 84, Exp. 2170, fols. 20r-21r. También en ARAH, Colección Mata Linares, XI (B), fols. 284r-285r.

1797b   Carta del padre Juan Hernández al padre Bernardo Ximénez Bejarano. Colpa, 6 de febrero de 1797. AGI, Charcas, 590, fols. 44-45.

1797c   Carta del guardián fray Juan Hernández al intendente gobernador Francisco de Viedma y al provisor del obispado de Santa Cruz Rafael de la Vara de la Madrid. Colpa, 10 de febrero de 1797. AGI, Charcas, 590, fols. 25-32.

1797d   Carta del guardián Juan Hernández al gobernador intendente Francisco de Viedma y al provisor del obispado de Santa Cruz Rafael de la Vara de la Madrid. Colpa, 10 de febrero de 1797. AGI, Charcas, 590, fols. 38-39.

1797e   Carta del padre Juan Hernández al intendente gobernador Francisco de Viedma. Colpa, 10 de febrero de 1797. AGI, Charcas, 590, fol. 39.

DOCUMENTOS MANUSCRITOS 553

1798a   Oficio del guardián Juan Hernández a los padres Francisco Lacueva y Gaspar Alegre. Colpa, 11 de abril de 1798. AGNA, Justicia, Leg. 39, Exp. 1162bis, fols. 19r-19v.

1798b   Oficio del guardián Juan Hernández al ilustre comisario prefecto Bernardo Ximénez Bejarano. Colpa, 13 de abril de 1798. AGNA, Justicia, Leg. 39, Exp. 1162bis, fol. 5v.

1798c   Oficio del guardián Juan Hernández al intendente gobernador Francisco de Viedma. Colpa, 13 de abril de 1798. AGNA, Justicia, Leg. 39, Exp. 1162bis, fols. 6v-19r.

1798d   Carta del guardián del colegio de San José de Tarata al virrey de Buenos Aires. Colpa, 18 de abril de 1798. AGNA, Justicia, Leg. 39, Exp. 1162bis, fols. 1r-4r.

1803a   Informe del padre Juan Hernández sobre el camino propuesto a Yuracarees. Cochabamba, 7 de enero de 1803. AHPC, Leg. 28, Exp. 16, fols. 12r-13v.

1803b   Oficio del padre Juan Hernández al presidente de la real audiencia de Charcas. Colegio de San José de Tarata, 14 de septiembre de 1803. ABNB, MyCh-GRM, 19, s. n..

1804   Carta del guardián y discretorio del colegio de Propaganda Fide de Tarata al gobernador Francisco de Viedma. Tarata, 12 de abril de 1804. ABNB, ALP-MyCh, 515, fols. 11r-12r.

Hernández, Pedro

1797a   Oficio del padre Pedro Hernández al discretorio del colegio de Tarata. [Cochabamba, mediados de octubre]. AGNA, Justicia, Leg. 39, Exp. 1162bis, fols. 28v-29r.

1797b   Carta del padre Pedro Hernández al guardián Juan Hernández. Vallegrande, 9 de diciembre de 1797. AGNA, Justicia, Leg. 39, Exp. 1162bis, fols. 29r-29v.

Herrera, Francisco Manuel de

1794   Informe del fiscal protector de Naturales Francisco Manuel de Herrera al virrey y ministros de la junta Superior. Buenos Aires, 14 de noviembre de 1794. AGNA, Tribunales, Leg. 131, Exp. 21, fols. 33r-34v.

1796   Informe del fiscal en lo criminal Francisco Manuel de Herrera al virrey Pedro Melo de Portugal. Buenos Aires, 3 de marzo de 1796. AGNA, Justicia, Leg. 34, Exp. 1005, fols. 9v-11v.

554 CON LOS YURACAREES. CRÓNICAS MISIONALES (1765-1825)

Hidalgo, Clemente

1765   Declaración de Clemente Hidalgo. Tarata, 31 de agosto de
        1765. ABNB, MyCh-GRM, 19, I, fols. 66r-68r.

Junta de real hacienda de La Plata

1765   Auto de la junta de real hacienda de La Plata. La Plata, 16 de
        noviembre de 1765. ABNB, ALP-MyCh, 33, fols. 27r-28v.

Junta provincial de real hacienda de Cochabamba

1794   Informe de la junta provincial de real hacienda de Cocha-
        bamba. Cochabamba, 30 de abril de 1794. ARAH, Colección
        Mata Linares, XI, fols. 244v-246v. También en AGNA, Tri-
        bunales, Leg. 131, Exp. 21, fols. 13v-15v.

1796   Acuerdo de la junta provincial de real hacienda de Cocha-
        bamba sobre auxilios a la reducción de Yuracarees a cargo del
        padre Tomás Anaya. Cochabamba, 10 de mayo de 1796.
        AGNA, Interior, Leg. 41, Exp. 23.

1797   Diligencia de la junta provincial de real hacienda, Cocha-
        bamba, 15 de enero de 1797. AGNA, Hacienda, Leg. 84, Exp.
        2170, fols. 23v-27r. También en ARAH, Colección Mata
        Linares, XI (B), fols. 290r-297r.

1798   Diligencia de la junta provincial de real hacienda de Cocha-
        bamba. Cochabamba, 6 de marzo de 1798. ARAH, Colección
        Mata Linares, XI (B), fols. 320r-323v.

1803   Parecer de la junta provincial de real hacienda de Cocha-
        bamba. Cochabamba, 12 de septiembre de 1803. AGNA,
        Hacienda, Leg. 111, Exp. 2849, fols. 8v-10v.

Junta Superior de Buenos Aires

1794   Auto de la junta Superior de Buenos Aires. Buenos Aires, 19
        de noviembre de 1794. AGNA, Tribunales, Leg. 131, Exp. 21,
        fols. 35r-35v.

Juste, Manuel

1810   Carta del hermano Manuel Juste al intendente gobernador in-
        terino de Cochabamba Josef González de Prada. Chimoré, 2
        de abril de 1810. ABNB, Minas, t. 158, núm. 5.

Lacueva, Francisco

1798   Certificación del padre Francisco Lacueva. Colpa, 12 de abril
        de 1798. AGNA, Justicia, Leg. 39, Exp. 1162bis, fols. 19v-28r.

1799 Carta del padre Francisco Lacueva al obispo de Córdoba Ángel Mariano Moscoso. Tarata, 13 de diciembre de 1799. ABNB, ALP–MyCh, 515, fols. 162r-162v.

1810a Carta del padre Francisco Lacueva al intendente gobernador interino de Cochabamba Josef González de Prada. Reducción de Ypachimucu, 5 de abril de 1810. ABNB, Minas, t. 158, núm. 5.

1810b Carta del padre Francisco Lacueva al comisario prefecto de misiones Francisco Borda. Ypachimucu, 16 de abril de 1810. ABNB, Minas, t. 158, núm. 5.

1810c Carta del padre Francisco Lacueva al intendente gobernador interino de Cochabamba Josef González de Prada. Reducción de Ypachimucu, 17 de abril de 1810. ABNB, Minas, t. 158, núm. 5.

1820 Informe del padre Francisco Lacueva al gobernador intendente de Cochabamba. Cochabamba, 23 de febrero de 1820. ABNB, ALP–MyCh, 627.

Lacueva, Francisco y Alejandro Delgado

1804 Carta de los padres Francisco Lacueva y Alejandro Delgado al gobernador interino de Mojos Antonio Álvarez de Sotomayor. Loreto, 13 de noviembre de 1804. ABNB, MyCh–GRM, 17, XIV, fols. 118r-118v.

Lacueva, Francisco, Ramón Soto y Gaspar Alegre

1808 Carta informe de los padres Francisco Lacueva, Ramón Soto y Gaspar Alegre al intendente gobernador Francisco de Viedma. Ypachimucu, 18 de septiembre de 1808. AGNA, División Colonia, Sección Gobierno, 1808.

Leche, Daniel

1805 Testimonio de Daniel Leche sobre el abandono de parte de los yuracarees de las misiones del Mamoré y del Chimoré. Cochabamba, 23 de abril de 1805. ABNB, ALP–MyCh, 515, fols. 174r-174v.

López Lisperguer, José

1804 Oficio de José López Lisperguer al presidente de la real audiencia de Charcas. La Plata, 16 de enero de 1804. ABNB, ALP–MyCh, 515, fols. 8v-9v.

Marín, Juan Dionisio

1791   Respuestas dadas por Juan Dionisio Marín al interrogatorio presentado por el síndico procurador general. Ciudad de Oropesa, 6 de julio de 1791. ABNB, ALP-MyCh, 515, fols. 150r-152r.

Mariscal, Bernardo José

1798   Certificación del cura de Tarata Bernardo José Mariscal. Tarata, 4 de enero de 1798. AGNA, Justicia, Leg. 39, Exp. 1162bis, fols. 30v-31r.

Mariscal, Hermenegildo y Francisco Borda

1810   Carta del síndico procurador Hermenegildo Mariscal y del comisario prefecto de misiones Francisco Borda al intendente gobernador interino de Cochabamba Josef González de Prada. Tarata, mayo de 1810. ABNB, Minas, t. 158, núm. 5.

Mariscal, Justo

1799a   Acta de la visita hecha a la misión de la Asuncción. Asuncción, 28 de octubre – 2 de noviembre de 1799. ABNB, ALP-MyCh, 515, fols. 50v-56r.

1799b   Carta del Dr. Justo Mariscal al obispo de Santa Cruz de la Sierra Manuel Nicolás de Rojas. Punata, 19 de noviembre de 1799. ABNB, ALP-MyCh, 515, fols. 67r-68r.

1799c   Carta del Dr. Justo Mariscal al obispo de Santa Cruz de la Sierra Manuel Nicolás de Rojas. Punata, 20 de noviembre de 1799. ABNB, ALP-MyCh, 515, fols. 57r-61v.

Martínez, Gregorio

1781   Respuesta dada por Gregorio Martínez al interrogatorio presentado por Ángel Mariano Moscoso. Cochabamba, 15 de diciembre de 1781. ABNB, ALP-MyCh, 515, fols. 83r-84r.

Mateos Ximénez, Bernardo

1797   Carta de Bernardo Mateos Ximénez al padre Bernardo Ximénez Bejarano. Colpa, 11 de febrero de 1797. AGI, Charcas, 590, fols. 35-36.

Medina, Francisco de

1766a   Carta de Francisco de Medina al obispo de Santa Cruz Francisco de Herboso. Del Monte, 8 de junio de 1766. ABNB, MyCh-GRM, 19, I, fols. 102r-102v.

1766b Informe de Francisco de Medina al obispo de Santa Cruz Francisco Ramón de Herboso. Tarata, 10 de septiembre de 1766. ABNB, MyCh-GRM, 19, I, fols. 125r-129v.

Medrano, Pedro, Antonio de Pinedo y Félix de Casamayor

1794 Informe de Pedro Medrano, Antonio de Pinedo y Félix de Casamayor al virrey y ministros de la junta Superior. Buenos Aires, 17 de septiembre de 1794. ARAH, Colección Mata Linares, XI, fols. 255v-256v. También en AGNA, Tribunales, Leg. 131, Exp. 21, fols. 28v-29v.

Mejía, Josef Manuel

1793 Certificación del juez asociado de Samaypata Josef Manuel Mejía. Samaypata, 24 de junio de 1793. AGI, Charcas, 436. Anexo núm. 15, fols. 3v-4r.

Melendes, Marcos

1776a Carta del padre Marcos Melendes a los hermanos Manuel Tomás Moscoso y Ángel Mariano Moscoso. Nuestra Señora de la Asumpción, 5 de agosto de 1776. ABNB, MyCh-GRM, 19, III, fols. 46r-46v.

1776b Carta del padre Marcos Melendes a los hermanos Manuel Tomás Moscoso y Ángel Mariano Moscoso. Misión de la Asumpción, 20 de agosto de 1776. ABNB, MyCh-GRM, 19, III, fols. 46v-48v.

1778 Carta del padre Marcos Melendes al gobernador de Mojos Ignacio Flores. La Plata, 14 de octubre de 1778. ABNB, MyCh-GRM, 5, IV, fols. 1r-1v.

1779 Carta del padre Marcos Melendes al gobernador de Mojos Ignacio Flores. Pueblo de la Asumpción, 11 de diciembre de 1779. ABNB, MyCh-GRM, 5, IV, fols. 2r-3v.

1780a Carta del padre Marcos Melendes al gobernador de Mojos Ignacio Flores. Asunción, 4 de marzo de 1780. ABNB, MyCh-GRM, 5, IV, fols. 4r-4v.

1780b Carta del padre Marcos Melendes al gobernador de Mojos Ignacio Flores. Misión de la Asunción, 15 de marzo de 1780. ABNB, MyCh-GRM, 5, IV, fols. 5r-6v.

1780c Carta del padre Marcos Melendes al gobernador de Mojos Ignacio Flores. Asunción, 16 de abril de 1780. ABNB, MyCh-GRM, 5, IV, fols. 7r-8r.

1780d   Carta del padre Marcos Melendes al gobernador de Mojos
        Ignacio Flores. Asunción, 23 de abril de 1780. ABNB, MyCh-
        GRM, 5, IV, fols. 9r-10v.
1780e   Carta del padre Marcos Melendes al gobernador de Mojos
        Ignacio Flores. Asunción, 6 de mayo de 1780. ABNB, MyCh-
        GRM, 5, IV, fols. 11r-12r.
1780f   Carta del padre Marcos Melendes al gobernador de Mojos
        Ignacio Flores. Asunción, 28 de mayo de 1780. ABNB, MyCh-
        GRM, 5, IV, fols. 13r-15v.
1780g   Carta del padre Marcos Melendes al gobernador de Mojos
        Ignacio Flores. Asunción, 13 de junio de 1780. ABNB, MyCh-
        GRM, 5, IV, fols. 16r-18v.
1780h   Carta del padre Marcos Melendes al gobernador de Mojos
        Ignacio Flores. Asunción, 23 de junio de 1780. ABNB, MyCh-
        GRM, 5, IV, fols. 19r-19v.
1780i   Carta del padre Marcos Melendes al gobernador de Mojos
        Ignacio Flores. Asunción, 24 de junio de 1780. ABNB, MyCh-
        GRM, 5, IV, fols. 21r-22r.
1780j   Carta del padre Marcos Melendes al gobernador de Mojos
        Ignacio Flores. Asunción, 7 de julio de 1780. ABNB, MyCh-
        GRM, 5, IV, fols. 23r-24v.
Mendivil, Francisco
1781   Respuestas dadas por Francisco Mendivil al interrogatorio
        presentado por Ángel Mariano Moscoso. Villa de Oropesa, 7
        de diciembre de 1781. ABNB, ALP-MyCh, 515, fols. 76v-77r.
Mendivil, Pedro
1786a   Respuestas dadas por Pedro Mendivil al interrogatorio pre-
        sentado por Ángel Mariano Moscoso. Tarata, 31 de octubre
        de 1786. ABNB, ALP-MyCh, 515, fols. 100r-101v.
1786b   Ratificación de las respuestas dadas al interrogatorio presen-
        tado por Ángel Mariano Moscoso. Cochabamba, 29 de no-
        viembre de 1786. ABNB, ALP-MyCh, 515, fol. 105r.
Mercado, Andrés
1805   Testimonio de Andrés Mercado sobre el abandono de parte
        de los yuracarees de las misiones del Mamoré y del Chimoré.
        Cochabamba, 27 de abril de 1805. ABNB, ALP-MyCh, 515,
        fols. 175v-176v.

Mercado, Miguel

1797   Declaración de Miguel Mercado. Arani, 2 de enero de 1797. AGNA, Hacienda, Leg. 84, Exp. 2170, fols. 32v-33v.

Mercado y Lastra, Miguel

1786a   Respuestas dadas por Miguel Mercado y Lastra al interrogatorio presentado por Ángel Mariano Moscoso. Tarata, 25 de octubre de 1786. ABNB, ALP-MyCh, 515, fols. 91r-93r.

1786b   Ratificación de las respuestas dadas por Miguel Mercado y Lastra al interrogatorio presentado por Ángel Mariano Moscoso. Cochabamba, 2 de diciembre de 1786. ABNB, ALP-MyCh, 515, fols. 106r-106v.

1789   Nueva ratificación hecha por Miguel Mercado y Lastra, ante Nicolás Josef Montaño. ABNB, ALP-MyCh, 515, fols. 120r-121r.

Meruvia, Lorenzo

1798   Cuenta y razón documentada de la inversión de 2.800 pesos por parte de Lorenzo Meruvia. Cochabamba, 12 de febrero de 1798. AGI, Charcas, 436/1797, fols. 5v-9v.

Molina, Antonio

1799   Declaración prestada por Antonio Molina ante el Dr. Justo Mariscal. Misión de Yuracarees, 2 de noviembre de 1799. ABNB, ALP-MyCh, 515, fols. 62v-63r.

Montaño, Clemente

1765   Declaración de Clemente Montaño. Punata, 26 de agosto de 1765. ABNB, MyCh-GRM, 19, I, fols. 60v-61v.

Montaño, Gervasio

1786   Respuestas dadas por Gervasio Montaño al interrogatorio presentado por Ángel Mariano Moscoso. Tarata, 27 de octubre de 1786. ABNB, ALP-MyCh, 515, fols. 97r-98v.

Montaño, Nicolás Josef

1787   Interrogatorio presentado por el síndico procurador general de Cochabamba Nicolás Josef Montaño. Ciudad de Oropesa, 29 de noviembre de 1787. ABNB, ALP-MyCh, 515, fols. 107r-107v.

Moscoso, Ángel Mariano

1776   Carta de Ángel Mariano Moscoso al corregidor de Cochabamba, Pedro Rodrigo y Garralda. Tarata, 6 de octubre de 1776. ABNB, MyCh-GRM, 19, III, fols. 39v-41v.

1781   Poder que da el doctor Ángel Mariano Moscoso a Andrés Villaseñor. Villa de Oropesa, 3 de diciembre de 1781. ABNB, ALP-MyCh, 515, fol. 72r.

1792   Carta de Ángel Mariano Moscoso al padre Tomás Anaya. Tucumán, 26 de julio de 1792. ARAH, Colección Mata Linares, XI (B), fols. 302v–304r.

1797   Carta del obispo de Córdoba Ángel Mariano Moscoso al obispo de Santa Cruz de la Sierra Nicolás de Rojas. Córdoba del Tucumán, 2 de octubre de 1797. AGNA, División Colonia, Sección Gobierno, Sala IX, 5.9.1, fols. 11r–14r.

1799a   Informe del obispo Ángel Mariano Moscoso al virrey del Río de la Plata. Córdoba, 19 de febrero de 1799. ABNB, ALP-MyCh, 515, fols. 146r–149v.

1799b   Carta de Ángel Mariano Moscoso al obispo de Santa Cruz de la Sierra Manuel Nicolás de Rojas. Córdoba, 2 de abril de 1799. ABNB, ALP-MyCh, 515, fols. 48r–49r.

1799c   Poder que otorga el obispo Ángel Mariano Moscoso al doctor Francisco Paula Moscoso, abogado de la real audiencia de La Plata. Córdoba, 4 de mayo de 1799. ABNB, ALP-MyCh, 515, fols. 1r–2r.

1799d   Representación del obispo de Córdoba Ángel Mariano Moscoso al presidente de la real audiencia de Charcas. Córdoba, 30 de diciembre de 1799. AGNA, División Colonia, Sección Gobierno, 1799, fols. 29r–30v.

1804a   Representación del obispo Ángel Mariano Moscoso a la audiencia de Charcas. Córdoba, 1 de junio de 1804. ABNB, ALP-MyCh, 515, fols. 15r–33r.

1804b   Carta reservada del obispo Ángel Mariano Moscoso a la audiencia de Charcas. Córdoba, 3 de julio de 1804. ABNB, ALP-MyCh, 515, fols. 34r–37v.

Moscoso, Francisco Paula

1797   Interrogatorio presentado por Francisco Paula Moscoso para que sea aplicado al padre Tomás Anaya. La Plata, 28 de julio de 1797. ABNB, ALP-MyCh, 515, fols. 136r–137r.

[1803] Oficio del Doctor Francisco Paula Moscoso a la audiencia de Charcas. [La Plata, noviembre de 1803]. ABNB, ALP-MyCh, 515, fols. 8r–8v.

Moscoso, Manuel Tomás

1773   Carta de Manuel Tomás Moscoso al obispo de Santa Cruz
        Francisco Ramón de Herboso. Punata, 6 de enero de 1773.
        ABNB, MyCh-GRM, 19, II, fols. 95r-60r.

1776   Carta de Manuel Tomás Moscoso al corregidor de Cocha-
        bamba Pedro Rodrigo y Garralda. Punata, 6 de noviembre de
        1776. ABNB, MyCh, 19-GRM, III, fols. 41v-45r.

Moya, Pablo de

1798   Oficio del padre Pablo de Moya al secretario general del Con-
        sejo de Indias Silvestre Collar. Madrid, 23 de agosto de 1798.
        AGI, Charcas, 590, fols. 91-99.

Navia, Ambrosio

1797   Certificación de Ambrosio Navia. Hacienda de Colpa, 16 de
        febrero de 1797. AGI, Charcas, 590, fols. 61-62.

Nogales, Josef

1781   Respuestas dadas por Josef Nogales al interrogatorio presen-
        tado por Ángel Mariano Moscoso.Villa de Oropesa, 11 de di-
        ciembre de 1781. ABNB, ALP-MyCh, 515, fols. 79v-80v.

Nogales, Pedro de

1786   Presentación de un interrogatorio por parte de Pedro de No-
        gales en nombre de Ángel Mariano Moscoso, sobre la misión
        de los yuracarees, el camino que une Cochabamba con Mojos
        y la formación de haciendas en las Montañas de Yuracarees.
        Tarata, octubre de 1786. ABNB, ALP-MyCh, 515, fols. 90r-
        91r.

Ochoa y Morillo, Alejandro José

1784a   Fundamentos legales y políticos y eficaces razones que se ex-
        ponen para demostrar y convencer la necesidad que hay de la
        translación de la sede del obispado de Santa Cruz a la Villa
        de Cochabamba. Pueblo de San Pedro de Tarata, 7 de febre-
        ro de 1784. ARAH, Colección Mata Linares, LXX, fols. 18r-
        25v.

1784b   Nombramiento del padre Francisco Buyán como misionero
        y doctrinero de los yuracarees por parte del obispo de Santa
        Cruz Alejandro José Ochoa y Morillo. San Pedro de Tarata, 3
        de junio de 1784. ABNB, ALP-MyCh, 515, fols. 157v-159r.

1790a   Oficio del obispo Alejandro José Ochoa y Morillo al gober-
        nador intendente Francisco de Viedma. Tarata, 12 de junio de
        1790. AGI, Buenos Aires, 78, fols. 19-30.
1790b   Oficio del obispo Alejandro José Ochoa y Morillo al minis-
        tro de gracia y justicia, Tarata, 18 de julio de 1790. AGI,
        Charcas, 561, fols. 5-6.
1790c   Oficio del obispo Alejandro José Ochoa y Morillo al comi-
        sario general de Indias Fr. Manuel María Trujillo. Tarata, 7 de
        septiembre de 1790. AGI, Charcas, 561, Exp. 15.
Ortega, Esteban
1799   Oficio del padre visitador Esteban Ortega al intendente
        gobernador Francisco de Viedma. Colpa, 1 de octubre de
        1799. AGNA, Justicia, Leg. 39, Exp. 1162bis, Anexo 4, fol. 7r.
Pardo de Figueroa, Ambrosio
1781   Respuestas dadas por Ambrosio Pardo de Figueroa al interro-
        gatorio presentado por Ángel Mariano Moscoso. Cocha-
        bamba, 22 de diciembre de 1781. ABNB, ALP-MyCh, 515,
        fols. 85v-87r.
Pascal, Josef
1766   Relación del viaje que hizo don Josef Pascal de la misión de
        Loreto a la cordillera de Cochabamba. Loreto, junio de 1766.
        ABNB, MyCh-GRM, 19, I, fols. 121v-123r.
Peralta, Antolín.
1781   Respuestas dadas por Antolín Peralta al interrogatorio pre-
        sentado por Ángel Mariano Moscoso. Villa de Oropesa, 7 de
        diciembre de 1781. ABNB, ALP-MyCh, 515, fols. 73v-76v.
Peramás, Baltasar
1765a   Carta de Baltasar Peramás al presidente de la real audiencia
        de Charcas Juan de Pestaña. Mizque, 1 de abril de 1765.
        ABNB, ALP-MyCh, 33, fols. 1r-1v.
1765b   Carta de Baltasar Peramás al presidente de la real audiencia
        de Charcas Juan de Pestaña. Totora, 16 de abril de 1765.
        ABNB, ALP-MyCh, 33, fols. 1v-2v.
1765c   Carta de Baltasar Peramás al presidente de la real audiencia
        de Charcas Juan de Pestaña. Cochabamba, 9 de mayo de 1765.
        ABNB, ALP-MyCh, 33, fols. 4r-5r.

1765d Diario de las operaciones practicadas en el reconocimiento de los caminos de Mojos y Buena Vista. ABNB, ALP-MyCh, 33, fols. 10v-13r.

1765e Carta de Baltasar Peramás al presidente de la real audiencia de Charcas Juan de Pestaña. Mizque, 2 de septiembre de 1765. ABNB, ALP-MyCh, 33, fols. 7r-8v.

1765f Carta de Baltasar Peramás al presidente de la real audiencia de Charcas Juan de Pestaña. Mizque, 6 de septiembre de 1765. ABNB, ALP-MyCh, 33, fols. 13r-15r.

1780 Carta de Baltasar de Peramás al gobernador de Mojos Ignacio Flores. Mizque, 14 de junio de 1780. ABNB, MyCh-GRM, 5, IX, fols. 214r-218v.

1782 Carta de Baltasar Peramás al obispo de Santa Cruz de la Sierra Alejandro José de Ochoa y Morillo. La Plata, 23 de julio de 1782. AMCSC, 23 de julio, 1782.

Pérez, Josef

1809 Carta del padre Josef Pérez a Baltasar Hidalgo de Cisneros. Cochabamba, 2 de diciembre de 1809. AGNA, División Colonia, Sección Gobierno, Sala 9.5.9.2.

Pestaña, Juan de

1765a Carta del presidente de la real audiencia de Charcas Juan de Pestaña a Baltasar Peramás. Plata, 23 de abril de 1765. ABNB, ALP-MyCh, 33, fols. 3r-4r.

1765b Carta del presidente de la real audiencia de Charcas Juan de Pestaña a Juan Antonio Saavedra. La Plata, 4 de mayo de 1765. ABNB, MyCh-GRM, 19, I, fol. 8r.

1765c Carta del presidente de la real audiencia de Charcas Juan de Pestaña al gobernador de Cochabamba Gabriel de Herboso. La Plata, 10 de julio de 1765. ABNB, MyCh-GRM, 19, I, fol. 35r.

1766 Carta del presidente de la real audiencia de Charcas Juan de Pestaña al obispo de Santa Cruz de la Sierra Francisco Ramón de Herboso. Cochabamba, 12 de marzo de 1766. ABNB, MyCh-GRM, 19, I, fols. 87r-87v.

Pino, Joaquín del

1804 Carta del virrey de Buenos Aires Joaquín del Pino al intendente gobernador Francisco de Viedma. Buenos Aires, 3 de marzo de 1804. AGNA, División Colonia, Sección Gobierno, 1790-1804, [fol. 7r].

Porosel, Francisco de

1798   Certificación del cura de Punata Francisco de Porosel. Punata, 2 de enero de 1798. AGNA, Justicia, Leg. 39, Exp. 1162bis, fols. 30r-30v.

Prudencio Sainz, Miguel

1781   Respuestas dadas por Miguel Prudencio Sainz al interrogatorio presentado por Ángel Mariano Moscoso. Tarata, 22 de diciembre de 1781. ABNB, ALP-MyCh, 515, fols. 87r-89r.

Quiroga, Diego Manuel

1788   Solicitud de Diego Manuel Quiroga al asesor Eusebio Gómez García. Cochabamba, 17 de septiembre de 1788. ABNB, ALP-MyCh, 515, fols. 70r-70v.

1789a   Petición hecha por Diego Manuel Quiroga a nombre de Ángel Mariano Moscoso. [Cochabamba, junio de 1789]. ABNB, ALP-MyCh, 515, fols. 111v-112r.

1789b   Petición hecha por Diego Manuel Quiroga a nombre de Ángel Mariano Moscoso. Cochabamba, 5 de junio de 1789. ABNB, ALP-MyCh, 515, fols. 112r-112v.

Rabasa, Diego y Nicolás Josef Montaño

1781   Respuestas dadas por Diego Rabasa y Nicolás Josef Montaño al interrogatorio presentado por Ángel Mariano Moscoso. Cochabamba, 17 de diciembre de 1781. ABNB, ALP-MyCh, 515, fols. 84r-85v.

Real, Domingo

1798a   Certificación del padre Domingo Real. Cochabamba, 3 de diciembre de 1798. AGI, Charcas, 436, Anexo 11.

1798b   Oficio del padre Domingo Real al intendente gobernador Francisco de Viedma. Cochabamba, 4 de diciembre de 1798. AGNA, Hacienda, Leg. 84, Exp. 2170, fols. 55r-55v.

1800   Carta del padre Domingo Real al guardián Francisco Lacueva. Colpa, 30 de junio de 1800. ABNB, MyCh-GRM, 14, XXXII, fols. 22r-22v.

Real Audiencia de Charcas

1765   Auto de la Real audiencia de Charcas. La Plata, 22 de agosto de 1765. ABNB, MyCh-GRM, 19, I, fols. 57r-58r.

1773   Resolución de la real audiencia de Charcas. La Plata, 29 de
        julio de 1773. ABNB, MyCh-GRM, 19, II, fols. 67v-68v.
1790   Auto de la real audiencia de Charcas. La Plata, 30 de enero
        de 1790. ABNB, MyCh-GRM, 5, V, fols. 158r-158v.
1793a   Real providencia de la real audiencia de Charcas. La Plata, 10
        de diciembre de 1793. AGNA, Tribunales, Leg. 131, Exp. 21,
        fols. 7r-8r.
1793b   Real providencia de la real audiencia de Charcas. La Plata, 23
        de diciembre de 1793. AGI, Charcas, 436, Anexo 5, fols. 1r-
        2v.
1793d   Auto y proveimiento de la real audiencia de Charcas. La Plata,
        23 de diciembre de 1793. ARAH, Colección Mata Linares,
        XI, fols. 241r-241v. También en AGNA, Tribunales, Leg. 131,
        Exp. 21, fols. 8r-8v. También en AGI, Charcas, 436, Anexo 5,
        fols. 1v-2r.
1793d   Decisión de la real audiencia de Charcas. La Plata, 23 de di-
        ciembre de 1793. AGNA, Tribunales, Leg. 131, Exp. 21, fols.
        8v-9r. También en AGI, Charcas, 436, Anexo 5, fol. 2r.
1794a   Real provisión de la real audiencia de Charcas. La Plata, 4 de
        febrero de 1794. AGNA, Tribunales, Leg. 131, Exp. 21, fols.
        19r-21r. También en AGI, Charcas, 436, Anexo 5, fols. 2v-4v.
1794b   Auto de la real audiencia de Charcas. La Plata, 20 de febrero
        de 1794. AGNA, Tribunales, Leg. 131, Exp. 21, fol. 21r.
        También en AGI, Charcas, 436, Anexo 5, fols. 4v-5r.
1794c   Proveimiento de la real audiencia de Charcas. La Plata, 22 de
        febrero de 1794. AGNA, Tribunales, Leg. 131, Exp. 21, fols.
        21r-22r. También en AGI, Charcas, 436. Anexo 5, fols. 5r-5v.
1794d   Providencia de la real audiencia de Charcas. La Plata, 21 de
        marzo de 1794. AGNA, Tribunales, Leg. 131, Exp. 21, fols.
        23r-23v.
1797   Real providencia de la real audiencia de Charcas. La Plata, 6
        de abril de 1797. AGNA, Justicia, Leg. 39, Exp. 1162bis, fol.
        30r.
Ribera, Lázaro de
1786   Informe del gobernador de Mojos Lázaro de Ribera al pre-
        sidente de la real audiencia de Charcas. Loreto, 24 de julio de
        1786. ABNB, MyCh-GRM, 6, I.

Rodrigues, Bento
1780   Carta de Bento Rodrigues al gobernador de Mojos, Ignacio Flores. Asunción, 24 de junio de 1780. ABNB, MyCh-GRM, 5, IV, fol. 20r.
1789   Declaración de Bento Rodrigues ante Nicolás Josef Montaño. Ciudad de Oropesa, 1 de julio de 1789. ABNB, ALP-MyCh, 515, fols. 117v-119v.
1798   Respuestas dadas por Bento Rodrigues al interrogatorio presentado por Pedro José Toledo Pimentel. Ciudad de San Lorenzo, 24 de septiembre de 1798. ABNB, ALP-MyCH, 515, fols. 144r-145r.

Rojas, Felipe de
1765   Declaración del padre Felipe de Rojas. Cochabamba, 14 de abril de 1765. ABNB, MyCh-GRM, 19, I, fols. 16r-16v.

Rojas, José
1805   Testimonio de José Rojas sobre el abandono de parte de los yuracarees de las misiones del Mamoré y del Chimoré. Hacienda de Chulpas, 14 de mayo de 1805. ABNB, ALP-MyCh, 515, fols. 191r-195r.

Rojas, Manuel Nicolás de
1797   Carta del obispo de Santa Cruz de la Sierra Manuel Nicolás de Rojas al obispo de Córdoba Ángel Mariano Moscoso. Tarata, 14 de noviembre de 1797. AGNA, División Colonia, Sección Gobierno, Sala IX, 5.9.1, fols. 14r-15v.
1798   Carta del obispo de Santa Cruz Manuel Nicolás de Rojas, al padre Francisco Buyán. Punata, 28 de enero de 1798. ABNB, ALP-MyCh, 515, fol. 160r.
1799a   Oficio del obispo de Santa Cruz Manuel Nicolás de Rojas al Dr. Justo Mariscal. Punata, 28 de octubre de 1799. ABNB, ALP-MyCh, 515, fol. 62r.
1799b   Carta del obispo de Santa Cruz Manuel Nicolás de Rojas y Argandoña al presidente del superior Tribunal de la real audiencia de Charcas. Punata, 8 de noviembre de 1799. ABNB, ALP-MyCh, 445, fols. 2r-3r.
1799c   Carta del obispo de Santa Cruz Manuel Nicolás de Rojas al obispo de Córdoba Ángel Mariano Moscoso. Punata, 15 de noviembre de 1799. ABNB, ALp-MyCh, 515, fol. 165r.

Saavedra, Juan Antonio

1765a Carta de Juan Antonio Saavedra al presidente de la real audiencia de Charcas Juan de Pestaña. Cochabamba, 16 de abril de 1765. ABNB, MyCh-GRM, 19, I, fols. 7r-8r.

1765b Carta de Juan Antonio Saavedra al presidente de la real audiencia de Charcas Juan de Pestaña. Cochabamba, 19 de mayo de 1765. ABNB, ALP-MyCh, 33, fols. 33r-33v.

1765c Carta de Juan Antonio Saavedra al presidente de la real audiencia de Charcas Juan de Pestaña. Sacaba, 12 de junio de 1765. ABNB, ALP-MyCh, 33, fols. 34r-34v.

1765d Carta de Juan Antonio Saavedra al presidente de la real audiencia de Charcas Juan de Pestaña. Sacaba, 29 de junio de 1765. ABNB, ALP-MyCh, 33, fols. 36r-37r.

1765e Diario de la entrada que hizo Juan Antonio Saavedra por Colomi y por Chapapani. Sacaba, 29 de junio de 1765. ABNB, ALP-MyCh, 33, fols. 38r-39r. También en ABNB, MyCh, 19, I, fols. 38r-39r.

Saavedra [s. n.]

1798 Oficio de Saavedra al virrey de Buenos Aires. Madrid, 10 de julio de 1798. AGNA, Tribunales, Leg. 131, Exp. 21, fols. 37r-37v.

San Alberto, Josef Antonio de

1800 Carta de Josef Antonio de San Alberto al presidente del superior tribunal de la real audiencia de Charcas. Yotala, 21 de junio de 1800. ABNB, ALP-MyCh, 445, fols. 15r-16r.

Sánchez, Francisco y Felipe Santiago Soriano

1797 Certificación de Francisco Sánchez y Felipe Santiago Soriano. Totora, 4 de enero de 1797. AGNA, Hacienda, Leg. 84, Exp. 2170, fols. 35r-35v.

Santa Cruz, Lucas Josef de

1786 Solicitud de ratificación de las respuestas al interrogatorio presentado por Ángel Mariano Moscoso, por parte de Lucas Josef de Santa Cruz. Tarata, noviembre, 1786. ABNB, ALP-MyCh, 515, fols. 104r-104v.

Santos, Juan

1799 Declaración prestada por Juan Santos ante el Dr. Justo Mariscal. Millomayo, 4 de noviembre de 1799. ABNB, ALP-MyCh, 515, fols. 65r-65v.

Santos Chávez, Manuel

1799   Declaración prestado por Manuel Santos Chávez ante el Dr. Justo Mariscal. Hacienda de la Concepción de Millomayo, 4 de noviembre de 1799. ABNB, ALP-MyCh, 515, fols. 64r-64v.

Sanz, Francisco de Paula

1793a   Oficio de Francisco de Paula Sanz a la junta de temporalidades de La Plata. Buenos Aires, 13 de octubre de 1793. AGNA, Tribunales, Leg. 131, Exp. 21, fols. 10r-11r.

1793b   Oficio de Francisco de Paula Sanz a los oficiales reales de Cochabamba. Buenos Aires, 16 de octubre de 1793. AGNA, Tribunales, Leg. 131, Exp. 21, fols. 11v-12r.

Seoane de los Santos, Antonio

1776   Oficio de Antonio Seoane de los Santos al presidente de la real audiencia de Charcas Ambrosio de Benavides. Misión de San Javier de Chiquitos, 3 de septiembre de 1776. ABNB, MyCh-GRM, 19, fols. 25v-26v.

Sobremonte, Marqués de

1805a   Oficio del virrey del Río de la Plata el Marqués de Sobremonte a la real audiencia de Charcas. Buenos Aires, 1 de julio de 1805. ABNB, ALP-MyCh, 515, fols. 202r-202v.

1805b   Oficio del virrey del Río de la Plata el Marqués de Sobremonte a la real audiencia de Charcas. Buenos Aires, 27 de agosto de 1805. ABNB, ALP-MyCh, 515, fol. 203r.

Solís, Josef Manuel

1765   Declaración de Josef Manuel Solís. Tarata, 31 de agosto de 1765. ABNB, MyCh-GRM, 19, I, fols. 64r-66r.

1766   Declaración de Josef Manuel Solís. Tarata, 11 de septiembre de 1766. ABNB, MyCh-GRM, 19, I, fols. 115r-116r.

Sosa, Gregorio Antonio de

1799   Declaración prestada por Gregorio Antonio de Sosa ante el Dr. Justo Mariscal. Millomayo, 4 de noviembre de 1799. ABNB, ALP-MyCh, 515, fols. 65v-66v.

Soto, Ramón

1797a   Carta del padre Ramón Soto al padre Bernardo Ximénez Bejarano. Colpa, 15 de marzo de 1797. AGI, Charcas, 590, fol. 67.

1797b Carta del padre Ramón Soto al intendente gobernador Francisco de Viedma. Colpa, 6 de abril de 1797. AGI, Charcas, 590, fols. 84-85.

1803a Estado de la reducción de San Francisco de Asís del Mamoré, por el cual demuestra su constitución actual en lo temporal y espiritual, material y formal, que lo formé yo el padre procurador y conversor fray Ramón Soto. Cochabamba, 6 de septiembre de 1803. AGNA, Hacienda, Leg. 111. Exp. 2849, fols. 1r-6r.

1803b Representación del padre Ramón Soto al intendente gobernador Francisco de Viedma. Cochabamba, 6 de septiembre de 1803. AGNA, Hacienda, Leg. 111. Exp. 2849, fols. 6r-8v.

Soto, Ramón y Francisco Lacueva

1805a Informe sobre el estado de la misión del Mamoré. Tarata, 8 de mayo de 1805. ABNB, ALP-MyCh, 515, fols. 177r-180r.

1805b Carta de los padres Ramón Soto y Francisco Lacueva al gobernador Francisco de Viedma. Tarata, 12 de mayo de 1805. ABNB, ALP-MyCh, 515, fol. 190v.

Soto, Ramón, Francisco Lacueva, Juan Fernández y Alejandro Delgado

1805 Informe sobre el abandono de las misiones del Mamoré y del Chimoré. Tarata, 8 de mayo de 1805. ABNB, ALP-MyCh, 515, fols. 182r-190r.

Toledo Pimentel, Pedro

1789 Informe del gobernador eclesiástico Pedro Toledo Pimentel para el obispo de Santa Cruz de la Sierra Alejandro José de Ochoa y Morillo. Santa Cruz, 14 de octubre de 1789. ABNB. MyCh-GRM, 5, V, fols. 151r-155r.

Toro, Ángel Mariano

1804 Testimonio sobre la autenticidad de la carta que escribió el obispo de Santa Cruz Manuel Nicolás de Rojas al obispo Ángel Mariano Moscoso el 15 de noviembre de 1799. La Plata, agosto de 1804. ABNB, ALP-MyCh, 515, fols. 164r-165v.

Toro, Sebastián Antonio

1772 Nota de Sebastián Antonio Toro. La Plata, 25 de mayo de 1772. ABNB, MyCh-GRM, 19, II, fol. 56v.

Vara y de la Madrid, Rafael de la

1797 Carta del provisor Rafael de la Vara y de la Madrid al intendente gobernador Francisco de Viedma. Arani, 6 de abril de 1797. AGI, Charcas, 590, fol. 85.

Vargas, Diego

1786a   Respuestas dadas por Diego Vargas al interrogatorio presentado por Ángel Mariano Moscoso. Tarata, 20 de noviembre de 1786. ABNB, ALP-MyCh, 515, fols. 101v-104r.

1786b   Ratificación de las respuestas dadas al interrogatorio presentado por Ángel Mariano Moscoso. Cochabamba, 29 de noviembre de 1786. ABNB, ALP-MyCh, 515, fol. 105r.

Vargas, Joaquín

1781   Respuestas dadas por el presbítero Joaquín Vargas al interrogatorio presentado por Ángel Mariano Moscoso. Villa de Oropesa, 10 de diciembre de 1781. ABNB, ALP-MyCh, 515, fols. 77r-79v.

Vega, Rafael

1765   Declaración de Rafael Vega. Punata, 26 de agosto de 1765. ABNB, MyCh-GRM, 19, I, fols. 62r-63r.

Velasco, José Joaquín

1793   Informe de José Joaquín Velasco al intendente gobernador Francisco de Viedma. San Francisco del Mamoré, 10 de octubre de 1793. ARAH, Colección Mata Linares, XI, fols. 232r-238r. También en AGNA, Tribunales, Leg. 131, Exp. 21, fols. 2r-4v.

1796a   Memorial del presbítero José Joaquín Velasco dirigido al intendente gobernador Francisco de Viedma. Cochabamba, 1 de diciembre de 1796. AGNA, Hacienda, Leg. 84, Exp. 2170, fols. 14r-17r.

1796b   Certificación del doctor José Joaquín Velasco. Cochabamba, 7 de diciembre de 1796. AGNA, Hacienda, Leg. 84, Exp. 2170, fols. 28v-29v.

Vértiz, Josef de

1780   Carta del virrey Josef de Vértiz al rey. Buenos Aires, 30 de septiembre de 1780. AGI, Charcas, 576. Doc. 1. s. n.

Vidal, Pedro

1776   Testimonio del procurador general Pedro Vidal. Cochabamba, 3 de octubre de 1776. ABNB, MyCh-GRM, 19, III, fols. 35r-35v.

1786a   Respuestas dadas por Pedro Vidal al interrogatorio presentado por Ángel Mariano Moscoso. Tarata, 30 de octubre de 1786. ABNB, ALP-MyCh, 515, fols. 98v-100r.

1786b   Ratificación de las respuestas dadas por Pedro Vidal al interrogatorio presentado por Ángel Mariano Moscoso. Cochabamba, 29 de noviembre de 1786. ABNB, ALP-MyCh, 515, fol. 105v.

1789   Nueva ratificación dada por Pedro Vidal ante Nicolás Josef Montaño. Ciudad de Oropesa, 4 de julio de 1789. ABNB, ALP-MyCh, 515, fols. 119v-120r.

Viedma, Francisco de

1788a   Informe del intendente gobernador Francisco de Viedma al virrey Marqués de Loreto. Cochabamba, 4 de febrero de 1788. ABNB, ALP-MyCh, 515, fols. 153r-156v.

1788b   Auto del intendente gobernador Francisco de Viedma sobre la adquisición de terrenos en las Montañas de Yuracarees. Ciudad de Oropesa, 23 de mayo de 1788. ABNB, ALP-MyCh, 515, fols. 69r-69v.

1790   Representación del intendente gobernador de Cochabamba Francisco de Viedma al rey Carlos IV. Cochabamba, 21 de junio de 1790. AGI, Buenos Aires, 78, fols. 30-34.

1793a   Carta del intendente gobernador Francisco de Viedma al subdelegado del partido de Vallegrande y alcalde ordinario de Chilón y Samaypata. Cochabamba, 2 de mayo de 1793. AGNA, Tribunales, Leg. 131, Exp. 21, núm. 1, fols. 2r-2v. También en AGI, Charcas, 436, Anexo núm. 15, fols. 1r-2v.

1793b   Representación del intendente gobernador Francisco de Viedma al presidente de la real audiencia de Charcas. Cochabamba, 9 de noviembre de 1793. ARAH, Colección Mata Linares, XI, fols. 238r-241r. También en AGNA, Tribunales, Leg. 131, Exp. 21, fols. 5r-6v.

1793c   Carta del intendente gobernador Francisco de Viedma al presidente de la real audiencia de Charcas. Cochabamba, 23 de diciembre de 1793. AGNA, Tribunales, Leg. 131, Exp. 21, fols. 19r-20v. También en AGI, Charcas, 436, Anexo 5, fols. 2v-4r.

1794a   Auto de obedecimiento del intendente gobernador Francisco de Viedma. Cochabamba, 3 de enero de 1794. AGNA, Tribunales, Leg. 131, Exp. 21, fols. 9r-9v.

1794b   Auto del intendente gobernador Francisco de Viedma. Cochabamba, 23 de abril de 1794. ARAH, Colección Mata

Linares, XI, fol. 241v. También en AGNA, Tribunales, Leg. 131, Exp. 21, fol. 9v.

1794c   Auto y proveimiento del intendente gobernador Francisco de Viedma. Cochabamba, 25 de abril de 1794. AGNA, Tribunales, Leg. 131, Exp. 21, fol. 12v.

1794d   Auto y proveimiento del intendente gobernador Francisco de Viedma. Cochabamba, 26 de abril de 1794. AGNA, Tribunales, Leg. 131, Exp. 21, fol. 13v.

1794e   Representación del gobernador intendente de Cochabamba al virrey de Buenos Aires Nicolás de Arredondo. Cochabamba, 15 de julio de 1794. ARAH, Colección Mata Linares, XI, fols. 252r-255v. También en AGNA, Tribunales, Leg. 131, Exp. 21, fols. 25r-27v.

1796a   Oficio del intendente gobernador Francisco de Viedma al virrey de Buenos Aires Pedro Melo de Portugal. Cochabamba, 17 de junio de 1796. AGNA, Interior, Leg. 41, Exp. 23, fols. 3r-4r.

1796b   Auto del intendente gobernador Francisco de Viedma. Cochabamba, 1 de diciembre de 1796. AGNA, Hacienda, Leg. 84, Exp. 2170, fols. 17r-17v.

1796c   Auto del intendente gobernador Francisco de Viedma. Cochabamba, 3 de diciembre de 1796. AGNA, Hacienda, Leg. 84, Exp. 2170, fols. 18v-19v.

1796d   Decreto y proveimiento del intendente gobernador Francisco de Viedma. Cochabamba, 9 de diciembre de 1796. AGNA, Hacienda, Leg. 84, Exp. 2170, fol. 34v.

1796e   Decreto y proveimiento del intendente gobernador Francisco de Viedma. Cochabamba, 20 de diciembre de 1796. AGNA, Hacienda, Leg. 84, Exp. 2170, fol. 31r.

1796f   Decreto y proveimiento del intendente gobernador Francisco de Viedma. Cochabamba, 23 de diciembre de 1796. AGNA, Hacienda, Leg. 84, Exp. 2170, fol. 32v.

1797a   Decreto y proveimiento del intendente gobernador Francisco de Viedma. Cochabamba, 14 de enero de 1797. AGNA, Hacienda, Leg. 84, Exp. 2170, fols. 40v-41r. También en ARAH, Colección Mata Linares, XI (B), fol. 290r.

1797b   Decreto y proveimiento del intendente gobernador Francisco de Viedma. Cochabamba, 14 de enero de 1797. AGNA, Hacienda, Leg. 84, Exp. 2170, fol. 23v. También en ARAH, Colección Mata Linares, XI (B), fol. 304v.

1797c Informe del intendente gobernador Francisco de Viedma al virrey del Río de la Plata. Cochabamba, 16 de enero de 1797. AGNA, Hacienda, Leg. 84, Exp. 2170, fols. 42r-45v. También en ARAH, Colección Mata Linares, XI (B), fols. 305r-312v.

1797d Decreto del intendente gobernador Francisco de Viedma. Cochabamba, 8 de febrero de 1797. AGI, Charcas, 590, fols. 46-47.

1797e Carta de Francisco de Viedma al guardián Juan Hernández. Cochabamba, 13 de febrero de 1797. AGI, Charcas, 590, fols. 39-40.

1797f Decreto del intendente gobernador Francisco de Viedma. Cochabamba, 14 de febrero de 1797. AGI, Charcas, 590, fols. 60-61.

1797g Carta de Francisco Viedma al padre Juan Hernández. Cochabamba, 15 de febrero de 1797. AGI, Charcas, 590, fol. 42.

1797h Oficio del gobernador Francisco de Viedma al escribano real Ambrosio Navia. Cochabamba, 15 de febrero de 1797. AGI, Charcas, 590, fol. 61.

1797i Auto del intendente gobernador Francisco de Viedma. Cochabamba, 23 de marzo de 1797. AGI, Charcas, 590, fols. 75-77.

1797j Oficio del intendente gobernador Francisco de Viedma al padre vicario Ramón Soto. Calacala, 4 de abril de 1797. AGI, Charcas, 590, fols. 83-84.

1797k Informe del intendente gobernador Francisco de Viedma al virrey del Río de la Plata. Cochabamba, 10 de abril de 1797. AGI, Charcas, 590, fols. 5-19.

1797l Carta del intendente gobernador Francisco de Viedma al rey. Cochabamba, 15 de abril de 1797. AGI, Charcas, 590, fols. 1-2.

1798a Carta del intendente gobernador Francisco de Viedma al virrey de Buenos Aires y a la junta superior de real hacienda, Cochabamba, 16 de marzo de 1798. AGI, Charcas, 436.

1798b Carta del intendente gobernador Francisco de Viedma al guardián Juan Hernández. Cochabamba, 29 de marzo de 1798. AGNA, Justicia, Leg. 39, Exp. 1162bis, fols. 6v-9r.

574   CON LOS YURACAREES. CRÓNICAS MISIONALES (1765-1825)

1798c   Carta del intendente gobernador Francisco de Viedma al virrey de Buenos Aires Eugenio Llaguno. Cochabamba, 3 de
abril de 1798. AGI, Charcas, 436.

1798d   Carta del intendente gobernador Francisco de Viedma al guardián del colegio de Propaganda Fide de Tarata Juan Hernández. Cochabamba, 15 de julio de 1798. AGNA, Justicia, Leg.
39, Exp. 1162bis, Anexo 2.

1798e   Decreto del intendente gobernador Francisco de Viedma.
Cochabamba, 10 de diciembre de 1798. AGNA, Hacienda,
Leg. 84, Exp. 2170, fol. 56v.

1798f   Oficio del intendente gobernador Francisco de Viedma al virrey Antonio Olaguer Feliú. Cochabamba, 13 de diciembre
de 1798. AGNA, Hacienda, Leg. 84, Exp. 2170, fols. 54r-54v.

1798g   Carta del intendente gobernador Francisco de Viedma al ministro de gracia y justicia Gaspar de Jovellanos. Cochabamba,
14 de diciembre de 1798. AGI, Charcas, 436/19.

1799a   Oficio del intendente gobernador Francisco de Viedma al padre visitador Esteban Ortega. Cochabamba, 13 de septiembre
de 1799. AGNA, Justicia, Leg. 39, Exp. 1162bis, Anexo 3, fols.
2r-2v.

1799b   Oficio del intendente gobernador Francisco de Viedma a los
padres guardián, comisario prefecto, venerable discretorio y
comunidad del colegio de Propaganda Fide de Tarata.
Cochabamba, 23 de septiembre de 1799. AGNA, Justicia, Leg.
39, Exp. 1162bis, Anexo 4, fols. 1r-7r.

1799c   Oficio del intendente gobernador Francisco de Viedma al padre visitador Esteban Ortega. Cochabamba, 23 de septiembre
de 1799. AGNA, Justicia, Leg. 39, Exp. 1162bis, Anexo 4, fol.
7r.

1799d   Oficio del intendente gobernador Francisco de Viedma al
virrey de Buenos Aires Marqués de Avilés. Cochabamba, 13
de octubre de 1799. AGNA, Justicia, Leg. 39, Exp. 1162bis,
fols. 34r-37r.

1800   Informe del gobernador Francisco de Viedma a la real audiencia de Charcas. Cochabamba, 3 de enero de 1800. ABNB,
ALP-MyCh, 445, 1800, fols. 7r-8v.

1804a   Carta del intendente gobernador Francisco de Viedma al virrey de Buenos Aires Joaquín del Pino. Cochabamba, 14 de

enero de 1804. AGNA, División Colonia, Sección Gobierno, 1790-1804, [fol. 6v].

1804b Decreto del gobernador Francisco de Viedma con respecto a la representación del guardián y discretos del colegio de Propaganda Fide de Tarata. Hacienda de Chulpas, 12 de abril de 1804. ABNB, ALP-MyCh, 515, fols. 12r-12v.

1804c Carta del gobernador Francisco de Viedma a la audiencia de Charcas. Hacienda de Chulpas, 15 de abril de 1804. ABNB, ALP-MyCh, 515, fols. 13r-14r.

1804d Decreto del intendente gobernador Francisco de Viedma. Hacienda de Chulpas, 25 de mayo de 1804. AGNA, División Colonia, Sección Gobierno, 1803-1806, fol. 11v.

1805a Auto del intendente gobernador Francisco de Viedma ordenando la investigación acerca del abandono de las misiones del Mamoré y del Chimoré. Ciudad de Oropesa, 18 de abril de 1805. ABNB, ALP-MyCh, 515, fols. 172r-172v.

1805b Decreto del intendente gobernador Francisco de Viedma pidiendo información acerca del abanadono de las misiones del Chimoré y del Mamoré a los conversores de las mismas. Cochabamba, 29 de abril de 1805. ABNB, ALP-MyCh, 515, fols. 176v-177r.

1805c Auto del intendente gobernador Francisco de Viedma ordenando la declaración de los hechos de parte de José Rojas. Hacienda de Chulpas, 14 de mayo de 1805. ABNB, ALP-MyCh, 515, fols. 190v-191r.

1805d Auto del intendente gobernador Francisco de Viedma para que declare Juan García. Hacienda de Chulpas, 16 de mayo de 1805. ABNB, ALP-MyCh, 515, fol. 195r.

1805e Carta del intendente gobernador Francisco de Viedma a la audiencia de Charcas. Hacienda de Chulpas, 2 de junio de 1805. ABNB, ALP-MyCh, 515, fols. 199r-200r.

1806a Decreto del intendente gobernador Francisco de Viedma. Cochabamba, 17 de septiembre de 1806. AGNA, División Colonia, Sección Gobierno, 1803-1806, fol. 14v.

1806b Decreto del intendente gobernador Francisco de Viedma. Cochabamba, 23 de septiembre de 1806. AGNA, División Colonia, Sección Gobierno, 1803-1806, fols. 19r-19v.

1808a   Decreto del intendente gobernador Francisco de Viedma. Cochabamba, 10 de octubre de 1808. AGNA, División Colonia, Sección Gobierno, 1808.

1808b   Decreto del intendente gobernador Francisco de Viedma. Cochabamba, 5 de noviembre de 1808. AGNA, División Colonia, Sección Gobierno, 1808.

1808c   Carta del intendente gobernador Francisco de Viedma al virrey Santiago Liniers. Cochabamba, 15 de noviembre de 1808. AGNA, División Colonia, Sección Gobierno, 1808.

Villarroel, Evaristo

1786a   Respuestas dadas por Evaristo Villarroel al interrogatorio presentado por Ángel Mariano Moscoso. Tarata, 27 de octubre de 1786. ABNB, ALP-MyCh, 515, fols. 96r-97r.

1786b   Ratificación de las respuestas dadas por Evaristo Villarroel al interrogatorio presentado por Ángel Mariano Moscoso. Cochabamba, 1 de diciembre de 1786. ABNB, ALP-MyCh, 515, fol. 105v.

Villarroel, Mariano

1797   Declaración de Mariano Villarroel. Cochabamba, 12 de enero de 1797. AGNA, Hacienda, Leg. 84, Exp. 2170, fols. 33v-34v.

Villaseñor, Andrés

1781   Presentación de un interrogatorio por parte de Andrés Villaseñor en nombre de Ángel Mariano Moscoso, sobre la misión de los yuracarees y la senda que lleva a ella. Cochabamba, 6 de diciembre de 1781. ABNB, ALP-MyCh, 515, fols. 72v-73v.

Villava, Victoriano

1793   Parecer del fiscal Villava acerca de la reducción de los yuracarees del Mamoré. La Plata, 7 de diciembre de 1793. AGI, Charcas, 436, Anexo 5, fols. 1r-1v.

1794   Parecer del fiscal Victoriano Villava acerca de la entrada de Pedro Cónsul a Mojos. La Plata, 4 de febrero de 1794. AGI, Charcas, 436, Anexo 5, fols. 4r-4v.

Ximénez Bejarano, Bernardo

1796a   Informe del comisario prefecto Bernardo Ximénez Bejarano al virrey de Buenos Aires. Buenos Aires, 28 de febrero de 1796. AGNA, Justicia, Leg. 34, Exp. 1005, fols. 3r-6v.

1796b   Diario de la entrada a las montañas habitadas de la nación de indios yuracarees, que en el año de mil setecientos noventa y seis hizo el reverendo padre fray Bernardo Ximénez Bejarano, prefecto de misiones del colegio de San José de Tarata, con los padres fray Pedro Hernández y fray Hilario Coche, individuos de dicho colegio. ABNB, ALP–MyCh, 515, fols. 122r–135r. También en AGNA, Hacienda, Leg. 84, Exp. 2170, fols. 1r–10v.

1796c   Carta del comisario prefecto Bernardo Ximénez Bejarano al intendente gobernador Francisco de Viedma. Cochabamba, 2 de diciembre de 1796. AGNA, Hacienda, Leg. 84, Exp. 2170, fols. 17v–18v.

1796d   Oficio del comisario prefecto Bernardo Ximénez Bejarano al provisor y vicario general y gobernador del obispado de Santa Cruz de la Sierra, doctor don Rafael de la Vara. Cochabamba, 6 de diciembre de 1796. AGNA, Hacienda, Leg. 84, Exp. 2170, fols. 28r–28v.

1796e   Oficio del comisario prefecto Bernardo Ximénez Bejarano dirigido al intendente gobernador Francisco de Viedma. Cochabamba, 9 de diciembre de 1796. AGNA, Hacienda, Leg. 84, Exp. 2170, fols. 34r–34v.

1796f   Oficio del comisario prefecto Bernardo Ximénez Bejarano a Tadeo Haenke. Cochabamba, 13 de diciembre de 1796. AGNA, Hacienda, Leg. 84, Exp. 2170, fol. 29v.

1796g   Oficio del comisario prefecto Bernardo Ximénez Bejarano al intendente gobernador Francisco de Viedma. Cochabamba, 19 de diciembre de 1796. AGNA, Hacienda, Leg. 84, Exp. 2170, fols. 30v–31r.

1797a   Oficio del comisario prefecto Bernardo Ximénez Bejarano al padre Francisco Buyán. Cochabamba, 11 de enero de 1797. AGNA, Hacienda, Leg. 84, Exp. 2170, fols. 35v–36r.

1797b   Oficio del comisario prefecto Bernardo Ximénez Bejarano al padre Tomás Anaya. Cochabamba, 11 de enero de 1797. AGNA, Hacienda, Leg. 84, Exp. 2170, fols. 37r–37v. También en ARAH, Colección Mata Linares, XI (B), fols. 299r–300r.

1797c   Oficio del comisario prefecto Bernardo Ximénez Bejarano al intendente gobernador Francisco de Viedma. Cochabamba, 13 de enero de 1797. AGNA, Hacienda, Leg. 84, Exp. 2170, fol.

40v. También en ARAH, Colección Mata Linares, XI (B), fol. 304r.

1797d   Oficio del comisario prefecto Bernardo Ximénez Bejarano al intendente gobernador Francisco de Viedma. Cochabamba, 14 de enero de 1797. AGNA, Hacienda, Leg. 84, Exp. 2170, fols. 21r-23v. También en ARAH, Colección Mata Linares, XI (B), fols. 285r-290r.

1797e   Carta del comisario prefecto Bernardo Ximénez Bejarano al gobernador Francisco de Viedma y al provisor del obispado de Santa Cruz Rafael de la Vara. Cochabamba, 27 de enero de 1797. AGI, Charcas, 590, fols. 21-23.

1797f   Carta del comisario prefecto Bernardo Ximénez Bejarano al intendente gobernador Francisco de Viedma. Cochabamba, 8 de febrero de 1797. AGI, Charcas, 590, fols. 45-46.

1797g   Oficio del comisario prefecto Bernardo Ximénez Bejarano al intendente gobernador Francisco de Viedma. Cochabamba, 14 de febrero de 1797. AGI, Charcas, 590, fols. 58-60.

1797h   Carta del comisario prefecto Bernardo Ximénez Bejarano al guardián Juan Hernández. Cochabamba, 2 de marzo de 1797. AGI, Charcas, 590, fol. 65.

1797i   Carta del comisario prefecto Bernardo Ximénez Bejarano al guardián Juan Hernández. Cochabamba, 9 de marzo de 1797. AGI, Charcas, 590, fols. 65-66.

1797j   Oficio del comisario prefecto Bernardo Ximénez Bejarano al intendente gobernador Francisco de Viedma. Cochabamba, 20 de marzo de 1797. AGI, Charcas, 590, fols. 67-71.

1797k   Petición del comisario prefecto Bernardo Ximénez Bejarano al intendente gobernador Francisco de Viedma. Cochabamba, 24 de marzo de 1797. AGI, Charcas, 590, fol. 77.

1797l   Carta del comisario prefecto Bernardo Ximénez Bejarano al padre Ramón Soto. Cochabamba, 4 de abril de 1797. AGI, Charcas, 590, fol. 87.

1798a   Oficio del comisario prefecto Bernardo Ximénez Bejarano al intendente gobernador Francisco de Viedma y a los señores de la junta provincial de real hacienda, Cochabamba, 23 de febrero de 1798. ARAH, Colección Mata Linares, 11 (B), fols. 313r-317r.

1798b   Oficio del comisario prefecto Bernardo Ximénez Bejarano al guardián Juan Hernández. Cochabamba, 29 de marzo de 1798. AGNA, Justicia, Leg. 39, Exp. 1162bis, fols. 4v-5r.

1798c   Patente que da el comisario prefecto de misiones Bernardo Ximénez Bejarano al padre Gaspar Alegre. Cochabamba, 29 de marzo de 1798. AGNA, Justicia, Leg. 39, Exp. 1162bis, fols. 5r-5v.

1798d   Patente que da el comisario prefecto de misiones Bernardo Ximénez Bejarano al padre Francisco Lorda. Cochabamba, 29 de marzo de 1798. AGNA, Justicia, Leg. 39, Exp. 1162bis, fol. 6r.

Yrigoyen, Nicolás de

1781   Respuestas dadas por Nicolás de Yrigoyen al interrogatorio presentado por Ángel Mariano Moscoso. Cochabamba, 14 de diciembre de 1781. ABNB, ALP-MyCh, 515, fols. 81v-83r.

Zambrana, Melchor

1776   Testimonio de Melchor Zambrana, regidor en el cabildo de Cochabamba. Villa de Oropesa, 25 de septiembre de 1776. ABNB, MyCh-GRM, 19, III, fols. 32r-32v.

Zamora, Miguel

1793   Carta del gobernador de Mojos Miguel Zamora al presidente de la real audiencia de Charcas. Santa María Magdalena, 7 de octubre de 1793. AGI, Charcas, 447.

1801a   Carta del gobernador de Mojos Miguel Zamora a los padres Juan Hernández y Josef Boria. Purísima Concepción de Baures, 12 de enero de 1801. ABNB, MyCh-GRM, 19, s. n.

1801b   Carta de Miguel Zamora a la audiencia de Charcas. San José de Yuracarees del Chimoré, 28 de diciembre de 1801. ABNB, MyCh-GRM, 15, VII, fols. 48r-49r.

1803   Oficio de Miguel Zamora al presidente de la real audiencia de Charcas. La Plata, 19 de noviembre de 1803. ABNB, MyCh-GRM, 19, s. n.

1805a   Carta de M. Zamora a la real audiencia de Charcas. La Plata, 19 de octubre de 1805. ABNB, ALP-MyCh, 515, fols. 206r-207r.

1805b   Informe de Miguel Zamora al presidente de la audiencia de Charcas. La Plata, 21 de noviembre de 1805. ABNB, ALP-MyCh, 515, fols. 208r-222r.

BIBLIOGRAFÍA

AGUIRRE, M. M. de, «Parecer de Manuel María de Aguirre acerca de la solicitud de sínodos de parte del padre Francisco Lacueva. Contaduría Nacional de Cochabamba, 5 de octubre de 1821», *Archivo de la Comisaría Franciscana de Bolivia*, 37, 1912, p. 284.

— «Parecer de Manuel María de Aguirre acerca de la solicitud de sínodos de parte del padre Pedro Nolasco Argullol. Contaduría Nacional de Cochabamba, 16 de noviembre de 1821», *Archivo de la Comisaría Franciscana de Bolivia*, 140, 1920, p. 339.

ALEGRE, G., F. LACUEVA, J. PÉREZ y R. SOTO, «Carta de los padres Gaspar Alegre, Francisco Lacueva, José Pérez y Ramón Soto al guardián y discretorio. Chimoré, enero de 1806», *Archivo de la Comisaría Franciscana de Bolivia*, 132, 1919, pp. 587-588.

ARGULLOL, P., «Carta del padre Pedro Argullol al intendente de hacienda pública. Yuracarés, 1821», *Archivo de la Comisaría Franciscana de Bolivia*, 140, 1920, pp. 337-338.

BACACORZO, G., *Don Juan Manuel de Moscoso y Peralta*, Lima, Universidad Nacional Mayor de San Marcos, 1982.

BARRIENTOS GRANDÓN, J., *El gobierno de las Indias*, Madrid / Barcelona, Marcial Pons / Ediciones Jurídicas y Sociales, 2004.

BERG, H. van den, «Ángel Mariano Moscoso y la misión de Nuestra Señora de la Asunción de Yuracarees», *Anuario de la Academia Boliviana de Historia Eclesiástica*, 9, 2003, pp. 67-92.

— «Los fundadores del colegio de Propaganda Fide de San José de Tarata», *Bolivia Franciscana. Revista de la Provincia Misionera San Antonio en Bolivia*, 3, 2003, pp. 123-162.

— *El intendente gobernador Francisco de Viedma y el colegio de Propaganda Fide de San José de Tarata*, La Paz, Universidad Católica Boliviana San Pablo, 2005.

— *Clero diocesano misionero de Santa Cruz en la época colonial*, Cochabamba, Verbo Divino, 2009.

BORIA, J. «Descripción de la montaña de Yuracarees; por dónde y cómo puede abrirse un camino mejor que el actual; utilidades que resultarían de las producciones de aquellos terrenos; su modo de cultivarlos y comunicación que por allí se puede mantener entre esta provincia de Cochabamba y la de Mojos. Recoleta de Cochabamba, agosto 20 de 1820», *El Heraldo*, 2.653, octubre, sábado 30 de 1897, [p. 2], cols. 1-5; 2.656, noviembre, jueves 11 de 1897, [p. 2], cols. 5-6; 2.657, noviembre, sábado 13 de 1897, [p. 3], cols. 1-3; 2.658, noviembre, martes 16 de 1897, [p. 3], cols. 1-3; 2.660, noviembre, sábado 20 de 1897, [p. 2], col. 6, [p. 3], col. 1; 2.664, noviembre, martes 30 de 1897, [p. 2], cols. 2-4.

BORIA, J. y B. LÓPEZ PANTOJA, «Carta de los padres José Boria y Bernardino López Pantoja al intendente gobernador Francisco de Viedma. Purísima Concepción de Mosetenes, 20 de marzo de 1806», *Archivo de la Comisaría Franciscana de Bolivia*, XI (130), 1919, pp. 496-499.

BOSO, J. M. «Montaña de Yuracarés 25 de Mayo de 1815», en H. Valdizán y A. Maldonado, *Medicina Popular Peruana*, Lima, CISA / ONU, 1985, t. III, pp. 348-388.

CALZAVARINI, L. (comp.), *Guía de fuentes franciscanas en el Archivo y Biblioteca Nacionales de Bolivia*, Sucre, s. e., 1994.

CARLOS IV, rey, «Real cédula al obispo de La Paz, sobre lo resuelto acerca de la fundación que solicitó de un colegio de misioneros de Propaganda Fide de la Religión de San Francisco en el Pueblo de Tarata, Distrito del obispado que obtuvo de Santa Cruz de la Sierra. San Lorenzo el Real a 20 de Noviembre de 1792», en *Guía de fuentes franciscanas en el Archivo y Biblioteca Nacionales de Bolivia*, comp. L. Calzavarini, Sucre, s. e., 1994, pp. 411-414.

CARRILLO DE ALBORNOZ, J., «Breve manifestación sobre el territorio de Cochabamba. Salta, 27 de julio de 1818», *El Heraldo*, 2.651, octubre, 26 de 1897, [p. 2], cols. 3-5; 2.652, octubre, 28 de 1897, [p. 2], cols. 2-4.

CHÁVEZ SUÁREZ, J., *Historia de Mojos*, La Paz, Editorial «Fénix», 1944.

COMAJUNCOSA, A., «Carta del padre Antonio Comajuncosa al padre guardián y venerable discretorio del colegio de Propaganda Fide de Tarija. Colegio de Nuestra Señora de Los Ángeles de la Villa de Tarija, 30 de junio de 1802», en *Presencia Franciscana y formación intercultural en el sudeste de Bolivia según documentos del Archivo Franciscano de Tarija 1606-1936*, ed. L. Calzavarini Ghinello, Tarija, Centro Eclesial de Documentación, 2004, vol. II, pp. 909-950.

CORS, J., «Apuntes sobre Guarayos», *Revista del Instituto de Sociología Boliviana*, 5, 1957, pp. 99-165.

DELGADO, A., «Carta del padre Alejandro Delgado al intendente gobernador Francisco de Viedma. Tarata, 23 de septiembre de 1806», *Archivo de la Comisaría Franciscana de Bolivia*, 132, 1919, pp. 598-602.

DOMÍNGUEZ, F., *El colegio Franciscano de Propaganda Fide de Moquegua (1775-1825)*, Madrid, Ediciones «Verdad y Vida», 1955.

ESPINOZA Y MIRANDA, D. de, «Carta a S. M. Madrid, 18 de mayo de 1781», *Archivo de la Comisaría Franciscana de Bolivia*, 131, 1919, pp. 570-573.

FUENTE JERIA, J. de la, *Los límites Cochabamba-Beni*, Cochabamba, Prefectura de Cochabamba, s. f.

GIJN, R. van, *A Grammar of Yurakaré*, Nijmegen, Radboud Universiteit, 2006.

GORLERI, H., *El colegio de Tarata y sus Misiones* [1875], Tarata, Convento «San José», 1996.

HAENKE, T., «Geographische, physische und historische Beschreibung der vom Stamm der Yuracarées-Indianer bewohnten Montañas. Nördlichster Teil der Provinz von Cochabamba», en R. Gicklhorn, «Notizen über die Yuracarées von Thaddäus Haenke aus den Jahren 1796 und 1798», *Archiv für Völkerkunde*, núms. 17/18, 1962-1963, pp. 24-47.

— «Über die Lage am Coni und über die Fortschritte der geistlichen Eroberung der Yuracarées-Indianer», en R. Gicklhorn, «Notizen über die Yuracarées von Thaddäus Haenke aus den Jahren 1796 und 1798», *Archiv für Völkerkunde*, núms. 17/18, 1962-1963, pp. 41-42.

— «Vokabular der Yuracarées-Indianer aus dem Nachlass Haenkes», en R. Gicklhorn, «Notizen über die Yuracarées von Thaddäus Haenke aus den Jahren 1796 und 1798», *Archiv für Völkerkunde*, núms. 17/18, 1962-1963, pp. 43-45.

— «Descripción geográfica, física e histórica de las montañas habitadas por la nación de los indios yuracares» [1796b], en *T. Haenke. Su obra en los Andes y la selva boliviana*, La Paz / Cochabamba, Editorial «Los Amigos del Libro», 1974, pp. 141-157.

— «La misión del Coni en yuracarés» [1796a], en *T. Haenke. Su obra en los Andes y la selva boliviana*, La Paz / Cochabamba, Editorial «Los Amigos del Libro», 1974, pp. 159-165.

— «Memoria sobre los ríos navegables que fluyen al Marañón» [1799], en *T. Haenke. Su obra en los Andes y la selva boliviana*, La Paz / Cochabamba, Editorial «Los Amigos del Libro», 1974, pp. 115-140.

JUNTA PROVINCIAL DE REAL HACIENDA, «Acta de la sesión del 25 de Abril de 1797, dedicada a la solicitud del padre Bernardo Ximénez Bejarano», *Archivo de la Comisaría Franciscana de Bolivia*, 8, 1909, pp. 208-216.

— «Resolución acerca de la solicitud de sínodos de parte del padre Francisco Lacueva. Cochabamba, 12 de octubre de 1821», *Archivo de la Comisaría Franciscana de Bolivia*, 37, 1912, pp. 285-286.

JUSTE, M., «Carta del hermano Manuel Juste al gobernador intendente de Cochabamba. Reducción del Chimoré, 2 de abril de 1810», *Archivo de la Comisaría Franciscana de Bolivia*, 116, 1918, pp. 266-267.

KELM, H., «Die Sitte des Pfeilduells bei den Yuracaré (Ostbolivien)», *Baessler-Archiv*, XII, 1964, pp. 281-310.

— «Kulturkonstanz und Kulturwandel bei den Yuracaré (Ostbolivien)», *Baessler Archiv*, XIV, 1966, pp. 65-102.

LACUEVA, F., *Principes et Dictionnaire de la langue yuracare ou yurujure composés par le R. P. La Cueva et publiés conformément au manuscrit de A. d'Orbigny par Lucien Adam*, Paris, J. Maisonneuve, Libraire-Éditeur, 1893.

— «Carta del padre Francisco Lacueva al gobernador intendente. Cochabamba, 22 de septiembre de 1821», *Archivo de la Comisaría Franciscana de Bolivia*, 45, 1912, pp. 282-284.

— «Carta del padre Francisco Lacueva al comisario prefecto de misiones Francisco Lorda. Ipachimuju, 16 de abril de 1810», *Archivo de la Comisaría Franciscana de Bolivia*, 116, 1918, pp. 276-277.

— «Carta del padre Francisco Lacueva al guardián y discretorio del colegio de Tarata. Ypachimucu, 10 de junio de 1810», *Archivo de la Comisaría Franciscana de Bolivia*, 116, 1918, pp. 269-273.

— «Carta del padre Francisco Lacueva al gobernador intendente de Cochabamba. Ipachimuco, 11 de junio de 1810», *Archivo de la Comisaría Franciscana de Bolivia*, 116, 1918, pp. 273-274.

— «Carta del padre Francisco Lacueva al guardián y discretorio de Tarata. Ypachimucu, 16 de enero de 1809», *Archivo de la Comisaría Franciscana de Bolivia*, 136, 1920, pp. 125-129.

— «Carta del padre Francisco Lacueva al guardián y discretorio de Tarata. Ypachimucu, 1 de abril de 1809», *Archivo de la Comisaría Franciscana de Bolivia*, 136, 1920, p. 130 (reproducción parcial).

— «Carta del padre Francisco Lacueva al guardián y discretorio de Tarata. Ypachimucu, ¿1814?», *Archivo de la Comisaría Franciscana de Bolivia*, 137, 1920, pp. 177-179.

— «Carta del padre Francisco Lacueva al gobernador intendente de Cochabamba. Ypachimucu, ¿1818?», *Archivo de la Comisaría Franciscana de Bolivia*, 139, 1920, pp. 278-280.

— «Carta del padre Francisco Lacueva al Arzobispo de Charcas. Ypachimucu, 5 de agosto de 1807», *Archivo de la Comisaría Franciscana de Bolivia*, 136, 1920, pp. 124-125 (reproducción parcial).

LACUEVA, F. y G. ALEGRE, «Estado de la reducción de Ypachimucu formado por los PP. conversores de ella abajo firmados. Ylobutlo, 31 de julio de

1806», *Archivo de la Comisaría Franciscana de Bolivia*, 136, 1920, pp. 115-119.

LACUEVA, F., G. ALEGRE, R. SOTO y J. PÉREZ, «Informe de los padres Francisco Lacueva, Gaspar Alegre, Ramón Soto y José Pérez al guardián del colegio de Tarata sobre el estado de las abandonadas misiones de Nuestra Señora de la Asunción, de San José del Chimoré y de San Francisco de Asís del Mamoré. Chimoré, 11 de enero de 1806», *Archivo de la Comisaría Franciscana de Bolivia*, 132, 1919, pp. 589-595.

— «Carta de los padres Francisco Lacueva, Gaspar Alegre, Ramón y José Pérez al guardián y discretorio del colegio de San José de Tarata. Chimoré, 11 de enero de 1806», *Archivo de la Comisaría Franciscana de Bolivia*, 132, 1919, pp. 587-588.

— «Carta de los padres Francisco Lacueva, Gaspar Alegre, Ramón Soto y José Pérez al intendente gobernador Francisco de Viedma. Ypachimucu, 31 de julio de 1806», *Archivo de la Comisaría Franciscana de Bolivia*, 136, 1920, p. 114.

LACUEVA, F. y A. DELGADO, «Carta de los padres Francisco Lacueva y Alejandro Delgado al intendente gobernador Francisco de Viedma. Ypachimucu, 18 de septiembre de 1808», *Archivo de la Comisaría Franciscana de Bolivia*, 136, 1920, p. 124.

LANGENBACHER JIMÉNEZ, F., *Origen, desarrollo e influjo de los Colegios de Propaganda Fide en la Iglesia y Sociedad de la recién fundada República Boliviana (1834-1877)*, Grottaferrata (Roma), Frati Editori di Quaracchi, 2005.

MELENDES, M., «Descubrimiento de la Nación de los infieles yuracarés», *Archivo de la Comisaría Franciscana de Bolivia*, 78, 1915, pp. 176-181.

— «Nuevo Yunga de Yuracarees», en F. de Viedma, *Descripción geográfica y estadística de la Provincia de Santa Cruz de la Sierra*, La Paz / Cochabamba, Editorial «Los Amigos del Libro», 1969, pp. 129-134.

MERUVIA BALDERRAMA, F., *Historia de la coca. Los Yungas de Pocona y Totora (1550-1900)*, La Paz, Plural Editores, 2000.

MINGO, M., *Historia de las misiones franciscanas de Tarija entre chiriguanos* [título original: *Historia del origen, fundación y progreso del colegio de Propaganda Fide de misioneros apostólicos franciscanos observantes de la villa de Tarija y de las conversiones o reducciones que están a la dirección y cargo del dicho Colegio*], Tarija, Universidad Boliviana Juan Misael Saracho, 1981, 2 vols.

MONTAÑO ARAGÓN, M., *Guía etnográfica lingüística de Bolivia, Tribus de la selva*, La Paz, Editorial Don Bosco, 1989, vol. II.

MOREIRA VIÑAS, A., *Territorio yuracaré adentro*, Montevideo, s. e., 2003.

MOSCOSO, B. «Carta de Bernardino Moscoso a Antonio Corbacho. Tarata, 15 de marzo de 1786», en G. Bacacorzo, *Don Juan Manuel de Moscoso y Peralta*, Lima, Universidad Nacional Mayor de San Marcos, 1982, p. 129.

NORDENSKIÖLD, E., «La moustiquaire est-elle indigène en Amérique du Sud?», *Journal de la Société des Américanistes de Paris*, XIV, 1922, pp. 119-126.

ORBIGNY, A. d', *El hombre americano considerado en sus aspectos fisiológicos y morales* [1839a], Buenos Aires, Editorial Futuro, 1944.

— *Viaje a la América Meridional* [1839b], La Paz, Instituto Francés de Estudios Andinos / Plural Editores, 2002, vol. IV.

ORGAZ, S., «Carta de Silvestre Orgaz al presidente de la real audiencia de Charcas. Oruro, 1800», *Archivo de la Comisaría Franciscana de Bolivia*, 127, 1919, pp. 385-388.

PARRA, L. de la, «Carta del presbítero Lucas de la Parra al intendente gobernador Francisco de Viedma sobre su visita a las misiones abandonadas. Palma, 22 de julio de 1805», *Archivo de la Comisaría Franciscana de Bolivia*, 130, 1919, pp. 507-510.

PAZ, S., B. SUÁZNABAR y A. GARNICA, *La religión yuracare y su proceso de transfiguración*, Cochabamba, Universidad Mayor de San Simón, Fac. de Ciencias Económicas y Sociología, Carrera de Sociología, 1989 (Trabajo del Taller Colectivo de Ideología no publicado).

PENTIMALLI, M., «Yuracarees y su territorio en la mira(da) del otro durante el gobierno de Francisco de Viedma (1784-1809)», *Archivo y Biblioteca Nacionales de Bolivia. Anuario 1999*, pp. 351-367.

PÉREZ, J., «Carta del padre José Pérez al intendente gobernador Francisco de Viedma. Tarata, 6 de julio de 1805», *Archivo de la Comisaría Franciscana de Bolivia*, 131, 1919, p. 540 (reproducción parcial).

PÉREZ, J. I., «Acta de la visita hecha a las reducciones de los yuracarees», en *Instrucción dada a Don Ignacio Pérez para la visita de las reducciones de indios yuracarees* [1799a], ed. M. Valcanover, Tarata, s. e., 1998, pp. 16-61.

— «Informe al Gobernador Francisco de Viedma acerca de la visita hecha a las reducciones de los yuracarees. Aramasí, 15 de junio de 1799», en *Instrucción dada a Don Ignacio Pérez para la visita de las reducciones de indios yuracarees* [1799b], ed. M. Valcanover, Tarata, s. e., 1998, pp. 62-83.

PRIEWASSER, W., *Bolivia, die Franciscaner von Tarata und die Indianer*, Innsbruck, Druck von Fel. Rauch, 1900.

— *Necrología de los Religiosos que han fallecido en los Colegios y misiones y en los Conventos de la Provincia de San Antonio de Bolivia*, Tarata, Tipografía «San José», 1914.

— «Alrededor de dos épocas. Apuntes sueltos sobre la historia religiosa del Alto Perú y de la nueva República boliviana», *Archivo de la Comisaría Franciscana de Bolivia*, 86, 1916, pp. 51-57; 87, 1916, pp. 111-115; 88, 1916, pp. 241-246; 89, 1916, pp. 260-269; 90, 1916, pp. 294-303; 91, 1916, pp. 322-328; 92, 1916, pp. 351-355; 93-94, 1916, pp. 389-396; 95, 1916, pp. 417-423; 96, 1916, pp. 444-448; 97, 1917, pp. 4-10; 98, 1917, pp. 37-47; 99, 1917, pp. 81-91; 100, 1917, pp. 109-117; 101, 1917, pp. 138-146; 102,

1917, pp. 162-172; 103, 1917, pp. 205-209; 117, 1918, pp. 288-291; 118, 1918, pp. 315-325; 119, 1918, pp. 439-447; 127, 1919, pp. 374-388; 128, 1919, pp. 403-417; 129, 1919, pp. 452-460; 130, 1919, pp. 489-515; 131, 1919, pp. 536-551; 132, 1919, pp. 587-602; 136, 1920, pp. 113-131; 137, 1920, pp. 174-183; 139, 1920, pp. 278-280; 140, 1920, pp. 335-343.

RAMÍREZ RODRÍGUEZ, E., *Las reducciones franciscanas entre los yuracarees (1773-1823)*, Cochabamba, Universidad Católica Boliviana, Carrera de Teología, 1998 (Tesis de Licenciatura en Teología no publicada).

REAL AUDIENCIA DE CHARCAS, «Carta de la audiencia de La Plata a S. M. sobre la apertura de un camino a los Mojos por Cochabamba. La Plata, 20 de marzo de 1770», en V. M. Maúrtua, *Juicio de Límites entre el Perú y Bolivia*, Madrid, s. e., 1906, p. 82.

— «Mapa remitido por la audiencia de Charcas al rey de España, con oficio de 20 de Marzo de 1770», en V. M. Maúrtua, *Juicio de Límites entre el Perú y Bolivia. Cartera de Mapas*, Madrid, s. e., 1906, 15.

RENÉ-MORENO, G., *Catálogo del Archivo de Mojos y Chiquitos*, La Paz, Librería Editorial «Juventud», 1974.

RODRÍGUEZ OSTRIA, G., «Recordando la libertad de los bosques. Yuracaré, Misiones y Estado en la frontera Cochabambina, 1768-1920», *Memoria Americana. Cuadernos de Etnohistoria*, 5, 1996, pp. 97-122.

— *Historia del Trópico Cochabambino 1768-1972*, Cochabamba, Prefectura del Departamento de Cochabamba, 1997.

SOTO, R., F. LACUEVA, J. FERNÁNDEZ y A. DELGADO, «Carta de los padres Ramón Soto, Francisco Lacueva, Juan Fernández y Alejandro Delgado al intendente gobernador Francisco de Viedma. Tarata, 27 de abril de 1805», *Archivo de la Comisaría Franciscana de Bolivia*, 44, 1912, pp. 253-257; 45, 1912, pp. 279-282.

TORRICO, P. y J. I. de MENDIZÁBAL, «Carta al virrey de Buenos Aires. Poopó, 17 de julio de 1801», *Archivo de la Comisaría Franciscana de Bolivia*, 130, 1919, pp. 491-493.

Unos amigos del padre Izquierdo, *Senda abierta desde Chimoré hasta Bandiola por el R. P. Fray José María Izquierdo. Descubrimiento de la navegación del río Ichilo por el mismo y su vindicación*, Cochabamba, Imprenta de la Restauración, 1873.

URQUIJO, P. P., «Carta del gobernador de Mojos Pedro Pablo Urquijo al intendente gobernador Francisco de Viedma. Chimoré, 29 de septiembre de 1805», *Achivo de la Comisaría Franciscana de Bolivia*, 131, 1919, pp. 542-549.

VALCANOVER, M. (ed.), *Instrucción dada a Don Ignacio Pérez para la visita de las reducciones de indios yuracarees (1799)*, Tarata, s. e., 1998.

VIEDMA, F. de, *Descripción geográfica y estadística de la provincia de Sta. Cruz de la Sierra*, La Paz / Cochabamba, Editorial «Los Amigos del Libro», 1969.

— *Memoria dirigida al Sr. Marqués de Loreto, virrey y capitán general de las provincias del Río de La Plata, sobre los obstáculos que han encontrado y las ventajas que prometen los establecimientos proyectados en la costa patagónica* [1784], Buenos Aires, Imprenta del Estado, 1836.

— «Oficio del intendente gobernador Francisco de Viedma al virrey de Buenos Aires Pedro Melo de Portugal. Cochabamba, 16 de enero de 1797», *Archivo de la Comisaría Franciscana de Bolivia*, 127, 1919, pp. 378-380.

—«Oficio del intendente gobernador Francisco de Viedma al gobernador de Mojos Pedro Pablo Urquijo. Hacienda de Chulpas, 1 de julio de 1805», *Archivo de la Comisaría Franciscana de Bolivia*, 131, 1919, p. 538.

— «Oficio del intendente gobernador Francisco de Viedma al P. José Pérez, presidente del colegio de Tarata. Hacienda de Chulpas, 3 de julio de 1805», *Archivo de la Comisaría Franciscana de Bolivia*, 131, 1919, pp. 538-539.

— «Decreto del intendente gobernador Francisco de Viedma sobre la refundación de las misiones de Yuracarees. Cochabamba, 25 de enero de 1806», *Archivo de la Comisaría Franciscana de Bolivia*, 132, 1919, pp. 596-597.

— «Adición a la Instrucción dada a Ignacio Pérez. Cochabamba, 23 de abril de 1799», en *Instrucción dada a Don Ignacio Pérez para la visita de las reducciones de indios yuracarees (1799)*, ed. M. Valcanover, Tarata, s. e., 1998, pp. 14-15.

— «Decreto que prohibe la entrada a las misiones de Yuracarees de los padres Bernardo Ximénez Bejarano, Domingo Real y José Pérez. Cochabamba, 27 de junio de 1799», en *Instrucción dada a Don Ignacio Pérez para la visita de las reducciones de indios yuracarees (1799)*, ed. M. Valcanover, Tarata, s. e., 1998, pp. 83-85.

— «Instrucción que se le da a don Juan Ygnacio Pérez, vecino de esta Ciudad de Cochabamba, para la visita de las nuevas reducciones de indios de nación Yuracarees denominadas Nuestra Señora de la Asunción y San José de Vista Alegre. Cochabamba, 17 de julio de 1798», en *Instrucción dada a Don Ignacio Pérez para la visita de las reducciones de indios yuracarees (1799)*, ed. M. Valcanover, Tarata, s. e., 1998, pp. 11-14.

— «Auto que instruye la visita a las misiones de Yuracarees. Cochabamba, 17 de julio de 1798», en *Instrucción dada a Don Ignacio Pérez para la visita de las reducciones de indios yuracarees (1799)*, ed. M. Valcanover, Tarata, s. e., 1998, pp. 15-16.

WARD, B., *Proyecto económico* [1762], Madrid, Instituto de Estudios Fiscales, 1982.

XIMÉNEZ BEJARANO, B., «Representación dirigida al Gobernador Viedma. Cochabamba, 23 de abril de 1797», *Archivo de la Comisaría Franciscana de Bolivia*, 8, 1909, pp. 208-211.

ÍNDICES DE NOMBRES Y LUGARES

Toledo Pimentel, Pedro 482,
566, 569
Toro, Ángel Mariano 49, 354,
359, 369
Toro, Sebastián Antonio 569
Torrico, P. 363, 504, 587
Trujillo, Manuel María 26,
151, 482, 547, 548, 562

Vara y de la Madrid, Rafael de
la 569
Vargas, Diego 66, 72, 90, 111,
112, 113, 115, 119, 120,
121, 122, 123, 570
Vargas, Joaquín 76, 95, 96, 97,
99, 100, 101, 102, 103, 104,
105, 570
Vega, Rafael 28, 31, 37, 42,
297, 449, 570
Vertiz, Josef de 88, 109, 570
Vidal, Pedro 107, 119, 120,

122, 123, 154, 210, 570,
571
Villalobos, Félix Josef de 97,
98
Villanueva, José/Josef 55, 65,
70, 142, 482, 508, 513
Villarroel, Evaristo 114, 119,
120, 123, 209, 576
Villarroel, Mariano 335, 336,
576
Villaseñor, Andrés 95, 97, 99,
560, 576
Villava, Victoriano 105

Ward, Bernard 414, 415, 588

Yrigoyen, Miguel de 43, 44
Yrigoyen, Nicolás de 99, 579

Zambrana, Melchor 134, 304,
579

ÍNDICE TOPONÍMICO

TABLAS

MISIONEROS

CLERO DIOCESANO	LUGAR	PERIODO DE ESTADÍA
Anónimo	Asunción	1777 (enero-octubre)
Anónimos	Asunción	1780-1784
Montaño, Ignacio	Asunción	1780-1784 (temporal)
Moreno Montero, Joseph Manuel	S. Francisco	1795 (siete meses)
Velasco, José Joaquín	S. Francisco	1793 (finales septiembre)-1794 (comienzos) 1794 (mediados)1796 (septiembre)

FRANCISCANOS SAN ANTONIO DE CHARCAS	LUGAR	PERIODO DE ESTADÍA
Anaya, Tomás	Asunción	1776 (agosto-comienzos diciembre)
		1792 (julio)-1793 (mediados)
	S. Francisco	1793 (fines septiembre)-1794 (mediados)
	S. José Coni	1795 (fines agosto)-1797 (enero)
Anónimo	Asunción	1779 (comienzos octubre)-1780 (marzo)
Anónimos	Asunción	1822-1825
Buyán, Francisco	Asunción	1784 (julio)-1788 (mediados)
		1792 (comienzos)-1796 (diciembre)
		1798 (febrero)-1803 (mayo)
Carrasco, Joseph Manuel	Asunción	1799 (agosto)-1803 (finales agosto)
Meléndez, Marcos	Asunción	1776 (agosto)-1777 (octubre)
		1779 (comienzos octubre)-1780

FRANCISCANOS COLEGIO DE PROPAGANDA FIDE DE TARATA	LUGAR	PERIODO DE ESTADÍA
Alegre, Gaspar	S. Francisco	1797 (fines noviembre)-1798 (fines febrero
	S. José Ypachimucu	1806 (febrero)-1808 (octubre)
Anaya, Felipe	S. José Chimoré	1798 (junio)-1799 (enero)
Argullol, Pedro Nolasco	Asunción	1819 (finales)-1821 (noviembre)
Boria, José	S. José Chimoré	1799 (julio)-1802 (marzo)
	S. José Ypachimucu	1808 (noviembre)-1818 (febrero)
Delgado, Alejandro	S. Francisco	1799 (marzo-finales agosto)
	S. José Chimoré	1799 (octubre)-1805 (comienzos abril)
Domínguez, Manuel	Asunción	1816-1819 (noviembre)
Esquirós, Vicente	S. José Chimoré	1796 (octubre)-1797 (mayo)
	Asunción	1797 (mayo-comienzos octubre)
	S. José Chimoré	1798 (julio)-1799 (comienzos)
Fernández, Juan Benito	S. José Chimoré	1802 (finales)-1805 (abril)
Gardet, Nicolás	S. José Chimoré	1797 (mayo)-1798 (enero)
	S. Francisco	1798 (julio)-1799 (comienzos)
	S. José Chimoré	1799 (julio-septiembre)
Hernández, Juan	S. José Chimoré	1800 (mediados)-1802 (finales)
Hernández, Pedro	S. Francisco	1796 (octubre)-1797 (febrero)
	S. José Chimoré	1797 (febrero-septiembre)
		1798 (mediados)-1799 (mediados)
Juste, Manuel	S. Antonio Chimoré	1808 (noviembre)-1810 (mediados)
Lacueva, Francisco	S. Francisco	1797 (enero-fines diciembre)
		1799 (febrero-noviembre)
		1802 (finales)-1805 (abril)
	S. José Ypachimucu	1806 (febrero)-1819 (septiembre)
		1820 (mediados)-1822
López Pantoja, Bernardino	S. Francisco	1799 (octubre)-1800 (comienzos)
Lorda, Francisco	S. Francisco	1799 (octubre)-1800 (comienzos)
Negrillo, Manuel Pascual	S. José Ypachimucu	1822-1825
Pérez, José	S. José Coni	1796 (octubre)-1797 (octubre)
	Asunción	1797 (octubre)-1798 (febrero)
	S. José Chimoré	1798 (febrero-mediados)
	S. Antonio	1806 (febrero)-1808 (octubre)
Real, Domingo	Asunción	1796 (septiembre)-1797 (mayo)
	S. José Chimoré	1797 (mayo)-1799 (abril)
Sañudo, Manuel	S. José Ypachimucu	final época colonial
Soto, Ramón	S. Francisco	1800 (enero)-1805 (comienzos abril)
	S. Antonio Chimoré	1806 (febrero)-1809 (diciembre)
		1810 (mediados)-1818 (febrero)
Ximénez Bejarano, Bernardo	S. José Chimoré	1797 (mayo)-1798 (enero)
		1798 (junio)-1799 (enero)

NUESTRA SEÑORA DE LA ASUNCIÓN

Misioneros	1776	77	78	79	80	81	82	83	84	85	86	87	88	89	90	91	92	93	94	95	96	97	98	99	1800	01	02	03	04	15	16	17	18	19	20	21	22	23	24	25
Melendes		▓																																						
Anaya, T.	▓																																							
Anónimo			▓	▓																																				
Diocesanos																																								
Buyán								▓	▓	▓	▓	▓	▓																											
Real																																								
Esquirós																	▓	▓																						
Pérez																				▓	▓																			
Carrasco																						▓	▓																	
Domínguez																								▓	▓	▓														
Arrullol																											▓	▓	▓											
OFM Recoleta																															▓	▓	▓	▓	▓	▓	▓	▓	▓	▓

SAN FRANCISCO DE ASÍS DEL MAMORÉ

Misioneros	1793	94	95	96	97	98	99	1800	01	02	03	04	05
Velasco	■	■	■	■									
Anaya, T.	■	■											
Moreno			■										
Hernández, P.				■	■								
Lacueva					■		■				■	■	■
Alegre						■							
Gardet						■							
Esquirós						■							
Delgado						■							
Lorda						■							
López						■							
Boria								■	■				
Soto								■	■	■	■	■	■

SAN JOSÉ DE VISTA ALEGRE

Misioneros	1795	96	97	98	99	1800	01	02	03	04	05
Anaya,T.	■	■									
Esquirós		■	■	■							
Pérez		■	■	■							
Hernández, P.			■	■	■						
Ximénez			■	■	■						
Gardet			■	■							
Real			■	■							
Anaya, F.					■						
Boria							■	■			
Delgado					■	■	■	■	■	■	■
Hernández, J.						■	■	■			
Fernández									■	■	■

SAN ANTONIO

Misioneros	1806	07	08	09	10	11	12	13	14	15	16	17	18
Soto		■	■	■	■	■	■	■	■	■	■	■	■
Pérez	■	■	■	■	■								
Juste			■	■	■								

SAN JOSÉ DE YPACHIMUCU

Misioneros	1806	07	08	09	10	11	12	13	14	15	16	17	18	19	20	21	22	23	24	25
Lacueva		■	■	■	■	■	■	■	■	■	■	■	■	■	■	■	■			
Alegre		■	■	■																
Boria													■							

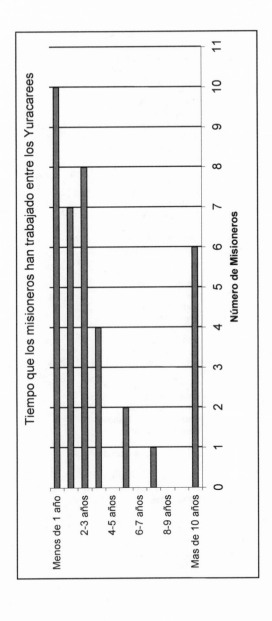

Menos de 1 año
1   Anaya, Felipe
2   Anónimo diocesano
3   Anónimo franciscano
4   Cabral, Ignacio
5   Chávez, José
6   Domínguez, José
7   López, P. Bernardino
8   Lorda, Francisco
9   Moreno, Josef M.
10 Rodríguez, José Ramón

1-2 años
1   Argullol, Pedro N.
2   Hernández, Pedro
3   Juste, Manuel
4   Meléndez, José Lorenzo
5   Montaño, Ignacio
6   Ortiz, José Antonio
7   Ximénez B., Bernardo

2-3 años
1   Alegre, Gaspar
2   Domínguez, Manuel
3   Esquiros, Vicente
4   Fernández, Juan Benito
5   Hernández, Juan
6   Negrillo, Manuel P.
7   Real, Domingo
8   Velasco, José Joaquín

3-4 años
1   Anaya, Tomás
2   Cañizares, Hipólito L.
3   Carrasco, Josef Manuel
4   Herrera, Isidoro V.

4-5 años

5-6 años
1   Delgado, Alejandro
2   Peréz, José

6-7 años

7-8 años
1   Melgar, M. Julián

8-9 años

9-10 años

Más de 10 años
1   Buyán, Francisco (13 años)
2   Boria, José (12 años)
3   Hurtado, Eduardo (44 años)
4   Lacueva, Francisco (21 años)
5   Roca, Pedro Josef de la (11-12 años)
6   Soto, Ramón (16 años)

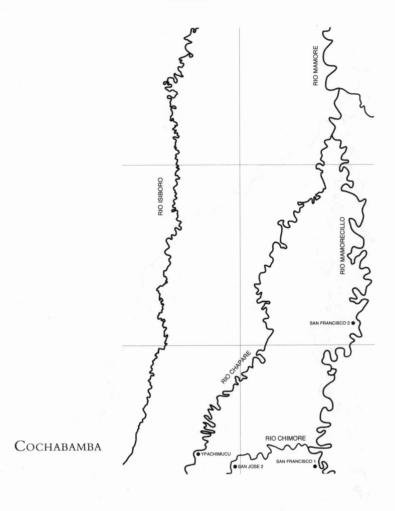

COCHABAMBA

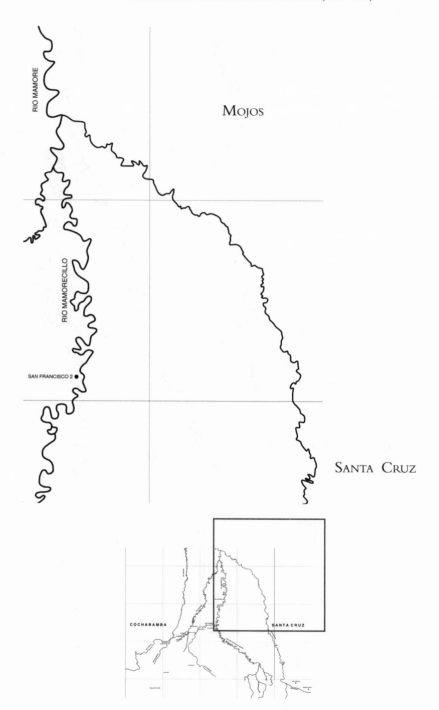

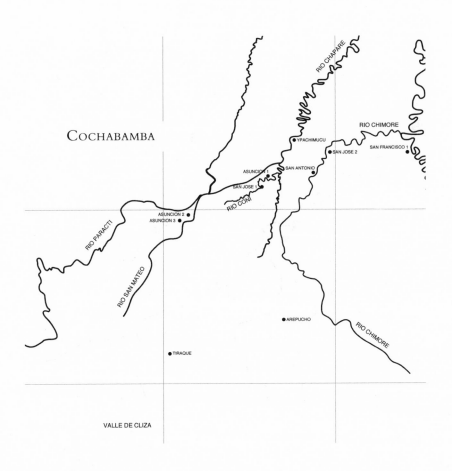

COCHABAMBA

RIO CHAPARE

RIO CHIMORE

• YPACHIMUCU

• SAN JOSE 2

SAN FRANCISCO 1 •

ASUNCION 1 • SAN ANTONIO

SAN JOSE 1 •

RIO CONI

ASUNCION 2 •
ASUNCION 3 •

RIO PARACTI

RIO SAN MATEO

• AREPUCHO

RIO CHIMORE

• TIRAQUE

VALLE DE CLIZA

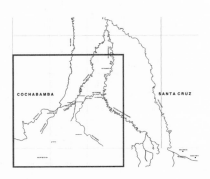

COCHABAMBA

SANTA CRUZ

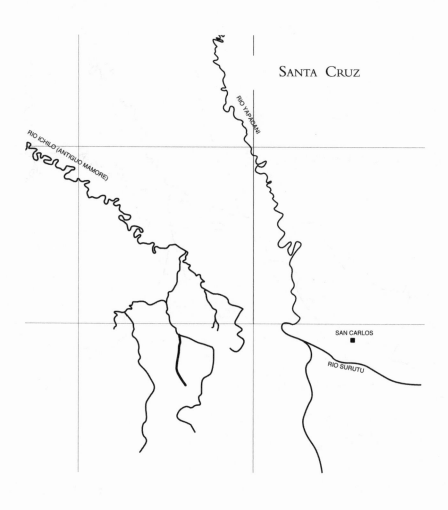